AF863633

CBSE
अध्यायवार सॉल्वड पेपर्स
(2023-2011)

हिंदी केंद्रिक
कक्षा 12

CBSE अध्यायवार सॉल्वड पेपर्स
(2023-2011)

हिंदी केंद्रिक
कक्षा 12

लेखक
सुनीता सैनी • मीना सैनी

arihant
SUCCESS AND NOTHING LESS

अरिहन्त प्रकाशन (स्कूल डिवीज़न सीरीज़)

arihant
SUCCESS AND NOTHING LESS

अरिहन्त प्रकाशन
(स्कूल डिवीज़न सीरीज़)

卐 रजि. कार्यालय
'रामछाया' 4577/15, अग्रवाल रोड, दरिया गंज, नई दिल्ली-110002
फोन: 011-47630600, 43518550; फैक्स: 011-23280316

मुख्य कार्यालय
कालिन्दी, टी०पी० नगर, मेरठ (यूपी)-250002 फोन: 0121-7156203, 7156204

卐 शाखा कार्यालय
आगरा, अहमदाबाद, बरेली, बंगलुरु, चेन्नई, दिल्ली, गुवाहाटी, हैदराबाद, जयपुर, झाँसी, कोलकाता, लखनऊ, नागपुर तथा पुणे

PO No : TXT-XX-XXXXXXX-X-XX

Published By Arihant Publications (India) Ltd.

'अरिहन्त' की पुस्तकों के बारे में अधिक जानकारी के लिए हमारी वेबसाइट www.arihantbooks.com पर लॉग इन करें या info@arihantbooks.com पर सम्पर्क करें।

卐 ISBN
9789358890150

卐 मूल्य ₹ 250.00

Follow us on

आमुख

CBSE अध्यायवार सॉल्वड पेपर्स 2023-2011 हिंदी केंद्रिक कक्षा–12 विशेष रूप से उन विद्यार्थियों के लिए तैयार की गई है, जो CBSE पाठ्यक्रम के अनुसार कक्षा–12 में अध्ययनरत् हैं। अनुभवी शिक्षक व परीक्षक द्वारा लिखी गई इस पुस्तक में वह सामग्री दी गई है, जो विद्यार्थियों के सभी प्रश्नों को हल करने में समर्थ है व अंततः परीक्षा में उन्हें संपूर्ण सफलता दिलाने में सहायक होगी।

पाठ्यक्रम के अनुसार, इस पुस्तक को तीन खंडों; अपठित अंश, अभिव्यक्ति एवं माध्यम पुस्तक तथा पाठ्यपुस्तक (आरोह भाग–2) व पूरक पाठ्यपुस्तक (वितान भाग–2) में बाँटा गया है। परीक्षा के संपूर्ण अभ्यास के लिए पुस्तक के अंत में प्रतिदर्श प्रश्न–पत्र दिए गए हैं। ये सभी प्रश्न–पत्र CBSE के संपूर्ण पाठ्यक्रम पर आधारित हैं।

इस पुस्तक की कुछ मुख्य विशेषताएँ निम्न हैं

- सभी खंडों; अपठित अंश, अभिव्यक्ति और माध्यम पुस्तक तथा पाठ्यपुस्तक का पूर्णतया अध्ययन, अभ्यास प्रश्न व पूर्व परीक्षाओं के प्रश्नों के साथ
- NCERT पुस्तकों (आरोह भाग–2 व वितान भाग–2) के अध्यायों की पूर्ण व्याख्या एवं उनके सभी प्रश्नों का उत्तर–सहित समावेश
- सभी खंडो से परीक्षा में पूछे जाने वाले विभिन्न प्रकार के प्रश्नों (**बहुविकल्पात्मक/अतिलघु उत्तरीय एवं लघुउत्तरीय प्रश्न, अर्थग्रहण संबंधित, विषय–वस्तु संबंधित, प्रश्नों**) का समावेश
- परीक्षा के अभ्यास के लिए संपूर्ण पाठ्यक्रम पर आधारित **3 प्रतिदर्श प्रश्न–पत्र व CBSE बोर्ड द्वारा जारी नवीनतम् CBSE सैंपल पेपर पर आधारित।**

हम इस बात को लेकर पूरी तरह आश्वस्त हैं कि यह पुस्तक अपने नाम के अनुरूप ही अपने आप में संपूर्ण पुस्तक है। यह निश्चित रूप से आपको परीक्षा में उच्च श्रेणी दिलाने में सफल होगी।

हम अरिहन्त प्रकाशन, मेरठ का धन्यवाद व्यक्त करते हैं कि उन्होंने हमें इस पुस्तक को लिखने का अवसर प्रदान किया। इस पुस्तक के बनने में अरिहन्त की डीटीपी यूनिट व प्रूफ रीडिंग टीम का सहयोग अति प्रशंसनीय है। इस पुस्तक को और उपयोगी बनाने के लिए आपकी ओर से हमें जो भी सुझाव प्राप्त होंगे हम उनको इस पुस्तक के अगले संस्करण में निश्चित रूप से स्थान देंगे।

शुभकामनाओं सहित!

लेखक

विषय–सूची

CBSE अध्यायवार सॉल्वड पेपर्स 2023-2011

अपठित बोध

अभिव्यक्ति और माध्यम पुस्तक

पाठ्यपुस्तक (आरोह भाग–2)
पूरक पाठ्यपुस्तक (वितान भाग–2)

पद्य भाग

गद्य भाग

पूरक पुस्तक

पाठ्यक्रम

कक्षा XII (2023-24)

हिंदी (आधार) कोड सं० 302 कक्षा 12वीं (2023-24) परीक्षा हेतु पाठ्यक्रम विनिर्देशन

- प्रश्न-पत्र दो खंडों-खंड 'अ' और खंड 'ब' का होगा।
- खंड 'अ' में 40 वस्तुपरक प्रश्न पूछे जाएँगे। सभी 40 प्रश्नों के उत्तर देने होंगे।
- खंड 'ब' में वर्णनात्मक प्रश्न पूछे जाएँगे। प्रश्नों में उचित आंतरिक विकल्प दिए जाएँगे।

निर्धारित समय-3 घंटे **भारांक-100**

खंड-अ (वस्तुपरक प्रश्न)

		विषयवस्तु	भार
1.		**अपठित बोध** (बहुवैकल्पिक प्रश्न होंगे)	**15**
	अ	01 अपठित गद्यांश पर आधारित 10 बहुविकल्पात्मक प्रश्न (अधिकतम 300 शब्दों का) (1×10)	10
	ब	01 अपठित पद्यांश पर आधारित 05 बहुविकल्पात्मक प्रश्न (अधिकतम 150 शब्दों का) (1×10)	05
2.		**पाठ्यपुस्तक अभिव्यक्ति और माध्यम की इकाई एक से पाठ संख्या 3, 4 तथा 5 पर आधारित**	**05**
		अभिव्यक्ति और माध्यम की इकाई 01 से पाठ संख्या 3, 4 तथा 5 पर आधारित 05 बहुविकल्पात्मक प्रश्न (01 अंक x 05 प्रश्न)	05
3.		**पाठ्यपुस्तक आरोह भाग-2 से बहुविकल्पात्मक प्रश्न**	**10**
	अ	पठित काव्यांश पर आधारित 05 बहुविकल्पीय प्रश्न (01 अंक x 05 प्रश्न)	05
	ब	पठित गद्यांश पर आधारित 05 बहुविकल्पीय प्रश्न (01 अंक x 05 प्रश्न)	05
4.		**पूरक पाठ्यपुस्तक वितान भाग-2 से बहुविकल्पीय प्रश्न**	**10**
	अ	पठित पाठों पर आधारित 10 बहुविकल्पीय प्रश्न (01 अंक x 10 प्रश्न)	10

खंड-ब (वर्णनात्मक प्रश्न)

		विषयवस्तु	भार
5.		**पाठ्यपुस्तक अभिव्यक्ति और माध्यम से जनसंचार और सृजनात्मक लेखन पाठ संख्या** 3, 4, 5, 11, 12 **तथा** 13 **पर आधारित**	**16**
	1	दिए गए 03 अप्रत्याशित विषयों में से किसी 01 विषय पर लगभग 120 शब्दों में रचनात्मक लेखन (06 अंक x 01 प्रश्न)	06
	2	कहानी का नाट्यरूपांतरण/रेडियो नाटक/अप्रत्याशित विषयों के लेखन पर आधारित 02 प्रश्न (विकल्प सहित) (लगभग 40 शब्दों में) (02 अंक x 02 प्रश्न)	04
	3	पत्रकारिता और जनसंचार माध्यमों के लिए लेखन पर आधारित 03 में से 02 प्रश्न (विकल्प सहित) (लगभग 60 शब्दों में) (03 अंक x 02 प्रश्न)	06

6.	**पाठ्यपुस्तक आरोह भाग–2 एवं वितान पर आधारित**		**24**
	1	काव्य खंड पर आधारित 03 प्रश्नों में से किन्हीं 02 प्रश्नों के उत्तर (लगभग 60 शब्दों में) (03 अंक x 02 प्रश्न)	06
	2	काव्य खंड पर आधारित 03 प्रश्नों में से किन्हीं 02 प्रश्नों के उत्तर (लगभग 40 शब्दों में) (02 अंक x 02 प्रश्न)	04
	3	गद्य खंड पर आधारित 03 प्रश्नों में से किन्हीं 02 प्रश्नों के उत्तर (लगभग 60 शब्दों में) (03 अंक x 02 प्रश्न)	06
	4	गद्य खंड पर आधारित 03 प्रश्नों में से किन्हीं 02 प्रश्नों के उत्तर (लगभग 40 शब्दों में) (02 अंक x 02 प्रश्न)	04
	5	वितान के पाठों पर आधारित 03 प्रश्नों में से 02 प्रश्न का उत्तर (लगभग 40 शब्दों में) (02 अंक x 02 प्रश्न)	04
7.	**अ**	**श्रवण तथा वाचन**	10
	ब	**परियोजना कार्य**	10
कुल अंक			**100**

प्रस्तावित पुस्तकें

1. **आरोह, भाग–2**, एन.सी.ई.आर.टी., नई दिल्ली द्वारा प्रकाशित
2. **वितान भाग–2**, एन.सी.ई.आर.टी., नई दिल्ली द्वारा प्रकाशित
3. **अभिव्यक्ति और माध्यम**, एन.सी.ई.आर.टी., नई दिल्ली द्वारा प्रकाशित

नोट : पाठ्यक्रम के निम्नलिखित पाठ हटा दिए गए हैं।

आरोह भाग–2

काव्य खंड
- गजानन माधव मुक्तिबोध–सहर्ष स्वीकारा है (पूरा पाठ)
- फिराक गोरखपुरी–गजल

गद्य खंड
- विष्णु खरे – चार्ली चैप्लिन यानी हम सब (पूरा पाठ)
- रजिया सज्जाद जहीर – नमक (पूरा पाठ)

वितान भाग–2
- एन फ्रैंक – डायरी के पन्ने

NCERT पाठ्यपुस्तकों में पाठ्य सामग्री का

पुनर्संयोजन
(Rationalisation)

राष्ट्रीय शिक्षा नीति (NEP 2020) में विद्यार्थियों के लिए पाठ्य सामग्री का बोझ कम करने और रचनात्मक तरीके से सीखने के अवसर प्रदान करने पर जोर दिया गया है। इसी परिप्रेक्ष्य में NCERT ने सभी कक्षाओं की पाठ्यपुस्तकों में अध्ययन सामग्री को पुनर्संयोजित (Rationalise) करने की शुरुआत की है।

कक्षा 12 की हिंदी केंद्रिक विषय की पाठ्यपुस्तकों में से कुछ अध्यायों/टॉपिकों को हटा दिया गया है जिनका सम्पूर्ण विवरण नीचे दी गई सारणी में दिया गया है।

12070-आरोह भाग–2

अध्याय का नाम	पृष्ठ सं.	हटाए गए विषय/अध्याय
सहर्ष स्वीकारा है	27–33	संपूर्ण अध्याय
फिराक गोरखपुरी–गजल	59–61	हटाया गया पाठ का अंश और उससे संबंधित अभ्यास प्रश्न
चार्ली चैप्लिन यानी हम सब	118–127	संपूर्ण अध्याय
नमक	128–140	संपूर्ण अध्याय

12071-वितान भाग–2

अध्याय का नाम	पृष्ठ सं.	हटाए गए विषय/अध्याय
डायरी के पन्ने	53–78	संपूर्ण अध्याय

11071-अभिव्यक्ति और माध्यम

पुस्तक में कोई परिवर्तन नहीं

CBSE अध्यायवार सॉल्वड पेपर्स

अपठित बोध

01

अपठित बोध

अपठित का अभिप्राय

'अपठित' का सामान्य अर्थ है 'बिना पढ़ा हुआ' अर्थात् जो नियमित अध्ययन के लिए निर्धारित पाठ्यपुस्तक का हिस्सा न हो। इस प्रकार 'अपठित' वह रचना-अंश होता है, जिसे गद्य या पद्य के रूप में हमने पहले न पढ़ा हो। कक्षा बारहवीं के पाठ्यक्रम में, इस खंड के अंतर्गत एक विचार प्रधान गद्यांश तथा एक सारगर्भित काव्यांश सम्मिलित किया गया है।

अपठित खंड का महत्त्व

अपठित खंड के अंतर्गत दी जाने वाली अपठित रचनाओं का अपना विशिष्ट महत्त्व होता है। इसी कारण इन्हें प्रश्न-पत्र का भाग बनाया जाता है। *अपठित रचनाओं के महत्त्व को हम निम्न बिंदुओं के आधार पर देख सकते हैं*

- इनसे विचार, चिंतन तथा अवलोकन के गुणों का विस्तार होता है। इनके बोध द्वारा विद्यार्थी किसी रचना को समझने तथा उस पर अपने विचार व्यक्त करने में सफल होते हैं। ये साहित्यिक रचनाओं को पढ़ने तथा समझने की क्षमता का विकास करने में सहायक सिद्ध होते हैं।
- अपठित रचनाएँ हमारी भाषा, लेखन-शैली तथा शब्द-भंडार को बढ़ाने में भी सहायक होती हैं। इनके अंतर्गत आने वाले मुहावरों, लोकोक्तियों, सूक्तियों इत्यादि की समझ हमारी भाषिक क्षमता को उत्कृष्ट तथा अभिव्यक्ति क्षमता को श्रेष्ठ बनाती है।
- अपठित बोध का अभ्यास स्वाध्याय की भावना विकसित करता है। इससे पढ़ने के प्रति स्वाभाविक रुचि पैदा होती है।

अपठित खंड के उत्तर देने से पूर्व ध्यान रखने योग्य बातें

- दिए गए अवतरण को ध्यानपूर्वक कम-से-कम दो बार पढ़कर उसके **मूल विचार** या अर्थ को समझने की कोशिश करनी चाहिए। इसके उपरांत प्रश्नों को हल करना सुगम हो जाता है।
- अपठित खंड के आधार पर कुछ प्रश्न पूछे जाते हैं। इनमें कई प्रकार के प्रश्न हो सकते हैं; जैसे—अवतरण के भावार्थ या सारांश पर आधारित प्रश्न, रेखांकित अथवा स्थूलांकित वाक्यांशों की व्याख्या पर आधारित प्रश्न, अवतरण के केंद्रीय भाव तथा अपठित रचना-अंश से संबंधित प्रश्न, सामान्य प्रश्न आदि। प्रत्येक प्रश्न का उत्तर देते समय प्रश्न की प्रकृति का ध्यान अवश्य रखना चाहिए।
- प्रश्नों के उत्तर उसी क्रम में होने चाहिए, जिस क्रम में वे पूछे गए हों। **शीर्षक** के पूछे जाने पर अवतरण **के मूल भाव** को ध्यान में रखकर 'शीर्षक' का चयन किया जाना चाहिए।

अपठित गद्यांश

PYQs विगत वर्षों के प्रश्न

गद्यांश 1

समाज में, परिवार में विविध कुल परंपराओं का अनदेखा नहीं किया जा सकता। हमारे वयोवृद्ध ही इन संस्कृतियों एवं परंपराओं के वाहक होते हैं और इनसे भली-भाँति परिचित होते हैं। वयोवृद्ध परिवार के तरुण सदस्यों को धर्मोन्मुख करते हैं, धार्मिक विधि-विधानों का महत्त्व समझते हैं। वे भौतिकता और आध्यात्मिकता में संतुलन कायम करना सिखाते हैं। वे ही परिवार में शांति के उपाय, लोक-व्यवहार, रीति-नीति आदि के बारे में सद्गुण विकसित करने में सहायक होते हैं और संस्कारों की नींव रखते हैं। अत: किसी भी कारणवश परिवार के वृद्धजनों का अनादर एवं अपमान नहीं होना चाहिए। तरुणों का यह परम कर्त्तव्य हो जाता है कि वे उनकी भावनाओं को ठेस न पहुँचाए और उनके मान-सम्मान में कोई कमी न आने दें तथा उनकी सुरक्षा कोमलता से करें। भौतिक जीवन-शैली के चलते भारतीय सनातन-संस्कृति के मूल्य बदलते जा रहे हैं, जिसका परिणाम बुजुर्गों की उपेक्षा एवं उनका तिरस्कार है। बुजुर्गों को दरकिनार करने से आज परिवारों में कलह-क्लेश, दुख-संताप बढ़ रहा है। भौतिक जीवन-शैली से हमारी आस्थाओं के मूल्य ही बदल गए हैं। मानसिक अशांति बढ़ रही है, रोग-शोक बढ़ रहे हैं। परिवार के तरुण सदस्यों से यह अपेक्षा की जाती है कि वे परिवार के वृद्धजनों को अपने से अलग न करें एवं उनका यथोचित मान-सम्मान करें। परिवार, समाज की कसौटी पर खरी उतरने वाली धारणाओं, मान्यताओं एवं परंपराओं को तोड़ने-मोड़ने का या उनकी अनदेखी करने का प्रयास कदापि न करें। संस्कार वहीं अच्छे होंगे जहाँ बुजुर्गों का, माँ-बाप का मान-सम्मान करते हुए उनके द्वारा निर्देशित संस्कृति एवं परंपराओं का ध्यान रखा जाएगा। बुजुर्ग जीवन के मूल्यों को जानने वाले होते हैं। उनका भी कर्त्तव्य है कि वे परिवार के हर मामले में अनावश्यक हस्तक्षेप इसलिए न करें कि वे बुजुर्ग हैं। उनको भी हृदय की विशालता बनाए रखने में संकोच नहीं करना चाहिए।

CBSE 2023

(क) वृद्धजनों को संस्कारों और रीति-रिवाजों का वाहक क्यों माना जाता है?
(i) क्योंकि वे जीवन-मूल्यों को जानने वाले होते हैं।
(ii) क्योंकि वे इन्हें आने वाली पीढ़ियों तक पहुँचाते हैं।
(iii) क्योंकि वे निष्ठा और लगन से इनका पालन करते हैं।
(iv) क्योंकि वे जीवन में इनके महत्त्व से परिचित हैं।

(ख) संस्कार संबंधी पारिवारिक परंपराओं के समाप्त होने का कारण है
(i) संयुक्त परिवारों का विघटन
(ii) भौतिकतावाद का बढ़ता प्रचलन
(iii) पाश्चात्य संस्कृति का प्रभाव
(iv) व्यस्त जीवन-शैली

(ग) वृद्ध व्यक्तियों को परिवार की धुरी क्यों माना जाता है?
(i) भौतिक जीवन-शैली के दुष्परिणामों से अवगत कराने के कारण
(ii) परिवार में सद्गुणों और संस्कारों की नींव रखने के कारण
(iii) जीवन के लंबे अनुभव और ज्ञान के कारण
(iv) परंपराओं और संस्कारों का सम्मान करने का कारण

(घ) वृद्धजनों का अनादर करने के परिणामों के विषय में कौन-सा कथन असत्य है?
(i) सामाजिक व पारिवारिक विघटन
(ii) समाज और परिवार में कुव्यवस्था
(iii) परिवार में कलह-क्लेश, दु:ख-संताप
(iv) भौतिकता और आध्यात्मिकता का असंतुलन

(ङ) बुजुर्गों के प्रति बढ़ती उपेक्षा और तिरस्कार का कारण है
(i) पाश्चात्य संस्कृति का प्रभाव
(ii) भौतिक जीवन-शैली का प्रभाव
(iii) बुजुर्गों का अनावश्यक हस्तक्षेप
(iv) बुजुर्गों में संयम की कमी

(च) युवाओं को वृद्धों के साथ क्या नहीं करना चाहिए?
(i) वृद्धों का अनादर और अपमान
(ii) वृद्धों की कोमलता से सुरक्षा
(iii) वृद्धों को परिवार का महत्त्वपूर्ण सदस्य मानना
(iv) वृद्धों द्वारा निर्देशित परंपराओं का पालन करना

(छ) पारिवारिक विघटन को रोकने के लिए गद्यांश में वृद्धों से क्या अपेक्षा की गई है?
(i) एकांत में रहकर ईश्वर में ध्यान लगाना
(ii) परंपराओं और मान्यताओं को युवाओं पर न थोपना
(iii) युवाओं की समस्याओं को सुनना और सुलझाना
(iv) पारिवारिक मामलों में अनावश्यक हस्तक्षेप न करना

(ज) 'भौतिक जीवन-शैली से हमारी आस्थाओं के मूल्य बदल गए हैं' पंक्ति का आशय है
(i) भौतिक जीवन-शैली ने हमें अर्थ-प्रधान बना दिया है।
(ii) भौतिक जीवन-शैली ने हमें धर्म-प्रधान बना दिया है।
(iii) भौतिक जीवन-शैली ने हमें भाव-प्रधान बना दिया है।
(iv) भौतिक जीवन-शैली ने हमें कर्म-प्रधान बना दिया है।

(झ) निम्नलिखित कथन-कारण को ध्यानपूर्वक पढ़िए और उसके बाद दिए गए विकल्पों में से कोई एक सही विकल्प चुनकर लिखिए।
कथन (A) भारतीय सनातन संस्कृति के मूल्य बदलते जा रहे हैं।
कारण (R) भौतिक जीवन-शैली का प्रभाव सर्वत्र हावी हो रहा है।
(i) कथन (A) और कारण (R) दोनों सही हैं तथा कारण (R) कथन (A) की सही व्याख्या करता है।
(ii) कथन (A) गलत है, लेकिन कारण (R) सही है।
(iii) कथन (A) तथा कारण (R) दोनों गलत हैं।
(iv) कथन (A) सही है, लेकिन कारण (R) कथन (A) की गलत व्यख्या करता है।

(ञ) परिवार के तरूण सदस्यों को धर्मोन्मुख कौन करता है?
(i) परिवार की महिलाएँ
(ii) परिवार के वयोवृद्ध
(iii) परिवार के बच्चे
(iv) परिवार के सभी सदस्य

गद्यांश 2

राष्ट्रपिता, महात्मा गांधी सार्वजनिक और निजी स्वच्छता के प्रति चिंतित थे। दक्षिण अफ्रीका में बिताए दिनों के बाद से ही यह उनके सत्याग्रह अभियान का हिस्सा था। गांधी जी के लिए, समाज में स्वच्छता के लिए अभियान एक जाति विहीन और स्वस्थ समाज बनाने की प्रक्रिया का अभिन्न अंग था। उन्होंने स्वच्छता को व्यक्तिगत जिम्मेदारी बनाने और इसे अस्पृश्यता को दूर करने की कुंजी मानने के अपने विचार को दोहराते हुए कहा था, "हर कोई अपना स्वयं का सफाई कर्ता है।" गांधी जी जब दक्षिण अफ्रीका में थे तभी से उन्होंने अपनी साफ-सफाई का काम स्वयं करना शुरू कर दिया था और भारतीयों को भी सलाह दी थी कि वे अपना शौचालय साफ और सूखा रखें। वे जब भारत लौटे, तो उन्होंने दृढ़ता से भारतीयों के लिए स्वच्छता और उन्हें स्वच्छता के प्रति शिक्षित करने की आवश्यकता पर जोर दिया।

गांधी जी ने कहा था, "स्वच्छता स्वतंत्रता से अधिक महत्त्वपूर्ण है।" हमारे माननीय प्रधानमंत्री ने स्वच्छता पर गांधी जी के विचारों से प्रेरणा ली और उनकी जयंती पर 'स्वच्छ भारत अभियान' शुरू किया। यह अभियान एक राष्ट्रीय प्राथमिकता बन गया और प्रधानमंत्री ने प्रत्येक भारतीय से इसमें शामिल होने और अपने आस-पास सफाई रखने का आग्रह किया।

इस राष्ट्रीय आंदोलन में योगदान देने और स्वच्छता की बढ़ती चुनौतियों को दूर करने के लिए, स्वास्थ्य और परिवार-कल्याण मंत्रालय ने एक बहु-आयामी कार्यनीति अपनाई और स्वच्छता तथा स्वास्थ्य में सुधार के लिए कई पहल की। वर्ष 2015 के बाद से इसने विशेष रूप से स्वच्छता को अपने नागरिकों के स्वास्थ्य और कल्याण में सुधार लाने के अपने प्रयासों का केंद्र बिंदु बनाया है। ये पहल अपने कार्यक्रमों के माध्यम से स्वास्थ्य संस्थाओं और लोगों में स्वच्छता और स्वास्थ्य के प्रति जागरूकता पैदा करती है और अन्य मंत्रालयों के साथ मिलकर इसे समग्रता से कार्यान्वित करती है।

स्वास्थ्य और परिवार-कल्याण मंत्रालय की कायाकल्प पहल में सभी राज्यों और केंद्रशासित प्रदेशों में केंद्र सरकार के संस्थानों और सार्वजनिक स्वास्थ्य संस्थानों में बुनियादी ढाँचे में सुधार, स्वच्छता व स्वास्थ्य कारिता और संक्रमण- नियंत्रण कार्यों में सुधार लाने के उद्देश्य से शुरू की गई थी। स्वास्थ्य सुविधाओं का मूल्यांकन कई मानदंडों के आधार पर किया जाता है और हर वर्ष प्रत्येक स्तर पर आधारित अंक पाने वाले संस्थानों को कायाकल्प पुरस्कार प्रदान कर दिया जाता है। **CBSE 2023**

(क) महात्मा गांधी की प्रमुख चिंता थी
(i) स्वच्छता (ii) सत्याग्रह
(iii) जाति-पाँति (iv) छुआछूत

(ख) प्रधानमंत्री द्वारा 'स्वच्छ भारत अभियान' की शुरुआत कब की गई?
(i) स्वतंत्रता दिवस से (ii) गणतंत्र दिवस से
(iii) गांधी जयंती से (iv) सद्भावना दिवस से

(ग) 'अस्पृश्यता' से आप क्या समझते हैं?
(i) जातीय भेदभाव (ii) वर्गीय भेदभाव
(iii) आर्थिक भेदभाव (iv) सामाजिक भेदभाव

(घ) भारतीयों को स्वच्छता के प्रति शिक्षित करने की आवश्यकता क्यों पड़ी?
(i) स्वच्छता को लेकर सामाजिक भेदभाव के कारण
(ii) भारतीयों द्वारा स्वच्छता के कार्य को हेय मानने के कारण
(iii) स्वच्छता स्वयं का कार्य नहीं मानने के कारण
(iv) स्वच्छता के महत्त्व को नहीं समझने के कारण

(ङ) 'स्वच्छता स्वतंत्रता से अधिक महत्त्वपूर्ण है' कथन का आशय है
(i) स्वच्छता स्वतंत्रता का आधार
(ii) स्वस्थ नागरिक से स्वतंत्रता
(iii) स्वच्छता सबसे आवश्यक
(iv) स्वच्छता से स्वास्थ्य

(च) स्वास्थ्य और परिवार-कल्याण मंत्रालय का संबंध है
(i) छोटे बच्चों के स्वास्थ्य से
(ii) स्वच्छता एवं स्वास्थ्य से
(iii) भारत सरकार की योजनाओं से
(iv) अस्पताल तथा कर्मचारियों से

(छ) किसी भी देश में योजना बनाने का उद्देश्य होता है
(i) अधिकाधिक धन कमाना।
(ii) संबंधित व्यक्तियों को लाभ पहुँचाना।
(iii) देश के नागरिकों तक सुविधा पहुँचाना।
(iv) लोगों को योजना के बारे में बताना।

(ज) 'कायाकल्प पहल' योजना के अंतर्गत आने वाले कार्यक्रमों में इनमें से क्या सम्मिलित नहीं है?
(i) संक्रमण नियंत्रण कार्यक्रम
(ii) स्वास्थय संबंधी कार्यक्रम
(iii) स्वच्छता संबंधी कार्यक्रम
(iv) शिक्षा संबंधी कार्यक्रम

(झ) स्वास्थ्य और स्वच्छता संबंधी जागरूकता की आवश्यकता क्यों है?
(i) बीमारियों से बचने के लिए
(ii) जनता को जागरूक करने के लिए
(iii) स्वस्थ समाज बनाने के लिए
(iv) देश के विकास के लिए

(ञ) स्वच्छता को आप किस प्रकार की जिम्मेदारी मानते हैं?
(i) सामूहिक
(ii) पारिवारिक
(iii) सामाजिक
(iv) व्यक्तिगत

गद्यांश 3

वायु की गुणवत्ता में सुधार के लिए तुरंत कदम उठाए जाने की आवश्यकता है। प्राय: प्रदूषण बढ़ने के बाद ही हम कार्यवाही के लिए लालायित होते हैं, जबकि प्रदूषण बढ़ने से पहले ही हमें सक्रिय हो जाना चाहिए। मौसम और वायु प्रदूषण एक-दूसरे से जुड़े हैं। हवा की गति कम हो, तो प्रदूषक तत्त्व बढ़ जाते हैं और हवा की गति जब ज्यादा होती है, तो बेहद खराब-से-खराब हवा भी बेहतर होने लगती है। समय विशेष में किसी खास दिशा से हवा नमी, धूल या प्रदूषकों को साथ ला सकती है। कुछ वायु प्रदूषक जमीन की सतह के आस-पास होते हैं और बहुत ऊँचाई तक पहुँचे प्रदूषक मौसम को भी प्रभावित करते हैं।

जमीन से उठी गैसें, रासायनिक कण वायुमंडल में पहुँचकर अनेक बार नुकसानदेह प्रदूषणकारी बन सकते हैं, यदि वे लंबे समय तक वायुमंडल में बने रहे। अत: यदि अभी प्रदूषण वायुमंडल में पहुँचना रूक भी जाए, तो भी मौजूदा प्रदूषण अगले कई वर्षों तक असरकारी रहेंगे। वायु प्रदूषण की एक सच्चाई यह भी है कि एक जगह का प्रदूषण दूरस्थ क्षेत्रों तक पहुँच जाता है। हवा साफ हो, तो कहीं-से-कहीं पहुँचे, चिंता

की बात नहीं। हवा यदि प्रदूषण का भार लिए हुए है, तो चिंता का कारण है। हवा को प्रदूषकों का भार न ढोना पड़े, इसके साझा प्रयास किए जाने चाहिए। इसके लिए नवाचारी टेक्नोलॉजी और पद्धतियों के अनुसंधान पर काम करना ही होगा।

जगह-जगह भवनों या अन्य ढाँचागत निर्माण में खुली जगह में जो कमी आ रही है, उससे स्थानीय स्तर पर वायु-प्रवाह में दिक्कत हो रही है। इससे भी प्रदूषण आस-पास ही मँडराता रहता है। जीवाश्म ईंधन जलाने से या औद्योगिक प्रदूषणों से कार्बन, सल्फर या नाइट्रोजन के ऑक्साइड जब वायुमंडल में पहुँचे, तो जल और जल का जो भी प्रारूप होगा, वह हिमपात हो या ओस ही तेजाबी हो सकता है। निस्संदेह बरसात के बाद हवा तो साफ लगेगी लेकिन प्रदूषित जल से पेड़ों की जड़े और उनको जमीन से मिलने वाले पोषक तत्त्व दुष्प्रभावित हो सकते हैं। तालाबों, नदियों के जलचर पीड़ित हो सकते हैं। कुछ प्रदूषक पत्तियों पर ऐसे बैठ जाएँ, जो पेड़ों के लिए हानिकारक हो।

बरसात की जरूरत अब खेती, जलाशयों के लिए ही नहीं, दमघोंटू धुंध के प्रदूषण से निजात पाने के लिए ही हो गई हैं। कृत्रिम बरसात का विकल्प भी कुछ जिम्मेदार संस्थाएँ देने लगी हैं। वायुमंडलीय प्रदूषण में सुधार हेतु हमें सावधान होने की जरूरत है। **CBSE 2023**

(क) वायु की गुणवत्ता से क्या अभिप्राय है?
(i) वायु के प्रदूषक तत्त्व
(ii) वायु की स्थिति
(iii) वायु के बहने की गति
(iv) वायु की शुद्धता

(ख) 'प्रदूषण बढ़ने के बाद ही हम कार्यवाही के लिए लालायित होते हैं।' पंक्ति मानवीय स्वभाव की किस विशेषता का उल्लेख करती है?
(i) प्रदूषण बढ़ने पर हम चिंतित होने लगते हैं।
(ii) प्रदूषण बढ़ने से पहले ही हम कार्यवाही करने लगते हैं।
(iii) समस्या सिर पर आने पर ही समाधान पर विचार करते हैं।
(iv) समस्या आने से पहले ही सामधान पर विचार करते हैं।

(ग) हवा की गति का प्रदूषण पर क्या प्रभाव पड़ता है?
(i) हवा की गति बढ़ने पर प्रदूषण बढ़ने लगता है।
(ii) हवा की गति बढ़ने पर प्रदूषण घटने लगता है।
(iii) हवा की गति कम होने पर प्रदूषण कम होने लगता है।
(iv) हवा की गति सामान्य रहने पर प्रदूषण समाप्त हो जाता है।

(घ) हवा का एक जगह से दूसरी जगह पहुँचना चिंता का कारण कब बन जाता है?
(i) जब वह धीमी गति से बहे
(ii) जब वह तीव्र गति से बहे
(iii) जब उसमें प्रदूषक तत्त्वों की अधिकता हो
(iv) जब उसमें धूल-मिट्टी की अधिकता हो

(ङ) हवा में उपस्थित प्रदूषण को कम करने के विषय में क्या सत्य नहीं है?
(i) सरकार और जनता को साझा प्रयास करने होंगे।
(ii) नवाचारी टेक्नोलॉजी और पद्धतियों पर काम करना होगा।
(iii) धरती के बढ़ते तापमान को नियंत्रित रखना होगा।
(iv) हवा में रासायनिक गैसों के उत्सर्जन को नियंत्रित करना होगा।

(च) जगह-जगह भवनों के निर्माण में खुली जगह में कमी के साथ-साथ और क्या समस्या आ रही है?
(i) लोगों को ध्वनि-प्रदूषण का सामना करना पड़ रहा है।
(ii) स्थानीय स्तर पर वायु-प्रवाह में प्रदूषण बढ़ रहा है।
(iii) स्थानीय स्तर पर लोगों को आवाजाही में दिक्कत आ रही है।
(iv) स्थानीय स्तर पर सूर्य के प्रकाश की दिक्कत आ रही है।

(छ) हवा में उपस्थित प्रदूषण को कम करने के लिए कृत्रिम बरसात प्रभावकारी तरीका क्यों नहीं है?
(i) इससे फसलों को नुकसान पहुँचेगा
(ii) इससे वनस्पति, जीव-जंतुओं को नुकसान पहुँचेगा
(iii) आर्थिक दृष्टि से महँगा सौदा है
(iv) प्रदूषित हवा विश्व-व्यापी समस्या है

(ज) वर्तमान समय में बेमौसम बरसात की जरूरत क्यों महसूस हो रही है?
(i) बढ़ते तापमान को कम करने के लिए
(ii) पेड़-पौधों की सिंचाई करने के लिए
(iii) पानी की कमी को दूर करने के लिए
(iv) प्रदूषित हवा को शुद्ध करने के लिए

(झ) प्रस्तुत गद्यांश का वर्ण्य-विषय है
(i) दिनों-दिन बढ़ता पर्यावरण प्रदूषण
(ii) दिनों-दिन हवा में बढ़ता प्रदूषण
(iii) कृत्रिम बरसातः आज की आवश्यकता
(iv) पर्यावरण सुधारः समय की माँग

(ञ) निम्नलिखित कथन-कारण को ध्यानपूर्वक पढ़िए और उसके बाद दिए गए विकल्पों में से कोई एक सही विकल्प चुनकर लिखिए।
कथन (A) जमीन से उठी कम घातक गैसें भी वायुमंडल में पहुँचकर नुकसानदेह प्रदूषणकारी बन जाती हैं।
कारण (R) हवा की गति कम हो, तो प्रदूषक बढ़ जाते हैं।
(i) कथन (A) और कारण (R) दोनों सही हैं तथा कारण (R) कथन (A) की सही व्याख्या करता है।
(ii) कथन (A) सही है लेकिन कारण (R) कथन (A) की गलत व्याख्या करता है।
(iii) कथन (A) गलत है, लेकिन कारण (R) सही है।
(iv) कथन (A) तथा कारण (R) दोनों गलत हैं।

गद्यांश 4

उपवास और संयम ये आत्महत्या के साधन नहीं हैं। भोजन का असली स्वाद उसी को मिलता है, जो कुछ दिन बिना खाए भी रह सकता है। 'त्येक्तेन भुंजीथाः', जीवन का भोग त्याग के साथ करो, यह केवल परमार्थ का ही उपदेश नहीं है, क्योंकि संयम से भोग करने पर जीवन में जो आनंद प्राप्त होता है, वह निरा भोगी बनकर भोगने से नहीं मिल पाता। जिंदगी की दो सूरतें हैं, एक तो यह कि आदमी बड़े-से-बड़े मकसद के लिए कोशिश करे, जगमगाती हुई जीत पर पंजा डालने के लिए हाथ बढ़ाए और अगर असफलताएँ कदम-कदम पर जोश की रोशनी के साथ अंधियाली का जाल बुन रही हों, तब वह पीछे को पाँव न हटाए। दूसरी सूरत यह है कि उन गरीब आत्माओं का हमजोली बन जाए, जो न तो बहुत अधिक सुख पाती हैं और न जिन्हें बहुत अधिक दुख पाने का ही संयोग है, क्योंकि वे आत्माएँ ऐसी गोधूलि में बसती हैं जहाँ न तो जीत हँसती है और न कभी हार के रोने की आवाज सुनाई

पड़ती है। इस गोधूलि वाली दुनिया के लोग बँधे हुए घाट का पानी पीते हैं, वे जिंदगी के साथ जुआ नहीं खेल सकते और कौन कहता है कि पूरी जिंदगी को दाँव पर लगा देने में कोई आनंद नहीं है?

जनमत की उपेक्षा करके जीने वाला आदमी दुनिया की असली ताकत होता है और मनुष्यता को प्रकाश भी उसी आदमी से मिलता है। जिंदगी से, अंत में, हम उतना ही पाते हैं, जितनी कि उसमें पूँजी लगाते हैं। यह पूँजी लगाना जिंदगी के संकटों का सामना करना है, उसके उस पन्ने को उलट कर पढ़ना है, जिसके सभी अक्षर फूलों से ही नहीं, कुछ अंगारों से भी लिखे गए हैं। जिंदगी का भेद कुछ उसे ही मालूम है, जो यह जानकर चलता है कि जिंदगी कभी भी खत्म न होने वाली चीज है।

अरे! ओ जीवन के साधकों! अगर किनारे की मरी सीपियों से ही तुम्हें संतोष हो जाए, तो समुद्र के अंतराल में छिपे हुए मौक्तिक-कोष को कौन बाहर लाएगा?

दुनिया में जितने भी मजे बिखेरे गए हैं, उनमें तुम्हारा भी हिस्सा है। वह चीज भी तुम्हारी हो सकती है, जिसे तुम अपनी पहुँच के परे मानकर लौटे जा रहे हो। कामना का अंचल छोटा मत करो, जिंदगी के फल को दोनों हाथों से दबाकर निचोड़ो, रस की निर्झरी तुम्हारे बहाए भी बह सकती है।

CBSE SQP 2022-23

(क) 'त्येक्तने भुंजीथा:' कथन से लेखक के व्यक्तित्व की किस विशेषता का बोध होता है?
(i) परिवर्जन (ii) परिवर्तन
(iii) परावर्तन (iv) प्रत्यावर्तन

(ख) मंजिल पर पहुँचने का सच्चा आनंद उसे मिलता है, जिसने उसे
(i) आन की आन में प्राप्त कर लिया हो
(ii) पाने के लिए भरसक प्रयास किया हो
(iii) हाथ बढ़ाकर मुट्ठी में कर लिया हो
(iv) सच्चाई से अपने सपनों में बसा लिया हो

(ग) 'गोधूलि' शब्द का तात्पर्य है
(i) गोधेनु (ii) संध्यावेला
(iii) गगन धूलि (iv) गोद ली कन्या

(घ) गोधूलि वाली दुनिया के लोगों से अभिप्राय है
(i) विवशता और अभाव में जीने वाले
(ii) जीवन को दाँव पर लगाने वाले
(iii) गायों के खुरों से धूलि उड़ाने वाले
(iv) क्षितिज में लालिमा फैलाने वाले

(ङ) जीवन में असफलताएँ मिलने पर भी साहसी मनुष्य क्या करता है?
(i) बिना डरे आगे बढ़ता है, क्योंकि डर के आगे जीत है
(ii) पराजय से निपटने के लिए फूँक-फूँककर कदम आगे रखता है
(iii) अपने मित्र बंधुओं से सलाह और मदद के विषय में विचार करता है
(iv) असफलता का कारण ढूँढ़कर पुनः आगे बढ़ने का प्रयास करता है

(च) आप कैसे पहचानेंगे कि कोई व्यक्ति साहस की जिंदगी जी रहा है
(i) जनमत की परवाह करने वाला
(ii) निडर और निशंक जीने वाला
(iii) शत्रु के छक्के छुड़ाने वाला
(iv) भागीरथी प्रयत्न करने वाला

(छ) निम्नलिखित कथनों पर विचार कीजिए
1. प्रत्येक परिस्थिति का सामना करने के लिए सदैव तैयार रहना चाहिए।
2. मनुष्य अपने दृढ़ मंतव्य व कठिन परिश्रम से सर्वोच्च प्राप्ति की ओर अग्रसर रहता है।
3. विपत्ति सदैव समर्थ के समक्ष ही आती है, जिससे वह पार उतर सके।

उपरोक्त कथनों में से कौन-सा/से कथन सही है/हैं?
(i) केवल 1 (ii) केवल 3
(iii) 1 और 2 (iii) 2 और 3

(ज) 'जिंदगी को दाँव पर लगा देने' में कोई आनंद नहीं है। लेखक इससे सिद्ध करना चाहते हैं कि जिंदगी
(i) रंगमंच के कलाकारों के समान व्यतीत करनी चाहिए।
(ii) में सकारात्मक परिस्थितियाँ ही आनंद प्रदान करती हैं।
(iii) में प्रतिकूलता का अनुभव जीवनोपयोगी होता है।
(iv) केवल दुखद स्थितियों का सामना करवाती है।

(झ) किन व्यक्तियों को सुख का स्वाद अधिक मिलता है?
(i) जो अत्यधिक सुख प्राप्त करते हैं
(iii) जो सुख-दुःख से दूर होते हैं
(iii) जो पहले दुःख झेलते हैं
(iv) जो सुख को अन्य लोगों से साझा करते हैं

(ञ) निम्नलिखित कथन-कारण को ध्यानपूर्वक पढ़िए और उसके बाद दिए गए विकल्पों में से कोई एक सही विकल्प चुनकर लिखिए।
कथन (A) जिंदगी के फल को दोनों हाथों से दबाकर निचोड़ो, रस की निर्झरी तुम्हारे बहाए भी बह सकती है।
कारण (R) जिंदगी रूपी फल का रसास्वादन करने के लिए दोनों हाथों से श्रम करना होगा।
(i) कथन (A) और कारण (R) दोनों सही हैं तथा कारण (R) कथन (A) की सही व्याख्या करता है।
(ii) कथन (A) गलत है, लेकिन कारण (R) सही है।
(iii) कथन (A) तथा कारण (R) दोनों गलत हैं।
(iv) कथन (A) सही है, लेकिन कारण (R) उसकी गलत व्याख्या करता है।

गद्यांश 5

हिमालय भी अन्य पहाड़ों की तरह पलायन, भुखमरी व जलवायु के दबाव में है। संयुक्त राष्ट्र के खाद्य एवं कृषि संगठन ने अंतर्राष्ट्रीय पर्वत दिवस के अवसर पर बयान दिया था कि पर्वतीय क्षेत्रों में मौसम बदलाव और जैव-विविधता के कारण विकासशील देशों में भुखमरी में वृद्धि हुई है। हिमालय क्षेत्र में भी लोग खाद्य सुरक्षा के जोखिमों को जीते हैं। पहले वे वन संसाधनों पर बहुत निर्भर रहते थे। वन संसाधनों को पौष्टिक आहार, पशु चारे और औषधीय प्रयोगों के लिए लेते थे। मानवीय आवश्यकताओं के अनुरक्षण के लिए हिमालयी क्षेत्रों में बढ़ती विकास परियोजनाओं से समस्याएँ बढ़ी हैं।

यथार्थ है, हिमालय को ज़िंदा रखना है, तो हिमालयी क्षेत्र के लोगों को ज़िंदा रखना होगा। साथ ही, यदि हिमालय में ज़िंदा रहना है, तो हिमालय को ज़िंदा रखना होगा। आज हिमालयी क्षेत्र में पहाड़ ऐसे टूट रहे हैं, जैसे वे रेत के घरौंदे या ताश के पत्तों के घर हों। पहले तो भूकंप, किंतु अब

भूस्खलनों, बादल विस्फोटों से ऐसे हालत अकसर बन रहे हैं। ऐसे में, आम जन नए आवासीय क्षेत्रों, खेती या आय उपार्जन के क्षेत्रों में बसने की माँग करने लगते हैं। ऐसे में, हिमालयी क्षेत्रों में विकास परियोजनाओं से विस्थापितों के अतिरिक्त आपदा प्रभावितों के पुनर्वास मानकों और प्रक्रियाओं पर जन-सहभागी मंथन की जरूरत है।

आपदाओं के न्यूनीकरण में पर्वतीय हरित आच्छादन विस्तार महत्त्वपूर्ण माना गया है, किंतु इस विस्तार को जंगलों की हरीतिमा विस्तार तक सीमित नहीं किया जाना चाहिए। हरीतिमा स्थायीकरण भी होना चाहिए। यदि यह जैविक भी हो, तो जानवरों को पालना आवश्यक हो जाता है। जानवरों को पालने में परोक्ष रूप से परिवार भी पलता है, जमीन का बंजर होना भी रुकता है। पलायन व खाद्य असुरक्षा कम करने में ग्रामीणों का योगदान होता है। इसके लिए सरकारों को सुगमकर्ता की भूमिका में आना होगा। हिमालयी राज्यों में नित नए इको-सेंसेटिव जोन घोषित होते हैं। इनके अंतर्गत कई प्रतिबंध लग जाते हैं।

इन स्थितियों में भी लोगों के यहाँ रहने के और विकास करने के अवसर कैसे बनाए रखे जाएँ, इसी के लिए ऐसे क्षेत्रों में जोनल मास्टर प्लान बनाए जाते हैं। लोगों का कहना है कि इको-सेंसेटिव क्षेत्र बनाने के पहले उनकी राय नहीं ली गई। जो लोग हिमालय की संवेदनशीलता के ही नाम पर अलग हिमालय नीति की माँग करते हैं, उन्हें हिमालय में बढ़ते इको-सेंसेटिव क्षेत्र के संदर्भ में समाधानों की राह बनानी होगी। केवल टकराव से काम नहीं चलेगा।

हिमालय को केवल पर्यावरण से ही जोड़कर नहीं देखा जा सकता है। हिमालय बचाने के लिए वहाँ रहने और वहाँ रहकर आगे बढ़ने के जोखिम को कम करना आवश्यक है। इसके लिए अँधेरे में ही तीर चलाने और केवल अनुभवों से ही सीखने पर भरोसा करने के बजाय आधुनिकतम तकनीक का भी सहारा लिया जाना चाहिए। लेकिन सबसे जरूरी है, हिमालय से स्वयं को जोड़कर देखना।

CBSE Term I 2021-22

(क) ''हिमालय को जिंदा रखना है, तो वहाँ के लोगों को जिंदा रखना होगा और यदि हिमालय में जिंदा रहना है, तो हिमालय को जिंदा रखना होगा'' का आशय है
(i) हिमालय के अस्तित्व को बचाए रखने के लिए वहाँ के निवासियों का अस्तित्व आवश्यक है
(ii) हिमालय और वहाँ के निवासी अपने अस्तित्व के लिए अन्योन्याश्रित हैं
(iii) हिमालयी निवासियों को बचाने के लिए हिमालय का अस्तित्व आवश्यक है
(iv) हिमालय और उसके निवासी एक-दूसरे से परस्पर जुड़े हुए हैं

(ख) हिमालयी क्षेत्रों में पहाड़ ताश के पत्तों की तरह क्यों बिखर रहे हैं?
(i) बढ़ती प्राकृतिक आपदाओं के कारण
(ii) बढ़ती विकास परियोजनाओं के कारण
(iii) वन-प्रदेश के क्षेत्रफल में कटौती होने के कारण
(iv) पर्यावरण के प्रदूषित होने के कारण

(ग) गद्यांश के आधार पर 'विस्थापित' शब्द का अर्थ है
(i) एक स्थान से हटाकर दूसरी जगह बसाया गया
(ii) नए सिरे से बसाया गया
(iii) अपने मूल स्थान से हटाया गया
(iv) अपने पद से हटाया गया

(घ) मानव-जन्य अथवा प्रकृति-जन्य आपदाओं से प्रभावित लोगों के लिए क्या अपेक्षित है?
(i) सरकारी सहयोग (ii) निजी सहयोग
(iii) आर्थिक सहयोग (iv) जन सहभागिता

(ङ) बढ़ती प्राकृतिक आपदाओं को रोकने के लिए आवश्यकता है
(i) पर्वतीय प्रदेशों में वृक्षारोपण की
(ii) मानवीय गतिविधियों के न्यूनीकरण की
(iii) पर्वतीय प्रदेशों में हरियाली के स्थायीकरण की
(iv) मनुष्य और प्रकृति के बीच संतुलन की

(च) पर्वतीय क्षेत्रों से पलायन और खाद्य असुरक्षा को किस प्रकार कम किया जा सकता है?
(i) रोज़गार के साधन उपलब्ध कराकर
(ii) वन-प्रदेश के क्षेत्रफल का विस्तार करके
(iii) जैविक खेती के उत्पादन को बढ़ावा देकर
(iv) पशुपालन व्यवसाय को बढ़ावा देकर

(छ) हिमालयी क्षेत्रों में बढ़ती खाद्य असुरक्षा का कारण है
(i) वन संसाधनों की कमी
(ii) दिनों-दिन बढ़ती प्राकृतिक आपदाएँ
(iii) जलवायु परिवर्तन
(iv) शहरी लोगों का आगमन

(ज) हिमालयी क्षेत्रों का दोहन क्यों किया जा रहा है?
(i) वहाँ के लोगों की आवश्यकता को पूरा करने के लिए
(ii) पर्यटन को बढ़ावा देने के लिए
(iii) मानवीय आवश्यकताओं को पूरा करने के लिए
(iv) मानवीय आवश्यकताओं की रक्षा और विकास करने के लिए

(झ) हिमालयी राज्यों में नित नए-नए इको-सेंसेटिव जोन (पर्यावरण-संवेदी क्षेत्र) क्यों घोषित किए जा रहे हैं?
(i) बढ़ती प्राकृतिक आपदाओं के कारण
(ii) वहाँ के जन-जीवन की सुरक्षा के कारण
(iii) वहाँ के प्राकृतिक धरोहर की रक्षा करने के लिए
(iv) वहाँ के प्राकृतिक सौंदर्य की रक्षा करने के लिए

(ञ) हिमालय को बचाने के लिए आवश्यक है
(i) हिमालय से स्वयं को जोड़ना
(ii) आधुनिक तकनीक का सहारा लेना
(iii) अनुभव से काम लेना
(iv) नव-निर्माण पर रोक लगाना

गद्यांश 6

पानी की कमी एक सार्वभौमिक समस्या है। यह हमारे ग्रह के सभी जिम्मेदार नागरिकों द्वारा संयुक्त रूप से निपटने के लिए है। हमें न केवल अपने लिए बल्कि अपनी आने वाली पीढ़ियों के लिए भी जल-संरक्षण की जरूरत है। पृथ्वी को 'नीला ग्रह' कहा जाता है, क्योंकि यह ब्रह्मांड का एकमात्र ज्ञात ग्रह है जहाँ पर्याप्त मात्रा में प्रयोग करने योग्य पानी मौजूद है। पृथ्वी की सतह के स्तर पर लगभग 71% पानी है। हमारे ग्रह का 97% भाग खारे पानी में समाया हुआ है जिसे हम पीने के लिए उपयोग नहीं कर सकते हैं। बाकी 3% पानी प्रयोग करने योग्य है लेकिन 2% भी ग्लेशियरों और बर्फ से अवरुद्ध है। इसलिए, हमारे पास केवल 1% पानी ही बचा है। हाल के निष्कर्षों के अनुसार, यह पता चला है कि लगभग 25% शहरी आबादी की पीने के पानी तक पहुँच नहीं है। इसके अतिरिक्त, यह भी पाया गया है कि 40 लाख से अधिक लोग

पानी से संबंधित बीमारियों के कारण मर रहे हैं। विकासशील देश अस्वच्छ और गंदे पानी से होने वाली बीमारियों से बेहद ग्रस्त हैं। भारत में भी विभिन्न जल-जनित रोगों से पीड़ित लोगों की संख्या काफी अधिक है। इससे भारतीय अर्थव्यवस्था पर प्रतिकूल प्रभाव पड़ा है। किए गए एक अध्ययन के अनुसार, यह बताया गया है कि राजस्थान में लड़कियों को पानी लाने के लिए लंबी दूरी तय करनी पड़ती है। इससे यह स्पष्ट है कि पानी की कमी भारत और अन्य विकासशील देशों में कुछ सामाजिक समस्याओं का कारण है।

हाल के कुछ वर्षों में, पानी के उपयोग के लापरवाह तरीके से दुनिया के विभिन्न हिस्सों में पानी की कमी हो गई है। यह अनुमान है कि दुनिया में एक अरब से अधिक लोग अपने अस्तित्व के लिए इस 1% स्वच्छ पेयजल पर निर्भर हैं। इससे यह स्पष्ट होता है कि हमें पानी का विवेकपूर्ण उपयोग करने की आवश्यकता है ताकि अन्य लोगों को पानी की कमी का सामना न करना पड़े। यहीं पर जल-संरक्षण की जरूरत आती है। जल के बिना पृथ्वी पर जीवन संभव नहीं है। इसलिए, पृथ्वी पर जीवन को बनाए रखने के लिए पानी का संरक्षण काफी महत्त्वपूर्ण है।

पानी को कई तरह से बचाया जा सकता है। पानी के संरक्षण के अनेक तरीके हैं। जल-संरक्षण का सबसे सरल तरीका वर्षा जल-संचयन है। हम वर्षा जल को संरक्षित कर सकते हैं और उस पानी का उपयोग हमारी दैनिक गतिविधियों में किया जा सकता है। शुद्धिकरण के बाद पीने के लिए भी वर्षा जल का उपयोग किया जा सकता है। हमें पता होना चाहिए कि अपने दैनिक जीवन में पानी की बचत कैसे करें ताकि निकट भविष्य में हमें पानी की कमी का सामना न करना पड़े।

जल-संरक्षण के लिए बस हमें अपनी दैनिक गतिविधियों में कुछ सकारात्मक परिवर्तन लाने होंगे। पानी बचाना जीवन बचाने के बराबर है ! तो आइए, हम अपनी पृथ्वी को रहने योग्य सुरक्षित और सुंदर जगह बनाने की प्रतिज्ञा करें। **CBSE Term I 2021-22**

(क) जल-संरक्षण का क्या अर्थ है?

(i) जल को सुरक्षित रखना (ii) जल को बचाना
(iii) जल का उपयोग करना (iv) जल को सँभालकर रखना

(ख) पृथ्वी की सतह का तीन-चौथाई भाग पानी से घिरा होने पर भी पृथ्वी पर पानी की कमी क्यों है?

(i) 97% पानी खारा है
(ii) उपलब्ध पानी अस्वच्छ है
(iii) पेयजल का 70% पानी ग्लेशियरों और बर्फ के रूप में है
(iv) प्राप्त पेयजल का केवल 1% स्वच्छ जल के रूप में है

(ग) पृथ्वी को नील ग्रह की संज्ञा क्यों दी गई है?

(i) धरती पर मौजूद पानी की प्रचुर मात्रा के कारण
(ii) पृथ्वी के दो-तिहाई हिस्से में समुद्र होने के कारण
(iii) नदियों और समुद्रों का जल नीला होने के कारण
(iv) अंतरिक्ष से पृथ्वी नीले रंग की दिखाई देने के कारण

(घ) हमें पानी का विवेकपूर्ण उपयोग करने की आवश्यकता क्यों है?

(i) एक अरब से अधिक की आबादी के अस्तित्व के लिए
(ii) भविष्य में आने वाली पीढ़ी के अस्तित्व के लिए
(iii) पृथ्वी के अस्तित्व को बचाने के लिए
(iv) जीव-जंतु और वनस्पति को बचाने के लिए

(ङ) पानी के संदर्भ में भारतीय अर्थव्यवस्था पर पड़ने वाले प्रतिकूल प्रभाव के समर्थन में कौन-सा तर्क उचित है?

(i) भारत में अधिकांश लोग पानी से संबंधित बीमारियों के कारण मर रहे हैं।
(ii) भारत में अधिकांश लोगों तक पीने के पानी की उपलब्धता नहीं है।
(iii) भारत में जल-जनित रोगों से पीड़ित लोगों की संख्या बहुत अधिक है।
(iv) भारत में अधिकांश शहरी आबादी तक पीने के पानी की पहुँच नहीं है।

(च) स्वच्छ पीने के पानी की समस्या किन देशों में सर्वाधिक पाई जाती है?

(i) विकसित देशों में (ii) अविकसित देशों में
(iii) विकासशील देशों में (iv) ध्रुवीय प्रदेशों में

(छ) पिछले कुछ वर्षों से दुनिया के विभिन्न भागों में पीने के पानी की कमी क्यों बढ़ रही है?

(i) जनसंख्या वृद्धि के कारण
(ii) वर्षा की अनियमितता के कारण
(iii) दैनिक गतिविधियों में जल की बढ़ती खपत के कारण
(iv) दैनिक जीवन में पानी के उपयोग के लापरवाह तरीके के कारण

(ज) राजस्थानी लड़कियों के उदाहरण द्वारा क्या सिद्ध करने का प्रयास किया गया है?

(i) पानी की कमी सामाजिक समस्याओं का कारण है
(ii) पानी की कमी अशिक्षा का कारण है
(iii) पानी की कमी गाँवों की बर्बादी का कारण है
(iv) पानी की कमी देश की बर्बादी का कारण है

(झ) जल-संरक्षण के लिए आवश्यक है

(i) बहते पानी की बजाय दैनिक जीवन में बाल्टी-मग का उपयोग करना
(ii) वर्षा के जल का तालाबों, बावड़ियों आदि में संचयन करना
(iii) पानी की बर्बादी को रोकने के लिए पाइपों से होने वाले रिसाव को रोकना
(iv) दैनिक गतिविधियों में पानी की बर्बादी को रोकने का उपाय करना

(ञ) उपर्युक्त गद्यांश का उचित शीर्षक है

(i) जल है तो कल है (ii) जल ही जीवन है
(iii) जल-संरक्षण (iv) संकट में है, जल

गद्यांश 7

भारत में जन-आंदोलनों का लंबा इतिहास रहा है। पिछले दो-तीन दशकों में शहरी एवं शिक्षित मध्यवर्गीय लोगों के बीच इस मसले पर सचेत समझदारी विकसित हुई है। विकास के आधुनिक संस्करण ने पारिस्थितिकीय संतुलन एवं विकास प्राथमिकताओं के मध्य द्वंद्व की स्थिति खड़ी कर दी है। इसने कई जन-आंदोलनों को जन्म दिया है। 70 का दशक सामाजिक आंदोलनों के लिहाज से बहुत महत्त्वपूर्ण है। सामाजिक आंदोलनों के संदर्भ में इसे पैराडाइम शिफ्ट की तरह देखा जाता है। इसी दशक में महाआख्यानों के बरक्स छोटे मुद्दों ने वैश्विक स्तर पर अपनी छाप छोड़ी। चाहे वह महिला आंदोलन हो या फिर मानवाधिकार आंदोलन या फिर मध्य वर्ग के आंदोलन हों या शांति आंदोलन। पर्यावरणीय आंदोलन इसी क्रम में एक महत्त्वपूर्ण कड़ी समझी जाती है।

यह आंदोलन वर्ष 1973 में एक सुबह शुरू हुआ, जब चमोली जिले के सुदूर पहाड़ी कस्बे गोपेश्वर में इलाहाबाद की खेल का सामान बनाने वाली फैक्ट्री के लोग देवदार के दस वृक्ष काटने के उद्देश्य से पहुँचे। आरंभ में ग्रामीणों ने अनुरोध किया कि वे वृक्ष न काटें, परंतु जब ठेकेदार नहीं माने तब ग्रामीणों ने चिह्नित वृक्षों का घेराव किया और उससे चिपक गए। पराजित ठेकेदारों को विवश होकर वापस जाना पड़ा। कुछ सप्ताह बाद ठेकेदार पुन: वापस आए और उन्होंने फिर पेड़ काटने की कोशिश की। 50 वर्षीय गौरा देवी के नेतृत्व में स्त्रियों ने इसका प्रतिरोध करते हुए जंगल जाने वाले मार्ग को अवरुद्ध कर दिया। उनका कहना था कि 'यह जंगल हमारा मायका है और हम पूरी ताकत से इसे बचाएँगी।'

इस आंदोलन की अग्रिम पंक्ति की सैनिक महिलाएँ थीं, जिनका कार्यक्षेत्र घर के अंदर चौके और चूल्हे तक सीमित माना जाता है। भारत में जंगल को लेकर दो तरह के दृष्टिकोण विद्यमान हैं। पहला है जीवनोत्पादक तथा दूसरा है जीवन विनाशक, जिसे दूसरे शब्दों में 'औद्योगिक भौतिकवादी दृष्टिकोण' भी कहा जाता है। जीवनोत्पादक दृष्टिकोण जंगल के संसाधनों की निरंतरता तथा उनमें नवीन संभावनाओं को स्वीकार करता है ताकि भोजन तथा जल संसाधनों का कभी न खत्म होने वाला भंडार बना रहे। जीवन विनाशक दृष्टिकोण कारखानों तथा बाजार से बँधा हुआ है जो जंगल के संसाधनों का अधिकाधिक दोहन अपने व्यावसायिक लाभ के लिए करना चाहता है। आंदोलन के आरंभिक दिनों बाहरी ठेकेदारों को भगाने में स्थानीय ठेकेदारों ने भी इनका भरपूर सहयोग किया, क्योंकि इनके व्यावसायिक हित भी बाधित हो रहे थे, परंतु उनके जाने के बाद एक सरकारी निकाय (द फॉरेस्ट डेवलपमेंट कॉर्पोरेशन) ने फिर वहाँ के स्थानीय ठेकेदारों की सहायता से लकड़ी कटाई का कार्य शुरू किया।

स्त्रियों ने यह देखते हुए अपने आंदोलन को आगे बढ़ाते हुए जंगल के दोहन के विरुद्ध अपना संघर्ष जारी रखा। वन विभाग के कई अधिकारियों ने स्त्रियों को यह समझाने का भी प्रयास किया कि जंगल लकड़ी का मुनाफा देते हैं। इसलिए उन्हें वे काट रहे हैं और जो लकड़ियाँ काटी जा रही हैं उनका जंगल के लिए कोई उपयोग नहीं है। वे जर्जर और ठूँठ हैं। महिलाओं ने उन्हें समझाया कि दरअसल यह जंगल के नवीनीकरण की प्रक्रिया है जिसमें पुराने तथा जर्जर हुए पेड़ नए पेड़ों के लिए जैविक खाद का कार्य करते हैं। जंगल के संबंध में महिलाओं की समझ ने चिपको आंदोलन को एक नई दिशा दी।

CBSE SQP Term I 2021-22

(क) जन-आंदोलन के प्रति शहरी मध्यम वर्ग के नजरिए के बारे में लेखक का क्या अभिमत है?
- (i) यह वर्ग जन-आंदोलन के प्रति उदासीन होता है
- (ii) यह वर्ग जन-आंदोलन का विरोध करता है
- (iii) इस वर्ग में जन-आंदोलन को लेकर जागरुकता बढ़ी है
- (iv) जन-आंदोलन शहरी मध्यम वर्ग से असंबंधित होते हैं

(ख) सत्तर के दशक के सामाजिक आंदोलनों की क्या विशेषता है?
- (i) अंतर्राष्ट्रीय सामाजिक चेतना के लिए आंदोलन
- (ii) दुनिया का इन आंदोलनों की ओर ध्यानाकर्षण
- (iii) सामाजिक आंदोलनों में व्याप्त आर्थिक भ्रष्टता
- (iv) सामाजिक आंदोलनों का हिंसक रूप

(ग) पर्यावरण संबंधी जन-आंदोलनों के जन्म के क्या कारण हैं?
- (i) पारिस्थितिक संतुलन और विकास की प्राथमिकता में द्वंद्व
- (ii) शिक्षित व कार्यकुशल युवाओं को रोजगार के पर्याप्त अवसरों की कमी
- (iii) मृदा का अपरदन तथा कृषि के लिए भूमि का कम होना
- (iv) पर्वतीय क्षेत्रों में वनों की कटाई से भूस्खलन के कारण बढ़ती जान माल की हानि

(घ) "जंगल हमारा मायका है" से गौरा देवी का क्या आशय था?
- (i) गौरा देवी का पैतृक गाँव जंगल में होने से उन्हें जंगल से अटूट प्यार था
- (ii) जंगल से मिलने वाले संसाधनों पर गौरा देवी का गाँव निर्भर था
- (iii) जंगल में देवी अरण्यानी का वास था तथा गौरा देवी उनकी भक्त थी
- (iv) जंगल हमें माँ की तरह जीवनावश्यक स्रोत; जैसे—ऑक्सीजन देते हैं

(ङ) चिपको आंदोलन किस तरह का जन-आंदोलन था?
- (i) महिलाओं द्वारा रास्ता रोककर शहरों द्वारा गाँव की लकड़ी न ले जाने के लिए आंदोलन
- (ii) पर्यावरण संरक्षण के लिए स्थानीय आंदोलन
- (iii) महिलाओं द्वारा रोजगार के लिए आंदोलन
- (iv) महिला अधिकारों के संरक्षण का आंदोलन

(च) जंगल के वृक्षों को संसाधन समझकर उनकी अंधाधुंध कटाई किस तरह के दृष्टिकोण का प्रमाण है?
- (i) जीवनोत्पादक दृष्टिकोण
- (ii) औद्योगिक भौतिकवादी दृष्टिकोण
- (iii) औद्योगिक विकास का भौतिकशास्त्रीय दृष्टिकोण
- (iv) पर्यावरण संसाधन संरक्षण जीवनोत्पादक दृष्टिकोण

(छ) चिपको आंदोलन के दौरान आंदोलनकारी महिलाओं ने जर्जर और ठूँठ लकड़ियों के क्या लाभ बताए?
- (i) इनकी जंगल के भूमि कटाव को रोकने में अहम भूमिका है
- (ii) इनके कारण जैविक पारिस्थितिकी संतुलन कायम रहता है
- (iii) ये पौधों की अगली पीढ़ी के लिए भूमि की उर्वरता बढ़ाती हैं
- (iv) ये जंगल के छोटे जीवों को आवास प्रदान कर उन्हें सुरक्षा देती हैं

(ज) चिपको आंदोलन के दौरान स्थानीय ठेकेदारों का क्या उद्देश्य था?
- (i) बाहरी ठेकेदारों को बाहर खदेड़ना
- (ii) वनों के संरक्षण को बढ़ावा देना
- (iii) ग्रामीण महिलाओं को काम-काज के दूसरे अवसर प्रदान करना
- (iv) आंदोलन को अव्यवस्थित करना

(झ) गंभीर मुद्दों पर महिलाओं की भूमिकाओं की भूमिका को यह गद्यांश किस प्रकार रेखांकित करता है?
- (i) घर और बाहर दोनों में महिलाओं की स्थिति एक समान है
- (ii) ग्रामीण महिलाएँ यदि निश्चय कर लें तो जीत उनकी ही होती है
- (iii) घर तथा खेती कार्य के कारण महिलाएँ विकास कार्यों में भाग नहीं ले पाती हैं
- (iv) समझ शिक्षा के परे परिवेश और संस्कृति में भी निहित होती है

(ञ) लेखक का 'जीवनोत्पादक दृष्टिकोण' से क्या आशय है?
- (i) प्राकृतिक संसाधनों की उपलब्धि और माँग में सामंजस्य
- (ii) प्राकृतिक संसाधनों के दोहन का रेखांकन
- (iii) आवश्यकता से अधिक उत्पादन कर उसे खपाने के लिए बाजार बनाना
- (iv) यह दृष्टिकोण व्यावसायिक उन्नति की ओर उन्मुख है

गद्यांश 8

'विकास' का सवाल आज विमर्श के केंद्र में है। आधुनिकता के प्रतिफल के रूप में प्रगट हुई 'विकास' की अवधारणा के बारे में लोगों का विश्वास था कि विकास की यह अद्भुत घटना आधुनिक मनुष्य को अभाव, समाज और प्रकृति की दासता एवं जीवन को विकृत करने वाली शक्तियों से मुक्ति दिला देगी। लेकिन आधुनिक विकास के जो स्वप्न देखे थे उसके अपेक्षित परिणाम सामने नहीं आए। इसके फलस्वरूप लोगों का मन वैकल्पिक उपायों के बारे में सोचने लगा है।

इस क्रम में हमें बरबस कुमारप्पा के विचार याद आते हैं, जिन्होंने इस बात को मजबूती के साथ रखा है कि विकास की जो गाँधीवादी अवधारणा है वही सार्थक एवं टिकाऊ है। जे. सी. कुमारप्पा का आर्थिक दर्शन व्यापक और मौलिक है। कुमारप्पा का आर्थिक चिंतन गाँधीवादी अहिंसा पद्धति पर आधारित होने के कारण व्यक्ति की स्वतंत्रता, सृजनशीलता तथा दैनिक काम से उसके स्वस्थ संबंध को महत्त्वपूर्ण मानता है। कुमारप्पा के अनुसार किसी के दैनिक कामों में ही उसके सभी आदर्श, सिद्धांत और धर्म प्रकट हो जाते हैं। यदि उचित रीति पर काम किया जाए तो वही काम मनुष्य के व्यक्तित्व के विकास का रूप बन जाता है।

कुमारप्पा बढ़ते हुए श्रम विभाजन के संदर्भ में वे लिखते हैं-''चीजों के बनाने की पद्धति में केंद्रीकरण के अंतर्गत जो श्रम-विभाजन होता है, जोकि स्टैंडर्ड माल तैयार करने के लिए आवश्यक है, उसमें व्यक्तिगत कारीगरी दिखाने का कोई अवसर नहीं मिलता। केंद्रित उद्योग में काम करने वाला उस बड़ी मशीन का एक पुर्जा भर बनकर रह जाता है। उसकी स्वतंत्रता और उसका व्यक्तित्व समाप्त हो जाता है।''

कुमारप्पा के ये विचार आज के स्वयंचलित मशीन आधारित महाकाय उद्योगों में कार्यरत् मजदूरों के जीवन का प्रत्यक्ष अध्ययन करने पर उन विचारों की सत्यता को सिद्ध करते हैं। आज इस बात को लेकर कोई दो राय नहीं है कि केंद्रीय उत्पादन व्यवस्था अपने दुर्गुणों से छुटकारा नहीं पा सकती। वह और भयावह तब बन जाती है जब वह ''आवश्यकता के अनुसार उत्पादन'' के बजाय ''बाजार के लिए उत्पादन'' पर ध्यान केंद्रित करती है। बेतहाशा उत्पादन बाजार की तलाश करने के लिए विवश होता है तथा उसका अंत गलाकाट परस्पर होड़ तथा युद्ध, उपनिवेशवाद इत्यादि में होता है।

कुमारप्पा उपरोक्त तथ्यों को भलीभाँति परख चुके थे तथा स्थायी स्रोतों के दोहन पर ध्यान देने तथा उन्हें विकसित करने पर जोर देते रहे। कुमारप्पा 'विकास' की जिस अवधारणा की बात करते हैं, उसके केंद्र में प्रकृति एवं मनुष्य है। मनुष्य की सुप्त शक्तियों के विकास के लिए अनुकूल वातावरण निर्माण करना ही सच्चे विकास का उद्देश्य है। **CBSE SQP Term I 2021-22**

(क) अवतरण के अनुसार 'विकास' किसका प्रतिफल है?
(i) आनंदमयता
(ii) वित्तीय प्रचुरता
(iii) अर्वाचीनता
(iv) शैक्षिकता

(ख) विकास के फलस्वरूप क्या परिवर्तन हुआ?
(i) मनुष्य के अभावों का विस्तार
(ii) मनुष्य के अभावों का अंत
(iii) मनुष्य की दासता से मुक्ति
(iv) सामाजिक समस्याओं का अंत

(ग) विकास के वैकल्पिक उपायों के बारे में चिंतन क्यों आरंभ हुआ?
(i) कोविड महामारी फैलने के कारण
(ii) पर्यावरण में आए बदलावों के कारण
(iii) प्रत्याशित फल न मिलने के कारण
(iv) विश्व राजनीति में बदलाव के कारण

(घ) अवतरण के अनुसार विकास की प्रक्रिया कैसी होनी चाहिए?
(i) जो सामाजिक असमानता को समाप्त कर दे
(ii) जो विज्ञान की मदद से जीवन दीर्घायु कर सके
(iii) जो सार्थक तथा दूरगामी परिणामों पर केंद्रित हो
(iv) जिसमें लक्ष्य की प्राप्ति सर्वोपरि हो

(ङ) अवतरण के अनुसार केंद्रीकृत श्रम प्रणाली से क्या होता है?
(i) उत्पादों की गुणवत्ता में वांछनीय सुधार
(ii) व्यक्तिगत सृजनात्मकता का ह्रास
(iii) प्रति व्यक्ति आर्थिक आय में घाटा
(iv) प्रति व्यक्ति रोजगार अवसरों में कमी

(च) कुमारप्पा के अनुसार व्यक्ति के दैनिक कार्यों के विषय में सत्य कथन कौन-सा है?
(i) यह जीवनयापन हेतु आवश्यकता पूर्ति के लिए होते हैं
(ii) यह उसकी विचारधारा पर आधारित होते हैं
(iii) यह उसकी रुचि एवं क्षमता के अनुसार होते हैं
(iv) यह सामाजिक बंधनों के दायरे में बँधे होते हैं

(छ) कुमारप्पा निम्नलिखित में से किस विचारधारा के समर्थक प्रतीत होते हैं?
(i) तैयार वस्तुओं एवं उत्पादों का आयात
(ii) नए उद्यमों से औद्योगिक आत्मनिर्भरता
(iii) अर्थव्यवस्था का उदारीकरण
(iv) उद्योगों का वैश्वीकरण एवं निजीकरण

(ज) केंद्रीय उत्पादन व्यवस्था के विषय में क्या असत्य है?
(i) कम समय में अधिक मात्रा में गुणवत्तापूर्ण माल का उत्पादन
(ii) आवश्यकता से अधिक उत्पादन
(iii) आवश्यकतानुसार उत्पादन
(iv) कम निवेश में अधिक निर्गत

(झ) अर्थव्यवस्था में प्रतियोगिता का क्या परिणाम होगा?
(i) नए गत्यात्मक बाजारों पर अधिकार हेतु पारस्परिक टकराव
(ii) उपभोक्ताओं को सस्ती दरों पर अच्छी वस्तुओं की उपलब्धि
(iii) विकासशील देशों में सस्ते श्रम आधारित उद्योगों का विकास
(iv) विकासशील देशों में कर चोरी की घटनाओं में बढ़ोतरी

(ञ) कुमारप्पा के अनुसार शाश्वत विकास का लक्ष्य क्या है?
(i) देशों की प्रति व्यक्ति आय के पूर्ण स्तर को बढ़ाना
(ii) जीवन स्तर के भौतिक मानकों में सुधार करना
(iii) मनुष्य की संभावित क्षमताओं का विकास
(iv) सभी मनुष्यों में आर्थिक समानता पैदा करना

गद्यांश 9

दुनिया शायद अभी तक के सबसे बड़े संकट से जूझ रही है। वर्तमान समय की इस महामारी ने हर किसी के जीवन में हलचल मचा दी है। इस महामारी ने जीवन की सहजता को पूरी तरह से बाधित कर दिया है। भारत में इतनी अधिक आबादी है कि इसमें किसी नियम-कायदे को पूरी तरह से अमल में लाना अपने आप में एक बड़ी चुनौती है। इस महामारी के संक्रमण को रोकने के उद्देश्य से पूर्ण बंदी लागू की गई और इसे कमोबेश कामयाबी के साथ अमल में भी लाया गया। परंतु यह भी सच है कि जिस महामारी से हम जूझ रहे हैं, उससे लड़ने में मुख्य रूप से हमारे शरीर की प्रतिरोधक क्षमता की बड़ी भूमिका है, लेकिन सबसे बड़ी चिंता बच्चों और बुजुर्गों की होती है।

इस मामले में अधिकतर नागरिकों ने जागरूकता और सहजबोध की वजह से अनेक सावधानियाँ बरती हैं, लेकिन इसके समानान्तर अन्य कई समस्याएँ खड़ी हुई हैं। जैसे, आर्थिक गतिविधियाँ जिस प्रकार बुरी तरह प्रभावित हुई हैं, उसने बहुत सारे लोगों के सामने संकट और ऊहापोह की स्थिति उत्पन्न कर दी है। एक तरफ नौकरी और उसकी तनख्वाह पर निर्भर लोगों की लाचारी यह है कि जहाँ उन्हें यह आश्वासन दिया गया था कि उन्हें नौकरी से नहीं निकाला जाएगा, वेतन नहीं रोका जाएगा, वहीं उनके साथ हुआ उल्टा।

नौकरी गई, कई जगहों पर तनख्वाह नहीं मिली या कटौती की गई और किराये के घर तक छोड़ने की नौबत आ गई। इस महामारी का दूसरा असर शिक्षा जगत पर भी पड़ा है, उसका तार्किक समाधान कैसे होगा, यह लोगों के लिए समझना मुश्किल हो रहा है।

विशेष तौर पर, स्कूली शिक्षा पूरी तरह से बाधित होती दिख रही है। फिर भी, इसमें किए गए वैकल्पिक इंतजामों की वजह से स्कूल भले बंद हों, लेकिन शिक्षा जारी रखने की कोशिश की गई है। स्कूल बंद होने पर बहुत सारे शिक्षकों की वेतन की चिंता प्राथमिक नहीं थी, बच्चों के भविष्य की चिंता उन्हें सता रही है। हालाँकि एक ओर, एक बड़ी संख्या उन बच्चों की है, जो लैपटॉप या स्मार्ट फोन के साथ जीते हैं, लेकिन दूसरी ओर बहुत सारे शिक्षक ऐसे भी हैं, जिन्हें कम्प्यूटर चलाना ही नहीं आता। उन सबके सामने चुनौती है ऑनलाइन कक्षाएँ लेने की, परंतु उन्होंने हार नहीं मानी और तकनीक को खुले दिल से सीखा। इस तरह फिलहाल जो परिस्थिति है, उसमें पढ़ाई-लिखाई को जारी रखने की पूरी कोशिश की जा रही है। **CBSE SQP 2020-21**

(क) उपर्युक्त गद्यांश किस विषय-वस्तु पर आधारित है?
(i) बेरोजगारी पर (ii) शिक्षा की समस्या पर
(iii) आर्थिक संकट पर (*iv*) महामारी के प्रभाव पर

(ख) पूर्णबंदी लागू क्यों की गई?
(i) संक्रमण को रोकने के लिए
(ii) लोगों की आवाजाही को रोकने के लिए
(iii) नियम लागू करने के लिए
(iv) लोगों द्वारा नियम न मानने के कारण

(ग) हमें बच्चों और बुजुर्गों की चिंता क्यों है?
(i) कमजोर और अक्षम होने के कारण
(ii) प्रतिरोधक क्षमता के अभाव के कारण
(iii) अधिक बीमार रहने के कारण
(iv) बीमारी का अधिक प्रभाव पड़ने के कारण

(घ) स्कूली शिक्षा को जारी रखने की कोशिश क्यों की जा रही है?
(i) प्राइवेट स्कूलों के दवाब के कारण
(ii) शिक्षा जारी रखने के लिए
(iii) बच्चों के भविष्य की चिंता के कारण
(iv) शिक्षकों के वेतन के कारण

(ङ) ऑनलाइन शिक्षा एक चुनौती कैसे है?
(i) शिक्षक की अकुशलता के कारण
(ii) तकनीकी रूप से योग्य न होने के कारण
(iii) तकनीकी साधन न होने के कारण
(iv) अभिभावकों की रुचि न होने के कारण

(च) शिक्षकों ने तकनीक को खुले दिल से क्यों सीखा?
(i) ऑनलाइन पढ़ाने की विवशता के कारण
(ii) अपने वेतन के कारण
(iii) बच्चों के भविष्य की चिंता के कारण
(iv) अभिभावकों के भय के कारण

(छ) महामारी के समय में भी शिक्षकों ने शिक्षक होने का बोध कैसे कराया है?
(i) बच्चों की शिक्षा की चिंता द्वारा
(ii) अपनी नौकरी की चिंता द्वारा
(iii) अपने वेतन की चिंता द्वारा
(iv) तकनीक सीखने की हिम्मत द्वारा

(ज) जीवन की सहजता के बाधित होने से आप क्या समझते हैं?
(i) जीवन में हलचल उत्पन्न हो जाना
(ii) जीवन में संकट उत्पन्न हो जाना
(iii) जीवन में संघर्ष का बढ़ जाना
(iv) जीवन में आराम न होना

(झ) भारत में नियम-कानून लागू करना अपने आप में चुनौती क्यों है?
(i) आबादी अधिक होने के कारण
(ii) लोगों के अशिक्षित होने के कारण
(iii) लोगों द्वारा नियम न मानने के कारण
(iv) लोगों में नियम-कानून की समझ न होने के कारण

(ञ) लोगों के जीवन में ऊहापोह की स्थिति कैसे उत्पन्न हो गई?
(i) महामारी आ जाने से
(ii) आर्थिक गतिविधियाँ ठप हो जाने से
(iii) नौकरी चले जाने से
(iv) वेतन न मिलने से

गद्यांश 10

एकांत ढूँढ़ने के कई सकारात्मक कारण हैं। एकांत की चाह किसी ऐसे घायल मन की आह भर नहीं, जो जीवन के काँटों से बिंधकर घायल हो चुका है, एकांत सिर्फ उसके लिए शरणमात्र नहीं, यह उस इंसान की ख्वाइश भर नहीं, जिसे इस संसार में 'फेंक दिया गया हो' और वह फेंक दिए जाने की स्थिति से भयभीत होकर एकांत ढूँढ़ रहा हो। हम जैसे एकांत में होते हैं, वही वास्तव में होते हैं। एकांत हमारी चेतना की अंतर्वस्तु को पूरी तरह उजागर कर देता है। अंग्रेजी का एक शब्द है—'आइसोनोफिलिया'। इसका अर्थ है अकेलापन अर्थात् एकांत से गहरा प्रेम। परंतु इस शब्द को गौर से समझें, तो इसमें अलगाव की एक परछाई भी दिखती है। एकांत प्रेमी हमेशा ही अलगाव की अभेद्य दीवारों के पीछे

छिपना चाह रहा हो, यह भी जरूरी नहीं। एकांत की अपनी एक विशेष सुरभि है और जो भीड़ के अशिष्ट प्रपंचों में फँस चुका हो, ऐसा मन कभी इसका सौंदर्य नहीं देख सकता। एकांत और अकेलेपन में थोड़ा फर्क समझना आवश्यक है। एकांतजीवी में कोई दोष या मनोमालिन्य नहीं होता। वह किसी व्यक्ति या परिस्थिति से तंग आकार एकांत की शरण में नहीं जाता और न ही आतातायी नियति के विषैले बाणों से घायल होकर एकांत की खोज करता है। अंग्रेजी कवि लॉर्ड बायरन ऐसे ही एकांत की बात करते हैं। वे कहते हैं कि ऐसा नहीं कि वे इंसान से कम प्रेम करते हैं, बस प्रकृति से अधिक प्रेम करते हैं।

बुद्ध अपने शिष्यों से कहते हैं कि वे जंगल में विचरण करते हुए गैंडे के सींग की तरह अकेले रहें। वे कहते हैं—'प्रत्येक जीव-जंतु के प्रति हिंसा का त्याग करते हुए, किसी की भी हानि की कामना न करते हुए, अकेले चलो-फिरो, वैसे ही जैसे किसी गैंडे का सींग'। हक्सले 'एकांत के धर्म' या 'रिलीजन ऑफ सोलीट्यूड' की बात करते हैं। वे कहते हैं, जो मन जितना अधिक शक्तिशाली और मौलिक होगा, एकांत के धर्म की तरफ उसका उतना ही अधिक झुकाव होगा। धर्म के क्षेत्र में एकांत, अंधविश्वासों, मतों और धर्मांधता के शोर से दूर ले जाने वाला होता है। इसके अतिरिक्त एकांत धर्म और विज्ञान के क्षेत्र में नई अंतर्दृष्टियों को भी जन्म देता है। ज्यां पॉल सार्त्र इस बारे में बड़ी ही खूबसूरत बात कहते हैं, उनका कहना है—"ईश्वर एक अनुपस्थिति है, ईश्वर ही है इंसान का एकांत।

क्या एकांत लोग इसलिए पसंद करते हैं कि वे किसी को मित्र बनाने में असमर्थ हैं? क्या वे सामाजिक होने की अपनी असमर्थता को छिपाने के लिए एकांत को महिमा मंडित करते हैं? वास्तव में एकांत एक दुधारी तलवार की तरह है। लोग क्या कहेंगे इसका डर भी हमें अकसर एकांत में रहने से रोकता है। यह बड़ी अजीब बात है, क्योंकि जब आप वास्तव में अपने साथ या अकेले होते हैं, तभी इस दुनिया और ईश्वर के साथ अपने गहरे संबंध का अहसास होता है। इस संसार को अधिक गहराई और अधिक समानुभूति के साथ प्रेम करके ही हम अपने दुखदाई अकेलेपन से बाहर आ सकते हैं। **CBSE SQP 2020-21**

(क) उपर्युक्त गद्यांश किस विषय-वस्तु पर आधारित है?
(i) अकेलेपन पर (ii) एकांत पर
(iii) जीवन पर (iv) अध्यात्म पर

(ख) एकांत हमारे जीवन के लिए क्यों आवश्यक है?
(i) परेशानी से भागने के लिए
(ii) आध्यात्मिक चिंतन के लिए
(iii) स्वयं को जानने के लिए
(iv) अशांत मन को शांत करने के लिए

(ग) बायरन मनुष्य से अधिक प्रकृति से प्रेम क्यों करते थे?
(i) प्रकृति की सुंदरता के कारण
(ii) मनुष्य से घृणा के कारण
(iii) एकांत से प्रेम के कारण
(iv) अकेलेपन के कारण

(घ) दु:खद अकेलेपन से कैसे बाहर आया जा सकता है?
(i) संसार से अधिक प्रेम करके
(ii) सच्चे दोस्त बनाकर
(iii) संसार की वास्तविकता को समझकर
(iv) संसार से मुक्त होकर

(ङ) एकांत की खुशबू को कैसे महसूस किया जा सकता है?
(i) संसार से अलग होकर (ii) भीड़ में नहीं रहकर
(iii) एकांत से प्रेम करके (iv) अकेले रहकर

(च) गैंडे के सींग की क्या विशेषता होती है?
(i) वह किसी को हानि नहीं पहुँचाता
(ii) वह सींग नहीं वरन् सींग का अपररूप होता है
(iii) गैंडे अकेले रहते हैं इसलिए सींग भी अकेला रहता है
(iv) वह अपनी दुनिया में ही मस्त रहते हैं

(छ:) धर्म के क्षेत्र में एकांत का क्या योगदान है?
(i) समर्पण की भावना (ii) पूजा और साधना
(iii) धर्मांधता से मुक्ति
(iv) धर्म के वास्तविक स्वरूप की पहचान

(ज) नई अंतर्दृष्टि से आप क्या समझते हैं?
(i) नई खोज (ii) नया अनुसंधान
(iii) नई संकल्पना (iv) नया सिद्धांत

(झ) ईश्वर एक अनुपस्थिति कैसे है?
(i) ईश्वर कभी दिखाई नहीं देते
(ii) ईश्वर कभी उपस्थित नहीं होते
(iii) एकांत में ही ईश्वर महसूस होते हैं
(iv) ईश्वर होते ही नहीं हैं

(ञ) एकांत में रहने का क्या अर्थ है?
(i) मित्र बनाने में असमर्थ होना
(ii) संसार को जानने का अवसर मिलना
(iii) प्रिय लोगों को जानने का अवसर मिलना
(iv) संसार और प्रकृति की सुंदरता को देखना

गद्यांश 11

सिनेमा जगत के अनेक नायक-नायिकाओं, गीतकारों, कहानीकारों और निर्देशकों को हिंदी के माध्यम से पहचान मिली है। यही कारण है कि गैर-हिंदी भाषी कलाकार भी हिंदी की ओर आए हैं। समय और समाज के उभरते सच को परदे पर पूरी अर्थवत्ता में धारण करने वाले ये लोग दिखावे के लिए भले ही अंग्रेजी के आग्रही हों, लेकिन बुनियादी और जमीनी हकीकत यही है कि इनकी पूँजी, इनकी प्रतिष्ठा का एकमात्र निमित्त हिंदी ही है। लाखों-करोड़ों दिलों की धड़कनों पर राज करने वाले ये सितारे फिल्म और भाषा के सबसे बड़े प्रतिनिधि हैं।

'छोटा परदा' ने आम जनता के घरों में अपना मुकाम बनाया, तो लगा हिंदी आम भारतीय की जीवन-शैली बन गई। हमारे आद्यग्रंथों, रामायण और महाभारत को जब हिंदी में प्रस्तुत किया गया, तो सड़कों का कोलाहल सन्नाटे में बदल गया। 'बुनियाद' और 'हम लोग' से शुरू हुआ सोप ऑपेरा का दौर हो या सास-बहू धारावाहिकों का, ये सभी हिंदी की रचनात्मकता और उर्वरता के प्रमाण हैं। 'कौन बनेगा करोड़पति' से करोड़पति चाहे जो बने हों, पर सदी के महानायक की हिंदी हर दिल की धड़कन और हर धड़कन की भाषा बन गई। सुर और संगीत की प्रतियोगिताओं में कर्नाटक, गुजरात, महाराष्ट्र, असम, सिक्किम जैसे गैर-हिंदी क्षेत्रों के कलाकारों ने हिंदी गीतों के माध्यम से पहचान बनाई। ज्ञान गंभीर 'डिस्कवरी' चैनल हो या बच्चों को रिझाने-लुभाने वाला 'टाम ऐंड जेरी'—इनकी हिंदी उच्चारण की मिठास और गुणवत्ता अद्भुत, प्रभावी और ग्राह्य है। धर्म-संस्कृति, कला-कौशल, ज्ञान-विज्ञान सभी कार्यक्रम हिंदी की संप्रेषणीयता के प्रमाण हैं। **CBSE SQP 2019-20**

(क) प्रस्तुत गद्यांश के लिए सर्वाधिक उपयुक्त शीर्षक है
(i) रामायण ग्रंथ
(ii) हिंदी भाषा तथा सिनेमा जगत
(iii) फिल्म अभिनेता
(iv) फिल्मी सितारे

(ख) छोटा परदा से तात्पर्य है
(i) रेडियो
(ii) टेलीविजन
(iii) थियेटर
(iv) कंप्यूटर

(ग) किसके माध्यम से हिंदी आम भारतीयों की भाषा बन गई?
(i) बोलचाल (ii) इंटरनेट
(iii) फारसी (iv) टेलीविजन

(घ) 'सदी का महानायक' से लेखक का संकेत किस फिल्मी सितारे की ओर है?
(i) शाहरूख खान (ii) अमिताभ बच्चन
(iii) सलमान खान (iv) ओमपुरी

(ङ) किसके कारण हिंदी भाषा में उच्चारण की मिठास और गुणवत्ता आई?
(i) फिल्म (ii) टी. वी.
(iii) (i) और (ii) दोनों (iv) कंप्यूटर

(च) उच्चारण शब्द में उपसर्ग है
(i) उच् (ii) उत्
(iii) रण (iv) उच्च

(छ) किस नाटक द्वारा अमिताभ बच्चन की हिंदी भाषा प्रत्येक धड़कन की भाषा बन गई?
(i) बिग बॉस (ii) सी. आई. डी.
(iii) कौन बनेगा करोड़पति (iv) खुल जा सिम-सिम

(ज) लोकप्रिय धारावाहिकों के उल्लेख द्वारा लेखक हिंदी के किस प्रमाण को सिद्ध करना चाहता है?
(i) अवतार (ii) रचनात्मकता
(iii) उर्वरता (iv) (ii) व (iii) दोनों

(झ) हम लोगों द्वारा किन धारावाहिकों को हिंदी भाषा में प्रस्तुत किया गया?
(i) रामायण (ii) महाभारत
(iii) बुनियाद (iv) ये सभी

(ञ) निम्नलिखित कथन-कारण को ध्यानपूर्वक पढ़िए और उसके बाद दिए गए विकल्पों में से कोई एक सही विकल्प चुनकर लिखिए।
कथन (A) गैर-हिंदी भाषी कलाकार भी हिंदी की ओर आए है।
कारण (R) हिंदी माध्यम से पहचान, प्रतिष्ठा एवं धन सम्पत्ति प्राप्त करना है।
(i) कथन (A) और कारण (R) दोनों सही हैं तथा कारण (R) कथन (A) की सही व्याख्या करता है।
(ii) कथन (A) गलत है, लेकिन कारण (R) सही है।
(iii) कथन (A) तथा कारण (R) दोनों गलत हैं।
(iv) कथन (A) सही है, लेकिन कारण (R) उसकी गलत व्याख्या करता है।

गद्यांश 12

गंगा दशहरा जब आता है, तो मेरे भीतर कोई सुर बजने लगता है। गंगोत्री पर उनींदी नींद का साया था और वह सुर मुझे बाहर की ओर खींच रहा था। मैं अचानक उठकर कमरे से बाहर आ गया और ईशावस्त्र आश्रम से गंगा को अपने पूरे वेग से बहते देखता रहा। उजेरिया रात थी। बर्फ में नहाई भगीरथी चोटियाँ और गंगा का स्वर। उस रात में सिर्फ गंगा का स्वर ही सुनाई दे रहा था। वह स्वर था या कोई सुर। मैं उस सुर में खो सा गया।

गंगोत्री से नीचे आकर वैसा सुर रह भी नहीं जाता। गंगा अपने हर पड़ाव पर एक अलग सुर में नज़र आती है। सोचता हूँ कि गंगा ने धरती पर आने के लिए आखिर क्या समय चुना था? जेठ की तपती दोपहरी में वह आई थी। साल के जिस पड़ाव पर पानी की सबसे ज़्यादा ज़रूरत महसूस होती है, उसी समय आई थी माँ गंगा। दशमी के दिन ही माँ गंगा धरती पर आई थी। दरअसल, भगीरथ ने स्वर्ग में बसी गंगा को धरती पर आने के लिए मना तो लिया था, लेकिन उस समय वह लरजती, गरजती अल्हड़ नदी थी। उन्हें माँ बनाकर भेजा था महादेव ने।

वह अपने स्वर्ग को छोड़कर धरती पर चली आई थीं। स्वर्ग के लिए तो शायद उनका अल्हड़पन ठीक होगा, लेकिन धरती के लिए वह ठीक नहीं था। धरती के लिए तो माँ गंगा की ही ज़रूरत थी। वह गंगा जो हम तपते हुए लोगों को तृप्त कर सके। अपने प्रवाह में हमारे सारे पापों को बहाकर ले जाए। हरिद्वार की गंगा का सुर गंगोत्री के सुर से कितना अलग है? कितनी मैली नज़र आती है गंगा। कैसे डुबकी लगाऊँ। उसकी वजह क्या हम ही तो नहीं हैं। मैं उस प्रवाह में आचमन-सा करता हूँ। मन ही मन सोचता हूँ—हे गंगा मैया, आपकी तरह हमारे जीवन का प्रवाह भी बहता रहे।

CBSE SQP 2018-19

(क) प्रस्तुत गद्यांश का उपयुक्त शीर्षक होगा
(i) गंगोत्री (ii) चारोधाम
(iii) गंगा की महत्ता (iv) गंगासागर

(ख) किस आश्रम से लेखक ने गंगा को अपने पूरे वेग से बहते देखा?
(i) सरस्वती आश्रम (ii) ईशावस्त्र आश्रम
(iii) याज्ञवल्क्य आश्रम (iv) यमुना आश्रम

(ग) गंगा के स्वर को लेखक क्या कहता है?
(i) शब्द (ii) कंठक
(iii) सुर (iv) लहर

(घ) गंगा के धरती पर आने के कारण हैं
(i) पानी की जरूरत को पूरा करना
(ii) लोगों की प्यास बुझाना
(iii) लोगों के पापों को बहाकर ले जाना
(iv) उपरोक्त सभी

(ङ) माँ गंगा किस दिन धरती पर आई थी?
(i) दशमी (ii) अष्टमी (iii) नवमी (iv) सप्तमी

(च) गंगा मैया किसको छोड़कर धरती पर चली आई थी?
(i) नरक (ii) स्वर्ग
(iii) पाताल (iv) भूगर्भ

(छ) लेखक के अनुसार, किसका पानी साफ व स्वच्छ है?
(i) गंगा (ii) यमुना
(iii) गंगोत्री (iv) नर्मदा

(ज) गंगा नदी के जल के प्रवाह की ध्वनि कैसी लगती है?
(i) मधुर
(ii) कर्णप्रिय
(iii) (i) और (ii) दोनों
(iv) अप्रिय

(झ) लेखक को गंगा कैसी नज़र आती है?
(i) अपवित्र (ii) पवित्र
(iii) मैली (iv) नवीन

(ञ) निम्नलिखित कथन-कारण को ध्यानपूर्वक पढ़िए और उसके बाद दिए गए विकल्पों में से कोई एक सही विकल्प चुनकर लिखिए।

कथन (A) गंगा दशहरे के पर्व को देखकर लेखक के भीतर का सुर बजने लगता है।

कारण (R) लेखक की इस पर्व तथा गंगा का प्रति आस्था है।
(i) कथन (A) और कारण (R) दोनों सही हैं तथा कारण (R) कथन (A) की सही व्याख्या करता है।
(ii) कथन (A) गलत है, लेकिन कारण (R) सही है।
(iii) कथन (A) तथा कारण (R) दोनों गलत हैं।
(iv) कथन (A) सही है, लेकिन कारण (R) उसकी गलत व्याख्या करता है।

गद्यांश 13

अरस्तू के अनुसार त्रासदी के छः आवश्यक तत्त्व हैं, कथानक, चरित्र, विचार, संभाषण, संगीत और दृश्यता। इनमें से पहले तीन तत्त्वों को कलाकृति के आंतरिक तत्त्वों के रूप में लिया जा सकता है और शेष तीन तत्त्वों को उसके बाहरी तत्त्वों के रूप में। यह कहने की आवश्यकता नहीं कि बाहरी तत्त्वों की अपेक्षा आंतरिक तत्त्वों का महत्त्व कहीं ज्यादा हुआ करता है। इन आंतरिक तत्त्वों में भी सबसे पहले क्रम पर अरस्तू ने कथानक को रखा है। ध्यान देने की बात है कि अरस्तू ने कहानी की अपेक्षा कथानक शब्द का प्रयोग किया है। प्रायः हम कहानी और कथानक इन दोनों शब्दों को एक ही अर्थ में इस्तेमाल करने के आदी हैं, लेकिन देखा जाए तो उन दोनों में बहुत अंतर है। कहानी का किसी कृति की संपूर्णता से संबंध है, जबकि कथानक का संबंध उस संपूर्ण कहानी में से लिए गए किसी प्रसंग विशेष से हुआ करता है।

यदि इसी बात को लेकर यूनानी नाटकों का उदाहरण दिया जाए तो राजा ईडिपस की तीन चौथाई कहानी नाटक आरंभ होने से पहले ही घटित हो चुकी है। नाटककार ने मात्र राजा ईडिपस द्वारा सत्य का पता लगाने से संबद्ध घटनाओं को अपने नाटक का आधार बनाया है। स्पष्ट है कि उसने एक संपूर्ण रचना में से प्रसंग विशेष का चयन किया। अरस्तू का मानना है कि कथानक ही सबसे मुख्य तत्त्व है, जिस पर बाकी सभी तत्त्व आश्रित रहते हैं। दूसरे शब्दों में कहें तो कथानक नाटक के शरीर की तरह है, जिसमें बाकी सभी अंग जुड़े रहते हैं। यहाँ हम याद कर सकते हैं कि भारत ने भी नाटक के शब्दों को उसके शरीर की संज्ञा दी है। इसमें कोई संदेह नहीं कि किसी भी नाटक की समीक्षा अथवा आलोचना के लिए कथानक ही उस पहली कड़ी का काम करता है, जिसके माध्यम से हम उसके दूसरे तत्त्वों तक पहुँचते हैं। **CBSE SQP 2017-18**

(क) प्रस्तुत गद्यांश का उपयुक्त शीर्षक होगा
(i) अवशेष (ii) त्रासदी के तत्त्व
(iii) नाटक (iv) अरस्तू

(ख) कलाकृति के आंतरिक तत्त्व से अभिप्राय है
(i) कथानक (ii) चरित्र (iii) विचार (iv) ये सभी

(ग) अरस्तू के अनुसार, त्रासदी के आवश्यक कितने तत्त्व हैं?
(i) चार (ii) पाँच (iii) छः (iv) सात

(घ) नाटक का सबसे मुख्य अंश है
(i) कथानक (ii) घटना
(iii) सहयोगी (iv) संवाद

(ङ) संभाषण किसके अंतर्गत आते हैं?
(i) आंतरिक तत्त्वों (ii) बाहरी तत्त्वों
(iii) समाज के (iv) नैतिक तत्त्वों के

(च) किस राजा की तीन-चौथाई कहानी नाटक आरंभ होने से पहले ही घटित हो चुकी है?
(i) राजा दशरथ (ii) राजा चंद्रसेन
(iii) राजा ईडिपस (iv) राजा दुष्यंत

(छ) त्रासदी के आवश्यक तत्त्व नहीं है
(i) कथानक (ii) चरित्र
(iii) संभाषण (iv) प्रदूषण

(ज) किसकी समीक्षा एवं आलोचना के लिए कथानक पहली कड़ी का काम करता है?
(i) संपादक (ii) नाटक
(iii) कविता (iv) डायरी

(झ) नाटक के शरीर की तरह कौन होता है?
(i) कथानक (ii) मनुष्य
(iii) पशु (iv) प्रयोग

(ञ) निम्नलिखित कथन-कारण को ध्यानपूर्वक पढ़िए और उसके बाद दिए गए विकल्पों में से कोई एक सही विकल्प चुनकर लिखिए।

कथन (A) बाहरी तत्त्वों की अपेक्षा आंतरिक तत्त्वों का महत्त्व ज्यादा होता है।

कारण (R) आंतरिक तत्त्वों में सबसे मुख्य तत्त्व कथानक है।
(i) कथन (A) और कारण (R) दोनों सही हैं तथा कारण (R) कथन (A) की सही व्याख्या करता है।
(ii) कथन (A) गलत है, लेकिन कारण (R) सही है।
(iii) कथन (A) तथा कारण (R) दोनों गलत हैं।
(iv) कथन (A) सही है, लेकिन कारण (R) उसकी गलत व्याख्या करता है।

गद्यांश 14

दबाव में काम करना व्यक्ति के लिए अच्छा है या नहीं, इस बात पर प्रायः बहस होती है। कहा जाता है कि व्यक्ति अत्यधिक दबाव में नकारात्मक भावों को अपने ऊपर हावी कर लेता है, जिससे उसे अक्सर कार्य में असफलता प्राप्त होती है। वह अपना मानसिक और शारीरिक स्वास्थ्य भी खो बैठता है। दबाव को यदि ताकत बना लिया जाए, तो न सिर्फ सफलता प्राप्त होती है, बल्कि व्यक्ति कामयाबी के नए मानदंड रचता है। ऐसे बहुत सारे उदाहरण हैं जब लोगों ने अपने काम के दबाव को अवरोध नहीं, बल्कि ताकत बना लिया। 'सुख-दुःख, सफलता-असफलता, शांति-क्रोध और क्रिया-कर्म हमारे दृष्टिकोण पर ही निर्भर करता है।' जोंस सिल्वा इस बात से सहमत होते हुए अपनी पुस्तक 'यू द हीलर' में लिखते हैं कि

मन-मस्तिष्क को चलाता है और मस्तिष्क शरीर को। इस तरह शरीर मन के आदेश का पालन करता हुआ काम करता है।

दबाव में व्यक्ति यदि सकारात्मक होकर काम करे, तो वह अपना सर्वश्रेष्ठ प्रदर्शन करने में कामयाब होता है। दबाव के समय मौजूद समस्या पर ध्यान केंद्रित करने और बोझ महसूस करने की बजाय यदि यह सोचा जाए कि हम अत्यंत सौभाग्यशाली हैं, जो एक कठिन चुनौती को पूरा करने के लिए तत्पर है, तो हमारी बेहतरीन क्षमताएँ स्वयं जागृत हो उठती हैं। हमारा दिमाग जिस चीज़ पर भी अपना ध्यान केंद्रित करने लगता है, वह हमें बढ़ती प्रतीत होती है। यदि हम अपनी समस्याओं के बारे में सोचेंगे, तो वे और बड़ी होती महसूस होंगी। अगर अपनी शक्तियों पर ध्यान केंद्रित करेंगे, तो वे भी बड़ी महसूस होंगी। इस बात को हमेशा ध्यान में रखना चाहिए कि 'जीतना एक आदत है, पर अफसोस! हारना भी आदत ही है'।

All India 2017

(क) अत्यधिक दबाव में नकारात्मक कार्य करने का प्रभाव क्या पड़ता है?
   (i) मानसिक एवं शारीरिक स्वास्थ्य क्षीण होने लगता है
   (ii) मन व मस्तिष्क का संतुलन स्थापित होता है
   (iii) समस्याएँ अपना रूप विकट कर लेती हैं
   (iv) सामाजिक रूप से मनुष्य प्रताड़ित अनुभव करता है

(ख) 'जो व्यक्ति काम के दबाव को अवरोध नहीं, बल्कि ताकत बना लेता है, वह
   (i) सफलता के दुष्कर मार्ग पर चलता है
   (ii) सफलता व कामयाबी के नए सोपान रचता है
   (iii) सफलता प्राप्त करने हेतु अन्य लोगों के लिए प्रेरणा बनता है
   (iv) स्वयं अपनी मानसिक क्षमता का परिक्षण कर जाता है

(ग) मनुष्य अपना सर्वश्रेष्ठ प्रदर्शन कब कर सकता है?
   (i) जब वह मौजूदा समस्या पर ध्यान केंद्रित करता है।
   (ii) जब वह अपनी शक्तियों पर ध्यान केंद्रित करता है।
   (iii) जब वह सकारात्मक होकर बेहतरीन क्षमता से कार्य करता है।
   (iv) जब वह सजग एवं जाग्रत होता है

(घ) 'मन मस्तिष्क को चलाता है और मस्तिष्क शरीर को' कथन के माध्यम से जोंस सिल्वा क्या कहना चाहता है?
   (i) सशक्त व दृढ़ इच्छा शक्ति से मनुष्य कठिन-से-कठिन कार्य भी कर सकता है।
   (ii) शरीर के स्वास्थ्य पर मन का प्रभाव पड़ता है।
   (iii) निर्भीक व्यक्ति का शरीर स्वस्थ व सशक्त होता है।
   (iv) निडर व्यक्ति सदैव स्वस्थ रहता है।

(ङ) चुनौती का सामना किस तरह से किया जाना चाहिए?
   (i) चुनौती को समझ कर चिंतन करना चाहिए
   (ii) चुनौती को अवसर मानकर बेहतरीन क्षमताएँ सृजन करनी चाहिए
   (iii) चुनौती को सौभाग्य मानकर अपना लेना चाहिए
   (iv) चुनौती को सकारात्मक रहकर विचार करना चाहिए

(च) मनुष्य अपनी शक्तियों में वृद्धि कैसे कर सकता है?
   (i) सकारात्मक सोच के साथ अपनी शक्ति व सामर्थ्य पर विश्वास करके।
   (ii) शक्ति व चिंतन को विकसित करके।
   (iii) नकारात्मक भावों को नियंत्रित करके।
   (iv) कार्य के अच्छे या बुरे होने की बहस में समय व्यर्थ ना करके।

(छ) निम्नलिखित कथनों पर विचार कीजिए।
   1. कार्य के दबाव को नकारात्मक भाव से अपनाने वाला व्यक्ति असफल हो जाता है।
   2. कार्य के दबाव को चुनौतीपूर्ण मानकर सकारात्मकता से परिपूर्ण रहने पर सफलता अर्जित की जा सकती है।
   3. कार्य की सफलता या कठिनाई मनुष्य के दृष्टिकोण पर निर्भर करती है।

   उपर्युक्त कथनों में से कौन-सा/से कथन सही है/हैं?
   (i) 1, 2 और 3 (ii) 2 और 3
   (iii) 1 और 3 (iv) 1 और 2

(ज) निम्नलिखित कथन-कारण को ध्यानपूर्वक पढ़िए एवं उसके बाद दिए गए विकल्पों में से सही विकल्प का चयन कीजिए।
   कथन (A) ''जीतना एक आदत है, पर अफसोस! हारना भी आदत ही है।''
   कारण (R) जीत व हार मनुष्य के दृष्टिकोण पर निर्भर है। सकारात्मक दृष्टिकोण रखने पर सफलता व नकारात्मक होने पर असफलता निश्चित है।
   (i) कथन (A) और कारण (R) दोनों सही हैं तथा कारण (R) कथन (A) की सही व्याख्या करता है।
   (ii) कथन (A) गलत है, लेकिन कारण (R) सही है।
   (iii) कथन (A) और कारण (R) दोनों गलत हैं।
   (iv) कथन (A) सही है, लेकिन कारण (R) उसकी गलत व्याख्या करता है।

(झ) मनुष्य के दृष्टिकोण पर क्या निर्भर करता है?
   (i) प्राकृतिक आपदाएँ और विपदाएँ
   (ii) सुख-दुख, सफलता-असफलता, शांति-क्रोध, क्रिया-कर्म
   (iii) सामाजिक समस्याओं के विषय
   (iv) उपरोक्त में से कोई नहीं

(ञ) मन मस्तिष्क को चलाता है और मस्तिष्क शरीर को। यह जोंस सिल्वा की किस पुस्तक में लिखा है?
   (i) दा मर्चेंट ऑफ वेनिस (ii) यू द हीलर
   (iii) युद्ध यात्रा (iv) कामायनी

गद्यांश 15

प्रसिद्ध दार्शनिक नीत्शे एक ऐसा देवता तलाश रहे थे, जो मनुष्य की पहुँच में हो। उसी की तरह नाच-गा सके। जीवन से भरपूर हो। हँसे-रोए, काम करे-कराए बिलकुल आदमी की तरह। नीत्शे को ऐसा देवता नहीं मिला तो उसने कह दिया, ''ईश्वर मर गया है।''

लगता है कि नीत्शे को कृष्ण की जानकारी नहीं थी। वे नाचते, गाते हैं, काम करते हैं और योगी भी हैं-कर्मयोगी भी। काम करो, बाकी सब भूल जाओ-यह है उनका अनासक्त कर्म। यहाँ तक कि काम के फल की भी इच्छा मत करो-कर्मण्येवाधिकारस्ते।

अजीब विरोधाभास है। काम करने का निराला ढंग है कि काम तो पूरे मन से करो, ईश्वर का आदेश समझकर करो पर उससे परे भी रहो। काम पूरा होते अनासक्त हो जाओ। यों कृष्ण जो भी करते है उसमें गजब की आसक्ति दिखाई देती है— चाहे ग्वाले का काम हो, रसिक बिहारी का हो, सारथि का हो, उपदेष्टा या मार्गदर्शक का, वे मनोयोग से अपनी

भूमिका निभाते दिखाई पड़ते हैं और अगले ही क्षण उससे अलग, जैसे कमल के पत्ते पर पड़ा पानी। जीवन का प्रत्येक पल पूरेपन से जीना और चिपकना नहीं, यही अनासक्ति है। उनमें कहीं अधूरापन दिखाई ही नहीं देता। पीछे मुड़ने का उन्हें अवकाश ही नहीं है। यह कृष्ण जैसा कर्मयोगी ही कर सकता है। वे विश्वरूप हैं, परंतु अहंकार का कहीं नाम तक नहीं। गाय चराने या रथ हाँकने का काम करने में भी उन्हें कोई हिचक नहीं। **Delhi 2016**

(क) 'ईश्वर मर गया है' यह नीत्शे ने क्यों कहा था?
(i) उन्हें मानविक संवेदनाओं से युक्त ईश्वर नहीं मिला।
(ii) उन्हें नाचने-गाने वाला ईश्वर नहीं मिला।
(iii) उन्हें आदर्श गुणों से युक्त ईश्वर नहीं मिला।
(iv) उन्हें मानवीय मूल्यों व भावों वाला ईश्वर मिला।

(ख) मनुष्य का किस पर अधिकार है?
(i) कर्म करने पर (ii) क्रिया-कार्य की सार्थकता पर
(iii) फल की प्राप्ति पर (iv) कार्य करने के समय पर

(ग) किसमें अधूरापन दिखाई नहीं देता है?
(i) कर्मयोगी कृष्ण में (ii) आसक्ति में
(iii) विश्वरूपी ईश्वर में (iv) अनासक्ति में

(घ) अनासक्ति से क्या तात्पर्य है?
(i) कार्य की सततता
(ii) कर्म का फल
(iii) कर्म करो-फल की कामना नहीं करना
(iv) कर्मयोग

(ङ) कृष्ण की विविध भूमिकाओं में से कौन-सी भूमिका नहीं है?
(i) कर्मयोगी (ii) मार्गदर्शक
(iii) आसक्ति (iv) रसिक बिहारी

(च) कृष्ण के जीवन दर्शन में विरोधाभास क्या है?
(i) कार्य के पूर्ण होते ही अनासक्त हो जाना
(ii) कार्य को पूर्ण मन से करना
(iii) कार्य के अधूरेपन के प्रति उदासीनता प्रदर्शित करना
(iv) जीवन के पूर्णतया से यापन करना

(छ) निम्नलिखित कथनों पर विचार कीजिए।
1. कृष्ण की लीलाएँ निराली हैं, वे कर्मयोगी भी हैं और अनासक्त भी।
2. कृष्ण संपूर्ण है, किंतु अहंकार से युक्त नहीं है।
3. कृष्ण मार्गदर्शक, पशु-प्रेमी, मित्र, ग्वाले सभी भूमिकाओं को पूर्ण मनोयोग से करते हैं, किंतु उनसे अलग भी हो जाते हैं।

उपर्युक्त कथनों में से कौन-सा/से कथन सही है/हैं?
(i) केवल 3 (ii) 1 और 3
(iii) 1 और 2 (iv) केवल 1

(ज) निम्नलिखित कथन-कारण को ध्यानपूर्वक पढ़िए उसके बाद दिए गए विकल्पों में से कोई एक सही विकल्प चुनकर लिखिए।
कथन (A) काम करो, बाकी सब भूल जाओ- यह है उनका अनासक्त कर्म।
कारण (R) कृष्ण कर्म करने की महत्ता को प्रतिपादित करते हैं तथा फल के मोह को त्यागने की प्रेरणा देते हैं।
(i) कथन (A) और कारण (R) दोनों सही हैं तथा कारण (R) कथन (A) की सही व्याख्या करता है।
(ii) कथन (A) गलत है, लेकिन कारण (R) सही है।
(iii) कथन (A) तथा कारण (R) दोनों गलत हैं।
(iv) कथन (A) सही है, लेकिन कारण (R) उसकी गलत व्याख्या करता है।

(झ) प्रस्तुत गद्यांश के अनुसार 'विश्वरूप' किसे कहा गया है?
(i) कृष्ण को (ii) लेखक को (iii) कर्म को (iv) साहित्य को

(ञ) कृष्ण जो भी कार्य करते हैं, उसमें उनकी क्या दिखाई देती है?
(i) उदासीनता (ii) अवहेलना (iii) आसक्ति (iv) उदारता

गद्यांश 16

जब समाचार-पत्रों में सर्वसाधारण के लिए कोई सूचना प्रकाशित की जाती है, तो उसको विज्ञापन कहते हैं। यह सूचना नौकरियों से संबंधित हो सकती है, खाली मकान को किराए पर उठाने के संबध में हो सकती है या किसी औषधि के प्रचार से संबंधित हो सकती है। कुछ लोग विज्ञापन के आलोचक हैं। वे इसे निरर्थक मानते हैं। उनका मानना है कि यदि कोई वस्तु यथार्थ रूप में अच्छी है, तो वह बिना किसी विज्ञापन के ही लोगों के बीच लोकप्रिय हो जाएगी, जबकि खराब वस्तुएँ विज्ञापन की सहायता पाकर भी भंडाफोड़ होने पर बहुत दिनों तक टिक नहीं पाएँगी, परंतु लोगों की यह सोच गलत है।

आज के युग में मानव का प्रचार-प्रसार का दायरा व्यापक हो चुका है। अतः विज्ञापनों का होना अनिवार्य हो जाता है। किसी अच्छी वस्तु की वास्तविकता से परिचित हो पाना आज के विशाल संसार में विज्ञापन के बिना नितांत असंभव है। विज्ञापन ही वह शक्तिशाली माध्यम है, जो हमारी जरूरत की वस्तुएँ प्रस्तुत करता है, उनकी माँग बढ़ाता है और अंततः हम उन्हें जुटाने चल पड़ते हैं। यदि कोई व्यक्ति या कंपनी किसी वस्तु का निर्माण करती है, उसे उत्पादक कहा जाता है। उन वस्तुओं और सेवाओं को खरीदने वाला उपभोक्ता कहलाता है। विज्ञापन इन दोनों को जोड़ने का कार्य करता है। वह उत्पादक को उपभोक्ता के संपर्क में लाता है तथा माँग और पूर्ति में संतुलन स्थापित करने का प्रयत्न करता है।

पुराने जमाने में किसी वस्तु की अच्छाई का विज्ञापन मौखिक तरीके से होता था। काबुल का मेवा, कश्मीर की जरी का काम, दक्षिण भारत के मसाले आदि वस्तुओं की प्रसिद्धि मौखिक रूप से होती थी। उस समय आवश्यकता भी कम होती थी तथा लोग किसी वस्तु के अभाव की तीव्रता का अनुभव नहीं करते थे। आज समय तेजी का है। संचार-क्रांति ने ज़िंदगी को स्पीड दे दी है। मनुष्य की आवश्यकताएँ बढ़ती जा रही हैं, इसलिए विज्ञापन मानव-जीवन की अनिवार्यता बन गया है। **All India 2015**

(क) कुछ लोग विज्ञापन को निरर्थक क्यों मानते हैं?
(i) वस्तु की गुणवत्ता से वह स्वयं लोकप्रिय हो जाती है।
(ii) वस्तु के विज्ञापन पर अनावश्यक खर्च लागत को बढ़ाता है।
(iii) विज्ञापन उपभोक्ताओं को भ्रमित कर देता है।
(iv) विज्ञापन की वस्तु की उपयोगिता को जाँचा नहीं जा सकता।

(ख) आज के प्रचार-प्रसार के युग में विज्ञापन क्यों अनिवार्य है?
(i) विज्ञापन लोगों का ज्ञान बढ़ाता है।
(ii) विज्ञापन से वस्तु की वास्तविकता का ज्ञान संभव हो जाता है।
(iii) माँग एवं पूर्ति में संतुलन स्थापित होता है।
(iv) उपभोक्ता के अनुरूप वस्तुओं का उत्पादन बढ़ता है।

(ग) विज्ञापन किसे जोड़ने का कार्य करता है?
(i) उत्पादक एवं उपभोक्ता को
(ii) प्रचारक एवं उपभोक्ता को
(iii) उत्पादक एवं प्रचारक को
(iv) बाजार व उत्पादक को

(घ) प्राचीन समय में वस्तु की अच्छाई का विज्ञापन कैसे किया जाता था?
(i) मौखिक
(ii) लिखित
(iii) तथ्य आधारित
(iv) सामाजिक एवं आर्थिक

(ङ) प्राचीन समय में लोग वस्तुओं के अभाव की तीव्रता को अनुभव क्यों नहीं करते थे?
(i) उस समय विज्ञापनों का अभाव था।
(ii) उस समय मौखिक प्रचार होता था।
(iii) उस समय सीमित आवश्यकताएँ थीं।
(iv) संचार साधनों का अभाव था।

(च) विज्ञापन माँग व पूर्ति में संतुलन कैसे स्थापित करता है?
(i) उपभोक्ता की आवश्यकताओं से उत्पादक को अवगत कराता है, जिससे उसी के अनुरूप पूर्ति सुनिश्चित की जा सके।
(ii) उपभोक्ता की आर्थिक स्थिति व बाजार कीमतों के अनुरूप उत्पादन को सुनिश्चित करता है।
(iii) वस्तुओं की गुणवत्ता के आधार पर पूर्ति बढ़ती है।
(iv) वस्तु की बाजार में माँग को सुनिश्चित करता है।

(छ) निम्नलिखित कथनों पर विचार कीजिए।
1. कुछ लोगों का मानना है कि वस्तु की गुणवत्ता ही उसके प्रचार को निश्चित करती है।
2. विज्ञापन अच्छी वस्तु की वास्तविकता से परिचित करवाता है।
3. आज के आधुनिक युग में विज्ञापनों का अधिक महत्त्व नहीं रह गया है।

उपर्युक्त कथनों में से कौन-सा/से कथन सही है/हैं?
(i) 1 और 2 (ii) केवल 3
(iii) केवल 1 (iv) 2 और 3

(ज) निम्नलिखित कथन कारण को ध्यानपूर्वक पढ़िए उसके बाद दिए गए विकल्पों में से सही विकल्प चुनिए।

कथन (A) मनुष्य की आवश्यकताएँ बढ़ती जा रही हैं, इसलिए विज्ञापन मानव-जीवन की अनिवार्यता बन गया है।

कारण (R) असीमित वस्तुओं में से सही वस्तु के चयन में विज्ञापन की अनिवार्यता बहुत अधिक हो गई है।
(i) कथन (A) और कारण (R) दोनों सही हैं तथा कारण (A) कथन (R) की सही व्याख्या करता है।
(ii) कथन (A) गलत है, लेकिन कारण (R) सही है।
(iii) कथन (A) तथा कारण (R) दोनों गलत हैं।
(iv) कथन (A) सही है, लेकिन कारण (R) उसकी गलत व्याख्या करता है।

(झ) समाचार-पत्रों में सर्वसाधारण के लिए कोई सूचना प्रकाशित की जाती है, तो उसे कहते हैं
(i) विज्ञापन (ii) आलोचना
(iii) शास्त्र (iv) साहित्य

(ञ) विज्ञापन किस विषय से संबंधित होते हैं?
(i) नौकरियों से संबंधित
(ii) औषधी के प्रचार से संबंधित
(iii) खाली मकान को किराये पर उठाने से संबंधित
(iv) उपरोक्त सभी

गद्यांश 17

बड़ी चीज़ें बड़े संकटों में विकास पाती हैं, बड़ी मुसीबतों में पलकर दुनिया पर कब्जा करती हैं। अकबर ने तेरह साल की उम्र में अपने पिता के दुश्मन को परास्त कर दिया था जिसका एकमात्र कारण यह था कि अकबर का जन्म रेगिस्तान में हुआ था और वह भी उस समय, जब उसके पिता के पास एक कस्तूरी को छोड़कर और कोई दौलत नहीं थी। महाभारत में देश के अधिकांश वीर कौरवों के पक्ष में थे। मगर फिर भी जीत पांडवों की हुई, क्योंकि उन्होंने लाक्षागृह की मुसीबत झेली थी, क्योंकि उन्होंने वनवास के जोखिम को पार किया था। विंस्टन चर्चिल ने कहा है कि ज़िंदगी की सबसे बड़ी सिफत हिम्मत है। आदमी के और सारे गुण उसके हिम्मती होने से ही पैदा होते हैं। ज़िंदगी की दो ही सूरतें हैं। एक तो यह कि आदमी बड़े-से-बड़े मकसद के लिए कोशिश करे, जगमगाती हुई जीत पर पंजा डालने के लिए हाथ बढ़ाए और अगर असफलताएँ कदम-कदम पर जोश की रोशनी के साथ अँधियाली का जाल बुन रही हों, तब भी वह पीछे को पाँव न हटाए। दूसरी सूरत यह है कि उन गरीब आत्माओं का हमजोली बन जाए जो न तो बहुत अधिक सुख पाती हैं और न जिन्हें बहुत अधिक दु:ख पाने का ही संयोग है, क्योंकि वे आत्माएँ ऐसी गोधूलि में बसती हैं जहाँ न तो जीत हँसती है और न कभी हार के रोने की आवाज़ सुनाई देती है। इस गोधूलि वाली दुनिया के लोग बँधे हुए घाट का पानी पीते हैं। वे ज़िंदगी के साथ जुआ नहीं खेल सकते। और कौन कहता है कि पूरी ज़िंदगी को दाँव पर लगा देने में कोई आनंद नहीं है? अगर रास्ता आगे ही निकल रहा हो, तो फिर असली मजा तो पाँव बढ़ाते जाने में ही है।

साहस की ज़िंदगी सबसे बड़ी ज़िंदगी होती है। ऐसी ज़िंदगी की सबसे बड़ी पहचान यह है कि वह बिलकुल निडर, बिलकुल बेखौफ़ होती है। साहसी मनुष्य की पहली पहचान यह है कि वह इस बात की चिंता नहीं करता कि तमाशा देखने वाले लोग उसके बारे में क्या सोच रहे हैं। जनमत की उपेक्षा करके जीने वाला आदमी दुनिया की असली ताकत होता है और मनुष्यता को प्रकाश भी उसी आदमी से मिलता है। अड़ोस-पड़ोस को देखकर चलना, यह साधारण जीव का काम है। क्रांति करने वाले लोग अपने उद्देश्य की तुलना न तो पड़ोसी के उद्देश्य से करते हैं और न अपनी चाल को ही पड़ोसी की चाल देखकर मद्धिम बनाते हैं। **Delhi 2014**

(क) अकबर और पांडवों की महान बनने की यात्रा में क्या समानता है?
(i) दोनों ने अनेक संकटों का सामना करते हुए सफलता प्राप्त की थी।
(ii) दोनों को ही अनेक लोगों ने सहयोग दिया था।
(iii) दोनों भारत के महान शासकों में गिने जाते हैं।
(iv) दोनों के पास संसाधनों का अभाव था।

(ख) विंस्टल चर्चिल ने यह क्यों कहा है कि जिंदगी की सबसे बड़ी सिफत हिम्मत है?
(i) साहस व हिम्मत से ही अन्य गुणों का विकास होता है।
(ii) साहसी व्यक्ति का दुश्मन सामना नहीं कर सकता।
(iii) साहसी व निडर व्यक्ति कभी संयम का त्याग नहीं करता।
(iv) सतत् प्रयास करने हेतु हिम्मत की ही आवश्यकता होती है।

(ग) दुनिया की असली ताकत किसे कहा जाता है?
(i) दुनिया की वास्तविक शक्ति वे लोग हैं, जो जनमत की अपेक्षा करते हैं।
(ii) दुनिया की वास्तविक शक्ति वे लोग हैं जो जनमत की उपेक्षा करते हैं।
(iii) दुनिया की ताकत वे लोग हैं, जो सबको साथ लेकर चलते हैं।
(iv) वे लोग जो सभी को प्रसन्न रखते हैं वे दुनिया की वास्ततिक ताकत हैं।

(घ) जिंदगी जीने की पहली सूरत क्या है?
(i) जो दुखी व दरिद्र है उनके साथी बन जाए।
(ii) विपरीत परिस्थितियों में भी हिम्मत हारे बिना आगे बढ़ते रहे।
(iii) बड़े-से-बड़े मकसद को पाने का प्रयास करें।
(iv) जीवन जो सहज उपलब्ध करवाए उसे स्वीकार कर लें।

(ङ) 'गोधुलि वाली दुनिया के लोग बंधे घाट का पानी पीते है'' से क्या आशय है?
(i) सुख व दु:ख को अपना भाग्य मानने वाले लोग जो जोखिम लिए बिना संतोष कर भाग्य स्वीकार करते हैं।
(ii) वे लोग, जो एक ही स्थान पर रहना पसंद करते हैं।
(iii) वे लोग, जो जोखिम भरा कार्य नहीं कर सकते।
(iv) जो डर व संशय के कारण सदैव भाग्य को कोसते रहते हैं।

(च) साहस की जिंदगी को सबसे बड़ी जिंदगी क्यों कहा गया है?
(i) साहस की जिंदगी निडर व बेखौफ होती है।
(ii) साहसी व्यक्ति अधिक समय तक जीवित रहता है।
(iii) साहसी व्यक्ति दूसरों के लिए आदर्श बनता है।
(iv) साहसी का जीवन सार्थक होता है।

(छ) निम्नलिखित कथनों पर विचार कीजिए।
1. मुसीबतों व कठिनाइयों का सामना करने पर मनुष्य परिमार्जित होकर सफलता के शिखर को छू पाता है।
2. जीवन दो तरह से जी सकते हैं-एक चुनौतियों को स्वीकार करके या उदासीन होकर भाग्य को अपनी विफलता को दोष देकर।
3. जनमत की उपेक्षा करने वाले व्यक्ति से मनुष्यता को प्रकाश मिलता है।

उपर्युक्त कथनों में से कौन-सा/से कथन सही है/हैं?
(i) 1 और 3 (ii) केवल 3
(iii) 1 और 2 (iv) ये सभी

(ज) निम्नलिखित कथन कारण को ध्यानपूर्वक पढ़िए उसके बाद दिए गए विकल्पों में से सही विकल्प चुनिए।
कथन (A) क्रांति करने वाले लोग अपने उद्देश्य की तुलना न तो अपने पड़ोसी के उद्देश्य से करते हैं और न अपनी चाल को ही पड़ोसी की चाल देखकर मद्धिम बनाते हैं।
कारण (R) दुनिया को बदलने वाले लोग दूसरों की चिंता नहीं करते वे स्वयं अपना मार्ग प्रशस्त करते हैं।
(i) कथन (A) और कारण (R) दोनों सही है तथा कारण (R) कथन (A) की सही व्याख्या करता है।
(ii) कथन (A) गलत है, लेकिन कारण (R) सही है।
(iii) कथन (A) तथा कारण (R) दोनों गलत है।
(iv) कथन (A) सही है, लेकिन कारण (R) उसकी गलत व्याख्या करता है।

(झ) महाभारत में देश के अधिकांश वीर किसके पक्ष में थे?
(i) कृष्ण (ii) कौरवों
(iii) द्रोपदी (iv) दुर्योधन

(ञ) प्रस्तुत गद्यांश में मनुष्यता को प्रकाश किस आदमी से मिलता है?
(i) सत्कर्मों की उपेक्षा करने वाला आदमी
(ii) राजनीति में हिस्सा लेने वाला आदमी
(iii) जनमत की उपेक्षा करने वाला आदमी
(iv) ज्ञान और ज्ञानियों से दूर रहने वाला आदमी

व्याख्या सहित उत्तर

1. (क) (ii) क्योंकि वे इन्हें आने वाली पीढ़ियों तक पहुँचाते हैं।
(ख) (ii) भौतिकतावाद का बढ़ता प्रचलन
(ग) (ii) परिवार में सद्गुणों और संस्कारों की नींव रखने के कारण
(घ) (iv) भौतिकता और आध्यात्मिकता का असंतुलन
(ङ) (ii) भौतिक जीवन-शैली का प्रभाव
(च) (i) वृद्धों का अनादर और अपमान
(छ) (iv) पारिवारिक मामलों में अनावश्यक हस्तक्षेप न करना
(ज) (i) भौतिक जीवन-शैली ने हमें अर्थ-प्रधान बना दिया है।
(झ) (i) कथन (A) और कारण (R) दोनों सही हैं तथा कारण (R) कथन (A) की सही व्याख्या करता है।
(ञ) (ii) परिवार के वयोवृद्ध

2. (क) (i) स्वच्छता
(ख) (iii) गांधी जयंती से
(ग) (i) जातीय भेदभाव
(घ) (iii) स्वच्छता स्वयं का कार्य नहीं मानने के कारण
(ङ) (iii) स्वच्छता सबसे आवश्यक
(च) (iv) अस्पताल तथा कर्मचारियों से
(छ) (ii) संबंधित व्यक्तियों को लाभ पहुँचाना।
(ज) (iv) शिक्षा संबंधी कार्यक्रम
(झ) (iii) स्वस्थ समाज बनाने के लिए
(ञ) (i) सामूहिक

3. (क) (iv) वायु की शुद्धता
(ख) (iii) समस्या सिर पर आने पर ही समाधान पर विचार करते हैं।
(ग) (ii) हवा की गति बढ़ने पर प्रदूषण घटने लगता है।
(घ) (iii) जब उसमें प्रदूषक तत्त्वों की अधिकता हो
(ङ) (iii) धरती के बढ़ते तापमान को नियंत्रित रखना होगा।
(च) (ii) स्थानीय स्तर पर वायु-प्रवाह में प्रदूषण बढ़ रहा है।
(छ) (ii) इससे वनस्पति, जीव-जंतुओं को नुकसान पहुँचेगा
(ज) (ii) पेड़-पौधों की सिंचाई करने के लिए
(झ) (ii) दिनों-दिन हवा में बढ़ता प्रदूषण
(ञ) (ii) कथन (A) सही है, लेकिन कारण (R) कथन (A) की गलत व्याख्या करता है।

4. (क) (i) परिवर्जन
(ख) (ii) पाने के लिए भरसक प्रयास किया हो
(ग) (ii) संध्यावेला
(घ) (i) विवशता और अभाव में जीने वाले
(ङ) (iv) असफलता का कारण ढूँढकर पुनः आगे बढ़ने का प्रयास करता है
(च) (ii) निडर और निशंक जीने वाला
(छ) (iii) 1 और 2
(ज) (iii) में प्रतिकूलता का अनुभव जीवनोपयोगी होता है
(झ) (iii) जो पहले दुःख झेलते हैं
(ञ) (i) कथन (A) और कारण (R) दोनों सही हैं तथा कारण (R) कथन (A) की सही व्याख्या करता है

5. (क) (ii) हिमालय और वहाँ के निवासी अपने अस्तित्व के लिए अन्योन्याश्रित हैं
(ख) (i) बढ़ती प्राकृतिक आपदाओं के कारण
(ग) (i) एक स्थान से हटाकर दूसरी जगह बसाया गया
(घ) (iv) जन सहभागिता
(ङ) (iv) मनुष्य और प्रकृति के बीच संतुलन की
(च) (iv) पशुपालन व्यवसाय को बढ़ावा देकर
(छ) (ii) दिनों-दिन बढ़ती प्राकृतिक आपदाएँ
(ज) (iv) मानवीय आवश्यकताओं की रक्षा और विकास करने के लिए
(झ) (i) बढ़ती प्राकृतिक आपदाओं के कारण
(ञ) (ii) आधुनिक तकनीक का सहारा लेना

6. (क) (iv) जल को सँभालकर रखना
(ख) (iv) प्राप्त पेयजल का केवल 1% स्वच्छ जल के रूप में है
(ग) (i) धरती पर मौजूद पानी की प्रचुर मात्रा के कारण
(घ) (ii) भविष्य में आने वाली पीढ़ी के अस्तित्व के लिए
(ङ) (iv) भारत में अधिकांश शहरी आबादी तक पीने के पानी की पहुँच नहीं है।
(च) (iii) विकासशील देशों में
(छ) (iv) दैनिक जीवन में पानी के उपयोग के लापरवाह तरीके के कारण
(ज) (i) पानी की कमी सामाजिक समस्याओं का कारण है
(झ) (iv) दैनिक गतिविधियों में पानी की बर्बादी को रोकने का उपाय करना
(ञ) (iii) जल-संरक्षण

7. (क) (iii) इस वर्ग में जन-आंदोलन को लेकर जागरूकता बढ़ी है
(ख) (ii) दुनिया का इन आंदोलनों की ओर ध्यानाकर्षण
(ग) (i) पारिस्थितिक संतुलन और विकास की प्राथमिकता में द्वंद्व
(घ) (ii) जंगल से मिलने वाले संसाधनों पर गौरा देवी का गाँव निर्भर था
(ङ) (ii) पर्यावरण संरक्षण के लिए स्थानीय आंदोलन
(च) (ii) औद्योगिक भौतिकवादी दृष्टिकोण
(छ) (iii) ये पौधों की अगली पीढ़ी के लिए भूमि की उर्वरता बढ़ाती हैं
(ज) (i) बाहरी ठेकेदारों को बाहर खदेड़ना था
(झ) (iv) समझ शिक्षा के परे परिवेश और संस्कृति में भी निहित होती है
(ञ) (i) प्राकृतिक संसाधनों की उपलब्धि और माँग में सामंजस्य

8. (क) (iii) अर्वाचीनता
(ख) (i) मनुष्य के अभावों का विस्तार
(ग) (iii) प्रत्याशित फल न मिलने के कारण
(घ) (iii) जो सार्थक तथा दूरगामी परिणामों पर केंद्रित हो
(ङ) (ii) व्यक्तिगत सृजनात्मकता का ह्रास
(च) (ii) यह उसकी विचारधारा पर आधारित होते हैं
(छ) (ii) नए उद्यमों से औद्योगिक आत्मनिर्भरता
(ज) (iii) आवश्यकतानुसार उत्पादन
(झ) (i) नए गत्यात्मक बाजारों पर अधिकार हेतु पारस्परिक टकराव
(ञ) (iii) मनुष्य की संभावित क्षमताओं का विकास

9. (क) (ii) शिक्षा की समस्या पर
(ख) (i) संक्रमण को रोकने के लिए
(ग) (ii) प्रतिरोधक क्षमता के अभाव के कारण
(घ) (iii) बच्चों के भविष्य की चिंता के कारण
(ङ) (i) शिक्षक की अकुशलता के कारण
(च) (iii) बच्चों के भविष्य की चिंता के कारण
(छ) (i) बच्चों की शिक्षा की चिंता द्वारा
(ज) (iii) जीवन में संघर्ष का बढ़ जाना
(झ) (i) आबादी अधिक होने के कारण
(ञ) (ii) आर्थिक गतिविधियाँ ठप हो जाने से

10. (क) (ii) एकांत पर
(ख) (iii) स्वयं को जानने के लिए
(ग) (iii) एकांत से प्रेम के कारण
(घ) (i) संसार से अधिक प्रेम करके
(ङ) (iii) एकांत से प्रेम करके
(च) (i) वह किसी को हानि नहीं पहुँचाता
(छ) (iv) धर्म के वास्तविक स्वरूप की पहचान
(ज) (iii) नई संकल्पना
(झ) (i) ईश्वर कभी दिखाई नहीं देते
(ञ) (iv) संसार और प्रकृति की सुंदरता को देखना

11. (क) (ii) हिंदी भाषा तथा सिनेमा जगत
(ख) (ii) टेलीविजन
(ग) (iv) टेलीविजन
(घ) (ii) अमिताभ बच्चन
(ङ) (iii) (i) और (ii) दोनों
(च) (ii) उत्
(छ) (iii) कौन बनेगा करोड़पति
(ज) (iv) (ii) व (iii) दोनों
(झ) (iv) ये सभी
(ञ) (i) कथन (A) और कारण (R) दोनों सही हैं तथा कारण (R) कथन (A) की सही व्याख्या करता है।

12. (क) (iii) गंगा की महत्ता
(ख) (ii) ईशावस्त्र आश्रम
(ग) (iii) सुर
(घ) (iv) उपरोक्त सभी
(ङ) (i) दशमी
(च) (ii) स्वर्ग
(छ) (iii) गंगोत्री
(ज) (iii) (i) और (ii) दोनों
(झ) (iii) मैली
(ञ) (i) कथन (A) और कारण (R) दोनों सही हैं तथा कारण (R) कथन (A) की सही व्याख्या करता है।

13. (क) (ii) त्रासदी के तत्त्व
(ख) (iv) ये सभी
(ग) (iii) छः
(घ) (i) कथानक
(ङ) (ii) बाहरी तत्त्वों
(च) (iii) राजा ईडिपस
(छ) (iv) प्रदूषण
(ज) (ii) नाटक
(झ) (i) कथानक
(ञ) (i) कथन (A) और कारण (R) दोनों सही हैं तथा कारण (R) कथन (A) की सही व्याख्या करता है।

14. (क) (i) मानसिक एवं शारीरिक स्वास्थ्य क्षीण होने लगता है
(ख) (ii) सफलता व कामयाबी के नए सोपान रचता है
(ग) (iii) जब वह सकारात्मक होकर बेहतरीन क्षमता से कार्य करता है।
(घ) (i) सशक्त व दृढ़ इच्छा शक्ति से मनुष्य कठिन-से-कठिन कार्य भी कर सकता है।
(ङ) (ii) चुनौती को अवसर मानकर बेहतरीन क्षमताएँ सृजन करनी चाहिए
(च) (i) सकारात्मक सोच के साथ अपनी शक्ति व सामर्थ्य पर विश्वास करके।
(छ) (i) 1, 2 और 3
(ज) (i) कथन (A) और कारण (R) दोनों सही हैं तथा कारण (R) कथन (A) की सही व्याख्या करता है।
(झ) (ii) सुख-दुःख, सफलता-असफलता, शांति-क्रोध, क्रिया-कर्म
(ञ) (ii) यू द हीलर

15. (क) (i) उन्हें मानविक संवेदनाओं से युक्त ईश्वर नहीं मिला।
(ख) (i) कर्म करने पर
(ग) (i) कर्मयोगी कृष्ण में
(घ) (iii) कर्म करो-फल की कामना नहीं करना
(ङ) (iii) आसक्ति
(च) (i) कार्य के पूर्ण होते ही अनासक्त हो जाना
(छ) (ii) 1 और 3
(ज) (i) कथन (A) और कारण (R) दोनों सही हैं तथा कारण (R) कथन (A) की सही व्याख्या करता है।
(झ) (i) कृष्ण को
(ञ) (iii) आसक्ति

16. (क) (i) वस्तु की गुणवत्ता से वह स्वयं लोकप्रिय हो जाती है।
(ख) (ii) विज्ञापन से वस्तु की वास्तविकता का ज्ञान संभव हो जाता है।
(ग) (i) उत्पादक एवं उपभोक्ता को
(घ) (i) मौखिक
(ङ) (iii) उस समय सीमित आवश्यकताएँ थीं।
(च) (i) उपभोक्ता की आवश्यकताओं से उत्पादक को अवगत कराता है, जिससे उसी के अनुरूप पूर्ति सुनिश्चित की जा सके।
(छ) (i) 1 और 2
(ज) (i) कथन (A) और कारण (R) दोनों सही हैं तथा कारण (A) कथन (R) की सही व्याख्या करता है।
(झ) (i) विज्ञापन
(ञ) (iv) ये सभी

17. (क) (i) दोनों ने अनेक संकटों का सामना करते हुए सफलता प्राप्त की थी।
(ख) (i) साहस व हिम्मत से ही अन्य गुणों का विकास होता है।
(ग) (ii) दुनिया की वास्तविक शक्ति वे लोग हैं जो जनमत की उपेक्षा करते हैं।
(घ) (ii) विपरीत परिस्थितियों में भी हिम्मत हारे बिना आगे बढ़ते रहे।
(ङ) (i) सुख व दुख को अपना भाग्य मानने वाले लोग जो जोखिम लिए बिना संतोष कर भाग्य स्वीकार करते हैं।
(च) (i) साहस की जिंदगी निडर व बेखौफ होती है।
(छ) (iii) 1 और 2
(ज) (i) कथन (A) और कारण (R) दोनों सही है तथा कारण (R) कथन (A) की सही व्याख्या करता है।
(झ) (ii) कौरवों
(ञ) (iii) जनमत की उपेक्षा करने वाला आदमी

अपठित काव्यांश

PYQs पूर्व परीक्षाओं के प्रश्न

काव्यांश 1

'मित्रता बड़ा अनमोल रतन,
कब उसे तोल सकता है धन?
धरती की तो है क्या बिसात?
आ जाय अगर बैकुंठ हाथ,
उसको भी न्योछावर कर दूँ
कुरुपति के चरणों पर धर दूँ।
सिर लिए स्कंध पर चलता हूँ,
उस दिन के लिए मचलता हूँ,
यदि चले वज्र दुर्योधन पर,
ले लूँ बढ़कर अपने ऊपर।
कटवा दूँ उसके लिए गला,
चाहिए मुझे क्या और भला?
सम्राट बनेगें धर्मराज,
या पाएगा कुरुराज ताज,
लड़ना भर मेरा काम रहा,
दुर्योधन का संग्राम रहा
मुझको न कहीं कुछ पाना है,
केवल ऋण मात्र चुकाना है।
कुरुराज्य चाहता मैं कब हूँ?
साम्राज्य चाहता मैं कब हूँ?
क्या नहीं आपने भी जाना?
मुझको न आज तक पहचाना?
जीवन का मूल्य समझता हूँ,
धन को मैं धूल समझता हूँ।
धनराशि जोगना लक्ष्य नहीं
साम्राज्य भोगना लक्ष्य नहीं'

CBSE 2023

(क) काव्यांश में 'अनमोल रतन' का क्या अर्थ है?
(i) जिसका मूल्य बहुत अधिक हो
(ii) जिसका मूल्य आँका न जा सके
(iii) जिसका मूल्य नापा न जा सके
(iv) जिसका मूल्य जाँचा न जा सके

(ख) किस पर स्वर्ग न्यौछावर करने की बात की गई है?
(i) मित्रता पर
(ii) धरती पर
(iii) धन पर
(iv) राज्य पर

(ग) काव्यांश में वक्ता द्वारा युद्ध में सम्मिलित होने का कारण है
(i) साम्राज्य प्राप्ति (ii) कर्त्तव्यपरायणता
(iii) ऋण चुकाना (iv) वीरता-प्रदर्शन

(घ) 'सिर लिए स्कंध पर चलता हूँ' पंक्ति में 'स्कंध' का क्या अर्थ है?
(i) हथेली (ii) तलवार
(iii) कंधा (iv) गला

(ङ) धन को धूल समझने के क्या कारण हो सकते हैं?
(i) जीवन का अस्थायित्व (ii) अनुपयोगी होना
(iii) महत्त्वहीन होना (iv) दूसरा लक्ष्य होना

काव्यांश 2

हो गया पूर्ण अज्ञातवास,
पांडव लौटे वन से सहास,
पावक में कनक-सदृश तप कर
वीरत्व लिए कुछ और प्रखर
नस-नस में तेज-प्रवाह लिये,
कुछ और नया उत्साह लिये।
सच है, विपत्ति जब आती है
कायर को ही दहलाती है,
शूरमा नहीं विचलित होते,
क्षण एक नहीं धीरज खोते,
विघ्नों को गले लगाते हैं,
काँटो में राह बनाते हैं।
मुख से न कभी उफ कहते हैं,
संकट का चरण न गहते हैं,
जो आ पड़ता सब सहते हैं
उद्योग निरत नित रहते हैं
भूलों का मूल नसाने को
खुद बढ़ विपत्ति पर छाने को।
है कौन विघ्न ऐसा जग में
टिक सके वीर नर के मग में,
खम ठोंक ठेलता है जब नर,
पर्वत के जाते पाँव उखड़।
मानव जब जोर लगाता है,
पत्थर पानी बन जाता है।

CBSE 2023

(क) 'अज्ञातवास' का अर्थ है
(i) वन में बसना (ii) गाँव में बसना
(iii) अनजान स्थान पर रहना (iv) गुप्त रूप से रहना

(ख) पांडव वन से किस रूप में लौटे थे?
(i) कमजोर होकर (ii) दृढ़ होकर
(iii) निर्विकार भाव से (iv) बदले की भावना से

(ग) विपत्ति में किसे घबराहट होती है?
(i) कायर को (ii) कमजोर को
(iii) साहसी को (iv) वीर को

(घ) 'पर्वत के जाते पाँव उखड़' पंक्ति का भाव है
(i) उत्साह का संचार होना
(ii) कठिनाइयों का समाप्त होना
(iii) अवरोध का सामने आना
(iv) हिम्मत का समाप्त होना

(ङ) 'मानव जब जोर लगाता है' पंक्ति में मनुष्य के किस प्रकार के गुण की ओर संकेत है?
(i) साहस (ii) शक्ति
(iii) परिश्रम (iv) समर्पण

काव्यांश 3

वर्षों तक वन में घूम-घूम,
बाधा- विघ्नों को चूम-चूम,
सह धूप-धाप, पानी-पत्थर,
पांडव आये कुछ और निखर।
सौभाग्य न सब दिन सोता है,
देखें, आगे क्या होता है।
मैत्री की राह बताने को,
सबको सुमार्ग पर लाने को,
दुर्योधन को समझाने को,
भीषण विध्वंस बचाने को,
भगवान हस्तिनापुर आये,
पांडव का संदेशा लाये।
'दो न्याय अगर तो आधा दो,
पर, इसमें भी यदि बाधा हो,
तो दे दो केवल पाँच ग्राम,
रक्खो अपनी धरती तमाम।
हम वहीं खुशी से खायेंगे,
परिजन पर असि न उठायेंगे।
दुर्योधन वह भी दे न सका,
आशीष समाज की ले न सका,
उल्टे हरि को बाँधने चला,
जो था असाध्य, साधने चला,
जब नाश मनुज पर छाता है,
पहले विवेक मर जाता है।

CBSE 2023

(क) कठिनाइयों और संघर्षों को सहन कर पांडवों में किस प्रकार का बदलाव आया?
(i) मनोबल टूट गया (ii) व्यक्तित्व निखर गया
(iii) हिम्मत टूट गई (iv) मजबूत हो गए

(ख) भगवान हस्तिनापुर क्यों आए थे?
(i) युद्ध टालने के लिए (ii) सबकी कुशल-क्षेम जानने
(iii) पांडवों का संदेश लेकर (iv) दुर्योधन से बात करने

(ग) 'तो दे दो केवल पाँच ग्राम' पंक्ति में निहित जीवन मूल्य है
(i) संतोष (ii) त्याग
(iii) प्रेम (iv) करुणा

(घ) 'परिजन पर असि न उठायेंगे' पंक्ति में प्रयुक्त 'असि' का क्या अर्थ है?
(i) तीर-धनुष (ii) गदा
(iii) तलवार (iv) भाला

(ङ) विवेक के मर जाने से क्या होता है?
(i) मनुष्य का नाश होता है
(ii) मनुष्य भ्रमित हो जाता है
(iii) गलत कार्य करने की प्रेरणा
(iv) असामाजिक कार्य की ओर प्रेरित

काव्यांश 4

अलग नगर के कोलाहल से, अलग पुरी-पुरजन से
कठिन साधना में उद्योगी लगा हुआ तन-मन से।
निज समाधि में निरत, सदा निज कर्मठता में चूर,
वन्यकुसुम-सा खिला कर्ण, जग की आँखों से दूर।
नहीं फूलते कुसुम मात्र राजाओं के उपवन में,
अमित बार खिलते वे पुर से दूर कुञ्ज-कानन में।
समझे कौन रहस्य? प्रकृति का बड़ा अनोखा हाल
गुदड़ी में रखती चुन-चुन कर बड़े कीमती लाल।
जलद-पटल में छिपा, किंतु रवि कब तक रह सकता है?
युग की अवहेलना शूरमा कब तक सह सकता है?
पाकर समय एक दिन आखिर उठी जवानी आग,
फूट पड़ी सबके समक्ष पौरुष की पहली आग।
रंगभूमि में अर्जुन था सब समाँ अनोखा बाँधे
बढ़ा भीड़-भीतर से सहसा कर्ण शरासन साधे।
कहता हुआ, 'तालियों से क्या रहा गर्व में फूल?
अर्जुन! तेरा सुयश अभी क्षण में होता है धूल।
तूने जो जो किया, उसे मैं भी दिखला सकता हूँ,
चाहे तो कुछ नयी कलाएँ भी सिखला सकता हूँ।
आँख खोलकर देख, कर्ण के हाथों का व्यापार
फूले सस्ता सुयश प्राप्त कर, उस नर को धिक्कार।।

CBSE 2023

(क) काव्यांश में कठिन साधना में निरत किसे बताया गया है?
(i) कर्ण (ii) अर्जुन
(iii) भीम (iv) दुर्योधन

(ख) प्रकृति का रहस्य समझ से परे क्यों होता है?
(i) शक्ति और सामर्थ्य से अलग घटना होने पर
(ii) प्रकृति में विद्यमान भिन्नताओं से
(iii) प्रकृति के रहस्यों से अनजान रहने से
(iv) मनुष्य का अपना सीमित सामर्थ्य होने से

(ग) 'जलद-पटल में छिपा, किंतु रवि कब तक रह सकता है' पंक्ति का भाव है
(i) बादल सूर्य को ढक नहीं सकता।
(ii) प्रतिभा को छिपाया नहीं जा सकता।
(iii) बादल रूपी चादर सूर्य को ढक लेती है।
(iv) सूर्य शक्ति का प्रतीक है

(घ) कर्ण ने अर्जुन को क्यों ललकारा होगा?
(i) अपनी धनुर्विद्या दिखाने के लिए
(ii) अपनी योग्यता बताने के लिए
(iii) अर्जुन से अपने को श्रेष्ठ सिद्ध करने के लिए
(iv) समाज को अपनी कला दिखाने के लिए

(ङ) कर्ण किस प्रकार के मनुष्य को धिक्कारता है?
(i) कायर मनुष्य को
(ii) वीरता दिखलाने वाले को
(iii) सस्ती लोकप्रियता वाले को
(iv) अपनी प्रशंसा में रत रहने वाले को

काव्यांश 5

बढ़ी है इस बार गंगा खूब
दियारो पर गाँव कितने हो गए हैं डूब
किंतु हम तो शहर की इस छोर पर हैं
देखते हैं रात-दिन जल-प्रलय का ही दृश्य
पत्थरों से बँधी गहरी नींव वाला
किराये का घर हमारा रहे यह आबाद
पुराना ही सही पर मजबूत
रही जिसको अनवरत झकझोर
क्षुब्ध गंगा की विकट हिलकोर
सामने ही पड़ोसी के
नीम, सहजन, आँवला, अमरूद
हो रहे हैं आकंठ जल में मग्न
रह न पाए स्तंभ पुल के नग्न
दूधिया पानी बना उनका रजत परिधान
रेलगाड़ी के पसिंजर खड़े होकर
खिड़कियों से झाँकते हैं
देखते हैं बाढ़ का यह दृश्य
उधर झूँसी इधर दारागंज
बीच का विस्तार
बन गया है आज पारावार
भगवती भागीरथी
ग्रीष्म में यह हो गई थी प्रतनु-सलिला
विरहिणी की पीठ लुंठित एकवेणी-सदृश
जिसको देखते ही व्यथा से अवसन्न होते रहे मेरे नेत्र
रिक्त ही था वरुण की कल-केलि का यह क्षेत्र
काकु रकती रही पुल की प्रतिच्छाया, मगर यह थी मौन
उस प्रतनुता से अरे इस बाढ़ की तुलना करेगा कौन?

CBSE 2023

(क) 'रह न पाए स्तंभ के नग्न' पंक्ति के आधार पर पुल के स्तंभों के नग्न न रह पाने का कारण है
(i) गंगा नदी का तेज बहाव (ii) गंगा नदी का मटमैला पानी
(iii) गंगा नदी का बढ़ा जल-स्तर (iv) गंगा नदी का रेतीला पानी

(ख) पुल के स्तंभों ने कैसा परिधान धारण किया हुआ है?
(i) गंगा-जल रूपी रजत परिधान (ii) चाँदी-सा चमकता परिधान
(iii) मिट्टी-सा मटमैला परिधान (iv) दूध-सा चमकता परिधान

(ग) गाँव में बाढ़ आने पर भी कवि के संतोष का क्या कारण हो सकता है?
(i) घर का नदी से दूर होना (ii) घर का शहर के किनारे होना
(iii) घर का पुराना होना (iv) घर का मजबूत होना

(घ) गंगा नदी की धारा ग्रीष्म-ऋतु में कैसी हो जाती है?
(i) मटमैली (ii) पतली
(iii) सूखी (iv) काली

(ङ) 'विरहिणी की पीठ लंठित एकवेणी-सदृश' पंक्ति में कौन-सा अलंकार है?
(i) श्लेष (ii) उत्प्रेक्षा (iii) रूपक (iv) उपमा

काव्यांश 6

अब कठोर हो वज्रादपि जो कुसुमादपि सुकुमारी!
आर्यपुत्र दे चुके परीक्षा, अब है मेरी बारी।
मेरे लिए पिता ने सबसे धीर-वीर वर चाहा,
आर्यपुत्र को देख उन्होंने सभी प्रकार सराहा।
फिर भी हठकर हाय! वृथा ही उन्होंने थाहा,
किस योद्धा ने बढ़कर उनका शौर्य-सिंधु अवगाहा?
क्यों कर सिद्ध करूँ अपने को मैं उन नर की नारी
आर्यपुत्र दे चुके परीक्षा, अब है मेरी बारी।
देख कराल काल-सा जिसको काँप उठे सब भय से
गिरे प्रतिद्वंद्वी नंदार्जुन, नागदत्त जिस हय से
वह तुरंग पालित-कुरंग-सा नत हो गया विनय से,
क्यों न गूँजती रंगभूमि फिर उनके जय जय जय से
निकला वहाँ कौन उन जैसा प्रबल-पराक्रमकारी
आर्यपुत्र दे चुके परीक्षा, अब है मेरी बारी।
सभी सुंदरी बालाओं में मुझे उन्होंने माना,
सबने मेरा भाग्य सराहा, सबसे रूप बखाना,
खेद, किसी ने उन्हें न फिर भी ठीक-ठीक पहचाना,
भेद चुने जाने का अपने मैंने भी अब जाना।
इस दिन के उपयुक्त पात्र की उन्हें खोज थी सारी,
आर्यपुत्र दे चुके परीक्षा, अब है मेरी बारी। **CBSE 2023**

(क) नायिका के पिता द्वारा वर रूप में नायक का चयन उसके किन गुणों के आधार पर किया गया?
(i) धैर्य, शौर्य, बुद्धि और वीरता
(ii) शारीरिक सौष्ठव और बाहुबल
(iii) घुड़सवारी में कुशल होने की कला
(iv) कोमल, मधुर और विनम्र स्वभाव

(ख) उपर्युक्त पंक्तियों में आर्यपुत्र द्वारा दी जाने वाली कौन-सी परीक्षा की बात कही गई है?
(i) स्वयं को सबसे शक्तिशाली सिद्ध करने की परीक्षा
(ii) स्वयं को सबसे बुद्धिशाली सिद्ध करने की परीक्षा
(iii) स्वयं को वर हेतु योग्य सिद्ध करने की परीक्षा
(iv) स्वयं को सिंहासन हेतु योग्य सिद्ध करने की परीक्षा

(ग) 'इस दिन के उपयुक्त पात्र की उन्हें खोज थी सारी' पंक्ति में प्रयुक्त 'उपयुक्त पात्र' से क्या अभिप्राय है?
(i) उपयोगी बर्तन
(ii) सुंदर राजकुमारी
(iii) बलिष्ठ अश्व
(iv) उपयुक्त व्यक्तित्व

(घ) 'देख कराल काल-सा जिसको काँप उठे सब भय से' पंक्ति में 'जिसको' का प्रयोग किसके लिए किया गया है?
(i) प्रतिद्वंद्वी राजकुमार (ii) आर्यपुत्र
(iii) तुरंग (iv) कुरंग

(ङ) 'वह तुरंग पालित-कुरंग-सा नत हो गया विनय से' काव्यं पंक्ति में कौन-सा अलंकार है?
(i) अतिशयोक्ति (ii) उपमा
(iii) उत्प्रेक्षा (iv) मानवीकरण

काव्यांश 7

चिड़िया को लाख समझाओ
कि पिंजड़े के बाहर
धरती बड़ी है, निर्मम है,
वहाँ हवा में उसे
बाहर जाने का टोटा है
यहाँ चुग्गा मोटा है।
बाहर बहेलिये का डर है
यहाँ निर्भय कंठ स्वर है।
फिर भी चिड़िया मुक्ति का गाना गाएगी,
अपने जिस्म की गंध तक नहीं मिलेगी।
यूँ तो बाहर समुद्र है, नदी है, झरना है,
पर पानी के लिए भटकना है,
यहाँ कटोरी में भरा जल गटकना है।
मारे जाने की आशंका से भरे होने पर भी
पिंजड़े से जितना अंग निकल सकेगा निकालेगी,
हर सू ज़ोर लगाएगी
और पिंजरा टूट जाने या खुल जाने पर उड़ जाएगी।

CBSE SQP 2022-23

(क) पिंजड़े के भीतर चिड़िया को क्या-क्या सुविधाएँ उपलब्ध हैं?
(i) खाने की स्वतंत्रता, सम्मान और स्नेह
(ii) नीर, कनक, आवास और सुरक्षा
(iii) प्यार, पुरस्कार, भोजन और हवा
(iv) निश्चितता, निर्भयता, नियम और नीरसता

(ख) बाहर सुखों का अभाव और प्राणों का संकट होने पर भी चिड़िया मुक्ति ही क्यों चाहती है?
(i) वह अपने परिवार से मिलना चाहती है।
(ii) वह आज़ाद जीवन जीना पसंद करती है।
(iii) वह जीवन से मुक्ति चाहती है।
(iv) वह लंबी उड़ान भरना चाहती है।

(ग) चिड़िया के समक्ष धरती को निर्मम बताने का मंतव्य है
(i) भयावह स्थिति उत्पन्न करना
(ii) छोटे जीव के प्रति दया भाव
(iii) बहेलिये से बचाव की प्रेरणा
(iv) जीवनोपयोगी वस्तुएँ जुटाने का संघर्ष दर्शाना

(घ) पद्यांश का मूल प्रतिपाद्य क्या है?
(i) पिंजरे में पक्षी रखने वालों को सही राह दिखाना
(ii) पिंजरे के भीतर और बाहर की दुनिया दिखाना
(iii) पिंजरे के पक्षी की उड़ान और दर्द से परिचित कराना
(iv) पिंजरे के पक्षी के माध्यम से स्वतंत्रता का महत्त्व बताना

(ङ) कवि के संबंध में इनमें से सही है कि वह
(i) प्रकृति के प्रति सचेत हैं
(ii) चिड़िया की सुरक्षा चाहते हैं
(iii) आजादी के समर्थक हैं
(iv) अन्न-जल की उपयोगिता बताते हैं

काव्यांश 8

हैं जन्म लेते जगह में एक ही,
एक ही पौधा उन्हें है पालता
रात में उन पर चमकता चाँद भी,
एक ही-सी चाँदनी है डालता।
मेह उन पर है बरसता एक-सा,
एक-सी उन पर हवाएँ हैं बही
पर सदा ही यह दिखाता है हमें,
ढंग उनके एक से होते नहीं।
छेदकर काँटा किसी की उँगलियाँ,
फाड़ देता है किसी का वर वसन
प्यार-डूबी तितलियों का पर कतर,
भँवर का है भेद देता श्याम तन।
फूल लेकर तितलियों को गोद में
भँवर को अपना अनूठा रस पिला,
निज सुगंधों और निराले ढंग से
है सदा देता कली का जी खिला।
है खटकता एक सबकी आँख में
दूसरा है सोहता सुर शीश पर,
किस तरह कुल की बड़ाई काम दे
जो किसी में हो बड़प्पन की कसर।

CBSE SQP 2022-23

(क) प्रस्तुत काव्यांश किससे संबंधित है?
(i) फूल और तितलियों से (ii) फूल और पौधे से
(iii) पौधे और चाँदनी से (iv) बड़प्पन की पहचान से

(ख) निम्नलिखित कथनों पर विचार कीजिए
1. सद्गुणों के कारण ही मानुस प्रेम का पात्र बनता है।
2. परिवेशगत समानता सदैव अव्यवस्था को जन्म देती है।
3. भौगोलिक परिस्थितियाँ प्राकृतिक भिन्नता का कारण हैं।
उपरोक्त कथनों में से कौन-सा/से कथन सही है/हैं?
(i) केवल 1 (ii) केवल 3
(iii) 1 और 2 (iv) 2 और 3

(ग) इस काव्यांश से हमें क्या सीख मिलती है?
(i) मनुष्य के कर्म उसे प्रसिद्धि दिलाते हैं
(ii) समान परिवेश में रहते हुए मनुष्य समान आदर पाते हैं
(iii) किसी भी कुल में जन्म लेने से ही मनुष्य बड़ा हो सकता है
(iv) समान पालन-पोषण होने पर अलग व्यक्तियों के स्वभाव समान होते हैं

(घ) 'फाड़ देता है किसी का वर वसन' में 'वसन' शब्द का अर्थ है
(i) व्यसन (ii) वस्त्र
(iii) वास (iv) वासना

(ङ) कवितानुसार फूल निम्न में से कौन-सा कार्य नहीं करता?
(i) भँवरों को अपना रस पिलाता है
(ii) तितलियों को अपनी गोद में खिलाता है
(iii) फल बनकर पशु-पक्षियों और मनुष्यों का पेट भरता है
(iv) सुरों के शीश पर सोहता है

काव्यांश 9

शांति नहीं तब तक, जब तक
सुख-भाग न नर का सम हो,
नहीं किसी को बहुत अधिक हो,
नहीं किसी को कम हो।
ऐसी शांति राज्य करती है
तन पर नहीं, हृदय पर,
नर के ऊँचे विश्वासों पर
श्रद्धा, भक्ति, प्रणय पर।
न्याय शांति का प्रथम न्यास है
जब तक न्याय न आता।
जैसा भी हो महल शांति का,
सुदृढ़ नहीं रह पाता।
कृत्रिम शांति शशंक आप,
अपने से ही डरती है,
खड़ग छोड़ विश्वास किसी का,
कभी नहीं करती है।
और जिन्हें इस शांति-व्यवस्था
में सुख-भोग सुलभ है,
उनके लिए शांति ही जीवन,
सार, सिद्धि दुर्लभ है। **CBSE SQP Term I 2021-22**

(क) सामाजिक जीवन में अशांति का क्या कारण है?
(i) आनंद का अभाव (ii) समता का अभाव
(iii) वास्तविकता का अभाव (iv) प्रीति का अभाव

(ख) कृत्रिम शांति से क्या हानि संभव है?
(i) न्याय मिलता है, शांति नहीं
(ii) विद्वेष विस्तार पाता है
(iii) वास्तविक संबंधों के स्थान पर कृत्रिम भावों का प्रसार
(iv) प्राकृतिक के बजाय कृत्रिम संसाधनों की बहुलता

(ग) काव्यांश का संदेश क्या हो सकता है?
(i) समता व न्याय का समाज में पोषण करना चाहिए
(ii) कृत्रिम शांति और समान अवसर प्रदान करना चाहिए
(iii) योग्यता के आधार पर ही जीवन संसाधनों का बँटवारा होना चाहिए
(iv) कृत्रिम विज्ञान की सहायता से प्राकृतिक शांति स्थापित करनी चाहिए

(घ) कवि किस प्रकार की शांति को महत्त्वपूर्ण मानता है?
(i) न्याय और आर्थिक समानता पर आधारित
(ii) कृत्रिम शांति और आर्थिक समानता पर आधारित
(iii) कृत्रिम शांति से वैश्विक संघर्षों के समाधान पर आधारित
(iv) श्रद्धा, भक्ति, प्रणय व त्याग पर आधारित

(ङ) देश-समाज में शांति-स्थापना का प्रथम न्यास न्याय को क्यों बताया गया है?
(i) केवल न्याय और व्यवस्था द्वारा ही समाज में शांति संभव है
(ii) समानता का व्यवहार न्याय के पश्चात् होता है
(iii) कृत्रिम न्याय भी न्याय को सुदृढ़ करता है
(iv) न्यायालय अन्याय के विरुद्ध याचिका का प्रथम सोपान है

काव्यांश 10

क्या घड़ी थी एक भी चिंता नहीं थी पास आई,
कालिमा तो दूर, छाया भी पलक पर थी न छाई,
आँख से मस्ती झपकती, बात से मस्ती टपकती,
थी हँसी ऐसी जिसे सुन बादलों ने शर्म खाई,
वह गई तो ले गई उल्लास के आधार माना,
पर अथिरता की समय पर मुसकुराना कब मना है?
है अँधेरी रात पर दीवा जलाना कब मना है?
हाय, वे उन्माद के झोंके कि जिनमें राग जागा,
वैभवों से फेर आँखें गान का वरदान माँगा,
एक अंतर से ध्वनित हो दूसरे में जो निरंतर,
भर दिया अंबर अवनि को मत्तता के गीत गाकर,
अंत उनका हो गया तो मन बहलाने के लिए ही,
ले अधूरी पंक्ति कोई गुनगुनाना कब मना है?
है अँधेरी रात पर दीवा जलाना कब मना है?
हाय, वे साथी कि चुम्बक लौह से जो पास आए,
पास क्या आए, हृदय के बीच ही गोया समाए
दिन कटे ऐसे कि कोई तार वीणा के मिलाकर
एक मीठा और प्यारा जिंदगी का गीत गाए,
वे गए तो सोचकर यह लौटने वाले नहीं वे,

खोज मन का मीत कोई लौ लगाना कब मना है?
है अँधेरी रात पर दीवा जलाना कब मना है?
क्या हवाएँ थीं कि उजड़ा प्यार का वह आशियाना,
कुछ न आया काम तेरा शोर करना, गुल मचाना
नाश की उन शक्तियों के साथ चलता जोर किसका
किंतु ऐ निर्माण के प्रतिनिधि तुझे होगा बताना,
जो बसे हैं वे उजड़ते हैं प्रकृति के जड़ नियम से
पर किसी उजड़े हुए को फिर बसाना कब मना है?
है अँधेरी रात पर दीवा जलाना कब माना है?

CBSE Term I 2021-22

(क) प्रस्तुत कविता का स्वर है
(i) आशावादी (ii) निराशावादी
(iii) भाग्यवादी (iv) परंपरावादी

(ख) 'कालिमा तो दूर, छाया भी पलक पर थी न छाई' का अभिप्राय है
(i) कवि के जीवन में दूर-दूर तक दु:खों का नामोनिशान नहीं था
(ii) कवि के जीवन में सुख-सुविधाओं का अभाव था
(iii) कवि का जीवन मस्ती से परिपूर्ण था
(iv) कवि अपने जीवन में बहुत प्रसन्न था

(ग) कवि और कवि के मित्रों के बीच कैसा संबंध था?
(i) चुंबक और लोहे जैसा
(ii) तार और वीणा जैसा
(iii) गीत और उसके शब्द जैसा
(iv) गीत और राग जैसा

(घ) 'बादलों ने शर्म खाई' पंक्ति में कौन-सा अलंकार है?
(i) मानवीकरण (ii) उपमा
(iii) अतिशयोक्ति (iv) रूपक

(ङ) 'नाश की उन शक्तियों के साथ चलता जोर किसका'—पंक्ति के माध्यम से कवि ने किस ओर संकेत किया है?
(i) ईश्वरीय शक्ति (ii) आत्मिक शक्ति
(iii) प्राकृतिक आपदा (iv) मानव-जन्य आपदा

काव्यांश 11

हम नदी के द्वीप हैं।
हम नहीं कहते कि हमको छोड़कर स्रोतस्विनी बह जाए।
वह हमें आकार देती हैं।
हमारे कोण, गलियाँ, अंतरीप, उभार, सैकत-कूल
सब गोलाइयाँ उसकी गढ़ी हैं।
माँ है, वह है, इसी से हम बने हैं।
किंतु हम हैं द्वीप। हम धारा नहीं हैं।
स्थिर समर्पण है हमारा। हम सदा से द्वीप हैं स्रोतस्विनी के।
किंतु हम बहते नहीं हैं। क्योंकि बहना रेत होना है।
हम बहेंगे तो रहेंगे ही नहीं।
पैर उखड़ेंगे। प्लवन होगा। ढहेंगे। सहेंगे! बह जाएँगे।
और फिर हम चूर्ण होकर भी कभी क्या धार बन सकते?
रेत बनकर हम सलिल को तनिक गँदला ही करेंगे।
अनुपयोगी ही बनाएँगे।
द्वीप हैं हम ! यह नहीं है शाप। यह अपनी नियति है।
हम नदी के पुत्र हैं। बैठे नदी की क्रोड में।
वह बृहत भूखंड से हम को मिलाती है।
और वह भूखंड अपना पितर है।
नदी तुम बहती चलो।
भूखंड से जो दाय हमको मिला है, मिलता रहा है,
माँजती, संस्कार देती चलो। यदि ऐसा कभी हो—
तुम्हारे आह्लाद से या दूसरों के,
किसी स्वैराचार से, अतिचार से,
तुम बढ़ो, प्लावन तुम्हारा घरघराता उठे—
यह स्रोतस्विनी ही कर्मनाशा, कीर्तिनाशा घोर काल,
प्रवाहिनी बन जाए—
तो हमें स्वीकार है वह भी। उसी में रेत होकर।
फिर छनेंगे हम। जमेंगे हम। कहीं फिर पैर टेकेंगे।
कहीं फिर भी खड़ा होगा नए व्यक्तित्व का आकार।
मात:, उसे फिर संस्कार तुम देना।

CBSE Term I 2021-22

(क) नदी, द्वीप और भूखंड की क्रमश: प्रतीकात्मकता है
(i) माँ, संतान और पिता
(ii) राष्ट्र, व्यक्ति और समाज
(iii) संस्कृति, व्यक्ति और समाज
(iv) समाज, व्यक्ति और राष्ट्र

(ख) नदी को 'माँ' की संज्ञा क्यों दी गई है?
(i) द्वीपों की रचना तथा संरचना नदी द्वारा होने के कारण
(ii) माँ के समान द्वीपों का पालन-पोषण करने के कारण
(iii) द्वीपों का नदी के आँचल में स्थित होने के कारण
(iv) नदी द्वारा द्वीपों को वृहद् भूखंड से मिलवाने के कारण

(ग) द्वीप बहना क्यों नहीं चाहते?
(i) क्योंकि वे अपना घर छोड़ना नहीं चाहते
(ii) क्योंकि वे सदा से ही नदी के द्वीप हैं
(iii) क्योंकि यह नदी के प्रति उनका स्थिर समर्पण है
(iv) क्योंकि उनका अस्तित्व समाप्त हो जाएगा

(घ) प्रस्तुत कविता का संदेश है
(i) व्यष्टि में ही समष्टि का हित निहित है
(ii) समष्टि में ही व्यष्टि का हित निहित है
(iii) व्यक्ति को परंपराओं का पालन करना चाहिए
(iv) परंपराएँ ही व्यक्तित्व का निर्माण करती हैं

(ङ) द्वीपों को नदी का विनाशकारी रूप भी क्यों स्वीकार्य है?
(i) क्योंकि नदी का यह रूप अनंतकाल से चला आ रहा है
(ii) क्योंकि नदी ने ही द्वीपों का निर्माण किया है
(iii) क्योंकि नव-निर्माण के लिए विध्वंस अनिवार्य है
(iv) क्योंकि इसी क्रम में उन्हें नया जीवन मिलेगा

काव्यांश 12

दूर-दूर से आते हैं घन
लिपट शैल में छा जाते हैं
मानव की ध्वनि सुनकर पल में
गली-गली में मँडराते हैं
जग में मधुर पुरातन परिचय
श्याम घरों में घुस आते हैं,
है ऐसी ही कथा मनोहर
उन्हें देख गिरिवर गाते हैं!
ममता का यह भीगा अँचल
हम जग में फिर कब पाते हैं
अश्रु छोड़ मानस को समझा
इसलिए विरही गाते हैं
सुख-दु:ख के मधु-कटु अनुभव को
उठो हृदय, फुहियों से धो लो,
तुम्हें बुलाने आया सावन,
चलो-चलो अब बंधन खोलो
पवन चला, पथ में हैं नदियाँ
उछल साथ में तुम भी हो लो
प्रेम-पर्व में जगा पपीहा,
तुम कल्याणी वाणी बोलो !
आज दिवस कलरव बन आया,
केलि बनी यह खड़ी निशा है;
हेर-हेर अनुपम बूँदों को
जगी झड़ी में दिशा-दिशा है !
बूँद-बूँद बन उतर रही है
यह मेरी कल्पना मनोहर,
घटा नहीं प्रेमी मानस में
प्रेम बस रहा उमड़-घुमड़ कर
भ्रांति-भाँति यह नहीं दामिनी,
याद हुई बातें अवसर पर,
तर्जन नहीं आज गूँजा है
जड़-जग का गूँजा अभ्यंतर !
इतने ऊँचे शैल-शिखर पर
कब से मूसलाधार झड़ी है;
सूखे वसन, हिया भीगा है
इसकी चिंता हमें पड़ी है !
बोल सरोवर इस पावस में,
आज तुम्हारा कवि क्या गाए,
कह दे शृंग सरस रुचि अपनी,
निर्झर यह क्या तान सुनाए;
बाँह उठाकर मिलो शाल, ये
दूर देश से झोंके आए
रही झड़ी की बात कठिन यह,
कौन हठीली को समझाए !
अजब शोख यह बूँदा-बाँदी,
पत्तों में घनश्याम बसा है
झाँके इन बूँदों से तारे,
इस रिमझिम में चाँद हँसा है !
जिय कहता है मचल-मचलकर
अपना बेड़ा पार करेंगे
हिय कहता है, जागो लोचन,
पत्थर को भी प्यार करेंगे।।
(केदारनाथ मिश्र 'प्रभात')

CBSE SQP 2020-21

(क) उपर्युक्त काव्यांश का वर्ण्य-विषय क्या है?
(i) प्रकृति (ii) बादल (iii) पावस ऋतु (iv) जन-जीवन

(ख) कवि बार-बार किससे प्रश्न कर रहा है?
(i) बादल से (ii) प्रकृति से (iii) पहाड़ से (iv) नदी से

(ग) 'मानव की ध्वनि सुनकर पल में गली-गली में मँडराते हैं' पंक्ति में निहित अलंकार है
(i) उपमा (ii) उत्प्रेक्षा (iii) मानवीकरण (iv) अनुप्रास

(घ) 'सूखे वसन, हिया भीगा है' का क्या अर्थ है?
(i) पैर भीगे हैं, किंतु हाथ सूखे हैं
(ii) अभ्यंतर हृदय भीग गया है, किंतु कपड़े सूखे हैं
(iii) तन ऊपर से भीग गया है, किंतु मन सूखा ही रह गया है
(iv) मैदान भीगे हैं, परंतु पहाड़ों पर मूसलाधार वृष्टि हो रही है

(ङ) 'केलि बनी यह खड़ी निशा है' का क्या अर्थ है?
(i) रजनी उपहास व क्रीड़ा कर रही है।
(ii) रात केले के वृक्ष की भाँति रास्ता रोके खड़ी है।
(iii) रात्रि अपनी छटा के चरम पर पहुँच कर खड़ी है।
(iv) विभावरी फूलों के हार की भाँति खड़े हो स्वागत कर रही है।

काव्यांश 13

मेरे पाँव बहुत छोटे हैं, धरती बहुत बड़ी है माँ !
मेरी उँगली थामे मेरे बिलकुल पास खड़ी रह माँ !
तेरा नेह कवच-कुंडल है, तेरा परस ढाल मेरी,
ऐसी थकन थका हूँ अबकी थकने लगी चाल मेरी,
अंध कूप में उतर रहा हूँ कैसी विकट घड़ी है माँ!
मेरी उँगली थामे मेरे बिलकुल पास खड़ी रह माँ !
जब भी चाहा सुख से जी लूँ दु:ख ने आकर घेर लिया,
जितना अधिक सहा उतना ही नाम तुम्हारा टेर लिया,
मरुस्थलों के तपते पथ में तू ही मेघ-झड़ी है माँ !
मेरी उँगली थामे मेरे बिलकुल पास खड़ी रह माँ !
राहें जिसकी मंजिल होगी उसको तो चलना ही होगा,
जो वसंत का अधिकारी है उसको तो जलना ही होगा।
ऋतु-चक्रों की हर वेला में तू ही पुष्प-लड़ी है माँ !
मेरी उँगली थामे बिलकुल पास खड़ी रह माँ !

CBSE SQP 2019-20

(क) माँ के स्नेह में किसकी भावना निहित होती है?
(i) ईर्ष्या की (ii) भावुकता की
(iii) सुरक्षा की (iv) परोपकार की

(ख) किन परिस्थितियों में माँ का सहारा मिलता है?
(i) विषम (ii) सुख
(iii) पलायन (iv) इनमें से कोई नहीं

(ग) मेघ झड़ी किसे कहा गया है?
(i) माँ को (ii) पिता को (iii) बंधु को (iv) बहन को

(घ) जीवन के विविध अनुभवों के बीच माँ का साथ किसके समान सुहाना होता है?
(i) भँवरों के (ii) फूलों के
(iii) पत्तो के (iv) तितलियों के

(ङ) निम्नलिखित कथनों पर विचार कीजिए।
1. माँ के स्नेह को कवच कुंडल कहा गया है।
2. बच्चा माँ के संपर्क में स्वयं को असहज महसूस करता है।
3. ऋतु-चक्रों की हर वेला में पुष्प लड़ी है माँ।
उपर्युक्त कथनों में से कौन-सा/से कथन सही है/ हैं?
(i) केवल 1 (ii) 1 और 2
(iii) 1 और 3 (iv) केवल 3

काव्यांश 14

ज्योति कलश छलके
हुए गुलाबी, लाल सुनहरे
रंग दल बादल के
ज्योति कलश छलके
घर आँगन वन उपवन-उपवन
करती ज्योति अमृत के सींचन
मंगल घट ढलके
ज्योति कलश छलके
पात-पात बिरवा हरियाला
धरती का मुख हुआ उजाला
सच सपने कल के
ज्योति कलश छलके
उषा ने आँचल फैलाया
फैली सुख की शीतल छाया
नीचे आँचल के
ज्योति कलश छलके
अंबर कुमकुम कण बरसाये
फूल पंखड़ियों पर मुस्काये
बिंदु तुहिन जल के
ज्योति कलश छलके

CBSE SQP 2018-19

(क) ज्योति कलश से आशय है
(i) जल से भरा घड़ा (ii) प्रकाश से भरा घड़ा
(iii) अमृत से भरा घड़ा (iv) हीरों से भरा घड़ा

(ख) सूर्य के प्रकाश से संपूर्ण धरती के पेड़-पौधे कैसे हो गए हैं?
(i) मुरझा गए (ii) हरे-भरे हो गए
(iii) सूख गए (iv) मर गए

(ग) अमृत की सींचन कहाँ हो रही है?
(i) घर और आँगन में
(ii) आकाश और पाताल में
(iii) स्वर्ग और नरक में
(iv) उपरोक्त में से कोई नहीं

(घ) 'उषा ने आँचल फैलाया' पंक्ति में 'आँचल' का अर्थ है
(i) आकाश (ii) रोशनी
(iii) प्रकृति (iv) जल

(ङ) निम्नलिखित कथनों पर विचार कीजिए।
1. हरे-भरे पौधों को देखकर ऐसा लग रहा है कि वे उत्साहित हो रहे हैं।
2. धरती आकाश और पाताल एक-समान है।
3. धरती हीरे-जवाहरात उगल रही है।
उपर्युक्त कथनों में से कौन-सा/से कथन सही है/हैं?
(i) केवल 1 (ii) 1 और 2
(iii) केवल 3 (iv) 2 और 3

काव्यांश 15

लड़ने के लिए चाहिए
थोड़ी-सी सनक, थोड़ा-सा पागलपन
और एक आवाज़ को बुलंद करते हुए
मुफ्त में मर जाने का हुनर
बहुत समझदार और सुलझे हुए लोग
नहीं लड़ सकते कोई लड़ाई
नहीं कर सकते कोई क्रांति
जब घर में लगी हो भीषण आग
आग की जद में हो बहनें और बेटियाँ
तो आग के सीने पर पाँव रखकर
बढ़कर आगे उन्हें बचा लेने के लिए
नहीं चाहिए कोई दर्शन या कोई महान् विचार
चाहिए तो बस
थोड़ी-सी सनक, थोड़ा-सा पागलपन
और एक खिलखिलाहट को बचाने के लिए
झुलस जाने का हुनर।

All India 2019

(क) लड़ने के लिए हमें क्या चाहिए?
(i) हथियार (ii) सनक
(iii) पागलपन (iv) (ii) और (iii) दोनों

(ख) घर में भीषण आग लगने से कवि का क्या तात्पर्य है?
(i) घर में होने वाली हानि से
(ii) देश में फैली अराजकता व सामाजिक स्थिति से
(iii) लोगों में व्याप्त अच्छाइयों से
(iv) जीवन के उतार-चढ़ाव की स्थिति से

(ग) निम्नलिखित कथनों पर विचार कीजिए।

1. समझदार और सुलझे लोग लड़ नहीं सकते।
2. देश में चारों ओर सुकून का वातावरण छाया रहता है।
3. समझदार लोग महान विचारों के माध्यम से बात करने की कोशिश करते हैं।

उपर्युक्त कथनों में से कौन-सा/से कथन सही है/हैं?

(i) केवल 1 (ii) केवल 3
(iii) 1 और 3 (iv) 2 और 3

(घ) 'झुलस जाने का हुनर' के माध्यम से कवि का आशय है

(i) भोग-विलास में लीन रहना
(ii) दिनभर आग में तपते रहना
(iii) समर्पित भाव से देशवासियों की रक्षा करने का सामर्थ्य होना
(iv) देशवासियों के प्रति अग्नि के समान क्रोध होना

(ङ) कवि के अनुसार, सुलझे लोग समस्या का समाधान कैसे करते हैं?

(i) युद्ध के द्वारा
(ii) दार्शनिक व महान विचारों से
(iii) एक-दूसरे को बुराइयाँ बताकर
(iv) बुरे लोगों को दण्ड देकर

काव्यांश 16

क्या कुटिल व्यंग्य! दीनता वेदना से अधीर, आशा से जिनका नाम रात-दिन जपती है,
दिल्ली के वे देवता रोज कहते जाते, 'कुछ और धरो धीरज, किस्मत अब छपती है।'
किस्मतें रोज छप रहीं, मगर जलधार कहाँ? प्यासी हरियाली सूख रही है खेतों में,
निर्धन का धन पी रहे लोभ के प्रेत छिपे, पानी विलीन होता जाता है रेतों में।
हिल रहा देश कृत्या के जिन आघातों से, वे नाद तुम्हें ही नहीं सुनाई पड़ते हैं?
निर्माणों के प्रहरियो। तुम्हें ही चोरों के काले चेहरे क्या नहीं दिखाई पड़ते हैं?
तो होश करो, दिल्ली के देवो, होश करो, सब दिन तो वह मोहिनी न चलने वाली है,
होती जाती है गर्म दिशाओं की साँसें, मिट्टी फिर कोई आग उगलने वाली है। **Delhi 2019**

(क) गरीबों के प्रति कुटिल व्यंग्य क्या है?

(i) कुछ और काम करने का आग्रह
(ii) धीरज रखने का अनुरोध
(iii) भाग्य पलटने का आश्वासन
(iv) वेदना और अधीरता

(ख) 'दिल्ली के वे देवता' कौन हैं?

(i) सरकारी कर्मचारी (ii) बड़े व्यापारी
(iii) शक्तिशाली शासक (iv) प्रभावशाली लोग

(ग) निम्नलिखित कथनों पर विचार कीजिए।

1. लोभी लोग गरीब लोगों की मेहनत और उनके धन को हड़प रहे हैं।
2. कवि चेतावनी देता है कि शोषक वर्गों अब होश में आ जाओ।
3. सामाज के कारण शोषित वर्गों का जीवन-निर्वाह होता है।

उपर्युक्त कथनों में से कौन-सा/से कथन सही हैं/है?

(i) केवल 1 (ii) 1 और 2
(iii) केवल 3 (iv) 2 और 3

(घ) 'पानी विलीन होता जाता है रेतों में' कथन का आशय है

(i) सिंचाई नहीं हो पाती
(ii) वर्षा पर्याप्त नहीं होती
(iii) गरीबों तक सुविधाएँ नहीं पहुँचती
(iv) रेत में खेती नहीं हो सकती

(ङ) निर्माण के प्रहरी अनदेखी करते हैं

(i) वैभवशाली लोगों की (ii) दिल्ली के देवों की
(iii) हरे-भरे खेतों की (iv) चारों ओर भ्रष्टाचारियों की

काव्यांश 17

हमारी सोच के दायरे में
हमारे रिश्तों के बेशकीमती नगीने हैं
मैं इसे छू लेना चाहती हूँ
चलना चाहती हूँ साथ-साथ
तुम्हारी परछाई की तरह
हमारे फूल-तुम्हारे नक्शे
तुम उलझे हुए आदमी हो
तुम सुलझा नहीं सके समय की लट को
तुमने नहीं सीखा खुशियों से खेलना
तुम्हें नहीं आता सीधे-सरल सवालों के जवाब देना
तुमने तो यह भी नहीं समझा कि डूबते हुए आदमी को तिनके का सहारा होता है
तुमने नहीं सीखा समंदर में उतरना
झंझावत भँवर कुंड से नाव को बचाना
सीखा है बंद सात कोठरी के भीतर
चीखों को बंद करना
तुमने सीखा है अंकुश के बालों से सीने छलनी करना
सीख लिया गर्म कोलतार जैसे परमादेशों को देह पर कैसे दागा जाता
तुमने अपनी निजी संस्कृति के हवन कुंड में
जिंदा लोगों की आहुतियाँ दी हैं......
पर वर्तमान को यह पसंद नहीं
उगते हुए पौधे
तुम्हारे साए के पीछे-पीछे चल रहे हैं
वह दिन दूर नहीं
जब हमारी फुलवारी के फूल
तुम्हारे बनाए नक्शों को रौंदेंगे.... **CBSE SQP 2017-18**

(क) रिश्ते की तुलना किससे की गई है?
(i) नगीने से (ii) सोने से
(iii) चाँदी से (iv) मोती से

(ख) 'तुमने नहीं सीखा समंदर में उतरना' के माध्यम से कवि का आशय है
(i) मनुष्य ने खुशियों में शामिल होना नहीं सीखा।
(ii) मनुष्य ने दुखों का सामना करना नहीं सीखा।
(iii) मनुष्य को समुद्र में तैरना नहीं आता।
(iv) मनुष्य ने संघर्षों का सामना करना नहीं सीखा।

(ग) कविता में भँवर और कुंड प्रतीकार्थ हैं
(i) जीवन के संघर्षों के (ii) लेन-देन के
(iii) गरीबो के सहायक (iv) उपरोक्त सभी

(घ) फुलवारी के फूल किसे कहा गया है?
(i) वृद्ध व्यक्ति को (ii) नवयुवक को
(iii) स्त्रियों को (iv) समाज को

(ङ) निम्नलिखित कथनों पर विचार कीजिए।
1. मनुष्य समय की लट को सुलझा नहीं पाता।
2. मनुष्य स्वयं में उलझने के कारण खुशियों से खेलना नहीं सीख पाता।
3. रिश्ते व्यर्थ और सस्ते होते हैं।

उपर्युक्त कथनों में से कौन-सा/-से कथन सही है/हैं?
(i) केवल 1 (ii) 1 और 2 (iii) केवल 3 (iv) 2 और 3

काव्यांश 18

सहता प्रहार कोई विवश, कदर्य जीव
जिसकी नसों में नहीं पौरुष की धार है
करुणा, क्षमा हैं वीर जाति के कलंक घोर
क्षमता क्षमा की शूरवीरों का शृंगार है।
प्रतिशोध से है होती शौर्य की शिखाएँ दीप्त
प्रतिशोध-हीनता नरों में महापाप है,
छोड़ प्रीति-वैर पीते मूक अपमान वे ही
जिनमें न शेष शूरता का वह्नि-ताप है
जेता के विभूषण सहिष्णुता-क्षमा हैं किंतु
हारी हुई जाति की सहिष्णुता अभिशाप है।
सेना साजहीन है परस्व हरने की वृत्ति
लोभ की लड़ाई क्षात्र धर्म के विरुद्ध है
चोट खा परंतु जब सिंह उठता है जाग
उठता कराल प्रतिशोध हो प्रबुद्ध है
पुण्य खिलता है चंद्रहास की विभा में तब
पौरुष की जागृति कहाती धर्मयुद्ध है। **Delhi 2018**

(क) प्रतिशोध का अर्थ है
(i) जीवनयापन
(ii) बदले की भावना
(iii) हीनता की भावना
(iv) करुणामय की भावना

(ख) प्रतिशोध क्यों आवश्यक है?
(i) धर्म के लिए
(ii) दान के लिए
(iii) शौर्य के लिए
(iv) व्यवस्था के लिए

(ग) निम्नलिखित कथनों पर विचार कीजिए।
1. युद्ध किए बिना रण क्षेत्र से भागना क्षत्रिय के लिए कायरता है।
2. कवि ने धरती के वीरों को धर्म बताया है।
3. कर्म के मार्ग को युद्ध के माध्यम से प्रशस्त करना ही वीरता उजागर करने का माध्यम है।

उपर्युक्त कथनों में से कौन-सा/से कथन सही हैं/है?
(i) केवल 1 (ii) 1 और 2
(iii) केवल 3 (iv) 1 और 3

(घ) सहिष्णुता को क्या माना गया है?
(i) विभूषण (ii) संघर्ष
(iii) अभिशाप (iv) (i) और (iii) दोनों

(ङ) क्षत्रिय जाति का वास्तविक शृंगार है
(i) वीरता (ii) शक्ति
(iii) क्षमा करना (iv) ये सभी

काव्यांश 19

मन-दीपक निष्कंप जलो रे!
सागर की उताल तरंगे,
आसमान को छू-छू जाएँ
डोल उठे डगमग भूमंडल
अग्निमुखी ज्वाला बरसाए,
धूमकेतु बिजली की द्युति से,
धरती का अंतर हिल जाए
फिर भी तुम ज़हरीले फन को
कालजयी बन उसे दलो रे।
कदम-कदम पर पत्थर, काँटे
पैरो को छलनी कर जाएँ
श्रांत-क्लांत करने को आतुर
क्षण-क्षण में जग की बाधाएँ
मरण गीत आकर गा जाएँ
दिवस-रात, आपद-विपदाएँ
फिर भी तुम हिमपात तपन में
बिना आह चुपचाप जलो रे। **All India 2017**

(क) पत्थर और काँटे किसके प्रतीक हैं?
(i) जीवन में होने वाले त्योहारों के
(ii) जीवन पथ में आने वाली कठिनाइयों के
(iii) जीवन पथ में मिलने वाले लोगों के
(iv) जीवन में मिलने वाली खुशियों के

(ख) पत्थर और काँटे जीवन में क्या उत्पन्न करते हैं?
(i) उत्साह (ii) वीरता
(iii) साहस (iv) बाधाएँ

(ग) निम्नलिखित कथनों पर विचार कीजिए।
1. पूर्ण दृढ़ता के साथ जलो और दुनिया को प्रकाशित कर उनके मार्ग की बाधाओं को दूर करो।
2. अपनी मातृभूमि के लिए नित नए-नए गीत गाओ।
3. युद्ध भूमि में वीरता का प्रदर्शन करते रहो।
उपर्युक्त कथनों में से कौन-सा/से कथन सही हैं/हैं?
(i) केवल 1 (ii) 1 और 2
(iii) केवल 3 (iv) 2 और 3

(घ) कवि ने कालजयी बनकर कैसी बाधाओं का दलन करने को कहा है?
(i) जिनके वेग से सृष्टि हिलने लगे
(ii) जो व्यक्ति को कष्ट दे
(iii) जो व्यक्ति को भावुकता प्रदान करे
(iv) जिससे व्यक्ति स्वार्थी बन जाए

(ङ) प्रस्तुत कविता में कवि किसे संबोधित करता है?
(i) ईश्वर को
(ii) अंतरात्मा को
(iii) प्रत्येक व्यक्ति को
(iv) पक्षियों को

काव्यांश 20

साकार दिव्य गौरव विराट, पौरुष के पूँजीभूत ज्वाल!
मेरी जननी के हिमकिरीट, मेरे भारत के दिव्य भाल!
मेरे नगपति, मेरे विशाल।
युग-युग अजेय, निर्बंध, युक्त,
युग-युग गर्वोन्नत नित महान्
निस्सीम व्योम में तान रहा
युग से किस महिमा का वितान।
ले अँगड़ाई, हिल उठे धरा
कर निज विराट स्वर में निनाद
तू शैलराट् हुंकार भरे
फट जाए कुहा, भागे प्रमाद
तू मौन त्याग, कर सिंहनाद
रे तपी, आज तप का न काल
नव युग शंखध्वनि जगा रही
तू जाग-जाग मेरे विशाल। **Delhi 2016**

(क) मेरी जननी से कवि का तात्पर्य है
(i) मातृभूमि से (ii) जल देवी से
(iii) स्वयं की माता से (iv) गौ माता से

(ख) भारत माता का किरीट किसे माना गया है?
(i) समुद्र को (ii) हिमालय पर्वत को
(iii) ताजमहल को (iv) राजघराने को

(ग) निम्नलिखित कथनों पर विचार कीजिए।
1. हिमालय पर्वत भारत का गौरव है।
2. कवि ने प्राकृतिक सुंदरता को मातृभूमि का रक्षक माना है।
3. कवि ने हिमालय पर्वत की विशालता तथा शक्ति का वर्णन विशेषणों द्वारा किया है।
उपर्युक्त कथनों में से कौन-सा/से कथन सही है/हैं?
(i) केवल 1 (ii) 1 और 2
(iii) केवल 3 (iv) 1 और 3

(घ) 'हिमालय पर्वत' के लिए किस नाम का प्रयोग किया गया है?
(i) शिवाचल (ii) शैलराट्
(iii) रामसेतु (iv) गिरिराज

(ङ) विशाल नगपति के लिए प्रयुक्त विशेषण है
(i) अहोपति (ii) अजेय
(iii) महान (iv) (ii) और (iii) दोनों

काव्यांश 21

पैदा करती कलम विचारों के जलते अँगारे,
और प्रज्वलित प्राण देश क्या कभी मरेगा मारे?
लहू गर्म करने को रखो मन में ज्वलित विचार,
हिंस्र जीव से बचने को चाहिए किंतु तलवार।
एक भेद है और जहाँ निर्भय होते नर-नारी
कलम उगलती आग, जहाँ अक्षर बनते चिंगारी
जहाँ मनुष्यों के भीतर हरदम जलते हैं शोले,
बातों में बिजली होती, होते दिमाग में गोले।
जहाँ लोग पालते लहू में हालाहल की धार
क्या चिंता यदि वहाँ हाथ में हुई नहीं तलवार? **Delhi 2015**

(क) कलम किसका प्रतीक है?
(i) धनुष (ii) भालें (iii) बाण (iv) तलवार

(ख) तलवार की आवश्यकता कहाँ पड़ती है?
(i) स्त्रियों को वश में करने के लिए
(ii) हिंसक जीव व पशुओं से बचने के लिए
(iii) घरेलू कार्यों को पूरा करने के लिए
(iv) विद्वानों पर प्रहार करने के लिए

(ग) निम्नलिखित कथनों पर विचार कीजिए।
1. अपने अंदर जोश को बनाए रखना चाहिए।
2. कलम विचारों के जलते अंगारे पैदा करती है।
3. मनुष्य मानवता के महत्त्व को नहीं समझता।
उपर्युक्त कथनों में से कौन-सा/से कथन सही है/हैं?
(i) केवल 1 (ii) 1 और 2 (iii) केवल 3 (iv) 2 और 3

(घ) तलवार कब अपरिहार्य हो जाती है?
(i) जब लोग प्रकृति का आनंद लेते हैं
(ii) जब लोगों के हृदय में जहर भर जाता है
(iii) जब लोग एक-दूसरे से घृणा करने लगते हैं
(iv) (ii) और (iii) दोनों

(ङ) कवि ने अनुसार, मनुष्य की बातों में होती है
(i) मिठास (ii) बिजली
(iii) अग्नि (iv) जिज्ञासा

काव्यांश 22

अचल खड़े रहते जो ऊँचा शीश उठाए तूफानों में,
सहनशीलता, दृढ़ता हँसती जिनके यौवन के प्राणों में।
वही पंथ बाधा को तोड़े बहते हैं जैसे हों निर्झर,
प्रगति नाम को सार्थक करता यौवन दुर्गमता पर चलकर।
आज देश की भावी आशा बनी तुम्हारी ही तरुणाई,
नए जन्म की श्वास तुम्हारे अंदर जगकर है लहराई।
आज विगत युग के पतझर पर तुमको नव मधुमास खिलाना,
नवयुग के पृष्ठों पर तुमको है नूतन इतिहास लिखाना।
उठो राष्ट्र के नवयौवन तुम दिशा-दिशा का सुन आमंत्रण,
जगो, देश के प्राण जगा दो नए प्रात: का नया जागरण।
आज, विश्व को यह दिखला दो हममें भी जागी तरुणाई,
नई किरण की नई चेतना में हमने भी ली अँगड़ाई।।

Delhi 2014

(क) नवयुवक प्रगति के नाम को कैसे सार्थक करते हैं?
(i) दुर्गम रास्ते पर चलकर
(ii) अपने-पराए में भेद करके
(iii) (i) और (ii) दोनों
(iv) बाधाओं पर विजय प्राप्त करके

(ख) 'विगत युग के पतझर' के माध्यम से कवि का आशय है
(i) काल्पनिक विचारधाराओं से
(ii) अतीत की असफलता तथा अतीत की दुरावस्थाओं से
(iii) संविधान द्वारा लागू किए गए नियमों से
(iv) राजनेताओं और अभिनेताओ से

(ग) निम्नलिखित कथनों पर विचार कीजिए।
1. देश के नवयुवकों को भारत की उन्नति के लिए सदैव तत्पर रहना चाहिए।
2. रणभूमि में योद्धा को अपने प्राणों को त्याग देना चाहिए।
3. देश को एक सफल राजनेता की आवश्यकता है।
उपर्युक्त कथनों में से कौन-सा/से कथन सही है/हैं?
(i) केवल 1 (ii) 1 और 2
(iii) केवल 3 (iv) 2 और 3

(घ) नवयुवकों को किसके समक्ष अपनी श्रेष्ठता को सिद्ध करना चाहिए?
(i) समाज के (ii) विश्व के
(iii) मंत्रियों के (iv) संतों के

(ङ) मार्ग की रूकावटों को वही व्यक्ति तोड़ता है जो
(i) वेदों का ज्ञाता तथा अत्यधिक ज्ञानी हो।
(ii) सुख में अत्यधिक प्रसन्न तथा दु:ख में निराश हो जाता हो।
(iii) अपने अनुभवों को दूसरों के साथ बाँटता हो।
(iv) जो डटकर संघर्ष करते हुए बाधाओं पर विजय प्राप्त करता हो।

काव्यांश 23

खुल कर चलते डर लगता है
बातें करते डर लगता है
क्योंकि शहर बेहद छोटा है।
ऊँचे हैं, लेकिन खजूर से
मुँह हैं इसीलिए कहते हैं,
जहाँ बुराई फूले-पनपे
वहाँ तटस्थ बने रहते हैं,
नियम और सिद्धांत बहुत
दंगों से परिभाषित होते हैं—
जो कहने की बात नहीं है,
वही यहाँ दुहराई जाती,
जिनके उजले हाथ नहीं हैं
उनकी महिमा गायी जाती
यहाँ ज्ञान पर प्रतिभा पर
अवसर का अंकुश बहुत कड़ा है—
सब अपने धंधे में रत हैं
यहाँ न्याय की बात गलत है
क्योंकि शहर बेहद छोटा है।
बुद्धि यहाँ पानी भरती है,
सीधापन भूखों मरता है—
उसकी बड़ी प्रतिष्ठा है,
जो सारे काम गलत करता है।
यहाँ मान के नाप-तौल की,
इकाई कंचन है, धन है—
कोई सच के नहीं साथ है
यहाँ भलाई बुरी बात है
क्योंकि शहर बेहद छोटा है।

Delhi 2013

(क) शहर में अधिकांश लोग कैसे होते हैं?
(i) आत्मकेंद्रित (ii) परोपकारी
(iii) स्वार्थी (iv) (i) और (iii) दोनों

(ख) कवि शहर को अभिव्यक्त करना चाहता है
(i) अच्छाइयों से (ii) छोटेपन से
(iii) विलासिता से (iv) प्रभाव से

(ग) निम्नलिखित कथनों पर विचार कीजिए।
1. शहर के लोग अत्याचार होते देखकर भी तटस्थ रहते हैं।
2. शहर में बुद्धिमान एवं सीधे-सच्चे लोग भूखे मरते हैं।
3. शहर में परिवहन साधनों की कमी है।
उपर्युक्त कथनों में से कौन-सा/से कथन सही है/हैं?
(i) केवल 1 (ii) 1 और 2 (iii) केवल 3 (iv) 2 और 3

(घ) शहर में किन लोगों की महिमा गाई जाती है?
(i) असामाजिक एवं धनिक लोगों की
(ii) परोपकारी व उदार लोगों की
(iii) सभ्यता से परिपूर्ण लोगों की
(iv) कर्त्तव्यों का पालन करने वालों की

(ङ) बुद्धिजीवी कौन-सा काम करते हैं?

(i) सरकारी अफसर का (ii) श्रमिक का
(iii) आयात-निर्यात का (iv) पैसों के लेन-देन का

काव्यांश 24

जाग रहे हम वीर जवान,
जियो, जियो ऐ हिंदुस्तान।
हम प्रभात की नई किरण हैं, हम दिन के आलोक नवल,
हम नवीन भारत के सैनिक, धीर, वीर, गंभीर, अचल।
हम प्रहरी ऊँचे हिमाद्रि के, सुरभि स्वर्ग की लेते हैं,
हम हैं शांति-दूत धरणी के, छाँह सभी को देते हैं।
वीरप्रसू माँ की आँखों के, हम नवीन उजियाले हैं,
गंगा, यमुना, हिंद महासागर के हम ही रखवाले हैं।
तन, मन, धन, तुम पर कुरबान
जियो, जियो ऐ हिंदुस्तान।
हम सपूत उनके, जो नर थे, अनल और मधु के मिश्रण,
जिनमें नर का तेज प्रखर था, भीतर था नारी का मन।
एक नयन संजीवन जिनका, एक नयन था हलाहल
जितना कठिन खड्ग था कर में उतना ही अंतर कोमल।
थर-थर तीनों लोक काँपते थे जिनकी ललकारों पर,
स्वर्ग नाचता था रण में जिनकी पवित्र तलवारों पर।
हम उन वीरों की संतान, जियो, जियो ऐ हिंदुस्तान।

All India 2013

(क) नवीन भारत से तात्पर्य है

(i) प्राचीन भारत (ii) प्रगतिशील भारत
(iii) प्रभुत्व भारत (iv) इनमें से कोई नहीं

(ख) हमारे भारतीय पूर्वज थे

(i) अत्यंत वीर (ii) कायर
(iii) बुद्धिहीन (iv) अज्ञानी

(ग) निम्नलिखित कथनों पर विचार कीजिए।

1. भारत के वीर देश की रक्षा के लिए तन-मन-धन से न्यौछावर कर देते हैं।
2. भारतीय बाहर से चाहे कठोर दिखाई पड़े, पर अंदर से उनका हृदय कोमल होता है।
3. मातृभूमि की रक्षा के लिए अनेक सेनानियों ने कष्ट सहन किया।

उपर्युक्त कथनों में से कौन-सा/से कथन सही है/हैं?

(i) केवल 1 (ii) 1 और 2
(iii) केवल 3 (iv) 2 और 3

(घ) कवि के अनुसार, हम भारतीय किसकी संतान हैं?

(i) धर्म की (ii) मातृभूमि की
(iii) वीरों की (iv) प्रकृति की

(ङ) रण में पवित्र तलवारों पर कौन नाचता है?

(i) राजा (ii) स्वर्ग
(iii) नरक (iv) महल

काव्यांश 25

"सर। पहचाना मुझे?"
बारिश में भीगता आया कोई
कपड़े कीचड़ सने और बालों में पानी।
बैठा। छन-भर सुस्ताया। बोला—नभ की ओर देख—
गंगा मैया पाहुन बनकर आई थीं,
झोंपड़ी में रहकर लौट गई।
नैहर आई बेटी की भाँति
चार दीवारों में कुदकती-फुदकती रहीं
खाली हाथ वापस कैसे जाती!
घरवाली तो बच गई—
दीवारें ढहीं, चूल्हा बुझा, बरतन-भाँडे—
जो भी था सब चला गया।
प्रसाद-रूप में बचा है नैनों में थोड़ा खारा पानी
पत्नी को साथ ले, सर, अब लड़ रहा हूँ
ढही दीवार खड़ी कर रहा हूँ
कादा-कीचड़ निकाल फेंक रहा हूँ।
मेरा हाथ जेब की ओर जाते देख
वह उठा, बोला—"सर, पैसे नहीं चाहिए।
ज़रा अकेलापन महसूस हुआ तो चला आया
घर-गृहस्थी चौपट हो गई पर
रीढ़ की हड्डी मज़बूत है सर!
पीठ पर हाथ की थपकी देकर
आशीर्वाद दीजिए
लड़ते रहो।"

Delhi 2012

(क) सर का हाथ जेब की ओर क्यों गया?

(i) अपनी पेंट की जेब को जाँचने के लिए
(ii) बाढ़ से ग्रसित व्यक्ति की आर्थिक सहायता के लिए
(iii) व्यक्ति को खाली जेब दिखाने के लिए
(iv) उपरोक्त में से कोई नहीं

(ख) आगन्तुक सर के घर क्यों जाता है?

(i) आर्थिक सहायता माँगने के लिए
(ii) अकेलेपन को दूर करने के लिए
(iii) परिवार से मिलने के लिए
(iv) भोजन करने के लिए

(ग) निम्नलिखित कथनों पर विचार कीजिए।

1. बाढ़ की तुलना मायके से की गई है।
2. बाढ़ के कारण घर की दीवारे ढ़ह गई चूल्हा बुझ गया।
2. बाढ़ के कारण आगन्तुक की पत्नी मर गई।

उपर्युक्त कथनों में से कौन-सा/से कथन सही है/हैं?

(i) केवल 1 (ii) 1 और 2 (iii) केवल 3 (iv) 2 और 3

(घ) आगन्तुक ने सर से क्या लेने से इंकार कर दिया?

(i) मकान (ii) आर्थिक सहायता
(iii) भोजन (iv) वस्त्र

(ङ) आगन्तुक कैसा व्यक्ति था?

(i) स्वाभिमानी (ii) संघर्षशील
(iii) (i) और (ii) दोनों (iv) भोग-विलासी

व्याख्या सहित उत्तर

1. (क) (ii) जिसका मूल्य आँका न जा सके
(ख) (i) मित्रता पर
(ग) (iii) ऋण चुकाना
(घ) (iii) कंधा
(ङ) (iv) दूसरा लक्ष्य होना

2. (क) (iii) अनजान स्थान पर रहना
(ख) (ii) दृढ़ होकर
(ग) (i) कायर को
(घ) (ii) कठिनाइयों का समाप्त होना
(ङ) (iii) परिश्रम

3. (क) (ii) व्यक्तित्व निखर गया
(ख) (iii) पांडवों का संदेश लेकर
(ग) (i) संतोष
(घ) (iii) तलवार
(ङ) (i) मनुष्य का नाश होता है

4. (क) (i) कर्ण
(ख) (iii) प्रकृति के रहस्यों से अनजान रहने से
(ग) (ii) प्रतिभा को छिपाया नहीं जा सकता
(घ) (iii) अर्जुन से अपने को श्रेष्ठ सिद्ध करने के लिए
(ङ) (iii) सस्ती लोकप्रियता वाले को

5. (क) (iii) गंगा नदी का बढ़ा जल-स्तर
(ख) (i) गंगा-जल रूपी रजत परिधान
(ग) (iv) घर का मजबूत होना
(घ) (ii) पतली
(ङ) (iv) उपमा

6. (क) (i) धैर्य, शौर्य, बुद्धि और वीरता
(ख) (iii) स्वयं को वर हेतु योग्य सिद्ध करने की परीक्षा
(ग) (ii) सुंदर राजकुमारी
(घ) (ii) आर्यपुत्र
(ङ) (ii) उपमा

7. (क) (ii) नीर, कनक, आवास और सुरक्षा
(ख) (ii) वह आजाद जीवन जीना पसंद करती है।
(ग) (i) भयावह स्थिति उत्पन्न करना
(घ) (iv) पिंजरे के पक्षी के माध्यम से स्वतंत्रता का महत्त्व बताना
(ङ) (iii) आजादी के समर्थक हैं

8. (क) (iv) बड़प्पन की पहचान से
(ख) (i) केवल 1
(ग) (i) मनुष्य के कर्म उसे प्रसिद्धि दिलाते हैं
(घ) (ii) वस्त्र
(ङ) (ii) फल बनकर पशु-पक्षियों और मनुष्यों का पेट भरता है

9. (क) (ii) समता का अभाव
(ख) (ii) विद्वेष विस्तार पाता है
(ग) (i) समता व न्याय का समाज में पोषण करना चाहिए
(घ) (i) न्याय और आर्थिक समानता पर आधारित
(ङ) (ii) समानता का व्यवहार न्याय के पश्चात् होता है

10. (क) (i) आशावादी
(ख) (i) कवि के जीवन में दूर-दूर तक दुःखों का नामोनिशान नहीं था
(ग) (i) चुंबक और लोहे जैसा
(घ) (i) मानवीकरण
(ङ) (iii) प्राकृतिक आपदा

11. (क) (i) माँ, संतान और पिता
(ख) (ii) माँ के समान द्वीपों का पालन-पोषण करने के कारण
(ग) (iv) क्योंकि उनका अस्तित्व समाप्त हो जाएगा
(घ) (ii) समष्टि में ही व्यष्टि का हित निहित है
(ङ) (iii) क्योंकि नव-निर्माण के लिए विध्वंस अनिवार्य है

12. (क) (iii) पावस ऋतु
(ख) (ii) प्रकृति से
(ग) (iii) मानवीकरण
(घ) (ii) अभ्यंतर हृदय भीग गया है, किंतु कपड़े सूखे हैं
(ङ) (ii) रात केले के वृक्ष की भाँति रास्ता रोके खड़ी है

13. (क) (iii) सुरक्षा की
(ख) (i) विषम
(ग) (i) माँ को
(घ) (ii) फूलों के
(ङ) (iii) 1 और 3

14. (क) (ii) प्रकाश से भरा घड़ा
(ख) (ii) हरे-भरे हो गए
(ग) (i) घर और आँगन में
(घ) (ii) रोशनी
(ङ) (i) केवल 1

15. (क) (iv) (ii) और (iii) दोनों
(ख) (ii) देश में फैली अराजकता व सामाजिक स्थिति से
(ग) (iii) 1 और 3
(घ) (iii) समर्पित भाव से देशवासियों की रक्षा करने का सामर्थ्य होना
(ङ) (ii) दार्शनिक व महान विचारों से

16. (क) (ii) धीरज रखने का अनुरोध
(ख) (iii) शक्तिशाली शासक
(ग) (iv) 2 और 3
(घ) (iii) गरीबों तक सुविधाएँ नहीं पहुँचती
(ङ) (iv) चारों ओर भ्रष्टाचारियों की

17. (क) (i) नगीने से
(ख) (iv) मनुष्य ने संघर्षों का सामना करना नहीं सीखा।
(ग) (i) जीवन के संघर्षों के
(घ) (ii) नवयुवक को
(ङ) (ii) 1 और 2

18. (क) (ii) बदले की भावना
(ख) (iii) शौर्य के लिए
(ग) (iv) 1 और 3
(घ) (iv) (i) और (iii) दोनों
(ङ) (iv) ये सभी

19. (क) (ii) जीवन पथ में आने वाली कठिनाइयों के
(ख) (iv) बाधाएँ
(ग) (i) केवल 1
(घ) (i) जिनके वेग से सृष्टि हिलने लगे
(ङ) (iii) प्रत्येक व्यक्ति को

20. (क) (i) मातृभूमि से
(ख) (ii) हिमालय पर्वत को
(ग) (iv) 1 और 3
(घ) (ii) शैलराट्
(ङ) (iv) (ii) और (iii) दोनों

21. (क) (iv) तलवार
(ख) (ii) हिंसक जीव व पशुओं से बचने के लिए
(ग) (ii) 1 और 2
(घ) (iv) (ii) और (iii) दोनों
(ङ) (ii) बिजली

22. (क) (iii) (i) और (ii) दोनों
(ख) (ii) अतीत की असफलता तथा अतीत की दुरावस्थाओं से
(ग) (i) केवल 1
(घ) (ii) विश्व के
(ङ) (iv) जो डटकर संघर्ष करते हुए बाधाओं पर विजय प्राप्त करता हो।

23. (क) (iv) (i) और (iii) दोनों
(ख) (ii) छोटेपन से
(ग) (ii) 1 और 2
(घ) (i) असामाजिक एवं धनिक लोगों की
(ङ) (ii) श्रमिक का

24. (क) (ii) प्रगतिशील भारत
(ख) (i) अत्यंत वीर
(ग) (ii) 1 और 2
(घ) (iii) वीरों की
(ङ) (ii) स्वर्ग

25. (क) (ii) बाढ़ से ग्रसित व्यक्ति की आर्थिक सहायता के लिए
(ख) (ii) अकेलेपन को दूर करने के लिए
(ग) (ii) 1 और 2
(घ) (ii) आर्थिक सहायता
(ङ) (iii) (i) और (ii) दोनों

अभ्यास प्रश्न

- निम्नलिखित गद्यांशों को ध्यानपूर्वक पढ़कर पूछे गए बहुविकल्पीय प्रश्नों के लिए सर्वाधिक सही उत्तर का चुनाव कीजिए

1. भाषा का एक प्रमुख गुण है—सृजनशीलता। हिंदी में सृजनशीलता का अद्‌भुत गुण है, अद्‌भुत क्षमता है, जिससे वह निरंतर प्रवाहमान है। हिंदी ही ऐसी भाषा है, जिसमें समायोजन की पर्याप्त और जादुई शक्ति है। अन्य भाषाओं और संस्कृतियों के शब्दों को हिंदी जिस अधिकार और सहजता से ग्रहण करती है, उससे हिंदी की संभावनाएँ प्रशस्त होती हैं। हिंदी के लचीलेपन ने अनेक भाषाओं के शब्दों को ही नहीं, उनके सांस्कृतिक तेवरों को भी अपने में समेट लिया है। यही कारण है कि हिंदी सामाजिक संस्कृति तथा विविध भाषा-भाषियों और धर्मावलंबियों की प्रमुख पहचान बन गई है। अरबी, फ़ारसी, तुर्की, अंग्रेज़ी आदि के शब्द हिंदी की शब्द-संपदा में ऐसे मिल गए हैं, जैसे वे जन्म से ही इसी भाषा परिवार के सदस्य हों। यह समाहार उसकी जीवंतता का प्रमाण है।

आज हम परहेज़ी होकर, शुद्धतावाद की जड़ मानसिकता में क़ैद होकर नहीं रह सकते। सूचना-क्रांति, तकनीकी-विकास और वैज्ञानिक आविष्कारों के दबाव ने हमें सबसे संवाद करने के अवसर दिए हैं। विश्व-ग्राम की संकल्पना से हिंदी को निरंतर चलना होगा। इसके लिए आवश्यक है—आधुनिक प्रयोजनों के अनुरूप विकास और भाषा एवं लिपि से संबंधित यांत्रिक साधनों का विकास। इंटरनेट से लेकर बाज़ार तक, राजकाज से लेकर शिक्षा और न्याय के मंदिरों तक हिंदी को उपयोगी और कार्यक्षम बनाने के लिए उसका सरल-सहज होना आवश्यक है और उसकी ध्वनि, लिपि, शब्द-वर्तनी, वाक्य-रचना आदि का मानकीकृत होना भी आवश्यक है।

(क) हिंदी के निरंतर प्रवाहमान रहने का क्या कारण है?
(i) संस्कृति (ii) सृजनशीलता
(iii) सीमित मानसिकता (iv) रूढ़िवादिता

(ख) हिंदी की संभावनाएँ कैसे प्रशस्त होती गई हैं?
(i) अन्य भाषाओं के शब्दों को सहजता से ग्रहण करने से
(ii) अपने सांस्कृतिक स्वरूप से
(iii) अपनी तटस्थता से
(iv) अन्य भाषाओं को तुच्छ समझकर

(ग) निम्नलिखित कथन कारण को ध्यानपूर्वक पढ़िए उसके बाद दिए गए विकल्पों में से कोई एक सही विकल्प चुनकर लिखिए।

कथन (A) हिन्दी भाषा में लचीलापन है।

कारण (R) हिन्दी ने अन्य भाषाओं के शब्दों व सांस्कृतिक तेवरों को अपने में समेट लिया है।

(i) कथन (A) तथा कारण (R) दोनों सही है तथा कारण (R) कथन (A) की सही व्याख्या करता है।
(ii) कथन (A) गलत है लेकिन कारण (R) सही है।
(iii) कथन (A) तथा कारण (R) दोनों गलत है।
(iv) कथन (A) सही है लेकिन कारण (R) उसकी गलत व्याख्या करता है।

(घ) हिंदी भाषा के संदर्भ में शुद्धतावादी होने से क्या तात्पर्य है?
(i) गैर-हिंदी भाषाओं के शब्दों को ग्रहण करना
(ii) हिंदी की बोलियों और उनके शब्दों को प्रधानता देकर हिंदी का विकास करना
(iii) (i) और (ii) दोनों
(iv) केवल हिंदी को महत्त्व देना

(ङ) आज हमें सबसे संवाद करने के अवसर किसने दिए हैं?
(i) सूचना क्रांति ने
(ii) तकनीकी विकास ने
(iii) वैज्ञानिक आविष्कारों के दबाव ने
(iv) उपरोक्त सभी

(च) आधुनिक प्रयोजनों के अनुरूप विकास और भाषा एवं लिपि से संबंधित यांत्रिक साधनों का विकास करने से क्या होगा?
(i) विश्व ग्राम की संकल्पना साकार हो जाएगी
(ii) हिंदी की उन्नति अवरुद्ध हो जाएगी
(iii) मनुष्य यंत्रवत प्राणी बनकर रह जाएगा
(iv) तकनीकी उन्नति होगी

(छ) हिंदी को उपयोगी और कार्यक्षम बनाने के लिए उसे कैसा होना चाहिए?
(i) समृद्ध (ii) क्लिष्ट
(iii) सरल-सहज (iv) ये सभी

(ज) निम्न कथनों पर विचार कीजिए।
1. हिंदी अंतर्राष्ट्रीय सीमाओं में भारत का प्रतिनिधित्व तब कर सकती है जब सरकार की तत्परता होगी।
2. हिंदी भारत का प्रतिनिधित्व तब कर सकती है जब जनता की इच्छा शक्ति होगी।
3. जब सरकार की तत्परता के साथ जनता की इच्छा शक्ति को हिंदी से जोड़ा जाएगा तब वह भारत का प्रतिनिधित्व करेगी।
4. हिंदी भारत का प्रतिनिधित्व तब करेगी जब उसे अधिक महत्त्व मिलने लगेगा।

उपरोक्त कथनों में से कौन-सा/कौन-से कथन सही है/हैं?
(i) केवल कथन 1 (ii) कथन 1 व 4
(iii) केवल कथन 3 (iv) केवल कथन 2

(झ) हिंदी ने अन्य भाषाओं के शब्दों को स्वयं में समाहित करते हुए अपना स्वरूप निर्मित करके क्या किया?
(i) भारत की भौगोलिक स्थिति में परिवर्तन किया
(ii) भारत की सामाजिक संस्कृति की पहचान बन गई
(iii) हिंदी के स्वरूपों को आच्छादित किया
(iv) हिंदी के विकास को रोक दिया

(ञ) प्रस्तुत गद्यांश किस विषयवस्तु पर आधारित है?
(i) हिंदी भाषा पर
(ii) हिंदी भाषा और अन्य भाषा पर
(iii) हिंदी भाषा और तकनीकी युग पर
(iv) हिंदी के विकास पर

2. विधाता-रचित इस सृष्टि का सिरमौर है मनुष्य, उसकी कारीगरी का सर्वोत्तम नमूना। इस मानव को ब्रह्माण्ड का लघु रूप मानकर भारतीय दार्शनिकों ने 'यत्' पिण्डे तत ब्रह्माण्डे' की कल्पना की थी। उनकी यह कल्पना मात्र कल्पना नहीं थी, प्रत्युत यथार्थ भी थी, क्योंकि मानव-मन में जो विचारणा के रूप में घटित होता है, उसका कृति रूप ही तो सृष्टि है। मन तो मन, मानव का शरीर भी अप्रतिम है। देखने में इससे भव्य, आकर्षक एवं लावण्यमय रूप सृष्टि में अंयत्र कहाँ है? अद्‌भुत एवं अद्वितीय है मानव-सौंदर्य। साहित्यकारों ने इसके रूप-सौंदर्य के वर्णन के लिए कितने ही अप्रस्तुत उपमानों का विधान किया है और इस सौंदर्य राशि से सभी को आप्यायित करने के लिए अनेक काव्य सृष्टियाँ रच डाली हैं। साहित्यशास्त्रियों ने भी इसी मानव की भावनाओं का विवेचन करते हुए अनेक रसों का निरूपण किया है। परंतु वैज्ञानिक दृष्टि से विचार किया जाए, तो मानव-शरीर को एक जटिल यंत्र से उपमित किया जा सकता है। जिस प्रकार यंत्र के एक पुर्जे में दोष आ जाने पर सारा यंत्र गड़बड़ा जाता है, बेकार हो जाता है उसी प्रकार मानव-शरीर के विभिन्न अवयवों में से यदि कोई एक अवयव भी बिगड़ जाता है, तो उसका प्रभाव सारे शरीर पर पड़ता है। इतना ही नहीं, गुर्दे जैसे कोमल एवं नाजुक हिस्से के खराब हो जाने से यह गतिशील वपुयंत्र एकाएक अवरुद्ध हो सकता है, व्यक्ति की मृत्यु हो सकती है।

एक अंग के विकृत होने पर सारा शरीर दंडित हो, वह कालकवलित हो जाए—यह विचारणीय है। यदि किसी यंत्र के पुर्जे को बदलकर उसके स्थान पर एक नया पुर्जा लगाकर यंत्र को पूर्ववत् सुचारु एवं व्यवस्थित रूप से क्रियाशील बनाया जा सकता है, तो शरीर के विकृत अंग के स्थान पर नव्य निरामय अंग लगाकर शरीर को स्वस्थ एवं सामान्य क्यों नहीं बनाया जा सकता? शल्य-चिकित्सकों ने इस दायित्वपूर्ण चुनौती को स्वीकार किया तथा निरंतर अध्यवसाय, पूर्ण साधना के अनंतर अंग-प्रत्यारोपण के क्षेत्र में सफलता प्राप्त की। अंग-प्रत्यारोपण का उद्‌देश्य है कि मनुष्य दीर्घायु प्राप्त कर सके। यहाँ यह ध्यातव्य है कि मानव शरीर हर किसी के अंग को उसी प्रकार स्वीकार नहीं करता, जिस प्रकार हर किसी का रक्त उसे स्वीकार्य नहीं होता।

(क) निम्नलिखित कथन कारण को ध्यानपूर्वक पढ़िए उसके बाद दिए गए विकल्पों में से कोई एक सही विकल्प चुनकर लिखिए।

कथन (A) मानव को सृष्टि का लघु रूप माना जाता है।

कारण (R) मानव में जो घटित होता है वही सृष्टि में घटित होता है।

(i) कथन (A) तथा कारण (R) दोनों गलत हैं।
(ii) कथन (A) गलत है तथा कारण (R) सही है।
(iii) कथन (A) तथा कारण (R) दोनों सही हैं तथा कारण (R) कथन (A) की सही व्याख्या करता है।
(iv) कथन (A) सही है लेकिन कारण (R) उसकी गलत व्याख्या करता है।

(ख) साहित्यकारों ने मानव सौंदर्य के वर्णन के लिए किसका प्रयोग किया है?
(i) कल्पना का (ii) यथार्थ का
(iii) अप्रस्तुत उपमान का (iv) प्रस्तुत उपमान का

(ग) मानव सौंदर्य के लिए किस प्रकार के उपमान दिए गए हैं?
(i) अद्‌भुत (ii) अद्वितीय
(iii) (i) और (ii) दोनों (iv) अतुलनीय

(घ) मानव शरीर को यंत्रवत् क्यों कहा गया है?
(i) दृढ़ मांसपेशियों और अवयवों से निर्मित होने के कारण
(ii) अवयवरूपी पुर्जों के विकृत होने से शरीर के यंत्रवत् निष्क्रिय हो जाने के कारण
(iii) यंत्र की भाँति लावण्यमय होने के कारण
(iv) सृष्टि की अनुपम कृति होने के कारण

(ङ) व्यक्ति की मृत्यु किस कारण हो सकती है?
(i) अधिक कार्य करने से (ii) गुर्दा खराब होने से
(iii) किसी अंग के विकृत होने से (iv) निष्क्रिय बने रहने से

(च) शल्य चिकित्सकों द्वारा स्वीकार की गई दायित्वपूर्ण चुनौती क्या थी?
(i) मानव शरीर को अमर बनाना
(ii) शल्य चिकित्सा को महत्त्व देना
(iii) अंग-प्रत्यारोपण द्वारा शरीर को स्वस्थ एवं सामान्य बनाना
(iv) जीर्ण-क्षीर्ण शरीर के स्थान पर स्वस्थ शरीर देना

(छ) शल्य चिकित्सकों का मूल उद्‌देश्य था
1. शल्य चिकित्सा द्वारा मानव को दीर्घायु प्रदान करना
2. साधन सम्पन्न चिकित्सालय खोलना
3. अंग-प्रत्यारोपण द्वारा शरीर को स्वस्थ एवं सामान्य बनाना
4. अनुसंधान करना

कूट
(i) कथन 1 व 2 (ii) केवल कथन 1
(iii) केवल कथन 2 (iv) कथन 1 व 3

(ज) अंग-प्रत्यारोपण से पूर्व किसे अनिवार्य माना गया है?
(i) रक्त वर्ग का परीक्षण (ii) ऊतक परीक्षण
(iii) हृदय का परीक्षण (iv) संपूर्ण शरीर का परीक्षण

(झ) शल्य चिकित्सा के क्षेत्र में चिकित्सकों की सफलता का रहस्य क्या है?
(i) दायित्वपूर्ण चुनौती (ii) निरंतर ऊतक परीक्षण
(iii) आवश्यकता की कमी (iv) निरंतर श्रमपूर्ण साधना

(ञ) निम्नलिखित में से किसके अतिरिक्त शरीर के सभी अंगों का प्रत्यारोपण संभव हो गया है?
(i) यकृत के (ii) हृदय के
(iii) मस्तिष्क के (iv) गुर्दा के

• निम्नलिखित पद्यांशों/काव्यांशों को ध्यानपूर्वक पढ़कर पूछे गए बहुविकल्पीय प्रश्नों के लिए सर्वाधिक सही उत्तर का चुनाव कीजिए।

3. जिसके चरणों पर धरती
और बाँहों में गंगा-जमुना जल है,
जिसके नयनों का काजल ही

उड़कर बनता बादल-दल है,
पर्वत कैसे कह दूँ इसको—
यह तो मेरा तीर्थ स्थल है।

इस तीर्थ के दर्शन से ही
मानस बन जाता है दर्पण।

यों तो इसने सबकी उन्नति
अपनी ही जैसी चाही है
सबके संग सच्चाई और,
सुंदरता की नीति निबाही है;
पर कभी किसी से झुका हीं इसका इतिहास गवाही है,
ऐसे गर्वीभत प्रहरी पर
न्योछावर मेरा तन-मन-धन

(क) प्रस्तुत पद्यांश में कवि किसकी चर्चा कर रहा है?
(i) अपनी जन्म भूमि की (ii) हिमालय पर्वत की
(iii) प्रकृति चित्रण की (iv) काव्य रचना की

(ख) कवि ने अपना तीर्थ स्थल किसे माना है?
(i) मंदिर को (ii) मस्जिद को
(iii) हिमालय पर्वत को (iv) मातृभूमि का

(ग) तीर्थ स्थल का दर्शन करने का क्या परिणाम होता है?
(i) मन दर्पण के समान स्वच्छ बन जाता है
(ii) मन में संन्यास लेने की प्रवृत्ति जागृत हो जाती है
(iii) मन शंकाओं से घिर जाता है
(iv) मन का अधूरापन भर जाता है

(घ) पद्यांश के अनुसार इतिहास किस बात का गवाह है?
(i) कवि का सिर कहीं झुका नहीं है
(ii) बादल धरती पर बरसे हैं
(iii) हिमालय का सिर किसी से नहीं झुका है
(iv) सुंदरता किसी के आगे नहीं झुकती है

(ङ) किसने सबकी उन्नति अपनी जैसी चाही है?
(i) गंगा ने (ii) हिमालय ने
(iii) मातृभूमि ने (iv) बादल ने

(च) सभी के साथ सौंदर्य और सच्चाई की नीति का निर्वाह किसने किया?
(i) दर्पण ने (ii) तीर्थ स्थल ने
(iii) यमुना के जल ने (iv) हिमालय पर्वत ने

(छ) बाँहों में गंगा-जमुना के जल के होने से क्या अभिप्राय है?
(i) उद्गम स्थल (ii) अत्यंत निकट का संबंध
(iii) अमृतधारा में स्नान करना (iv) गंगा जल को पवित्र मानना

(ज) किसके चरणों पर धरती विराजमान है?
(i) मातृभूमि के (ii) समस्त पर्वतों के
(iii) हिमालय पर्वत के (iv) प्राकृतिक सौंदर्य के

4. हम थे अभी-अभी गुलाम, यह न भूलना
करना पड़ा हमें सलाम, यह न भूलना
रोते फिरे उमर तमाम, यह न भूलना
था फूट का मिला इनाम, यह न भूलना,
बीती गुलामियाँ न लौट आएँ फिर कभी
तुम भावना भरो, स्वतंत्र भावना भरो,
तुम भावना भरो।
है देश एक, लक्ष्य एक, कर्म एक है
चालीस कोटि हैं शरीर, मर्म एक है
पूजा करो, पढ़ो नमाज़, धर्म एक है
बदनाम हो अगर स्वराज, शर्म एक है
चाहो कि एकता बनी रहे जनम-जनम
तुम भेद ना करो, मनुष्य-भेद ना करो,
तुम भेद ना करो।

(क) पद्यांश में कवि ने क्या न भूलने की बात की है?
(i) गुलामी के दिन को (ii) देश के विभाजन को
(iii) (i) और (ii) दोनों (iv) अंग्रेजी भाषा के वर्चस्व को

(ख) 'एकता बनाए रखने के लिए' निम्नलिखित कथनों पर विचार कीजिए।
1. हमें आपस में प्रेमपूर्वक रहना चाहिए
2. हमें एकाकीपन का जीवन जीना चाहिए
3. हमें अन्य देशों से मित्रता करनी चाहिए
4. में किसी से बात नहीं करनी चाहिए

कूट
(i) केवल कथन 1 (ii) केवल कथन 2
(iii) कथन 3 और 4 (iv) कथन 1 और 3

(ग) कवि के अनुसार हमारे देश की धरती कैसी है?
(i) अन्न से भरी हुई
(ii) मेहनत करने वालों से पूर्ण
(iii) केवल हरियाली से परिपूर्ण
(iv) सभी प्रकार के संसाधनों से युक्त

(घ) 'था फूट का मिला इनाम' पंक्ति के अनुसार फूट का क्या परिणाम सामने आया?
(i) हमारा देश स्वतंत्र हो गया
(ii) हमारा देश दो टुकड़ों में बँट गया
(iii) हमारा देश उन्नति के शिखर पर पहुँच गया
(iv) हमारा देश अंग्रेजी भाषा सिखा गया

(ङ) कवि ने शर्म की बात किसे कहा है?
(i) राष्ट्र की छवि को धूमिल करने वाली गतिविधियों को
(ii) धार्मिक हित के लिए राष्ट्रहित की अवहेलना करने को
(iii) सभी समुदायों के साथ प्रेमपूर्वक रहने को
(iv) एक-दूसरे से ईर्ष्या करने को

(च) 'पूजा करो, पढ़ो नमाज़' के माध्यम से कवि किस ओर संकेत कर रहा है?
(i) साम्प्रदायिक विभाजन (ii) धार्मिक सद्भाव
(iii) हिंदू-मुस्लिम एकता (iv) धार्मिक विभाजन

(छ) हमें किन्हें सलाम करना पड़ा?
(i) गुलामी की बेड़ियों को (ii) स्वतंत्रता सेनानियों को
(iii) परतंत्रता को (iv) ब्रिटिश शासकों को

(ज) कवि देशवासियों से क्या हरने का आह्वान कर रहा है?
(i) असहाय लोगों की व्यथा को (ii) स्वतंत्रता को
(iii) ब्रिटिश शासकों के अत्याचारों को
(iv) पराधीनता को

CBSE अध्यायवार सॉल्वड पेपर्स

अभिव्यक्ति और माध्यम पुस्तक

01

नए और अप्रत्याशित विषयों पर लेखन

नए और अप्रत्याशित (जिनकी पहले आशा न की गई हो) विषयों पर कम-से-कम समय में अपने विचारों को संकलित कर उन्हें सुंदर एवं सुघड़ ढंग से अभिव्यक्त करना ही 'नए और अप्रत्याशित विषयों पर लेखन' कहलाता है।
अप्रत्याशित लेखन के विषयों की संख्या असीमित है। इसमें किसी भी विषय पर लिखने के लिए दिया जा सकता है; जैसे-बहुत आवश्यक है शिक्षा, दीवार घड़ी, धारावाहिकों में स्त्री, मेरा प्रिय टाइम पास आदि।
इसका उद्देश्य भाषा के माध्यम से किसी विषय पर विचार करने और उस विचार को व्याकरणिक शुद्धता के साथ सुगठित रूप में अभिव्यक्त करना है।

जो लोग आत्मनिर्भर होकर लिखित रूप में अभिव्यक्ति का अभ्यास नहीं करते, उन्हें अप्रत्याशित विषयों पर लिखना एक चुनौती के समान लगता है। रटने की बुरी आदत हमें अभ्यास का अवसर नहीं देती और हम दूसरों द्वारा तैयार की गई सामग्री को ज्यों-का-त्यों प्रस्तुत कर देते हैं। यह निर्भरता हमारे मौलिक अभ्यास को बाधित करती है और हमारी लिखित अभिव्यक्ति की क्षमता को विकसित नहीं होने देती। अत: आवश्यक है कि हमें निबंध के परंपरागत विषयों को छोड़कर नए प्रकार के विषयों पर लिखने का अभ्यास करना चाहिए।

नए एवं अप्रत्याशित विषयों पर लेखन हेतु ध्यान रखने योग्य बातें

- किसी भी विषय पर लिखने से पूर्व सबसे पहले दो-तीन मिनट सोचकर यह विचार कर लेना चाहिए कि किन विचारों (बिंदुओं) को हम विस्तार दे सकते हैं।
- इसके पश्चात् विषय की शुरुआत को आकर्षक बनाने पर विचार करना चाहिए।
- शुरुआत आकर्षक होने के साथ-साथ निर्वाह योग्य भी होनी चाहिए।
- लिखते समय बात एक क्रमबद्ध रूप से आगे बढ़े इसलिए उसमें सुसंबद्धता का होना अनिवार्य है।
- सुसंबद्धता के साथ-साथ विवरण का सुसंगत होना भी आवश्यक है। सुसंगत होना एक अच्छे लेखन की विशेषता है।
- लिखते समय हमारी दो बातें आपस में एक-दूसरे का खंडन करती हुई नहीं होनी चाहिए।
- सामान्य निबंधों या आलेखों में जहाँ 'मैं' शैली का प्रयोग वर्जित होता है, वहीं अप्रत्याशित लेखन में 'मैं' शैली का प्रयोग किया जा सकता है।

PYQs विगत वर्षों के प्रश्न व महत्त्वपूर्ण प्रश्न

बहुविकल्पीय प्रश्न

1. अप्रत्याशित लेखन के विषयों की संख्या है
(i) सीमित (ii) असीमित
(iii) 'क' और 'ख' दोनों (iv) इनमें से कोई नहीं

उत्तर (ii) असीमित

2. रटने की बुरी आदत हमें अवसर नहीं देती
(i) लिखने का (ii) पढ़ने का
(iii) अभ्यास का (iv) ये सभी

उत्तर (iii) अभ्यास का

3. किस यात्रा का अनुभव एक अनोखा रोमांच प्रदान करता है?
(i) बस का (ii) रेल का
(iii) हवाई जहाज का (iv) इनमें से कोई नहीं

उत्तर (ii) रेल का

4. पुस्तकालय को कहा जाता है
(i) पुस्तकों का मेला (ii) पुस्तकों का सागर
(iii) ज्ञान का सागर (iv) ये सभी

उत्तर (iii) ज्ञान का सागर

5. पुस्तकालय में पुस्तकों के अतिरिक्त आते हैं
(i) पत्र-पत्रिकाएँ (ii) दैनिक समाचार-पत्र
(iii) (i) और (ii) दोनों (iv) इनमें से कोई नहीं

उत्तर (iii) (i) और (ii) दोनों

लघु उत्तरीय प्रश्न

1. लेखन से आप क्या समझते हैं? लेखन के लिए अभ्यास क्यों आवश्यक है और कैसे? **CBSE 2023**

उत्तर भावों एवं विचारों की कलात्मक अभिव्यक्ति जब लिखित रूप में होती है, तब उसे लेखन कहा जाता है। लेखन में वर्तनी का विशेष महत्त्व होता है। लेखन में अक्षरों का सुडौल होना तथा वर्तनी की शुद्धता का होना आवश्यक है। लेखन प्रक्रिया को तीन चरणों में विभाजित किया जा सकता है; जैसे—पूर्व-लेखन, आलेखन और अंतिम संशोधन।

लेखन में अभ्यास करके ही लेखन में सुस्पष्टता, शुद्धता, वाक्य रचना तथा विराम चिह्नों का उचित प्रयोग संभव होता है। अत: इसके लिए हमें अपने भावों और विचारों को लिखित भाषा के माध्यम से अभिव्यक्त करने का अभ्यास करना चाहिए। यह अभ्यास एक-दो दिन, माह या कुछ वर्षों तक ही सीमित नहीं होना चाहिए, इसके लिए सतत् अभ्यास की आवश्यकता होती है।

2. क्या नए और अप्रत्याशित विषयों पर लेखन की कोई तकनीक हो सकती है? इन्हें लिखते समय क्या सावधानियाँ बरतनी चाहिए? **CBSE 2023**

उत्तर नए और अप्रत्याशित विषयों के लेखन के लिए हमें एक विशेष तकनीक अपनानी चाहिए। इसके लिए हमें निबंध के परंपरागत विषयों को छोड़कर नए प्रकार के विषयों पर लिखने का अभ्यास करना चाहिए।

नए और अप्रत्याशित विषयों पर लिखते समय हमें निम्न सावधानियाँ बरतनी चाहिए—

- किसी भी नए विषय पर लिखने से पूर्व हमें दो-तीन मिनट सोचना चाहिए तथा यह निश्चय कर लेना चाहिए कि हम किन बिंदुओं पर विस्तार दे सकते हैं।
- किसी नए विषय की शुरुआत को आकर्षक बनाना चाहिए।
- किसी भी विषय शुरुआत आकर्षक के साथ-साथ निर्वाह योग्य भी होनी चाहिए।
- किसी नए विषय के बारे में लिखते समय क्रमबद्ध रूप से आगे बढ़ना चाहिए।
- नए विषय के बारे में लिखते समय हमारी दो बातें एक-दूसरे का खंडन न करें।
- अप्रत्याशित विषयों के लेखन में 'मैं' शैली का प्रयोग किया जा सकता है।

3. रटंत या कुटेव को बुरी लत क्यों कहा गया है? नए और अप्रत्याशित विषयों पर लेखन द्वारा इस लत से कैसे बचा जा सकता है? **CBSE SQP 2022-23**

उत्तर रटंत का अर्थ है—दूसरों के द्वारा तैयार सामग्री को याद करके ज्यों-का-त्यों प्रस्तुत कर देने की आदत। इसे लत कहे जाने के कारण असली अभ्यास का अवसर न मिलना, भावों की मौलिकता समाप्त हो जाना, चिंतन-शक्ति क्षीण होना, सोचने की क्षमता में कमी होना तथा दूसरों के लिखे पर आश्रित होना आदि हैं। अप्रत्याशित विषयों पर लेखन द्वारा इस लत से बचा जा सकता है, क्योंकि इससे अभिव्यक्ति की क्षमता विकसित होती है। नए विषयों पर विचार अभिव्यक्ति से मानसिक और आत्मिक विकास होता है।

4. नए एवं अप्रत्याशित विषयों पर लेखन से आप क्या समझते हैं? यह एक चुनौती कैसे है? **CBSE Term II 2022-23**

उत्तर वे विषय जो बिल्कुल नए हैं, जिन पर लेखन कार्य अभी तक नहीं हुआ है तथा ऐसे विषय जिनकी कभी आशा न की गई हो, उन पर कम समय में अपने विचारों को संकलित कर उन्हें सुंदर ढंग से अभिव्यक्त करना ही नए एवं अप्रत्याशित विषयों पर लेखन कहलाता है।

अप्रत्याशित विषयों पर लेखन एक चुनौती है, क्योंकि इन विषयों पर लेखन करने के लिए अपने मौलिक विचारों को विषयों से संबंधित कर, उन्हें सुंदर व सुधड़ रूप में अभिव्यक्त करना पड़ता है। इन विषयों से संबंधित लेखन न तो हमें किताबों में प्राप्त होता है, न ही इंटरनेट पर प्राप्त होता है ये तो स्वयं हमारे अपने आत्म-अनुभव पर आधारित होता है।

वर्णनात्मक प्रश्न

1. 'नदी में अचानक पानी का बढ़ना' इस वाक्य के आधार पर एक रचनात्मक लेख लिखिए। **CBSE 2023**

उत्तर **नदी में अचानक पानी का बढ़ना**

नदी के खेल निराले हैं। कभी सुंदर, सौम्य रूप के आकर्षण से हमें सम्मोहित करती है, तो कभी विकराल रूप धारण कर हमें नष्ट-भ्रष्ट करने को तत्पर हो जाती है। प्रत्येक वर्ष की भाँति पिछले वर्ष भी जब परीक्षा समाप्त हुई तो मैं अपने दादा-दादी से मिलने गाँव गया, तब बरसात का मौसम शुरू हो चुका था। हमारा छोटा-सा गाँव गंगा किनारे बसा है।

गाँव के अधिकांश लोग खेती से जुड़े हैं। जब मैं गाँव पहुँचा तो मैंने देखा कि वहाँ दो दिन से लगातार वर्षा हो रही थी, जिसके कारण हम सभी घरों में कैद हो गए थे। सुबह तक घरों के चारों ओर पानी-ही-पानी था

और पानी का स्तर लगातार बढ़ रहा था। पानी के बढ़ते स्तर को देख हम चिंतित हो गए। चारों ओर हाहाकार मच गया। दादा-दादी के साथ 'मैं' छत पर पहुँच गया और मैंने देखा कि एक बड़ी-सी बस बहती हुई आ रही है, फिर एक के बाद एक कभी गायें, भैंसे, तो कभी गाड़ियाँ बहती हुई दिखाई देने लगी। बचाओ-बचाओ की आवाज दिल दहलाने वाली थी। मेरे देखते-ही-देखते किनारे पर बने कच्चे मकान टूटकर बहने लगे। हमारे घर से कुछ दूरी पर बने पक्के मकान की छत पर लगभग 15-20 स्त्री-पुरुष सहायता के लिए चीख पुकार रहे थे। तभी सामने से सेना का एक स्टीमर आता दिखाई दिया। हमने उसे अपनी ओर आने का संकेत दिया। स्टीमर में बैठे सैनिक ने चढ़ने में हमारी सहायता की। स्टीमर हमें दूर एक टीले पर ले गया, जहाँ लोग सुरक्षित थे। बाढ़ का यह भयानक दृश्य जब भी सामने आता है, तो मेरी रूह काँप उठती है।

2. 'जब मेट्रो रेल की बिजली गुल हो गई' इस वाक्य के आधार पर एक रचनात्मक लेख लिखिए। **CBSE 2023**

उत्तर **जब मेट्रो रेल की बिजली गुल हो गई**

मेट्रो का नाम हमारे लिए काल्पनिक था। मेट्रो रेल की ही भाँति होती है। मेट्रो ट्रेन ने आकर लोगों की दुविधा को दूर किया है, क्योंकि इससे समय की बचत व जाम की समस्या थोड़ी कम हुई है।

मैंने भी इस रविवार को मेट्रो का सफर किया। मुझे वहाँ की व्यवस्था देखकर बहुत अच्छा लग रहा था। वहाँ सभी कार्य बिजली से होते हैं। स्टेशन का शांत वातावरण, एकदम चमकता हुआ साफ-सुथरा, सजा हुआ देखकर मन प्रसन्न था।

मेरे मेट्रो में बैठते ही कुछ देर बाद वहाँ बिजली गुल हो गई व अचानक वहाँ अँधेरा छा गया। मेट्रो रूकी, फिर सभी को अपनी जगह पर बैठे रहने के लिए सतर्क किया गया। सभी लोग एक-दूसरे को देख रहे थे कि अचानक लोगों में बातचीत का सिलसिला शुरू हो गया, लोग परेशान नज़र आ रहे थे, क्योंकि उसमें कुछ ऑफिस जाने वाले, कॉलेज जाने वाले आदि ऐसे लोग थे, जिन्हें देर होने का भय सता रहा था। बच्चे रो रहे थे, क्योंकि उन्हें गर्मी व घुटन हो रही थी, लेकिन फिर थोड़ी देर बाद जनरेटर सुविधा होने के कारण मेट्रो चल पड़ी, मेट्रो की व्यवस्था फिर से सँभल गई। सभी लोग फिर से प्रसन्न हो गए थे और मेट्रो रेल की यात्रा का आनंद ले रहे थे। मुझे मेट्रो का यह सफर बहुत अच्छा लगा, क्योंकि ट्रेन में बिजली गुल होने पर भी कर्मचारियों व लोगों ने एक-दूसरे का सहयोग किया।

3. 'जब अंतरिक्ष में घर बन जाएँगे' इस वाक्य के आधार पर एक रचनात्मक लेख लिखिए। **CBSE 2023**

उत्तर **जब अंतरिक्ष में घर बन जाएँगे**

पिछले कई वर्षों में अंतरिक्ष विज्ञान में जो प्रगति हुई है, वह सराहनीय है। पहले अंतरिक्ष यात्रा कल्पना से अधिक कुछ नहीं थी, लेकिन आज अंतरिक्ष यात्रा के सपने सच हो गए हैं। रूस ने अंतरिक्ष यान के द्वारा अपने अंतरिक्ष यात्री यूरी गागरिन को पहली बार अंतरिक्ष में भेजा था। अमेरिकी अंतरिक्ष यात्री नील आर्मस्ट्रांग और एडविन एल्ड्रिन सबसे पहले चंद्रमा पर पहुँचने वाले अंतरिक्ष यात्री है।

अब तो ऐसा लगता है जैसे हमें भी कभी न कभी अंतरिक्ष जाने का अवसर मिल सकता है। मैं सोचता हूँ यदि अंतरिक्ष में घर बन जाएँगे तो कितना अच्छा लगेगा हम लोग जो आसमान को दूर से देखा करते थे, उनकी सैर कर पाएँगे, बादलों के बीच लुका-छिपी खेल सकेंगे, परियों के देश में जा सकेंगे तथा चाँद व तारों की सैर कर सकेंगे। हम अंतरिक्ष से अपनी धरती को देखेंगे तथा अंतरिक्ष से आकाशगंगा के विभिन्न गृहों-उपग्रहों को देख पाएँगे।

हमें वहाँ के प्रदूषण रहित वातावरण में रहने का अवसर मिलता जिससे हमारा स्वास्थ्य भी अच्छा रहेगा और हम वहाँ फैली शांति का अनुभव भी कर पाएँगे। लेकिन वहाँ बड़ी इमारतें, मंदिर इत्यादि देखने को नसीब नहीं होंगे। आज हम मोबाइल और लैपटॉप पर आश्रित हो गए हैं और अंतरिक्ष में यह सुविधाएँ उपलब्ध नहीं होंगी। अंतरिक्ष बहुत खूबसूरत होगा, लेकिन पृथ्वी की प्रकृति, हरियाली की कमी हमें हमेशा खलेगी।

4. 'लालच बुरी बला है' इस वाक्य के आधार पर एक रचनात्मक लेख लिखिए। **CBSE 2023**

उत्तर **लालच बुरी बला है**

लालच बुरी बला है। इस कथन में सौ प्रतिशत सत्यता है। लालच करके अकसर हम कोई ऐसी मुसीबत मोल ले सकते हैं, जो हमारे लिए हानिकारक होती है, क्योंकि लालची आदमी हिताहित और सत्य-असत्य की विवेचना नहीं कर सकता। वह अकार्य को कार्य और अन्याय को न्याय समझता है। प्रतिहिंसा में पड़कर वह दूसरे का धन हरने, चोरी करने और डाका डालने का बीड़ा उठा लेते हैं। लालची व्यक्ति की आकांक्षा इतनी प्रबल होती है कि वह दूसरे का नाश करने के लिए सदा तत्पर रहता है। लोभी मनुष्य दरिद्र के मुँह का भोजन छीन लेता है तथा धनी को भिखारी बना देता है। लालच एक आत्मघाती मनोभाव है। लालची मनुष्य हमेशा असंतुष्ट रहता है। लालच मनुष्य को पतन के मार्ग पर ले जाता है जो अंत में उसके लिए घातक सिद्ध होता है। लालच में ऐसी मोहिनी शक्ति होती है जिससे मनुष्य की सारी सत्य प्रवृत्तियाँ ध्वस्त हो जाती है। जिसे आज अपनी सचचरित्रता से सम्मान मिला है वह कल लालच के कारण चोरी आदि कुकर्म करके औरों की दृष्टि में पतित हो जाता है। लालच साधु को असाधु बना देता है तथा ज्ञानी से ज्ञान छीन लेता है। लोभ उचित-अनुचित, न्याय-अन्याय का विचार नहीं रहने देता और मनुष्य का मनुष्यत्व भी छीन देता है। लालची व्यक्ति की अभिलाषा जितनी प्रबल होती है उसकी प्रवृत्ति उतनी ही घृणित होती है जिसका परिणाम अति ही शोचनीय और भयंकर होता है। पेटू मनुष्य मुफ्त का भोजन या लूंस ठूसकर खा लेता है और कठिन रोगों के पंजे में पड़ अपने पाप का परिणाम भोगता है। लोभी मनुष्य और पशु में कोई भेद नहीं होता। यदि हम सुसंस्कृत मनुष्य बनकर जीवन जीना चाहते हैं तो उचित है कि इन्द्रिय-संयम सीखे और लोभ का दमन करें। लोभ का त्याग करने से ही मनुष्य की आत्मा की उन्नति हो सकती है। यदि हम अपनी आर्थिक और मानसिक उन्नति चाहते हैं तो लालच करना छोड़ परिश्रम करें। परिश्रम करके धन कमाने में जो आनंद मिलता है वह लालच से धन कमाने में नहीं है।

5. 'ऑनलाइन शॉपिंग : समय की माँग' इस वाक्य के आधार पर एक रचनात्मक लेख लिखिए। **CBSE 2023**

उत्तर **ऑनलाइन शॉपिंग : समय की माँग**

ऑनलाइन शॉपिंग इस भागदौड़ भरी जिंदगी का अंग बन गई है, क्योंकि अपनी व्यस्तता के चलते सभी ऑनलाइन शॉपिंग करना पसंद करते हैं। ऑनलाइन शॉपिंग हमें ऑनलाइन प्लेटफॉर्म पर मौजूद अनेक वस्तुओं और उनकी कीमत के बारे में अवगत कराती है जिसके लिए हमें केवल अपना इंटरनेट डेटा खर्च करना पड़ता है। ऑनलाइन शॉपिंग तेजी से बढ़ता और रुझान वाला पहलू है। यह ग्राहकों को विभिन्न उत्पादों और सेवाओं को खरीदने तथा विक्रेताओं को एक ऑनलाइन माध्यम से अपने व्यवसाय और लेन-देनों को चलाने का मंच प्रदान करता है। यह समय की बचत और खरीददारी को सुविधाजनक बनाने का एक बेहतर तरीका है। ऑनलाइन शॉपिंग अनेक वस्तुओं को खरीदने का विकल्प बताने और इसे हमारे द्वारा बताई हुई जगह पर प्राप्त करने का एक बेहतर तरीका है, लेकिन इसके साथ ही इसके कई नकारात्मक पहलू भी हैं। समाज के कई वर्ग ऐसे हैं, जिनकी यहाँ तक पहुँच आसान नहीं है और इस तरह से वे खरीददारी के पारंपरिक तरीकों पर ही निर्भर हैं।

ऐसे ही कई बुजुर्ग व अनपढ़ लोग भी इस सुविधा का लाभ उठाने से वंचित रह जाते हैं। अतः इन सबके बाद भी इसका विस्तार तेजी से फैल रहा है।

यह शॉपिंग आज के समय की एक आवश्यक जरूरत बन गई है। यह ट्रेडिंग तकनीक लोगों के जीवन को आसान बनाएँगी और लोग इससे लाभांवित होंगे।

6. 'अंतर्राष्ट्रीय जगत में भारत का बढ़ता कद' इस वाक्य के आधार पर एक रचनात्मक लेख लिखिए। **CBSE 2023**

उत्तर **अंतर्राष्ट्रीय जगत में भारत का बढ़ता कद**

अंतर्राष्ट्रीय जगत में भारत का कद निरंतर बढ़ता जा रहा है। इस बात में कोई संदेह नहीं है। आज भारत के नाम का डंका सभी देशों में बज रहा है। भारत को साँप सपेरों का देश समझा जाता था और पश्चिमी देश भारत को हीन दृष्टि से देखते थे, परंतु आज सभी देशों की भारत के विषय में धारणा बदल गई है। आज भारत विश्व के अनेक प्रमुख मंचों का नेतृत्व कर रहा है। भारत के प्रधानमंत्री का स्वागत प्रत्येक देश बड़ी गर्म जोशी से करता है। भारत अनेक अंतर्राष्ट्रीय समूह का प्रमुख सदस्य होता है। इसी साल वर्ष 2023 में भारत में होने वाली जी-20 की बैठक भारत के महत्त्व को स्पष्ट करती है।

भारत के युवा आई टी के क्षेत्र में विश्व के हर देश में अपना परचम लहरा रहे हैं। अमेरिका की सिलिकॉन वैली भारत के युवा प्रतिमा से भरी पड़ी है। भारत के मूल भारतीय, मूल के अनेक व्यक्ति संसार की अनेक प्रमुख कंपनियों के सी.ई.ओ. हैं जिसमें गूगल, माइक्रोसॉफ्ट, यू ट्यूब आदि बड़ी कंपनियों के नाम सम्मिलित हैं। इस बात से स्पष्ट होता है कि भारत की अर्थव्यवस्था विश्व की पाँचवीं सबसे बड़ी अर्थव्यवस्था बन चुकी है। अतः यह स्पष्ट होता है कि भारत अंतर्राष्ट्रीय मंचों पर निरंतर बढ़ता जा रहा है।

7. 'चौराहों पर खिलौने बेचते बच्चे' इस वाक्य के आधार पर एक रचनात्मक लेख लिखिए। **CBSE SQP 2022-23**

उत्तर **चौराहों पर खिलौने बेचते बच्चे**

हमारे देश की सड़कों पर बहुत-से बच्चे ऐसे हैं जो चौराहे पर खिलौने बेचते नज़र आते हैं, उनमें से एक-तिहाई की आयु 18 वर्ष से कम है। इनमें से कुछ बच्चे ऐसे हैं जो गरीबी से बचने की कोशिश में यह काम करते हैं तो कुछ बच्चे घर से भागकर आते हैं और कुछ परिवार के साथ रहकर यह काम करते हैं।

अधिकतर व्यस्त चौराहों, बाजारों, धार्मिक स्थलों और रेलवे स्टेशन जैसी जगहों पर बच्चे खिलौने बेचते नज़र आते हैं, क्योंकि इन जगहों पर खिलौने बिकने की संभावना अधिक होती है।

ऐसे बच्चों से शिक्षा कोसों दूर रहती है, क्योंकि गरीब परिवार यह मानते हैं कि उनके पास दो वक्त की रोटी का गुजारा ही नहीं हो पाता तो वह अपने बच्चों को शिक्षा कहाँ से दिलाए, इसलिए बच्चों को काम पर लगाने के अतिरिक्त हमारे पास और कोई उपाय नहीं है।

पुलिस और सामाजिक कार्यकर्ताओं का मानना है कि प्रतिवर्ष हजारों बच्चों का घर से अपहरण कर लिया जाता है और उनसे खिलौने बेचना, भीख माँगना, गाड़ी साफ करना आदि काम करवाया जाता हैं। बाल अधिकार कार्यकर्ताओं का कहना है कि इन बच्चों को भूखा रहने पर मजबूर किया जाता है जिससे वह कमजोर दिखे और उन्हें सहानुभूति मिल सकें।

इस प्रकार चौराहों पर खिलौने बेचते बच्चों की स्थिति बहुत दयनीय होती है। इसके लिए सरकार को कठोर नियम लागू करने चाहिए और गरीबों के लिए भोजन-आवास की व्यवस्था की जानी चाहिए जिससे गरीब मजदूर के बच्चे भी शिक्षा प्राप्त कर सकें और देश के विकास में अपना योगदान दें सकें।

8. 'दीया और तूफान : मानव जीवन का सत्य' इस वाक्य के आधार पर एक रचनात्मक लेख लिखिए। **CBSE SQP 2022-23**

उत्तर **दीया और तूफान : मानव जीवन का सत्य**

मिट्टी से बना एक छोटा-सा दीया जब जलाया जाता है, तो वह रात्रि के अंधकार को दूर भगा देता है और अपने चारों ओर हल्का-सा प्रकाश फैला देता है। हवा का हलका-सा झोंका जब दीए की लौ को कँपा देता है तब ऐसा होता है कि इसके बुझते ही अंधकार फिर छा जाएगा और फिर हमें उजाला कैसे मिलेगा? दीया छोटा-सा होता है, लेकिन वह अकेला अंधकार के संसार का सामना कर सकता है, तो हम इस इंसान जीवन की राह में आने वाली कठिनाइयों का भी उसी की तरह मुकाबला क्यों नहीं कर सकते? यदि वह तूफान का सामना करके अपनी टिमटिमाती लौ से प्रकाश फैला सकता है, तो हम भी हर कठिनाई में कर्मठ बनकर संकटों के घेरों से निकल सकते हैं।

महाराणा प्रताप ने सब कुछ खोकर अपना लक्ष्य प्राप्त करने की ठानी थी। हमारे पूर्व प्रधानमंत्री लाल बहादुर शास्त्री ने नन्हें से दीए के समान जीवन की कठोरता का सामना किया था और विश्व के सबसे बड़े गणतंत्र भारत का प्रधानमंत्री पद प्राप्त कर लिया था। हमारे राष्ट्रपति अब्दुल कलाम ने अपना जीवन टिमटिमाते दीए के समान आरंभ किया था पर आज वही दीया हमारे देश को मिसाइलें प्रदान करने वाला प्रचंड अग्नि पुंज है। उसने देश को जो शक्ति प्रदान की है वह स्तुत्य है। समुद्र में एक छोटी-सी नौका ऊँची तूफानी लहरों से टकराती हुई अपना रास्ता बना लेती है और अपनी मंजिल पा लेती है। एक छोटा-सा प्रवासी पक्षी साइबेरिया से उड़कर हजारों-लाखों मील दूर पहुँच सकता है, तो हम इंसान भी कठिन से कठिन मंजिल प्राप्त कर सकते हैं। अकेले अभिमन्यु ने चक्रव्यूह में कौरवों जैसे महारथियों का डटकर सामना किया था। कभी-कभी तूफान अपने प्रचंड वेग से दीए की लौ को बुझा देता है, पर जब तक दीया जगमगाता है, तब तक तो अपना प्रकाश फैलाता है और अपने अस्तित्व को प्रकट करता है। मनुष्य को चाहिए कि वह कठिनाइयों से डरकर छिपा न रहे और डटकर उनका मुकाबला करे। श्रेष्ठ मनुष्य वही है जो दीऐ के समान जगमगाता हुआ तूफानों की परवाह न करे और अपनी रोशनी से संसार को उजाला प्रदान करता रहे।

9. 'झरोखे से बाहर' इस वाक्य के आधार पर एक रचनात्मक लेख लिखिए। **CBSE SQP 2022-23**

उत्तर **झरोखे से बाहर**

झरोखा एक ऐसा माध्यम है, जिसके द्वारा हम भीतर से बाहर की ओर तथा बाहर से भीतर की ओर देख सकते हैं। इस प्रकार हमारी आँखें भी झरोखे के समान हैं। ये मन-मस्तिष्क को संसार से और संसार को मन-मस्तिष्क से जोड़ने का माध्यम हैं। मन रूपी झरोखे से किसी भक्त को संसार के कण-कण में बसने वाले ईश्र के दर्शन होते हैं, तो मन रूपी झरोखे से ही किसी डाकू-लुटेरे को किसी धनी सेठ की धन-संपत्ति दिखाई देती है, जिसे लूटने के लिए वह अनैतिक कार्य करने से भी नहीं डरता। झरोखा स्वयं कितना छोटा-सा होता है, पर उसके पार बसने वाला संसार कितना व्यापक है, जिसे देख तन-मन की भूख जाग जाती है और कभी-कभी शांत भी हो जाती है। किसी पर्वतीय स्थल पर किसी घर के झरोखे से गगनचुंबी पर्वत मालाएँ, ऊँचे-ऊँचे पेड़, गहरी हरी घाटियाँ, डरावनी खाइयाँ यदि पर्यटकों को अपनी ओर खींचती हैं, तो दूर-दूर तक घास चरती भेड़-बकरियाँ, बाँसुरी बजाते चरवाहे, पीठ पर लंबे टोकरे बाँधकर इधर-उधर जाते सुंदर पहाड़ी युवक-युवतियाँ मन का मोह लेते हैं। राजस्थानी महलों के झरोखों से दूर-दूर फैले रेत के टीले कुछ अलग ही रंग दिखाते हैं। गाँवों में झोंपड़ी के झरोखों के बाहर हर-भरे खेत लहराते दिखाई देते हैं।

सजी-सँवरी दुल्हन झरोखे के पीछे छिपकर यदि अपने होने वाले पति की एक झलक पाने को उतावली रहती है, तो कोई विरहनी अपनी नजर टिकाए रहती है। माँ अपने बेटे के आगमन का इंतजार झरोखे पर टिककर करती है, झरोखे तो तरह-तरह के होते हैं, पर झरोखों के पीछे बैठ प्रतीक्षारत आँखों में सदा एक ही भाव होता है—कुछ देखने का, कुछ पाने का। युद्ध-भूमि में मोर्चे पर डटा जवान भी तो अपने शत्रु को गोली से उड़ा देने के लिए खाई के झरोखे से बाहर छिप-छिपकर झाँकता है। झरोखे तो छोटे-बड़े कई होते हैं, पर उनके बाहर के दृश्य तो बहुत बड़े और मनमोहक होते हैं, जो कभी-कभी आत्मा तक को झकझोर देते हैं।

10. 'आजादी का अमृत महोत्सव : स्वर्णिम 75 साल' इस वाक्य के आधार पर एक रचनात्मक लेख लिखिए। **CBSE SQP 2022-23**

उत्तर **आजादी का अमृत महोत्सव : स्वर्णिम 75 साल**

भारत एक विशालकाय देश है, जहाँ विभिन्न जाति, धर्म, समुदाय, रंग-रूप, संस्कृति के लोग मिलजुल कर रहते हैं। भारत के संविधान को विश्व का सबसे बड़ा संविधान कहा जाता है। हमारा देश 15 अगस्त, 1947 को आजाद हुआ था। इसी आजादी को कुछ नए ढंग से मनाते हुए लोगों के अंदर देश के प्रति भक्ति भावना को तीव्र करने के लिए 21 मार्च, 2021 को प्रधानमंत्री नरेंद्र मोदी ने आजादी के अमृत महोत्सव का ऐलान किया था, जिसे अति उत्साह के साथ आने वाले 15 अगस्त, 2023 तक मनाया जाएगा। आजादी का अमृत महोत्सव किसी भी सार्वजनिक क्षेत्र में तिरंगा झंडा फहराने के लिए प्रेरित करता है। इस वर्ष आजादी दिवस पर हर घर तिरंगा योजना चलाई गई।

आजादी अमृत महोत्सव सभी स्वतंत्रता सेनानियों को समर्पित है। इस महोत्सव का उद्देश्य भारत के गुमनाम स्वतंत्रता सेनानियों के बलिदानों तथा उपलब्धियों के बारे में आम लोगों को अवगत कराना तथा उन्हें जागरूक करना है। देश के सभी सैन्य बल व सभी शहीद जवानों को श्रद्धांजलि देने के लिए आजादी का अमृत महोत्सव अत्यधिक उल्लास के साथ अलग-अलग क्षेत्रों में मनाया जा रहा है। आजादी के अमृत महोत्सव का हर राज्य के मुख्यमंत्री बढ़चढ़कर नेतृत्व कर रहे हैं। सबसे पहले भारत के रक्षामंत्री राजनाथ सिंह ने भिन्न भिन्न तरीके से रक्षा विभागों का उद्घाटन किया। इसके अतिरिक्त राजनाथ सिंह के नेतृत्व में रक्षा की सभी वस्तुओं को अलग-अलग राज्य में प्रदर्शनी के लिए पहुँचाया गया।

आजादी का अमृत मोहत्सव मनाने से सभी भारतवासियों के दिल में देश के प्रति सम्मान और गौरव का माहौल बनेगा।

11. 'कितना कुछ देती है प्रकृति' इस वाक्य के आधार पर प्रकृति का वर्णन करते हुए एक लेख लिखिए। **CBSE Term II 2022-23**

उत्तर **कितना कुछ देती है प्रकृति**

प्रकृति हमारी अनमोल संपत्ति है। प्रकृति माँ के समान हमारा लालन-पालन करती है। प्रकृति कुदरत के अनगिनत रंगों से भरपूर है। मानव पर कुदरत का प्रेम प्रकृति द्वारा ही दिखाई देता है। पृथ्वी पर रहने वाले सभी सजीव प्राणी व निर्जीव वस्तुएँ प्रकृति में सम्मिलित हैं।

पृथ्वी पर प्राणी मात्र का जीवन प्रकृति के कारण ही संभव है। मानव जीवन के लिए आवश्यक तत्त्व हवा, पानी, भोजन, गर्मी सभी हमें प्रकृति से प्राप्त होते हैं। प्रकृति का प्रत्येक रूप; जैसे-पौधे, जानवर, नदियाँ, पहाड़, सूरज और चाँद आदि हमारे जीवन में महत्त्वपूर्ण स्थान रखते हैं।

यदि पौधे न हो तो हमें भोजन प्राप्त नहीं होगा। पौधों के न होने से जानवर भी जीवित नहीं रह पाएँगे, जिनसे हमें दूध प्राप्त होता है तथा हमारा पालन-पोषण होता है। प्रकृति में बहने वाली नदियों से हमें जल प्राप्त होता है जो जीवन के लिए अति आवश्यक है। हमारी प्राण वायु ऑक्सीजन भी हमें प्रकृति की देन पौधों से ही प्राप्त होती है।

प्रकृति हम मनुष्यों को निरंतर असीम संसाधनों की पूर्ती करती है। प्रकृति वह घर है, जिसमें रहकर मानव को संतोष व सांत्वना मिलती है। निराश मानव जब-जब प्रकृति के अद्भुत नजारे, ऊँचे-ऊँचे पहाड़, हरियाली देखता है तब-तब वह प्रफुल्लित हो उठता है तथा उसके मन से निराशा कोसो दूर चली जाती है। जब भी हम शारीरिक व मानसिक रूप से अस्वस्थ होते हैं, हमें चिकित्सकों द्वारा पहाड़ों पर जाने की सलाह दी जाती है जिससे सुरम्य प्रकृति की गोद में बैठकर हमारा तन व मन दोनों स्वस्थ हो जाएँ।

प्रकृति हमारा सुरक्षा कवच है अत: प्रकृति का संरक्षण करना मानव मात्र का धर्म है। हमें अपने स्वार्थ के लिए प्राकृतिक संसाधनों का अनुचित विदोहन नहीं करना चाहिए। प्राकृतिक संपदा के संरक्षण और संतुलन का उत्तरदायित्व मानव पर ही है।

12. 'प्रातः काल योग करते लोग' इस वाक्य के आधार पर एक रचनात्मक लेख लिखिए। **CBSE SQP Term II 2021-22**

उत्तर **प्रातः काल योग करते लोग**

प्रात:काल का समय बहुत सुहावना होता है। उगते हुए सूर्य की लालिमा के साथ-साथ चिड़ियों की चहचहाहट और धीमी-धीमी बहती हवा शरीर को एक अद्भुत आनंद से भर देती है। उस समय चारों ओर का वातावरण शांत होता है। प्रकृति अपने सुंदरतम रूप में होती है। ऐसा समय योग करने के लिए सर्वाधिक उपयुक्त होता है।

एक दिन मैं प्रात:काल के समय पार्क में घूमने गया। मैंने वहाँ देखा कि बहुत से लोग घास के मैदान में अपना आसन बिछाकर योग कर रहे थे। योग करते समय वे बहुत प्रसन्न नजर आ रहे थे। उनमें केवल वृद्ध व्यक्ति ही नहीं, बल्कि सभी आयु वर्ग के लोग थे। जब उनका योग पूरा हो गया तब मैंने एक व्यक्ति से योग के विषय में पूछा कि प्रात:काल योग करने से क्या लाभ होता है तो उस व्यक्ति ने बताया कि योग हमारे जीवन में बहुत महत्त्वपूर्ण भूमिका निभाता है। योग हमारे शरीर, मन एवं आत्मा के बीच संतुलन स्थापित करता है। यह मन को शांत एवं स्थिर रखता है, तनाव दूर कर सोचने की क्षमता तथा आत्मविश्वास और एकाग्रता को बढ़ाता है। नियमित रूप से योग करने से हमारा शरीर तो स्वस्थ रहता ही है साथ ही यदि कोई रोग है तो इसके द्वारा उसका उपचार भी किया जा सकता है। वर्तमान परिवेश में योग न केवल हमारे लिए लाभकारी है, बल्कि विश्व में बढ़ते प्रदूषण एवं मानवीय व्यस्तताओं से उपजी समस्याओं के निवारण में इसकी सार्थकता और भी बढ़ गई है।

इस प्रकार प्रात:काल योग करते लोगों को देखकर तथा योग से होने वाले लाभों के विषय में जानकर मुझे भी योग करने की प्रेरणा मिली। हम सभी लोगों को प्रात: काल योग करना चाहिए।

02

विभिन्न माध्यमों के लिए लेखन

विभिन्न जनसंचार माध्यमों के लिए लेखन के भिन्न-भिन्न तरीके हैं। पत्र-पत्रिकाओं में लेखन की अलग शैली होती है। रेडियो, टेलीविजन आदि के लिए भी लेखन अलग होता है। आज लेखन का विभिन्न क्षेत्रों में प्रयोग किया जा रहा है, जिनकी लेखन शैलियों में विभिन्नताएँ हैं; जैसे—पत्र-पत्रिका, सिनेमा, रेडियो, समाचार, साहित्य आदि के लिए।

प्रमुख जनसंचार माध्यम

जनमानस द्वारा प्रयोग में लाए जाने वाले जनसंचार के विभिन्न माध्यम हैं; जैसे—मुद्रित (प्रिंट), रेडियो, टेलीविजन एवं इंटरनेट। मुद्रित अर्थात् समाचार पत्र-पत्रिकाएँ पढ़ने के लिए, रेडियो सुनने के लिए, टेलीविजन देखने और सुनने के लिए तथा इंटरनेट पढ़ने, सुनने और देखने के लिए प्रयुक्त होते हैं।

अखबार पढ़ने के लिए, रेडियो सुनने के लिए और टीवी देखने के लिए ज्यादा महत्त्वपूर्ण है, किंतु इंटरनेट पर पढ़ने, देखने और सुनने तीनों की आवश्यकताओं की पूर्ति होती है।

मुद्रित (प्रिंट) माध्यम

जनसंचार के आधुनिक माध्यमों में मुद्रित (प्रिंट) सबसे प्राचीन माध्यम है, जिसके अंतर्गत समाचार पत्र-पत्रिकाएँ आती हैं। मुद्रण का प्रारंभ चीन में हुआ, तत्पश्चात् जर्मनी के गुटेनबर्ग में छापाखाना की खोज हुई। भारत में 1556 ई. में गोवा में पहला छापाखाना खुला। इसका प्रयोग मिशनरियों ने धर्म प्रचार की पुस्तकें छापने के लिए किया था। आज मुद्रण कंप्यूटर की सहायता से होता है।

जनसंचार के मुद्रित माध्यमों की खूबियाँ

मुद्रित माध्यमों की खूबियाँ यदि देखी जाएँ तो वे निम्नलिखित हैं—

- लिखे हुए शब्द स्थायी होते हैं।
- इन लिखे हुए शब्दों को हम एक बार नहीं, बल्कि अनेक बार पढ़ सकते हैं।
- अपनी रुचि और समझ के अनुसार उस स्तर के शब्दों से परिचित हो सकते हैं।
- उन शब्दों का अध्ययन, चिंतन-मनन किया जा सकता है।
- जटिल शब्दों के लिए शब्दकोश का भी प्रयोग कर सकते हैं।
- इसके अतिरिक्त खबर को अपनी रुचि के अनुसार पहले या बाद में पढ़ा जा सकता है।
- किसी भी मुद्रित सामग्री को लंबे समय तक सुरक्षित भी रखा जा सकता है।

जनसंचार के मुद्रित माध्यमों की कमियाँ

मुद्रित माध्यम में कुछ कमियाँ भी हैं; जैसे—अशिक्षित लोगों के लिए अनुपयोगी। टेलीविजन तथा रेडियो की भाँति मुद्रित माध्यम तुरंत घटी घटना की जानकारी नहीं दे पाता। समाचार-पत्र निश्चित अवधि दैनिक अर्थात् 24 घंटे में एक बार, साप्ताहिक सप्ताह में एक बार तथा मासिक माह में एक बार प्रकाशित किया जाता है। किसी भी खबर या रिपोर्ट के प्रकाशन के लिए एक डेड लाइन (समय सीमा) होती है।

स्पेस (स्थान) सीमा भी होती है, जबकि रेडियो, टेलीविजन, इंटरनेट माध्यम पर ऐसा प्रतिबंध नहीं होता। महत्त्व एवं जगह की उपलब्धता के अनुसार किसी भी खबर को स्थान दिया जाता है। मुद्रित माध्यम में अशुद्धि होने पर सुधार हेतु अगले अंक की प्रतीक्षा करनी पड़ती है, जबकि अन्य माध्यमों में तत्काल सुधार किया जा सकता है।

मुद्रित माध्यमों में लेखन के लिए ध्यान रखने योग्य बातें

मुद्रित माध्यमों में लेखन के लिए निम्नलिखित बातों का ध्यान रखना पड़ता है—

- लेखन में भाषा, व्याकरण, शैली, वर्तनी का ध्यान रखना पड़ता है। प्रचलित भाषा का प्रयोग करना चाहिए।
- समय-सीमा और आवंटित स्थान के अनुशासन का पालन अवश्य करना चाहिए।
- लेखन व प्रकाशन के बीच गलतियों और अशुद्धियों का शोधन करना अनिवार्य होता है।
- लेखन में सहज प्रवाह के लिए तारतम्यता बनाए रखनी चाहिए।

रेडियो माध्यम तथा रेडियो समाचार की संरचना

रेडियो जनसंचार का श्रव्य माध्यम है, जिसकी ध्वनि, शब्द और स्वर ही प्रमुख हैं। रेडियो मुख्य रूप से एक रेखीय (लीनियर) माध्यम है। रेडियो समाचार की संरचना समाचार-पत्रों तथा टीवी की तरह उल्टा पिरामिड शैली पर आधारित होती है, जिसमें अखबार की तरह पीछे लौटकर सुनने की सुविधा नहीं होती। लगभग 90% समाचार या स्टोरीज इस शैली में लिखी जाती है।

उल्टा पिरामिड शैली में समाचार-पत्र के सबसे महत्त्वपूर्ण तथ्य को सबसे पहले लिखा जाता है। उसके बाद घटते हुए महत्त्व के क्रम में दूसरे तथ्यों या सूचनाओं को प्रस्तुत किया जाता है अर्थात् कहानी की तरह क्लाइमैक्स अंत में नहीं वरन् खबर के प्रारंभ में आ जाता है। इस शैली के अंतर्गत समाचारों को तीन भागों में विभाजित किया जाता है

1. **इंट्रो** यह समाचार का मुख्य भाग होता है।
2. **बॉडी** घटते हुए क्रम में खबर को विस्तार से लिखा जाता है। ब्यौरा प्रस्तुत किया जाता है।
3. **समापन** अधिक महत्त्वपूर्ण न होने पर अथवा स्पेस न होने पर इसे काटकर छोटा भी किया जा सकता है।

रेडियो समाचार लेखन की बुनियादी बातें

समाचार लेखन की बुनियादी बातें निम्नलिखित हैं—

- साफ-सुथरी टाइप की हुई कॉपी, ट्रिपल स्पेस में टाइप करते हुए दोनों ओर हाशिए छोड़ें।
- एक पंक्ति में 12-13 शब्दों से अधिक न हों।
- पंक्ति के अंत में विभाजित शब्द का प्रयोग न करें।
- पृष्ठ के अंत में कोई भी लाइन अधूरी नहीं होनी चाहिए।
- समाचार कॉपी में जटिल एवं संक्षिप्त अक्षर का प्रयोग न करें।
- लंबे अंकों को तथा दिनांक को शब्दों में लिखें।
- रेडियों समाचार कभी भी संख्या से प्रारंभ नहीं होने चाहिए।
- निम्नलिखित, क्रमांक, अधोहस्ताक्षरी, किंतु, लेकिन, उपर्युक्त, पूर्वक जैसे शब्दों का प्रयोग नहीं करना चाहिए।
- वर्तनी पर विशेष ध्यान दें।
- आम बोलचाल की भाषा का प्रयोग करें।

टेलीविजन माध्यम

टेलीविजन जनसंचार का दृश्य-श्रव्य माध्यम है। यह रेडियो की तरह एक रेखीय माध्यम है। टेलीविजन में शब्दों व ध्वनियों की अपेक्षा दृश्यों का अधिक महत्त्व होता है। इसमें दृश्य शब्दों के अनुरूप उनके सहयोगी के रूप में चलते हैं। इसमें कम-से-कम शब्दों में अधिक-से-अधिक खबर बताने की शैली का प्रयोग किया जाता है। अत: टेलीविजन में समाचार लेखन की प्रमुख शर्त दृश्य के साथ लेखन है।

टीवी (टेलीविजन) खबरों के प्रमुख चरण

प्रिंट अथवा रेडियो की तरह टेलीविजन चैनल समाचार देने का मूल आधार सूचना देना है। टेलीविजन में यह सूचनाएँ इन चरणों से होकर गुजरती हैं—

1. फ्लैश बैक (ब्रेकिंग न्यूज)
2. ड्राई एंकर
3. फोन-इन
4. एंकर विजुअल
5. एंकर बाइट
6. लाइव
7. एंकर पैकेज

टेलीविजन समाचारों की खूबियाँ

टेलीविजन समाचारों की खूबियाँ निम्नलिखित हैं—

- देखने और सुनने की सुविधा।
- जीवंत घटनाओं का प्रसारण।
- प्रभावशाली खबर से परिचित होना।
- समाचारों का लगातार प्रसारण देख पाना।

टेलीविजन समाचारों की कमियाँ

टेलीविजन समाचारों की कमियाँ निम्नलिखित हैं—

- भाषा-शैली के स्तर पर अत्यंत सावधानी।
- बाइट का ध्यान रखना आवश्यक है।
- कार्यक्रम का सीधा प्रसारण कभी-कभी सामाजिक उत्तेजना को जन्म दे सकता है तथा परिपक्व बुद्धि पर सीधा प्रभाव डालता है।

रेडियो और टेलीविजन समाचार की भाषा-शैली

- भाषा के स्तर व गरिमा को बनाए रखते हुए सरल भाषा का प्रयोग करना चाहिए।
- सभी वर्ग तथा स्तर के लोग समझ सके इसका ध्यान रखना चाहिए।
- वाक्य छोटे, सरल व स्पष्ट हों एवं वाक्यों में तारतम्यता हो।
- जटिल शब्दों, सामाजिक शब्दों तथा मुहावरों के अनावश्यक प्रयोग से बचना चाहिए।
- जटिल और उच्चारण में कठिन शब्द, संक्षिप्त अंक आदि नहीं लिखने चाहिए, जिन्हें पढ़ने में कठिनाई हो।
- रेडियो और टेलीविजन के समाचारों में एक वाक्य में एक ही बात कहने का प्रयास करना चाहिए।

इंटरनेट माध्यम

आज की नई पीढ़ी समाचार को इंटरनेट पर देखना व पढ़ना पसंद करती है। इसे इंटरनेट पत्रकारिता, ऑनलाइन पत्रकारिता, साइबर या वेब पत्रकारिता कुछ भी कहा जा सकता है। इसके द्वारा जहाँ हम सूचना, मनोरंजन, ज्ञान तथा निजी व सार्वजनिक संवादों का आदान-प्रदान कर सकते हैं, वहीं यह अश्लीलता, दुष्प्रचार व गंदगी फैलाने का माध्यम भी बना हुआ है। इंटरनेट का प्रयोग समाचारों के संप्रेषण, संकलन तथा सत्यापन एवं पुष्टिकरण में भी किया जा रहा है। टेलीप्रिंटर के जमाने में जहाँ 1 मिनट में केवल 80 शब्द एक स्थान से दूसरे स्थान पर भेजे जा सकते थे, वहीं आज एक सेकंड में लगभग 70,000 शब्द भेजे जा सकते हैं।

इंटरनेट पत्रकारिता व उसका इतिहास

इंटरनेट पर समाचार-पत्र का प्रकाशन या खबर का आदान-प्रदान ही वास्तव में इंटरनेट पत्रकारिता है। इंटरनेट पर यदि हम किसी भी रूप में समाचारों, लेखों, चर्चा-परिचर्चा, बहसों, फीचर, झलकियों के माध्यम से अपने समय की धड़कनों को अनुभव कर दर्ज करने का कार्य करते हैं, तो वही इंटरनेट पत्रकारिता है।

इसी पत्रकारिता को वेब पत्रकारिता भी कहा जाता है। वर्तमान समय में विश्व स्तर पर इंटरनेट पत्रकारिता का तीसरा दौर चल रहा है, जबकि भारत में दूसरा दौर माना जाता है।

पहला दौर वर्ष 1982 से 1992 तक तथा दूसरा दौर वर्ष 1993 से 2001 तक था। वर्तमान में इंटरनेट पत्रकारिता का तीसरा दौर माना जाता है, जो वर्ष 2002 में प्रारंभ हुआ था।

भारत में इंटरनेट पत्रकारिता

भारत के लिए इंटरनेट पत्रकारिता का प्रथम दौर वर्ष 1993 से प्रारंभ माना जाता है और दूसरा दौर वर्ष 2003 से माना जाता है।

भारत में यथार्थ रूप से 'रीडिफ डॉटकॉम', 'इंडिया इंफोलाइन' तथा 'सिफी' जैसी कुछ साइटें वेब पत्रकारिता का कार्य कर रही हैं। रीडिफ को भारत की पहली साइट कहा जा सकता है, जो गंभीरता के साथ इंटरनेट पत्रकारिता कर रही है। वेबसाइट पर विशुद्ध पत्रकारिता करने का श्रेय तहलका डॉटकॉम को जाता है।

हिंदी नेट संसार

हिंदी में नेट पत्रकारिता वेब दुनिया के साथ प्रारंभ हुई। इंदौर में नई दुनिया समूह से प्रारंभ हुआ यह पोर्टल हिंदी का संपूर्ण पोर्टल है। जागरण, अमर उजाला, नई दुनिया, हिंदुस्तान, भास्कर, राजस्थान पत्रिका, नवभारत टाइम्स, प्रभात खबर एवं राष्ट्रीय सहारा के वेब संस्करण प्रारंभ हुए। 'प्रभासाक्षी' नाम से प्रारंभ हुआ अखबार प्रिंट रूप में न होकर केवल इंटरनेट पर उपलब्ध है। आज पत्रकारिता के अनुसार श्रेष्ठ साइट बीबीसी है।

हिंदी वेब जगत में आज अनेक साहित्यिक पत्रिकाएँ चल रही हैं। कुल मिलाकर हिंदी की वेब पत्रकारिता अभी अपने शैशवकाल में ही है। सबसे बड़ी समस्या हिंदी के फॉण्ट की है। अभी हमारे पास हिंदी का कोई की-बोर्ड नहीं है। जब तक हिंदी में की-बोर्ड का मानकीकरण नहीं हो जाता, तब तक इस समस्या को दूर नहीं किया जा सकता।

PYQs विगत वर्षों के प्रश्न व महत्त्वपूर्ण प्रश्न

बहुविकल्पीय प्रश्न

1. संचार का सबसे प्राचीन माध्यम कौन-सा है? **CBSE 2020 C, 2023**

(i) रेडियो (ii) दूरदर्शन
(iii) सिनेमा (iv) समाचार-पत्र

उत्तर (iv) समाचार-पत्र

2. दूरदर्शन के लिए खबर लिखने की बुनियादी शर्त आप किसे मानते हैं? **CBSE 2023**

(i) सरल भाषा में लेखन को
(ii) दृश्य के साथ लेखन को
(iii) कम शब्दों में लेखन को
(iv) खबर बताते हुए लेखन को

उत्तर (ii) दृश्य के साथ लेखन को

3. मुद्रित माध्यमों के लेखन में सहज प्रवाह के लिए आवश्यक है **CBSE SQP 2022-23**

(i) तार-तम्यता
(ii) उपलब्धता
(iii) एकरेखीयता
(iv) साध्यता

उत्तर (i) तार-तम्यता

4. संबंधित घटना के दृश्य बाइट व ग्राफिक द्वारा खबर को संपूर्णता से पेश करना कहलाता है **CBSE SQP 2022-23**

(i) एंकर विजुअल (ii) एंकर बाइट
(iii) एंकर पैकेज (iv) ड्राई एंकर

उत्तर (iii) एंकर पैकेज

5. सर्वाधिक महँगा जनसंचार माध्यम कौन-सा है? **CBSE SQP Term I 2022-23**

(i) रेडियो (ii) इंटरनेट
(iii) टेलीविजन (iv) समाचार-पत्र

उत्तर (ii) इंटरनेट

6. किसी भी खबर का घटना-स्थल से सीधा प्रसारण कहलाता है **CBSE Term I 2022-23**

(i) फ्लैश (ii) ब्रेकिंग न्यूज
(iii) फोन-इन (iv) लाइव

उत्तर (iv) लाइव

7. आधुनिक माध्यमों में सबसे पुराना माध्यम है **CBSE Term I 2022-23, CBSE SQP 2020-21**

(i) अखबार (ii) रेडियो
(iii) टेलीविजन (iii) सिनेमा

उत्तर (i) अखबार

8. किस माध्यम में दृश्यों का अधिक महत्त्व होता है? **CBSE SQP Term I 2021-22**

(i) रेडियो (ii) समाचार-पत्र
(iii) टेलीविजन (iv) इंटरनेट

उत्तर (iii) टेलीविजन

9. किसी भी माध्यमों के लेखन के लिए किसे ध्यान में रखना होता है? **CBSE SQP 2020-21**

(i) माध्यमों को (ii) लेखक को
(iii) जनता को (iv) बाजार को

उत्तर (i) माध्यमों को

10. नेट साउंड किस माध्यम से संबंधित है? **CBSE SQP 2020-21**

(i) इंटरनेट से (ii) टेलीविजन से
(iii) रेडियो (iv) सिनेमा

उत्तर (ii) टेलीविजन से

11. हिंदी में नेट-पत्रकारिता का आरंभ हुआ ……… से। **CBSE SQP 2020-21**

(i) भास्कर (ii) जागरण
(iii) वेब दुनिया (iv) प्रभा साक्षी

उत्तर (iii) वेब दुनिया

12. टी. वी. पर प्रसारित खबरों में सबसे महत्त्वपूर्ण है **NCERT**

(i) विजुअल (ii) नेट
(iii) बाइट (iv) ये सभी

उत्तर (iv) ये सभी

13. रेडियो समाचार की भाषा ऐसी हो **NCERT**

(i) जिसमें आम बोलचाल के शब्दों का प्रयोग हो
(ii) जो समाचार वाचक आसानी से पढ़ सके
(iii) जिसमें आम बोलचाल की भाषा के साथ-साथ सटीक मुहावरों का प्रयोग हो
(iv) जिसमें सामासिक और तत्सम शब्दों की बहुलता हो

उत्तर (ii) जो समाचार वाचक आसानी से पढ़ सके

14. रेडियो में महत्त्व है

(i) प्रसारणकर्ताओं का (ii) शब्दों और ध्वनियों का
(iii) छपे हुए शब्दों का (iv) दृश्यों और तस्वीरों का

उत्तर (ii) शब्दों और ध्वनियों का

15. इनमें से कौन-सा जनसंचार माध्यम निरक्षर के लिए उपयोगी नहीं है?

(i) इंटरनेट (ii) समाचार-पत्र
(iii) पत्र-पत्रिकाएँ (iv) ये सभी

उत्तर (iv) ये सभी

16. भारत में पहला छापा खाना कब लगा?

(i) 1555 ई. में (ii) 1556 ई. में
(iii) 1557 ई. में (iv) 1560 ई. में

उत्तर (ii) 1556 ई. में

17. समाचार लेखन की सबसे अधिक प्रभावी शैली कौन-सी है?

(i) सीधा पिरामिड शैली (ii) उल्टा पिरामिड शैली
(iii) संवादात्मक शैली (iv) व्यंग्यात्मक शैली

उत्तर (ii) उल्टा पिरामिड शैली

लघु उत्तरीय प्रश्न

1. इंटरनेट तेजी से लोकप्रिय क्यों हो रहा है? किन्हीं चार कारणों का उल्लेख कीजिए। **CBSE 2023**

उत्तर इंटरनेट तेजी से लोकप्रिय होने के निम्न कारण हैं—

(i) आज की नई पीढ़ी समाचार को इंटरनेट पर देखना या पढ़ना पसंद करती है।
(ii) इंटरनेट के माध्यम से हम सूचना, मनोरंजन, ज्ञान तथा निजी व सार्वजनिक संवादों का आदान-प्रदान कर सकते हैं।
(iii) इंटरनेट का प्रयोग समाचारों के सम्प्रेषण, संकलन तथा सत्यापन एवं पुष्टिकरण में भी किया जाता है। इसके माध्यम से एक सेकेंड में 56 किलोबाइट अर्थात् 70 हजार शब्द भेजे जा सकते हैं।
(iv) इंटरनेट सारे माध्यमों का समागत है तथा इसकी पहुँच दुनिया के कोने-कोने तक है।

2. रेडियो पर किस तरह के कार्यक्रम प्रसारित किए जाते हैं? 19वीं शताब्दी में इसकी लोकप्रियता का क्या कारण था? **CBSE 2023**

उत्तर रेडियो जनसंचार का श्रव्य माध्यम है। इसकी ध्वनि, शब्द और स्वर ही प्रमुख हैं। रेडियो मुख्य रूप से एक रेखीय माध्यम है। रेडियो पर प्रसारित कार्यक्रमों को मुख्यत: तीन श्रेणियों में रखा जाता है—
(1) संगीत (2) समाचार (3) उच्चरित शब्द कार्यक्रम।

संगीत के अंतर्गत शास्त्रीय संगीत, सुगम संगीत, लोक-गीत तथा फिल्मी संगीत व पाश्चात्य संगीत आता है। समाचारों का प्रसारण आम बोलचाल की भाषा में किया जाता है।

उच्चरित शब्द कार्यक्रम के अंतर्गत वार्ता, भेंट वार्ता, परिचर्चा, परिसंवाद, कहानी, कविता, रूपक, नाटक, आँखों देखा हाल फोन-इन-प्रोग्राम तथा 'विशिष्ट श्रोताओं के लिए कार्यक्रम' आते हैं। 19वीं शताब्दी में रेडियो सूचना एवं मनोरंजन का प्रमुख स्रोत था। उस समय यह प्रमुख जनसंचार माध्यम था।

इसका उपयोग विज्ञापनों, मनोरंजन, संगीत तथा खेल आयोजनों के लिए किया जाता था। 19वीं शताब्दी में रेडियो पर प्रसारण समाचारों का मुख्य स्रोत था।

3. मीडिया जगत में दृश्य से क्या अभिप्राय है? टेलीविजन के लिए दृश्य के साथ लेखन करना क्यों आवश्यक है? उदाहरण सहित लिखिए। **CBSE 2023**

उत्तर मीडिया जगत में दृश्य से अभिप्राय विजुअल मीडिया से होता है; जैसे—फिल्म, फोटो और टीवी शो इत्यादि।

टेलीविजन जनसंचार का दृश्य-श्रव्य माध्यम है। यह रेडियो की तरह एक रेखीय माध्यम है। टेलीविजन में शब्दों व ध्वनियों की अपेक्षा दृश्यों का अधिक महत्त्व होता है। इसमें दृश्य शब्दों के अनुरूप उनके सहयोगी के रूप में चलते हैं। इसमें कम-से-कम शब्दों में अधिक-से-अधिक खबर बताने की शैली का प्रयोग किया जाता है।

दृश्य के साथ लेखन करने की आवश्यकता उसकी प्रभावशीलता के कारण होती है, जिससे दर्शकों को समझने में आसानी होती है और वे संदेश को अधिक स्पष्ट रूप से समझ सकते हैं।

अत: टेलीविजन में समाचार लेखन की प्रमुख शर्त दृश्य के साथ लेखन है।

4. इलेक्ट्रॉनिक माध्यम और प्रिंट माध्यम में क्या अंतर है? स्पष्ट कीजिए। **CBSE 2023**

उत्तर इलेक्ट्रॉनिक माध्यम मास मीडिया का एक रूप है। यह सभी दर्शकों के लिए इलेक्ट्रॉनिक माध्यम से समाचार अथवा ज्ञान को साझा करता है, जबकि प्रिंट माध्यम जनसंचार का एक रूप है जो मुद्रित प्रकाशनों के माध्यम से समाचार और सूचना का निर्माण तथा प्रसार करता है।

इलेक्ट्रॉनिक माध्यम व प्रिंट माध्यम में अंतर

	इलेक्ट्रॉनिक माध्यम	प्रिंट माध्यम
(i)	यह सभी दर्शकों के लिए इलेक्ट्रॉनिक माध्यम से समाचार या ज्ञान को साझा करता है।	यह मुद्रित प्रकाशनों के माध्यम से समाचार तथा सूचना का निर्माण व प्रसार करता है।
(ii)	इसके मुख्य प्रकार इंटरनेट, टेलीविजन, रेडियो आदि हैं।	इसके मुख्य प्रकार समाचार-पत्र, पुस्तकें, पत्रिकाएँ आदि हैं।
(iii)	इलेक्ट्रॉनिक माध्यम चौबीसों घंटे उपलब्ध रहता है।	प्रिंट मीडिया चौबीसों घंटे उपलब्ध नहीं रहती।
(iv)	यह प्रिंट मीडिया से ज्यादा तेज है।	यह इलेक्ट्रॉनिक मीडिया की तुलना में धीमा है।
(v)	यह प्रिंट मीडिया से अपेक्षाकृत सस्ता है।	यह इलेक्ट्रॉनिक मीडिया से अपेक्षाकृत मँहगा है।
(vi)	इलेक्ट्रॉनिक मीडिया की पहुँच दुनिया भर में है।	प्रिंट मीडिया की पहुँच सीमित है। यह केवल विशेष क्षेत्र अथवा विशेष देश को ही कवर करता है।

5. मुद्रित माध्यमों के संदर्भ में लेखन के लिए ध्यान रखने योग्य चार बातों का उल्लेख कीजिए। **CBSE 2023**

उत्तर मुद्रित माध्यमों के संदर्भ में लेखन के लिए निम्नलिखित बातों का ध्यान रखना आवश्यक है—

(i) लेखन में भाषा, व्याकरण, शैली, वर्तनी का ध्यान रखना पड़ता है। इसमें प्रचलित भाषा का ही प्रयोग करना चाहिए।

(ii) लेखन में समय-सीमा तथा आवंटित स्थान के अनुशासन का पालन अवश्य करना चाहिए।

(iii) लेखन व प्रकाशन के बीच गलतियों और अशुद्धियों का शोधन अनिवार्यत: करना चाहिए।

(iv) लेखन के सहज प्रवाह के लिए तार तम्यता बनाए रखनी चाहिए।

6. जनसंचार के आधुनिक माध्यमों में से सबसे पुराने माध्यम की दो खूबियाँ और दो कमियाँ लिखिए। **CBSE 2023**

उत्तर जनसंचार के आधुनिक माध्यमों में से सबसे पुराना माध्यम मुद्रित (प्रिंट) माध्यम है। इसके अंतर्गत समाचार-पत्र, पत्रिकाएँ आदि आती हैं।

जनसंचार के सबसे पुराने माध्यम (मुद्रित माध्यम) की खूबियाँ निम्नलिखित हैं—

(i) लिखे हुए शब्द स्थायी होते हैं तथा इन शब्दों को हम अनेक बार पढ़ सकते हैं।

(ii) खबर को अपनी रुचि के अनुसार पहले या बाद में पढ़ा जा सकता है।

जनसंचार के सबसे पुराने माध्यम (मुद्रित) की कमियाँ निम्नलिखित हैं—

(i) मुद्रित माध्यम अशिक्षित लोगों के लिए अनुपयोगी है। यह टेलीविजन तथा रेडियो की तरह तुरंत घटी घटना की जानकारी नहीं दे पाता।

(ii) समाचार-पत्र निश्चित अवधि दैनिक, साप्ताहिक तथा मासिक प्रकाशित किया जाता है। किसी भी रिपोर्ट के प्रकाशन के लिए एक डेड लाइन होती है।

7. रेडियो और टी.वी. के लिए समाचार लिखते समय किन-किन बातों का विशेष ध्यान रखना चाहिए? **CBSE 2023**

उत्तर रेडियो और टी.वी. के लिए समाचार लिखते समय निम्न बातों का विशेष ध्यान रखना चाहिए—

(i) समाचारों की भाषा सरल, परंतु स्वर व गरिमा के अनुरूप होनी चाहिए।

(ii) समाचारों को सभी स्तर व वर्ग के रूप में समझ सकें, इस बात का ध्यान रखना चाहिए।

(iii) समाचारों के वाक्य छोटे तथा सरल हो तथा उनमें तारतम्यता हो।

(iv) समाचारों में जटिल शब्दों, मुहावरों व सामाजिक शब्दों का अनावश्यक प्रयोग नहीं करना चाहिए।

(v) जटिल तथा उच्चारण में कठिन शब्द, संक्षिप्त अंक नहीं लिखने चाहिए।

8. टी. वी. पर प्रसारित होने वाली सूचनाएँ किन-किन चरणों से होकर गुजरती हैं? किन्हीं चार के बारे में विस्तार से लिखिए। **CBSE 2023**

अथवा **टीवी खबरों के विभिन्न चरणों के बारे में समझाइए।**

उत्तर टीवी, प्रिंट, रेडियो आदि माध्यमों पर खबर देने का मूल आधार सबसे पहले सूचना देना होता है। टीवी द्वारा भी ये सूचनाएँ विभिन्न चरणों द्वारा दर्शकों तक पहुँचती हैं। ये चरण निम्नलिखित हैं—

(i) **फ्लैशबैक या ब्रेकिंग न्यूज** इसमें कम-से-कम शब्दों में केवल सूचना के रूप में कोई बड़ी खबर तुरंत दर्शकों तक पहुँचाई जाती है।

(ii) **ड्राई एंकर** इसके अंतर्गत एंकर खबर के बारे में दर्शकों को सीधे-सीधे बताया जाता है कि कहाँ, क्या, कब और कैसे हुआ।

(iii) **फोन-इन** इसमें रिपोर्टर घटनास्थल पर उपस्थित होता है और वहाँ से ज्यादा-से-ज्यादा जानकारियाँ दर्शकों को बताता है।

(iv) **एंकर-विजुअल** जब घटना के दृश्य या विजुअल मिल जाते हैं, तब उन दृश्यों के आधार पर खबर लिखी जाती है, जो एंकर पढ़ता है।

(v) **एंकर-बाइट** बाइट अर्थात् कथन का टेलीविजन पत्रकारिता में बड़ा महत्त्व है। टीवी में किसी भी खबर की पुष्टि करने के लिए उससे संबंधित बाइट दिखाई जाती है।

(vi) **लाइव** किसी खबर का घटनास्थल से सीधा प्रसारण लाइव कहलाता है। सभी टीवी चैनल वाले ज्यादातर बड़ी खबरों या घटना को दर्शकों तक तत्काल सीधा पहुँचाने का प्रयास करते हैं।

(vii) **एंकर-पैकेज** पैकेज किसी भी खबर को संपूर्णता के साथ प्रस्तुत करने का एक माध्यम है। इसमें संबंधित घटना के दृश्य, इससे जुड़े लोगों की बाइट, ग्राफिक द्वारा जरूरी सूचनाएँ आदि होती हैं।

9. जनसंचार का कौन-सा आधुनिक माध्यम सबसे पुराना है? इसकी शुरुआत कैसे हुई?

उत्तर जनसंचार के आधुनिक माध्यमों में सबसे पुराना माध्यम प्रिंट अर्थात् मुद्रित माध्यम है। इसकी शुरुआत चीन से हुई थी, परंतु आधुनिक छापेखाने का आविष्कार जर्मनी के गुटेनबर्ग ने किया था। यूरोप में पुनर्जागरण 'रेनेसाँ' की शुरुआत में छापेखाने की एक महत्त्वपूर्ण भूमिका थी। भारत में पहला छापा खाना 1556 ई. में गोवा में खुला। इसे मिशनरियों ने धर्म प्रचार की पुस्तकें छापने के लिए खोला था।

10. मुद्रित माध्यमों की विशेषताएँ लिखिए। **CBSE 2020 C**

अथवा **मुद्रित माध्यमों के महत्त्व पर प्रकाश डालिए।**

उत्तर मुद्रित माध्यमों के अंतर्गत अखबार, पत्रिकाएँ आदि आते हैं। इनका हमारे दैनिक जीवन में काफी महत्त्व है। इनकी महत्त्वपूर्ण विशेषताएँ निम्नलिखित हैं—

(i) मुद्रित माध्यमों में स्थायित्व होता है।
(ii) आप इन्हें अपनी इच्छानुसार पढ़ सकते हैं।
(iii) आप इन्हें लंबे समय तक प्रयोग में ला सकते हैं।
(iv) यह माध्यम लिखित भाषा का विस्तार है।
(v) यह चिंतन, विचार और विश्लेषण का माध्यम है।

11. रेडियो समाचार की संरचना कैसी होती है?

उत्तर रेडियो समाचार की संरचना टीवी व अखबारों की तरह ही उल्टा (इंवर्टेड) पिरामिड शैली में होती है। इस शैली में समाचार के महत्त्वपूर्ण तथ्य को सबसे पहले लिखते हैं तथा बाद में घटते हुए क्रम में अन्य तथ्यों या सूचनाओं को लिखा व बताया जाता है। इस शैली में किसी घटना, विचार या समस्या का वर्णन समयानुसार न करके सबसे महत्त्वपूर्ण तथ्य/सूचना से शुरू होता है। अत: इस शैली में क्लाइमेक्स अंत में नहीं, बल्कि आरंभ में ही आ जाता है। उल्टा पिरामिड शैली में कोई निष्कर्ष नहीं होता।

12. रेडियो और टेलीविजन समाचार की भाषा-शैली कैसी होनी चाहिए?

उत्तर रेडियो और टेलीविजन समाचार की भाषा-शैली ऐसी होनी चाहिए, जो सभी को आसानी से समझ में आ सके। इनमें भाषा का स्तर निम्नलिखित रूप में होना चाहिए—

(i) भाषा के स्तर पर गरिमा को बनाए रखते हुए सरल भाषा का प्रयोग करें।
(ii) भाषा सभी वर्गों के लोगों की समझ में आनी चाहिए।
(iii) छोटे वाक्य तथा सरल वाक्य हों, साथ ही उनमें कर्णप्रियता हो।
(iv) निम्नलिखित, उपरोक्त, अधोहस्ताक्षरित और क्रमांक आदि जटिल शब्दों के प्रयोग से बचना चाहिए।
(v) गैर-जरूरी विशेषणों, सामासिक और तत्सम शब्दों, अतिरंजित उपमाओं आदि से बचना चाहिए।

13. इंटरनेट पत्रकारिता से आप क्या समझते हैं? भारत में इंटरनेट पत्रकारिता की क्या स्थिति है?

उत्तर इंटरनेट पर समाचार-पत्र का प्रकाशन अथवा खबरों का आदान-प्रदान ही वास्तव में इंटरनेट पत्रकारिता है। इंटरनेट पर हम किसी भी रूप में समाचारों, लेखों, चर्चा-परिचर्चा के साथ वाद-विवादों, फीचर आदि का कार्य कर सकते हैं, इसे ही इंटरनेट पत्रकारिता कहते हैं। इसी पत्रकारिता को वेब पत्रकारिता भी कहा जाता है।

भारत में इंटरनेट पत्रकारिता का अभी दूसरा दौर चल रहा है, जबकि विश्व स्तर पर इंटरनेट पत्रकारिता का तीसरा दौर चल रहा है। भारत के लिए प्रथम दौर वर्ष 1993 से प्रारंभ माना जाता है। दूसरा दौर वर्ष 2003 से प्रारंभ हुआ है।

भारत में यथार्थ रूप से 'रीडिफ डॉटकॉम', 'इंडिया इंफोलाइन' तथा 'सिफी' जैसी कुछ साइटें वेब पत्रकारिता का कार्य कर रही हैं। रीडिफ को भारत की पहली साइट कहा जा सकता है, जो गंभीरता के साथ इंटरनेट पत्रकारिता कर रही है। वेबसाइट पर विशुद्ध पत्रकारिता करने का श्रेय तहलका डॉटकॉम को जाता है।

03

पत्रकारीय लेखन के विभिन्न रूप और लेखन प्रक्रिया

पत्रकारीय लेखन क्या है?

समाचार माध्यमों में काम करने वाले पत्रकार अपने पाठकों तथा श्रोताओं तक सूचनाएँ पहुँचाने के लिए लेखन के विभिन्न रूपों का प्रयोग करते हैं, इसे ही पत्रकारीय लेखन कहते हैं। पत्रकारिता या पत्रकारीय लेखन के अंतर्गत संपादकीय, समाचार, आलेख रिपोर्ट, फ़ीचर, स्तंभ तथा कार्टून आदि आते हैं।

पत्रकारीय लेखन का प्रमुख उद्देश्य सूचना देना, शिक्षित करना तथा मनोरंजन आदि करना है। इसके कई प्रकार हैं;
जैसे—खोजपरक पत्रकारिता, वॉचडॉग पत्रकारिता और एडवोकैसी पत्रकारिता आदि। पत्रकारीय लेखन का संबंध समसामयिक विषयों, विचारों व घटनाओं से है। पत्रकार को लिखते समय यह ध्यान रखना चाहिए कि वह सामान्य जनता के लिए लिख रहा है, इसलिए उसकी भाषा सरल व रोचक होनी चाहिए। वाक्य छोटे व सहज हों। कठिन भाषा का प्रयोग नहीं किया जाना चाहिए। भाषा को प्रभावी बनाने के लिए अनावश्यक विशेषणों, अप्रचलित शब्दावली और दोहराव का प्रयोग नहीं होना चाहिए।

पत्रकार तीन प्रकार के होते हैं—

(i) **पूर्णकालिक पत्रकार** किसी समाचार-पत्र या संगठन के नियमित वेतनभोगी कर्मचारी।

(ii) **अंशकालिक पत्रकार** (स्ट्रिंगर) निश्चित मानदेय पर कार्य करने वाले पत्रकार।

(iii) **फ्रीलांसर या स्वतंत्र पत्रकार** ये किसी संस्था से जुड़े नहीं होते। जब ये लिखते हैं, तो इनका लेख कोई भी छाप सकता है और बदले में एक निश्चित राशि इन्हें भेज दी जाती है।

विशेष रिपोर्ट कैसे लिखें?

सामान्य समाचारों से अलग वे विशेष समाचार, जो गहरी छानबीन, विश्लेषण और व्याख्या के आधार पर प्रकाशित किए जाते हैं, विशेष रिपोर्ट कहलाते हैं। ऐसी रिपोर्टों को लिखने के लिए किसी घटना, समस्या या मुद्दे की गहरी छानबीन की जाती है, उससे संबंधित महत्त्वपूर्ण तथ्यों को इकट्ठा किया जाता है। तथ्यों के विश्लेषण के द्वारा उसके नतीजे, प्रभाव और कारणों को स्पष्ट किया जाता है।

विशेष रिपोर्ट कई प्रकार की होती है—

1. **खोजी रिपोर्ट** इसमें अनुपलब्ध तथ्यों को गहरी छानबीन कर सार्वजनिक किया जाता है।
2. **इन-डेप्थ रिपोर्ट** सार्वजनिक रूप से प्राप्त तथ्यों की गहरी छानबीन कर उसके महत्त्वपूर्ण पक्षों को पाठकों के सामने लाया जाता है।
3. **विश्लेषणात्मक रिपोर्ट** इसमें किसी घटना या समस्या का विवरण सूक्ष्मता के साथ विस्तार से दिया जाता है। रिपोर्ट अधिक विस्तृत होने पर कई दिनों तक किस्तों में प्रकाशित की जाती है।
4. **विवरणात्मक रिपोर्ट** इसमें किसी घटना या समस्या को विस्तार एवं बारीकी के साथ प्रस्तुत किया जाता है।

विचारपरक लेखन-लेख, टिप्पणियाँ और संपादकीय

अखबारों में समाचार और फीचर के अलावा विचारपरक सामग्री का भी प्रकाशन होता है। कई अखबारों की पहचान उनके वैचारिक रुझान से होती है। एक तरह से अखबारों में प्रकाशित होने वाले विचारपूर्ण लेखन से उस अखबार की छवि बनती है। अखबारों में संपादकीय पृष्ठ पर प्रकाशित होने वाले संपादकीय अग्रलेख, लेख और टिप्पणियाँ इसी विचारपरक पत्रकारीय लेखन की श्रेणी में आते हैं।

संपादकीय लेखन

संपादक द्वारा किसी प्रमुख घटना या समस्या पर लिखे गए विचारात्मक लेख को, जिसे संबंधित समाचार-पत्र की राय भी कहा जाता है, संपादकीय कहते हैं। संपादकीय किसी एक व्यक्ति का विचार या राय न होकर समग्र पत्र-समूह की राय होता है, इसलिए संपादकीय में संपादक अथवा लेखक का नाम नहीं लिखा जाता।

स्तंभ लेखन

स्तंभ लेखन विचारपरक लेखन का एक प्रमुख रूप है।

कुछ महत्त्वपूर्ण लेखक अपने विचारों के लिए जाने जाते हैं। इससे उन लेखकों की लेखन-शैली भी विकसित हो जाती है। लेखकों की लोकप्रियता को व उनकी लेखन-शैली को देखते हुए समाचार-पत्र में उन्हें स्तंभ लिखने के लिए कहा जाता है जिसमें उन्हें विषय का चुनाव करने की स्वतंत्रता होती है। कुछ लेखकों के स्तंभ इतने अधिक लोकप्रिय होते हैं कि उन्हें उनके स्तंभ द्वारा ही पहचाना जाता है।

स्तंभ लेखन में लेखक के स्वयं के विचार प्रमुख होते हैं अपने विचारों को ही लेखक प्रस्तुत करता है, परंतु स्तंभ लेखन लिखते समय लेखक तथ्यों को भी ध्यान में रखता है।

संपादक के नाम पत्र

संपादकीय पृष्ठ पर संपादक के नाम पत्र प्रकाशित किए जाते हैं। इसके अंतर्गत पाठक अपने विचारों, समस्याओं, भिन्न-भिन्न मुद्दों आदि को व्यक्त करते हैं। इसके द्वारा नए लेखकों को स्तंभ लिखने का अवसर भी प्राप्त हो जाता है। अत: पाठकों द्वारा संपादक के नाम लिखा गया पत्र जनमत को प्रतिबिंबित करता है।

लेख

समाचार-पत्र में अनेक पत्रकारों एवं विशेषज्ञों के लेख प्रस्तुत किए जाते हैं। लेख लिखते समय प्रस्तुत किए गए विषय पर विस्तार से चर्चा की जाती है। लेख में प्रारंभ, मध्य व अंत को ध्यान में रखकर लेखक अपने विचारों को प्रस्तुत करता है। लेख फीचर आदि से भिन्न होता है। लेख लिखने में लेखक के विचारों को प्रमुखता देने के साथ तथ्यों को ध्यान में रखना आवश्यक होता है।

लेखक लेख द्वारा अपने विचार प्रस्तुत करते हुए सूचनाओं एवं तथ्यों का विश्लेषण करके तर्क के आधार पर अपनी राय देता है। स्पष्टत: लेख लिखने की शैली आकर्षक होनी चाहिए जो अधिक-से-अधिक लोगों को प्रभावित कर सके।

साक्षात्कार/इंटरव्यू

साक्षात्कार में पत्रकार द्वारा अन्य व्यक्ति से उसकी भावनाएँ, विचार, राय आदि जानने के लिए सवाल पूछे जाते हैं। एक सफल साक्षात्कार वह होता है जिसमें पत्रकार उन सभी प्रश्नों के उत्तर प्राप्त कर सके जिन्हें पाठक/दर्शक/श्रोता जानना चाहते हैं।

साक्षात्कार लेने के लिए पत्रकार को उस व्यक्ति के संदर्भ में सभी जानकारियाँ पहले से ज्ञात होनी चाहिए।

साक्षात्कार लेने के लिए यह स्पष्ट होना चाहिए कि आप उस व्यक्ति से किन प्रश्नों के उत्तर जानना चाहते हैं। साक्षात्कार लेते समय महत्त्वपूर्ण सूचना एवं जानकारी को साक्षात्कार के समय नोट करते रहना चाहिए।

PYQs विगत वर्षों के प्रश्न व महत्त्वपूर्ण प्रश्न

बहुविकल्पीय प्रश्न

1. संपादकीय पृष्ठ पर प्रकाशित होने वाले संपादकीय लेखन को माना जाता है **CBSE 2023**

(i) संपादक की आवाज (ii) पत्रकार की आवाज
(iii) अखबार की आवाज (iv) पाठक की आवाज

उत्तर (i) संपादक की आवाज

2. किसी घटना या समस्या से संबंधित तथ्यों के विस्तृत और बारीक विवरण को प्रस्तुत करने वाली रिपोर्ट कहलाती है **CBSE Term I 2022**

(i) विश्लेषणात्मक रिपोर्ट (ii) विवरणात्मक रिपोर्ट
(iii) खोजी रिपोर्ट (iv) इन-डेप्थ रिपोर्ट

उत्तर (ii) विवरणात्मक रिपोर्ट

3. इनमें समाचार-पत्र की आवाज किसे माना जाता है? **CBSE SQP Term I 2022**

(i) फीचर
(ii) संपादक के नाम पत्र
(iii) संपादकीय
(iv) स्तंभ लेखन

उत्तर (iii) संपादकीय

4. समाचार संगठन में काम करने वाले नियमित वेतनभोगी पत्रकार को क्या कहते हैं? **CBSE SQP Term-I 2021-22**

(i) फ्रीलांसर (ii) पूर्णकालिक
(iii) अंशकालिक (iv) अल्पकालिक

उत्तर (ii) पूर्णकालिक

5. पत्रकार कितने प्रकार के होते हैं? **CBSE 2020 C**

(i) दो (ii) चार (iii) पाँच (iv) तीन

उत्तर (iv) तीन

6. पत्रकारीय लेखन के समय क्या ध्यान रखना अत्यन्त आवश्यक है?

(i) सूचनाओं की सार्थकता (ii) समाचार की संवेदनशीलता
(iii) सूचनाओं की तथ्यात्मकता (iv) ये सभी

उत्तर (iv) उपरोक्त सभी

7. भुगतान के आधार पर अलग-अलग समाचार-पत्रों में लिखने वाले पत्रकार को क्या कहते हैं?

(i) फ्रीलांसर (ii) अल्पकालिक पत्रकार
(iii) अंशकालिक पत्रकार (iv) संपादक

उत्तर (i) फ्रीलांसर

8. तथ्यों, सूचनाओं तथा आँकड़ों की गहरी छानबीन करने वाली रिपोर्ट को क्या कहते हैं?

(i) विवेचनात्मक रिपोर्ट
(ii) विश्लेषणात्मक रिपोर्ट
(iii) खोजी रिपोर्ट
(iv) इन-डेप्थ रिपोर्ट

उत्तर (iv) इन-डेप्थ रिपोर्ट

9. निम्न में से किस पृष्ठ पर संपादक के नाम पत्र प्रकाशित किए जाते हैं?

(i) सामाजिक (ii) संबोधन
(iii) शैक्षिक (iv) संपादकीय

उत्तर (iv) संपादकीय

लघु उत्तरीय प्रश्न

1. संवाददाता और विशेष संवाददाता के अंतर को समझाइए। CBSE 2023

उत्तर बीट कवर करने वाले रिपोर्टर को संवाददाता तथा विशेषीकृत रिपोर्टिंग करने वाले रिपोर्टर को विशेष संवाददाता कहा जाता है। संवाददाता को बीट रिपोर्टिंग के लिए उस क्षेत्र की जानकारी होना पर्याप्त होता है। संवाददाता को सामान्य तौर पर खबरें ही लिखनी होती हैं, जैसे महँगाई वृद्धि की तथ्यात्मक रिपोर्ट, जबकि विशेष संवाददाता को सामान्य खबरों के स्तर से आगे बढ़कर उस क्षेत्र से जुड़ी सूचनाओं का बारीकी से विश्लेषण कर विशेषीकृत रिपोर्टिंग करनी होती है। पाठकों के लिए उसका अर्थ स्पष्ट करना होता है। इसके लिए विशेष संवाददाता को उस क्षेत्र की अधिक तथा विशेष जानकारी होनी चाहिए, जिससे वह तथ्यों की विश्लेषणात्मक रिपोर्ट प्रस्तुत कर सकें।

2. पत्रकारिता जगत में 'बीट' से आप क्या समझते हैं? बीट रिपोर्टिंग के लिए एक पत्रकार को क्या तैयारी करनी पड़ती है? CBSE 2023

उत्तर संवाददाता के कार्य का विभाजन उनकी रुचियों और ज्ञान को ध्यान में रखकर किया जाता है। मीडिया की भाषा में इसे 'बीट' कहते हैं।

पत्रकारिता में बीट रिपोर्टर्स (संवाददाता) का कार्य अत्यंत महत्त्वपूर्ण होता है। किसी भी मीडिया संस्थान को सबसे सटीक खबरें बीट रिपोर्टर ही देता है।

संवाददाता के कार्य का विभाजन उसकी रुचियों तथा ज्ञान को ध्यान में रखकर किया जाता है। मीडिया की भाषा में इसे 'बीट' कहते हैं; जैसे—कोई पत्रकार यदि शिक्षा के क्षेत्र में रुचि रखता है, तो वह शिक्षा से संबंधित; (जैसे—विद्यालयों, महाविद्यालयों के विभिन्न पाठ्यक्रमों के बारे में) जानकारी प्रदान करेगा। बीट पत्रकारिता में रिपोर्टर की रुचि विशेष महत्त्व रखती है।

बीट रिपोर्टर बनने के लिए एक पत्रकार को काफी तैयारी करनी पड़ती है। उदाहरणस्वरूप, जो पत्रकार राजनीति में रुचि रखते हैं या किसी विशेष राजनीतिक पार्टी को कवर करते हैं, उन्हें पता होना चाहिए कि उस पार्टी का इतिहास क्या है, उसमें समय-समय पर क्या हुआ है, आज क्या चल रहा है, पार्टी की क्या नीतियाँ हैं, उसके पदाधिकारी कौन-कौन हैं और उनकी पृष्ठभूमि क्या है, दूसरी पार्टियों से उस पार्टी के संबंध कैसे हैं, पार्टी के अधिवेशनों में क्या-क्या होता है, उस पार्टी की क्या कमियाँ व खूबियाँ हैं आदि। पत्रकार को उस पार्टी के भीतर गहराई तथा अपने संपर्क बनाने चाहिए तथा सूचनाएँ हासिल करने के लिए नए-नए स्रोत विकसित करने चाहिए। पत्रकार को अपना ज्यादा समय अपने क्षेत्र से संबंधित सभी प्रकार की छोटी-बड़ी जानकारियाँ एकत्रित करने में बिताना चाहिए तभी वह उस बारे में विशेषज्ञता हासिल कर सकता है तथा उसकी रिपोर्ट विश्वसनीय मानी जाती है।

3. पत्रकारीय लेखन से आप क्या समझते हैं? पत्रकार कितने प्रकार के होते हैं? CBSE 2023

उत्तर अखबार या अन्य समाचार माध्यमों में कार्य करने वाले पत्रकार अपने पाठकों, दर्शकों तथा श्रोताओं तक सूचनाएँ पहुँचाने के लिए लेखन के विभिन्न रूपों का प्रयोग करते हैं, इसे ही पत्रकारीय लेखन कहते हैं।

पत्रकारीय लेखन करने वाले पत्रकार तीन प्रकार के होते हैं—

(i) **पूर्णकालिक पत्रकार** यह किसी समाचार संगठन में कार्य करने वाला नियमित वेतनभोगी कर्मचारी होता है।
(ii) **अंशकालिक पत्रकार** इसे 'स्ट्रिंगर' भी कहते हैं। यह किसी समाचार संगठन के लिए एक निश्चित मानदेय पर कार्य करता है।
(iii) **फ्रीलांसर पत्रकार** इस पत्रकार का संबंध किसी भी विशेष अखबार से नहीं होता। यह भुगतान के आधार पर अलग-अलग अखबारों के लिए कार्य करता है।

4. विचारपरक लेखन किसे कहते हैं? इसके भेदों का उल्लेख करते हुए अखबार को होने वाले लाभ बताइए। CBSE 2023

अथवा **विचारपरक लेखन कैसे होता है? किन्हीं दो विचारपरक लेखन के बारे में बताइए।**

उत्तर अखबारों में समाचार और फीचर के अलावा विचारपरक सामग्री का भी प्रकाशन होता है। कई अखबारों की पहचान उनके वैचारिक रुझान से होती है। एक तरह से अखबारों में प्रकाशित होने वाले विचारपूर्ण लेखन से उस अखबार की छवि बनती है। अखबारों में संपादकीय पृष्ठ पर प्रकाशित होने वाले संपादकीय अग्रलेख, लेख और टिप्पणियाँ इसी विचारपरक पत्रकारीय लेखन की श्रेणी में आते हैं।

संपादकीय लेखन संपादक द्वारा किसी प्रमुख घटना या समस्या पर लिखे गए विचारात्मक लेख को, जिसे संबंधित समाचार-पत्र की राय भी कहा जाता है, संपादकीय कहते हैं। संपादकीय किसी एक व्यक्ति का विचार या राय न होकर समग्र पत्र-समूह की राय होता है, इसलिए संपादकीय में संपादक अथवा लेखक का नाम नहीं लिखा जाता है।

5. पत्रकारीय साक्षात्कार और सामान्य बातचीत का अंतर स्पष्ट करते हुए साक्षात्कारकर्त्ता के गुणों का उल्लेख कीजिए। CBSE 2023

उत्तर पत्रकारीय साक्षात्कार और सामान्य बातचीत में यह अंतर होता है कि साक्षात्कार में एक पत्रकार किसी अन्य व्यक्ति से तथ्य, उसकी राय और भावनाएँ जानने के लिए सवाल पूछता है। साक्षात्कार का एक स्पष्ट मकसद और ढाँचा होता है, जबकि सामान्य बातचीत औपचारिक होती है तथा पूछे गए सवालों को पहले से ही तैयार किया जाता है।

साक्षात्कारकर्त्ता में निम्नलिखित गुण होने चाहिए—

(i) साक्षात्कारकर्त्ता में ज्ञान के साथ-साथ संवेदनशीलता, कूटनीति, धैर्य और साहस होना चाहिए।
(ii) साक्षात्कार से संबंधित विषय की पर्याप्त जानकारी साक्षात्कारकर्त्ता के पास होनी चाहिए।
(iii) साक्षात्कार से साक्षात्कारकर्त्ता क्या निष्कर्ष निकालना चाहता है। इस विषय में उसे स्पष्ट होना चाहिए।
(iv) साक्षात्कारकर्त्ता को ऐसे सवाल पूछने चाहिए जो किसी अखबार के एक सामान्य पाठक के मन में हो सकते हैं।
(v) साक्षात्कार के दौरान नोट्स लेते रहना चाहिए।
(vi) साक्षात्कार को सवाल-जवाब के रूप में अथवा एक आलेख के रूप में लिखना चाहिए।

6. पत्रकारीय विशेषज्ञता का क्या अर्थ है? यह कैसे हासिल की जा सकती है? **CBSE 2023**

***अथवा* विशेषीकृत पत्रकारिता को संक्षेप में समझाइए।** **Delhi 2018**

उत्तर पत्रकारिता का अर्थ केवल सूचनाएँ देना नहीं है, बल्कि यह पाठक अथवा दर्शक के समक्ष समाचार के महत्त्व तथा प्रवृत्तियों को स्पष्ट करने का माध्यम भी है। इसके लिए क्षेत्र-विशेष में विशेषीकृत पत्रकारिता की आवश्यकता महसूस की गई है। पत्रकारिता में विषय के आधार पर विशेषता के सात क्षेत्र हैं—संसदीय पत्रकारिता, न्यायालय पत्रकारिता, आर्थिक पत्रकारिता, खेल पत्रकारिता, विज्ञान तथा विकास पत्रकारिता, अपराध पत्रकारिता, फैशन तथा फिल्म पत्रकारिता आदि। इन क्षेत्रों में विशेषज्ञता के बाद ही समाचार विश्लेषण संभव है।

7. पीत पत्रकारिता को स्पष्ट कीजिए। **CBSE 2020 C, CBSE SQP 2018-19**

उत्तर पीत पत्रकारिता के अंतर्गत समाचार-पत्र अफवाहों, व्यक्तिगत आरोपों-प्रत्यारोपों, प्रेम-संबंधों का खुलासा, फिल्मी गपशप आदि से संबंधित समाचारों को प्रकाशित करते हैं। वास्तव में, यह पत्रकारिता सनसनी फैलाने का कार्य करती है। इस तरह की पत्रकारिता की शुरुआत 19वीं सदी के उत्तरार्द्ध में अमेरिका में हुई थी, जब वहाँ कुछ समाचार-पत्रों के बीच पाठकों को आकर्षित करने के लिए आपस में संघर्ष प्रारंभ हो गया था।

8. खोजी पत्रकारिता से आप क्या समझते हैं? **All India 2019; CBSE SQP 2018-19**

उत्तर खोजी पत्रकारिता के द्वारा भ्रष्टाचार, गड़बड़ियों आदि की गहराई से छानबीन करके ऐसे तथ्यों और सूचनाओं को सामने लाने का प्रयास किया जाता है, जिन्हें छुपाने का प्रयास किया जा रहा हो।

9. स्तंभ लेखन क्या होता है? समझाइए। **CBSE 2020 C, All India 2019; Delhi 2011**

उत्तर **स्तंभ लेखन** कुछ महत्त्वपूर्ण लेखक अपने विचारों के लिए जाने जाते हैं। इससे उन लेखकों की लेखन-शैली भी विकसित हो जाती है। लेखकों की लोकप्रियता को व उनकी लेखन-शैली को देखते हुए समाचार-पत्र में उन्हें स्तंभ लिखने के लिए कहा जाता है जिसमें उन्हें विषय का चुनाव करने की स्वतंत्रता होती है।

कुछ लेखकों के स्तंभ इतने अधिक लोकप्रिय होते हैं कि उन्हें उनके स्तंभ द्वारा ही पहचाना जाता है। स्तंभ लेखन में लेखक के स्वयं के विचार प्रमुख होते हैं अपने विचारों को ही लेखक प्रस्तुत करता है, परंतु स्तंभ लेखन लिखते समय लेखक तथ्यों को भी ध्यान में रखता है।

10. अंशकालिक पत्रकार किसे कहते हैं? **CBSE SQP 2019-20; 2018-19 18, 15, All India 2019**

उत्तर अंशकालिक पत्रकार समाचार संगठन के लिए एक निश्चित मानदेय के आधार पर काम करते हैं। चूँकि ये पूर्णकालिक पत्रकार नहीं होते। अत: ये एक से अधिक पत्रों के लिए भी काम करते हैं।

11. 'पेज थ्री पत्रकारिता' का आशय समझाइए।

CBSE SQP 2019-20; 2017-18, All India 2018, 15;

उत्तर 'पेज थ्री पत्रकारिता' को 'पीत-पत्रकारिता' भी कहा जाता है। इसमें फैशन, अमीरों की पार्टियाँ, महफिल और जाने-माने (सेलीब्रिटी) के निजी जीवन के बारे बताया गया है। इसके अतंर्गत सनसनी, चकाचौंध या ग्लैमर फैलाने वाली पत्रकारिता को महत्त्व दिया जाता है।

12. पत्रकार के दो प्रकार लिखिए। **CBSE SQP 2017-18**

उत्तर पत्रकार के दो प्रकार निम्नलिखित हैं—

(i) अंशकालिक पत्रकार (ii) पूर्णकालिक पत्रकार

13. संपादन के तत्त्वों में 'वस्तुपरकता' को स्पष्ट कीजिए। **Delhi 2015**

उत्तर वस्तुपरकता का अर्थ है—सत्यता। वस्तुपरकता को इस दृष्टि से देखा जाता है कि कोई व्यक्ति किसी तथ्य को किस प्रकार से देखता है।

14. विशेष रिपोर्ट कैसी होती है? ये कितने प्रकार की होती हैं?

उत्तर अखबारों और पत्रिकाओं में किसी घटना, समस्या या मुद्दे की गहरी छानबीन, विश्लेषण और व्याख्या की जाती है, इसे ही विशेष रिपोर्ट कहा जाता है।

विशेष रिपोर्ट निम्नलिखित प्रकार की होती हैं—

(i) **खोजी (इन्वेस्टिगेटिव) रिपोर्ट** इस रिपोर्ट में रिपोर्टर मौलिक शोध और छानबीन के माध्यम से ऐसी सूचनाएँ या तथ्य सामने लाता है, जो सार्वजनिक तौर पर पहले से उपलब्ध नहीं थीं। खोजी रिपोर्ट का प्रयोग प्राय: भ्रष्टाचार, अनियमितताओं और गड़बड़ियों को उजागर करने के लिए किया जाता है।

(ii) **इन-डेथ रिपोर्ट** इस रिपोर्ट में सार्वजनिक तौर पर उपलब्ध तथ्यों, सूचनाओं और आँकड़ों की गहरी छानबीन की जाती है तथा उसके आधार पर किसी घटना, समस्या, मुद्दों से जुड़े महत्त्वपूर्ण पहलुओं को सामने लाया जाता है।

(iii) **विश्लेषणात्मक रिपोर्ट** इस रिपोर्ट में किसी घटना या समस्या से तथ्यों का विश्लेषण या व्याख्या सूक्ष्मता के साथ विस्तार से की जाती है।

(iv) **विवरणात्मक रिपोर्ट** इस रिपोर्ट में किसी घटना या समस्या के विवरण को सूक्ष्म या विस्तृत रूप से प्रस्तुत करने का प्रयास किया जाता है।

15. निम्नलिखित पर संक्षिप्त टिप्पणी लिखिए।

(i) **लेख** (ii) **साक्षात्कार/इंटरव्यू**

उत्तर **लेख** समाचार-पत्र में अनेक पत्रकारों एवं विशेषज्ञों के लेख प्रस्तुत किए जाते हैं। लेख लिखते समय प्रस्तुत किए गए विषय पर विस्तार से चर्चा की जाती है। लेख में प्रारंभ, मध्य व अंत को ध्यान में रखकर लेखक अपने विचारों को प्रस्तुत करता है। लेख फीचर आदि से भिन्न होता है। लेख लिखने में लेखक के विचारों को प्रमुखता देने के साथ तथ्यों को ध्यान में रखना आवश्यक होता है। लेखक लेख द्वारा अपने विचार प्रस्तुत करते हुए सूचनाओं एवं तथ्यों का विश्लेषण करके तर्क के आधार पर अपनी राय देता है। स्पष्टत: लेख लिखने की शैली आकर्षक होनी चाहिए जो अधिक-से-अधिक लोगों को प्रभावित कर सके।

साक्षात्कार/इंटरव्यू साक्षात्कार में पत्रकार द्वारा अन्य व्यक्ति से उसकी भावनाएँ, विचार, राय आदि जानने के लिए सवाल पूछे जाते हैं। एक सफल साक्षात्कार वह होता है जिसमें पत्रकार उन सभी प्रश्नों के उत्तर प्राप्त कर सके जिन्हें पाठक/दर्शक/श्रोता जानना चाहते हैं। साक्षात्कार लेने के लिए पत्रकार को उस व्यक्ति के संदर्भ में सभी जानकारियाँ पहले से ज्ञात होनी चाहिए। साक्षात्कार लेने के लिए यह स्पष्ट होना चाहिए कि आप उस व्यक्ति से किन प्रश्नों के उत्तर जानना चाहते हैं। साक्षात्कार लेते समय महत्त्वपूर्ण सूचना एवं जानकारी को साक्षात्कार के समय नोट करते रहना चाहिए।

04

विशेष लेखन-स्वरूप और प्रकार

विशेष लेखन क्या है?

समाचार-पत्र सामान्य समाचारों के अतिरिक्त साहित्य, विज्ञान, खेल आदि की भी पर्याप्त जानकारी देते हैं। इसी कार्य के अंतर्गत जब किसी विशेष विषय पर सामान्य लेखन से हटकर लेखन किया जाए, तो उसे विशेष लेखन कहते हैं। समाचार पत्र-पत्रिकाओं, रेडियो और टीवी में विशेष लेखन के लिए अलग **डेस्क** होता है। उस विशेष डेस्क पर काम करने वाले पत्रकारों का समूह भी अलग होता है, जिनसे यह अपेक्षा की जाती है कि संबंधित विषय या क्षेत्र में उसकी विशेषज्ञता होगी।

संवाददाताओं के बीच काम का विभाजन आमतौर पर उनकी रुचि और ज्ञान को ध्यान में रखते हुए किया जाता है। मीडिया की भाषा में इसे बीट कहते हैं। एक संवाददाता की बीट अगर अपराध है तो इसका अर्थ है कि आपराधिक घटनाओं की रिपोर्टिंग के लिए जिम्मेदार होगा।

लेकिन विशेष लेखन केवल बीट रिपोर्टिंग नहीं है। यह बीट रिपोर्टिंग से आगे एक तरह की **विशेषीकृत** रिपोर्टिंग है, जिसमें न केवल उस विषय की गहन जानकारी होनी चाहिए, बल्कि उसकी रिपोर्टिंग से संबंधित भाषा और शैली पर भी आपका पूरा अधिकार होना चाहिए।

बीट रिपोर्टिंग और विशेषीकृत रिपोर्टिंग में अंतर

	बीट रिपोर्टिंग	विशेषीकृत रिपोर्टिंग
1.	बीट रिपोर्टिंग के लिए संवाददाता में उस क्षेत्र की जानकारी होना पर्याप्त है, उसे सामान्य तौर पर खबरें ही लिखनी होती हैं।	विशेषीकृत रिपोर्टिंग के लिए संवाददाता को सामान्य खबरों से आगे बढ़कर उस क्षेत्र से जुड़ी सूचनाओं का बारीकी से विश्लेषण कर पाठकों के लिए उसका अर्थ स्पष्ट करना होता है।
2.	बीट कवर करने वाले रिपोर्टर को संवाददाता कहते हैं।	विशेषीकृत रिपोर्टिंग करने वाले रिपोर्टर को विशेष संवाददाता कहते हैं।

विशेष लेखन के अंतर्गत रिपोर्टिंग के अतिरिक्त विशेष विषय पर फ़ीचर, टिप्पणी, साक्षात्कार, लेख, समीक्षा और स्तंभ भी आते हैं। पत्र-पत्रिकाओं को विशेष लेख लिखने वाले सामान्यतः पेशेवर पत्रकार न होकर विषय विशेषज्ञ होते हैं; जैसे—खेल के लिए हर्षा भोगले, जसदेव सिंह और नरोत्तम पुरी आदि प्रसिद्ध हैं।

विशेष लेखन की भाषा और शैली

विशेष लेखन में हर क्षेत्र की विशेष तकनीकी शब्दावलियों का प्रयोग किया जाता है; जैसे—

(i) कारोबार और व्यापार में तेजड़िए, सोना उछला, चाँदी लुढ़की आदि।

(ii) पर्यावरण संबंधी लेख में आर्द्रता, टैक्सेस कचरा, ग्लोबल वार्मिंग आदि।

विशेष लेखन की कोई निश्चित शैली नहीं होती। विषयानुसार उल्टा पिरामिड या फ़ीचर शैली का प्रयोग हो सकता है।

पत्रकार चाहे कोई भी शैली अपनाए, लेकिन उसे यह ध्यान में रखना होता है कि विशेष विषय में लिखा गया आलेख सामान्य से अलग होना चाहिए।

विशेष लेखन के क्षेत्र

विशेष लेखन के अनेक क्षेत्र हैं—

- व्यापार
- मनोरंजन
- प्रौद्योगिकी
- विदेश
- रक्षा
- स्वास्थ्य आदि।
- खेल
- विज्ञान
- कृषि
- पर्यावरण
- कानून

कैसे हासिल करें विशेषज्ञता?

व्यावसायिक रूप से प्रशिक्षित न होने के बावजूद उस विषय में जानकारी और अनुभव के आधार पर अपनी समझ को इस हद तक विकसित करना कि सूचनाओं की सहजता से व्याख्या कर पाठकों को उसके मायने समझा सकें। विशेषज्ञता प्राप्त करने के लिए स्वयं को अपडेट रखना चाहिए; जैसे—

- पुस्तकें पढ़ना
- शब्दकोश आदि का सहारा लेना
- सरकारी, गैर-सरकारी संगठनों से संपर्क रखना
- निरंतर रुचि और सक्रियता आवश्यक है।

कुछ वर्षों में सबसे अधिक महत्त्वपूर्ण रूप से उभरने वाली पत्रकारिता आर्थिक पत्रकारिता है।

क्योंकि देश की राजनीति और अर्थव्यवस्था के बीच रिश्ता गहरा हुआ है। आर्थिक मामलों की पत्रकारिता सामान्य पत्रकारिता की तुलना में काफी जटिल होती है, क्योंकि आम लोगों को इसकी शब्दावली का अर्थ नहीं पता होता। आर्थिक पत्रकार के समक्ष सबसे बड़ी चुनौती होती है कि वह किसी प्रकार सामान्य पाठक और जानकार पाठक दानों को भलीभाँति संतुष्ट कर पाता है।

किसी भी लेखन को विशिष्टता प्रदान करने के लिए महत्त्व रखने वाली बातें हैं कि हमारी बात पाठक, श्रोता तक पहुँच रही है या नहीं तथा तथ्यों और तर्कों में तालमेल है या नहीं।

PYQs विगत वर्षों के प्रश्न व महत्त्वपूर्ण प्रश्न

बहुविकल्पीय प्रश्न

1. खेल जगत से जुड़ी शब्दावली का उदाहरण है **CBSE 2023**

(i) स्टाकिस्टों की चौतरफा बिकवाली
(ii) मलेशिया ने जर्मनी के आगे घुटने टेके
(iii) चाँदी की चमक हुई फीकी
(iv) सेंसेक्स आसमान पर

उत्तर (ii) मलेशिया ने जर्मनी के आगे घुटने टेके

2. संवाददाताओं की रुचियों और ज्ञान को ध्यान में रखकर किया गया कार्य विभाजन मीडिया की भाषा में क्या कहलाता है? **CBSE 2023**

(i) डेड लाइन (ii) एंकर बाइट
(iii) बीट (iv) डेस्क

उत्तर (iii) बीट

3. गहरी छानबीन, विश्लेषण और व्याख्या के आधार पर तैयार की गई रिपोर्ट क्या कहलाती है? **CBSE 2023**

(i) विशेष रिपोर्ट (ii) संपादकीय रिपोर्ट
(iii) सामान्य रिपोर्ट (iv) प्रेस रिपोर्ट

उत्तर (i) विशेष रिपोर्ट

4. बीट कवर करने वाले रिपोर्टर को पत्रकारिता जगत में किस नाम से बुलाते हैं? **CBSE 2023**

अथवा **बीट कवर करने वाला रिपोर्टर क्या कहलाता है?**

(i) संवाददता (ii) विशेष संवाददाता
(iii) सहायक संवाददाता (iv) मुख्य संवाददाता

उत्तर (i) संवाददाता

5. सूची I को सूची II से सुमेलित कीजिए। **CBSE SQP 2022-23**

सूची I	सूची II
A. बीट रिपोर्टर	1. निवेशक
B. फीचर	2. संवाददाता
C. कारोबार	3. घुटने टेकना
D. खेल	4. कथात्मक

कूट

	A	B	C	D
(i)	3	4	1	2
(ii)	2	4	1	3
(iii)	4	3	2	1
(iv)	2	1	4	3

उत्तर (ii) 2 4 1 3

6. विशेष लेखन के लिए सबसे जरूरी बात क्या है? **CBSE SQP 2022-23**

(i) चील-उड़ान और शब्द-विवेक
(ii) गिद्ध-दृष्टि और पक्का इरादा
(iii) शब्दावली और उपलब्धियाँ
(iv) प्रभावशीलता और बुद्धिमत्ता

उत्तर (ii) गिद्ध-दृष्टि और पक्का इरादा

7. विशेष लेखन कहलाता है

(i) सामान्य लेखन से हटकर किसी विशेष विषय पर किया गया लेखन
(ii) किसी विषय पर लिखा गया रचनात्मक लेखन
(iii) किसी विषय पर किया गया क्रियात्मक लेखन
(iv) किसी भी विषय पर किया गया गतिशील लेखन

उत्तर (i) सामान्य लेखन से हटकर किसी विशेष विषय पर किया गया लेखन

8. संवाददाताओं की रुचि और ज्ञान को ध्यान में रखकर उनके काम के विभाजन को क्या कहते हैं?

(i) सीट (ii) नीट
(iii) बीट (iv) रपीट

उत्तर (iii) बीट

9. विशेष लेखन के लिए किस प्रकार की भाषा-शैली अपेक्षित है?

(i) साहित्यिक भाषा
(ii) सहज, सरल तथा बोधगम्य भाषा
(iii) व्यावहारिक व परिष्कृत भाषा
(iv) हिंदी-उर्दू मिश्रित भाषा

उत्तर (ii) सहज, सरल तथा बोधगम्य भाषा

10. इनमें से कौन-सा शब्द क्रिकेट जगत का नहीं है?

(i) हिट-विकेट (ii) रन-आउट
(iii) बोल्ड (iv) तेजड़िए

उत्तर (iv) तेजड़िए

11. विशेष लेखन के कितने क्षेत्र हैं?

(i) एक (ii) तीन
(iii) चार (iv) अनेक

उत्तर (iv) अनेक

12. इनमें से विशेष लेखन का कौन-सा क्षेत्र नहीं है?

(i) सिनेमा (ii) मनोरंजन
(iii) स्वास्थ्य (iv) समाचार

उत्तर (iv) समाचार

13. कारोबार और व्यापार से संबंधित खबर का संबंध किससे है?

(i) खेल क्षेत्र से (ii) कृषि क्षेत्र से
(iii) आर्थिक क्षेत्र से (iv) राजनीतिक क्षेत्र से

उत्तर (iii) आर्थिक क्षेत्र से

14. इनमें से कौन-सा शब्द आर्थिक क्षेत्र से संबंधित नहीं है?

(i) बिकवाली (ii) मंदड़िए
(iii) तेजड़िए (iv) विकेट

उत्तर (iv) विकेट

15. भारत में कौन-सा खेल लोकप्रिय है?

(i) क्रिकेट (ii) फुटबॉल
(iii) खो-खो (iv) टेनिस

उत्तर (i) क्रिकेट

लघु उत्तरीय प्रश्न

1. विशेष लेखन क्या है? इसकी भाषा-शैली कैसी होती है?

***अथवा* पत्रकारिता के क्षेत्र में विशेष लेखन से क्या अभिप्राय है? विशेष लेखन की भाषा और शैली सामान्य लेखन से अलग क्यों होती है?**

CBSE 2023

उत्तर अखबारों के लिए समाचारों के अतिरिक्त खेल, अर्थ व्यापार, सिनेमा या मनोरंजन आदि विभिन्न क्षेत्रों और विषयों से संबंधित घटनाओं, समस्याओं आदि का लेखन विशेष लेखन कहलाता है। इस प्रकार के लेखन की भाषा-शैली समाचारों की भाषा-शैली से अलग होती है।

विशेष लेखन किसी विशेष विषय पर या जटिल एवं तकनीकी क्षेत्र से जुड़े विषयों पर किया जाता है, जिसकी अपनी विशेष शब्दावली होती है। इस शब्दावली से संवाददाता को अवश्य परिचित होना चाहिए। उसे इस तरह लेखन करना चाहिए कि रिपोर्ट को समझने में कोई परेशानी न हो। उदाहरण के लिए, व्यापार से संबंधित कुछ शब्द हैं; जैसे— तेजड़िए, मंदड़िए, बिकवाली, मुद्रास्फीति, चाँदी लुढ़की, सोने में भारी उछाल आदि।

2. बीट रिपोर्टिंग और विशेषीकृत रिपोर्टिंग में अंतर स्पष्ट कीजिए।

CBSE SQP 2022-23

उत्तर बीट रिपोर्टर को संवाददाता और विशेषीकृत रिपोर्टर को विशेष संवाददाता कहते हैं। बीट रिपोर्टर को अपने क्षेत्र की जानकारी और उसमें दिलचस्पी होना ही पर्याप्त है। उसे केवल सामान्य खबरें ही लिखनी पड़ती हैं, जबकि विशेषीकृत रिपोर्टर को अपने विषय-क्षेत्र की घटनाओं, मुद्दों व समस्याओं का सूक्ष्म विश्लेषण करके उसका अर्थ भी स्पष्ट करना होता है।

विशेष लेखन के अंतर्गत रिपोर्टिंग के अतिरिक्त विशेष विषय पर फीचर, टिप्पणी, साक्षात्कार, लेख समीक्षा और स्तंभ भी आते हैं। पत्र-पत्रिकाओं का विशेष लेख लिखने वाले सामान्यतः पेशेवर पत्रकार न होकर विषय विशेषज्ञ होते हैं; जैसे—खेल के लिए हर्षा भोगले, जसदेव सिंह और नरोत्तम पुरी आदि प्रसिद्ध हैं।

3. विशेष लेखन किसे कहते हैं? विशेष लेखन का उदाहरण देकर स्पष्ट कीजिए। **CBSE SQP 2018-19, 2020-21**

उत्तर विशेष लेखन किसी विषय पर सामान्य लेखन से हटकर किया गया लेख, विशेष लेखन कहलाता है। अखबारों के लिए समाचार के अतिरिक्त खेल, राजनीति, फिल्म जगत, आर्थिक कृषि, व्यापार, कानून आदि विभिन्न क्षेत्रों और विषयों से संबंधित लेखन विशेष लेखन के अंतर्गत आते हैं। विशेष लेखन की भाषा और शैली सामान्य लेखन या समाचारों से भिन्न होती है। विशेष लेखन करने वाले पत्रकारों को अपने क्षेत्र विशेष में महारथ हासिल होती है।

उदाहरण के लिए शेयर बाजार और आर्थिक क्षेत्र से संबंधित फीचर में इस प्रकार की शब्दावली का प्रयोग किया जाता है—'सोने में भारी उछाल', 'चाँदी लुढ़की' 'शेयर बाजार ने पिछले साल के सारे रिकॉर्ड तोड़े', 'सेंसेक्स आसमान पर' आदि।

4. 'बीट' से आप क्या समझते हैं? **All India 2019, 18**

उत्तर संवाददाता के कार्य का विभाजन उनकी रुचियों और ज्ञान को ध्यान में रखकर किया जाता है। मीडिया की भाषा में इसे 'बीट' कहते हैं। पत्रकारिता में बीट रिपोटर्स (संवाददाता) का कार्य अत्यंत महत्त्वपूर्ण होता है। किसी भी मीडिया संस्थान को सबसे सटीक खबरें बीट रिपोर्टर ही देता है।

5. निम्नलिखित के विषय में समझाइए। **CBSE SQP 2017-18**

(i) **विशेष संवाददाता**
(ii) **फ्रीलांस पत्रकार**
(iii) **विशेषीकृत पत्रकारिता**
(iv) **डेस्क**

उत्तर (i) **विशेष संवाददाता** जिन रिपोर्टरों द्वारा विशेषीकृत रिपोर्टिंग की जाती है, उन्हें विशेष संवाददाता कहते हैं।

(ii) **फ्रीलांस पत्रकार** एक निश्चित भुगतान लेकर अलग-अलग समाचार पत्र-पत्रिकाओं के लिए समाचार लेखन करने वाले पत्रकारों को फ्रीलांस पत्रकार कहते हैं।

(iii) **विशेषीकृत पत्रकारिता** वह पत्रकारिता, जो किसी घटना की तह में जाकर उसका अर्थ स्पष्ट करे और पाठकों को उसका महत्त्व बताए, विशेषीकृत पत्रकारिता कहलाती है।

(iv) **डेस्क** समाचार-पत्रों, टी.वी., रेडियो चैनलों में विशेष लेखन के लिए अलग डेस्क होता है, जिन पर समाचारों का संपादन करके छपने योग्य बनाया जाता है।

6. विशेष लेखन से क्या अभिप्राय है? इसकी भाषा शैली संबंधी विशेषताओं का आधार क्या होता है और क्यों?

उत्तर विशेष लेखन से अभिप्राय है सामान्य विषय से हटकर विशेष विषय पर लेखन करना; जैसे-खेल, फिल्म, साहित्य, विज्ञान, व्यापार, शिक्षा आदि पर लेखन।

विशेष लेखन करने के लिए अलग डेस्क होता है। इस विशेष डेस्क पर काम करने वाले पत्रकारों का समूह भी अलग होता है तथा इनसे यह अपेक्षा की जाती है कि संबंधित विषय या क्षेत्र में इनकी विशेषज्ञता होगी।

विशेष लेखन की भाषा और शैली

विशेष लेखन में हर क्षेत्र की विशेष तकनीकी शब्दावलियों का प्रयोग किया जाता है; जैसे–

(i) कारोबार और व्यापार में तेजड़िए, सोना उछला, चाँदी लुढ़की आदि।

(ii) पर्यावरण संबंधी लेख में आर्द्रता, टैक्सेस कचरा, ग्लोबल वार्मिंग आदि।

विशेष लेखन की कोई निश्चित शैली नहीं होती। विषयानुसार उल्टा पिरामिड या फ़ीचर शैली का प्रयोग हो सकता है।

पत्रकार चाहे कोई भी शैली अपनाए, लेकिन उसे यह ध्यान में रखना होता है कि विशेष विषय में लिखा गया आलेख सामान्य से अलग होना चाहिए।

7. बीट रिपोर्टर बनने के लिए क्या-क्या तैयारियाँ करनी पड़ती हैं? उदाहरण सहित समझाइए।

उत्तर **बीट** संवाददाता के कार्य का विभाजन उसकी रुचियों तथा ज्ञान को ध्यान में रखकर किया जाता है। मीडिया की भाषा में इसे 'बीट' कहते हैं; जैसे–कोई पत्रकार यदि शिक्षा के क्षेत्र में रुचि रखता है, तो वह शिक्षा से संबंधित; (जैसे-विद्यालयों, महाविद्यालयों के विभिन्न पाठ्यक्रमों के बारे में) जानकारी प्रदान करेगा। बीट पत्रकारिता में रिपोर्टर की रुचि विशेष महत्त्व रखती है।

बीट रिपोर्टर बनने के लिए एक पत्रकार को काफी तैयारी करनी पड़ती है। उदाहरणस्वरूप, जो पत्रकार राजनीति में रुचि रखते हैं या किसी विशेष राजनीतिक पार्टी को कवर करते हैं, उन्हें पता होना चाहिए कि उस पार्टी का इतिहास क्या है, उसमें समय-समय पर क्या हुआ है, आज क्या चल रहा है, पार्टी की क्या नीतियाँ हैं, उसके पदाधिकारी कौन-कौन हैं और उनकी पृष्ठभूमि क्या है, दूसरी पार्टियों से उस पार्टी के संबंध कैसे हैं, पार्टी के अधिवेशनों में क्या-क्या होता है, उस पार्टी की क्या कमियाँ व खूबियाँ हैं आदि। पत्रकार को उस पार्टी के भीतर गहराई तक अपने संपर्क बनाने चाहिए तथा सूचनाएँ हासिल करने के नए-नए स्रोत विकसित करने चाहिए। पत्रकार को अपना ज्यादा समय अपने क्षेत्र के बारे में हर छोटी-बड़ी जानकारी एकत्रित करने में बिताना चाहिए, तभी वह उस बारे में विशेषज्ञता हासिल कर सकता है तथा उसकी रिपोर्ट विश्वसनीय मानी जाती है।

8. पत्रकारिता में 'बीट' शब्द का क्या अर्थ है? बीट रिपोर्टर की रिपोर्ट कब विश्वसनीय मानी जाती है?

उत्तर समाचार कई प्रकार के होते हैं; जैसे— राजनीति, अपराध, खेल, आर्थिक, फिल्म तथा कृषि संबंधी समाचार आदि। संवाददाताओं के बीच काम का बँटवारा उनके ज्ञान एवं रुचि के आधार पर किया जाता है। मीडिया की भाषा में इसे ही 'बीट' कहते हैं।

बीट रिपोर्टर को अपने बीट (क्षेत्र) की प्रत्येक छोटी-बड़ी जानकारी एकत्र करके कई स्रोतों द्वारा उसकी पुष्टि करके विशेषज्ञता प्राप्त करनी चाहिए। तब ही उसकी खबर विश्वसनीय मानी जाती है।

9. विशेष लेखन क्यों किया जाता है? आज विशेष लेखन के कौन-कौन से क्षेत्र महत्त्वपूर्ण हैं?

उत्तर विशेष लेखन इसलिए किया जाता है, क्योंकि

(i) इससे समाचार-पत्रों में विविधता आती है और उनका कलेवर बढ़ता है।

(ii) पाठकों की व्यापक रुचियों को ध्यान में रखते हुए उनकी जिज्ञासा शांत करते हुए मनोरंजन करने हेतु विशेष लेखन किया जाता है।

विशेष लेखन के कुछ महत्त्वपूर्ण क्षेत्र निम्नलिखित हैं अर्थ व्यापार, खेल, विज्ञान-प्रौद्योगिकी, कृषि, विदेश, रक्षा, पर्यावरण, शिक्षा, स्वास्थ्य, फिल्म-मनोरंजन, अपराध, सामाजिक मुद्दे, कानून आदि।

10. विशेष लेखन की विशेषज्ञता से आप क्या समझते हैं?

उत्तर विशेष लेखन की विशेषज्ञता का तात्पर्य यह नहीं है कि आप उसके उस अर्थ में विशेषज्ञ हैं, जिस अर्थ में एक प्रोफेशनल अर्थशास्त्री आर्थिक मामलों का विशेषज्ञ होता है या कोई वरिष्ठ सैनिक अधिकारी या सैन्य विज्ञान में डोक्टरेट रक्षा मामलों का विशेषज्ञ होता है, लेकिन पत्रकारिता में विशेषज्ञता का अर्थ थोड़ा अलग होता है। विशेषज्ञता से यहाँ तात्पर्य एक तरह की पत्रकारीय विशेषज्ञता से है। पत्रकारीय विशेषज्ञता का अर्थ है कि व्यावसायिक रूप से प्रशिक्षित न होने के बावजूद उस विषय में जानकारी तथा अनुभव के आधार पर अपनी समझ को इतना विकसित करना कि उस विषय या क्षेत्र में घटने वाली घटनाओं और मुद्दों की आप सहजता व सरलता से इस तरह व्याख्या कर सकें, जिससे वह पाठकों की समझ में आ जाए।

05

कहानी/नाटक की रचना

कहानी

किसी घटना, पात्र या समस्या की क्रमबद्ध जानकारी जिसमें परिवेश हो, द्वंद्वात्मकता हो, कथा का क्रमिक विकास हो, चरम उत्कर्ष का बिंदु हो, उसे कहानी कहा जाता है।

कहानी के प्रमुख तत्त्व निम्नलिखित हैं—

1. **कथानक** यह कहानी का केंद्रीय बिंदु होता है जिसमें प्रारंभ से अंत तक कहानी की सभी घटनाओं और पात्रों का उल्लेख होता है। सरल शब्दों में, कहानी की रचना को कथानक कहा जाता है। प्रत्येक कहानी के लिए कथावस्तु का होना अनिवार्य है, क्योंकि इसके अभाव में किसी कहानी की रचना की कल्पना भी नहीं की जा सकती। कथानक को कहानी का प्रारंभिक नक्शा भी माना जा सकता है।
2. **द्वंद्व** कहानी में द्वंद्व के तत्त्व का होना आवश्यक है। द्वंद्व कथानक को आगे बढ़ाता है तथा कहानी में रोचकता बनाए रखता है। द्वंद्व दो विरोध तत्त्वों का टकराव या किसी की खोज में आने वाली बाधाओं या अंतर्द्वंद्व के कारण उत्पन्न होता है।
3. **देशकाल और वातावरण** प्रत्येक घटना, पात्र, समस्या का अपना देशकाल और वातावरण होता है। कहानी में वास्तविकता का पुट लाने के लिए देशकाल और वातावरण का प्रयोग किया जाता है। कहानी को प्रमाणिक और रोचक बनाने के लिए इनका प्रयोग अत्यंत आवश्यक है।
4. **पात्र एवं चरित्र-चित्रण** कहानी का संचालन उसके पात्रों के द्वारा ही होता है। पात्रों के गुण-दोष को उनका चरित्र-चित्रण कहा जाता है। प्रत्येक पात्र का अपना स्वरूप, स्वभाव और उद्देश्य होता है। पात्रों का अध्ययन करना कहानी की एक बहुत महत्त्वपूर्ण और बुनियादी शर्त है।
5. **संवाद** कहानी के पात्रों के द्वारा किए गए उनके विचारों की अभिव्यक्ति को संवाद या कथोपकथन कहते हैं। कहानी में संवाद का विशेष महत्त्व होता है।
6. **चरमोत्कर्ष** जब कहानी पढ़ते-पढ़ते पाठक कौतूहल (जिज्ञासा) की पराकाष्ठा (चरम सीमा) पर पहुँच जाए, तब उसे कहानी का चरमोत्कर्ष या चरम स्थिति कहते हैं। कथानक के अनुसार कहानी चरमोत्कर्ष (क्लाइमेक्स) की ओर बढ़ती है। कहानी का चरम उत्कर्ष पाठक को स्वयं सोचने और लेखकीय पक्षधर की ओर आने के लिए प्रेरित करे। पाठक को यह भी लगे कि उसे स्वतंत्रता दी गई है और उसने जो निष्कर्ष निकाले हैं वह उसके अपने हैं।
7. **भाषा-शैली** कहानीकार के द्वारा कहानी के प्रस्तुतीकरण के ढंग (रूप) को उसकी भाषा-शैली कहा जाता है। कहानी की भाषा ऐसी होनी चाहिए जो पाठक को अपनी ओर आकर्षित करे। अत: कहानी की भाषा सरल, सहज तथा प्रभावमयी होनी चाहिए।
8. **उद्देश्य** प्रत्येक कहानी किसी-न-किसी उद्देश्य को लेकर लिखी जाती है। कहानी की रचना बिना किसी उद्देश्य के नहीं हो सकती। अत: उद्देश्य कहानी का एक अनिवार्य तत्त्व है।

नाटक

नाटक साहित्य की वह सर्वोत्तम विधा है जिसे पढ़ने, सुनने के साथ देखा भी जा सकता है। नाटक शब्द की उत्पत्ति 'नट्' धातु से मानी जाती है। 'नट्' शब्द का अर्थ अभिनय है, जो अभिनेता से जुड़ा हुआ है। इसे 'रूपक' भी कहा जाता है। भारतीय परंपरा में नाटक को दृश्यकाव्य की संज्ञा दी गई है।

नाटक के मुख्य अंग निम्नलिखित हैं—

1. **समय का बंधन** नाटक का प्रथम अंग समय का बंधन है। समय का यह बंधन नाटक की रचना पर अपना पूरा प्रभाव डालता है, इसलिए यह शुरुआत से लेकर अंत तक एक निश्चित समय सीमा के भीतर पूरा होना होता है। नाटक का विषय भूतकाल हो या भविष्यकाल इन दोनों ही स्थितियों में वर्तमान काल में संयोजित होता है। यही कारण है कि नाटक के मंच निर्देश हमेशा वर्तमान काल में लिखे जाते हैं, चाहे काल कोई भी हो उसे एक समय में, एक स्थान विशेष पर वर्तमान काल में ही घटित होना होता है।
2. **शब्द** नाटक का दूसरा महत्त्वपूर्ण अंग शब्द है। नाटक में शब्द अपनी एक नई, निजी और अलग अस्मिता ग्रहण करता है। शब्द को नाटक का शरीर कहा गया है।

नाटक के तत्त्व

नाटक के प्रमुख तत्त्व निम्नलिखित हैं—

1. **कथ्य या कथानक** नाटक के लिए उसका कथ्य आवश्यक होता है। नाटक में किसी कहानी के रूप को किसी शिल्प या संरचना के अन्दर उसे पिरोना होता है। इसके लिए नाटककार को शिल्प या संरचना की

पूरी समझ, जानकारी व अनुभव होना चाहिए। इसके लिए पहले घटनाओं, स्थितियों या दृश्यों का चुनाव कर उन्हें क्रम में रखें ताकि कथा का विकास शून्य से शिखर की ओर हो।

2. **संवाद** नाटक का सबसे महत्त्वपूर्ण और सशक्त माध्यम उसके संवाद हैं। संवाद ही वह तत्त्व है जो एक सशक्त नाटक को अन्य कमजोर नाटकों से अलग करता है। संवाद जितने सहज और स्वाभाविक होंगे उतना ही दर्शक के मर्म को छुएँगे।
3. **भाषा** यह नाटक का प्राणतत्त्व है। एक अच्छा नाटककार अत्यंत संक्षिप्त तथा सांकेतिक भाषा का प्रयोग करता है। नाटक वर्णित न होकर क्रियात्मक अधिक होना चाहिए। एक अच्छा नाटक वही होता है जो लिखे गए शब्दों से ज्यादा वह ध्वनित (प्रकट) करे, जो लिखा नहीं गया है।
4. **चरित्र** नाटक को सशक्त बनाने में चरित्र का विशेष योगदान होता है। अतः नाटक लिखते समय यह अत्यंत आवश्यक है कि नाटक के पात्र व उनके चरित्र सपाट और सतही न होकर क्रियाओं-प्रतिक्रियाओं को व्यक्त करने वाले हों।
5. **रंगमंचीयता** नाटक का सबसे प्रभावशाली तत्त्व रंगमंचीयता है। नाटक रंगमंच के लिए ही लिखे जाते हैं। वही नाटक सफल माना जाता है, जिसका मंचन किया जा सके। रंगमंच नाटक की वास्तविक कसौटी होता है।

कहानी का नाट्य रूपांतरण

किसी भी कहानी का नाटक में रूपांतरण करने के लिए हमें सबसे पहले कहानी और नाटक की विविधताओं व समानताओं को समझना होगा।

जहाँ कहानी का संबंध केवल लेखक और नाटक से होता है, वहीं नाटक के द्वारा लेखक, निर्देशक, पात्र, दर्शक तथा श्रोता एक-दूसरे से जुड़ते हैं। कहानी कहीं भी किसी के भी द्वारा पढ़ी और कही जा सकती है, परंतु नाटक को मंच के माध्यम से प्रस्तुत किया जाता है। वैसे तो कहानी में भी नाटक की तरह ही एक कहानी होती है, पात्र होते हैं, परिवेश होता है, संवाद होते हैं, द्वंद्व होता है, परंतु नाटक को मंच पर संगीत, सज्जा, प्रकाश व्यवस्था के साथ-साथ अभिनय द्वारा प्रस्तुत किया जाता है।

कथानक का दृश्यों में विभाजन

कहानी को नाटक में रूपांतरित करने के लिए पहले कहानी के कथानक (कथावस्तु) को समय तथा स्थान के आधार पर विभाजित करते हैं। कथानक से चुनकर निकाली गई घटनाओं के आधार पर दृश्य बनाया जाता है। एक ही समय-स्थान पर घटी घटना को एक दृश्य माना जाता है।

अतः कथानक को समय तथा स्थान के आधार पर विभाजन करके दृश्यों को लिखा जाता है। दृश्य लिखते समय कथानक के अनावश्यक हिस्से को निकाल दिया जाता है, क्योंकि इससे नाटक की गति बाधित होती है। अतः प्रत्येक दृश्य का कथा के अनुसार तार्किक विकास किया जाता है। इसकी सुनिश्चितता के लिए दृश्य विशेष के उद्देश्य व उसकी संरचना पर विचार करना चाहिए।

प्रत्येक दृश्य का अंत ऐसा होना चाहिए, जो अगले दृश्य से संबंधित हो। अतः दृश्य का पूर्ण विवरण तैयार करना चाहिए, जिससे कोई आवश्यक जानकारी न रह जाए और साथ ही वह क्रमानुसार भी हो।

नाटक के दृश्यों के संवादों तथा अभिनेयता की महत्ता

नाटक का प्रत्येक दृश्य प्रारंभ, मध्य व अंत में बँटा होता है, जो कथानक को तो आगे बढ़ाता ही है, साथ ही पात्रों और परिवेश को संवादों के माध्यम से प्रतिष्ठित करता है तथा अगले दृश्य की भूमिका बनाता है।

नाटक में संवाद छोटे, प्रभावशाली व स्थानीय (बोलचाल की) भाषा में होने चाहिए। अभिनय संवाद को नाटक में प्रभावशाली बनाता है। पात्र अपनी भाव-भंगिमाओं व तौर-तरीकों से संवाद व नाटक दोनों को प्रभावी बना देता है। मंच की साज-सज्जा, ध्वनि व प्रकाश भी पात्र का चरित्र-चित्रण करने में सहायक होते हैं। मुख्यतः यह कार्य निर्देशक का होता है।

रेडियो नाटक

रेडियो नाटक में प्रसिद्ध साहित्यकार की भूमिका

पहले साहित्यकार रेडियो स्टेशनों के लिए नाटक भी लिखा करते थे। उस समय रेडियो नाटक काफी प्रचलित थे। हिंदी के बहुत-से नाटक, जो मंच पर सफल हुए, मूल रूप से वे रेडियो के लिए ही लिखे गए थे।

भारतेंदु हरिश्चंद्र कृत 'अँधेर नगरी', धर्मवीर भारती कृत 'अंधा युग' और मोहन राकेश कृत 'आषाढ़ का एक दिन' आदि नाटक रेडियो नाटक के श्रेष्ठ उदाहरण हैं।

रेडियो नाटकों का लेखन व संवादों का महत्त्व

सिनेमा और रंगमंच की तरह ही रेडियो नाटक में भी चरित्र होते हैं। उनके आपसी संवाद होते हैं और इन्हीं संवादों के माध्यम से कहानी आगे बढ़ती है। रेडियो नाटक पूर्ण रूप से श्रव्य होते हैं, इसलिए इनका लेखन रंगमंच व सिनेमा के लेखन की अपेक्षा मुश्किल व अलग होता है। रेडियो नाटक में सब कुछ संवादों व ध्वनि प्रभावों के माध्यम से ही संप्रेषित करना होता है।

इन नाटकों में मंच सज्जा, वस्त्र सज्जा, चेहरे की भाव-भंगिमाएँ आदि की जरूरत नहीं पड़ती, केवल संवाद से ही पात्रों के अंतर्द्वंद्व, परिचय व समाधान की जानकारी मिलती है। अतः रेडियो नाटक की सफलता व असफलता केवल 'आवाज' पर ही आश्रित होती है; जैसे—चोट लगने पर 'आह' या 'ओह' की आवाज तथा किसी को दूर से बुलाने के लिए तेज आवाज का प्रयोग करना होता है।

रेडियो नाटक के लिए कहानी का चयन

रेडियो नाटक के लिए कहानी का चुनाव बड़ा ही सोच-समझकर करना चाहिए। उसमें बहुत अधिक गतिविधियाँ या एक्शन नहीं होने चाहिए। यह हम भली-भाँति जानते हैं कि रेडियो नाटक केवल श्रव्य हैं, इसलिए कहानी का चुनाव उसी के अनुसार करना चाहिए। मुख्यतः रेडियो नाटक की अवधि 15 से 30 मिनट होती है और इसी समय में श्रोता को बाँधकर रखने के लिए कहानी में संवादों के माध्यम से रोचकता बनी रहनी चाहिए। लंबी कहानी को एक ही समय पर प्रसारित करने के स्थान पर उसे 15 या 30 मिनट की धारावाहिक कड़ी के रूप में प्रतिदिन पेश किया जाना चाहिए।

रेडियो नाटक में पात्रों की संख्या

यह निश्चित है कि रेडियो नाटक की अवधि सीमित होती है, इसलिए उसमें पात्रों की संख्या भी सीमित ही रखनी चाहिए; जैसे—5 या 6। इससे अधिक पात्रों के होने पर श्रोता भ्रमित हो सकता है, जिससे उसका मन नाटक से ऊब सकता है। अत: रेडियो नाटक के लिए कहानी का चुनाव करते समय हमें तीन मुख्य बातों को ध्यान रखना आवश्यक है

(i) कहानी केवल घटना प्रधान न हो

(ii) उसकी अवधि, बहुत अधिक न हो

(iii) पात्रों की संख्या सीमित हो।

रेडियो नाटक में यह ध्यान रखना आवश्यक है कि पात्रों के नाम, परस्पर संबंध, चारित्रिक विशेषताएँ ये सभी हमें संवादों के द्वारा ही उजागर करने होते हैं, इसलिए हमें पात्रों के अनुसार ही संवादों की भाषा का चयन करना चाहिए, जिससे नाटक में रोचकता व सरसता बनी रहे।

PYQs विगत वर्षों के प्रश्न व महत्त्वपूर्ण प्रश्न

बहुविकल्पीय प्रश्न

1. नाटक के अंगों को किसके अनुसार बाँटने की जरूरत होती है?

(i) पात्र (ii) भाषा
(iii) कथ्य (iv) समय

उत्तर (iv) समय

2. नाटक की वास्तविक कसौटी किसे माना जाता है?

(i) रंगमंचीयता को (ii) पात्र को
(iii) संवाद को (iv) कथ्य को

उत्तर (i) रंगमंचीयता को

3. नाटक लेखन का दूसरा महत्त्वपूर्ण तत्त्व किसे माना जाता है?

(i) बिंब (ii) छंद
(iii) शब्द (iv) भाषा

उत्तर (iii) शब्द

4. कहानी में वास्तविकता का पुट लाने के लिए निम्नलिखित में से किसका प्रयोग किया जाता है?

(i) पात्र (ii) द्वंद्व
(iii) देशकाल एवं वातावरण (iv) चरमोत्कर्ष

उत्तर (iii) देशकाल एवं वातावरण

5. कहानी का केंद्रीय बिंदु किसे कहा जाता है?

(i) द्वंद्व को (ii) संवाद को
(iii) कथानक को (iv) देशकाल एवं वातावरण को

उत्तर (iii) कथानक को

6. कहानी के पात्रों द्वारा अपने विचारों को अभिव्यक्त करने को क्या कहा जाता है?

(i) विश्लेषण (ii) उद्देश्य
(iii) कथोपकथन (iv) भाषा-शैली

उत्तर (iii) कथोपकथन

7. कहानी का प्रारंभिक नक्शा किसे माना जा सकता है?

(i) कथानक को
(ग) उद्देश्य को
(iii) चरम-सीमा को
(iv) घटना विशेष को

उत्तर (i) कथानक को

8. निम्नलिखित में से किसके अभाव में कहानी की रचना नहीं की जा सकती है?

(i) पात्र (ii) भाषा
(iii) कथानक (iv) उद्देश्य

उत्तर (iii) कथानक

9. निम्नलिखित कथनों पर विचार कीजिए।

1. कहानी की रचना बिना किसी उद्देश्य के नहीं हो सकती।
2. द्वंद्व कहानी में रोचकता को कम कर देता है।
3. संवाद वह तत्त्व है जो एक सशक्त नाटक को अन्य नाटकों से अलग करता है।

कूट

(i) केवल 1 (ii) 1 और 2
(iii) 1 और 3 (iv) 2 और 3

उत्तर (iii) 1 और 3

10. निम्नलिखित कथन कारण को ध्यानपूर्वक पढ़िए उसके बाद दिए गए विकल्पों में से कोई एक सही विकल्प चुनकर लिखिए।

कथन (A) नाटक के मंच निर्देश हमेशा वर्तमान काल में लिखे जाते हैं।

कारण (R) नाटक का विषय भूतकाल हो या भविष्यकाल दोनों स्थितियों में वर्तमान काल संयोजित होता है।

(i) कथन (A) तथा कारण (R) दोनों सही हैं तथा कारण (R) कथन (A) की सही व्याख्या करता है।
(ii) कथन (A) गलत है, लेकिन कारण (R) सही है।
(iii) कथन (A) तथा कारण (R) दोनों गलत हैं।
(iv) कथन (A) सही है, लेकिन कारण (R) उसकी गलत व्याख्या करता है।

उत्तर (i) कथन (A) तथा कारण (R) दोनों सही हैं तथा कारण (R) कथन (A) की सही व्याख्या करता है।

लघु उत्तरीय प्रश्न

1. कहानी के वे कौन-से तत्त्व हैं जो नाट्य रूपातंरण करते समय दृश्यों में नहीं ढल पाते? इन्हें नाटक में किस प्रकार स्थान दिया जा सकता है? **CBSE 2023**

उत्तर कहानी का नाट्य रूपातंरण करते समय निम्न तत्त्वों के दृश्यों में ढलने की समस्या आती है—

1. कथानक 2. संवाद 3. पात्रों के द्वंद्व

उपर्युक्त तत्त्वों को नाटक में निम्न प्रकार से स्थान दिया जा सकता है—

1. नाटक में कथानक के अनुसार ही दृश्य दिखाए जाने चाहिए, इसके लिए दृश्य बनाने से पहले उसका खाका तैयार किया जाना चाहिए।
2. नाटकीय संवादों का कहानी के मूल संवादों से मेल होना चाहिए तथा कहानी के संवादों को नाट्य-रूपांतरण में एक निश्चित स्थान मिलना चाहिए। संवाद सहज, सरल, संक्षिप्त, सटीक, प्रभावशाली तथा बोलचाल की भाषा में होने चाहिए। ये अधिक लम्बे व ऊबाऊ नहीं होने चाहिए।
3. नाटक के पात्र अभिनय के अनुरूप होने चाहिए तथा पात्रों का मंच के साथ मेल होना चाहिए। पात्रों की भाव-भंगिमाओं तथा उनके व्यवहार का उचित ध्यान रखना चाहिए। पात्र घटनाओं के अनुरूप मनोभावों को प्रस्तुत करने वाले होने चाहिए।

2. कहानी का नाट्य रूपांतरण करते समय हमें किस प्रकार की सावधानियाँ रखनी चाहिए? CBSE 2023

उत्तर कहानी का नाट्य रूपांतरण करते समय हमें निम्नलिखित सावधानियाँ रखनी चाहिए—

1. कथानक के अनुसार ही दृश्य दिखाए जाने चाहिए।
2. नाटक के दृश्य बनाने से पहले उसका खाका तैयार करना चाहिए।
3. नाटकीय संवादों का कहानी के मूल संवादों के साथ मेल होना चाहिए।
4. कहानी के संवादों को नाट्य रूपांतरण में एक निश्चित स्थान मिलना चाहिए।
5. संवाद सहज, सरल, संक्षिप्त, सटीक, प्रभावशाली तथा बोलचाल की भाषा में होने चाहिए।
6. संवाद अधिक लम्बे और ऊबाऊ नहीं होने चाहिए।

3. "कहानीकार द्वारा कहानी के प्रसंगों या पात्रों के मानसिक द्वंद्वों के विवरण के दृश्यों की नाटकीय प्रस्तुति में काफी समस्या आती है।" इस कथन के संदर्भ में नाट्य रूपांतरण की किन्हीं तीन चुनौतियों का उल्लेख कीजिए। CBSE SQP 2022-23

उत्तर कहानी का नाट्य रूपांतरण करते समय निम्नलिखित चुनौतियों का सामना करना पड़ता है—

1. कहानी के नाट्य रूपांतरण में सबसे प्रमुख चुनौती कहानी के पात्रों के मनोभावों की कहानीकार द्वारा प्रस्तुत प्रसंगों अथवा मानसिक द्वंद्वों के नाटकीय प्रस्तुति की है। इन मानसिक द्वंद्वों को रंगमंच पर अभिनय के रूप में प्रस्तुत करने से संबंधित समस्या आती है।
2. पात्रों के मानसिक द्वंद्व को अभिनय के अनुरूप ही परिवर्तित किया जाता है।
3. पात्रों के मध्य होने वाले संवादों को अभिनय के अनुरूप ही नाटकीय स्वरूप प्रदान किया जाना चाहिए। यह भी कहानीकार के लिए एक बहुत बड़ी चुनौती है।

4. रेडियो श्रव्य माध्यम है। यह ध्वनि के माध्यम से ही संप्रेषण करता है। इसलिए नाटक में ध्वनि संकेतों का विशिष्ट महत्त्व है। रेडियो नाटक में ध्वनि संकेतों की महत्ता स्पष्ट करते हुए कोई तीन बिंदु अवश्य लिखिए। CBSE SQP 2022-23

उत्तर रेडियो नाटक में सबकुछ संवादों व ध्वनि प्रभावों के माध्यम से ही संप्रेषित करना होता है। अत: रेडियो नाटक में ध्वनि संकेतों का अत्यधिक महत्त्व है। इसे हम निम्न रूप में स्पष्ट कर सकते हैं—

1. रेडियो नाटक की सफलता व असफलता केवल 'आवाज' पर ही आश्रित होती है; जैसे—चोट लगने पर 'आह' या 'ओह' की आवाज तथा किसी को दूर से बुलाने के लिए तेज आवाज का प्रयोग करना।
2. रेडियो नाटक में ध्वनि प्रभावों और संवादों के माध्यम से ही कथा को श्रोताओं तक पहुँचाया जाता है।
3. संवादों के माध्यम से ही रेडियो नाटक का उद्देश्य स्पष्ट होता है।

5. कहानी और नाटक में क्या-क्या समानताएँ होती हैं? CBSE 2023

अथवा **कहानी और नाटक में क्या अंतर है? दोनों के मूल तत्त्वों की समानता बताते हुए अंतर स्पष्ट कीजिए। CBSE Term II 2022-23**

उत्तर **कहानी** किसी घटना, पात्र या समस्या की क्रमबद्ध जानकारी जिसमें परिवेश हो, द्वंद्वात्मकता हो, कथा का क्रमिक विकास हो, चरमोत्कर्ष का बिंदु हो, उसे कहानी कहा जाता है।

नाटक नाटक साहित्य की वह सर्वोत्तम विधा है, जिसे पढ़ने, सुनने के साथ देखा भी जा सकता है। यह दृश्य-श्रव्य काव्य है।

कहानी व नाटक में अंतर

कहानी	नाटक
कहानी श्रव्य साहित्य है।	नाटक दृश्य साहित्य है।
कहानी को पढ़कर प्रस्तुत किया जाता है।	नाटक को अभिनय करके प्रस्तुत किया जाता है।
कहानी को किसी भी शैली में प्रस्तुत किया जा सकता है।	नाटक को केवल संवाद शैली में ही प्रस्तुत किया जा सकता है।

कहानी व नाटक के मूल तत्त्व

(i) **कथानक** कथानक कहानी का केंद्र बिंदु होता है, जिसमें प्रारंभ से अंत तक कहानी की सभी घटनाओं व पात्रों का उल्लेख होता है। प्रत्येक कहानी के लिए कथानक होना अनिवार्य है, जबकि नाटक में भी कथानक होना अनिवार्य है, परंतु नाटक में किसी कहानी के रूप को किसी शिल्प या संरचना के अंदर पिरोना होता है। इसके लिए नाटककार को शिल्प या संरचना की पूरी समझ, जानकारी व अनुभव होना चाहिए।

(ii) **संवाद** कहानी के पात्रों के द्वारा किए गए उनके विचारों की अभिव्यक्ति को संवाद कहा जाता है। कहानी में संवाद का विशेष महत्त्व होता है, जबकि नाटक में भी संवाद अत्यधिक महत्त्वपूर्ण होता है। संवाद ही वह तत्त्व है, जो सशक्त नाटक और कमजोर नाटक को अलग करता है। नाटक के संवाद जितने सहज व स्वाभाविक होंगे उतना ही वे दर्शक के अंतर्मन को छुएँगे।

(iii) **पात्र व चरित्र-चित्रण** पात्रों के गुण-दोषों को उनका चरित्र-चित्रण कहा जाता है। कहानी के प्रत्येक पात्र का अपना स्वभाव, स्वरूप और उद्देश्य होता है। नाटक को सशक्त बनाने में इसके पात्रों का विशेष योगदान होता है। नाटक के पात्र व उनके चरित्र सपाट व सतही न होकर क्रियाओं-प्रतिक्रियाओं को व्यक्त करने वाले होने चाहिए।

(iv) **भाषा** कहानी की भाषा ऐसी होनी चाहिए जो पाठक को अपनी ओर आकर्षित करे। अत: कहानी की भाषा सरल, सहज तथा प्रभावमयी होनी चाहिए। नाटक की भाषा अत्यंत संक्षिप्त तथा सांकेतिक होनी चाहिए। यह नाटक का प्राणतत्त्व है।

6. **रेडियो नाटक के लिए संवाद लिखते समय क्या सावधानी बरतनी चाहिए?** **CBSE 2023**

अथवा **रेडियो नाटक के लिए किन तीन मुख्य बातों का विचार करना चाहिए और क्यों?** **CBSE Term II 2022-23**

उत्तर रेडियो द्वारा प्रसारण के लिए जो नाटक लिखे जाते हैं, उन्हें रेडियो नाटक कहते हैं। रेडियो नाटक श्रव्य होते हैं। इनमें ध्वनि की प्रधानता होती है।

रेडियो नाटक के लिए निम्नलिखित तीन मुख्य बातों पर विचार करना चाहिए—

(i) **कथानक** रेडियो नाटक का कथानक संक्षिप्त होना चाहिए। रेडियो नाटक के कथानक का आरंभिक भाग कौतूहल, जिज्ञासा, आत्मीयता तथा स्पष्टता पूर्ण होना चाहिए जो श्रोता को अपनी ओर आकर्षित कर सके। कथानक के मध्य भाग में सभी पहलुओं पर प्रकाश डालना चाहिए जिससे पात्रों की भावात्मक पृष्ठभूमि का परिचय मिलता रहे। कथानक का अंत प्रभावशाली होना चाहिए ताकि वह श्रोता के मन पर छाप छोड़ सके।

(ii) **पात्र अथवा चरित्र-चित्रण** रेडियो नाटक श्रव्य होते हैं। अत: इसमें पात्रों का परिचय अथवा उनका चरित्र-चित्रण आदि सब कुछ ध्वनि द्वारा ही तैयार किया जाता है तथा उनका परिचय सूत्रधार या अन्य पात्रों द्वारा अथवा स्वयं पात्रों द्वारा ही उनके कहे गए कथनों द्वारा कराया जाता है।

(iii) **ध्वनि** रेडियो नाटक में ध्वनि का महत्त्वपूर्ण स्थान है। ध्वनि के माध्यम से ही श्रोता नाटक को अपनी कल्पना शक्ति के आधार पर देखता है।

7. **रेडियो नाटक और सिनेमा में क्या भिन्नता होती है?** **CBSE 2023**

अथवा **रेडियो नाटक का लेखन सिनेमा और रंगमंच के लेखन से भिन्न कैसे है?** **CBSE Term II 2022-23**

उत्तर रेडियो नाटक का लेखन सिनेमा और रंगमंच के लेखन से निम्न प्रकार भिन्न हैं—

	रेडियो नाटक		सिनेमा और रंगमंच
1	रेडियो नाटक एक श्रव्य माध्यम है।	1.	सिनेमा और रंगमंच दृश्य-श्रव्य माध्यम है।
2	रेडियो नाटक में दृश्य नहीं होते हैं।	2.	सिनेमा और रंगमंच में दृश्य होते हैं।
3	रेडियो नाटक में मंच सज्जा और वस्त्र सज्जा का कोई महत्त्व नहीं होता।	3.	सिनेमा व रंगमंच में मंच सज्जा व वस्त्र सज्जा का बहुत महत्त्व होता है।
4	रेडियो नाटक में भाव-भंगिमाओं की कोई आवश्यकता नहीं होती।	4.	सिनेमा व रंगमंच में पात्रों की भाव-भंगिमाओं का विशेष महत्त्व होता है।
5	रेडियो नाटक में कहानी को ध्वनि प्रभावों और संवादों के माध्यम से संप्रेषित किया जाता है।	5.	सिनेमा और रंगमंच में कहानी को पात्रों की भाव-भंगिमाओं द्वारा प्रस्तुत किया जाता है।
6.	रेडियो नाटक का लेखन करते समय यह ध्यान रखना चाहिए कि कहानी अनेक घटनाओं पर आधारित हो, नाटक की अवधि पंद्रह से तीस मिनट तक तथा पात्रों की संख्या भी 5-6 से अधिक नहीं होनी चाहिए।	6.	सिनेमा और रंगमंच का लेखन करते समय यह ध्यान रखना आवश्यक है कि इनकी कहानी (कथानक) एक ही घटना पर आधारित हो। नाटक की अवधि 2-3 घंटे तक ही हो तथा पात्रों की संख्या भी अधिक हो सकती है, परंतु इनमें एक प्रधान पात्र होना आवश्यक है।

8. **नाटक में अभिनय और संवाद योजना के महत्त्व को रेखांकित कीजिए।** **CBSE SQP Term II 2021-22**

उत्तर **नाटक में अभिनय और संवाद योजना का महत्त्व** नाटक में अभिनय सबसे प्रभावशाली तत्त्व है। अभिनय को रंगमंच भी कहा जाता है। नाटक अभिनय के लिए ही लिखे जाते हैं। सफल नाटक वही माना जाता है जिसका अभिनय या मंचन किया जा सके। अभिनय के माध्यम से ही नाटक दर्शकों तक सरल रूप में पहुँचता है। अत: अभिनय नाटक का प्राण तत्त्व है। नाटक में इसका बहुत अधिक महत्त्व होता है।

संवाद नाटक का सबसे महत्त्वपूर्ण एवं सबसे सशक्त माध्यम उसके संवाद हैं। संवाद ही वह तत्त्व है जो एक सशक्त नाटक को अन्य कमजोर नाटकों से अलग करता है। संवाद जितने सहज और स्वाभाविक होंगे उतना ही दर्शक के मर्म को छुएँगे। संवादों के माध्यम से ही कथा आगे बढ़ती है। नाटक के संवाद सरल, सहज, स्वाभाविक एवं पत्रानुकूल होने चाहिए।

9. **रेडियो नाटक की अवधि छोटी क्यों रखी जाती है?** **CBSE SQP Term II 2021-22**

उत्तर रेडियो नाटक की अवधि इसलिए छोटी रखी जाती है, क्योंकि रेडियो पूरी तरह से श्रव्य माध्यम है। रेडियो नाटक का लेखन सिनेमा व रंगमंच के लेखन से थोड़ा-सा भिन्न तथा मुश्किल भी होता है। इसमें संवादों को ध्वनि प्रभावों के माध्यम से संप्रेषित करना होता है। यहाँ न तो मंज सज्जा, वस्त्र सज्जा होती है और न ही अभिनेता के चेहरे की भाव-भंगिमा। केवल आवाज के माध्यम से ही नाटक को प्रस्तुत किया जाता है। इसमें मनुष्य की एकाग्रता सीमित होती है।

10. **कहानी में क्लाइमेक्स का क्या महत्त्व है?** **CBSE SQP Term II 2021-22**

उत्तर कहानी में क्लाइमेक्स अर्थात् चरमोत्कर्ष का बहुत महत्त्व होता है। कहानी का चरमोत्कर्ष पाठक को स्वयं सोचने और लेखकीय पक्षधर की ओर आने के लिए प्रेरित करता है। इसमें कहानी के उद्देश्य की अभिव्यक्ति होती है। कहानी के चरमोत्कर्ष का चित्रण अत्यंत सावधानीपूर्वक करना चाहिए, क्योंकि भावों या पात्रों के अतिरिक्त अभिव्यक्ति चरम उत्कर्ष के प्रभाव को कम कर सकती है।

11. **'कहानी का केंद्र बिंदु कथानक होता है।' इस कथन के आलोक में कहानी के कथानक पर प्रकाश डालिए।** **CBSE 2020 C**

उत्तर कथानक कहानी का केंद्रीय बिंदु होता है जिसमें प्रारंभ से अंत तक कहानी की सभी घटनाओं और पात्रों का उल्लेख होता है। सरल शब्दों में कहानी के ढाँचे को कथानक कहा जाता है। प्रत्येक कहानी के लिए कथावस्तु का होना अनिवार्य है, क्योंकि इसके अभाव में किसी कहानी की रचना की कल्पना भी नहीं की जा सकती। कथानक को कहानी का प्रारंभिक नक्शा भी माना जा सकता है। कहानी कथानक कहानीकार के मन में किसी घटना, जानकारी, अनुभव या कल्पना के कारण आती है। कहानीकार कल्पना का विकास करते हुए एक परिवेश, पात्र और समस्या को आकार देता है। इस प्रकार वह एक ऐसा काल्पनिक ढाँचा तैयार करता है, जो कोरी कल्पना न होकर संभावित हो तथा लेखक के उद्देश्य से मेल खाती हो।

12. कहानी का नाट्य-रूपांतरण करते समय किन महत्त्वपूर्ण बातों का ध्यान रखना चाहिए? लगभग 80 से 100 शब्दों में उत्तर लिखिए।
CBSE SQP 2019-20

उत्तर कहानी का संबंध जहाँ लेखक और पाठक से जुड़ता है वहीं नाटक लेखक, निर्देशक पात्र, दर्शन, श्रोता एवं अन्य लोगों को एक-दूसरे से जोड़ता है। अत: कहानी का नाट्य रूपांतरण करते समय निम्नलिखित महत्त्वपूर्ण बातों का ध्यान रखना चाहिए—

1. **मूल कथावस्तु** मूल कथावस्तु उन घटनाओं का लेखा-जोखा है, जो कहानी में घटित होती हैं। कहानी को नाटक में रूपांतरित करने के लिए सबसे पहले कहानी की विस्तृत कथावस्तु को समय और स्थान के आधार पर विभाजित किया जाता है। कहानी की कथावस्तु को सामने रखकर एक-एक घटना को चुनकर उसके आधार पर दृश्य का निर्माण करना चाहिए।
2. **चरित्र-चित्रण एवं पात्रों की भाव-भंगिमा** कहानी में चरित्र-चित्रण अलग प्रकार से किया जाता है और नाटक में उसकी अलग विधि है। इसलिए रूपांतरण करते समय कहानी के पात्रों को दृश्यात्मकता और नाटक के पात्रों में उसका प्रयोग किया जाना चाहिए। साथ ही पात्रों की भाव-भंगिमा पर विशेष ध्यान देना चाहिए।
3. **संवाद** नाटक में संवाद का पर्याप्त होना आवश्यक है। यदि संवाद पर्याप्त नहीं हैं, तो उन्हें लिखना चाहिए। संवाद लिखते समय ध्यान रखना चाहिए कि नए लिखे जाने वाले संवाद कहानी की मूल कथा से मिलते हों। साथ ही कहानी के संदर्भ में उनका औचित्य होना चाहिए। संवाद छोटे तथा प्रभावशाली होने चाहिए।
4. **दृश्यात्मकता** नाटक में दृश्यात्मकता का बहुत महत्त्व है। इसलिए नाटक प्रस्तुत करते समय दृश्यात्मकता का विशेष ध्यान रखना चाहिए। दृश्य में आरंभ, मध्य और अंत को ध्यान में रखकर प्रस्तुत करना चाहिए।
5. **प्रकाश एवं ध्वनि व्यवस्था** नाट्य में प्रकाश एवं ध्वनि व्यवस्था एक विशेष प्रभाव उत्पन्न करने में सहायक होते हैं। अत: कहानी का नाट्य रूपांतरण करते समय इनका विशेष ध्यान रखना आवश्यक है।
6. **मंच सज्जा** कहानी का नाट्य रूपांतरण करते समय मंच सज्जा का भी विशेष योगदान होता है। मंच सज्जा से कहानी में सजीवता उत्पन्न होती है तथा दर्शक स्वयं को नाटक से जुड़ा हुआ महसूस करता है। अत: नाटक में मंच सज्जा का ध्यान रखना बहुत आवश्यक है।

   अत: कहानी का नाटक रूपांतरण करने के लिए अच्छे नाटक देखे जाने चाहिए तभी नाटक के विषय में जानकारी प्राप्त हो सकेगी।

13. कहानी का अर्थ स्पष्ट करते हुए इसके इतिहास पर प्रकाश डालिए।

उत्तर किसी घटना, पात्र या समस्या का क्रमबद्ध विवरण जिसमें परिवेश हो, द्वंद्वात्मकता हो, कथा का क्रमिक विकास हो, चरम उत्कर्ष का बिंदु हो, उसे कहानी कहा जाता है।

कहानी का इतिहास कहानी का इतिहास उतना ही पुराना है जितना मानव इतिहास, क्योंकि कहानी मानव स्वभाव और प्रकृति का हिस्सा है। धीरे-धीरे कहानी कहने की आदिम कला का विकास होने लगा। आरंभ में कथावाचक कहानी सुनाते थे, जिनका विषय किसी घटना, युद्ध, प्रेम और प्रतिशोध आदि हुआ करता था। सच्ची घटनाओं पर कहानी सुनाते-सुनाते उनमें कल्पना का समावेश होने लगा। कथावाचक सुनने वालों की आवश्यकतानुसार अपनी कल्पना के माध्यम से नायक के गुणों का बखान करने लगा।

14. कहानी में द्वंद्व के महत्त्व पर प्रकाश डालिए।

उत्तर कहानी में द्वंद्व के तत्त्व का होना आवश्यक है। द्वंद्व कथानक को आगे बढ़ाता है तथा कहानी में रोचकता बनाए रखता है। द्वंद्व दो विरोधी तत्त्वों का टकराव या किसी की खोज में आने वाली बाधाओं अंतर्द्वंद्व के कारण पैदा होता है। कहानी की यह शर्त है कि वह नाटकीय ढंग से अपने उद्देश्य को पूर्ण करते हुए समाप्त हो जाए, यह द्वंद्व के कारण ही पूर्ण होता है। कहानीकार अपने कथानक में द्वंद्व के बिंदुओं को जितना स्पष्ट रखेगा कहनी भी उतनी ही सफलता से आगे बढ़ेगी। अत: स्पष्ट है कि कहानी में द्वंद्व का अत्यधिक महत्त्व है।

15. चरमोत्कर्ष से क्या अभिप्राय है? कहानी में चरमोत्कर्ष का चित्रण अत्यंत सावधानीपूर्वक क्यों करना चाहिए?

उत्तर जब कहानी पढ़ते-पढ़ते पाठक कौतूहल (जिज्ञासा) की पराकाष्ठा पर पहुँच जाए, तब उसे कहानी का चरमोत्कर्ष या चरम स्थिति कहते हैं। कथानक के अनुसार कहानी चरमोत्कर्ष (क्लाइमेक्स) की ओर बढ़ती है। कहानी का चरम उत्कर्ष पाठक को स्वयं सोचने और लेखकीय पक्षधर की ओर आने के लिए प्रेरित करने वाला होना चाहिए। पाठक को यह भी लगना चाहिए कि उसे स्वतंत्रता दी गई है और उसने जो निष्कर्ष निकाले हैं वह उसके अपने हैं।

कहानीकार को कहानी के चरमोत्कर्ष का चित्रण अत्यंत सावधानीपूर्वक करना चाहिए, क्योंकि भावों या पात्रों के अतिरिक्त अभिव्यक्ति चरम उत्कर्ष के प्रभाव को कम कर सकती है।

16. नाटक से आप क्या समझते हैं? नाटक साहित्य की अन्य विधाओं से किस प्रकार भिन्न है? स्पष्ट कीजिए।

उत्तर नाटक साहित्य की वह सर्वोत्तम विधा है जिसे पढ़ने, सुनने के साथ देखा भी जा सकता है। नाटक शब्द की उत्पत्ति 'नट्' धातु से मानी जाती है। 'नट्' शब्द का अर्थ अभिनय है, जो अभिनेता से जुड़ा हुआ है। इसे रूपक भी कहा जाता है। भारतीय परंपरा में नाटक को दृश्य काव्य की संज्ञा दी गई है।

नाटक और अन्य विधाओं में अंतर

साहित्य की अन्य विधाएँ अपने लिखित रूप में ही निश्चित और अंतिम रूप को प्राप्त कर लेती हैं, किंतु नाटक लिखित रूप में एक आयामी होता है। मंचन के पश्चात् ही उसमें संपूर्णता आती है। अत: साहित्य की अन्य विधाएँ पढ़ने या सुनने तक की यात्रा तय करती हैं, परंतु नाटक पढ़ने, सुनने के साथ-साथ देखने के तत्त्व को भी अपने में समेटे हुए है।

17. नाटक लेखन में समय के बंधन का क्या महत्त्व है? समझाइए।

उत्तर नाटक का प्रथम अंग समय का बंधन है। समय का यह बंधन नाटक की रचना पर अपना पूरा प्रभाव डालता है, इसलिए यह शुरुआत से लेकर अंत तक एक निश्चित समय-सीमा के भीतर पूरा होना होता है। नाटक का विषय भूतकाल हो या भविष्य काल इन दोनों ही स्थितियों में वर्तमान काल में संयोजित होता है। यही कारण है कि नाटक के मंच निर्देश हमेशा वर्तमान काल में लिखे जाते हैं। चाहे काल कोई भी हो उसे एक समय में, एक स्थान विशेष पर वर्तमान काल में ही घटित होना होता है।

समय को लेकर एक और तथ्य यह है कि साहित्य की अन्य विधाओं, जैसे—कहानी, उपन्यास, कविता को हम कभी भी पढ़ते तथा सुनते हुए बीच में रोक सकते हैं और कुछ समय बाद फिर वहीं से पढ़ना या सुनना शुरू कर सकते हैं, परंतु नाटक के साथ ऐसा संभव नहीं है। नाटक के तीन अंक होते हैं उसे भी समय को ध्यान में रखकर बाँटने की आवश्यकता होती है।

06

समाचार लेखन (उल्टा पिरामिड शैली)

समाचार : अर्थ एवं परिभाषा

हिंदी में प्रचलित 'समाचार' शब्द अंग्रेज़ी के NEWS का पर्याय है। NEWS (न्यूज़) शब्द चारों दिशाओं (*North, East, West, South*) के नामों का संक्षिप्त रूप है। इस तरह समाचार का संबंध चारों दिशाओं से हो जाता है। वास्तव में, महत्त्वपूर्ण घटनाओं एवं गतिविधियों का सही एवं पक्षपात रहित विवरण प्रस्तुत करना ही समाचार है।

समाचार लेखन

समाचार लेखन एक विशिष्ट कला है। समाचार सूचनात्मक एवं तथ्यात्मक होते हैं। चूँकि इनका सीधा संबंध जनमत से है, इसलिए इनकी प्रस्तुति का ढंग अत्यंत महत्त्वपूर्ण है। 'समाचार लेखन' समाचारों को लिखकर प्रस्तुत करने का ढंग है।

समाचार लेखन के महत्त्वपूर्ण बिंदु

- समाचार लेखन हेतु सर्वप्रथम **तथ्यों का संकलन** किया जाता है।
- तथ्यों को **योजनाबद्ध या व्यवस्थित करना** समाचार लेखन की प्रक्रिया का दूसरा चरण है।
- इसके बाद **शीर्षक** दिया जाता है।
- शीर्षक के बाद **सूत्र का उल्लेख** होता है।
- तत्पश्चात् **आमुख** (Introduction) लिखते हैं।
- समाचार का **विवरण या विस्तार** लिखा जाता है।
- लिखे हुए की जाँच करके **पुनः संक्षेपण** किया जाता है।
- अंत में **निष्कर्ष** लिखा जाता है।

अच्छा समाचार स्वयं में सरलता, सुस्पष्टता, क्रमबद्धता, सत्यता एवं संक्षिप्तता की विशेषताओं के साथ-साथ क्या, कहाँ, कब, कैसे, क्यों और कौन संबंधी उत्तर भी लिए हुए होता है। पत्रकारिता की भाषा में ये '6 ककार' किसी भी अच्छे समाचार के नितांत आवश्यक तत्त्व हैं।

समाचार लेखन के प्रकार

समाचार सामान्यतः दो प्रकार से लिखा जाता है
1. विलोम स्तूपी पद्धति
2. उर्ध्वस्तूपी पद्धति

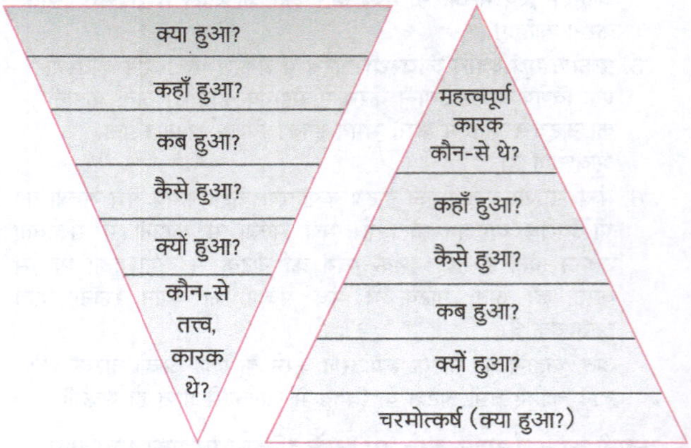

विलोम स्तूपी पद्धति　　उर्ध्वस्तूपी पद्धति

1. विलोम स्तूपी पद्धति (उल्टा पिरामिड शैली)

किसी समाचार को लिखने या कहने का वह तरीका जिसमें उस घटना, विचार, समस्या के सबसे अहम तथ्यों या पहलुओं को सबसे बताया जाता है और उसके बाद घटते हुए महत्त्व क्रम में अन्य तथ्यों या सूचनाओं को लिखा या बताया जाता हैं। इस शैली में किसी घटना का विवरण कालानुक्रम के बजाए सबसे महत्त्वपूर्ण तथ्यों या सूचनों से शुरू होता है। इस पद्धति में समाचार लिखते हुए उसका चरमोत्कर्ष प्रारंभ में दिया जाता है तथा घटना-क्रम की व्याख्या करते हुए अंत किया जाता है। समाचार लेखन की यह शैली उल्टा पिरामिड शैली (इंवर्टेंड पिरामिड

स्टाइल) कहलाती है। प्राय: समाचार विलोमस्तूपी पद्धति के अनुसार ही लिखे जाते हैं।

2. उर्ध्वस्तूपी पद्धति

उर्ध्वस्तूपी पद्धति में कम महत्त्वपूर्ण से सर्वाधिक महत्त्वपूर्ण के क्रम में तथ्यों का संकेत किया जाता है। चूँकि पाठक घटना के बारे में शीघ्र सूचना प्राप्त करना चाहता है, इसलिए वह पूरे विवरण को पढ़ने में रुचि नहीं लेता।

समाचार-लेखन के महत्त्वपूर्ण बिंदु निम्नलिखित हैं—

- समाचार लेखन हेतु सर्वप्रथम तथ्यों का संकलन किया जाता है।
- तथ्यों को योजनाबद्ध या व्यवस्थित करना समाचार लेखन की प्रक्रिया का दूसरा चरण है।
- इसके बाद शीर्षक दिया जाता है।
- शीर्षक के बाद सूत्र का उल्लेख होता है।
- तत्पश्चात् आमुख (Introduction) लिखते हैं।
- समाचार का विवरण या विस्तार लिखा जाता है।
- लिखे हुए की जाँच करके पुन:संक्षेपण किया जाता है।
- अंत में निष्कर्ष लिखा जाता है।

समाचार लेखन के विभिन्न चरण

1. शीर्षक

समाचार लेखन करते हुए सर्वप्रथम समाचार का शीर्षक देना चाहिए। शीर्षक में समाचार की मुख्य घटना (जिस घटना के संदर्भ में समाचार लिखा जा रहा है) का सांकेतिक उल्लेख रहना चाहिए। शीर्षक ऐसा होना चाहिए जो पाठक को सहज रूप से आकर्षित करे, समाचार का मूलभाव बताए और पाठक को अपनी रुचि के अनुसार समाचार खोजने में सहायक हो।

2. स्रोत

शीर्षक के पश्चात् समाचार के स्रोत का उल्लेख करना चाहिए; *जैसे*—

- हमारे विशेष प्रतिनिधि द्वारा
- व्यक्तिगत संवाददाता द्वारा
- समाचार प्रदाता एजेंसियाँ
- समाचार ब्यूरो

(स्रोत के अंतर्गत स्थान एवं व्यक्ति दोनों का उल्लेख करने से समाचार ज्यादा विश्वसनीय हो जाता है।)

3. आमुख

आमुख को 'मुखड़ा', 'इंट्रो' (Intro) या 'लीड' (Lead) भी कहा जाता है। यह समाचार का पहला अनुच्छेद होता है। आमुख में समाचार के संबंध में तीन प्रश्न क्या, कहाँ, कब का परिचय दिया जाता है। कभी-कभी आमुख के तहत कौन, क्यों तथा कैसे जैसे प्रश्नों का उत्तर देना भी जरूरी हो जाता है। आमुख में घटना क्या है अथवा विशिष्ट कथन क्या था, बताया जाना महत्त्वपूर्ण है।

4. बॉडी या कलेवर

'आमुख' या 'इंट्रो' के पश्चात् समाचार का शेष भाग, जिसे बॉडी या समाचार का कलेवर (Body of the story) कहा जाता है, आता है। इसमें सभी घटनाएँ क्रमबद्ध रूप से प्रस्तुत की जाती हैं।

5. संक्षेपण

अंत में संपूर्ण समाचार का संक्षिप्त सार दिया जाना चाहिए, इसके लिए निम्नलिखित तथ्यों को ध्यान में रखना आवश्यक होता है—

- समाचार संक्षेपण करते हुए केवल मुख्य बातों को रखना चाहिए, अनावश्यक विवरण संक्षेपण में नहीं आने चाहिए।
- समाचार संक्षेपण में पुनरुक्ति नहीं होनी चाहिए।
- इसमें नकारात्मक वाक्य नहीं होने चाहिए।
- समाचार के निष्कर्ष के रूप में संपादक या समाचार लेखक की अपनी टिप्पणी नहीं होनी चाहिए।

समाचार के प्रकार

मुख्य रूप से समाचार चार प्रकार के होते हैं—

1. राष्ट्रीय 2. अंतर्राष्ट्रीय
3. प्रादेशिक 4. स्थानीय

विदेशों से प्राप्त होने वाले समाचार 'अंतर्राष्ट्रीय समाचार' कहलाते हैं, जबकि 'राष्ट्रीय' समाचारों का संबंध अपने देश के समाचारों से है। देश के विभिन्न प्रदेशों से प्राप्त होने वाले समाचारों को 'प्रादेशिक समाचार' की श्रेणी में रखा जाता है। स्थानीय समाचारों से समाचार-पत्रों की गतिशीलता बढ़ती है। स्थानीय समाचार, समाचार-पत्र के प्रकाशन स्थान या उसके आस-पास के क्षेत्र से संबंधित खबरों के समूह होते हैं।

समाचार-पत्रों की कार्यप्रणाली से संबद्ध व्यक्ति

समाचारों के चयन का उत्तरदायित्व **संपादकीय विभाग** का होता है। संपादकीय विभाग में बहुत-से लोग कार्य करते हैं, जिनमें मुख्य निम्नलिखित हैं—

- **संपादक** संपादकीय कार्य करने, निरीक्षण एवं निर्देशन करने वाला व्यक्ति। इसका प्रमुख कार्य संपादकीय विभाग को चुस्त-दुरुस्त बनाए रखना होता है।
  - **स्थानीय संपादक** समाचार-पत्र के स्थानीय संस्करण में छपने वाली ख़बरों का उत्तरदायित्व स्थानीय संपादक का होता है।
  - **समाचार संपादक** संपादक द्वारा सौंपे गए सभी कार्यों को अपनी देखरेख में कराने एवं संपादकीय विभाग में तालमेल बनाए रखने का कार्य करता है।
  - **सहायक संपादक** वैचारिक लेख, अग्रलेख, संपादक के नाम पत्र इत्यादि सामग्री का चयन करके इन्हें प्रकाशन योग्य बनाता है।
  - **समाचार उपसंपादक** पत्र-पत्रिका की नीति के अनुरूप विभिन्न स्रोतों से प्राप्त समाचारों को छपने योग्य बनाता है।
  - **पृष्ठ-प्रभारी** समाचारों का चयन करके उनकी गुणवत्ता के आधार पर उन्हें विभिन्न पृष्ठों पर स्थान देता है।
  - **उप-संपादक** समाचारों की गुणवत्ता का निरीक्षण-परीक्षण तथा उनमें आवश्यक संशोधन आदि करता है।
  - **संवाददाता** समाचार संग्रहण का कार्य करता है। सुविधा की दृष्टि से पत्र में विभिन्न समाचारों के अलग-अलग संवाददाता होते हैं।

- **प्रूफ रीडर** प्रेस कॉपी को पढ़ने वाला व्यक्ति 'कॉपीहोल्डर' होता है। उसके पढ़ने के अनुसार जो प्रूफ में संशोधन करता है, उसे 'प्रूफ रीडर' कहा जाता है।
- **पेजमेकर** कंप्यूटर से कंपोज की गई सामग्री को पेस्ट करके 'डमी' बनाता है। यह 'डमी' विभिन पृष्ठों की होती है।
- **छायाकार** विभिन्न घटनाओं एवं समाचारों से जुड़ी तस्वीरें समाचार कक्ष को उपलब्ध कराता है।
- **कलाकार** समाचार-पत्र की ड्राइंग, ले-आउट आदि तैयार करता है।

कार्टूनिस्ट कार्टून-चित्रों के माध्यम से समाचारों तथा उन पर आधारित विशिष्ट टिप्पणियों को समाचार-पत्र के लिए प्रस्तुत करता है।

PYQs विगत वर्षों के प्रश्न व महत्त्वपूर्ण प्रश्न

बहुविकल्पीय प्रश्न

1. 'न्यूजपेग' से आप क्या समझते हैं? **CBSE 2023**

(i) कथात्मक शैली में लेखन (ii) आलेख की तरह लेखन
(iii) केस स्टडी प्रारूप में लेखन (iv) अन्य खबर से जोड़कर लेखन

उत्तर (iv) अन्य खबर से जोड़कर लेखन

2. समाचार लिखते समय मुख्यतः कितने सवालों का जवाब देने की कोशिश की जाती है? **CBSE 2023**

(i) तीन (ii) चार (iii) पाँच (iv) छह

उत्तर (iv) छह

3. समाचार-पत्रों को सामान्य समाचारों से अलग हटकर विशेष क्षेत्रों के बारे में जानकारी क्यों देनी पड़ती है? **CBSE 2023**

(i) बाजार में टिके रहने के लिए
(ii) सभी तरह के विषयों पर लेखन के लिए
(iii) पाठकों की रुचियों के लिए
(iv) विज्ञानपन प्राप्त करने के लिए

उत्तर (iii) पाठकों की रुचियों के लिए

4. उल्टा पिरामिड शैली का विकास कब हुआ? **CBSE 2023**

(i) अमेरिका में गृह-युद्ध के दौरान
(ii) प्रथम विश्व युद्ध के दौरान
(iii) द्वितीय विश्व युद्ध के दौरान
(iv) इंग्लैंड में उत्तर गृह-युद्ध के दौरान

उत्तर (i) अमेरिका में गृह-युद्ध के दौरान

5. छह ककार के लिए उचित क्रम का चयन कीजिए **CBSE SQP 2022-23**

(i) क्या, कौन, कहाँ, कब, क्यों, कैसे
(ii) किसने, कब, क्यों, कैसे, कहाँ, किधर
(iii) कैसे, किससे, कब, क्यों, कितना, कौन
(iv) क्यों, कैसे, कब, कहाँ, किससे, किसने

उत्तर (i) क्या, कौन, कहाँ, कब, क्यों, कैसे

6. उल्टा पिरामिड शैली में समाचार कितने भागों में बाँटा जाता है? **CBSE SQP Term I 2021-22**

(i) तीन (ii) चार (iii) पाँच (iv) दो

उत्तर (i) तीन

7. इनमें समाचार-पत्र की आवाज किसे माना जाता है? **CBSE SQP Term I 2021-22**

(i) फीचर (ii) संपादक के नाम पत्र
(iii) संपादकीय (iv) स्तंभ लेखन

उत्तर (iii) संपादकीय

8. समाचार लेखन के कितने ककार होते हैं? **CBSE SQP 2020-21**

(i) चार (ii) पाँच
(iii) छः (iv) तीन

उत्तर (iii) छः

लघु उत्तरीय प्रश्न

1. इंट्रों को समाचार की भूमिका और आत्मा माना जाता है। यह समाचार का प्राण होता है। **CBSE 2023**

उत्तर 'आमुख' अथवा 'इंट्रो' की रचना करने के बाद समाचार के शेष भाग को लिखा जाता है, जिसे बॉडी कहा जाता है। इसमें क्रमबद्ध रूप से घटना व तथ्यों का समायोजन होता है। 'बॉडी' की रचना आमुख के विस्तार के रूप में इस ढंग से की जानी चाहिए कि पाठक उसे आद्योपांत पढ़े और पढ़कर पाठक को संतुष्टि प्राप्त हो। 'इंट्रो' को 'आमुख' तथा 'बॉडी' को 'कलेवर' भी कहा जाता है।

2. किसी समाचार को लिखते समय मुख्यतः किन छह प्रश्नों का जवाब देना अनिवार्य होता है? उल्लेख करते हुए स्पष्ट कीजिए। **CBSE 2023**

उत्तर किसी समाचार को लिखते समय मुख्यतः छह प्रश्नों का जवाब देना अनिवार्य होता है। इन्हें छः 'ककार' कहा जाता है। किसी भी समाचार में इन छः ककारों का होना सामान्यतया आवश्यक माना जाता है।

ये छः ककार निम्नलिखित हैं—

(i) क्या—अर्थात् क्या घटित हुआ?
(ii) कब—अर्थात् घटना कब घटी?
(iii) कहाँ—अर्थात् घटना किस स्थान पर घटी यानी किस स्थान से संबंधित है?
(iv) कौन—अर्थात् घटना किससे संबंधित है?
(v) क्यों—अर्थात् घटना क्यों घटी?
(vi) कैसे—अर्थात् घटना कैसे घटित हुई?

3. 'संपादक के नाम पत्र' कॉलम से आप क्या समझते हैं? समाचार-पत्रों में इसकी क्या उपयोगिता है? **CBSE 2023**

उत्तर 'संपादक के नाम पत्र' एक प्रकार से विचार-विमर्श का खुला मंच है, जिसके माध्यम से व्यक्ति घटनाओं, स्थितियों, लेखों, विचारों, संपादकीय टिप्पणियों आदि पर अपनी प्रतिक्रिया एवं विचार व्यक्त करता है और एक साथ कई लोग अपनी प्रतिक्रिया व्यक्त करते हैं, फिर उन प्रतिक्रियाओं के प्रति प्रतिक्रिया में पत्र लिखे जाते हैं। संपादक के नाम पत्र की निम्न उपयोगिताएँ मानी जाती हैं

1. यह विचार अभिव्यक्त करने का खुला सार्वजनिक मंच है। प्रत्येक व्यक्ति इस मंच के माध्यम से जनता तथा शासन के सामने निर्भीक रूप से अपने विचार रख सकता है और विचारों के आदान-प्रदान में खुलकर भाग ले सकता है।

2. शासन तथा अधिकारियों का किसी व्यक्तिगत या सार्वजनिक समस्या के प्रति ध्यान आकर्षित करने का सबल एवं सरल माध्यम है।
3. समाज में व्याप्त भ्रष्टाचार अव्यवस्था अथवा गुडांगर्दी के विरुद्ध सार्वजनिक रूप से आवाज उठाने का भी एक उपयोगी माध्यम है।

4. समाचार में इंट्रों और बॉडी से आप क्या समझते हैं? CBSE 2023

***अथवा* समाचार के 'इंट्रो' और 'बॉडी' से आप क्या समझते हैं? Delhi 2016**

***अथवा* मीडिया में इसका संबंध किससे है?**

उत्तर समाचार के आमुख को 'मुखड़ा' या 'इंट्रो' कहा जाता है। यह समाचार का पहला अनुच्छेद होता है। आमुख या इंट्रो के पश्चात् समाचार का शेष भाग आता है, जिसे बॉडी या क्लेवर कहा जाता है।

5. समाचार लेखन की एक विशेष शैली होती है। इस शैली का नाम बताते हुए समाचार लेखन की इस शैली को स्पष्ट कीजिए। CBSE SQP 2022-23

उत्तर समाचार लेखन की एक विशेष शैली होती है। इस शैली का नाम उल्टा पिरामिड शैली है। यह किसी समाचार को लिखने या कहने का वह तरीका है, जिसमें उस घटना, विचार, समस्या के सबसे अहम तथ्यों या पहलुओं को सबसे पहले बताया जाता है और उसके बाद घटते हुए महत्त्व क्रम में अन्य तथ्यों या सूचनाओं को लिखा या बताया जाता है। इस शैली में किसी घटना का ब्यौरा कालानुक्रम के बजाए सबसे महत्त्वपूर्ण तथ्यों या सूचना से शुरू होता है।

इस पद्धति में समाचार लिखते हुए उसका चरमोत्कर्ष प्रारंभ में दिया जाता है तथा घटना-क्रम की व्याख्या करते हुए अंत किया जाता है।

इसमें इंट्रो, बॉडी और समापन समाचार प्रस्तुति के तीन चरण होते हैं।

6. समाचार लेखन की सबसे लोकप्रिय, उपयोगी और बुनियादी शैली कौन-सी है? उसकी विशेषताओं का उल्लेख कीजिए। CBSE Term II 2022

उत्तर समाचार लेखन की सबसे लोकप्रिय, उपयोगी और बुनियादी शैली उल्टा पिरामिड शैली है।

उल्टा पिरामिड शैली की निम्न विशेषताएँ हैं—

1. उल्टा पिरामिड शैली में सबसे पहले महत्त्वपूर्ण तथ्यों, सूचनाओं व जानकारियों को लिखा जाता है।
2. सर्वाधिक महत्त्वपूर्ण तथ्यों के पश्चात् घटते हुए महत्त्व के क्रम में अन्य तथ्यों व सूचनाओं को लिखा जाता है।

इस प्रकार उल्टा पिरामिड शैली में किसी घटना का ब्यौरा कालानुक्रम की बजाय सबसे महत्त्वपूर्ण तथ्य या सूचना से शुरू होता है तथा घटना क्रम की व्याख्या करते हुए अंत किया जाता है।

7. समाचार लेखन की रचना प्रक्रिया को स्पष्ट कीजिए। CBSE SQP Term II 2021-22

उत्तर **समाचार लेखन की प्रक्रिया** समाचार लेखन की उल्टा पिरामिड शैली के अंतर्गत लिखे गए समाचारों को सुविधा की दृष्टि से निम्न तीन भागों में विभाजित किया जाता है

1. **इंट्रो या मुखड़ा** समाचार के इस काल में सबसे महत्त्वपूर्ण तथ्यों, सूचनाओं एवं जानकारी को लिखा जाता है। इस प्रकार प्रथम पैराग्राफ में दी जा रही जानकारी को इंट्रो या मुखड़ा कहा जाता है। इंट्रो में समाचार के संबंध में क्या, कहाँ, कब और कौन इन चार प्रश्नों के उत्तर देना आवश्यक होता है।
2. **बॉडी या क्लेवर** इसे बॉडी या समाचार का क्लेवर (Body of the Story) कहा जाता है। समाचार के इस भाग में छ: ककारों में से दो ककारों क्यों और कैसे का जवाब देने की कोशिश की जाती है।
3. **समापन** समाचार का समापन करते समय यह ध्यान रखना चाहिए कि न केवल उस समाचार के प्रमुख तथ्य आ गए हैं, बल्कि समाचार के मुखड़े और समापन के बीच एक तारतम्यता भी होनी चाहिए। समाचार में तथ्यों तथा उसके विभिन्न पहलुओं को इस तरह से पेश करना चाहिए कि उससे पाठक को किसी निर्णय या निष्कर्ष पर पहुँचने में सहायता मिले।

8. संपादकीय का महत्त्व समझाइए। CBSE 2020 C, All India 2016

उत्तर संक्षिप्तता, विश्वसनीयता, तथ्यपरकता, निष्पक्षता एवं रोचकता एक अच्छे संपादकीय का महत्त्व है। वास्तव में, एक अच्छा संपादकीय किसी विषय या मुद्दे पर संपादक द्वारा प्रस्तुत उसके विचारों की सजग एवं ईमानदार प्रस्तुति है।

9. समाचार के छ: 'ककार' कौन-कौन से हैं? CBSE SQP Term II 2021-22, All India 2017, 12, 11

उत्तर किसी घटना के संदर्भ में क्या, कहाँ, कब, कैसे, क्यों और कौन समाचार के छ: ककार हैं। कोई भी समाचार मूलत: इन्हीं प्रश्नों का उत्तर प्रस्तुत करता है।

10. 'समाचार' शब्द को परिभाषित कीजिए। All India 2017; Delhi 2012, 11

उत्तर हिंदी में प्रचलित 'समाचार' शब्द अंग्रेज़ी के NEWS का पर्याय है। NEWS (न्यूज़) शब्द चारों दिशाओं (North, East, West, South) के नामों का संक्षिप्त रूप है। इस तरह समाचार का संबंध चारों दिशाओं से हो जाता है। सामाजिक प्राणी होने के नाते मनुष्य अपने आस-पास के समाज एवं देश-दुनिया की घटनाओं के बारे में जानने को उत्सुक रहता है। यह जानकारी हमें 'समाचार' के अंतर्गत प्राप्त होती है। वास्तव में, महत्त्वपूर्ण घटनाओं एवं गतिविधियों का सही एवं पक्षपात रहित विवरण प्रस्तुत करना ही समाचार है।

11. 'डेड लाइन' से क्या आशय है? All India 2014

उत्तर कोई भी समाचार-पत्र जिस अवधि के बाद छपता है, वह अवधि ही किसी समाचार के लिए डेड लाइन होती है। प्राय: समाचार-पत्र 24 घंटे बाद छपते हैं। अत: पिछले 24 घंटों की खबरें ही छपने योग्य होती हैं। उससे पूर्व की सूचनाएँ बेकार हो जाती हैं। अत: समाचार-पत्रों के लिए 24 घंटे की अवधि डेड लाइन होती है।

12. समाचार लेखन की विलोमस्तूपी पद्धति क्या है?

***अथवा* 'उल्टा पिरामिड' का आशय स्पष्ट कीजिए। All India 2013; Delhi 2012, 09**

उत्तर समाचार लेखन की विलोमस्तूपी पद्धति अथवा उल्टा पिरामिड पद्धति में समाचार लिखते समय उसका चरमोत्कर्ष प्रारंभ में दिया जाता है तथा घटना-क्रम की व्याख्या करते हुए अंत किया जाता है।

13. समाचार लेखन के विभिन्न चरणों में से शीर्षक पर प्रकाश डालिए।

उत्तर समाचार लेखन करते हुए सर्वप्रथम समाचार का शीर्षक देना चाहिए। शीर्षक में समाचार की मुख्य घटना (जिस घटना के संदर्भ में समाचार लिखा जा रहा है) का सांकेतिक उल्लेख रहना चाहिए। शीर्षक ऐसा होना चाहिए जो पाठक को सहज रूप से आकर्षित करे, समाचार का मूलभाव बताए और पाठक को अपनी रुचि के अनुसार समाचार खोजने में सहायक हो।

इसके शीर्षक की विशेषताएँ निम्न हैं—

- शीर्षक संक्षिप्त, सरल, सार्थक एवं स्पष्ट होना चाहिए।
- शीर्षक को कभी भूतकाल में नहीं लिखना चाहिए।
- शीर्षक में यदि नाम दिया जाना ज़रूरी हो तो महत्त्वपूर्ण तथा विख्यात व्यक्ति का दिया जाना चाहिए।
- शीर्षक समाचार का 'प्रवेश द्वार' माना जाता है। शीर्षक की उपयुक्तता समाचार के महत्त्व को बढ़ाती है।

07

आलेख लेखन

आलेख गद्य-लेखन की एक विधा है। आलेख वैचारिक गद्य-रचना को कहते हैं, जिसमें किसी विषय विशेष पर विचारों की शृंखलाबद्ध, तर्कपूर्ण एवं विश्लेषणात्मक प्रस्तुति की जाती है। आलेख में किसी वस्तु, विचार, घटना अथवा स्थिति की समीक्षा एवं उसका विवेचन किया जाता है।

आलेख लिखने हेतु ध्यान रखने योग्य बातें

- आलेख लिखने वाले व्यक्ति का संबंधित विषय पर सम्यक् चिंतन होना चाहिए।
- आलेख से जुड़े तथ्यों एवं आँकड़ों आदि का उल्लेख पूर्ण-स्पष्टता के साथ करना चाहिए।
- आलेख लिखने हेतु एक वैचारिक एवं तकनीकी कुशलतायुक्त भाषा का प्रयोग करना चाहिए।
- भाषा सहज, सरल एवं रोचक होनी चाहिए।
- आलेख के प्रस्तुतीकरण में भ्रामक एवं संदिग्ध जानकारियों का उल्लेख नहीं करना चाहिए।
- आलेख का आमुख (प्रस्तावना) वाला अंश तथा समाप्ति वाला अंश रोचक एवं निष्कर्षपरक होना चाहिए।

PYQs विगत वर्षों के प्रश्न व महत्त्वपूर्ण प्रश्न

1. 'फिल्मों में बढ़ती हिंसा' विषय पर 80 से 100 शब्दों में एक आलेख लिखिए। **CBSE SQP 2019-20**

उत्तर **फिल्मों में बढ़ती हिंसा**

वर्तमान समय में फिल्मों का हमारे जीवन पर बहुत प्रभाव बढ़ गया है। आज प्रत्येक फिल्म में हिंसा की प्रवृत्ति बढ़ती जा रही है। फिल्मों में हिंसा दिखाने का प्रचलन बहुत पुराना है। पुरानी फिल्मों में हीरो और विलेन की फाइट ही क्लाइमेक्स का मजबूत आधार होती थी, परंतु समय बीतने के साथ फिल्म निर्माताओं ने हिंसा को ही पूरी स्क्रिप्ट का आधार बना दिया है। आजकल की फिल्मों में पहले सीन से लेकर आखिरी सीन तक मार-धाड़, गोलीबारी तथा एक्शन दृश्यों की भरमार होती है। एक वर्ग विशेष द्वारा इन हिंसात्मक फिल्मों को देखने के शोक के कारण ही अब हिंसा प्रधान फिल्में बनने लगी हैं। फिल्म-निर्माता इसी वर्ग के लिए सिर्फ हिंसा को आधार बनाकर फिल्में बना रहे हैं। ऐसे में फिल्मों से मौलिकता, रचनात्मकता, भावों का सम्प्रेषण आदि समाप्त हो रहा है। हिंसा प्रधान फिल्मों का समाज पर प्रतिकूल प्रभाव पड़ता है। देश का भविष्य कहा जाने वाला युवा वर्ग इस प्रकार की फिल्मों की ओर आकर्षित होकर अपराध कर बैठते हैं।

एक अन्य समस्या यह है कि बाल मस्तिष्क पर इन हिंसा प्रधान फिल्मों एवं दृश्यों का बहुत गहरा प्रभाव पड़ता है। फिल्मों में दिखाई जाने वाली हिंसा के कारण युवा पीढ़ी विशेषकर किशोरों के व्यवहार में उत्तेजना, चिड़चिड़ापन, हिंसक भावनाओं में वृद्धि होती है। अत: इसे रोका जाना आवश्यक है। इसके लिए सरकार को चाहिए कि वह अत्यधिक हिंसा प्रधान फिल्मों पर रोक लगाए। इसके लिए फिल्म-निर्माताओं को भी अपनी भूमिका निभानी होगी। उन्हें अपनी फिल्मों में हिंसा से निर्भरता हटाकर रचनात्मकता की ओर ध्यान देना होगा तथा समाज के हित को ध्यान में रखकर अच्छी फिल्मों का निर्माण करना होगा ताकि समाज उससे कुछ सीख सके।

2. 'बच्चों में दृष्टि-दोष की समस्या।' विषय पर एक आलेख तैयार कीजिए। **All India 2019**

उत्तर **'बच्चों में दृष्टि-दोष की समस्या'**

वर्तमान समय में बच्चों में दृष्टि-दोष की समस्या बढ़ती जा रही है। हर परिवार में बच्चे इस समस्या से ग्रसित है।

आजकल स्कूल से आते ही बच्चे टीवी में कार्टून देखने के लिए कई-कई घंटों तक बैठे रहते हैं। बच्चे बाहर निकलकर खेलना नहीं चाहते अर्थात् बाहर का खेल खेलना नहीं चाहते। वीडियो गेम व मोबाइल में लगे रहते

हैं। इनसब के कारण टीवी व मोबाइल से निकलने वाली अल्ट्रावाइलेट किरणें सीधे आँखों को प्रभावित करती हैं। बच्चे अगर अच्छे से पौष्टिक तत्त्व, भरपूर भोजन का सेवन न करें तो भी आँखों से संबंधित बीमारियाँ होती हैं। बच्चों में दृष्टि-दोष की समस्या के लिए माता-पिता को ज्यादा ध्यान देने की आवश्यकता है। बच्चों की आँखें नाजुक होती हैं इसलिए उन्हें खास देखभाल की जरूरत होती है। बच्चे बार-बार आँखों पर हाथ लगाते हैं, जिसकी वजह से आँखों में संक्रमण की आशंका बढ़ जाती है। कभी-कभी यह संक्रमण बच्चों की आँखों के लिए काफी नुकसानदायक हो जाता है, इसलिए इसका तुरंत उपचार आवश्यक है।

3. 'बदल रही है सरकारी विद्यालयों की छवि' विषय पर एक आलेख लिखिए। **Delhi 2019**

उत्तर **बदल रही है सरकारी विद्यालयों की छवि**

शिक्षा ही व्यक्ति का सर्वांगीण विकास करती है और शिक्षा ग्रहण करने के लिए हमें विद्यालयों की आवश्यकता पड़ती है। विद्यालय दो प्रकार के होते हैं— सरकारी विद्यालय और निजी विद्यालय। जहाँ पहले सरकारी विद्यालय की अपेक्षा निजी विद्यालयों का अधिक प्रभाव था, वहीं आज सरकारी विद्यालय भी समाज में अपना विशेष स्थान बना चुके हैं, क्योंकि आज सरकारी विद्यालयों की छवि बदल गई है। सरकारी विद्यालयों में सुधार के लिए जो नवाचार अपनाएँ गए हैं, उनके कारण सरकारी विद्यालयों में विद्यार्थियों का नामांकन तेजी से बढ़ा है। सरकारी विद्यालयों ने अपनी छवि को बदलने के लिए विद्यालयों में आधारभूत सुविधाओं का विकास करने के साथ ही गुणवत्तापूर्ण शिक्षा को भी सुनिश्चित किया है। परिणाम यह हुआ कि कई लाख नए विद्यार्थियों का सरकारी विद्यालयों में नामांकन हुआ। इन विद्यालयों में पर्याप्त संख्या में शिक्षक, आधारभूत सुविधाएँ; जैसे— कक्षा-कक्ष, छात्र-छात्राओं के लिए अलग-अलग शौचालय, प्रयोगशाला, कंप्यूटर, इंटरनेट आदि सभी सुविधाएँ उपलब्ध हैं। सरकारी स्कूलों की स्थिति अब बदल रही है। इसका श्रेय पूरे एजुकेशन सिस्टम को जाता है।

4. 'धर्म की आड़ में व्याप्त भ्रष्टाचार' विषय पर एक आलेख तैयार कीजिए। **CBSE SQP 2018-19**

उत्तर **धर्म की आड़ में व्याप्त भ्रष्टाचार**

वर्तमान समय में भ्रष्टाचार प्रत्येक क्षेत्र में व्याप्त हो गया है चाहे वह राजनैतिक क्षेत्र हो, सामाजिक, आर्थिक या धार्मिक। धार्मिक क्षेत्र में व्याप्त भ्रष्टाचार देश के लिए एक गंभीर समस्या बनती जा रही है। कुछ स्वार्थी लोग जनसमूह की बुद्धि पर पर्दा डालकर धर्म, ईश्वर, ईमान तथा आत्मा आदि के नाम पर भटकाकर उन्हें आपस में लड़ाते-भिड़ाते रहते हैं और उनकी कमाई से जीवन-यापन करते हैं। हमारे देश में धर्म के नाम पर अपराध और शोषण होते रहते हैं। एक धूर्त व्यक्ति ईश्वर के नाम का सहारा लेकर जनसमूह की शक्ति का दुरुपयोग कर अपना उल्लू सीधा करने में लगा रहता है। धर्म की आड़ में न केवल आर्थिक रूप से व्यक्ति का शोषण होता है, बल्कि मानसिक व शारीरिक रूप से भी उसका शोषण किया जाता है।

यह केवल हमारे देश की ही समस्या नहीं है, बल्कि अन्य देशों में भी ऐसा हो रहा है। धर्म के नाम पर उबल पड़ने वाला साधारण आदमी धर्म के मर्म को जाने बिना ही मरने-मारने पर उतारू हो जाता है, जिससे समाज में गृहयुद्ध की स्थिति उत्पन्न हो जाती है, जो निरंतर देश को खोखला करती रहती है। इससे राष्ट्र का विकास बाधित होता है। धर्म तथा ईमान के नाम पर अपराध व शोषण के व्यापार को रोकने के लिए साहस, दृढ़ता व ईमानदारी से उपाय किया जाना चाहिए। ऐसा होने पर ही राष्ट्र का विकास होना संभव है।

5. 'गाँव से मज़दूरों का पलायन' विषय पर लगभग 150 शब्दों में आलेख लिखिए। **All India 2018**

उत्तर **गाँव से मज़दूरों का पलायन**

वर्तमान में गाँव से मज़दूरों के पलायन की प्रवृत्ति बढ़ती जा रही है। गरीबी तथा बेरोज़गारी से ऊब कर मज़दूर महानगरों में अपना भविष्य तलाशने लगे हैं। इसका मुख्य कारण गाँव में रोज़गार का अभाव तथा कम मज़दूरी दर है। गाँवों में रोज़गार की असहज स्थितियों ने लोगों को महानगरों की ओर पलायन करने पर मजबूर कर दिया है। महानगरों की ओर पलायन करना एक स्वाभाविक प्रवृत्ति है। प्रत्येक व्यक्ति उन्नत कहलाना चाहता है। महानगरों में उन्नति पाने के अवसरों की कमी नहीं है। यहाँ पढ़ाई, नौकरी, अच्छी मज़दूरी दर, विकास एवं मनोरंजन के अनेक साधन और अवसर हैं, जिनका लाभ उठाकर व्यक्ति न केवल अपनी आर्थिक उन्नति कर सकता है वरन् व्यक्तित्व का विकास भी कर सकता है। अत: अवसर मिलते ही गाँव के मज़दूर महानगरों की ओर चल पड़ते हैं। गाँव में असुविधा तथा सही मज़दूरी न मिलने के कारण लोग महानगरों की ओर पलायन कर रहे हैं, परंतु महानगरों की बढ़ती हुई आबादी के कारण उन्हें महानगरों में भी अनेक समस्याओं का सामना करना पड़ रहा है। गाँव से मज़दूरों का पलायन रोकने के लिए गाँव में रोज़गार के विस्तृत कार्यक्रमों को लागू करना ज़रूरी है। गाँवों में कृषि से अलग रोज़गार पैदा करने की ज़रूरत है। सरकार ने इस ओर कदम बढ़ाया है। देखना है कि उसके प्रयास इस पलायन को रोकने में कितने सफल हो पाते हैं।

6. 'मजदूरों की समस्या' विषय पर एक आलेख तैयार कीजिए। **CBSE SQP 2017-18**

उत्तर **मजदूरों की समस्या**

मजदूर हमारे समाज का वह वर्ग है, जिस पर समस्त आर्थिक उन्नति टिकी होती है। वह मानवीय श्रम का सबसे आदर्श उदाहरण है। वह सभी प्रकार के क्रिया-कलापों की धुरी है, परंतु फिर भी उसकी आर्थिक स्थिति अत्यंत दयनीय है। मजदूर अपना श्रम बेचता है और बदले में वह न्यूनतम मजदूरी प्राप्त करता है। उसका जीवन-यापन दैनिक मजदूरी के आधार पर होता है। भारत में मजदूरों के परिवार की आय बहुत कम है। मजदूरों की न केवल मजदूरी कम होती है, अपितु उन्हें किसी भी प्रकार की सामाजिक सुरक्षा भी प्राप्त नहीं होती। खेतिहर मजदूरों को बेरोजगारी और ठेके की समस्या का सामना करना पड़ता है। साल के ज्यादातर समय उन्हें बेरोज़गार रहना पड़ता है, क्योंकि खेतों पर कोई काम नहीं होता और रोजगार के वैकल्पिक स्रोत भी मौजूद नहीं होते हैं।

अधिकतर मजदूर अशिक्षित होते हैं। शिक्षा के अभाव के कारण वे बैंकिंग सुविधाओं का लाभ नहीं उठा पाते और साहूकारों तथा जमींदारों से उच्च दरों पर ऋण लेने के लिए बाध्य हो जाते हैं। इस तरह बहुत अधिक दर पर ऋण लेने के कारण वे कर्ज के दुष्चक्र में फँसते चले जाते हैं। इस प्रकार मजदूर वर्ग को अनेक प्रकार की समस्याओं का सामना करना पड़ता है। अत: मजदूरों की समस्याओं को कम करने की दिशा में सरकार द्वारा आवश्यक कदम उठाए जाने की आवश्यकता है।

7. 'गाँव में गंदगी की समस्या' विषय पर एक आलेख तैयार कीजिए। **CBSE SQP 2017-18**

उत्तर **गाँव में गंदगी की समस्या**

भारतवर्ष को गाँवों का देश कहा जाता है, परंतु भारत के अधिकांश गाँवों में सुविधाएँ न के बराबर हैं। स्वतंत्रता से पूर्व तो गाँवों की दशा अत्यंत शोचनीय थी, लेकिन स्वतंत्रता के पश्चात् भारत सरकार की ओर से गाँव की उन्नति और विकास के लिए आवश्यक कदम उठाए गए। फिर भी बुनियादी सुविधाओं का अभाव गाँव में दिखाई देता है। गाँवों में गंदगी की समस्या आरंभ से ही रही है। आज भी असंख्य गाँवों में सार्वजनिक

शौचालय नहीं है। ऐसी स्थिति में लोगों को खुले में अथवा खेतों में शौच निवृत्ति के लिए जाना पड़ता है, जो स्वास्थ्य की दृष्टि से हानिकारक है।

गाँव में स्थान-स्थान पर पशुओं का मल और चारों ओर गंदगी का साम्राज्य दिखाई देता है। हरियाणा, पंजाब आदि कुछ संपन्न राज्यों को छोड़ दिया जाए तो आज भी भारतीय गाँवों में पक्की सड़कों का अभाव भी स्पष्ट रूप से दिखाई देता है। सड़कों के नाम पर कच्ची धूल भरी पगडंडियाँ ही आवागमन का एकमात्र साधन हैं। बरसात के समय में तो कीचड़ तथा गड्ढों से भरे हुए इन रास्तों से गुजरना अत्यंत कष्टकर एवं असुरक्षित होता है। साथ ही गंदगी के कारण बीमारियाँ फैलने का भी खतरा रहता है। इन समस्याओं को देखते हुए हम कह सकते हैं कि गाँव आज भी बुनियादी आवश्यकता एवं सुविधाओं से वंचित हैं। भारत की आत्मा गाँवों में बसती है। गाँवों की समस्याओं का समाधान कर इनको विकसित एवं खुशहाल बनाए जाने की आवश्यकता है। अत: गाँव में गंदगी की समस्या के समाधान के लिए सरकार को आवश्यक कदम उठाने चाहिए।

8. 'कन्या भ्रूण-हत्या की समस्या' विषय पर एक आलेख लिखिए। **All India 2017; Delhi 2016, 12**

अथवा **'लड़कियों की घटती जनसंख्या' विषय पर आलेख लिखिए।** **All India 2013**

उत्तर **कन्या भ्रूण-हत्या की समस्या**

भारत में लड़कियों का अनुपात निरंतर घटता ही जा रहा है। दक्षिण भारत की अपेक्षा उत्तर भारत तथा पश्चिमी भारत में यह समस्या प्रबल रूप में दृष्टिगत होती है। हरियाणा, राजस्थान, दिल्ली, गुजरात, महाराष्ट्र, पंजाब, बिहार, उत्तर प्रदेश तथा मध्य प्रदेश में यह समस्या भयावह रूप धारण कर चुकी है। हरियाणा में 1,000 लड़कों के अनुपात में 877 लड़कियाँ हैं। ऐसी ही स्थिति उपरोक्त सभी राज्यों की है। दक्षिण भारतीय राज्यों, जैसे केरल, कर्नाटक आदि में लड़के-लड़कियों के अनुपात में अधिक अंतर नहीं है। वस्तुत: दहेज प्रथा के कारण अनेक निर्धन माता-पिता कन्या भ्रूण हत्या का घृणित कृत्य कर बैठते हैं।

पिछले अनेक वर्षों से हज़ारों डॉक्टर कन्या भ्रूण हत्या के जघन्य कार्य द्वारा लाखों रुपये महीना कमा रहे हैं। कन्या भ्रूण हत्या करना अपराध है। दिल्ली, गुजरात और महाराष्ट्र में कुछ समय पूर्व अनेक डॉक्टरों को इस अपराध के लिए जेल भेजा गया, परंतु जब कानून बनाने वाले ही कानून का उल्लंघन करते हैं, तो चिकित्सक पाप की सरिता में स्नान क्यों न करें?

कई राज्यों में लाखों युवकों को कन्या न मिलने के कारण अविवाहित रहना पड़ता है। इस कारण बलात्कार की घटनाओं में भी वृद्धि हुई है। अभिनेता आमिर खान ने 'सत्यमेव जयते' में कन्या भ्रूण हत्या पर कार्यक्रम प्रदर्शित कर सामाजिक चेतना जागृत की थी, परंतु अब भी लाखों निर्दोष कन्याओं की हत्या हो रही है। वास्तव में, कन्या भ्रूण हत्या के दोषी को कड़ी सजा मिलनी चाहिए तथा दहेज प्रथा पर पूर्ण प्रतिबंध लगना चाहिए, तभी इस विकराल समस्या को नियंत्रित किया जा सकता है।

9. 'बढ़ते अपराध' विषय पर एक आलेख लिखिए। **Delhi 2016**

उत्तर **बढ़ते अपराध**

आजकल दिल्ली विविध प्रकार के अपराधों का केंद्र बनती जा रही है। दिल्ली में आजकल गुंडागर्दी, बलात्कार, हत्याएँ, लूटपाट, अपहरण जैसी आपराधिक घटनाएँ लगातार बढ़ रही हैं। दिल्ली शिक्षा एवं जीविका की सुविधाओं का केंद्र है। सभी छोटे-बड़े शहरों से लड़कियाँ इस केंद्र (दिल्ली) की ओर अपना जीवन सँवारने के उद्देश्य से आती रहती हैं। अब लड़कियाँ यहाँ पर अपने को सुरक्षित महसूस नहीं कर पा रही हैं, न तो उनके माता-पिता ही आश्वस्त हो पाते हैं। दिनों-दिन जिस तरह से यहाँ अपराधों की संख्या बढ़ती जा रही है, छेड़खानी की घटनाएँ तो आम बात हो गई है। देश की राजधानी दिल्ली 'अमन चैन की राजधानी' न रहकर असामाजिक तत्त्वों व अपराधियों द्वारा 'भय व आतंक के वातावरण की राजधानी' बनकर रह गई है। दिन-दहाड़े दुकानदारों से लूट, घरों में चोरी, छोटे बच्चों का अपहरण, लड़कियों से छेड़छाड़ व बलात्कार तो जैसे आम बात हो गई है।

सुबह-सुबह समाचार-पत्र देखने पर ऐसा लगता है जैसे दिल्ली में पुलिस का नहीं, बल्कि अपराधियों का बोलबाला है। सड़क पर दुर्घटना होती है, पर लोग आँख बंद करके निकल जाते हैं। कोई किसी की मदद करता भी है, तो पुलिस और राजनीति के चक्र में ऐसा फँसता है कि आगे से मदद करने लायक ही नहीं बचता।

दु:ख तो इस बात का है कि अनेक राजनीतिक संगठनों, गैर-सरकारी संस्थाओं तथा छात्र संगठनों द्वारा कई बार इस ओर ध्यान दिलाए जाने के बावजूद केंद्र सरकार चुपचाप बैठी है। वह संबंधित पुलिस अधिकारियों को कड़े निर्देश जारी नहीं करती। इन बढ़ते अपराधों से दिल्ली की छवि विश्व के मानचित्र पर धूमिल हो रही है और विदेशी सैलानी आने से कतराने लगे हैं।

10. 'जन-धन योजना' विषय पर एक आलेख लिखिए। **Delhi 2016**

उत्तर **जन-धन योजना**

15 अगस्त, 2014 को प्रधानमंत्री नरेंद्र मोदी ने जन-धन योजना की घोषणा की, जिसके अंतर्गत प्रत्येक परिवार को अपना एक बैंक अकाउंट बनाना होगा, जिसमें उन्हें ₹ 1 लाख की बीमा राशि एवं एक डेबिट कार्ड की सुविधा प्राप्त होगी।

प्रधानमंत्री जन-धन योजना गरीबों को ध्यान में रखकर बनाई गई है, जिससे उनमें बचत की भावना का विकास हो, साथ ही उनमें भविष्य की सुरक्षा का अहम भाव जागे। इसके अतिरिक्त इस कदम से देश का पैसा भी सुरक्षित होगा और जनहित के कार्यों को बढ़ावा भी मिलेगा। यह योजना केंद्र सरकार का बड़ा और अहम फैसला है, जोकि देश की नींव मजबूत बनाएगा।

प्रधानमंत्री जन-धन योजना का नारा है 'सबका साथ सबका विकास' अर्थात् देश के विकास में ग्रामीण लोगों का योगदान अहम है, जिसे भूला नहीं जा सकता। अब तक जितनी भी योजनाओं को सुना जाता था वह केवल शहरों तक ही सीमित होती थीं, लेकिन देश का बड़ा भाग ग्रामीण तथा किसान परिवार हैं, जिन्हें जागरूक तथा सुरक्षित करना ही इस योजना का अहम उद्देश्य है।

इस योजना के अंतर्गत कई मूलभूत सुविधाएँ भी प्रदान की गई हैं। खाता धारकों को ₹ 30,000 का बीमा कवरेज दिया जाएगा। साथ ही किसी आपत्ति की स्थिति में बीमा राशि ₹ 1 लाख तक का कवरेज दिया जाएगा।

इस योजना में शून्य स्तर पर भी खाते खोले जा रहे हैं, जिन्हें जीरो बैलेंस की सुविधा कहा जाता है। जन-धन योजना वर्तमान सरकार द्वारा लिया गया अहम निर्णय है जिसके तहत गरीबों को आर्थिक रूप से थोड़ा सशक्त बनाने की कोशिश की गई है, साथ ही बैंकिंग सिस्टम को देश के हर व्यक्ति तक पहुँचाने की कोशिश की गई है।

11. 'प्रदूषित यमुना' विषय पर एक आलेख लिखिए। **Delhi 2016**

उत्तर **प्रदूषित यमुना**

वर्तमान विज्ञान-युग में मानव को जहाँ असंख्य वरदान मिले हैं, वहाँ कुछ अभिशाप भी मिले हैं या ये कहा जाए कि प्रगति की होड़ में मानव ने वरदानों का दुरुपयोग किया है। इसका उदाहरण है—जल-प्रदूषण।

जिस पतित पावनी यमुना में स्नान कर निर्मल होते थे, आज वह स्नान के योग्य नहीं रह गई है।

धार्मिक आस्था के चलते यदि नहा भी लिया जाए, तो विभिन्न प्रकार के त्वचा-रोग होने की आशंका बनी रहती है। इसका कारण है कल-कारखानों से निकले अवशिष्ट पदार्थ, हानिकारक रसायन, दूषित जल आदि। यह एक ऐसी विकराल समस्या बन गई है, जिसका कोई समाधान नहीं दिखाई देता। शहर भर का टनों कचरा, दूषित पदार्थ, पशुओं की हड्डियाँ, राख, मिट्टी आदि अनेक वस्तुएँ यमुना में प्रवाहित कर दी जाती हैं। परिणामत: यमुना का आकार और स्वच्छता प्रतिदिन घटती जा रही है।

प्रत्येक वर्ष सरकारी योजनाओं के तहत गंगा-यमुना स्वच्छीकरण अभियान के नाम पर लाखों-करोड़ों रुपया बाँटा जाता है। संबंधित विभाग उसका विवरण भी पेश करते हैं, परंतु यमुना की हालत जस-की-तस बनी हुई है। यदि हम सही समय पर सचेत नहीं हुए, तो इसके परिणाम भयंकर रूप से सामने आएँगे। हम सबको जागरूक होकर यमुना को मैली होने से बचाने के लिए कृत-संकल्प होना होगा।

वास्तव में, यमुना को प्रदूषण से बचाना है, तो यमुना में गिरने वाले नालों को रोकने के लिए यमुना के सहारे नए नाले खोदे जाएँ तथा इस गंदे पानी को ट्रीटमेंट प्लांट के सहारे साफ कर खेती के काम में लाया जाए। इस प्रकार की योजना तैयार होने से यमुना का जल स्वच्छ रह सकता है।

12. 'बाढ़ की तबाही' विषय पर एक आलेख लिखिए। **Delhi 2016**

उत्तर

बाढ़ की तबाही

प्राकृतिक आपदाएँ जब भीषण रूप में नज़र आती हैं, तो वे विभीषिका बन जाती हैं। बाढ़ एक ऐसी ही प्राकृतिक आपदा है, जो अपने विकराल रूप में विभीषिका बनकर आती है और अपने प्रभाव से सामान्य जन-जीवन को अस्त-व्यस्त और नष्ट कर देती है।

बाढ़ की विभीषिका का दृश्य अत्यंत भयावह होता है। चारों ओर अफरा-तफरी का माहौल बन जाता है, लोग अपनी जान बचाने के लिए इधर-उधर भागते और सुरक्षित स्थानों की तलाश करते नज़र आते हैं, चारों ओर चीख-पुकार मच जाती है।

बाढ़ से जन-धन की बड़ी हानि होती है, सड़कें टूट जाती हैं, रेलमार्ग अवरुद्ध हो जाते हैं, जिससे यातायात एवं परिवहन बाधित हो जाता है और जन-जीवन ठप हो जाता है। इस तरह जहाँ लोग एक तरफ बाढ़ से त्रस्त होते हैं, वहीं खाद्य सामग्री की समस्या भी उन्हें और ज्यादा मुश्किल में डाल देती है। बाढ़ के कारण लाखों एकड़ भू-क्षेत्र में उपजी फसल नष्ट हो जाती है। तटबंधों के टूटने से बस्तियाँ भी उसकी चपेट में आकर बर्बाद हो जाती हैं।

बाढ़ प्रभावित लोगों के पुनर्वास की समस्या, संपत्ति के नुकसान की भरपाई में लगने वाला लंबा समय, प्रत्यक्ष एवं प्रच्छन्न बेरोज़गारी की समस्या आदि बाढ़ के प्रभाव से जन्म लेते हैं। उत्तराखंड और जम्मू-कश्मीर में आई बाढ़ भी काफी नुकसान कर चुकी है। बाढ़ नियंत्रण कार्यक्रम की शुरुआत वैसे तो वर्ष 1954 में ही शुरू हो गई थी, लेकिन योजनाओं की अपूर्णता कहें या क्रियान्वयन में असफलता, हम इस राष्ट्रीय आपदा की विनाश लीला के मूकदर्शक बने रहने के लिए अब भी अभिशप्त हैं। वह दिन हमारे लिए वास्तविक उपलब्धि का दिन होगा, जिस दिन हम इस राष्ट्रीय आपदा का स्थायी समाधान ढूँढ लेंगे।

13. 'जहाँ सोच, वहाँ शौचालय' विषय पर एक आलेख लिखिए। **All India 2016**

उत्तर

जहाँ सोच, वहाँ शौचालय

समय के साथ समाज में बहुत कुछ परिवर्तित हो रहा है। लोगों के रहन-सहन से लेकर सोचने के तरीके तक। जब से प्रधानमंत्री नरेंद्र मोदी ने स्वच्छता अभियान की बात की है, इसको अपने भाषणों में सामाजिक सरोकारों से जोड़ा है, लोगों में भी एक नई चेतना का संचार हुआ है।

अपने देश में यह किसी से नहीं छुपा है कि आज भी गाँवों में अधिकतर महिलाएँ और पुरुष दोनों ही खुले में शौच जाते हैं। जो लोग अपनी बहू-बेटियों को चौखट लाँघने की इजाजत नहीं देते, वहाँ भी महिलाएँ सुबह-सुबह सड़कों के किनारे और खेतों में शौच से निवृत्त होती दिखाई देती हैं। विश्व बैंक की एक रिपोर्ट के अनुसार, भारत में 53% लोग खुले में शौच करते हैं। ग्रामीण महिलाएँ शाम होने का इंतजार करती हैं और अँधेरा होने पर सड़क किनारे शौच करने जाती हैं। यह इक्कीसवीं सदी के भारत की एक शर्मसार करने वाली सच्चाई है।

निर्मल भारत अभियान के अंतर्गत अब हर गाँव में शौचालय बनाए जाएँगे। यह कार्य अतिशीघ्र पूरा हो जाएगा। इस कार्य को पूरा करने का दायित्व अधिकारियों को सौंपा गया है। प्रधानमंत्री की इच्छानुसार इस योजना को साकार रूप दिया जा रहा है। वर्ष 2015 में देश के गाँवों में लाखों शौचालय बनवाए गए, अब गाँव-गाँव, घर-घर शौचालय बनेंगे। शौच का मतलब सिर्फ शौचालय बनाने मात्र से नहीं है। शौचालय स्वच्छता का पहला कदम है। इससे देश में स्वच्छता होगी और हम स्वस्थ रहेंगे।

14. 'महँगाई' विषय पर एक आलेख लिखिए। **All India 2016**

उत्तर

महँगाई

महँगाई का अर्थ है—दैनिक उपभोग की वस्तुओं की कीमत का आवश्यकता से अधिक बढ़ना अर्थात् उनमें मूल्यवृद्धि। प्रत्येक देश की सरकार का यह दायित्व है कि वह अपनी जनता की मूलभूत आवश्यकताओं को कम कीमत पर बेहतर गुणवत्ता के साथ पूरा करे। दैनिक उपभोग की वस्तुओं की कीमत इतनी कम हो कि निम्न आय वाला व्यक्ति भी इन्हें सरलता से खरीद सके, परंतु समय-समय पर गलत आर्थिक नीतियों के दुष्परिणामस्वरूप आम जनता को महँगाई का सामना करना पड़ता है।

महँगाई बढ़ने के कई कारण हैं। उन कारणों में कुछ प्राकृतिक हैं, तो कुछ सामाजिक तथा कुछ राजनीतिक। सूखा, बाढ़, भूकंप, फसलों का खराब हो जाना आदि जहाँ प्राकृतिक कारण हैं, वहीं जमाखोरी, दोषपूर्ण वितरण प्रणाली के साथ-साथ प्रशासन, राजनीतिक दलों की खराब आर्थिक नीतियाँ आदि महँगाई बढ़ाने के प्रमुख गैर-प्राकृतिक कारण हैं। कभी-कभी अचानक थोपे गए युद्ध से भी महँगाई बढ़ जाती है। बाज़ार में वस्तुओं की कमी का फायदा जमाखोर उठाते हैं और आवश्यकता की वस्तुओं को मनमाने दामों पर बेचते हैं। सरकार द्वारा की जाने वाली अनाज की वितरण प्रक्रिया इतनी दोषपूर्ण है कि एक टन अनाज आम जनता तक पहुँचते-पहुँचते आधा या इससे भी कम रह जाता है। टनों अनाज गोदामों या खुले आसमान के नीचे पड़े-पड़े सड़ जाता है। यदि हमें बढ़ती महँगाई नियंत्रित करनी है, तो इससे संबंधित व्यापक राष्ट्रीय नीति बनाने की आवश्यकता होगी। वितरण प्रणाली को दोषमुक्त बनाना होगा। आवश्यक वस्तुओं की कीमतों पर सरकारी स्तर पर निगरानी रखी जानी अत्यंत आवश्यक है।

15. 'मेक इन इंडिया' विषय पर एक आलेख लिखिए। **All India 2016**

उत्तर

मेक इन इंडिया

'मेक इन इंडिया' सोच, जो अब एक मिशन है, का अर्थ है—हमारी आवश्यकताओं से संबद्ध अधिकाधिक वस्तुओं का निर्माण भारत में किया जाना। दूसरे शब्दों में कहें, तो 'मेक इन इंडिया' मिशन 'मेड इन इंडिया' के स्वर्णिम स्वप्न को पूर्ण करने का मिशन है। 'मेड इन इंडिया' उन्हीं वस्तुओं पर अंकित किया जाता है, जिनका निर्माण हमारे देश में किया गया हो और जिन वस्तुओं का निर्माण देश में किया जाता है, उनकी कीमत अपेक्षाकृत कम रहती है। इस प्रकार इस दूरदर्शी अभियान का सबसे अधिक लाभ देशवासियों को ही होगा।

प्रधानमंत्री ने 25 सितंबर, 2014 को नई दिल्ली स्थित विज्ञान भवन में 'मेक इन इंडिया' मिशन का शुभारंभ करते हुए कहा था—"हम नहीं चाहते कि किसी भी उद्योग को भारत छोड़कर जाने के लिए मजबूर होना पड़े। हम चाहते हैं कि हमारी कंपनियाँ बहुराष्ट्रीय कंपनियों की तरह चमकें।" इस अवसर पर उन्होंने निवेशकों को यह आश्वस्त करते हुए कहा कि सरकार उनका पैसा डूबने नहीं देगी, इस महत्त्वाकांक्षी मिशन को 'शेर के कदम' जैसा बतलाया था। इस मिशन का लोगो भी अत्याधुनिक तकनीक संपन्न 'शेर' रखा गया है। वास्तव में, इस अभियान का उद्देश्य विदेशी निवेश को देश में बढ़ावा देने के साथ-साथ सुस्त पड़े उद्योग-धंधों को पटरी पर लाना है, ताकि विनिर्माण के क्षेत्र में हमारा देश वैश्विक स्तर पर अपनी पहचान बना सके। उदारीकरण की नीति अपनाकर विश्व व्यापार को नए आयाम प्रदान करने वाले इस भारतीय अभियान के अंतर्गत कागज़, बिजली, मोटर वाहन, पनडुब्बी, उपग्रह, सॉफ्टवेयर जैसे क्षेत्रों में विनिर्माण को विश्वस्तरीय बनाने पर बल दिया गया है। श्री नरेंद्र मोदी के शब्दों में "उद्योगपतियों, शिक्षाविदों और नौजवानों की सोच में एकरूपता लाने की आवश्यकता है। ऐसी आशा की जाती है कि आने वाले समय में इस अभियान से देशवासियों को हर स्तर पर लाभ मिलेगा और 'मेक इन इंडिया' अभियान स्तर पर अपनी पहचान बनाने में सफलता हासिल करेगा।

16. 'आदर्श ग्राम' विषय पर एक आलेख लिखिए। **All India 2016**

उत्तर

आदर्श ग्राम

अमर स्वतंत्रता सेनानी स्व. जयप्रकाश नारायण के जन्मदिवस पर 11 अक्टूबर, 2014 को हमारे वर्तमान प्रधानमंत्री श्री नरेंद्र मोदी ने सांसद आदर्श गाँव योजना की आधारशिला रखी। गाँवों को समर्पित इस योजना का शुभारंभ करते हुए प्रधानमंत्री ने कहा कि प्रत्येक सांसद को वर्ष 2019 तक तीन आदर्श गाँव बनाने होंगे। इस प्रकार यदि देश के 800 सांसद ऐसा करें, तो वर्ष 2019 तक 2,500 गाँवों का विकास हो जाएगा।

इस योजना के माध्यम से अधिक-से-अधिक गाँवों को विकसित किए जाने के लक्ष्य को ध्यान में रखते हुए प्रधानमंत्री ने कहा था—"सांसद गाँव को तीर्थ की तरह बनाएँ, विधायक भी आदर्श गाँव बनाएँ। ऐसा वातावरण बनाया जाए, जिससे गाँव वाले अपने गाँव पर गर्व करें।"

इस योजना के अंतर्गत आदर्श गाँव के रूप में विकसित किए जाने वाले गाँवों में सभी प्रकार की सुख-सुविधा तो उपलब्ध रहेगी ही, साथ-ही-साथ जुआ खेलने, नशा करने आदि दुर्गुणों पर भी प्रतिबंध रहेगा। इस प्रकार आदर्श गाँवों हेतु संसद के दोनों सदनों (लोकसभा व राज्यसभा) के सभी सांसदों को मार्च, 2019 तक तीन-तीन गाँवों को विकसित करने का दायित्व सौंपा गया है।

इस योजना के द्वितीय चरण में अर्थात् वर्ष 2019 के पश्चात् प्रत्येक सांसद को पुन: 5 और गाँवों को चुनकर उन्हें आदर्श गाँवों में परिवर्तित करना है। इस प्रकार चयन किए गए गाँवों को वर्ष 2024 तक शिक्षा, कृषि, स्वास्थ्य, पर्यावरण सहित अन्य क्षेत्रों में विकास के उच्च स्तर तक पहुँचाना इस योजना का लक्ष्य रखा गया है। साफ़-सफ़ाई, पठन-पाठन, महिलाओं के सम्मान आदि को भी इस योजना में महत्त्व दिया गया है। चयनित गाँवों के गरीब लोगों की स्थिति सुधारने हेतु सांसद निर्वाचन क्षेत्र फंड का उपयोग किया जाएगा। इस नियोजन प्रक्रिया में जिला कलेक्टर को भी सम्मिलित किया जाएगा।

17. 'अंग्रेज़ी माध्यम से शिक्षा' विषय पर एक आलेख लिखिए। **All India 2016**

उत्तर

अंग्रेज़ी माध्यम से शिक्षा

प्राथमिक शिक्षा विभाग स्कूलों में अंग्रेज़ी माध्यम से शिक्षा शुरू करने की तैयारी में लग गया है। हालाँकि अभी इसके लिए शिक्षा विभाग सर्वेक्षण कर रहा है कि वर्तमान समय में कितने स्कूलों में अंग्रेज़ी माध्यम चल रहा है और उसकी क्या स्थिति है? क्या अंग्रेज़ी माध्यम से शिक्षा का अधिक संख्या में बच्चे लाभ उठा रहे हैं या नहीं?

शिक्षा विभाग की योजना के अनुसार जल्द ही प्राथमिक स्कूलों में अंग्रेज़ी माध्यम से शिक्षा शुरू होगी और शुरुआत में अंग्रेज़ी माध्यम से शिक्षा कुछ ही मुख्य स्कूलों में शुरू की जाएगी। यहाँ परिणाम अच्छे आने पर अंग्रेज़ी माध्यम शिक्षा को सभी स्कूलों में शुरू किया जाएगा। ऐसा नहीं है कि वर्तमान समय में किसी भी स्कूल में अंग्रेज़ी माध्यम शिक्षा नहीं चल रही है। अंग्रेज़ी माध्यम शिक्षा को स्कूलों में शुरू किए जाने की वजह, स्कूलों में बच्चों की कम होती संख्या है। प्राथमिक स्कूलों में बच्चों की संख्या बढ़ाने के लिए शिक्षा विभाग ने अब नई तैयारी शुरू की है और देखना यह है कि कब स्कूलों में अंग्रेज़ी माध्यम शिक्षा शुरू हो पाती है और बच्चों की संख्या बढ़ाने में यह कितनी कारगर सिद्ध होती है।

18. 'दलितों पर अत्याचार' विषय पर एक आलेख लिखिए। **All India 2016**

उत्तर

दलितों पर अत्याचार

हमारे देश में पिछले कुछ वर्षों से दलितों पर अत्याचार का विष-वृक्ष तेजी से फैलता ही जा रहा है। वर्तमान में तो इस समस्या ने विकराल रूप धारण कर लिया है। सामाजिक बदलाव और तरक्की की बातें और दावे चाहे जितने कर लिए जाएँ, मगर ये सच्चाई से काफी दूर हैं। सच यह है कि गाँवों में छुआछूत आज भी कायम है। इस सामाजिक विकृति की जड़ें कितनी गहरी हैं, इसका अंदाजा इसी तथ्य से लगाया जा सकता है कि सरकारी स्वास्थ्यकर्मी दलितों के घर जाने से कतराते हैं, स्कूलों में उनके बच्चों को अलग बिठाकर खाना दिया जाता है, डाकिए दलितों को चिट्ठी देने नहीं जाते और उन्हें सार्वजनिक जल स्रोतों से पानी लेने से भी रोका जाता है। नेशनल क्राइम रिकॉर्ड के अनुसार, बिहार में दलितों के प्रति अत्याचार पहले से बढ़ा है। राज्य में वर्ष 2005 में दलितों पर अत्याचार के 1,572 मामले दर्ज हुए थे, लेकिन पिछले साल इनकी संख्या 2,786 हो गई। उत्तर प्रदेश का भी हाल कुछ ऐसा ही है, जबकि राज्य में दलित आबादी कुल जनसंख्या का 21% है। खास बात यह है कि ये आँकड़े सरकार की निगाह में होने के बावजूद स्थिति बदलने के लिए कुछ खास नहीं किया जा रहा है।

19. आँखों देखा जलप्रलय' विषय पर एक आलेख लिखिए। **Delhi 2015**

अथवा **'बाढ़ में डूबा गाँव' विषय पर एक आलेख लिखिए।** **Delhi (C) 2013**

उत्तर

आँखों देखा जलप्रलय

नदी के खेल निराले हैं। कभी सुंदर, सौम्य रूप के आकर्षण से हमें सम्मोहित करती है, तो कभी विकराल रूप धारण कर हमें नष्ट-भ्रष्ट करने को तत्पर हो जाती है। प्रत्येक वर्ष की भाँति पिछले वर्ष भी जब परीक्षा समाप्त हुई तो मैं अपने दादा-दादी से मिलने गाँव गया, तब बरसात का मौसम शुरू हो चुका था। हमारा छोटा-सा गाँव गंगा किनारे बसा है।

गाँव में अधिकांश लोग खेती से जुड़े हैं। जब मैं गाँव पहुँचा तब दो दिन से लगातार वर्षा हो रही थी, जिसके कारण हम सभी घरों में कैद हो गए। सुबह तक घरों के चारों ओर पानी-ही-पानी था और पानी का स्तर लगातार बढ़ रहा था। पानी के बढ़ते स्तर को देख हम चिंतित हो गए। चारों ओर हाहाकार मच गया। दादा-दादी के साथ 'मैं' छत पर पहुँच गया। मैंने देखा एक बड़ी-सी बस बहती हुई आ रही है, फिर एक के बाद एक कभी गायें-भैंसे, तो कभी गाड़ियाँ बहती हुई दिखाई देने लगी। बचाओ-बचाओ की आवाज़ दिल दहलाने वाली थी। मेरे देखते-ही-देखते किनारे पर बने कच्चे मकान टूटकर बहने लगे। हमारे घर से कुछ दूरी पर बने पक्के मकान की छत पर लगभग 15-20

स्त्री-पुरुष सहायता के लिए चीख पुकार रहे थे। तभी सामने से सेना का एक स्टीमर आता दिखाई दिया। हमने उसे अपनी ओर आने का संकेत दिया। स्टीमर में बैठे सैनिक ने चढ़ने में हमें सहारा दिया। स्टीमर हमें दूर एक टीले पर ले गया, जहाँ लोग सुरक्षित थे। बाढ़ का यह भयानक दृश्य जब भी सामने आता है, तो मेरी रूह काँप उठती है।

20. 'सामाजिक सुरक्षा' विषय पर एक आलेख लिखिए। All India 2015

उत्तर

सामाजिक सुरक्षा

सामाजिक सुरक्षा से तात्पर्य समाज के प्रत्येक व्यक्ति को समाज के द्वारा दी जाने वाली सुरक्षा से है अर्थात् समाज अपने सदस्यों को इसके माध्यम से आश्वस्त करता है कि ज़िंदगी को जीने में आने वाली उसकी समस्याओं की चिंता उसे है और वह इन समस्याओं को दूर करने का प्रयास करेगा। किसी भी व्यक्ति के जीवन में आने वाली समस्याएँ क्या हो सकती हैं या इसे इस तरह कहा जा सकता है कि किसी भी व्यक्ति को किस तरह की सुरक्षा की आवश्यकता पड़ती है? स्पष्ट है कि किसी भी व्यक्ति के जीवन की तीन मूलभूत आवश्यकताएँ होती हैं—भोजन, वस्त्र एवं आवास। इन आधारभूत आवश्यकताओं को पूरा करने के लिए ही उसे रोज़गार की आवश्यकता होती है और साथ ही सम्मानपूर्वक एवं भयहीन होकर जीने के लिए कानून के द्वारा सुरक्षा एवं समानता का वातावरण उसे चाहिए।

जीवित रहने के लिए सबसे आवश्यक है—भोजन। समाज के सर्वाधिक नि:शक्त व्यक्ति को भी जीने का अधिकार है और इसके लिए उसे भोजन की प्राप्ति होनी आवश्यक है। इसमें शामिल भोजन एवं पोषण सुरक्षा की देखभाल राष्ट्रीय स्तर पर मध्याह्न भोजन कार्यक्रम, समन्वित बाल विकास योजना, किशोरी शक्ति योजना, प्रधानमंत्री ग्रामोदय योजना आदि के तहत की जाती है। जन वितरण प्रणाली, अनाज भंडार, अंत्योदय अन्न योजना आदि के साथ-साथ राष्ट्रीय खाद्य सुरक्षा अधिनियम, 2013 इसमें महत्त्वपूर्ण भूमिका निभा रहा है। आवास सुरक्षा से तात्पर्य केवल आवास अर्थात् चहारदीवारी एवं छत से नहीं है। आवास की अवधारणा में बुनियादी सुविधाओं की व्यवस्था भी शामिल है; जैसे—पीने के लिए शुद्ध पानी, जल निकासी की उचित व्यवस्था, सामुदायिक केंद्र, बच्चों के लिए स्कूल, औषधालय आदि। समाज के दो कमजोर वर्गों—महिलाओं एवं अपंग लोगों को सुरक्षा प्रदान करना अत्यधिक आवश्यक है। इसके लिए महिला सशक्तीकरण के आंदोलन को मज़बूत करने के साथ-साथ अपंग लोगों को उचित ढंग से समाज में समायोजित किया जाना आवश्यक है। इस दिशा में मुख्यत: दो कार्यक्रम चलाए जा रहे हैं—सोशल सिक्योरिटी डिसेबिलिटी इंश्योरेंस तथा सप्लीमेंटल सिक्योरिटी इनकम।

इस प्रकार, कहा जा सकता है कि सामाजिक सुरक्षा तब तक सार्थक एवं पर्याप्त नहीं कही जा सकती, जब तक समाज का सबसे कमज़ोर व्यक्ति भी स्वयं को सुरक्षित महसूस न करे। यह किसी भी समाज के सर्वांगीण विकास के लिए आवश्यक है।

21. 'राष्ट्रीय एकता' विषय पर एक आलेख लिखिए। All India 2015

उत्तर

राष्ट्रीय एकता

किसी भी देश की अखंडता तभी तक बनी रह सकती है, जब तक उस देश के लोगों में राष्ट्रीयता की भावना मौजूद हो। यह राष्ट्रीयता की भावना ही राष्ट्रीय एकता को निर्मित करती है। राष्ट्रीय एकता के छिन्न होने पर देश की स्वतंत्रता भी अक्षुण्ण नहीं रह सकती। राष्ट्रीय एकता से तात्पर्य राष्ट्र के विभिन्न घटकों में परस्पर एकता, प्रेम एवं भाईचारा कायम होने से है, भले ही उनमें वैचारिक एवं मूल्यपरक भिन्नताएँ क्यों न हों।

राष्ट्रीयता एक नवीन अवधारणा है, जिसका आधुनिक राष्ट्र के विकास के साथ-साथ विकास हुआ है। इसके लिए भौगोलिक सीमाएँ, राजनीतिक चेतना एवं सांस्कृतिक एकबद्धता आवश्यक है। भारतीय समाज विविधताओं का समाज है। यहाँ अनेक जातियाँ एवं धार्मिक समुदाय के लोग साथ-साथ रहते हैं। भिन्न-भिन्न क्षेत्रों में अलग-अलग परंपराएँ एवं रीति-रिवाज़ हैं। इसके बावजूद लोगों में एक भारत राष्ट्र का सदस्य होने की भावना है। यही भावनात्मक सूत्र राष्ट्रीय एकता को स्थापित करता है। इसी को 'अनेकता में एकता' कहा जाता है। यही भावना भारत राष्ट्र की पहचान निर्मित करती है।

राष्ट्र की आंतरिक शांति एवं सुव्यवस्था तथा बाहरी दुश्मनों से रक्षा के लिए राष्ट्रीय एकता परम आवश्यक है। आज देश की एकता को सबसे बड़ा खतरा आतंकवाद से है। अलगाववादियों ने भी हमारी एकता को भंग करने के अनेक असफल प्रयास किए। अलगाव की राजनीति ऐसे तत्त्वों को बढ़ावा देती है, लेकिन इनसे सभी को अत्यधिक सतर्क रहना होगा। अलगाव की राजनीति का ही परिणाम सांप्रदायिकता एवं जातीयता की भावना को मिलने वाली मज़बूती है। जब तक हम नकारात्मक राजनीति एवं मानसिकता को परिवर्तित नहीं करेंगे, तब तक राष्ट्रीय एकता पर खतरा बना ही रहेगा। यह हमेशा याद रखना चाहिए कि हम तभी तक मजबूत हैं, जब तक एकता के सूत्र में बँधे हैं। खंडित होते ही हम सबसे कमज़ोर पड़ जाएँगे। इसलिए आज अत्यधिक ज़रूरी है कि हम अपने आंतरिक मतभेदों को भुलाकर आपसी भाईचारे की भावना को प्रबल कर अपने आप को मज़बूत रखें, क्योंकि जो शक्ति बंद अँगुलियों की मुट्ठी में है, वह अकेली किसी अँगुली में नहीं।

22. 'गाँवों में फैलता फैशन' विषय पर एक आलेख लिखिए। All India 2014

उत्तर

गाँवों में फैलता फैशन

किसी भी समाज में कोई भी नया फैशन सामान्यतया महानगरों से प्रारंभ होता है। उस फैशन का जैसे-जैसे प्रचलन बढ़ता जाता है, लोगों का ध्यान उसकी ओर आकर्षित होता जाता है। वास्तव में, फैशन का मूल उसूल है—'सबसे अलग दिखना'। सबसे अलग दिखने की आकांक्षा या इच्छा ही लोगों को नए-नए फैशन अपनाने के लिए बाध्य करती है।

आज का समय दूरसंचार की क्रांति का समय है। जनसंचार के विभिन्न माध्यमों के कारण एक बात कुछ ही सेकंड में एक छोर से दूसरे छोर तक पहुँच जाती है। महानगरों में विकसित नया फैशन भी शीघ्र ही विभिन्न गाँवों तक पहुँच जाता है। उन्हें अपनाने की होड़ शहरी लोगों की तरह ग्रामीण लोगों में भी मच जाती है। विज्ञापन के माध्यम से लोगों को यह संदेश जाता है कि आधुनिक फैशन के बिना उन्हें आधुनिक एवं सभ्य नहीं समझा जाएगा। अत: स्वयं को सुंदर, आकर्षक एवं आधुनिक बनाने के लिए गाँव वाले भी शहरी लोगों की तरह फैशन के दीवाने बन जाते हैं।

यही कारण है कि आधुनिक पहनावे एवं तौर-तरीकों के बीच पारंपरिक पहनावे एवं तौर-तरीके गायब होते जा रहे हैं। घाघरा, पगड़ी, धोती जैसी चीज़ें लुप्त होती जा रही हैं। आज मीडिया की अत्यधिक सक्रियता के कारण गाँव एवं शहर में कोई अंतर नहीं रहता। ग्रामीण लोग भी शहरी संस्कृति को अपनाने के लिए व्याकुल रहने लगे है। शहर में विकसित कोई भी फैशन कुछ ही दिनों में ग्रामीण समाजों में भी प्रचलित हो जाता है, लेकिन क्या यह बदलाव सार्थक है? इसका उत्तर तो समय ही देगा, लेकिन इतना अवश्य है कि पारंपरिक वेशभूषा को बनाए रखने की ज़िम्मेदारी काफी हद तक गाँवों की है। अत: इसका अवश्य ध्यान रखा जाना चाहिए।

23. 'हताशा में आशा की किरण, युवा' विषय पर एक आलेख लिखिए। All India 2014

उत्तर

हताशा में आशा की किरण, युवा

वर्तमान समाज अन्याय, असमानता, ईर्ष्या, जातिभेद, वर्गभेद, वर्णभेद, सांप्रदायिकता, भ्रष्टाचार, नारी के विरुद्ध हिंसा आदि अनेक बुराइयों से ग्रस्त है। चारों ओर अव्यवस्था एवं अराजकता का वातावरण व्याप्त है।

समाज में शिक्षा एवं रोज़गार संबंधी इतनी विषम समस्याएँ मौजूद हैं कि चारों ओर निराशा का वातावरण दिखाई देता है। लोग अपने जीवन एवं भविष्य को लेकर आशंकित हैं। समाज में भ्रष्टाचार, अशिक्षा, निर्धनता, असमानता, शोषण, सांप्रदायिकता आदि अनेक ऐसी चुनौतियाँ उपस्थित हैं, जिनका सक्षम तरीके से मुकाबला किए बिना एक स्वस्थ नव-समाज की रचना संभव नहीं है।

इस नव-निर्माण की ज़िम्मेदारी सिर्फ युवा वर्ग ही उठा सकता है। सामाजिक मूल्यों को बनाए रखना तथा समाज में सकारात्मक दृष्टिकोण उत्पन्न करना युवा वर्ग द्वारा ही संभव है। शिक्षित युवा वर्ग ही संकीर्ण मानसिकता से ऊपर उठकर समाज को एक ऐसी दिशा प्रदान कर सकता है, जो सभी वर्गों के लोगों के लिए राहत पहुँचाने वाली हो। समाज नव-निर्माण के कार्य में साहस एवं त्याग की आवश्यकता होगी। पग-पग पर भूलें होने की आशंका मौजूद रहेगी। अत: युवा वर्ग को साहसी, त्याग के लिए तैयार, विवेकशील, धैर्यशाली एवं दूरदृष्टा होना पड़ेगा। यदि अपने लक्ष्य पर अपनी नज़रें जमाकर युवा वर्ग ने अपने समुचित कर्त्तव्यों को निभाया, तो दुनिया की कोई भी शक्ति समाज के नव-निर्माण को नहीं रोक सकती। वर्तमान समय में व्याप्त हताशा के माहौल में वही एकमात्र आशा की किरण है।

24. **'सामाजिक मूल्यों का संकट-आज का यथार्थ' विषय पर आलेख लिखिए।** **Delhi 2013**

उत्तर

सामाजिक मूल्यों का संकट-आज का यथार्थ

वर्तमान युग में सामाजिक मूल्यों में बहुत बदलाव आ चुका है। निकटतम रिश्तेदार तथा पड़ोसी लोग पहले महिलाओं का सम्मान करते थे तथा उन्हें सुरक्षा प्रदान करना अपना कर्त्तव्य समझते थे। आजकल वही निकट रिश्तेदार तथा पड़ोसी, किराएदार आदि भी छोटी-छोटी बालिकाओं का यौन शोषण करने लगे हैं। पिछले तीन-चार महीनों में सैकड़ों बालिकाओं से बलात्कार किया गया। उपलब्ध आँकड़े इस बात के साक्षी हैं कि अधिकतर मामलों में बलात्कारी पीड़िता का परिचित ही होता है। दिल्ली में ही जनवरी 2013 से अप्रैल 2013 तक 350 बलात्कार के केस दर्ज किए गए। विडंबना तो यह है कि चार-पाँच वर्ष की अबोध बालिकाओं के साथ भी यह पैशाचिक कार्य किया गया तथा उनकी हत्या कर दी गई।

इसी प्रकार उत्तर प्रदेश तथा बिहार में भी पिछले दिनों अनेक ऐसी शर्मनाक घटनाएँ हुईं हैं। इसके अतिरिक्त सामाजिक संबंधों में भी पर्याप्त बदलाव आया है। अनेक लोग धन या संपत्ति के लोभ में माता-पिता की हत्या तक कर देते हैं। अनेक लोग अपने वृद्ध माता-पिता को बोझ समझते हैं तथा उनको घर से निकाल देते हैं। गुरु-शिष्य के संबंधों में भी गिरावट आ चुकी है। अनेक विद्यालयों में अध्यापक तथा प्रधानाचार्य भी छोटे बच्चों का यौन शोषण करने लगे हैं।

भौतिक समृद्धि पाने के लिए लोग किसी भी प्रकार के अनैतिक कार्यों को करने के लिए तत्पर हैं। भ्रष्टाचार की पराकाष्ठा इसी का परिणाम है। इस प्रकार सामाजिक मूल्यों का संकट गहरा होता जा रहा है।

25. **'श्रम से ही राष्ट्रीय कल्याण' पर एक आलेख लिखिए।** **Delhi 2013**

उत्तर

श्रम से ही राष्ट्रीय कल्याण

श्रम के अभाव में किसी भी राष्ट्र की उन्नति असंभव है। भारतवर्ष विश्व के देशों में एक महत्त्वपूर्ण स्थान रखता है। इसका एक मुख्य कारण यहाँ के निवासियों की परिश्रमशीलता है। भारत के नगरों में आज जगह-जगह फ्लाईओवर, अच्छी सड़कें, विशाल भवन आदि दिखाई देते हैं। यह सब मानवीय श्रम का ही परिणाम है। किसान खेती करने में अत्यधिक श्रम करते हैं, तभी भारत की एक अरब पच्चीस करोड़ जनता को भोजन प्राप्त होता है। किसान यदि श्रम करना छोड़ दें, तो हमारे देश का अस्तित्व ही शेष नहीं रहेगा।

इसी प्रकार मज़दूर लोग अपने श्रम द्वारा बड़ी-बड़ी संरचनाओं का निर्माण करते हैं। बिना श्रम के औद्योगिक उत्पादन संभव नहीं है। वस्तुत: प्रत्येक व्यक्ति को मानसिक एवं शारीरिक श्रम करना ही पड़ता है, तभी राष्ट्र के निवासी सुविधापूर्ण ढंग से जीवनयापन कर सकते हैं। जिस राष्ट्र के नागरिक श्रम से जी चुराते हों, ऐसा राष्ट्र उन्नति के पथ पर अग्रसर नहीं हो सकता।

वस्तुत: किसानों, मज़दूरों के श्रम से ही राष्ट्र का अस्तित्व बना रहता है। अध्यापक, सरकारी कर्मचारी अथवा अधिकारी आदि भी पर्याप्त परिश्रम करते हैं, तभी राष्ट्र का कल्याण संभव हो पाता है।

26. **'बड़े शहरों के जीवन की चुनौतियाँ' विषय पर आलेख लिखिए।** **Delhi 2013**

उत्तर

बड़े शहरों के जीवन की चुनौतियाँ

वर्तमान समय में बड़े शहरों में निवास करना आसान नहीं है। सबसे पहले तो इन शहरों में आवास की समस्या सामने आती है। यहाँ रहने के लिए साधारण घर भी बीस-पच्चीस लाख रुपये से कम में नहीं मिलता। रहने के लिए यदि 'फ्लोर' लेना हो, तो कम-से-कम एक करोड़ रुपये की आवश्यकता पड़ती है। बड़े शहरों में शिक्षा तथा चिकित्सा सुविधाएँ अत्यंत महँगी हैं। पब्लिक स्कूलों में एक बच्चे को पढ़ाने के लिए छह-सात हज़ार रुपये प्रति महीने खर्च होते हैं। सरकारी अस्पतालों में रोगियों की भीड़ लगी रहती है। निजी चिकित्सालयों में चिकित्सा के लिए हज़ारों रुपये प्रतिदिन व्यय करने पड़ते हैं। वस्तुत: निम्न मध्यमवर्ग तथा निर्धन वर्ग के लोगों के लिए बड़े शहरों में रहना अत्यंत कठिन है। शहरों में अराजक तत्त्वों की भी भरमार होती है। नित्य ही बलात्कार, लूटपाट आदि की घटनाएँ होती रहती हैं। महिलाओं के लिए सुरक्षा का वातावरण नहीं है। शहरों में यातायात की समस्या भी विकराल रूप धारण कर चुकी है। वाहनों की संख्या इतनी अधिक है कि ट्रैफिक जाम की समस्या का समाधान संभव ही नहीं है। शहरों में दिखावा या आडंबर बहुत बढ़ चुका है। यहाँ अधिकांश व्यक्ति अधिकाधिक धन कमाने के लिए उचित-अनुचित सभी रास्तों को अपनाते हैं। वस्तुत: बड़े शहरों में जीवन बहुत अधिक चुनौतीपूर्ण हो चुका है।

27. **'विवाह आदि के अवसरों पर धनिकता का भौंडा प्रदर्शन' विषय पर आलेख लिखिए।** **Delhi 2013**

उत्तर

विवाह आदि के अवसरों पर धनिकता का भौंडा प्रदर्शन

वर्तमान युग में नवधनाढ्य वर्ग विवाह आदि के अवसरों पर धनिकता का भौंडा प्रदर्शन करने लगा है। धनी लोग विवाह आदि पर पानी की तरह धन बहाते हैं। कई लोग दहेज में वर के मित्रों को भी कार आदि भेंट करते हैं। कई लोग बारात के महत्त्वपूर्ण व्यक्तियों को सोने की चेन प्रदान करते हैं। कई लोग अपने संबंधियों को डायमंड सेट देते हैं। बहुत-से लोग इन अवसरों पर ऐसा राजसी भोज देते हैं, जिसमें खाद्य-पदार्थों की संख्या तीन सौ तक पहुँच जाती है।

आजकल कई लोग गोवा आदि पर्यटन स्थलों पर विवाह समारोह का आयोजन करने लगे हैं। ऐसे लोग पाँचसितारा होटलों में बारात के ठहरने का प्रबंध करते हैं। विवाह के अवसर पर कई बार ऐसी आर्केस्ट्रा पार्टी बुलाई जाती है, जिसमें नर्तकियाँ अर्द्धनग्न वेशभूषा में मादक नृत्य करती हैं। हमारे देश में करोड़ों लोग गरीबी रेखा के नीचे जीवन-यापन करते हैं तथा हज़ारों लोग निर्धनता के कारण आत्महत्या कर लेते हैं। ऐसी स्थिति में विवाह आदि अवसरों पर ऐसा भौंडा प्रदर्शन किसी घृणित कार्य से कम नहीं है।

28. 'बढ़ती महँगाई का रसोई पर प्रभाव' विषय पर एक आलेख लिखिए।
All India 2013

उत्तर **बढ़ती महँगाई का रसोई पर प्रभाव**

पिछले अनेक वर्षों से महँगाई सुरसा के मुँह की तरह बढ़ती जा रही है। महँगाई का मध्यमवर्ग तथा निम्न-वर्ग के लोगों पर अत्यंत घातक प्रभाव पड़ा है। निम्न एवं मध्यवर्ग के लोग महँगी सब्जियाँ नहीं खरीद पाते। इनके भोजन में पौष्टिक तत्त्वों का अभाव बढ़ता चला जाता है। वे परिवार की आवश्यकता के अनुसार फल, घी, दूध, दालें आदि नहीं खरीद पाते। आजकल रिफाइंड तेल ₹ 100 लीटर से अधिक मूल्य पर मिलता है, जबकि सब्जियाँ ₹ 50-60 किलो मिलती हैं। आलू जैसी सामान्य सब्जी भी ₹ 25 किलो मिलती है। अधिकांश दालें ₹ 80-100 किलो तक बिकने लगी हैं। बाज़ार में पनीर ₹ 200 किलो मिलता है। मसाले भी बहुत महँगे हो चुके हैं। गरम मसाला तो ₹ 450 किलो मिलता है। दही भी ₹ 70-80 किलो मिलती है। ऐसी स्थिति में सामान्य व्यक्ति किस प्रकार अपना तथा अपने परिवार का पेट भर सकता है? निम्न-वर्ग के लिए दूध, पनीर, शुद्ध घी तथा बासमती चावल सपने जैसी बातें हो गई हैं। घर सँभालने वाली अधिकांश स्त्रियों की समझ में नहीं आ रहा है कि घर को कैसे चलाया जाए? वे हर समय बजट को ठीक रखने की चिंता में तरह-तरह की बीमारियों से ग्रसित हो रही हैं। वस्तुत: प्रशासन को इस भयावह समस्या की ओर शीघ्र ध्यान देना चाहिए।

29. 'युवाओं में बढ़ती नशे की प्रवृत्ति' विषय पर एक आलेख लिखिए।
Delhi 2012; All India 2012, 11

उत्तर **युवाओं में बढ़ती नशे की प्रवृत्ति**

जीवन विधाता का वरदान है, परंतु युवा पीढ़ी इस वरदान को अभिशाप बनाने की ओर अग्रसर है। आज की युवा पीढ़ी सही दिशा-निर्देश के अभाव में तेज़ी से नशे की प्रवृत्ति का शिकार होती जा रही है। युवा अपने कर्म से विमुख हो नशे के गर्त में डूब कर अपना जीवन व्यर्थ गँवा रहे हैं। शिक्षा के मंदिरों में भी नशे का व्यापार चरम पर चलता है। नशे के व्यापारी कमज़ोर मानसिकता वाले युवाओं को अपने जाल में फँसाने का कार्य स्कूल, कॉलेजों आदि में भली-प्रकार से कर लेते हैं। जो एक बार नशे की लत का शिकार हो गया, वह आसानी से छूट नहीं पाता।

तनाव, असमंजसता, अकेलेपन, घुटन आदि के चलते युवा पीढ़ी नशे का शिकार बनती जा रही है। बीड़ी, सिगरेट, शराब आदि तो नशे के पुराने साधन हो गए हैं, आज की पीढ़ी तो चरस, स्मैक, ब्राउन शुगर, हेरोईन, अफीम आदि के नशे का शिकार हो रही है। आज आवश्यकता इस बात की है कि युवा वर्ग अपनी शक्ति और दायित्व दोनों को समझें। स्वस्थ वातावरण में रहें, अच्छी पुस्तकें पढ़ें, काम में व्यस्त रहे और मौत के व्यापारियों को चिह्नित कर उन्हें सजा दिलवाएँ। युवा कंधों पर देश की ज़िम्मेदारी टिकी होती है। यदि ये कंधे ही कमज़ोर हो गए, तो देश की प्रगति लड़खड़ा जाएगी।

युवा वर्ग को अपनी भूमिका समझनी होगी तथा माता-पिता को भी देखना चाहिए कि उनके द्वारा दी गई सुविधा का बच्चे किस प्रकार उपयोग कर रहे हैं, तब ही इस घातक बीमारी से मुक्ति मिल सकती है।

30. 'किसानों की समस्याएँ' विषय पर एक आलेख लिखिए। **Delhi 2012**

अथवा 'किसानों की समस्याओं की अनदेखी' पर एक आलेख लिखिए।
All India 2011

उत्तर **किसानों की समस्याओं की अनदेखी**

भारत एक कृषि-प्रधान देश है। यहाँ की अर्थव्यवस्था मुख्य रूप से कृषि पर आधारित है, इसलिए सरकार को चाहिए कि वह किसानों के हित के प्रति अधिक जागरूक हों, परंतु स्थिति इसके विपरीत है। सबकी भूख मिटाने वाला किसान आज स्वयं भूखा है, पीड़ित है।

सरकारी नीतियाँ नित्य उसके कष्टों की वृद्धि का कारण बनती जा रही हैं। आजादी के 70 वर्षों के बाद भी भारतीय किसान आत्महत्या के रास्ते को अपनाने के लिए विवश है। उससे उसकी ज़मीन छीनी जा रही है, उसे घर से बेघर किया जा रहा है। वह सिर से लेकर पाँव तक कर्ज में डूबा हुआ है। उसकी फसलों का मूल्य आसमान छू रहा है, परंतु वह अन्न के दाने-दाने को तरसता है। बिचौलिए उसे श्रम से उगाई गई फसलों को कम कीमत में बेचने के लिए विवश कर देते हैं। जैसे ही फसल बिकी, उनके दाम आसमान छूने लगते हैं। लूट-खसोट का यह मायावी चक्र रचने वाले लोग सरकारी मशीनरी के साथ मिलीभगत करके किसान की हालत को बद-से-बदतर बना देने में कोई हिचक नहीं करते हैं।

सरकार किसानों के इस उत्पीड़न को देख-सुनकर भी अनदेखा करती रहती है। भ्रष्टाचार और स्वार्थ की राजनीति के चलते किसानों के हितों में कटौती होती जाती है। 'एक हाथ से दे और दोनों हाथों से ले' वाली सरकारी नीतियाँ किसान को कर्ज और शोषण के दमन चक्र में पीसती रहती हैं। सरकार को किसानों की समस्याओं की अनदेखी न कर उनका उचित समाधान करना चाहिए।

31. 'बाल श्रमिकों की समस्या' विषय पर एक आलेख लिखिए। **Delhi 2012**

उत्तर **बाल श्रमिकों की समस्या**

कहा जाता है कि बच्चे देश का भविष्य होते हैं। जब यही भविष्य कच्ची उम्र में सड़कों पर काम करते नज़र आए, तो आँखें शर्म से झुकने लगती हैं। भारत-सरकार द्वारा 'बाल श्रम' को अपराध घोषित किया गया है। इस संबंध में यह कानूनी प्रावधान है कि चौदह वर्ष से कम आयु के बालक को कोई नियोक्ता अपने संस्थान या उद्योग में कार्य करने हेतु नियुक्त नहीं कर सकता, परंतु यह दुर्भाग्य है कि कानून-नियम की धज्जियाँ उड़ाते हुए नियोक्ता बालकों को अनेक प्रकार के क्रियाकलापों में संलग्न करके उनसे कार्य करवा रहे हैं, तो दूसरी ओर भूख और गरीबी से बिलबिलाता बचपन काम करने को मजबूर है। पेट पालने के लिए उसे मजबूरी में श्रमिक बनना पड़ता है। बाल श्रमिक का बचपन उससे छिन जाता है, सपने मर जाते हैं, जीवन बोझ बन जाता है। भूख के आगे कानून बेबस रह जाता है। सरकार के पास न तो कोई ऐसा खजाना है, न कोई ऐसी योजना, जो बाल श्रमिकों को घर बैठाकर उनके पेट भरने की व्यवस्था कर सके, उन्हें शिक्षित कर सके। अनाथ या अशक्त माता-पिता की संतानें जीविका हेतु काम करने के लिए मजबूर हैं। उनसे आजीविका कैसे छीनें? ऐसे अनेक अनुत्तरित प्रश्न हमें झकझोरते हैं, परंतु कोई ठोस हल नहीं मिलता।

32. 'विज्ञापनों की लुभावनी दुनिया' पर एक आलेख लिखिए।
All India 2012

उत्तर **विज्ञापनों की लुभावनी दुनिया**

आज विज्ञापनों का बोलबाला है। हर बिजनेसमैन अपने उत्पाद को विज्ञापनों के लुभावने आवरण में पैक कर ऊँचे दामों पर बेचने की कला में माहिर हो चला है। जिधर देखो विभिन्न उत्पादों का प्रचार-प्रसार करते रंग-बिरंगे विज्ञापन दिखाई पड़ते हैं। अख़बार, टी. वी., रेडियो, पत्रिकाएँ, दीवारें, गलियाँ, बाज़ार सब विज्ञापनों से भरे पड़े हैं। विज्ञापनों को नित्य आकर्षक बनाने के लिए होड़ लगी रहती है। बड़े-बड़े कलाकार भी अच्छे धन और प्रचार के लालच में घरेलू प्रयोग की वस्तुओं के विज्ञापन करते दिखाई पड़ते हैं। गोरा बनाने वाली क्रीमों, बाल घने, लंबे और मज़बूत करने के लिए शैंपू, बर्तन-कपड़े जल्दी धोने-चमकाने के लिए विभिन्न सर्फ़-साबुन आदि के अनेक विज्ञापन हैं और उन्हें इतना लुभावना बनाकर प्रस्तुत किया जाता है कि ग्राहक असमंजस में

पड़ जाता है कि क्या खरीदे और क्या न खरीदे? परंतु जब वह विज्ञापनों में दिखाए गए उत्पाद को खरीद लेता है, तो कई बार परिणाम उसकी अपेक्षा के नितांत विपरीत होता है। दर्शकों और उपभोक्ताओं को सावधान रहने की आवश्यकता है। वे इन लुभावने विज्ञापनों के मायाजाल में न फँसें। जिन वस्तुओं को वह पहले से प्रयोग करते आए हैं, उनकी गुणवत्ता के विषय में परेशान न हों। स्वयं भी और अपने परिवार को भी इस भ्रमजाल से निकालें।

33. 'आँखों देखी सड़क दुर्घटना' विषय पर आलेख लिखिए।
All India 2012

उत्तर **आँखों देखी सड़क दुर्घटना**

वर्तमान में यातायात के साधनों में आशातीत वृद्धि हुई है। सड़कों के निर्माण और रखरखाव में भी पर्याप्त परिवर्तन हुए हैं। राष्ट्रीय राजमार्ग बढ़िया, चौड़े, समतल और सुरक्षित हो गए हैं, जिससे उन पर चलने वाले वाहनों की गति बहुत तेज़ हो गई है। उसी तेज़ी से सड़क-दुर्घटनाओं में भी वृद्धि हुई है। तेज़ी से वाहन चलाना बहुत बड़ी समस्या बन गया है। तेज़ गति वाहन पलक झपकते ही दुर्घटना का शिकार हो जाते हैं। एक दिन मैं सब्जी लेने बाज़ार जा रहा था। जैसे ही गली के मोड़ पर पहुँचा, सामने से आते तेज़ ट्रक ने गली से आते एक स्कूटर सवार को टक्कर मार दी। दोनों ही वाहन तेज़ी में थे। गली से आने वाला व्यक्ति भी तेज़ी से अपने गंतव्य को जाना चाहता था। उसने ट्रैफिक के नियमों का पालन न करते हुए गली से निकलते वक्त रफ्तार धीमी नहीं की और न ही ट्रक चालक ने मोड़ पर अपना ट्रक धीमा किया। परिणामस्वरूप एक व्यक्ति की जान गई और आक्रोशित भीड़ ने जाम लगाकर जो तोड़-फोड़ और आगजनी की, वह नुकसान अलग हुआ। इसलिए अपने जीवन की कीमत को जानते हुए वाहन संतुलित गति से चलाएँ। ट्रैफिक के नियमों का पालन करें, तो इन आकस्मिक दुर्घटनाओं को काफी हद तक कम किया जा सकता है।

34. 'गणतंत्र दिवस का संदेश' विषय पर एक आलेख लिखिए।
All India 2012

उत्तर **गणतंत्र दिवस का संदेश**

गणतंत्र दिवस भारत का सर्वाधिक महत्त्वपूर्ण राष्ट्रीय पर्व है। इस दिन भारत का संविधान लागू किया गया था। यह पर्व हर वर्ष 26 जनवरी को बड़ी धूमधाम और हर्षोल्लास के साथ मनाया जाता है। गणतंत्र दिवस की पूर्व संध्या पर देश के राष्ट्रपति राष्ट्र के नाम अपना संदेश प्रसारित करते हैं। संदेश में राष्ट्रपति भारत की प्रगति और विकास की सूचनाओं के साथ-साथ नवीन तकनीकों, योजनाओं, निधियों की घोषणाएँ भी करते हैं, जिन्हें त्वरित रूप से जन सुविधाओं के लिए लागू किया जाता है।

अपने संदेश में वे विदेशी संबंधों की भी समीक्षा करते हुए अन्य देशों से व्यापारिक और भावनात्मक संबंधों की मजबूती बढ़ाने की बात करते हैं। महामहिम राष्ट्रपति जी का यह संदेश शिक्षा, उद्योग, स्वास्थ्य, संस्कृति, राजनीति, अर्थव्यवस्था, सुरक्षा आदि से संबंधित सभी महत्त्वपूर्ण विषयों पर आधारित होता है। अंत में, राष्ट्रपति महोदय सभी को गणतंत्र दिवस की बधाई देने के साथ-साथ सभी में राष्ट्रचेतना का भाव मज़बूत करने का भी आह्वान करते हैं।

35. 'धर्मों में भाईचारा' विषय पर आलेख लिखिए। **Delhi 2011**

उत्तर **धर्मों में भाईचारा**

भारत एक धर्मनिरपेक्ष देश है। सदियों से यहाँ विभिन्न धर्म, संस्कृतियों के लोग परस्पर भाईचारे की भावना से रहते आए हैं। लेकिन स्वार्थलिप्सा और भ्रष्टाचार की राजनीति का प्रभाव धार्मिक गतिविधियों और धर्म पर जितना पड़ा है, शायद ही किसी अन्य क्षेत्र में इतना प्रभावी रहा हो। धर्म के नाम पर सदियों से मिल-जुलकर भाई-भाई की तरह रहने वाले लोगों के दिलों में ऐसे बीजारोपण कर दिए गए हैं, जिनकी फसलें ज़हर भरी हैं। हवाओं में भाईचारे के स्थान पर विभाजन का विष भरा है, जिसका फल आज पूरा भारत भुगत रहा है। अंग्रेज़ों ने हमारी धार्मिक कमज़ोरियों को पहचान कर हिंदू-मुस्लिम का विभाजन कर अपना उल्लू सीधा किया और सीमाओं का बँटवारा हो गया। हमें आज भी अक्ल नहीं आई है। आज भी हम धर्म के नाम पर मर-मिटने को तैयार हो जाते हैं। सब अपने-अपने धर्म का झंडा उठाए मानवता से दूर होते जा रहे हैं। लोगों में परस्पर भाईचारा हो, इसका सबसे सरल उपाय यह है कि स्वयं को 'आदमी' समझना, न कि हिंदू, मुस्लिम, सिख, ईसाई या कुछ और समझना। स्वयं को दूसरे से श्रेष्ठ होने का भाव त्यागना। आर्य होने, पाक, सच्चा एवं पवित्र होने का अहंकार जिस दिन दूर हो जाएगा, उस दिन मानव-मानव एकता का गीत गाएगा, धर्म में व्याप्त विष समाप्त हो जाएगा और परस्पर भाईचारा स्थापित हो जाएगा।

36. 'मोबाइल बिना लगे सब सूना' विषय पर आलेख लिखिए।
All India 2010

उत्तर **मोबाइल बिना लगे सब सूना**

वर्तमान में संचार-क्षेत्र में बड़ी तेज़ी से व्यापक परिवर्तन हुए हैं। परिवर्तन की इस श्रृंखला में मोबाइल-सेवा भी है, जिसमें चामत्कारिक परिवर्तन हुए हैं। मोबाइल फोन त्वरित संप्रेषण का मुख्य साधन है। आज मोबाइल जीवन शैली का महत्त्वपूर्ण अंग बन चुका है। मोबाइल बिना सब अधूरा और सूना लगता है। यह सेवा मानव के जीवन को सुविधा प्रदान करती है। मोबाइल फोन में इतनी सुविधाएँ हैं कि प्रयोग करने वाला सारा दिन इसमें व्यस्त रहता है। बिजली का बिल जमा कराना हो या बैंकिंग क्रियाकलाप हो, अनेक कार्य घर बैठे मोबाइल द्वारा संभव हो जाते हैं। मोबाइल के द्वारा हम एक-दूसरे से दूर होते हुए भी जुड़े रहते हैं। जो काम चिट्ठी-पत्र आदि से हफ्तों-महीनों में होता था, वह मोबाइल द्वारा मिनटों में संभव है। आज इंतजार करने का ज़माना नहीं है। समय का सही ढंग से प्रयोग करने का तरीका सिखाता है, मोबाइल। अधिकांश बच्चे, बूढ़े, युवा, महिला आदि मोबाइल के प्रयोगकर्ता हैं। मोबाइल में मनोरंजन के भी अनेक साधन उपलब्ध हैं। एसएमएस, रेडियो, कैमरा, खेल, एफएम आदि सुविधाएँ सबको आकर्षित करती हैं। इस प्रकार मोबाइल आज जीवन की मूलभूत आवश्यकता बन गया है, इसलिए कहते हैं कि मोबाइल बिना सब सूना लगता है।

37. 'नई फ़िल्म, दर्शक नदारद' विषय पर आलेख लिखिए।
All India 2010

उत्तर **नई फ़िल्म, दर्शक नदारद**

फ़िल्म मनोरंजन का अच्छा माध्यम है। मूक फ़िल्मों से शुरू हुआ फ़िल्म-निर्माण का सफर आज बड़े पैमाने पर फ़िल्म-उद्योग के रूप में स्थापित हो चुका है। वर्ष-भर में अनेक फ़िल्में बनती हैं। एक अनुमान के अनुसार, भारत में प्रतिवर्ष लगभग 800 फ़िल्में बनती हैं, जो विश्व में सर्वाधिक है। कुछ फ़िल्में दर्शकों तथा समाज की कसौटी पर खरी उतरकर चलती हैं, तो कुछ बॉक्स ऑफिस पर बिना खाता खोले फ्लॉप हो जाती हैं। फ़िल्मों के बनने-चलने से अनेक लोगों का भविष्य दाँव पर लगा रहता है। फ़िल्म-निर्माण में काफी धन खर्च होता है। कई बार बहुत पैसा खर्च करने पर भी फ़िल्म दर्शकों की पसंद पर खरी नहीं उतरती।

ऐसी ही एक फ़िल्म है 'हमशकल्स', जिसमें महँगे हीरो-हीरोइन, सैट्स और आधुनिकतम तकनीक प्रयुक्त की गई, परंतु फिर भी अपने कमज़ोर कथानक और लचर निर्देशन के चलते फ़िल्म दर्शकों को नहीं लुभा पाई। फ़िल्म की सफलता के निर्णायक दर्शक होते हैं। दर्शकों ने ही इस फ़िल्म को नकार दिया। फ़िल्म कब थियेटर्स में लगी और उतर गई, पता ही नहीं चला।

08

फीचर लेखन

मूलतः लैटिन भाषा के 'फैक्ट्रा' शब्द से निर्मित 'फीचर' शब्द का अर्थ 'स्वरूप' या 'रूपरेखा' है। किसी भी समाचार-पत्र के प्रमुख चार अंगों—समाचार, फीचर, लेख एवं चित्र में फीचर का स्थान अत्यंत महत्त्वपूर्ण होता है। फीचर किसी वस्तु, घटना, स्थान या व्यक्ति विशेष की विशेषताओं को उद्घाटित करने वाला विशिष्ट आलेख है, जिसमें सर्जनात्मकता, काल्पनिकता, तथ्य, घटनाएँ, विचार, भावनाएँ आदि एक साथ उपस्थित रहते हैं।

फीचर लेखन के गुण

एक श्रेष्ठ फीचर लेखन के निम्नलिखित गुण होते हैं—

(i) विश्वसनीयता
(ii) सरसता एवं सहजता
(iii) प्रचलित शब्दावली का प्रयोग
(iv) रोचकता एवं संक्षिप्तता
(v) प्रासंगिकता

फीचर लेखन के उद्देश्य

(i) इसका प्रमुख उद्देश्य ज्ञानवर्द्धन करना है। यह पाठकों को किसी विषय की गहनता से परिचित कराता है।
(ii) पाठकों को सोचने-समझने के लिए प्रेरित करता है।
(iii) पाठकों का ज्ञानवर्द्धन करने के साथ-साथ उनका मनोवैज्ञानिक स्तर पर मनोरंजन भी करता है।

फीचर लेखन का क्रम

फीचर लेखन का क्रम निम्नलिखित है—

(i) शीर्षक
(ii) आमुख या भूमिका
(iii) विषय का विस्तार या विवेचन
(iv) निष्कर्ष या समापन

फीचर लेखन के तत्त्व

किसी भी फीचर लेखन के निम्नलिखित तत्त्व होते हैं—

(i) कल्पना
(ii) तथ्य
(iii) लेखन कला

फीचर लेखन के प्रकार

फीचर लेखन के विषय अनंत एवं किसी भी प्रकार की सीमाओं से मुक्त हैं। इसके बावजूद, फीचर लेखन के विषयों को ऊपरी तौर पर निम्नलिखित श्रेणियों में विभक्त किया जा सकता है

(i) **सामाजिक-सांस्कृतिक फीचर** इसमें व्यक्ति-विशेष, सामाजिक रीति-रिवाज़, रहन-सहन, मेलों, त्योहारों, कला आदि से संबंधित विषय सम्मिलित किए जाते हैं।

(ii) **घटनापरक फीचर** इसमें आंदोलन, युद्ध, अकाल आदि से संबंधित विषय सम्मिलित किए जाते हैं।

(iii) **प्राकृतिक फीचर या लोकाभिरुचि फीचर** इसमें विभिन्न प्राकृतिक अवयवों, अंतरिक्ष, खगोल, पृथ्वी आदि से संबंधित फीचरों के अतिरिक्त लोगों के बीच प्राकृतिक या नैसर्गिक रूप से विद्यमान रुचिपूर्ण विषयों से संबंधित विषयों को सम्मिलित किया जाता है।

(iv) **साहित्यिक फीचर** इसके अंतर्गत साहित्यिक गतिविधियाँ, साहित्यकारों या रचनाकारों, लोक साहित्य आदि से जुड़े विषयों को सम्मिलित किया जाता है।

(v) **राजनीतिक फीचर** इसके अंतर्गत राजनीतिक घटनाओं, राजनीतिक विचारों, राजनीतिज्ञों आदि से संबंधित विषयों को सम्मिलित किया जाता है।

फीचर लेखन संबंधी मुख्य बातें

फीचर लेखन संबंधी मुख्य बातें निम्नलिखित हैं—

- फीचर को सजीव बनाने के लिए उसमें विषय से जुड़े लोगों की उपस्थिति अनिवार्य है।
- फीचर में शामिल तथ्यों को **अभिव्यक्त** करने का ढंग ऐसा हो कि पाठक को लगने लगे कि वही देख एवं सुन रहा है।
- फीचर कोई शोध रिपोर्ट नहीं है। अतः उसे **सूचनात्मक** के साथ **मनोरंजक** भी होना चाहिए।
- फीचर **कथात्मक** विवरण एवं **विश्लेषण** होता है, लेकिन इसे किसी बैठक की कार्यवाही या विवरण की तरह नहीं लिखा जाना चाहिए।

- फीचर का कोई-न-कोई **उद्देश्य** होना चाहिए और उस उद्देश्य के इर्द-गिर्द ही सभी प्रासंगिक सूचनाएँ, तथ्य एवं विचार गुँथे होने चाहिए।
- फीचर लेखन का कोई निश्चित ढाँचा या फॉर्मूला **नहीं** होता, इसलिए इसे कहीं से भी प्रारंभ किया जा सकता है।
- फीचर में शुरू से लेकर अंत तक **प्रवाह** एवं **गति** बनी रहनी चाहिए। अतः प्रत्येक अनुच्छेद अपने पूर्व के अनुच्छेद से सहज रूप से संबंधित होना चाहिए।
- एक अच्छे व रोचक फीचर के साथ फोटो, रेखांकन व ग्राफिक्स होना जरूरी होता है।

PYQs विगत वर्षों के प्रश्न व महत्त्वपूर्ण प्रश्न

बहुविकल्पीय प्रश्न

1. फीचर को किस प्रकार का लेखन माना जाता है? **CBSE 2023**

(i) कथात्मक (ii) आत्मनिष्ठ
(iii) वर्णनात्मक (iv) विवरणात्मक

उत्तर (ii) आत्मनिष्ठ

2. सुव्यवस्थित, सृजनात्मक और आत्मनिष्ठ लेखन को पत्रकारिता की भाषा में क्या कहते हैं? **CBSE 2023**

(i) आलेख (ii) विशेष लेख
(iii) स्तंभ लेख (iv) फीचर

उत्तर (iv) फीचर

3. फीचर लेखन की शैली निम्नलिखित में से किस शैली के निकट है? **CBSE SQP 2021-22 Term I**

(i) काव्यात्मक (ii) कथात्मक
(iii) वक्तव्यात्मक (iv) रूपात्मक

उत्तर (ii) कथात्मक

वर्णनात्मक प्रश्न

1. फीचर क्या है? फीचर को परिभाषित करते हुए अच्छे फीचर की किन्हीं तीन विशेषताओं का उल्लेख कीजिए। **CBSE SQP 2022-23**

उत्तर फीचर किसी वस्तु, घटना, स्थान या व्यक्ति विशेष की विशेषताओं को उद्घाटित करने वाला विशिष्ट लेख है, जिसमें सृजनात्मकता, काल्पनिकता, विचार, भावनाएँ आदि एक साथ उपस्थित रहते हैं। इसका उद्देश्य पाठकों को सूचना देने, शिक्षित करने के साथ-साथ मुख्य रूप से उनका मनोरंजन करना होता है।

फीचर की तीन विशेषताएँ निम्नलिखित हैं—

1. फीचर समाचार की तरह पाठकों को तात्कालिक घटनाक्रम से अवगत नहीं कराता।
2. फीचर में लेखक के पास अपनी राय या दृष्टिकोण और भावनाएँ जाहिर करने का अवसर होता है।
3. फीचर लेखन कथात्मक शैली में किया जाता है।

2. फीचर कैसे लिखा जाता है? **CBSE SQP Term II 2021-22**

उत्तर फीचर लिखते समय फीचर के क्रम व तत्त्वों को ध्यान में रखा जाता है जिनका वर्णन निम्न प्रकार है—

फीचर लेखन का क्रम फीचर लेखन का क्रम निम्नलिखित हैं—

(i) शीर्षक
(ii) आमुख या भूमिका
(iii) विषय का विस्तार या विवेचन
(iv) निष्कर्ष या समापन

फीचर लेखन के तत्त्व किसी भी फीचर लेखन के निम्नलिखित तत्त्व होते हैं—

(i) **कल्पना** विषय का निर्धारण कर लेने के पश्चात् फीचर लेखक विषयानुरूप कल्पनाएँ करता है। कल्पना के द्वारा कुछ नया एवं मौलिक प्रस्तुत करने की कोशिश की जाती है।

(ii) **तथ्य** तथ्यों के आधार पर ही बात कही जाती है, इसलिए तथ्यों की प्रस्तुति मनोरंजक, सरस एवं रोचक होनी चाहिए। फीचर में सत्य एवं तथ्य के साथ रचनात्मकता का विशिष्ट समावेश होता है।

(iii) **लेखन कला** वास्तव में, फीचर चिंतन का तथ्यात्मक एवं रचनात्मक प्रस्तुतीकरण है। इसमें सरल, संक्षिप्त, सरस एवं रोचक शब्दों का प्रभावी ढंग से प्रयोग किया जाता है। अपनापन लिए हुए इसकी भाषा में मुहावरों, लोकोक्तियों एवं सूक्तियों का सही एवं सार्थक प्रयोग किया जाना चाहिए।

3. समाचार और फीचर में मुख्य अंतर क्या होता है? **CBSE SQP Term II 2021-22**

उत्तर **समाचार और फीचर लेखन में अन्तर** समाचार और फीचर लेखन में प्रमुख प्रस्तुतीकरण की शैली और विषय-वस्तु के आकार का है। समाचार उल्टा पिरामिड शैली के आधार पर लिखा जाता है जिसमें किसी विषय या घटना को संक्षिप्त रूप में प्रस्तुत किया जाता है, जबकि फीचर उल्टा पिरामिड शैली के आधार पर नहीं लिखा जाता है साथ ही इसमें घटना या विषय का विस्तार से वर्णन किया जाता है।

4. फीचर को आत्मनिष्ठ लेखन कहने के कारणों को स्पष्ट कीजिए। **CBSE SQP 2020-21**

उत्तर फीचर को आत्मनिष्ठ लेखन कहने के कारण निम्नलिखित हैं—

(i) फीचर में लेखक अपने विचार भावनाएँ, दृष्टिकोण को व्यक्त कर पाता है इसलिए इसे आत्मनिष्ठ लेखन की श्रेणी में रखा जाता है।
(ii) इसमें कथात्मक शैली का प्रयोग किया जाता है। भाषा सरल-सहज एवं आकर्षक होने के कारण सामान्य जन को जोड़े रखती है।
(iii) लेखक के स्वयं के विचार व प्रतिक्रिया पाठक को अपने लिए उपयोगी महसूस होती है।

5. 'बाल श्रमिक' विषय पर 80 से 100 शब्दों में एक फीचर लिखिए। **CBSE SQP 2019-20**

उत्तर कहा जाता है कि बच्चे देश का भविष्य होते हैं। जब यही भविष्य कच्ची उम्र में सड़कों पर काम करते नज़र आए तो आँखें शर्म से झुकने लगती हैं। भारत-सरकार द्वारा 'बाल श्रम' को अपराध घोषित किया गया है। इस संबंध में यह कानूनी प्रावधान है कि 14 वर्ष से कम आयु के बालक को कोई नियोक्ता अपने संस्थान या उद्योग में कार्य करने हेतु नियुक्त नहीं कर सकता, परंतु यह दुर्भाग्य है कि कानून-नियम की धज्जियाँ उड़ाते हुए नियोक्ता बालकों को अनेक प्रकार के क्रिया-कलापों में संलग्न करके उनसे कार्य करवा रहे हैं, तो दूसरी ओर भूख और गरीबी से बिलबिलाता बचपन काम करने को मजबूर है। पेट पालने के लिए उसे मजबूरी में श्रमिक बनना

पड़ता है। बाल श्रमिक का बचपन उससे छिन जाता है, सपने मर जाते हैं, जीवन बोझ बन जाता है। भूख के आगे कानून बेबस रह जाता है। सरकार के पास न तो कोई ऐसा खज़ाना है न कोई ऐसी योजना, जो बाल श्रमिकों को घर बैठाकर उनके पेट भरने की व्यवस्था कर सके, उन्हें शिक्षित कर सके। अनाथ या अशक्त माता-पिता की संतानें जीविका हेतु काम करने के लिए मजबूर हैं। उनसे आजीविका कैसे छीनें? ऐसे अनेक अनुत्तरित प्रश्न हमें झकझोरते हैं, परंतु कोई ठोस हल नहीं मिलता।

6. 'खेल के क्षेत्र में उभरता भारत' विषय पर एक फीचर तैयार कीजिए। **All India 2019**

उत्तर **खेल के क्षेत्र में उभरता भारत**

वर्तमान समय में खेलों को किसी व्यक्ति के सम्पूर्ण व्यक्तित्व विकास के लिए आवश्यक माना जाता है। अन्तर्राष्ट्रीय स्तर पर खेल में छाप छोड़ना, देश की प्रतिष्ठा तो बनाता ही है, साथ ही खेल को भी गौरवांवित करता है। वर्तमान में खेलों में कई बदलाव आ रहे हैं जो समय की माँग के अनुरूप हैं। यह बदलाव राष्ट्रीय एवं अंतर्राष्ट्रीय दोनों ही स्तर पर हो रहे हैं, इसलिए सरकार ने खेलों के विकास के लिए कई कल्याणकारी तथा उत्कृष्ट योजनाओं एवं कार्यक्रमों की शुरुआत की है। इन योजनाओं का उद्देश्य भारत के युवाओं को खेल के लिए प्रोत्साहित एवं आकर्षित करना है। आज हमारे देश ने खेल के क्षेत्र में अपनी महत्त्वपूर्ण भूमिका बना ली है। आज हमें अपनी विजय पर भरोसा ही नहीं होता। कभी-कभी हम स्वयं अपने प्रदर्शन पर चकित रह जाते हैं। यह सच है कि पिछले कुछ वर्षों में हमारे देश में अंतर्राष्ट्रीय स्तर की योग्यता रखने वाले खिलाड़ियों ने सफलता हासिल की है। उन्हीं के कारण हमारा देश खेल के क्षेत्र में उभरता हुआ दिखाई देता है। हमारे देश में खेल के क्षेत्र की उपलब्धियाँ अत्यंत क्षीण हैं, लेकिन यह भी सत्य है कि हमारे देश में प्रतिभा की भी कमी नहीं है। यदि स्वस्थ वातावरण तैयार किया जाए और चयन उचित प्रक्रिया द्वारा किया जाए, तो हम इस क्षेत्र में बहुत प्रगति कर सकते हैं।

7. 'सेना में महिलाओं की बढ़ती रुचि' विषय पर एक फीचर तैयार कीजिए। **All India 2019**

उत्तर **सेना में महिलाओं की बढ़ती रुचि**

भारतीय सेना में महिलाओं की भागीदारी को लेकर लम्बे समय से चर्चा चल रही है। महिलाओं की कम संख्या और महत्त्वपूर्ण ऑपरेशन में उनकी नगण्य भूमिका को लेकर चर्चा होती रही है। भारत में महिलाओं ने 1990 के दशक में आर्मी में जाना शुरू किया। अब अन्य देशों की भाँति ही भारत में भी महिलाओं की सेना में रुचि बढ़ रही है। वर्तमान समय में महिलाएँ अधिक संख्या में सेना में भर्ती हो रही हैं।

आज सारा देश नारी शक्ति को नवयोद्धाओं के नए रूप में देखकर आह्लादित हो रहा है। आज महिलाएँ शिक्षा, इंजीनयरिंग, ऑर्डिनेंस, इन्टेलीजेंस और एयर ट्रैफिक सिंग्नल जैसी स्ट्रीम में भी सेवाएँ दे रही हैं। आज अपने साहसिक व रोमांचक कारनामों के लिए भी कई महिला अफसर प्रसिद्ध हैं। पहले सेना के कुछ नियमों के कारण महिलाओं को फ्रंटलाइन में नियुक्त नहीं किया जाता था, किन्तु आज महिलाएँ सभी क्षेत्रों में अपनी भागीदारी निभा रही हैं।

आज महिलाएँ बी. एस.एफ, नेवी और एन.एसज़ी में कमांडर के पद को चुनी जा रही हैं। आज वो फाइटर प्लेन से दुश्मनों के बंकरों को नष्ट करने की योग्यता रखती हैं। वो दिन दूर नहीं जब स्नाइपर सेल में भी महिलाएँ तैनात होंगी।

8. विद्यालय स्वच्छता अभियान विषय पर एक फीचर तैयार कीजिए। **Delhi 2019**

उत्तर **विद्यालय स्वच्छता अभियान**

विद्यालय में साफ-सफाई का बहुत महत्त्व होता है, क्योकि यह विद्यार्थी के लिए दूसरे घर और एक मंदिर के समान होता है, जहाँ विद्या की देवी माँ सरस्वती का वास होता है। स्वच्छता को लेकर हमें सदैव सजग रहना चाहिए। स्वच्छता को बढ़ाने के लिए हमारे देश के प्रधानमंत्री श्री नरेंद्र मोदी ने स्वच्छ भारत अभियान भी चलाया है। स्वच्छ भारत अभियान से अब सभी विद्यालयों को भी जोड़ा गया है। यदि विद्यालय में ही स्वच्छता नहीं होगी तो प्रतिदिन कोई-न-कोई विद्यार्थी बीमार रहेगा, जिससे उसकी पढ़ाई में बाधा आएगी। विद्यालयों की सफाई बहुत ही गंभीर विषय है। शिक्षकों को विद्यार्थियों को साफ-सफाई के महत्त्व के बारे में बताना चाहिए और साफ-सफाई के बारे में कई प्रतियोगिताएँ आयोजित करवानी चाहिए। विद्यालयों में प्रतिवर्ष रंगाई और पुताई का कम होना चाहिए, जिससे स्कूल साफ-सुथरा दिखाई दे। स्कूलों में बालक-बलिकाओं के लिए अलग-अलग शौचालय की व्यवस्था होनी चाहिए और प्रत्येक शौचालय की नियमित रूप से साफ-सफाई होनी चाहिए। विद्यालय में समय-समय पर पानी के पाइपों और टंकियों की सफाई होनी चाहिए। विद्यालय के वातावरण को स्वच्छ और सुंदर बनाने के लिए पेड़-पौधे और फूलों के बगीचे लगाने चाहिए, जिससे विद्यालय का वातावरण सुगंधित और प्रदूषण रहित होगा और विद्यार्थियों का स्वास्थ्य भी स्वस्थ रहेगा। विद्यार्थियों को भी स्कूल को स्वच्छ रखने में सहयोग करना चाहिए। उन्हें कचरा यहाँ-वहाँ नहीं फैलाना चाहिए। कूड़ा हमेशा कूड़ेदान में ही डालना चाहिए। विद्यार्थियों को सफाई का विशेष ध्यान रखना चाहिए। साफ-सुथरी वेशभूषा पहननी चाहिए, जिससे वे कम-से-कम बीमार हो और रोज स्कूल जा पाएँ।

9. अपनी बस्ती के निकट लगने वाले साप्ताहिक बाज़ार को विषय बनाकर एक फीचर तैयार कीजिए। **Delhi 2019**

उत्तर **अपनी बस्ती के निकट लगने वाले साप्ताहिक बाज़ार**

साप्ताहिक बाज़ार से तात्पर्य सप्ताह में एक बार लगने वाले बाज़ार से है। साग-सब्जी पैदा करने वाले किसानों और उसे खरीदने वाले आम ग्राहकों के लिए साप्ताहिक बाज़ार फायदे का सौदा बन गए हैं। इस नए उपक्रम से किसान खुश हैं कि उसे नकद पैसे मिल रहे हैं और वह कृषि उपज मंडियों के चँगुल से आजाद हो गए हैं, वहीं खरीदार भी संतुष्ट हैं कि उन्हें हर सप्ताह ताजी सब्जियाँ उचित भाव में खाने को मिल रही हैं। हमारी बस्ती के निकट सोमवार को साप्ताहिक बाज़ार लगता है। बाज़ार के कारण वहाँ जाम लग जाता है जिससे लोगों को आवागमन में परेशानी होती है। कई बार तो स्थिति इतनी भयानक हो जाती है कि पुलिस कर्मचारियों को आकार जाम खुलवाना पड़ता है। सोमवार को लगने वाले बाज़ार के चलते सड़क पर पैदल चलने की भी जगह नहीं रहती। हमारी बस्ती के नागरिकों का कहना है कि साप्ताहिक बाज़ार के दौरान अतिरिक्त यातायात कर्मियों की नियुक्ति होनी चाहिए और सड़क पर रखे वाहनों पर कार्यवाही होनी चाहिए। ऐसे साप्ताहिक बाज़ार वास्तव में उन लोगों के लिए वरदान है, जो दूर-दराज़ क्षेत्रें में रहते हैं। इन दिनों वे उचित मूल्य पर अपने सभी आवश्यक वस्तुओं को एक ही स्थान से खरीद सकते हैं।

10. 'महानगरों में आवास की समस्या' विषय पर एक फीचर तैयार कीजिए। **CBSE SQP 2018-19**

उत्तर **महानगरों में आवास की समस्या**

महानगरों में आवास की समस्या एक गंभीर मुद्दा है। महानगरों में भूमि सीमित है और माँग अत्यधिक है। सामान्य व्यक्ति भूमि क्रय करके नगर में मकान नहीं बना सकता। यहाँ तक कि नगर में किराए के मकान भी नहीं ले सकता है। लाखों श्रमिक जिनके साधन और आय सीमित हैं उन्हें विवश होकर गंदी बस्तियों में रहना पड़ता है। मकान कम हैं और रहने वाले व्यक्ति कहीं अधिक हैं।

इसके परिणामस्वरूप गंदी बस्तियों में निरंतर वृद्धि होती जा रही है। छोटे-छोटे बच्चे अपने परिवार के साथ तंग जगह में रहने को विवश हैं। स्थानाभाव के चलते संक्रमण एवं रोग व्याधियाँ उत्पन्न होती हैं। गाँव के मेहनतकश युवा जिंदगी से भागकर शहर पहुँचते हैं। यहाँ उन्हें आवास की समस्या से अवगत होना पड़ता है। शहरों में वे आवास के लिए महँगा किराया नहीं दे पाते। अत: वे महानगरों की स्लम बस्तियों के ठेकेदारों के कुचक्र में फँस जाते हैं।

यही कारण है कि महानगरों में झुग्गियाँ बढ़ती जाती हैं। आवास की समस्या का एक परिणाम यह हुआ है कि कार्य करने की जगह और निवास स्थान में दूरी बढ़ती जा रही है। दिल्ली में औसतन 45 किमी की दूरी के लिए 50-50 किमी की दूरी तय करनी पड़ती है। इस प्रकार कुछ लोगों को 4-6 घंटे सफर में तय करने पड़ते हैं। अपना घर बनाने का सपना आम लोगों की पहुँच से बाहर होता जा रहा है। इस प्रकार देखा जा सकता है कि महानगरों में आवास की समस्या अपने उफान पर है। देश में सरकार द्वारा कोई ऐसी नीति का गठन अनिवार्य है जिससे इस समस्या पर काबू पा सके, अन्यथा महानगरों की दशा नर्क के समान हो जाएगी।

11. 'स्वतंत्रता दिवस पर रंगारंग कार्यक्रम' विषय पर एक फीचर तैयार कीजिए। **CBSE SQP 2018-19**

उत्तर

स्वतंत्रता दिवस पर रंगारंग कार्यक्रम

स्वतंत्रता दिवस भारतीयों के लिए एक बहुत खास दिन है, क्योंकि इसी दिन वर्षों की गुलामी के बाद ब्रिटिश शासन से भारत को आजादी मिली थी। स्वतंत्रता दिवस के अवसर पर 15 अगस्त से एक दिन पूर्व हमारे विद्यालय में रंगारंग कार्यक्रम का आयोजन किया गया, जिसमें सभी छात्रों ने बढ़-चढ़कर हिस्सा लिया। इस अवसर पर विद्यालय भवन को दुल्हन की तरह सजाया गया।

सबसे पहले प्रधानाचार्य ने अतिथियों का स्वागत किया। उसके बाद मुख्य अतिथि के द्वारा दीप प्रज्वलित किया गया तथा राष्ट्र ध्वज तिरंगा फहराया गया। राष्ट्र ध्वज फहराते ही सभी छात्रों और शिक्षकों ने राष्ट्रगान गाया। इसके बाद विद्यालय के छात्रों ने कई सारे रंगारंग कार्यक्रम प्रस्तुत किए जिनमें देशभक्ति गीत, कविताएँ, भाषण, नृत्य आदि सम्मिलित थे। इस खास अवसर पर प्रधानाचार्य ने भारत की उन महान् हस्तियों को याद किया, जिन्होंने भारत की स्वतंत्रता के लिए महत्त्वपूर्ण योगदान दिया। अतिथि महोदय द्वारा दिए गए भाषण से वहाँ मौजूद सभी लोगों में देशभक्ति की लहर जाग उठी। एन.सी.सी. के छात्रों द्वारा मार्च पास्ट किया गया। बैंड की धुन पर उनके कदम एक साथ उठते हुए बहुत ही आकर्षक लग रहे थे। कार्यक्रम समाप्त होने से पहले अतिथि महोदय द्वारा पुरस्कार वितरित किए गए। अंत में एक बार फिर राष्ट्रगान गाया गया। इस प्रकार स्वतंत्रता दिवस पर विद्यालय की ओर से किया गया रंगारंग कार्यक्रम एक सफल कार्यक्रम रहा।

12. 'भारत में कौशल विकास' विषय पर एक फीचर तैयार कीजिए। **CBSE SQP 2017-18**

उत्तर

भारत में कौशल विकास

देश को विकसित करने के उद्देश्य से प्रधानमंत्री नरेंद्र मोदी ने 15 जुलाई, 2015 को पूरे भारत में लगभग 40 करोड़ भारतीयों को विभिन्न योजनाओं के अंतर्गत प्रशिक्षित करने के उद्देश्य से 'कुशल भारत कौशल भारत' योजना को शुरू किया। इस योजना का मुख्य उद्देश्य भारत के लोगों को विभिन्न क्षेत्रों में प्रशिक्षित करके उनकी कार्यक्षमता को बढ़ावा देना है। मुख्य रूप से कौशल विकास योजना का उद्देश्य भारत के युवाओं में कौशल विकास के लिए उन क्षेत्रों में अवसर प्रदान करना है, जो कई वर्षों से अविकसित हैं। इसके साथ-साथ विकास करने के नए क्षेत्रों की पहचान करके उन्हें विकसित करने का प्रयास करना है। इस योजना का उद्देश्य बड़े पैमाने पर रोजगार प्राप्त करने में मदद करने के लिए साहसिक विचारों, ठोस नीतियों, पहल और उपायों के लिए सुझाव देना है। यह समूह भारतीय युवाओं के बीच कौशल विकास बढ़ाने और राष्ट्र निर्माण के लिए उनको प्रोत्साहित करता है। यह योजना युवाओं को प्रशिक्षित करके भारत में बेरोजगारी की समस्या के निवारण, भारत में गरीबी खत्म करने, भारतीयों में छिपी हुई योग्यता को बढ़ावा देने और भारतीयों के जीवन स्तर में सुधार हेतु सहायक है। इस प्रकार 'कौशल भारत, कुशल भारत' अभियान को जागरूकता अभियानों के साथ सभी लोगों को उनके हुनर में कुशल करके भारत से बहु-आयामी समस्याओं का निवारण करना है।

13. 'गाँव में मज़दूरों की कमी' विषय पर एक फीचर तैयार कीजिए। **CBSE SQP 2017-18**

उत्तर

गाँव में मज़दूरों की कमी

वर्तमान में गाँव से शहरों की ओर पलायन की प्रवृत्ति बढ़ती जा रही है, जिसके कारण गाँव में मजदूरों की कमी होने लगी है। गाँवों में कृषि भूमि के लगातार कम होते जाने, आबादी बढ़ने और प्राकृतिक आपदाओं के चलते रोजी-रोटी की तलाश में ग्रामीणों को शहरों की ओर मुँह देखना पड़ रहा है। गाँवों में बुनियादी सुविधाओं की कमी भी पलायन का एक दूसरा बड़ा कारण है। गाँवों में रोजगार और शिक्षा के साथ-साथ बिजली, आवास, सड़क, संचार तथा स्वच्छता जैसी बुनियादी सुविधाएँ शहरों की तुलना में बेहद कम हैं। गाँवों में मजदूरों की कमी का मुख्य कारण अधिक काम के बदले मिलने वाली कम मजदूरी है। इसलिए गाँव से मजदूर शहर में आकर मजदूरी करना शुरू कर देते हैं, क्योंकि गाँव की तुलना में शहरों में मजदूरी दर अधिक होती है।

इसके साथ ही गाँव में भेदभावपूर्ण सामाजिक व्यवस्था के चलते शोषण और उत्पीड़न से तंग आकर भी बहुत से लोग शहरों का रुख कर लेते हैं। गाँवों में मजदूरों की कमी का एक कारण यह भी है कि अब लोग खेतों में मजदूरी करना नहीं चाहते, क्योंकि यह बहुत मेहनत का काम होता है। गाँव में मजदूरों की कमी को रोकने के लिए सरकार को चाहिए कि वह छोटे शहरों तथा गाँवों में रोजगार के अवसरों और शैक्षिक संस्थानों में बढ़ोतरी के प्रयास करे।

14. 'वन रहेंगे : हम रहेंगे' पर एक फीचर लिखिए। **All India 2017**

उत्तर

वन रहेंगे : हम रहेंगे

मनुष्य और प्रकृति में गहरा संबंध रहा है मानव अपनी सभी आवश्यकताओं की पूर्ति के लिए पूर्णत: प्रकृति पर ही निर्भर है। वन संपदा भी प्रकृति की एक अद्भुत और अत्यंत उपयोगी देन है।

वन तथा पेड़-पौधे पर्यावरण से कार्बन डाइ-ऑक्साइड सोख कर, उसे प्राणदायिनी ऑक्सीजन में बदलते हैं। वृक्षों का प्रत्येक अंग—फल, फूल, पत्तियाँ, छाल यहाँ तक कि जड़ भी उपयोगी है। इनसे हमें स्वादिष्ट फलों के साथ-साथ जीवनरक्षक औषधियाँ भी मिलती हैं। वन बादलों को रोककर वर्षा कराने में सहायक सिद्ध होते हैं। वन पर्यावरण को शुद्ध करते हैं। वनों से प्राप्त लकड़ियाँ भवन निर्माण और फर्नीचर बनाने के काम आती हैं।

वन बाढ़ जैसी प्राकृतिक आपदाओं का कुप्रभाव कम करते हैं। मृदा अपरदन को रोकते हैं। इस प्रकार हम कह सकते हैं कि वन पर्यावरण को संतुलित कर सभी जीवों के अस्तित्व की रक्षा करते हैं।

वनों से होने वाले लाभों के कारण मनुष्य ने उनकी अंधाधुंध कटाई की है, जिसके कारण अनेक गंभीर समस्याएँ उत्पन्न हो गई हैं। इनमें मौसम में अचानक परिवर्तन होना, कृषि का प्रभावित होना, अनेक वनस्पतियों तथा जीव-जंतुओं की प्रजातियों का लुप्त होना, पृथ्वी के तापमान में वृद्धि होना, हिमनदों का पिघलना, समुद्री जल—स्तर में वृद्धि इत्यादि प्रमुख है। मनुष्य अपनी आवश्यकताओं की पूर्ति के लिए तथा विकास के लिए वन

संपदा का प्रयोग करता है इसलिए हमें यह बात समझनी होगी कि विकास और पर्यावरण एक-दूसरे के विरोधी नहीं, एक-दूसरे के पूरक हैं।

यदि वृक्ष ही न रहे, तो संपूर्ण मानव जगत का अस्तित्व ही मिट जाएगा। यह भी सही है कि विकास के लिए वृक्ष काटना आवश्यक है। इसके लिए हमें वृक्षारोपण को अपना कर्तव्य समझ, इसका पालन करना चाहिए। इसके साथ ही हमें सतत पोषणीय विकास की विचारधारा को अपनाना चाहिए।

15. 'स्वच्छ भारत-स्वस्थ भारत' विषय पर एक फीचर लिखिए। **All India 2017**

उत्तर **स्वच्छ भारत-स्वस्थ भारत**

स्वच्छता हर एक की पहली और प्राथमिक ज़िम्मेदारी होनी चाहिए। सभी को ये समझना चाहिए कि भोजन और पानी की तरह ही स्वच्छता भी अति आवश्यक है, बल्कि हमें स्वच्छता को भोजन और पानी से ज़्यादा प्राथमिकता देनी चाहिए। हम केवल तभी स्वस्थ रह सकते हैं, जब हम सब कुछ बहुत सफाई और स्वास्थ्यकर तरीके से लें। बचपन सभी के जीवन का सबसे अच्छा समय होता है, जिसके दौरान स्वच्छता की आदत में कुशल हो सकते हैं। जैसे चलना, बोलना, दौड़ना, पढ़ना, खाना आदि अभिभावक के नियमित निगरानी और सतर्कता में होते हैं वैसे बच्चों में स्वच्छता की आदत का विकास होना चाहिए।

'स्वच्छ भारत अभियान' एक राष्ट्र स्तरीय अभियान है। गाँधीजी की 145वीं जयंती के अवसर पर माननीय प्रधानमंत्री श्री नरेंद्र मोदी ने इस अभियान के आरंभ की घोषणा की। यह अभियान प्रधानमंत्री जी की महत्त्वाकांक्षी परियोजनाओं में से एक है। 2 अक्टूबर, 2014 को उन्होंने राजपथ पर जनसमूह को संबोधित करते हुए सभी राष्ट्रवासियों से स्वच्छ भारत अभियान में भाग लेने और इसे सफल बनाने की अपील की। साफ-सफाई के संदर्भ में देखा जाए, तो यह अभियान अब तक का सबसे बड़ा स्वच्छता अभियान है।

आज पूरी दुनिया में भारत की छवि एक अस्वच्छ देश की है। जब-जब भारत की अर्थव्यवस्था, तरक्की, ताकत और प्रतिभा की बात होती है, तब इस बात की भी चर्चा होती है कि भारत एक अस्वच्छ देश है। पिछले ही वर्ष हमारे पड़ोसी देश चीन के कई ब्लॉगो पर गंगा में तैरती लाशों और भारतीय सड़कों पर पड़े कूड़े के ढेर वाली तस्वीरें छाई रहीं।

अत: कहा यही जा सकता है कि वर्तमान समय में स्वच्छता हमारे लिए एक बड़ी आवश्यकता है। यह समय भारतवर्ष के लिए बदलाव का समय है। बदलाव के इस दौर में यदि हम स्वच्छता के क्षेत्र में पीछे रह गए, तो आर्थिक उन्नति का कोई महत्त्व नहीं रहेगा। हमारे प्रधानमंत्री ने 25 सितंबर, 2014 को 'मेक इन इंडिया' अभियान का भी शुभारंभ किया है, जिसका लक्ष्य भारत को मैन्युफैक्चरिंग (उत्पादन) के क्षेत्र में प्रथम बनाना है। इस अभियान से आर्थिक गति तो अवश्य मिलेगी, लेकिन इसके साथ ही हमें 'प्रदूषण' के रूप में एक बड़ी चुनौती भी मिलने वाली है।

अत: हमें अपने दैनिक जीवन में तो सफाई को एक लक्ष्य की तरह शामिल करने की ज़रूरत है ही, हमें इसे एक बड़े स्तर पर भी देखने की ज़रूरत है, ताकि हमारा पर्यावरण भी स्वच्छ रहे।

इसलिए, हमें जीवन में स्वच्छता के महत्त्व और जरूरत के बारे में जागरूक होना बेहद आवश्यक है। हज़ारों जीवन को बचाने और उन्हें स्वस्थ जीवन देने के लिए हम सभी को मिलकर स्वच्छता की ओर कदम बढ़ाने की ज़रूरत है। हमारे प्रधानमंत्री, नरेंद्र मोदी ने एक अभियान चलाया जिसे 'स्वच्छ भारत' कहा गया। भारतीय नागरिक के रूप में हम सभी को इस अभियान के उद्देश्य और लक्ष्य को पूरा करने में सक्रिय रूप से भाग लेना चाहिए।

16. 'चुनाव प्रचार का एक दिन' पर एक फीचर लिखिए। **All India 2016, 14**

उत्तर **चुनाव प्रचार का एक दिन**

चुनाव लोकतांत्रिक प्रणाली में एक महत्त्वपूर्ण भूमिका निभाते हैं। चुनाव प्रक्रिया के माध्यम से ही जनता अपने प्रतिनिधियों का चयन करती है, जो आगे चलकर शासन प्रणाली को सँभालते हैं। सभी प्रतिनिधि अपने प्रभुत्व को स्थापित करने के लिए चुनाव प्रचार को माध्यम बनाते हैं।

चुनाव-प्रचार मतदाताओं को प्रभावित करने में अहम भूमिका निभाता है। चुनाव प्रचार में लाउडस्पीकर, पोस्टर, पेंफलेट आदि अन्य प्रकार की सामग्रियों का प्रयोग किया जाता है। चुनाव प्रचार में प्रतिनिधि जोकि भिन्न-भिन्न पार्टियों के उम्मीदवार होते हैं, वह जनता के घर-घर जाकर अपने लिए स्वयं वोट माँगते हैं।

चुनाव प्रचार की प्रक्रिया चुनाव होने के दो दिन पहले ही बंद हो जाती है। सभी उम्मीदवार अपने-अपने क्षेत्र में नए-नए तौर तरीकों से जनता को लुभाने का कार्य करते हैं। चुनाव-प्रचार के दौरान बहुत से प्रत्याशी गलत व अनैतिकता का प्रयोग भी करते हैं। चुनाव प्रचार के समय प्रत्याशी अपना वोट पाने के लिए खरीद-फरोख़्त की राजनीति को भी जन्म देते हैं।

चुनाव प्रचार के दो पक्ष हैं, जिसमें पहला यह है कि इसके माध्यम से उम्मीदवार स्वयं को मतदाताओं से परिचित करवाता है और अपने एजेंडा को उन मतदाताओं के सम्मुख प्रस्तुत करता है।

कहा जाए तो इस सकारात्मक तरीके से वह मतदाताओं पर प्रभाव स्थापित कर अपना वोट पक्का करना चाहता है, परंतु इसका दूसरा तरीका अत्यंत बुरा है, जो समाज में कुप्रवृत्तियों को जन्म देता है तथा राजनीति को एक गंदा खेल बनाकर जनता के समक्ष प्रस्तुत करता है। अंत में कहना चाहिए कि चुनाव प्रचार बहुत ही रोमांचकारी प्रक्रिया है और इस प्रक्रिया को सही रूप से प्रयोग में लाया जाए, तो हम सही प्रत्याशी को चुनकर देश के भविष्य को सुनिश्चित कर सकेंगे।

17. 'भीड़ भरी बस के अनुभव' पर एक फीचर लिखिए। **All India 2016**

उत्तर **भीड़ भरी बस के अनुभव**

देश की राजधानी दिल्ली में जनसंख्या में इस कदर वृद्धि हो रही है कि आने वाले वर्षों में लोगों के ऊपर लोग चलकर जाएँगे। हाँ यह सत्य है और इसका प्रत्यक्ष उदाहरण प्रतिदिन दिल्ली की बसों में देखने को मिलता है। बस किसी स्टैंड पर आती है और सवारी पीछे के दरवाज़े से चढ़ती है और इसके बाद सवारी का कोई काम नहीं। वह धक्के खा-खाकर पीछे के दरवाज़े से कब आगे ड्राइवर के पास तक जा पहुँचती है, यह स्वयं सवारी को भी नहीं पता चलता।

भीड़ में कुछ लोग बहुत परेशानी महसूस करते हैं, तो कुछ ऐसे लोग भी हैं जो जेब कतरे, चोर आदि होते हैं। उनके लिए भीड़ भरी बस जेब काटने व चोरी करने के अवसर को बढ़ा देती है। प्रतिदिन बसों में इस तरह की वारदातें होती रहती हैं। भीड़ भरी बस में सफर करना बहुत ही कठिन कार्य है। आगे-पीछे सवारी इस तरह लटक जाती है, जैसे उन्हें अपनी जान की कोई परवाह नहीं। इनमें खासतौर पर स्कूली छात्रों की संख्या अधिक होती है। भीड़ भरी बस में सबसे बड़ी समस्या टिकट लेने में आती है।

जब कोई सवारी भीड़ से बचने के कारण अगले दरवाज़े से बस में चढ़ती है, तो उसे कंडक्टर तक पहुँचने में काफी समस्याओं का सामना करना पड़ता है। भीड़ भरी बस में महिला वर्ग के साथ बदतमीजी व अन्य प्रकार की समस्याएँ उजागर होती हैं। अत: भीड़ भरी बस का अनुभव अत्यंत बुरा रहा, परंतु भिन्न-भिन्न प्रकार की समस्याओं के बावजूद भी प्रत्येक दिन इन्हीं बसों में सफर करने को मजबूर हैं।

18. 'जंक फूड की समस्या' पर एक फीचर लिखिए। **Delhi 2015**

उत्तर

जंक फूड की समस्या

आधुनिक रहन-सहन और दौड़-धूप से भरी ज़िंदगी ने मनुष्य के जीवन में कई परिवर्तन किए हैं। आज लोगों के पास समय का अभाव है। इस व्यस्त ज़िंदगी में सब कुछ फास्ट हो गया है और इसी जल्दबाजी ने मनुष्य को भोजन की एक नई शैली के जाल में फँसा दिया है, जिसे फास्ट फूड या जंक फूड कहते हैं। जंक फूड के प्रति बच्चों के लगाव ने उनकी स्वास्थ्य संबंधी समस्याओं को एक चुनौती के रूप में लाकर देश के सामने खड़ा कर दिया है।

देश में चिकित्सक, शिक्षाविद्, अभिभावक सभी चिंतित हैं, क्योंकि जंक फूड के सेवन से बच्चे उन बीमारियों के शिकार हो रहे हैं, जो अधिक उम्र के लोगों में हुआ करती थीं। जंक फूड बच्चों के शारीरिक और मानसिक विकास को बुरी तरह से प्रभावित करता है, जिसके कारण उन्हें भविष्य में कई तरह की परेशानियाँ उठानी पड़ती हैं। जंक फूड के अंतर्गत आलू के चिप्स, स्नैक्स, इंस्टैंट नूडल्स, कॉर्बोनेट-पेय पदार्थ, बर्गर, पिज्जा, मोमोज, फ्राइड चिकन आदि खाद्य पदार्थ शामिल किए जा सकते हैं।

लगभग सभी प्रकार के जंक फूड में कैलोरी की मात्रा बहुत अधिक होती है, जिससे अति पोषण की समस्या उत्पन्न हो जाती है। अधिक कैलोरी के साथ-साथ जंक फूड में नमक, ट्रांस फैट, चीनी, परिरक्षक (प्रिजरवेटिव), वनस्पति घी, सोडा, कैफीन आदि भी अधिक मात्रा में होते हैं, जबकि फाइबर बहुत कम होता है।

इन सभी से मोटापे का खतरा अत्यधिक बढ़ जाता है और मधुमेह, हृदय रोग, ब्लड प्रेशर, कब्ज, सिरदर्द, पेटदर्द आदि बीमारियाँ बच्चों को छोटी उम्र में ही घेर लेती हैं। जंक फूड के कारण बच्चों का बुद्धिलब्धि स्तर (आई क्यू) कमजोर होने लगता है, जिसका परिणाम मानसिक विकलांगता के रूप में भी सामने आ सकता है।

इस प्रकार हम कह सकते हैं कि जंक फूड का प्रयोग बच्चों के सुनहरे भविष्य में बहुत बड़ी रुकावट बन सकता है।

19. 'स्वच्छता अभियान' पर एक फीचर लिखिए। **All India 2015**

उत्तर

स्वच्छता अभियान

भारत के माननीय प्रधानमंत्री श्री नरेंद्र मोदी द्वारा महात्मा गाँधी की 145वीं जयंती के अवसर पर आरंभ किया गया 'स्वच्छ भारत अभियान' अब तक का सबसे बड़ा स्वच्छता अभियान है। गाँधीजी के 'क्विट इंडिया' आह्वान को पूरा करने वाला देश अब उनके 'क्लीन इंडिया' के आह्वान को पूरा करने निकल पड़ा है।

अब वह समय आ गया है जब हम विश्व पटल पर देश की छवि एक स्वच्छ भारत की बनाएँ। जिस तरह साँपों एवं जादू के देश की छवि से हम काफी आगे बढ़ चुके हैं, उसी तरह अस्वच्छता हमारे लिए अतीत बन जाए। आज देश का प्रत्येक नागरिक भारत को स्वच्छ देखना चाहता है, लेकिन इसके लिए वैयक्तिक तौर पर सहयोग देने से अभी भी कई लोग हिचकिचा रहे हैं।

देश को स्वच्छ बनाना सिर्फ किसी सरकार या संगठन की जिम्मेदारी नहीं हो सकती, यह संभव भी नहीं है। जब तक देश के नागरिक इसके प्रति जागरूक नहीं होंगे, तब तक इस महान् लक्ष्य को प्राप्त करना संभव नहीं है। स्वच्छता की भावना हमारे अंदर होनी चाहिए। किसी भय या बल के प्रभाव में नहीं, बल्कि हमें स्वयं ही इसके प्रति आंतरिक स्तर पर सचेत होना होगा। हम स्वयं न तो कोई गंदगी फैलाए और न ही किसी को गंदगी फैलाने दें। यही भावना स्वच्छता अभियान को सफल एवं सार्थक बना सकती है।

हमें स्वच्छता के महत्त्व को समझना होगा। इसके अभाव में अर्थात् गंदगी से होने वाले दुष्प्रभावों को जानना होगा। विश्व पटल पर बनी अपनी गंदगी की छवि को मिटाकर अपनी स्वच्छता-प्रिय छवि को स्थापित करना होगा।

20. 'सजग नागरिक' पर एक फीचर लिखिए। **All India 2015**

उत्तर

सजग नागरिक

सजग नागरिक से तात्पर्य एक जागरूक नागरिक से है। जागरूक अर्थात् अपने परिवेश में घटित होने वाली सभी घटनाओं से न सिर्फ वह अच्छी तरह परिचित रहे, बल्कि उन परिस्थितियों में अपने दायित्व के प्रति भी अत्यंत संवेदनशील रहे। देश, समाज, समुदाय, समूह, परिवार आदि के बारे में सभी जानकारियों को रखना तथा उनके प्रति अपने दायित्वों को निभाना ही एक सामान्य नागरिक को सजग नागरिक बनाता है। सजगता का मतलब है, सदैव अलर्ट रहना। सजग व्यक्ति ही अपने सभी लक्ष्यों को प्राप्त कर सकता है।

अपने लक्ष्य को लेकर सजग रहने वाला व्यक्ति पूरी चैतन्यता के साथ उससे जुड़ जाता है। उसकी समस्त मानसिक एवं शारीरिक ऊर्जा अपने लक्ष्य को पाने में लग जाती है।

एक सजग नागरिक हमेशा अपने दायित्वों के प्रति सचेत रहता है। वह चिंतनशील एवं कर्मशील होता है। मनुष्य का सोचना एवं उसके अनुसार व्यवहार करना गतिशील जीवन की पहचान है। एक सजग नागरिक न केवल देश एवं समाज के प्रति अपने दायित्वों का ईमानदारीपूर्वक निर्वाह करता है, बल्कि वह समाज के सभी सदस्यों की बेहतरी के लिए भी चिंतित रहता है। उसकी सजगता स्वयं के साथ-साथ अपने पूरे समाज को बेहतर दिशा की ओर ले जाने में समर्थ होती है।

सजगता एक ऐसी प्रवृत्ति है, जिसे मनुष्य अपने अंदर विकसित करता है। यह कोई जन्मजात विशेषता नहीं होती, बल्कि स्वयं का समाजीकरण करते हुए अर्जित की जाती है। सजगता वह मार्ग है, जिस पर चलकर मनुष्य अपने जीवन को एक नया अर्थ प्रदान करता है। यह मनुष्य की बेहतर पहचान निर्मित करता है।

कोई भी समाज अपने सजग नागरिकों के बल पर ही आगे बढ़ता है एवं विकास करता है। किसी विशेष परिस्थिति में भी अपनी जिम्मेदारियों को उचित ढंग से समझने वाला और उन जिम्मेदारियों को निभाने वाला नागरिक ही एक सजग नागरिक है। प्रत्येक समाज अपने विकास के लिए ऐसे ही नागरिकों की इच्छा रखता है।

21. 'भोजन पर सबका अधिकार' विषय पर एक फीचर लिखिए। **All India 2014**

उत्तर

भोजन पर सबका अधिकार

भारत विकसित देश के रूप में विश्व के अग्रणी देशों की श्रेणी में शामिल होने की अपेक्षा कर रहा है और इसके लिए वह अत्यधिक प्रत्यन भी कर रहा है, लेकिन क्या विश्व के अग्रणी देशों में लोगों की एक बड़ी संख्या भूखे पेट सोने के लिए विवश होती है?

आज भी देश के बड़े हिस्से को भरपेट खाना नसीब नहीं हो पाता, इसलिए इस समस्या का हल निकालने हेतु 'राष्ट्रीय खाद्य सुरक्षा' अभियान की शुरुआत की गई और अंततः 'खाद्य सुरक्षा अधिनियम' पारित किया गया, ताकि भारत का कोई भी व्यक्ति भूखा न रह सके।

सतही तौर पर देखा जाए तो भोजन पर उसी का अधिकार होना चाहिए, जो उसे अर्जित कर सके, लेकिन यह तर्क निजी पूँजीवाद को बढ़ावा देने वाले तथा मानवीय मूल्यों में कम विश्वास करने वाले अगंभीर प्रवृत्ति के लोगों का हो सकता है। समाज एवं सामाजिकता का अर्थ क्या है? सामाजिकता का अर्थ है, एक-दूसरे की सहायता करना एवं कठिन समय में साथ देना। क्या समग्र देश की, समूची मानव जाति का यह कर्त्तव्य नहीं बनता है कि वह ऐसे लोगों के लिए भोजन की व्यवस्था करे, जो इससे वंचित हैं।

मनुष्य को ज़िंदा रहने का अधिकार तो मिलना ही चाहिए और ज़िंदा रहने के लिए भोजन अति आवश्यक है। हमारी सभ्य लोकतांत्रिक शासन-प्रणाली में सरकार को एक जनकल्याणकारी संस्था माना गया है। अंततः सरकार की ज़िम्मेदारी बनती है कि वह समाज के सभी लोगों की भोजन संबंधी आवश्यकता की पूर्ति करे।

22. 'त्योहारों के नाम पर अपव्यय' विषय पर एक फीचर लिखिए।
All India 2014

उत्तर **त्योहारों के नाम पर अपव्यय**

हमारा देश त्योहारों का देश माना जाता है। पर्व-त्योहार हमारे जीवन के अच्छे पहलुओं का सुखद स्मरण कराते हैं। ये हमारे उन सपनों के साकार रूप एवं प्रतीक हैं, जिनके लिए हम सब संघर्षरत् हैं।

यही कारण है कि हम इन त्योहारों को उत्सवी वातावरण में पूरी धूमधाम से मनाते हैं। पर्व-त्योहार एक प्रकार से हमारे एवं हमारे पूर्वजों के बीच संपर्क सूत्र का काम भी करते हैं। ये पूर्व एवं वर्तमान पीढ़ी को एक-दूसरे से जोड़ने वाली महत्त्वपूर्ण कड़ियाँ हैं, इसलिए त्योहारों में परंपराओं एवं रीति-रिवाजों का इतना अधिक महत्त्व होता है।

विगत कुछ वर्षों से पर्व-त्योहारों की पवित्रता एवं उनके वास्तविक उद्देश्यों पर आँच आई है। इनका आयोजन आडंबरपूर्ण हो गया है। सादगी एवं गरिमा का स्थान भड़कीले दिखावे ने ले लिया है। इनके बहाने लोग अपने पैसे एवं रुतबे का भद्दा प्रदर्शन करने लगे हैं। इनके माध्यम से लोग अपने संबंधियों एवं पड़ोसियों को नीचा दिखाने की कोशिश करने लगे हैं, चाहे इसके लिए कितना ही पैसा क्यों न खर्च करना पड़े। वर्तमान परिवेश में दिखावटी प्रवृत्ति के कारण ही इन त्योहारों पर पैसे का खुलकर अपव्यय होता है। इन त्योहारों में अमीर-गरीब का अंतर मुखर होकर सामने आ जाता है।

ऐसा लगता है मानो त्योहार तो संपन्न एवं विपन्न लोगों के बीच विभाजक रेखा खींचने के लिए ही आयोजित किए जा रहे हैं। वास्तव में, हमें विभिन्न त्योहारों को उनकी सच्ची भावना एवं गरिमा के साथ बिना किसी आडंबर के मनाना चाहिए। धन की उपलब्धता उसके अपव्यय के लिए नहीं है, बल्कि उसका सही स्थान पर उचित इस्तेमाल करना चाहिए। त्योहार का असली आनंद तो सादगीपूर्ण, उसकी सच्ची भावना के साथ मनाने तथा आपसी भाईचारा बनाए रखने में ही है।

23. 'बढ़ती जनसंख्या-दर, घटती सुविधाएँ' विषय पर एक फीचर लिखिए।
All India 2014

उत्तर **बढ़ती जनसंख्या-दर, घटती सुविधाएँ**

जनसंख्या वृद्धि हमारे देश के आर्थिक विकास के समक्ष सबसे बड़ी चुनौती तो है ही, साथ ही बढ़ती जनसंख्या के अनुपात में आवश्यक सुविधाओं में वृद्धि नहीं हो पाती है, जिसके कारण सीमित संसाधनों पर ही आवश्यकता से अधिक दबाव पड़ता है। जनसंख्या वृद्धि-दर के अनुपात में रोज़गार के अवसर सृजित नहीं हो पाते हैं, जिसके फलस्वरूप बेरोज़गारी एवं गरीबी में वृद्धि होती है, जो आगे अनेक सामाजिक समस्याओं एवं बुराइयों की जड़ बनती है।

जनसंख्या के अनुपात में सुविधाओं में वृद्धि नहीं होने का ही परिणाम है कि सीमित संसाधनों का बँटवारा हमें आवश्यकता से अधिक लोगों के साथ करना पड़ता है, जो उत्तरोत्तर हमारे आर्थिक विकास को और धीमा करता जाता है।

संसाधनों की अपेक्षा अधिक जनसंख्या वृद्धि का प्रत्यक्ष प्रभाव लोगों के जीवन-स्तर पर पड़ता है। कृषि क्षेत्र पर अतिरिक्त बोझ पड़ता है, परिणामस्वरूप उसकी उत्पादकता में गिरावट प्रारंभ हो जाती है। कृषि ही नहीं, जीवन के लगभग सभी क्षेत्र जनसंख्या वृद्धि के कारण दुष्प्रभावित हैं।

परिवहन का मामला हो या औद्योगिक क्षेत्र का, जल-संसाधन हो या भूमि संसाधन, वन संपत्ति हो या सार्वजनिक संपत्ति हर क्षेत्र पर जनसंख्या वृद्धि का नकारात्मक प्रभाव पड़ता है। संसाधनों में वृद्धि एक सीमा के बाद नहीं की जा सकती, लेकिन जनसंख्या वृद्धि की सीमा निर्धारित नहीं है। इसका नतीजा सड़कों पर जाम, ट्रेनों में बैठने के लिए मारपीट, स्वच्छ पेयजल की भारी किल्लत, खाद्यान्न के अभाव में भुखमरी, सभी के लिए शिक्षा का अभाव, खेलकूद के साधनों का अभाव, दैनिक आवश्यकताओं की वस्तुओं में अत्यधिक मूल्य वृद्धि, स्वच्छ वायु का अभाव आदि के रूप में सामने आता है।

कहने का तात्पर्य यह है कि अत्यधिक जनसंख्या वृद्धि से सीमित संसाधनों पर पड़ने वाले अत्यधिक दबाव के कारण मनुष्य एक सम्मानजनक समृद्ध जीवन नहीं जी सकता। जनसंख्या में अत्यधिक वृद्धि के कारण सुविधाएँ घटती जाती हैं, क्योंकि उनका बँटवारा अधिक लोगों के बीच होने लगता है और संसाधनों या सुविधाओं को एक सीमा के बाद बढ़ाना संभव नहीं है।

24. 'भ्रष्टाचार का दानव' विषय पर एक फीचर लिखिए। **All India 2014**

उत्तर **भ्रष्टाचार का दानव**

भ्रष्टाचार से तात्पर्य भ्रष्ट व्यवहार या अनैतिक व्यवहार से है। यह अत्यंत दुर्भाग्यपूर्ण है कि आज भारतवर्ष भ्रष्टाचार का गढ़ बन गया है। सामाजिक जीवन का कोई भी ऐसा क्षेत्र नहीं रह गया है, जिसमें ईमानदारी का वर्चस्व हो। किसी विद्यालय में प्रवेश पाने का मुद्दा हो या नौकरी मिलने का, कोई घरेलू कार्य कराना हो या कार्यालयी कार्य, भ्रष्टाचार सभी जगह व्याप्त है।

सरकारी कार्यालयों में तो चक्का तभी घूमता है, जब उसमें घूस का पेट्रोल डाला जाता है। परिवहन विभाग का मामला हो या पुलिस विभाग का। गाड़ी चलाना जाने बिना ड्राइविंग लाइसेंस ले लीजिए, लेकिन एक निश्चित कीमत चुकाकर। पुलिस विभाग में व्याप्त भ्रष्टाचार के तो कहने ही क्या? जब अपराधी निकल जाता है, तब पुलिस हवा में डंडे चलाती आती है और बेकसूरों को पकड़कर ले जाती है, ताकि कागज़ी कार्यवाही की जा सके।

इस देश का सबसे बड़ा भ्रष्टाचारी है—राजनेता, जिसने देश को दलालों का बाज़ार बनाकर रख दिया है। भारत में भ्रष्टाचार इसलिए पनपता है, क्योंकि यहाँ का नेता स्वयं भ्रष्ट है। यही कारण है कि वह भ्रष्ट लोगों के विरुद्ध कोई कार्यवाही नहीं करता, कड़ी कार्यवाही तो दूर की बात है।

भारतीय प्रेस या मीडिया अभी भी पूरी तरह नि:स्वार्थी एवं सतर्क नहीं है। भ्रष्टाचार के दानव को तभी समाप्त किया जा सकता है, जब कोई सशक्त राजनीतिक दल अपनी दृढ़ इच्छा शक्ति दिखाए। इसके अतिरिक्त, भारत के शिक्षक, साहित्यकार, पत्रकार, कृषक, मज़दूर, कलाकार आदि सभी एकजुट होकर देश के नवयुवकों में सच्चे आचरण संबंधी संस्कार उत्पन्न करें तथा भ्रष्टाचार के विरुद्ध सशक्त संघर्ष छेड़ें।

25. 'क्रिकेट का बादशाह : सचिन' विषय पर एक फीचर लिखिए।
All India 2014

उत्तर **क्रिकेट का बादशाह : सचिन**

''खेलों की दुनिया में कुछ ऐसी उपलब्धियाँ होती हैं, जिन तक पहुँचना आसान नहीं होता। अंतर्राष्ट्रीय एक दिवसीय क्रिकेट में कोई बल्लेबाज अब तक 200 रन नहीं बना पाया था, लेकिन भारत के सचिन तेंदुलकर ने दक्षिण अफ्रीका की मज़बूत टीम के खिलाफ यह कारनामा (कार्य) कर दिखाया।''

इन्हीं पंक्तियों के साथ अमेरिका की प्रतिष्ठित पत्रिका 'टाइम' ने मास्टर ब्लास्टर सचिन की वर्ष 2010 में 24 फरवरी को दक्षिण अफ्रीका के खिलाफ ग्वालियर वनडे में खेली गई नाबाद 200 रनों की विश्व रिकॉर्ड पारी को वर्ष 2010 के, दस सबसे यादगार क्षणों में शामिल किया था।

'टाइम' द्वारा कही गई बात बिल्कुल सच है। सचिन क्रिकेट जगत में एक ऐसी जीती जागती मिसाल बन चुके हैं, जिसका कोई मुकाबला नहीं। उन्हें 'क्रिकेट का भगवान' कहा जाता है।

दाएँ हाथ के बल्लेबाज सचिन ने अपने अंतर्राष्ट्रीय करियर की शुरुआत 15 नवंबर, 1989 को की थी, जबकि एक दिवसीय क्रिकेट करियर की शुरुआत 18 दिसंबर, 1989 को पाकिस्तान के विरुद्ध की थी। उसके बाद इस महान् खिलाड़ी ने कभी पीछे मुड़कर नहीं देखा और रिकॉर्ड पर रिकॉर्ड बनाता चला गया।

टेस्ट क्रिकेट में 51 शतक एवं 68 अर्द्ध-शतकों के साथ 15,921 रन बनाने वाले वे दुनिया के प्रथम बल्लेबाज हैं। अंतर्राष्ट्रीय एक दिवसीय मैचों में उन्होने 49 शतकों एवं 95 अर्द्ध-शतकों के साथ 18,000 से अधिक रन बनाए हैं और ऐसा करने वाले वे दुनिया के पहले एवं एकमात्र बल्लेबाज हैं। वास्तव में, रिकॉर्ड एवं सचिन एक-दूसरे के पर्याय बन गए हैं। 'रन मशीन' 'लिटिल मास्टर', 'मास्टर ब्लास्टर' आदि जैसे उपनाम सचिन के कद के आगे बौने नज़र आते हैं। 'भारत रत्न' से सम्मानित सचिन आने वाली पीढ़ियों के लिए प्रेरणा स्रोत हैं। 'क्रिकेट के बादशाह' सचिन निश्चय ही भारत के गौरव हैं।

26. 'सांप्रदायिकता का ज़हर' पर एक फीचर लिखिए। **Delhi 2013**

उत्तर

सांप्रदायिकता का ज़हर

वर्तमान समय में देश में सांप्रदायिक सद्भावना की अत्यंत आवश्यकता है। देश में स्वतंत्रता से पूर्व ही सांप्रदायिक दंगों ने भयावह रूप धारण कर लिया था। उस समय अनेक हिंदुओं एवं मुसलमानों को मौत के घाट उतार दिया गया था। देश आज़ाद तो हुआ, परंतु दो टुकड़ों में बँट गया। हमारे शासकों ने भारत को धर्मनिरपेक्ष राष्ट्र की संज्ञा दी और पाकिस्तान बनने के बावजूद करोड़ों बार सांप्रदायिक दंगे हुए। इन दंगों में लाखों लोगों को जान से हाथ धोना पड़ा।

वर्ष 2002 में गुजरात के गोधरा में ट्रेन के दरवाज़े बंद कर पेट्रोल से आग लगाकर लगभग 250 लोगों को ज़िंदा जला दिया गया। इसके पश्चात् गुजरात में सांप्रदायिक दंगों की आग फैल गई और हज़ारों लोगों को जान से हाथ धोना पड़ा। सितंबर, 2012 में सांप्रदायिक दंगा करने वाले कुछ लोगों को आजीवन कारावास की सजा दी गई।

वास्तव में, सरकार किसी भी मूल्य पर अपना शासन बनाए रखना चाहती है। अत: वह अल्पसंख्यकों के हितों की रक्षा के नाम पर कभी मुसलमानों के लिए आरक्षण की बात करती है और कभी ईसाई अल्पसंख्यकों को संतुष्ट करती है। यदि सरकार सत्ता की लिप्सा में अंधी न हो, तो देश में तत्काल सांप्रदायिक सद्भावना स्थापित हो सकती है। सांप्रदायिकता का संबंध जितना धर्म से जुड़ता है, उससे अधिक राजनीति से जुड़ता है। स्वार्थी राजनीतिक तत्त्वों द्वारा अपने हितों की पूर्ति के लिए जनसामान्य के बीच धार्मिक उन्माद पैदा किया जाता है और फिर भड़की सांप्रदायिकता की आग पर वे अपनी रोटियाँ सेकते हैं। जब तक राजनीति की इच्छाशक्ति सुदृढ़ नहीं होगी, तब तक सांप्रदायिकता का दानव हर समाज को लीलता रहेगा।

27. 'धनोपार्जन के मूल्यहीन तरीके' पर एक फीचर लिखिए। **All India 2013**

उत्तर

धनोपार्जन के मूल्यहीन तरीके

संसार में धनोपार्जन के अनेक मूल्यहीन तरीके प्रचलित हैं। अपहरण करना, किसी की हत्या की सुपारी लेना, रक्त बेचना, शरीर के महत्त्वपूर्ण अंग-किडनी आदि बेचना, ठगी करना आदि धनोपार्जन के ऐसे ही कुछ मूल्यहीन तरीके हैं। अनेक स्त्रियाँ गर्भवती होने का ढोंग कर लोगों से भीख माँगती हैं। कुछ लोग जागरण के नाम पर चंदा एकत्रित करते हैं और लोगों को मूर्ख बनाते हैं। कई लोग जेब काटते हैं। इसके अतिरिक्त कुछ लोग दुकानों तथा मकानों में चोरी करते हैं। कुछ लोग सोने के नाम पर पीतल बेचकर या सामान्य चमकीले पत्थर को नागमणि कहकर बेचते हैं। ऐसे लोग अन्य लोगों को धोखा देकर लाखों रुपये अर्जित कर लेते हैं। तथाकथित निर्मल बाबा, संत रामपाल, आसाराम आदि की तरह कुछ लोग धार्मिकता का ढोंग कर करोड़ों रुपए कमाते हैं। कुछ लोग धार्मिक प्रवचन देकर लोगों से लाखों रुपये ऐंठते हैं।

कुछ निर्धन लोग अपना रक्त बेचकर धन प्राप्त करते हैं, तो कुछ लोग अंधे होने का ढोंग कर भीख माँगकर प्रति मास हज़ारों रुपये अर्जित करते हैं। इस प्रकार हमारे समाज में अनेक लोग मूल्यहीन तरीकों से धन अर्जित करते हैं। समाज को सबसे अधिक खतरा तो उन सफ़ेदपोश लोगों से है, जो अपने ईमान को गिरवी रखकर देश व समाज को लूट रहे हैं।

ऐसे लोग कई बार सी.बी.आई. अधिकारी या पुलिस के उच्चाधिकारी होने का ढोंग करते हैं। कई बार ये नकली आयकर अधिकारी बनकर भी लोगों से ठगी करते हैं तथा पर्याप्त धन अर्जित करते हैं। समाज में अनेक लोग साधु, तांत्रिक आदि बनकर पर्याप्त धन अर्जित करते हैं। जनता यदि सजग रहे तो धनोपार्जन के मूल्यहीन तरीकों से निजात पाना संभव है।

28. 'आवश्यक सुविधाओं से वंचित भारत के गाँव' पर एक फीचर लिखिए। **Delhi 2013**

उत्तर

आवश्यक सुविधाओं से वंचित भारत के गाँव

भारतवर्ष को गाँवों का देश कहा जाता है, परंतु भारत के अधिकांश गाँवों में आवश्यक सुविधाएँ न के बराबर हैं। स्वतंत्रता से पूर्व तो गाँवों की दशा अत्यंत शोचनीय थी, परंतु स्वतंत्रता के पश्चात् भारत सरकार की ओर से गाँवों की उन्नति एवं विकास के लिए अनेक आवश्यक कदम उठाए गए। परिणामस्वरूप वर्तमान समय में गाँवों में स्कूली शिक्षा की स्थिति में तो सुधार हुआ है, परंतु उच्च शिक्षा हेतु विद्यार्थियों को शहर का ही रुख करना पड़ता है।

चिकित्सा के नाम पर आज भी भारतीय गाँवों में कोई समुचित प्रबंध नहीं है। सर्वत्र चिकित्सा सुविधाओं का अभाव ही दिखाई पड़ता है। छत्तीसगढ़ तथा झारखंड जैसे राज्यों के गाँवों में तो कई बार रोगियों को चिकित्सा हेतु 20-25 किमी की दूरी तय करनी पड़ती है। ऐसे में कई रोगियों को समय से प्राथमिक चिकित्सा नहीं मिल पाती, जिस कारण उन्हें अपने प्राणों से हाथ धोना पड़ता है। इसके अतिरिक्त गाँवों में योग्य एवं अनुभवी डॉक्टरों का भी नितांत अभाव है।

अधिकांश गाँवों में बिजली की सुविधा तो है, परंतु उन्हें इस सुविधा का लाभ दिन में केवल 3 से 4 घंटे तक ही मिल पाता है। वस्तुत: अधिकांश राज्य सरकारें गाँवों में प्रतिदिन 3-4 घंटे से अधिक बिजली उपलब्ध नहीं करा पातीं। गाँवों में बिजली की अनुपलब्धता ग्रामीणों के लिए सबसे बड़ी समस्या है।

आज भी असंख्य गाँवों में सार्वजनिक शौचालय नहीं हैं। ऐसी स्थिति में लोगों को खुले में अथवा खेतों में शौच निवृत्ति के लिए जाना पड़ता है, जो स्वास्थ्य की दृष्टि से हानिकारक है। गाँव में स्थान-स्थान पर पशुओं का मल और चारों ओर गंदगी का साम्राज्य दिखाई देता है।

आज भी भारतीय गाँवों में पक्की सड़कों का अभाव स्पष्ट रूप से दिखाई देता है। सड़कों के नाम पर कच्ची धूल भरी पगडंडियाँ ही आवागमन का एकमात्र साधन हैं। बरसात के समय में तो कीचड़ तथा गड्ढों से भरे इन रास्तों से गुज़रना अत्यंत कष्टकर एवं असुरक्षित होता है।

उपरोक्त समस्याओं को देखते हुए हम कह सकते हैं कि भारतीय गाँव आज भी बुनियादी सुविधाओं से वंचित हैं।

29. 'आंतरिक समस्याओं से जूझता हमारा देश' पर एक फीचर लिखिए।
Delhi 2013

उत्तर

आंतरिक समस्याओं से जूझता हमारा देश

वर्तमान समय में हमारा देश अनेक आंतरिक समस्याओं से जूझ रहा है। भ्रष्टाचार की समस्या तो इस समय भीषण रूप धारण कर चुकी है। पिछले अनेक वर्षों से हमारे स्वनामधन्य नेता बड़े-बड़े घोटाले करने में व्यस्त हैं। 2 जी स्पेक्ट्रम का पौने दो लाख करोड़ रुपये का घोटाला हुआ तथा राष्ट्रमंडल खेलों का 70 हज़ार करोड़ रुपये का घोटाला हुआ। कुछ समय पूर्व कर्नाटक में येदियुरप्पा ने भी काफी बड़ा घोटाला किया था, जिसके कारण उसे मुख्यमंत्री पद से त्यागपत्र देना पड़ा था।

वस्तुत: भ्रष्टाचार केवल नेताओं तक सीमित नहीं है, बल्कि सरकारी कार्यालयों के अधिकांश अधिकारी एवं कर्मचारी भ्रष्ट हैं। न्याय-व्यवस्था में भी भ्रष्टाचार की जड़ें फैल चुकी हैं। भारत की दूसरी आंतरिक समस्या बढ़ती हुई महँगाई है। महँगाई की मार से आम आदमी त्रस्त है। निर्धन वर्ग के बच्चों को दूध तक उपलब्ध नहीं हो पाता। निर्धनता और ऋणग्रस्तता के कारण महाराष्ट्र और आंध्र प्रदेश में प्रतिवर्ष हज़ारों किसान आत्महत्या कर लेते हैं।

इसके अतिरिक्त नक्सलवाद तथा आतंकवाद की समस्या भी अत्यंत भीषण रूप धारण कर चुकी है। भारत के अनेक राज्यों की जनता नक्सलवाद के कारण पीड़ित है। हमेशा कोई-न-कोई आतंकवादी घटना भी होती रहती है, जिससे सामान्य व्यक्ति स्वयं को असुरक्षित अनुभव करता है। इसके अतिरिक्त बेकारी की समस्या भी देश के युवावर्ग को व्यथित करती है। विलंबित न्याय की समस्या भी हमारे देश के करोड़ों लोगों को परेशान करती है। इस प्रकार हमारा देश अनेक आंतरिक समस्याओं से जूझ रहा है।

30. 'गाँवों में बसता है भारत' पर एक फीचर लिखिए। **Delhi (C) 2013**

उत्तर

गाँवों में बसता है भारत

भारत गाँवों का देश है। इसकी लगभग 70% जनसंख्या गाँवों में ही रहती है और परंपरागत ढंग से जीविकोपार्जन करती है। गाँवों में शहरों जैसी आधुनिक सुख-सुविधाएँ नहीं होतीं, परंतु भारत की सामाजिक व सांस्कृतिक विरासत को सुरक्षित रखने का काम शहरों की अपेक्षा गाँवों ने अधिक किया है। भारत की वास्तविक स्थिति को यदि देखना हो, तो हमें यहाँ के गाँवों की स्थिति का अध्ययन करना होगा।

दिल्ली, मुंबई, कोलकाता, चेन्नई, बंगलुरु, लखनऊ, जयपुर, भोपाल, गुवाहाटी या अहमदाबाद जैसे शहरों को देखकर लगता है कि भारत के लोग समृद्ध हैं तथा स्वतंत्रता के पश्चात् भारत का बहुत अधिक आर्थिक विकास हुआ है, परंतु जब हम भारत में बिहार, उत्तर प्रदेश, उड़ीसा, छत्तीसगढ़, मध्य प्रदेश, बंगाल आदि राज्यों के गाँवों की ओर देखते हैं, तो वहाँ की शोचनीय स्थिति को देखकर हृदय व्यथित हो जाता है। गाँवों में अधिकांश लोगों को जीवन की आवश्यक सुविधाएँ भी उपलब्ध नहीं हैं। अनेक गाँवों में तो अभी तक विद्युत की व्यवस्था भी नहीं है।

आदिवासी क्षेत्रों के गाँवों में लोगों को अन्न-वस्त्र का अभाव झेलना पड़ता है। गाँवों में लोगों के पास इतनी जमीन नहीं है कि वे खेती द्वारा खुशहाल ज़िंदगी जी सकें तथा दोनों समय भरपेट भोजन प्राप्त कर सकें। कभी सूखा और कभी बाढ़ प्रतिवर्ष करोड़ों लोगों के जीवन को नरक बना देती है और हज़ारों लोग आत्महत्या करने को विवश हो जाते हैं। कुछ समय पूर्व उत्तराखंड में बाढ़ आई, तो सैकड़ों गाँवों में अन्न का अभाव हो गया, सैंकड़ों जगह से सड़कें क्षतिग्रस्त हो गईं तथा रोगियों को अस्पताल तक पहुँचाना कठिन हो गया। गाँव के युवा लोग शहरों की ओर पलायन करते हैं। देश के विकास के लिए भारतीय गाँवों का विकास करना अतिआवश्यक है। गाँवों में रह रही इतनी बड़ी जनसंख्या की उपेक्षा करके भारत का आर्थिक विकास संभव नहीं है। अत: हमें उनकी ओर पूरा ध्यान देना होगा।

31. 'पढ़ाई-लिखाई से वंचित बचपन' पर एक फीचर लिखिए।
Delhi 2012

उत्तर

पढ़ाई-लिखाई से वंचित बचपन

सुबह-सवेरे मंदिर जाते, भ्रमण या यात्रा के लिए घर से बाहर निकलते समय जब नन्हें हाथों को अपने सामने फैला हुआ पाते हैं, तो मन संवेदनशील हो उठता है। कभी-कभी नन्हें बच्चों को किसी होटल या ढाबे के बर्तन माँजते या भोजन परोसते देखते या मालिक की डाँट या मार खाते देखते हैं, तो अपना बचपन अनायास ही याद आ जाता है। इस उम्र में बच्चा पढ़ता-लिखता है, स्कूल जाता है, अपने शौक पूरे करता है और दुनिया भर के आनंद लेता है। फिर मन में यह प्रश्न उठता है कि क्या ये सब अपने शौक से ऐसा करते होंगे?

लेकिन उनके हालात इस सोच को रोक देते हैं। फटे-पुराने कपड़े, पीठ से चिपके पेट, फैले हाथ देखकर ही पता चलता है कि ये वो किस्मत के मारे हैं, जो शिक्षा से वंचित हैं। इनके माता-पिता कैसे बेबस होंगे कि वह अपनी संतान को उज्ज्वल भविष्य दे सकने में असमर्थ हैं।

हालाँकि कुछ माता-पिता अपने स्वार्थ के लिए बच्चों को काम कराते हैं और उनकी शिक्षा की राह में बाधक बनते हैं। ऐसे माता-पिता को दंड देने का प्रावधान होना चाहिए। सरकार ऐसी नीतियाँ बनाए, जिससे सब बच्चों को अनिवार्य शिक्षा मिले। बच्चों से काम कराने वालों पर दंडात्मक कार्यवाही हो। पढ़ाई-लिखाई से वंचित बचपन समाज के लिए कलंक है।

32. 'बर्फ की सफेद चादर में लिपटे पहाड़' पर फीचर लिखिए।
Delhi 2012

उत्तर

बर्फ की सफेद चादर में लिपटे पहाड़

यात्राओं का अपना महत्त्व है। ये जानकारी के स्रोत होते हैं। इनसे रोमांचक अनुभव तथा दुनिया को अपनी नज़रों से देखने का अवसर मिलता है और यदि यात्रा कश्मीर की हो तो क्या कहना? कश्मीर धरती पर स्वर्ग है। पहाड़ी घाटियों तथा फल-फूलों से लदी धरती का दृश्य हृदय को स्पर्श कर जाता है। बर्फ से ढके पहाड़, झीलों में तैरती छोटी नौकाएँ मन को बरबस आकर्षित करती हैं। दिल्ली की तेज गर्मी में इस वर्ष मन बेचैन हो उठा, तब हमारे मित्रों ने किसी पर्वतीय स्थल की यात्रा का मन बनाया। कई विकल्पों के बीच कश्मीर की यात्रा को सबकी स्वीकृति मिली। हम पाँच मित्रों ने कश्मीर जाने की तैयारी प्रारंभ की।

टेलीविजन पर इस शहर की सुंदरता को कई बार देखा था, किंतु उस दृश्य के बीच घूमना अत्यंत आह्लादित कर रहा था।

यहाँ के पहाड़ बर्फ की चादर ओढ़े अत्यंत भव्य प्रतीत हो रहे थे। सर्दियों में तो यहाँ आना संभव नहीं होता, क्योंकि बर्फ की अधिकता से यहाँ के रास्ते बंद हो जाते हैं। रात्रि में जब पहाड़ों पर चाँदनी बिखरती है, तो लगता है कि इस धरती पर ही देवलोक के अद्भुत सौंदर्य को देख रहे हैं।

सुबह जब सूरज की किरणें इन पहाड़ों पर पड़ती हैं, तो लगता है जैसे किसी ने बर्फ की चादर पर चमकता हुआ सोना बिखेर दिया हो। दस हज़ार फीट से अधिक ऊँचाई पर ये पहाड़ देश के माथे का मुकुट प्रतीत होते हैं।

कश्मीर की यात्रा के बाद मैंने पाया कि इसकी सुंदरता जैसा कोई दूसरा स्थान नहीं है। शीतल मंद हवा और बर्फ से ढकी चोटियों के बीच सेब के बाग मानो बार-बार अपनी ओर आमंत्रित करते हैं। मेरा मन भी कश्मीर के सौंदर्य पर मुग्ध है। इस यात्रा ने मुझे कश्मीर के सौंदर्य का प्रशंसक बना दिया।

33. 'मेरा आदर्श/ रोल मॉडल' पर एक फीचर लिखिए। **All India 2012**

उत्तर **मेरा आदर्श/ रोल मॉडल**

मेरे आदर्श भारत के भूतपूर्व राष्ट्रपति एवं विश्व प्रसिद्ध वैज्ञानिक डॉ. ए.पी.जे अब्दुल कलाम हैं। इनका जन्म तमिलनाडु राज्य के रामेश्वरम स्थित धनुषकोड़ी गाँव में मध्यमवर्ग के संयुक्त मुस्लिम परिवार में हुआ था। संयुक्त परिवार में उन्हें धैर्य, अनुशासन, सामंजस्य, प्यार सभी कुछ प्राप्त हुआ। उनके पिता एक निर्धन व्यक्ति थे।

कलाम साहब ने परिश्रमपूर्वक अध्ययन किया तथा विज्ञान के क्षेत्र में अपनी प्रतिभा का प्रदर्शन किया। वे मिसाइलमैन कहे जाते थे। उन्हें प्रधानमंत्री का वैज्ञानिक सलाहकार नियुक्त किया गया। बाद में उन्हें भारत के राष्ट्रपति का गौरवपूर्ण पद प्राप्त हुआ।

कलाम साहब ने अविवाहित रहकर देश की सेवा की। मिसाइलमैन के रूप में ख्याति प्राप्त डॉ. कलाम के अनुसंधान संबंधी कार्य प्रत्येक व्यक्ति को प्रेरणा देते हैं। उनके अनुसार ''अपने मिशन में कामयाब होने के लिए आपको अपने लक्ष्य के प्रति एकचित्त निष्ठावान होना पड़ेगा।''

डॉ. कलाम को विद्यार्थियों से बहुत स्नेह था, वे चाहते थे कि विद्यार्थी अच्छे नागरिक बनें तथा देश की उन्नति में योगदान दें। डॉ. कलाम एक दार्शनिक भी थे। उन्होंने अनेक पुस्तकों की रचना भी की है। वे एक ईमानदार और कर्मठ व्यक्ति थे। पूरा देश उनके समक्ष नतमस्तक है। मैं उन्हें ही अपना आदर्श मानता हूँ।

34. 'नदियों की स्वच्छता हमारा नैतिक दायित्व' पर एक फीचर लिखिए। **Delhi (C) 2012**

उत्तर **नदियों की स्वच्छता हमारा नैतिक दायित्व**

हम भारतीय लोग गंगा, यमुना, नर्मदा आदि नदियों को देवी स्वरूप मानते हैं। हमारी अनेक पौराणिक कथाएँ इन नदियों से जुड़ी हैं। ये नदियाँ हमारे राष्ट्र की जीवन-रेखा हैं। इन नदियों के बिना हम भारत की कल्पना भी नहीं कर सकते, परंतु वर्तमान समय में नदियों की दशा दयनीय है। ये नदियाँ पहाड़ों में अथवा अपने उद्गम स्थलों में तो अत्यंत भव्य एवं स्वच्छ प्रतीत होती हैं, परंतु धीरे-धीरे इनके प्रवाह में गंदगी मिलती जाती है। दिल्ली और आगरा में यमुना नदी वर्षा के मौसम के अतिरिक्त एक गंदे नाले के समान प्रतीत होती है। वृंदावन में भी यमुना प्रवाहित होती है। दिल्ली तथा कानपुर में कारखानों का दूषित जल यमुना में जाकर मिलता है। जिससे इसकी दशा ही शोचनीय हो गई है।

सरकार इन नदियों की स्वच्छता के लिए करोड़ों रुपयों का प्रावधान करती, परंतु इस धनराशि का अधिकांश भाग नेताओं की विशाल जेब में चला जाता है। हम लोग भी कभी-कभी दुर्गा माँ की हज़ारों मूर्तियों को इन नदियों में विसर्जित करते हैं। इसके अतिरिक्त कारखानों से उत्सर्जित रासायनिक पदार्थ भी इन नदियों के जल में मिलते हैं।

वर्तमान समय में नदियों का जल पीने योग्य नहीं रहा। वास्तव में नेताओं के साथ हम लोग भी इन नदियों की इस दशा में बराबर जिम्मेदार हैं। हमारा नैतिक दायित्व है कि हमारे देश की नदियाँ स्वच्छ रहें, इसके लिए हमें सजग रहना होगा तथा नदियों में गंदगी नहीं डालनी होगी। इसके अतिरिक्त नेताओं को भी नदियों की स्वच्छता के लिए, भ्रष्टाचार से मुक्ति पानी होगी। यदि हम सही समय पर सचेत नहीं हुए, तो इसके परिणाम भयंकर रूप से सामने आएँगे। हम सबको जागरूक होकर नदियों को गंदगी से बचाने के लिए दृढ़ संकल्प लेना होगा।

35. 'राजमार्गों पर लूट-पाट की घटनाएँ' पर एक फीचर लिखिए। **Delhi (C) 2012**

उत्तर **राजमार्गों पर लूट-पाट की घटनाएँ**

राजमार्गों में आजकल गुंडागर्दी, बलात्कार, हत्याएँ, लूटपाट, अपहरण, जैसी आपराधिक घटनाएँ लगातार बढ़ रही हैं। दिन-दहाड़े दुकानदारों से लूट, घरों में चोरी, छोटे बच्चों का अपहरण, लड़कियों से छेड़छाड़ व बलात्कार तो जैसे आम बात हो गई है।

राजमार्गों पर अपराधी ट्रकों का सामान लूट लेते हैं तथा चालकों एवं सहायकों की हत्या कर देते हैं। इसके अतिरिक्त अनेक अपराधी कार किराए पर लेते हैं तथा राजमार्ग पर चालक की हत्या कर कार ले जाते हैं। वे इन चोरी की कारों से अपराध करते हैं तथा इन्हें बेच देते हैं।

राजमार्ग पर अनेक बार कारें रोककर यात्रियों को लूट लिया जाता है। जरा-सा विरोध करने पर ये अपराधी यात्रियों की नृशंस हत्या तक कर देते हैं। अपराधी कुछ देर में ही दूसरे राज्य की सीमा में पहुँच जाते हैं तथा पुलिस को सूचना मिलने तक बहुत देर हो चुकी होती है। कई बार पुलिस कर्मचारी भी इस प्रकार के अपराधियों से मिले रहते हैं। वास्तव में हमारी कानून व्यवस्था अत्यंत कमजोर है।

इस प्रकार के अपराधियों का अपराध सिद्ध होने पर उन्हें जमानत नहीं मिलनी चाहिए तथा उन्हें तुरंत प्राण दंड मिलना चाहिए। ऐसे अपराधी जमानत पर छूट कर पुनः अपराध करना शुरू कर देते हैं। हमारे देश में सैकड़ों लोगों की हत्या करने वाले आतंकवादियों को भी प्राण दंड नहीं दिया जाता। ऐसी स्थिति में राजमार्ग के लुटेरों को मामूली सजा ही मिलती है। सजा का भय न होने से अपराधी और अधिक अपराध करते हैं। हम यदि चाहते हैं कि ऐसे अपराधों में कमी आए, तो इस प्रकार के अपराधियों को तुरंत कठोर दंड देना होगा।

36. 'खाद्य पदार्थों में मिलावट' पर एक फीचर लिखिए। **Delhi (C) 2012**

उत्तर **खाद्य पदार्थों में मिलावट**

खाद्य पदार्थ में किसी बाह्य पदार्थ को मिलाने या उसमें से किसी आवश्यक पदार्थ को निकालकर अवांछित पदार्थ को मिलाने की क्रिया खाद्य अपमिश्रण कहलाती है। दूध में पानी/यूरिया/ वाशिंग पाउडर मिलाना, मसाले में गेरू मिलाना, दाल या खाद्यान्न में कंकड़-पत्थर मिलाना, काली मिर्च में पपीते के बीज मिलाना, इत्यादि खाद्य अपमिश्रण के उदाहरण हैं। आम बोलचाल की भाषा में हम इसे मिलावट करना कहते हैं।

व्यापारी, वस्तु-निर्माता या विक्रेता अपने आर्थिक लाभ के लिए खाद्य मिलावट का सहारा लेते हैं। ऐसे लोग चंद रुपयों के लालच में लोगों की ज़िंदगी से खिलवाड़ करते हैं। यह अमर्यादित कृत्य किसी भी दृष्टिकोण से सही नहीं है। मिलावट अथवा अपमिश्रण की समस्या होली, दीपावली जैसे त्योहारों के अवसर पर भयंकर रूप से बढ़ जाती है, जब लोग मिठाइयों का जमकर आदान-प्रदान करते हैं। भोली-भाली तथा मासूम जनता यह समझ ही नहीं पाती कि वे अपने आत्मजनों को खुशियाँ नहीं, जहर बाँट रहे हैं।

खाद्य पदार्थों में अपमिश्रण सीधे-सीधे उपभोक्ता वर्ग के जीवन के साथ खिलवाड़ है। अतः इस पर हर हालत में नियंत्रण करना अति आवश्यक है। इसी को ध्यान में रखते हुए सरकार द्वारा समय-समय पर प्रयास किए जाते हैं। वर्ष 1954 में खाद्य अपमिश्रण रोकथाम अधिनियम बनाया गया। इस अधिनियम में तीन बार (1984, 1974 एवं 1986 में) संशोधन भी किए गए हैं।

इसके अतिरिक्त वर्ष 2006 में संसद द्वारा खाद्य सुरक्षा और मानक अधिनियम को भी स्वीकृति दी गई थी। वास्तव में मिलावट करने वाले व्यापारियों को कठोर दंड मिलना चाहिए। इन्हें कम-से-कम पाँच वर्ष कारावास की सजा मिलनी चाहिए। वस्तुतः आज के युग में सभी खाद्य पदार्थ मिलावटी हैं। ऐसी स्थिति में सरकार को इस समस्या के समाधान के लिए कठोर कदम उठाने चाहिए।

37. 'एकल परिवारों में बुज़ुर्गों की स्थिति' पर एक फीचर लिखिए।
Delhi 2010

उत्तर

एकल परिवारों में बुज़ुर्गों की स्थिति

वर्तमान में संयुक्त परिवार की परंपरा टूट रही है और एकल परिवारों का प्रचलन हो गया है। 'एक मैं और एक तुम' बस, इसी दायरे में सिमट कर रह गया है, आज का जीवन। विवाह-सूत्र में बँधते ही पति-पत्नी सिर्फ अपने लिए ही रह जाते हैं, अपने सपनों के संसार में खो जाते हैं। उनके जीवन में घर के बुज़ुर्ग या माता-पिता का कोई स्थान नहीं रहता है, ये लोग बेगाने हो जाते हैं। यह विडंबना ही है कि आज एकल परिवार इतने छोटे और तंगदिल (छोटे दिल वाले) हो गए हैं कि उनमें माँ-बाप और बड़े-बुज़ुर्ग बाहरी व्यक्ति हो गए हैं। वे घर के केंद्र में नहीं, हाशिए (अंतिम किनारे पर) पर खड़े हैं।

भीष्म साहनी की कहानी 'चीफ़ की दावत' में माँ को मेहमानों के सामने पड़ने से बचाने के लिए स्टोर रूम में बंद करने से लेकर घर के बाहर भेजने के प्रबंध सोचे जाते हैं। पुत्र डरता है कि कहीं उसका बॉस उसकी बूढ़ी माँ को देखकर उसे असभ्य और गँवार न समझ बैठे।

एकल परिवारों की महत्त्वाकांक्षाएँ बढ़ी-चढ़ी होती हैं। सब अपनी चिंताओं-योजनाओं में खोए रहते हैं। ऐसे में बुज़ुर्गों की आवश्यकताओं की सुध कौन करे? बड़े लोगों की हालत दिनों-दिन नौकर-नौकरानियों से भी बदतर हो जाती है। न कोई उनका हालचाल पूछता है, न ही दवा और न खाना-कपड़ा आदि ही ढंग से उपलब्ध होता है। अधिकांश बुज़ुर्ग मन-ही-मन घुटते रहते हैं। उनका अपना रचा हुआ प्यारा संसार ही उनके लिए कारावास बन जाता है।

38. 'बढ़ रहा है स्वाइन फ्लू' विषय पर एक फीचर लिखिए।
All India 2010

उत्तर

बढ़ रहा है स्वाइन फ्लू

स्वाइन फ्लू एक घातक रोग है, जो तेज़ी से भारत में अपने पाँव पसारता जा रहा है। भारत ने इस रोग की रोकथाम के लिए नया टीका खोज लिया है। विश्व स्वास्थ्य संगठन के अनुसार यह घातक इंफ्लूएंजा अधिकतर सर्दी के मौसम में वार करता है। H_1N_1 वायरस से फैलने वाला यह रोग मूल रूप से सूअरों में पाया जाता है, परंतु अब यह इंसानों में भी फैलने लगा है। यह एक संक्रामक रोग है, जो पीड़ित व्यक्ति के खाँसने, थूकने, छींकने आदि से फैलता है।

गला खराब होना, सर्दी लगना, जुकाम होना, तेज़ बुखार होना, साँस लेने में तकलीफ होना, उल्टी होना आदि इसके मुख्य लक्षण हैं। यदि समय से उचित उपचार न हो, तो साँस न ले पाने तथा किडनी-लिवर आदि अंगों के ठीक से कार्य न कर पाने के कारण रोगी की मृत्यु भी हो सकती है। इस रोग के बारे में सबसे घातक बात यह है कि इसके लक्षण साधारण फ्लू जैसे ही होते हैं, जिसके कारण लोग इसकी पहचान नहीं कर पाते और संक्रमण बढ़ता जाता है।

यदि उक्त लक्षणों में से कोई भी लक्षण नज़र आए, तो तुरंत अपने नज़दीकी अस्पताल में उसकी जाँच करानी चाहिए और डॉक्टर के परामर्शानुसार इलाज पूरा करना चाहिए। इससे बचने के लिए संक्रमित व्यक्ति से दूरी बनाए रखें, भीड़-भाड़ वाली जगह पर न जाएँ और यदि जाना आवश्यक हो, तो थ्री लेयर सर्जिकल मास्क या एन 95 मास्क का प्रयोग करें। इस प्रकार, इससे काफी हद तक बचाव किया जा सकता है।

अभ्यास प्रश्न

- निम्नलिखित प्रश्नों के उत्तर देने के लिए उपयुक्त विकल्प का चयन कीजिए।

(क) टेलीविजन के लिए खबर लिखने की मौलिक शर्त क्या है?

(i) दृश्य के साथ लेखन (ii) श्रव्य के साथ लेखन
(iii) साधारण पद्धति से लेखन (iv) साहित्यिक लेखन

(ख) विशेष लेखन की शब्दावली के उचित मिलान को दर्शाने वाले विकल्प का चयन कीजिए।

	अ		ब
(क)	क्रिकेट	1.	जीत
(ख)	पर्यावरण	2.	बिकवाली
(ग)	व्यापार	3.	टैक्सेस कचरा
(घ)	खेल	4.	बोल्ड

A B C D A B C D
(i) 3 2 4 1 (ii) 4 3 2 1
(iii) 1 4 3 2 (iv) 2 1 4 3

(ग) संवाददाता के कार्य का विभाजन उसकी रुचियों और ज्ञान को ध्यान में रखकर करने को मीडिया की भाषा में क्या कहते हैं?

(i) डेड लाइन (ii) बीट
(iii) बाइट्स (iv) डेस्क

(घ) दृश्यों का किस माध्यम में अधिक महत्त्व होता है?

(i) रेडियो (ii) समाचार-पत्र
(iii) टेलीविजन (iv) इंटरनेट

(ङ) फ़ीचर का प्रमुख उद्देश्य क्या है?

(i) मनोरंजन करना (ii) औपचारिकता
(iii) ज्ञानवर्द्धन करना (iv) सार्थकता

(च) जनसंचार का मुख्य कार्य क्या है?

(i) सूचना संग्रह एवं प्रसार करना (ii) सूचना का विश्लेषण करना
(iii) ज्ञान के स्तर में वृद्धि करना (iv) ये सभी

(छ) सर्वप्रथम किस सदी में रेडियो के विकास की शुरुआत हुई?

(i) 17वीं सदी (ii) 18वीं सदी
(iii) 19वीं सदी (iv) 20वीं सदी

(ज) प्रसार भारती का गठन कब किया गया?

(i) वर्ष 1987 में (ii) वर्ष 1990 में
(iii) वर्ष 1992 में (iv) वर्ष 1997 में

(झ) वर्तमान छापे खाने का आविष्कार किसने किया?

(i) गुटेनबर्ग ने (ii) एडीसन ने
(iii) माइकल ने (iv) जॉन बेयर्ड ने

(ञ) टीवी खबरों के विभिन्न चरणों का उचित विकल्प से मिलान कीजिए।

	अ		ब
A.	किसी खबर को संपूर्णता के साथ प्रस्तुत करने का माध्यम है	1.	फोन इन
B.	खबर को सीधे सीधे बताता है दर्शकों को	2.	फ्लैश बैक
C.	कम-से-कम शब्दों में खबर तुरंत दर्शकों तक पहुँचाना	3.	एंकर पैकेज
D.	घटना स्थल पर उपस्थित होकर दर्शकों को जानकारियाँ देना	4.	ड्राई एंकर

	A	B	C	D		A	B	C	D
(i)	1	2	3	4	(ii)	2	4	1	3
(iii)	3	4	2	1	(iv)	4	3	2	1

- निम्नलिखित दिए गए तीन शीर्षकों में से किसी एक शीर्षक पर लगभग 120 शब्दों में रचनात्मक लेख लिखिए

(क) बेटियों की आवश्यक होती शिक्षा

(ख) "वृक्ष मनुष्य के सच्चे हितैषी हैं"

(ग) फैशन का बढ़ता चलन

(घ) अपने जीवन की मधुर स्मृतियों का वर्णन

(ङ) मेरी प्रिय ऋतु

(च) विद्यालय से लौटते समय जाम में फँस जाना

- किन्हीं दो प्रश्नों के उत्तर लगभग 60 शब्दों में लिखिए

(क) कविता लेखन में प्रस्तुतीकरण की कला के महत्त्व पर प्रकाश डालिए।

(ख) "नाटक की कहानी भले ही भूतकाल या भविष्यकाल से संबंधित हो, परंतु उसे वर्तमान में घटित होना पड़ता है" स्पष्ट कीजिए।

(ग) कहानी और कविता में अंतर स्पष्ट कीजिए।

(ग) कहानी को रोचक और प्रमाणिक बनाने में देशकाल और वातावरण का चित्रण अपनी महत्त्वपूर्ण भूमिका निभाता है। कैसे? स्पष्ट कीजिए।

(घ) कविता लेखन के महत्त्वपूर्ण उपकरणों का वर्णन कीजिए।

(ङ) अभिनेयता का अर्थ स्पष्ट करते हुए बताइए कि अभिनेयता न होने से नाटकों में क्या दोष आता है?

(च) 'आँखों देखी दुर्घटना' विषय पर एक आलेख लिखिए।

(छ) समाचार लेखन में किन-किन की भूमिका मुख्य होती है? स्पष्ट कीजिए।

(ज) 'युवा वर्ग में गहराती निराशा की भावना' विषय पर फ़ीचर लिखिए।

(झ) समाचार लेखन में 'नीतिगत ढाँचे' का महत्त्व स्पष्ट कीजिए।

CBSE अध्यायवार सॉल्वड पेपर्स

पाठ्यपुस्तक

आरोह भाग-2

पूरक पाठ्यपुस्तक

वितान भाग-2

01

आत्मपरिचय, दिन जल्दी-जल्दी ढलता है

हरिवंश रायबच्चन

काव्यांश पर आधारित पूर्व परीक्षाओं के प्रश्न

आत्मपरिचय

निम्नलिखित काव्यांशों को ध्यानपूर्वक पढ़कर पूछे गए प्रश्नों के उत्तर दीजिए।

1. मैं जग-जीवन का भार लिए फिरता हूँ,
फिर भी जीवन में प्यार लिए फिरता हूँ;
कर दिया किसी ने झंकृत जिनको छूकर,
मैं साँसों के दो तार लिए फिरता हूँ!
मैं स्नेह-सुरा का पान किया करता हूँ,
मैं कभी न जग का ध्यान किया करता हूँ,
जग पूछ रहा उनको, जो जग की गाते,
मैं अपने मन का गान किया करता हूँ!

Delhi 2014, 13; All India 2013

शब्दार्थ

जग-जीवन – सांसारिकता, दुनियादारी; **झंकृत** – तारों के बजने से निकला स्वर; **सुरा** – शराब; **स्नेह** – प्रेम; **पान करना** – पीना; **ध्यान करना** – चिंता या परवाह करना; **गाते** – प्रशंसा या स्तुति करते

संदर्भ

प्रस्तुत काव्यांश हमारी पाठ्यपुस्तक 'आरोह भाग-2' की 'आत्मपरिचय' शीर्षक कविता से उद्धृत है। इसके रचयिता छायावादोत्तर काल के प्रतिनिधि कवि हरिवंश राय बच्चन हैं।

प्रसंग

इन काव्य पंक्तियों में कवि अपने व्यक्तित्व की अंतर्निहित विशेषताओं को उद्घाटित करता है।

व्याख्या

कवि कहता है कि मैं संसार भर के दबावों को, सांसारिक भार को लिए फिरता हूँ अर्थात् मेरे ऊपर तमाम दुनियावी बंदिशें हैं, फिर भी मैं सबको स्नेह देता हूँ, सब में प्रेम बाँटता हूँ। कवि के कहने का आशय यह है कि उसका जीवन प्रेम की ऊर्जा से संचालित है। कवि आगे कहता है कि मैं साँसों के तार लगे हृदय रूपी वाद्य को लिए हुए हूँ, जिसे किसी ने छूकर झंकृत कर दिया है, कंपित कर दिया है।

इसी क्रम में कवि आगे कहता है कि मेरा मन प्रेम की मदिरा (स्नेह-सुरा) पीकर मतवाला है। मैं इस दुनिया की रीतियों अर्थात् बंधनों का ध्यान नहीं करता, उन्हें अधिक महत्त्व नहीं देता। यह दुनिया गुणगान प्रिय है, जो इसकी प्रशंसा करते हैं, यह उनका ध्यान रखने वाली है, लेकिन मैं इन सबसे अलग, अपने मन की आवाज़, अपने मन के गान को गाता हूँ और इससे मैं स्वयं संतुष्ट रहता हूँ।

काव्य-सौंदर्य

(i) भाषा साहित्यिक खड़ी बोली है। गेय काव्य-रचना अत्यंत मुखर है।
(ii) मुक्त छंद का प्रयोग हुआ है, जिसमें लयबद्धता का गुण विद्यमान है।
(iii) 'जग-जीवन' तथा 'स्नेह-सुरा' में अनुप्रास अलंकार तथा 'लिए फिरता हूँ' पद के एकाधिक बार प्रयोग के कारण पुनरुक्तिप्रकाश अलंकार का प्रयोग दर्शनीय है।

2. मैं निज उर के उद्गार लिए फिरता हूँ,
मैं निज उर के उपहार लिए फिरता हूँ;
है यह अपूर्ण संसार न मुझको भाता,
मैं स्वप्नों का संसार लिए फिरता हूँ!
मैं जला हृदय में अग्नि, दहा करता हूँ,
सुख-दुःख दोनों में मग्न रहा करता हूँ;
जग भव-सागर तरने को नाव बनाए,
मैं भव मौजों पर मस्त बहा करता हूँ!

All India 2014, 12

शब्दार्थ

निज – अपना; **उर** – हृदय; **उद्गार** – भाव; **भाता** – अच्छा लगना; **दहा** – जला; **भव-सागर** – संसार रूपी सागर; **भव** – संसार; **मौज** – लहर

संदर्भ

पद्यांश 1 के समान।

प्रसंग

यहाँ कवि अपने उद्गारों, सपनों को उजागर कर अपनी मौज में सबको शामिल करना चाहता है।

व्याख्या

कवि कहता है कि वह अपने हृदय के उद्गार अर्थात् हृदय की वाणी को अभिव्यक्त करना चाहता है। वह हृदय के स्नेह रूपी उपहार को इस संसार को देना चाहता है। यह संसार कवि को अपूर्ण लगता है। संसार की अपूर्णता से उसका आशय संसार में प्रेम का अभाव होने से है। कहने का आशय यह है कि संसार में प्रेम पाने की आशाएँ और इच्छाएँ हैं, जो पूरी नहीं हो पातीं और मनुष्य इनमें उलझकर रह जाता है।

इसी कारण कवि कहता है कि वह अपने हृदय में प्रेम की एक आग जलाए रहता है और निरंतर खुद ही उस आग में जला करता है। वह सुख और दुःख में एकसमान रहा करता है अर्थात् कवि का जीवन सांसारिक अपूर्णता के बीच तटस्थ कर्मयोगी की भाँति है।

वह कहता है कि मैं इस संसार रूपी सागर को पार करने के लिए अपनी जीवन रूपी नौका को इस संसार-सागर की लहरों पर आकुंठ भाव से तैराता-बहाता रहता हूँ। मैं दुनिया के अन्य लोगों की भाँति साधन की अपेक्षा नहीं करता।

तात्पर्य यह है कि कवि संसार में रहकर भी अपना एक पृथक् अस्तित्व बनाए रखता है। हृदय की अग्नि में जलते रहने का अर्थ यहाँ वही है, जो कबीर के यहाँ 'विरह जलाई मैं जलौ...' में है।

काव्य-सौंदर्य

(i) भाषा भावों के अनुरूप सहज, सरस एवं प्रवाहमयी है।
(ii) 'भव-सागर', 'भव मौजों' तथा 'अग्नि' में रूपक अलंकार का प्रयोग देखने योग्य है।
(iii) अभिव्यक्ति की सरलता से कविता की प्रभावोत्पादकता में वृद्धि हो गई है।

3. मैं और, और जग और, कहाँ का नाता,
मैं बना-बना कितने जग रोज मिटाता;
जग जिस पृथ्वी पर जोड़ा करता वैभव,
मैं प्रति पग से उस पृथ्वी को ठुकराता!
मैं निज रोदन में राग लिए फिरता हूँ,
शीतल वाणी में आग लिए फिरता हूँ,
हों जिस पर भूपों के प्रासाद निछावर,
मैं वह खंडहर का भाग लिए फिरता हूँ

Delhi 2019; All India 2014, 13; Delhi (C) 2012

शब्दार्थ

नाता – संबंध; **जग** – संसार; **वैभव** – सुख-समृद्धि; **पग** – कदम; **रोदन** – रोना; **राग** – प्रेम; **आग** – आवेश; **भूप** – राजा; **प्रासाद** – महल; **निछावर** – न्योछावर, त्याग

संदर्भ

पद्यांश 1 के समान।

प्रसंग

सांसारिक लोगों से अलग भावुक कवि अपनी रचनात्मकता से एक भिन्न दुनिया का निर्माण करना चाहता है।

व्याख्या

कविता के इस अंश के माध्यम से कवि यह बताना चाहता है कि संसार से उसका संबंध चिर-स्थायी नहीं है, क्योंकि उसका अपना अस्तित्व संसार के अस्तित्व की तुलना में भिन्न है। इसलिए वह कहता है कि मैं अपने भीतर कितने ही संसार रोज बनाता-मिटाता रहता हूँ। वह भौतिक वैभव एवं समृद्धि को ठुकराने की बात करता हुआ कहता है कि दुनिया जिस धरती पर वैभवशीलता को प्राप्त करने के स्वप्न सँजोती रहती है, मैं उस धरती को और उसके वैभव को ठुकराता चलता हूँ अर्थात् कवि भौतिक वैभव को तुच्छ समझता है।

कवि आगे कहता है कि मैं रुदन में राग को लिए घूमता हूँ। वह शीतल वाणी में आग लिए फिरने की भी बात करता है। वह वैभव को तुच्छ समझकर उसे ठुकराने की इच्छा प्रकट करते हुए कहता है कि मैं खंडहर लिए हुए फिरता हूँ, लेकिन वह ऐसा खंडहर है, जिस पर राजाओं के राजमहल भी न्योछावर हैं। कहने का तात्पर्य यह है कि कवि यहाँ भौतिकता को महत्त्वहीन तथा भावनात्मक सामर्थ्य को उल्लेखनीय मानकर उसे रेखांकित करता है।

काव्य-सौंदर्य

(i) खड़ी बोली के साहित्यिक रूप का प्रयोग हुआ है।
(ii) सहज भाषा में गंभीर भावों को कुशलता से अभिव्यक्त किया गया है।
(iii) भाषा में क्षेत्रीयता का प्रभाव भी दृष्टिगोचर होता है।
(iv) 'और' शब्द तीन बार भिन्न-भिन्न अर्थ संदर्भों में प्रयुक्त हुआ है, इसलिए यहाँ यमक अलंकार है।
(v) 'रोदन में राग' और 'शीतल वाणी में आग' विरोध की स्थिति है, इसलिए विरोधाभास तथा 'बना-बना' में पुनरुक्तिप्रकाश अलंकार का प्रयोग हुआ है।

दिन जल्दी-जल्दी ढलता है

निम्नलिखित काव्यांश को ध्यानपूर्वक पढ़कर पूछे गए प्रश्नों के उत्तर दीजिए।

1. हो जाए न पथ में रात कहीं
मंजिल भी तो है दूर नहीं
यह सोच थका दिन का पंथी भी
जल्दी-जल्दी चलता है।

दिन जल्दी-जल्दी ढलता है।
बच्चे प्रत्याशा में होंगे,
नीड़ों से झाँक रहे होंगे
यह ध्यान परों में चिड़ियों के
भरता कितनी चंचलता है!
दिन जल्दी-जल्दी ढलता है!
मुझसे मिलने को कौन विकल?
मैं होऊँ किसके हित चंचल?
यह प्रश्न शिथिल करता पद को,
भरता उर में विह्वलता है!
दिन जल्दी-जल्दी ढलता है!

Delhi 2018; All India 2012; Delhi (C) 2012

शब्दार्थ

पथ – राह, रास्ता; **पंथी** – यात्री; **ढलता** – समाप्त होता, अंत होता; **प्रत्याशा** – आशा; **नीड़** – घोंसला; **पर** – पंख; **चंचलता** – गतिशीलता, तीव्रता, व्यग्रता; **विकल** – व्याकुल; **हित** – के लिए, के वास्ते; **चंचल** – क्रियाशील, व्यग्र, गतिशील; **शिथिल** – ढीला; **पद** – पैर; **उर** – हृदय; **विह्वलता** – बेचैनी; **भाव** – आतुरता

संदर्भ

प्रस्तुत कविता प्रसिद्ध छायावादोत्तर कवि डॉ. हरिवंश राय बच्चन की कृति 'निशा निमंत्रण' से उद्धृत है।

प्रसंग

इस कविता में कवि ने क्षण-प्रतिक्षण बीतते समय के साथ लक्ष्य प्राप्ति की आतुरता को दर्शाया है। कवि अपनी बात को स्पष्ट करने के लिए चिड़ियों का उदाहरण देता है। इसके साथ ही कवि ने अपने जीवन में प्रेम की कमी के कारण विद्यमान शिथिलता एवं हृदय की व्याकुलता का वर्णन किया है।

व्याख्या

कवि कहता है कि दिन जल्दी-जल्दी अर्थात् शीघ्रता से ढल रहा है। इस कारण यह सोचकर कि रास्ते में कहीं रात न हो जाए, दिनभर का थका हुआ यात्री भी अपनी मंजिल अर्थात् लक्ष्य या उद्देश्य तक शीघ्र पहुँचने हेतु जल्दी-जल्दी चलता है। अपने लक्ष्य अर्थात् अपने रैनबसेरे या प्रिय तक शीघ्र पहुँचने की आतुरता के कारण उसे दिन जल्दी-जल्दी ढलता अर्थात् समय शीघ्रता से बीतता हुआ प्रतीत होता है। कवि बार-बार दुहराता है कि दिन शीघ्रता से ढल रहा है। दिन को शीघ्रता से ढलता देखकर और यह ध्यान करके कि बच्चे दाना पाने और अपनी माँ के शीघ्र लौट आने की आस में घोंसलों (नीड़ों) से झाँक रहे होंगे, चिड़ियों के पर और अधिक चंचल हो उठते हैं अर्थात् वे और तेजी से अपने घोंसलों की ओर उड़ने लगती हैं। बीतते समय के साथ शीघ्रता से उड़कर अपने घोंसलों की ओर वापस लौटती चिड़ियों के परों की चंचल गति से कवि अत्यंत प्रभावित है।

कवि कहता है कि दिन जल्दी-जल्दी ढल रहा है, लेकिन उससे मिलने के लिए न कोई व्याकुल है और न ही कोई उत्कंठित है। इसलिए वह किसके लिए शीघ्रता करे? कवि के अनुसार, यह भाव उसके पैरों की गति को और शिथिल कर देता है तथा उसके हृदय में व्याकुलता और विह्वलता की भावना को बढ़ाता है। वास्तव में, कवि अपने प्रियतम का संसर्ग चाहता है। वह पुनः दुहराता है कि दिन अर्थात् समय शीघ्रता से व्यतीत होता जा रहा है, ऐसे में उसमें भी अपनी मंजिल, अपने लक्ष्य तक पहुँचने की आतुरता रहनी चाहिए।

काव्य-सौंदर्य

(i) भाषा सरल एवं प्रवाहमयी है।
(ii) 'पंथी भी जल्दी-जल्दी' में 'ई' की आवृत्ति के कारण स्वरमैत्री अलंकार है।
(iii) पंक्तियों में 'जल्दी-जल्दी' का प्रयोग मन की व्यग्रता को सहज अभिव्यक्ति प्रदान करता है।
(iv) मार्मिक बिंबों द्वारा भाव प्रवणता की अभिव्यक्ति हुई है।
(v) नीड़ों से बच्चों के झाँकने में दृश्य बिंब साकार हो उठा है।
(vi) इसमें गेयता का गुण विद्यमान है।
(vii) 'कौन', 'किसके' आदि के प्रयोग के कारण प्रश्नालंकार विद्यमान है।
(viii) 'मुझसे मिलने' में 'म' वर्ण की आवृत्ति के कारण अनुप्रास अलंकार मौजूद है।

PYQs विगत वर्षों के प्रश्न व अन्य महत्त्वपूर्ण प्रश्न

काव्यांश पर आधारित बहुविकल्पीय प्रश्न

आत्मपरिचय

1. मैं निज उर के उद्गार लिए फिरता हूँ
मैं निज उर के उपहार लिए फिरता हूँ;
है यह अपूर्ण संसार न मुझको भाता
मैं स्वप्नों का संसार लिए फिरता हूँ।
मैं जला हृदय में अग्नि, दहा करता हूँ,
सुख-दुःख दोनों में मग्न रहा करता हूँ;
जग भव-सागर तरने को नाव बनाए,
मैं भव मौजों पर मस्त बहा करता हूँ।

(क) 'निज उर के उद्गार' से कवि का क्या तात्पर्य है?
(i) अपने हृदय की वाणी की अभिव्यक्ति
(ii) अपने हृदय से भिन्न मनोभाव
(iii) अपने हृदय से निकाल दी गई स्मृतियाँ
(iv) अपने हृदय के केवल दुःख

(ख) कवि को संसार प्रिय क्यों नहीं है?
(i) संसार के बदलाव के कारण
(ii) संसार की अपूर्णता के कारण
(iii) संसार की समान स्थिति के कारण
(iv) उपरोक्त सभी

(ग) कवि के हृदय में कैसी अग्नि दहक रही है?
(i) ईर्ष्या-द्वेष से पूर्ण अग्नि
(ii) सभी कुछ नष्ट कर देने वाली अग्नि
(iii) स्वयं को जलाने वाली विरहाग्नि
(iv) स्नेहरूपी अग्नि

(घ) 'मैं भव-मौजों पर मस्त बहा करता हूँ' पंक्ति में 'भव-मौजों' से क्या अभिप्राय है?
(i) संसार की लहरें (ii) भावों की लहरें
(iii) विचारों की मस्ती (iv) संसार की संकीर्णता

(ङ) कवि किसकी अपेक्षा नहीं करता है?
(i) विचारों की (ii) साधनों की
(iii) प्रेम की (iv) घृणा की

उत्तर (क) (i) अपने हृदय की वाणी की अभिव्यक्ति
(ख) (ii) संसार की अपूर्णता के कारण
(ग) (iii) स्वयं को जलाने वाली विरहाग्नि
(घ) (i) संसार की लहरें
(ङ) (ii) साधनों की

दिन जल्दी-जल्दी ढलता है

2. हो जाए न पथ में रात कहीं
मंजिल भी तो है दूर नहीं
यह सोच थका दिन का पंथी भी जल्दी-जल्दी चलता है।
दिन जल्दी-जल्दी ढलता है।
बच्चे प्रत्याशा में होंगे
नीड़ों में झाँक रहे होंगे
यह ध्यान परों में चिड़ियों के भरता कितनी चंचलता है
दिन जल्दी-जल्दी ढलता है। **CBSE SQP 2018-19**

(क) प्रस्तुत काव्यांश के कवि और कविता का क्या नाम है?
(i) कुँवर नारायण-कविता के बहाने
(ii) तुलसीदास-कवितावली
(iii) हरिवंशराय बच्चन-दिन जल्दी-जल्दी ढलता है
(iv) रघुवीर सहाय-सहर्ष स्वीकारा है

(ख) कवि के मन में किस चीज की आशंका है?
(i) घर पहुँच पाने की
(ii) घर न पहुँच पाने की
(iii) घर पहुँचने से पहले ही रात हो जाने की
(iv) यात्रा बिना रुकावट पूरी हो जाने की

(ग) कवि किस आशा से प्रेरित हो उठता है?
(i) मंजिल पास ही आने वाली है
(ii) कोई उसकी प्रतीक्षा नहीं कर रहा है
(iii) मंजिल तक पहुँचने में बहुत समय शेष है
(iv) मंजिल तक पहुँचकर वह कुछ भी प्राप्त नहीं कर पाएगा

(घ) थका हुआ पथिक किसे पाने के कारण जल्दी-जल्दी चलता है?
(i) अपने साथी को (ii) अपने भोजन को
(iii) अपने लक्ष्य को (iv) अपने स्वार्थ को

(ङ) लक्ष्य को पाने की व्यग्रता के कारण कवि को कैसा प्रतीत होता है?
(i) दिन ढल ही नहीं रहा है
(ii) दिन जल्दी-जल्दी ढल रहा है
(iii) दिन के बाद रात न जाने कब आएगी
(iv) उपरोक्त सभी

उत्तर (क) (iii) हरिवंशराय बच्चन-दिन जल्दी-जल्दी ढलता है
(ख) (iii) घर पहुँचने से पहले ही रात हो जाने की
(ग) (i) मंजिल पास ही आने वाली है
(घ) (iii) अपने लक्ष्य को
(ङ) (ii) दिन जल्दी-जल्दी ढल रहा है

विषय-वस्तु पर आधारित लघु उत्तरीय प्रश्न

1. 'मैं अपने मन का गान किया करता हूँ' 'आत्मपरिचय' कविता से ली गई इस पंक्ति के माध्यम से कवि की भावनाओं को स्पष्ट कीजिए। **CBSE 2023**

उत्तर 'मैं अपने मन का गान किया करता हूँ' 'आत्मपरिचय' कविता से ली गई इस पंक्ति के माध्यम से कवि कहता है कि मैंने हमेशा अपने मन की बात मानी है। मैंने कभी भी अपने मन के प्रति लापरवाही नहीं की। मैंने वही किया, जो मेरे मन ने कहा। मैंने कभी भी दुनिया की परवाह नहीं की। इस प्रकार मैं केवल अपने मन का गान ही गाता हूँ अर्थात् मैं अपने मन के गान से स्वयं संतुष्ट रहता हूँ।

2. 'आत्मपरिचय' कविता में कवि को यह संसार अपूर्ण क्यों लगता है? **CBSE 2023**

उत्तर 'आत्मपरिचय' कविता में कवि को यह संसार अपूर्ण इसलिए लगता है, क्योंकि संसार में प्रेम पाने की इच्छाएँ और आशाएँ हैं, जो पूरी नहीं हो पाती और मनुष्य उसमें उलझकर रह जाता है। कवि स्वयं के हृदय में प्रेम की एक आग जलाए रहता है और निरंतर स्वयं उस आग में जलता रहता है। वह सुख और दु:ख में समान रहता है अर्थात् कवि का जीवन सांसारिक अपूर्णता के बीच तटस्थ कर्मयोगी की भाँति है।

3. 'मेरा जीवन विरुद्धों का सामंजस्य है।' 'आत्मपरिचय' कविता के संदर्भ में इस कथन का आशय स्पष्ट कीजिए। **CBSE 2023**

उत्तर 'आत्मपरिचय' कविता में कवि ने अपने जीवन की अनेक विरोधी बातों में सामंजस्य बिठाने की बात कही है। कवि सांसारिक कठिनाइयों से जूझ रहा है, फिर भी वह अपने इस जीवन से प्यार करता है। वह संसार की परवाह नहीं करता, क्योंकि संसार तो केवल अपने चहेतो का ही गुणगान करता है। कवि को यह संसार अपूर्ण लगता है। वह अपने साथ अपने ही सपनों का संसार लिए फिरता है, वह अपने साथ यौवन का उन्माद व अवसाद दोनों को ही साथ लिए फिरता है तथा वह शीतल वाणी में भी आग लिए फिरता है। कवि की शीतल वाणी में भी जनमानस के सोए हुए हृदयों को जाग्रत करने की शक्ति है।

4. 'दिन जल्दी-जल्दी ढलता है' कविता का प्रतिपाद्य स्पष्ट कीजिए। **CBSE 2023, Delhi 2015; All India 2014**

उत्तर 'दिन जल्दी-जल्दी ढलता है' कविता में कवि ने प्रेम की व्यग्रता या व्याकुलता को व्यक्त किया है। पथिक को अपने प्रियजनों से जल्दी मिलने की चाह है, इसलिए वह जल्दी-जल्दी चलने का प्रयास करता है। इसी प्रकार, अपने बच्चों के विषय में सोचकर पक्षियों के परों में गति आ जाती है। वे जल्दी-से-जल्दी अपने नीड़ों की ओर लौटना चाहते हैं, जबकि कवि अकेला है, किसी को उसकी प्रतीक्षा नहीं है, इसलिए कवि के कदमों में शिथिलता तथा मन में व्याकुलता है। यहाँ कवि मानता है कि जीवन की गति में तीव्रता का कारण प्रेम है।

5. 'आत्मपरिचय' कविता में कवि ने अपने जीवन में किन परस्पर विरोधी बातों का सामंजस्य बिठाने की बात की है? **CBSE SQP 2022-23**

उत्तर कवि भी एक सामाजिक प्राणी है। वह समाज में रहते हुए सामाजिक जिम्मेदारियों और कर्त्तव्यों को निभा रहा है और भविष्य में भी निभाने की चाहत रखता है, किंतु प्रत्येक प्राणी की अपनी व्यक्तिगत निजी

आकांक्षाएँ होती हैं, जिनकी पूर्णता के लिए वह किसी का हस्तक्षेप पसंद नहीं करता है। उसी प्रकार कवि की व्यक्तिगत जिंदगी में श्रृंगारपरक प्रेम का विशेष महत्त्व है, जिसकी प्राप्ति के लिए अपना ध्यान प्रेम में ही केंद्रित रखना चाहता है इसलिए वह प्रेम विरोधी रूढ़िवादियों द्वारा दिए जाने वाले उलाहनों और चुनौतियों पर ध्यान नहीं देता है। वह सामाजिक एवं पारिवारिक जिम्मेदारियों और निजी प्रेम-प्रसंग के बीच संतुलन बनाकर जीवन जीने में प्रयासरत है।

6. बच्चे किस बात की आशा में नीड़ों से झाँक रहे होंगे? 'एक गीत' कविता के आधार पर लिखिए। CBSE SQP 2020-21

उत्तर 'बच्चे' अर्थात् चिड़ियों के शिशु अपने घोंसलों से सिर निकालकर अपने माता-पिता की प्रतीक्षा करते हैं, जो उनके लिए भोजन एवं स्नेह लेकर लौटते हैं। बच्चे आशावादी होते हैं। वे सुबह से शाम तक आशा एवं धैर्य के साथ अपने लिए स्नेह एवं भोजन की प्रतीक्षा करते हैं।

7. पंथी क्या सोच रहा है और क्यों? CBSE 2020 C

उत्तर पंथी सोच रहा है कि दिनभर चलकर अब अपनी मंजिल के समीप अर्थात् पास पहुँचने वाला हूँ, परंतु मंजिल तक पहुँचने से पहले रात न हो जाए। अत: वह मंजिल तक पहुँचने के लिए जल्दी-जल्दी चलता है।

8. 'बच्चन' के संकलित गीत में दिन ढलते समय पथिकों और पक्षियों की गति में तीव्रता और कवि की गति में शिथिलता के कारण लिखिए। All India 2017

उत्तर 'बच्चन' के संकलित गीत में दिन ढलते समय पथिक सोचता है कि कहीं रास्ते में ही रात न हो जाए तथा पक्षियों को चिंता है कि उनके बच्चे उनका आतुरता से इंतजार कर रहे होंगे। अत: पथिकों और पक्षियों की गति में तीव्रता है, लेकिन उसके लिए ऐसा कौन है, जो उससे मिलने को व्याकुल है या वह किससे मिलने के लिए शीघ्रता बरते? यही प्रश्न कवि की गति उसके मन को शिथिल कर देता है।

9. 'दिन जल्दी-जल्दी ढलता है' में पक्षी तो लौटने को विकल हैं, पर कवि में उत्साह नहीं है। ऐसा क्यों? Delhi 2016

उत्तर 'दिन जल्दी-जल्दी ढलता है' में पक्षी तो लौटने को विकल हैं, पर कवि में उत्साह नहीं है। ऐसा इसलिए है, क्योंकि पक्षियों को घोंसले में उनकी प्रतीक्षा करते अपने बच्चों का स्मरण होने के कारण वे अपने घोंसले में पहुँचने के लिए व्याकुल हैं। इसके विपरीत कवि के घर पर उसकी प्रतीक्षा करने वाला कोई नहीं है, उससे मिलने के लिए न कोई व्याकुल है और न ही कोई उत्कंठित है, इसलिए वह किसके लिए शीघ्रता करे?

10. आशय स्पष्ट कीजिए-"मैं और, और जग और, कहाँ का नाता।" All India 2016

उत्तर "मैं और, और जग और, कहाँ का नाता" प्रस्तुत पंक्ति से कवि का आशय यह है कि संसार से उसका संबंध चिर-स्थायी नहीं है। संपूर्ण विश्व भौतिकतावादी मानसिकता से ग्रसित है, जबकि उसे यह वैभव एवं समृद्धि तुच्छ लगती है। इन्हीं वैचारिक भिन्नताओं के कारण उसे लगता है कि इस जग में और उसमें कोई साम्य नहीं है अर्थात् दोनों एक-दूसरे से भिन्न हैं।

11. 'दिन जल्दी-जल्दी ढलता है' कविता में कवि अपने घर की ओर लौटने में शिथिल और अनुत्साहित क्यों है? All India 2015

अथवा **'दिन जल्दी-जल्दी ढलता है' कविता के आलोक में कवि की गति में शिथिलता और हृदय की विह्वलता के कारणों को स्पष्ट कीजिए। All India 2013**

उत्तर 'दिन जल्दी-जल्दी ढलता है' कविता में कवि अपने घर की ओर लौटने में इसलिए शिथिल और अनुत्साहित है, क्योंकि कवि कहता है कि दिन ढलने पर वह जब घर की ओर कदम बढ़ाता है, तब उसके मन में विचार उठता है कि उसकी प्रतीक्षा तो कोई नहीं कर रहा है। उसके लिए तो कोई व्याकुल नहीं है। इस विचार के मन में आते ही उसकी गति शिथिल हो जाती है और वह धीरे-धीरे कदम बढ़ाते हुए अपने घर की ओर अग्रसर होता है।

12. 'शीतल वाणी में आग' के होने का क्या अभिप्राय है? Delhi 2011

उत्तर 'शीतल वाणी में आग' के होने का अभिप्राय वाणी भावों की अभिव्यक्ति के माध्यम से है। भावों का आवास हृदय है। भाव कोमल एवं कठोर दोनों प्रकार के हो सकते हैं। कवि शांत भाव से कविता कर रहा है, पर उसके अंदर अत्यधिक वैचारिक उथल-पुथल है। उसमें पर्याप्त आग छिपी हुई है। कवि के सामान्य शब्दों में भी शक्ति, क्षमता और क्रांति की आग व्याप्त है। वास्तव में, वह अपनी शीतल वाणी में ही जनमानस के सोए हुए हृदयों को जागृत करने की शक्ति रखता है। इसी भाव को व्यक्त करते हुए कवि कहता है कि "शीतल वाणी में आग लिए फिरता हूँ।" ऐसा कहकर कवि ने विरोधाभास अलंकार का प्रदर्शन किया है।

13. नादान वहीं है, हाय, जहाँ पर दाना ... 'आत्मपरिचय' कविता में बच्चन के इस कथन का कारण और आशय बताइए। All India 2010

उत्तर 'दाना' का अर्थ है—बुद्धिमान या समझदार व्यक्ति। कवि कहता है कि संसार में समझदार और नासमझ, दोनों तरह के लोग रहते हैं। जो प्रत्येक कार्य सोच-समझकर करते हैं, वे दाना कहलाते हैं और जो बिना सोचे-समझे कार्य करते हैं, वे नादान कहलाते हैं। कवि ने दोनों में अंतर बताया है।

14. 'आत्मपरिचय' कविता को दृष्टि में रखते हुए कवि के कथन को अपने शब्दों में प्रस्तुत कीजिए। Delhi 2010

उत्तर 'आत्मपरिचय' कविता को दृष्टि में रखते हुए कवि ने अपने व्यक्तित्व पर प्रकाश डाला है। वह जीवन के कष्टों में भी प्रेम को जीवित रखे हुए हैं। उसका हृदय किसी के प्रेम से झंकृत है। वह उसी प्रिय के स्नेह से उत्पन्न अपने मन की कोमल भावनाओं में डूबा रहता है तथा वह नित्य नए सपनों के संसार की रचना में रत रहता है।

15. 'दिन जल्दी-जल्दी ढलता है' की आवृत्ति से कविता की किस विशेषता का पता चलता है?

उत्तर 'दिन जल्दी-जल्दी ढलता है, की आवृति से दिन के शीघ्रता से ढलने की ओर संकेत किया गया है। रात के आगमन की अनुभूति से सभी पंथी अपने-अपने घरों की ओर तेजी से लौट रहे हैं। सभी पथिकों के घरों में उनकी प्रतीक्षा के लिए कोई-न-कोई अपना प्रिय या करीबी व्याकुल होकर हमारी प्रतीक्षा कर रहा है, यही बात घर पहुँचने के लिए उनके कदमों की गति बढ़ा देती है, लेकिन दु:ख की बात यह है कि कवि के इंतजार में पलकें बिछाए कोई नहीं बैठा है। यही तथ्य याद आने पर कवि की घर लौटने की इच्छा शिथिल हो जाती है। किसी का उसके लिए प्रतीक्षारत न होना, उसे व्याकुल कर देता है।

16. 'आत्मपरिचय' कविता के शीर्षक की सार्थकता स्पष्ट कीजिए।

उत्तर 'आत्मपरिचय' कविता में कवि स्वयं की अस्मिता को इस दुनिया के सामने प्रकट कर रहा है। उसका हृदय प्यार बाँटता है और संसार फिर भी उस पर कटाक्ष करता है। अत: वह अपने दिल में आग लिए घूम रहा है। अपने मन की हर बात कवि स्पष्ट रूप से कह रहा है। वह अपने भग्न स्वप्नों का खंडहर ढो रहा है। वह अपनी संपूर्ण मादकता को लेकर घूम रहा है। इस प्रकार कविता की एक-एक पंक्ति उसका परिचय दे रही है। अत: 'आत्मपरिचय' शीर्षक सर्वथा उचित एवं सार्थक है।

02

पतंग

आलोक धन्वा

काव्यांश पर आधारित पूर्व परीक्षाओं के प्रश्न

निम्नलिखित काव्यांशों को ध्यानपूर्वक पढ़कर पूछे गए प्रश्नों के उत्तर दीजिए।

1. सबसे तेज़ बौछारें गईं भादों गया
सवेरा हुआ
खरगोश की आँखों जैसा लाल सवेरा
शरद आया पुलों को पार करते हुए
अपनी नई चमकीली साइकिल तेज़ चलाते हुए
घंटी बजाते हुए ज़ोर-ज़ोर से
चमकीले इशारों से बुलाते हुए
पतंग उड़ाने वाले बच्चों के झुंड को
चमकीले इशारों से बुलाते हुए और
आकाश को इतना मुलायम बनाते हुए
कि पतंग ऊपर उठ सके-
दुनिया की सबसे हल्की और रंगीन चीज़ उड़ सके
दुनिया का सबसे पतला कागज़ उड़ सके-
बाँस की सबसे पतली कमानी उड़ सके-
कि शुरू हो सके सीटियों, किलकारियों और
तितलियों की इतनी नाज़ुक दुनिया **Delhi 2016, 13, 11, 10**

शब्दार्थ

भादों – तेज़ बारिश होने वाला मास; **शरद** – शरद ऋतु; **झुंड** – समूह; **इशारा** – संकेत; **नाज़ुक** – कोमल; **किलकारी** – खुशी से चहकना या चिल्लाना

संदर्भ

प्रस्तुत पंक्तियाँ पाठ्यपुस्तक 'आरोह भाग—2' में संकलित कवि आलोक धन्वा के कविता-संग्रह 'दुनिया रोज बनती है' की 'पतंग' शीर्षक कविता से ली गई हैं।

प्रसंग

इस काव्यावतरण में कवि वर्षा के बाद की शरदकालीन प्रकृति का वर्णन करते हुए, पतंग उड़ाने वाले छोटे-छोटे बच्चों की उमंग, आशा, बालसुलभ चेष्टाओं एवं साहसिक कृत्यों का वर्णन करता है।

व्याख्या

कवि बताता है कि भादों के महीने की तेज़ बौछारों वाली वर्षा का मौसम बीत गया। अब खरगोश की आँखों जैसा लाल, सुंदर शरद ऋतु का सवेरा आ गया है। ऐसे मनमोहक शारदीय सुप्रभात ने ही बच्चों को बुलावा भेजा है। यहाँ शरद की तुलना साइकिल चलाने वाले बालक से की गई है। कवि शरद की सुबह का मानवीकरण करते हुए बताता है कि ऐसा जान पड़ता है जैसे कोई अपनी चमकीली साइकिल को तेज़ी से चलाते हुए सबका ध्यान आकर्षित करना चाहता हो।

चमकीली साइकिल चलाते एवं उसकी घंटियाँ बजाते हुए शरद की यह सुबह अपने चमकीले इशारों से बच्चों के झुंड को बुला रही है। इसने आकाश को और मुलायम बना दिया है अर्थात् बारिश के बाद मौसम साफ़ हो गया है और हवा थोड़ी तेज़ चलने लगी है, ताकि पतंग अच्छी तरह उड़ सके। उसके उड़ने के लिए अनुकूल परिवेश निर्मित हो गया है।

बच्चे चाहते हैं दुनिया के सबसे पतले कागज़ और बाँस की पतली कमानी को आसमान में उड़ाना और इसके माध्यम से स्वयं उड़ना। वस्तुतः पतंग यहाँ बच्चों की बालसुलभ इच्छाओं का प्रतीक है।

कवि आगे कहता है कि बच्चे चाहते हैं कि पतंग ऊपर उड़े और शुरू हों उनके उमंग भरे मन की किलकारियाँ एवं सीटियाँ। इसके साथ ही कवि तितलियों की नाज़ुक दुनिया की शुरुआत की बात भी करता है। वास्तव में, ये सभी बच्चों के कोमल मन और उनकी उमंग भरी इच्छाओं के प्रतिनिधि बिंब हैं।

काव्य-सौंदर्य

(i) भाषा साहित्यिक खड़ी बोली है। कवि के कहने का ढंग सामान्य बोलचाल का है।

(ii) प्रतीकों एवं बिंबों के प्रयोग के कारण कविता के प्रभाव में वृद्धि हुई है।

(iii) भादों के बाद प्रकृति में शरद ऋतु के आगमन का वर्णन करके कवि ने प्राकृतिक ऋतु परिवर्तन को रेखांकित किया है। यहाँ प्रकृति के मानवीकरण के कारण मानवीकरण अलंकार मौजूद है।

(iv) कविता में बिंब योजना अत्यंत नवीन एवं आकर्षक है। दृश्य, श्रव्य एवं स्पर्श बिंबों का प्रयोग किया गया है।

(v) शरद ऋतु के सवेरे की लालिमा के लिए 'खरगोश की आँखों जैसा लाल', 'पुलों को पार करते हुए', 'चमकीले इशारों से बुलाते हुए' आदि बिंब नवीन एवं अत्यंत आकर्षक हैं। इनमें मानवीकरण अलंकार भी निहित है।

(vi) पतंगों, तितलियों, सीटियों, किलकारियों आदि के साथ 'बच्चों की नाज़ुक दुनिया' शब्द के प्रयोग ने कविता में विशेष अर्थध्वनि और प्रभाव उत्पन्न कर दिया है।

(vii) 'खरगोश की आँखों जैसा लाल सवेरा' में उपमा अलंकार तथा 'जोर-जोर' में पुनरुक्तिप्रकाश अलंकार मौजूद है।

2. जन्म से ही वे अपने साथ लाते हैं कपास
पृथ्वी घूमती हुई आती है उनके बेचैन पैरों के पास
जब वे दौड़ते हैं बेसुध
छतों को भी नरम बनाते हुए
दिशाओं को मृदंग की तरह बजाते हुए
जब वे पेंग भरते हुए चले आते हैं
डाल की तरह लचीले वेग से अकसर
छतों के खतरनाक किनारों तक
उस समय गिरने से बचाता है उन्हें
सिर्फ़ उनके ही रोमांचित शरीर का संगीत
पतंगों की धड़कती ऊँचाइयाँ उन्हें थाम लेती हैं
महज़ एक धागे के सहारे
पतंगों के साथ-साथ वे भी उड़ रहे हैं
अपने रंध्रों के सहारे

शब्दार्थ

कपास – कोमल एवं नरम अनुभूति तथा लचीले शरीर के लिए प्रयुक्त; **बेसुध** – मस्त, तल्लीन; **मृदंग** – मीठी आवाज़ वाला ढोल जैसा वाद्य यंत्र; **पेंग भरना** – झूले झूलना; **वेग** – गति; **रोमांचित** – पुलकित, प्रसन्न; **महज़** – सिर्फ़, केवल; **रंध्र** – छिद्र, शरीर के रोएँ

संदर्भ

पद्यांश 1 के समान।

प्रसंग

इन काव्य पंक्तियों में कवि बच्चों के कोमल एवं उल्लासित मन तथा उनके शरीर में व्याप्त अक्षय ऊर्जा एवं उत्साह को रेखांकित करता है।

व्याख्या

कवि कहता है कि बच्चे तो जन्म से ही अपने साथ कपास जैसी कोमल भावनाएँ एवं लचीला शरीर लेकर आते हैं। न केवल उनकी भावनाएँ श्वेत अर्थात् स्वच्छ, पवित्र एवं कोमल होती हैं, बल्कि उनकी शारीरिक सक्रियता भी देखते ही बनती है। उनके बेचैन, चंचल पैरों को तो थमने या रुकने की सुध ही नहीं रहती। वे हर समय भागते-दौड़ते रहते हैं, सक्रिय रहते हैं, जीवंत रहते हैं। वे कठोर पत्थरों एवं सतहों वाली छतों को भी मुलायम ही समझते हैं। उनकी उमंग इतनी उत्कट, धुनें इतनी तीव्र एवं सक्रियता इतनी बलवती होती है कि सभी दिशाएँ उनकी सक्रियता की ताल से मृदंग की तरह बजती दिखाई देती हैं।

कवि कहता है कि बच्चे इतने उत्साहित होते हैं कि वे दिशाओं को अपनी बोलियों से मृदंग की भाँति झंकृत और कंपायमान कर देते हैं। कोमल एवं लचीला शरीर लिए हुए ये बच्चे जब दौड़ते हैं, तो कवि को उनका दौड़ना झूले के पेंग की भाँति तथा डाल के लोचदार लहराव की तरह प्रतीत होता है। वस्तुतः कवि यहाँ बच्चों की कम उम्र और उसके अनुरूप उनमें उपस्थित शारीरिक लोच की ओर संकेत करना चाहता है। कवि कहता है कि बच्चे अपनी धुन में पतंग उड़ाते-उड़ाते जब कभी छतों के किनारों या मुंडेरों तक आ जाते हैं, तो ऐसी स्थिति में उनके उल्लासित एवं रोमांचित शरीर का संगीत, उन्हें गिरने से बचाता है। कवि ऊँची उड़ती पतंग की डोरी के सहारे की बात कहकर यह बताना चाहता है कि अत्यंत एकाग्र एवं तल्लीन-भाव से बच्चे पतंग उड़ाने में लगे हुए हैं और उड़ती पतंग के साथ-साथ उनके मन की बाल-कल्पनाएँ भी ऊँची उड़ान भर रही हैं।

कवि ने बच्चों की कल्पनाप्रवण मानसिकता को उपरोक्त बिंबों के माध्यम से स्पष्ट करने की कोशिश की है। बच्चे अपने रोमांचित शरीर की अदृश्य लय के कारण बचे रहते हैं। दिल धड़काने वाली ऊँचाइयों पर उड़ती पतंगें मानो अपनी डोर से इन बच्चों को थामे रहती हैं अर्थात् सँभाले रहती हैं।

काव्य-सौंदर्य

(i) काव्यांश की भाषा साहित्यिक खड़ी बोली है।

(ii) हिंदी के साथ-साथ प्रचलित उर्दू शब्दों—'बेचैन', 'नरम', 'महज', खतरनाक' आदि का प्रयोग हुआ है।

(iii) उपमाओं एवं बिंबों की नवीन योजनाएँ की गई हैं; जैसे—'दिशाओं को मृदंग की तरह बजाते हुए', 'डाल की तरह लचीले वेग से', 'पतंगों की धड़कती ऊँचाइयाँ', 'रोमांचित शरीर का संगीत' आदि एकदम नए और प्रभावोत्पादक बिंब प्रयुक्त हुए हैं।

(iv) छतों को नरम बनाना (स्पर्श बिंब), मृदंग की तरह दिशाओं को बजाना (श्रव्य बिंब), पतंगों की धड़कती ऊँचाइयाँ (दृश्य बिंब) आदि उत्कृष्ट उदाहरण हैं।

(v) कोमलता के लिए कपास की उपमा अत्यंत आकर्षक है। उपमा अलंकार का अन्य उल्लेखनीय प्रयोग *निम्न पंक्तियों में है*—
'दिशाओं को मृदंग की तरह बजाते हुए'
'वे पेंग भरते हुए चले आते हैं'
'डाल की तरह लचीले वेग से' आदि।
'पतंगों की धड़कती ऊँचाइयाँ' में विशेषण विपर्यय अलंकार मौजूद है।

3. अगर वे कभी गिरते हैं छतों के खतरनाक किनारों से
और बच जाते हैं तब तो
और भी निडर होकर सुनहले सूरज के सामने आते हैं
पृथ्वी और भी तेज घूमती हुई आती है
उनके बेचैन पैरों के पास। **Delhi 2015**

शब्दार्थ

निडर – बिना डर के; **सुनहले** – सुनहरा, स्वर्णिम

संदर्भ

पद्यांश 1 के समान।

प्रसंग

कविता की इन पंक्तियों के माध्यम से कवि बच्चों की साहसिक, अदम्य एवं महत्त्वाकांक्षी मनोवृत्तियों को रेखांकित करना चाहता है।

व्याख्या

कवि पतंग उड़ाते समय बच्चों द्वारा अभिव्यक्त किए जाने वाले उत्साह का उल्लेख करते हुए कहता है कि बच्चे ऊँची पतंगों को अत्यंत एकाग्र एवं तल्लीनता के साथ देख रहे हैं और उन्हें उड़ता देख उनके मन की बाल-कल्पनाएँ भी ऊँची उड़ान भर रही हैं। कवि कहता है कि यदि पतंग उड़ाते हुए ये बच्चे छतों के खतरनाक किनारों से गिरते हैं और गिरने के बाद बच जाते हैं, तो उनकी निर्भीकता और अधिक बढ़ जाती है।

वे और भी अधिक निडर होकर स्वर्णिम प्रकाश वाले सूर्य के सम्मुख आते हैं तथा उनकी अनवरत चपल गति का अनुसरण करती पृथ्वी और भी तेजी से उनके पास चली आती है। वस्तुत: कवि यह कहना चाहता है कि बच्चे अपनी अवस्था में जिस नवीन अक्षय ऊर्जा, आत्मविश्वास एवं संयम से भरे रहते हैं, वही उन्हें भावी युग-परिवर्तन का संवाहक बनाते हैं। वास्तव में, वे इस धरती पर नई चेतना के प्रस्तुतकर्ता बनकर जन्मते और बढ़ते हैं। वे ही आगे चलकर सामाजिक अभ्युदय के कर्णधारों की भूमिका का निर्वाह करते हैं।

काव्य-सौंदर्य

(i) भाषा साहित्यिक खड़ी बोली है। हिंदी के शब्दों के साथ प्रचलित उर्दू शब्दों के स्वाभाविक प्रयोग तथा नवीन, आकर्षक एवं गतिशील बिंबों की प्रचुरता के कारण भाषा में प्रभाव एवं प्रवाह आ गया है।

(ii) बच्चों को एक नए रूप में प्रस्तुत किया गया है, जो 'निडर होकर सुनहले सूरज के सामने आने' से प्रदर्शित हुआ है।

(iii) 'सुनहले सूरज' में अनुप्रास, 'पृथ्वी आती है' में मानवीकरण तथा 'गिरकर-बच जाने' में विरोधाभास अलंकार का प्रयोग दर्शनीय है।

(iv) पैरों की गतिशीलता का बिंब 'बेचैन पैरों' के माध्यम से व्यक्त किया गया है।

PYQs पूर्व परीक्षाओं के प्रश्न व अन्य महत्त्वपूर्ण प्रश्न

काव्यांश पर आधारित बहुविकल्पीय प्रश्न

1. पतंगों के साथ वे भी उड़ रहे हैं
अपने रंध्रों के सहारे
अगर वे कभी गिरते हैं छतों के
खतरनाक किनारों से
और बच जाते हैं तब तो
और भी निडर होकर सुनहले सूरज के
सामने आते हैं पृथ्वी और भी तेज
घूमती हुई आती है
उनके बेचैन पैरों के पास।

CBSE SQP 2018-19

(क) बच्चे सभी बाधाओं का सामना किस प्रकार करते हैं?
(i) उत्साह (ii) सहर्ष
(iii) क्रियाशीलता (iv) ये सभी

(ख) सुनहले सूरज के सामने आने का अभिप्राय है
(i) भय युक्त होकर सामने आना
(ii) निर्भीक होकर जीवन के स्वर्णिम अनुभवों से रूबरू होना
(iii) बच्चे सुनहले सूरज के सामने आ जाते हैं
(iv) उपरोक्त में से कोई नहीं

(ग) गिरकर बचने पर बच्चों में क्या प्रतिक्रिया होती है?
1. भय मुक्त हो जाते हैं।
2. आत्म विश्वास बढ़ जाता है।
3. भयभीत हो जाते हैं।

कूट
(i) केवल 1 (ii) 2 और 3
(iii) केवल 3 (iv) 1 और 2

(घ) पैरों को बेचैन क्यों कहा गया है?
(i) बच्चे पतंग उड़ाते हैं (ii) बच्चे चंचल होते हैं
(iii) बच्चे निडर होते हैं (iv) बच्चे शैतान होते हैं

(ङ) बच्चे किसके साथ उड़ रहे हैं?
(i) सपनों के साथ
(ii) पतंग के साथ
(iii) पक्षियों के साथ
(iv) पंखों के साथ

उत्तर (क) (iv) ये सभी
(ख) (ii) निर्भीक होकर जीवन के स्वर्णिम अनुभवों से रूबरू होना
(ग) (iv) 1 और 2
(घ) (ii) बच्चे चंचल होते हैं
(ङ) (ii) पतंग के साथ

2. सबसे तेज बौछारें गईं भादो गया
सवेरा हुआ
खरगोश की आँखों जैसा लाल सवेरा
शरद आया पुलों को पार करते हुए
अपनी नई चमकीली साइकिल तेज चलाते हुए
घंटी बजाते हुए जोर-जोर से
चमकीले इशारों से बुलाते हुए
पतंग उड़ाने वाले बच्चों के झुण्ड को
चमकीले इशारों से बुलाते हुए और
आकाश को इतना मुलायम बनाते हुए
कि पतंग ऊपर उठ सके-
दुनिया की सबसे हल्की और रंगीन चीज उड़ सके
दुनिया का सबसे पतला कागज उड़ सके-
बाँस की सबसे पतली कमानी उड़ सके-
कि शुरू हो सकें सीटियों, किलकारियों और
तितलियों की इतनी नाजुक दुनिया

(क) कवि के अनुसार तेज बौछारों के साथ ही कौन-सा महीना चला गया है?
(i) आषाढ़ का महीना (ii) सावन का महीना
(iii) भादों का महीना (iv) अश्विन का महीना

(ख) पतंग कविता में चमकीले विशेषण किसके लिए प्रयुक्त हुआ है?
(i) खरगोश के लिए (ii) बच्चों के लिए
(iii) दिशाओं के लिए (iv) इशारों के लिए

(ग) काव्यांश में खरगोश की आँखों जैसा लाल किसे कहा गया है?
(i) पतंग को (ii) शरद को
(iii) सवेरे को (iv) बचपन को

(घ) कौन-सी ऋतु आकाश को मुलायम बना देती है?
(i) ग्रीष्म ऋतु (ii) वसंत ऋतु
(iii) शरद ऋतु (iv) वर्षा ऋतु

(ङ) दुनिया की सबसे हल्की और रंगीन चीज किसे कहा गया है?
(i) पतंग को (ii) सपनों को
(iii) कलियों को (iv) बुलबुलों को

उत्तर (क) (iii) भादों का महीना
(ख) (ii) बच्चों के लिए
(ग) (iii) सवेरे को
(घ) (iii) शरद ऋतु
(ङ) (i) पतंग को

3. जन्म से ही वे अपने साथ लाते हैं कपास
पृथ्वी घूमती हुई आती है उनके बेचैन पैरों के पास
जब वे दौड़ते हैं बेसुध
छतों को भी नरम बनाते हुए
दिशाओं को मृदंग की तरह बजाते हुए
जब वे पेंग भरते हुए चलते आते हैं
डाल की तरह लचीले वेग से अकसर
अगर वे कभी गिरते हैं छतों के खतरनाक किनारों से
और बच जाते हैं तब तो
और भी निडर होकर सुनहले सूजर के सामने आते हैं
पृथ्वी और भी तेज घूमती हुई आती है
उनके बेचैन पैरों के पास।

(क) पृथ्वी किनके बेचैन पैरों के पास घूमती हुई आती है?
(i) खरगोश के (ii) तितलियों के
(iii) किनारों के (iv) बच्चों के

(ख) पतंग उड़ाने वाले बच्चे दिशाओं को किसके समान बजाते हैं?
(i) ढोल के समान (ii) बाँसुरी के समान
(iii) मृदंग के समान (iv) वीणा के समान

(ग) काव्यांश में कपास किसका प्रतीक है?
(i) शांति का (ii) कोमलता का
(iii) क्षणभंगुरता का (iv) प्रकाश का

(घ) पतंग उड़ाते हुए बच्चे किसके सहारे स्वयं भी उड़ते से दिखाई देते हैं?
(i) पंखों के (ii) रंध्रों के
(iii) धागे के (iv) कल्पना के

(ङ) कवि को बच्चों का दौड़ना किसकी तरह प्रतीत होता है?
(i) मछली की तरह
(ii) खरगोश की तरह
(iii) झूले की पेंग की तरह
(iv) सरकस के बंदर की तरह

उत्तर (क) (iv) बच्चों के
(ख) (iii) मृदंग के समान
(ग) (ii) कोमलता का
(घ) (iii) धागे के
(ङ) (iii) झूले की पेंग की तरह

विषय-वस्तु पर आधारित लघु उत्तरीय प्रश्न

1. 'खरगोश की आँखों जैसा लाल सवेरा' पंक्ति के संदर्भ में अपने क्षेत्र की शरदकालीन सुबह का वर्णन कीजिए। CBSE 2023

उत्तर 'खरगोश की आँखों जैसा लाल सवेरा' पंक्ति के माध्यम से कवि ने कहा है कि भादों मास गुजर जाने के बाद घनघोर बारिश समाप्त हो जाने पर शरद ऋतु का आगमन होता है तथा धूप खिल जाती है। यह धूप खरगोश की आँखों जैसी चमकीली होती है। इसी प्रकार हमारे क्षेत्र में भी शरदकालीन सुबह बहुत सुहावनी होती है। अत: चारों ओर धूप की उज्ज्वल चमक बिखर जाती है। आकाश साफ और मुलायम हो जाता है। यह सुबह का समय सबके मन में उत्साह व उमंग भर देता है।

2. 'पतंगों के साथ-साथ वे भी उड़ रहे हैं' बच्चों का उड़ान से कैसा संबंध है? CBSE SQP 2022-23

उत्तर 'पतंगों के साथ-साथ वे भी उड़ रहे हैं' बच्चों का उड़ान से संबंध इस प्रकार का है कि जब पतंग उड़ती है तो बच्चों का मन भी उनके साथ उड़ने लगता है। उनमें गतिशीलता आ जाती है और उमंग उत्साह से भरकर वे छतों की दीवारों पर चढ़ जाते हैं। उनके शरीर में पतंगों के समान हल्कापन आ जाता है। इसी कारण कहा गया है कि पतंगों के साथ बच्चे भी उड़ते हैं।

3. कवि आलोक धन्वा ने अपनी कविता पतंग में बच्चे के मन की तुलना कपास से क्यों की है? CBSE SQP 2019-20

उत्तर कवि आलोक धन्वा ने अपनी कविता पतंग में बच्चे के मन की तुलना कपास से इसलिए की है, क्योंकि जिस प्रकार कपास का रेशा कोमल एवं लचीला होता है उसी प्रकार बच्चे कपास के समान ही हल्के, मासूम और कोमल भावनाओं तथा लचीले शरीर वाले होते हैं। उनमें कपास के जैसा आकर्षण भी होता है, वे कपास के समान ही पवित्र एवं निर्मल होते हैं। अत: कोमलता, निर्मलता एवं पवित्रता के आधार पर कपास और बच्चे के मन की तुलना की गई है।

4. आप कैसे कह सकते हैं कि कवि ने 'पतंग' कविता में बाल सुलभ साहस एवं आकांक्षाओं का सुंदर चित्रण किया है? अपने शब्दों में लिखिए। All India 2019

अथवा **'पतंग' कविता का मूल भाव अपने शब्दों में स्पष्ट कीजिए। All India 2010**

उत्तर 'पतंग' कविता में कवि ने बच्चों की तुलना पतंग से की है। 'पतंग' के माध्यम से बाल सुलभ इच्छाओं एवं उमंगों का अत्यंत सुंदर चित्रण हुआ है। बाल सुलभ क्रिया-कलापों एवं प्राकृतिक परिवर्तनों की अभिव्यक्ति हेतु कविता में सुंदर बिंबों का उपयोग किया गया है। बच्चों की उमंगों का रंग-बिरंगा सपना है—पतंग। आकाश में उड़ती रंग-बिरंगी तितलियों जैसी पतंगें उन्हें आकर्षित करती हैं। बालमन इन्हें

अपने हाथों से छूना चाहता है और उसके पार जाना चाहता है। इस प्रक्रिया में गिरने वाले तथा गिरकर सँभलने वाले बच्चे भी शामिल हैं। वस्तुत: पतंग उनकी स्वतंत्रता, स्वच्छंदता एवं नई उमंगों व उत्साह का प्रतीक है।

5. 'पतंग' कविता में बच्चों द्वारा 'दिशाओं को मृदंग की तरह बजाने' से कवि का क्या आशय है? Delhi 2019

उत्तर 'पतंग' कविता में बच्चों द्वारा 'दिशाओं को मृदंग की तरह बजाने' से आशय यह है कि जब बच्चों के पैर छत पर पड़ते हैं, तो उन पैरों की पदचाप मृदंग जैसी ध्वनि करती है। यह ध्वनि बालकों के दौड़ने की दिशाओं से आया करती है।

6. 'जन्म से ही वे अपने साथ लाते हैं कपास' पंक्ति का भाव कविता के आधार पर स्पष्ट कीजिए। CBSE SQP 2017-18

उत्तर 'जन्म से ही वे अपने साथ लाते हैं कपास' इस पंक्ति के माध्यम से कपास बच्चों की कोमल भावनाओं तथा उनके शारीरिक लचीलेपन का प्रतीक है। बच्चों की कोमलता कपास के समान होती है। उनके सपने कपास से बनी डोर की तरह हैं, जो पतंग को ऊँचाई प्रदान करती है। मनुष्य सपने देखता है और उन सपनों को लक्ष्य तक पहुँचाने के लिए प्रयासरत हो जाता है। बालक कपास की तरह कोमल एवं आकर्षक तथा शारीरिक रूप से लचीलापन लिए होते हैं। यह उनकी आंतरिक चेतना को ऊँचाइयों तक जाने तथा दौड़ने-भागने एवं कभी न थकने के लिए प्रेरित करती हैं। दोनों के गुणों में अत्यधिक समानता ही कवि की इस तुलना का कारण बना है।

7. 'पतंग' कविता में कवि ने बच्चों की तुलना किससे की है और क्यों? उदाहरण सहित समझाइए। All India 2015

उत्तर 'पतंग' कविता में कवि ने बच्चों की तुलना पतंग से की है। कवि ने बच्चों की तुलना पतंग से इसलिए की है, क्योंकि बाल सुलभ क्रिया-कलापों एवं प्राकृतिक परिवर्तनों की अभिव्यक्ति हेतु कविता में सुंदर बिंबों का उपयोग किया गया है। बच्चों की उमंगों का रंग-बिरंगा सपना है—पतंग। आकाश में उड़ती रंग-बिरंगी तितलियों जैसी पतंगें उन्हें आकर्षित करती हैं। बालमन इन्हें अपने हाथों से छूना चाहता है और उसके पार जाना चाहता है। इस प्रक्रिया में गिरने वाले तथा गिरकर सँभलने वाले बच्चे भी शामिल हैं। वस्तुत: पतंग उनकी स्वतंत्रता, स्वच्छंदता एवं नई उमंगों व उत्साह का प्रतीक है।

8. "पतंग लूटने में खतरनाक परिस्थितियों का सामना करके बच्चे चुनौतियों का सामना करना सीखते हैं" इस कथन पर अपने विचार व्यक्त कीजिए। All India 2015

उत्तर पतंग लूटने की प्रक्रिया में खतरनाक परिस्थितियों का सामना करके बच्चे चुनौतियों का सामना करना सीखते हैं, जिससे वे अधिक निडर हो जाते हैं और उनके अंदर आत्मविश्वास भी बढ़ जाता है। जीवन के लक्ष्यों को पाने की कोशिश में हम कई बार गिरते हैं, फिसलते हैं, निराश होते हैं, लेकिन इसके बावजूद हम अपने अंदर की लगन को कम नहीं होने देते तभी अंतत: सफलता प्राप्त होती है। जीवन के रण-क्षेत्र में संघर्ष करने की प्रवृत्ति हमें सामान्यतया खेलों के माध्यम से ही प्राप्त होती है। पतंग उड़ाने एवं लूटने में बच्चे विषम परिस्थितियों का दृढ़ता के साथ सामना करके अपने अंदर वह जुझारूपन पैदा करते हैं, जो जीवन के वास्तविक संघर्ष में अत्यंत उपयोगी होता है।

यह जुझारूपन ही उनके जीवन में संघर्ष करने एवं अपनी सफलता के प्रति आश्वस्त होने की ललक पैदा करता है।

9. बच्चों को कपास की तरह कोमल और उनके पैरों को 'बेचैन' क्यों कहा गया है? 'पतंग' कविता के आधार पर उत्तर दीजिए। All India 2014

उत्तर 'पतंग' कविता के अंतर्गत कवि ने बच्चों को कपास की तरह कोमल इसलिए कहा है, क्योंकि बच्चों में कपास जैसी श्वेत यानी स्वच्छ, कोमल एवं पवित्र भावनाएँ होती हैं। कवि ने बच्चों के पैरों को 'बेचैन' इसलिए कहा है, क्योंकि ये पैर हर समय घूमने, चलने, दौड़ने एवं कूदने के लिए व्याकुल रहते हैं। ये कभी रुकने या थमने का नाम ही नहीं लेते। उनके पैरों में एक बेचैनी, व्याकुलता मौजूद रहती है, जिससे वे सारी पृथ्वी को नाप डालना चाहते हैं।

10. 'पतंग' कविता के आधार पर शरद का बिंब अपने शब्दों में स्पष्ट कीजिए। Delhi (C) 2013

उत्तर 'पतंग' कविता में शरद के लिए अत्यंत कलात्मक ढंग से बिंबों का प्रयोग किया गया है। कवि ने खरगोश की आँखों जैसा लाल सवेरा में दृश्य बिंब तथा 'घंटी बजाते हुए जोर-जोर से' में श्रव्य बिंब का प्रयोग किया है। साइकिल चलाते हुए बालक का बिंब अत्यंत कलात्मक बन पड़ा है।

11. 'सबसे तेज बौछारें गईं भादों गया' के बाद प्रकृति में जो परिवर्तन कवि ने दिखाया है, उसका वर्णन अपने शब्दों में कीजिए। Delhi (C) 2012

उत्तर परिवर्तन प्रकृति का नियम है। एक मौसम आता है, तो दूसरा जाता है। भादों वर्षा ऋतु का अंतिम महीना होता है। इस मास में बहुत वर्षा होती है। हमेशा बादल घिरे रहते हैं। अत: अंधकार का साम्राज्य रहता है। वर्षा की झड़ी लगी रहती है। वर्षा की ऋतु बीत गई है। बरसात के बाद समस्त वातावरण स्वच्छ हो जाता है।

सारी धूल-मिट्टी धुल जाती है। आसमान साफ़ हो जाता है। ऋतु बदलने के कारण अब बादल नहीं घिरते। अंधकार के स्थान पर अब सब ओर प्रकाश फैला रहता है। इस स्वच्छ आसमान में जब सवेरे सूरज आता है, तो आसमान पर लालिमा छा जाती है। वर्षा की समाप्ति के बाद चमकीले आकाश की लाली कवि को खरगोश की आँखें याद दिला जाती है।

03

कविता के बहाने, बात सीधी थी पर

कुँवर नारायण

काव्यांश पर आधारित पूर्व परीक्षाओं के प्रश्न

कविता के बहाने

निम्नलिखित काव्यांश को ध्यानपूर्वक पढ़कर पूछे गए प्रश्नों के उत्तर दीजिए।

1. कविता एक उड़ान है चिड़िया के बहाने
कविता की उड़ान भला चिड़िया क्या जाने
बाहर-भीतर
इस घर, उस घर
कविता के पंख लगा उड़ने के माने
चिड़िया क्या जाने?
कविता एक खिलना है फूलों के बहाने,
कविता का खिलना भला फूल क्या जाने!
बाहर-भीतर
इस घर, उस घर
बिना मुरझाए महकने के माने
फूल क्या जाने? **Delhi 2019,16,11; All India 2013**

शब्दार्थ

माने–मतलब, अर्थ; **महकना**–सुगंध बिखेरना

संदर्भ

प्रस्तुत पंक्तियाँ हमारी पाठ्यपुस्तक 'आरोह भाग-2' में शामिल कुँवर नारायण द्वारा रचित कविता 'कविता के बहाने' से ली गई हैं। यह कविता कुँवर नारायण जी के कविता-संग्रह 'इन दिनों' में मूलरूप से संकलित है।

प्रसंग

इस कविता में कवि ने कविता के अस्तित्व से जुड़े कुछ महत्त्वपूर्ण सवाल उठाए हैं। प्रस्तुत काव्यांश में कवि ने कविता की तुलना चिड़िया की उड़ान तथा फूलों से की है।

व्याख्या

कवि कहता है कि कविता भी चिड़िया की तरह उड़ान भरती है, लेकिन कविता की उड़ान चिड़िया की उड़ान से भिन्न है, क्योंकि चिड़िया की उड़ान की एक निश्चित सीमा है, जबकि कविता में भावों की, विचारों की उड़ान किसी भी सीमा या बंधनों से मुक्त है। वह अनंत-उड़ान है। इसी कारण कवि आगे कहता है कि बाहर-भीतर, सब घरों में कविता के भावरूपी पंख लगाकर उड़ने का अर्थ चिड़िया भी नहीं जान और समझ सकती। वास्तव में, कविता में कवि की असीम कल्पना के पंख लगे होते हैं। अत: कविता के पंखों की समता चिड़िया के पंख नहीं कर सकते।

कवि कहता है कि कविता का खिलना भी फूलों के खिलने के समान ही है, लेकिन कविता के खिलने और फूलों के खिलने में एक सूक्ष्म अंतर है। वह यह कि फूल के खिलने के बाद उसके जीवन और तत्पश्चात् मुरझाकर समाप्त हो जाने की एक निश्चित अवधि एवं नियति होती है, फूलों की जीवनावधि सीमित होने के कारण वे निश्चित समय तक ही अपनी सुगंध फैला सकते हैं, जबकि कविता एक बार विकसित होकर, जीवन पाकर अमर और अमिट हो जाती है। वह कभी नष्ट नहीं होती और समय के साथ-साथ व्यापक अर्थग्रहण करके अमर व अमिट हो जाती है।

इसी वजह से कवि कहता है कि कविता के खिलने का मर्म फूल भी नहीं जान सकता। कवि यह स्पष्ट करना चाहता है कि फूल, जिनके खिलने में आनंद है, उत्साह है, जिनमें कोमलता और आकर्षण भी है, वे भी कविता की समता नहीं कर सकते, क्योंकि कविता अनंत जीवन एवं आनंद से युक्त होती है।

काव्य–सौंदर्य

(i) कविता की भाषा सरल साहित्यिक खड़ी बोली है।

(ii) प्रश्न शैली का प्रयोग करने से कविता रोचक एवं सजीव हो गई है। बहाने, जाने, माने में तुक होने से कविता के प्रभाव में वृद्धि हुई है।

(iii) अनुप्रास, प्रश्नालंकार तथा मानवीकरण एवं व्यतिरेक जैसे अलंकारों का प्रयोग हुआ है। पूरी कविता का 'मानवीकरण' हुआ है।

(iv) कविता में मानवीकरण अलंकार, प्रश्नालंकार, वक्रोक्ति आदि अलंकारों के प्रयोग के कारण भाषा प्रभावशाली हो गई है।

(v) अनुप्रास का प्रयोग 'खिलना भला फूल क्या जाने' में देखने लायक है।

बात सीधी थी पर

निम्नलिखित काव्यांशों को ध्यानपूर्वक पढ़कर पूछे गए प्रश्नों के उत्तर दीजिए।

1. बात सीधी थी पर एक बार
भाषा के चक्कर में
ज़रा टेढ़ी फँस गई।
उसे पाने की कोशिश में
भाषा को उलटा पलटा
तोड़ा मरोड़ा
घुमाया फिराया
कि बात या तो बने
या फिर भाषा से बाहर आए
लेकिन इससे भाषा के साथ-साथ
बात और भी पेचीदा होती चली गई।
सारी मुश्किल को धैर्य से समझे बिना
मैं पेंच को खोलने के बजाए
उसे बेतरह कसता चला जा रहा था
क्योंकि इस करतब पर मुझे
साफ सुनाई दे रही थी
तमाशबीनों की शाबाशी और वाह वाह। **All India 2015,10**

शब्दार्थ

चक्कर – प्रभाव, चक्रव्यूह; **टेढ़ा फँसना** – बुरी तरह फँसना या उलझना; **पेचीदा** – जटिल, कठिन; **धैर्य** – धीरज; **बेतरह** – बुरी तरह; **करतब** – चमत्कार; **तमाशबीन** – तमाशा देखने वाले, दर्शक; **शाबाशी** – प्रशंसा

संदर्भ

प्रस्तुत पंक्तियाँ हमारी पाठ्यपुस्तक 'आरोह भाग-2' में शामिल कुँवर नारायण द्वारा रचित कविता 'बात सीधी थी पर' से ली गई हैं। कवि कुँवर नारायण की यह कविता उनके 'कोई दूसरा नहीं' नामक काव्य-संग्रह में शामिल है।

प्रसंग

'बात सीधी थी पर' शीर्षक कविता में कवि ने कथ्य और शिल्प के द्वंद्व को उकेरते हुए भाषा की सहजता पर जोर दिया है।

व्याख्या

कवि कुँवर नारायण कहते हैं कि बात सीधी थी, लेकिन भाषा के चक्कर में पड़कर जरा टेढ़ी हो गई। उसे सुलझा पाने की कोशिश कवि ने बखूबी की, लेकिन वह उलझती ही चली गई अर्थात् भाषा के जाल में फँसती गई और पेचीदा या दुरुह (न समझ में आने योग्य) हो गई। कवि यहाँ बात के लिए उपयुक्त माध्यम, जो निश्चित रूप से भाषा ही है, को चुनने की सलाह देता है।

प्राय: ऐसा होता है कि हम कुछ कहने के लिए जब घुमावदार भाषा का सहारा लेते हैं, तो बात अधिक उलझ जाती है, समझ से परे हो जाती है। तात्पर्य यह है कि कविता की रचना-प्रक्रिया में भावों के अनुसार भाषा का चुनाव और प्रयोग करना चाहिए। यदि भाषा के साथ तोड़-मरोड़ करने की कोशिश की गई, तो भावों की अभिव्यक्ति ठीक ढंग से स्पष्ट नहीं हो सकेगी।

इस प्रकार कविता अस्पष्ट और निरुद्देश्य हो जाएगी। कवि कहता है कि उसने बात के पेंच अर्थात् उसके अर्थ या अभिप्राय को समझे बिना बेतरह कसना शुरू किया और इसका परिणाम यह हुआ कि अंतत: बात की चूड़ी मर गई अर्थात् वह निरर्थक और उद्देश्यहीन-सी हो गई। उसकी कसावट एवं पैनापन जाता रहा। वह शब्दों की गठरी बनकर रह गई। कवि को ऐसा करते देखने वालों ने उसका व्यंग्यपूर्वक वाह-वाही के शब्दों में उपहास किया।

काव्य–सौंदर्य

(i) काव्यांश का कथ्य-सौंदर्य इसकी भाषा के सरल होने के कारण प्रकट होता है।
कवि ने भाषा की जटिलता पर व्यंग्य करते हुए अपनी बात को 'उलटा-पलटा', 'तोड़ा-मरोड़ा', 'घुमाया-फिराया' आदि युग्म शब्दों के द्वारा अत्यंत प्रभावशाली ढंग से अभिव्यक्त किया है। यहाँ अनुप्रास अलंकार का भी प्रयोग हुआ है।

(ii) लोक प्रचलित मुहावरेदार प्रयोगों; *जैसे*—'भाषा का चक्कर', 'टेढ़ी फँसना' आदि के द्वारा कविता में एक विशेष अर्थ और प्रभाव आ गया है।

(iii) 'साथ-साथ' में पुनरुक्तिप्रकाश अलंकार द्रष्टव्य है।

(iv) 'तमाशबीन' एवं 'करतब' शब्दों मे व्यंग्य का भाव छिपा है।

2. आखिरकार वही हुआ जिसका मुझे डर था
जोर ज़बरदस्ती से बात की चूड़ी मर गई
और वह भाषा में बेकार घूमने लगी।
हारकर मैंने उसे कील की तरह
उसी जगह ठोंक दिया।
ऊपर से ठीक ठाक
पर अंदर से
न तो कसाव था
न ताकत।
बात ने, जो एक शरारती बच्चे की तरह
मुझसे खेल रही थी,
मुझे पसीना पोंछते देख कर पूछा-
"क्या तुमने भाषा को
सहूलियत से बरतना कभी नहीं सीखा?"
All India 2016, 13; Delhi (C) 2012

शब्दार्थ

जोर-ज़बरदस्ती – बलपूर्वक; **चूड़ी मरना** – पेंच कसने के लिए बनी चूड़ी या खाँचे का नष्ट होना; **कसाव** – कसावट; **सहूलियत** – आसानी, सरलता; **बरतना** – प्रयोग करना

संदर्भ

पद्यांश 1 के समान।

प्रसंग

कवि इन पंक्तियों में सटीक अभिव्यक्ति के लिए उचित भाषा के चुनाव पर बल देता है।

व्याख्या

कवि कहता है कि बात अब भी उचित भाषा के अभाव में और सरलता के अभाव में उलझी ही रही।

वास्तव में, चमत्कार या विशेष प्रभाव पैदा करने के चक्कर में जब हमारी अभिव्यक्ति अस्पष्ट हो जाती है, तब ऐसा होता है। भाषा की दुरूहता से चमत्कार उत्पन्न होना एक भ्रम है, बल्कि इसके कारण बात प्रभावहीन ज्यादा हो जाती है।

सहज शब्दावली के द्वारा भावों की अभिव्यक्ति अधिक सुगमता से होती है और सहजता में दृढ़ता एवं स्थायित्व भी अधिक होता है। कवि कहता है कि अपनी उलझी हुई बात रूपी पेंच को उसने हार कर कील की तरह जहाँ थी, वहीं ठोंक दिया, स्थायी कर दिया, लेकिन उसमें कसाव अर्थात् दृढ़ता नहीं रही। तभी बात ने, जो कवि के साथ शरारती बच्चे की भाँति खेल रही थी, परेशान हो चुके कवि को पसीना पोंछते देखकर भाषा की सहूलियत अर्थात् भाषा का उचित और सरल प्रयोग करने के संबंध में चेताया।

वास्तव में, यहाँ कविता के लिए सहज, सरल एवं संप्रेषणीय भाषा के चुनाव का आग्रह कवि द्वारा किया गया है। भाषा को सहूलियत से बरतने का अर्थ है–भाव के अनुसार भाषा को चुनना और उसका प्रयोग करना, क्योंकि भाषा केवल एक माध्यम है। वास्तविक उद्देश्य है–भावों की स्पष्ट अभिव्यक्ति, जो कविता की सार्थकता का अनिवार्य आधार है।

काव्य–सौंदर्य

(i) भाषा सहज है, लेकिन सहज होते हुए भी बिंब प्रधान है। कवि ने 'पेंच' के 'बेतरह कसने' और 'बात की चूड़ी मर जाने' के बिंबात्मक प्रयोग द्वारा कविता के लिए जटिल और न समझ में आने वाली भाषा के चुनने के परिणाम को अत्यंत प्रभावशाली एवं सार्थक ढंग से प्रस्तुत किया है।

(ii) 'जोर-ज़बरदस्ती' जैसे प्रचलित उर्दू शब्दों का प्रयोग प्रभावशाली ढंग से हुआ है। भाषा में तत्सम तथा उर्दू शब्दों के मेल से विशेष प्रभाव आ गया है।

(iii) कवि ने काव्यांश में बात का 'मानवीकरण' किया है। बात का 'शरारती बच्चे की तरह खेलना' एक रोचक दृश्य बिंब है।

(iv) 'पसीना पोंछना' परेशानी के अर्थ को सूचित करने वाला मुहावरेदार प्रयोग है।

(v) 'कील की तरह ठोंकना' में उपमा अलंकार है। बात के लिए कील की उपमा तथा जबरदस्ती के लिए 'ठोंकना' अत्यंत सार्थक प्रयोग है।

PYQs पूर्व परीक्षाओं के प्रश्न व अन्य महत्त्वपूर्ण प्रश्न

काव्यांश पर आधारित बहुविकल्पीय प्रश्न

कविता के बहाने

1. कविता एक उड़ान है चिड़िया के बहाने
कविता की उड़ान भला चिड़िया क्या जाने
बाहर-बाहर
इस घर, उस घर
कविता के पंख लगा उड़ने के माने
चिड़िया क्या जाने?

CBSE SQP Term I 2021-22

(क) प्रस्तुत पद्यांश में कवि ने किसके अस्तित्व से जुड़े महत्त्वपूर्ण सवाल उठाए हैं?
(i) कविता के (ii) चिड़िया के
(iii) उड़ान के (iv) यात्रा के

(ख) प्रस्तुत काव्यांश में कवि किसकी यात्रा के बारे में बता रहा है?
(i) स्वयं की (ii) कविता की
(iii) सैनिकों की (iv) भाषा की

(ग) कवि ने कविता को किसकी उड़ान माना है?
(i) कल्पना की (ii) शब्द की
(iii) सीमाओं की (iv) प्रश्नों की

(घ) "कविता की उड़ान भला चिड़िया क्या जाने" पंक्ति का आशय क्या है?
(i) कविता की उड़ान चिड़िया की उड़ान से कम होती है
(ii) कविता की उड़ान असीमित है, इसे चिड़िया नहीं समझ पाती है
(iii) कविता और चिड़िया दोनों की उड़ान अनन्त है
(iv) कविता की उड़ान से चिड़िया भली-भाँति परिचित है

(ङ) कविता की उड़ान चिड़िया क्यों नहीं जान सकती?
(i) सीमित संभावनाओं के कारण
(ii) सीमित शक्ति के कारण
(iii) कल्पना शक्ति के अभाव के कारण
(iv) अपनी सीमित सीमाओं के कारण

उत्तर (क) (i) कविता के
(ख) (ii) कविता की
(ग) (i) कल्पना की
(घ) (ii) कविता की उड़ान असीमित है, इसे चिड़िया नहीं समझ पाती है
(ङ) (iv) अपनी सीमित सीमाओं के कारण

2. कविता एक खिलना है फूलों के बहाने
कविता का खिलना भला फूल क्या जाने!
बाहर भीतर
इस घर, उस घर
बिना मुरझाए महकने के माने
फूल क्या जाने?

(क) कविता के मर्म की तुलना कवि ने किससे की है?
(i) घर से (ii) फूल से
(iii) पक्षी से (iv) आवेश से

(ख) कवि ने फूल और कविता के खिलने में क्या अंतर बताया है?
(i) फूल क्षणिक होता है जबकि कविता अमर होती है
(ii) फूल में सुगंध होती है जबकि कविता में नहीं होती है
(iii) फूल में सौंदर्य होता है जबकि कविता में क्षणिक सौंदर्य होता है
(iv) फूल और कविता दोनों में कोई समानता नहीं है

(ग) कविता के खिलने का मर्म कौन नहीं जान सकता?
(i) कवि (ii) कलाकार
(iii) सामान्य मनुष्य (iv) फूल

(घ) कवि के अनुसार फूल कविता की समता क्यों नहीं कर सकते हैं?
(i) क्योंकि कविता अनंत जीवन एवं आनंद से युक्त होती है
(ii) क्योंकि कविता से फूल अधिक समर्थवान है
(iii) क्योंकि फूल का सानी कोई नहीं है
(iii) क्योंकि फूल प्रकृति का अनुपम उपहार है

(ङ) कविता को फूल के बहाने से किससे जोड़ा गया है?
(i) खिलने की प्रक्रिया से
(ii) मुरझाने की प्रक्रिया से
(iii) जड़ हो जाने की प्रक्रिया से
(iv) संवेदनशील हो जाने की प्रकिया से

उत्तर (क) (ii) फूल से
(ख) (i) फूल क्षणिक होता है, जबकि कविता अमर होती है
(ग) (iv) फूल
(घ) (i) क्योंकि कविता अनंत जीवन एवं आनंद से युक्त होती है
(ङ) (i) खिलने की प्रक्रिया से

बात सीधी थी पर

3. बात सीधी थी पर एक बार
भाषा के चक्कर में
ज़रा टेढ़ी फँस गई।
उसे पाने की कोशिश में
भाषा को उलटा पलटा
तोड़ा मरोड़ा
घुमाया फिराया
कि बात या तो बने
या फिर भाषा से बाहर आए
लेकिन इससे भाषा के साथ-साथ
बात और भी पेचीदा होती चली गई।
सारी मुश्किल को धैर्य से समझे बिना
मैं पेंच को खोलने के बजाए
उसे बेतरह कसता चला जा रहा था
क्योंकि इस करतब पर मुझे
साफ सुनाई दे रही थी
तमाशबीनों की शाबाशी और वाह वाह। **CBSE SQP 2018-19**

(क) 'बात सीधी थी' पर वह किसके चक्कर में फँस गई?
(i) भाषा (ii) अर्थ
(iii) कविता (iv) सौंदर्य

(ख) जब हम घुमावदार भाषा का सहारा लेते हैं तो
(i) बात सरल हो जाती है
(ii) बात अधिक उलझ जाती है
(iii) बात प्रभावपूर्ण हो जाती है
(iv) उपरोक्त में से कोई नहीं

(ग) 'भाषा के चक्कर में जरा टेढ़ी फँस गई' का आशय है
(i) सरल भाषा भी कठिन हो गई
(ii) भावों के अनुरूप भाषा का प्रयोग
(iii) भाषा का सीधे-सीधे कहना सरल होगा
(iv) उपरोक्त सभी

(घ) बात और भाषा के बीच में कैसा संबंध है?
(i) ऊपर-नीचे (ii) उल्टा
(iii) सीधा (iv) ये सभी

(ङ) 'बात की चूड़ी मर गई' पंक्ति का भाव है
1. वास्तविक अभिव्यक्ति की धार कम हो गई
2. निरर्थक और उद्देश्यहीन हो गई
3. उसकी जीवंतता एवं सार्थकता नष्ट हो गई

कूट
(i) केवल 1 (ii) केवल 3
(iii) केवल 2 (iv) 1, 2 और 3

उत्तर (क) (i) भाषा
(ख) (ii) बात अधिक उलझ जाती है
(ग) (i) सरल भाषा भी कठिन हो गई
(घ) (iii) सीधा
(ङ) (iv) 1, 2 और 3

विषय-वस्तु पर आधारित लघु उत्तरीय प्रश्न

1. **कविता और फूलों के बीच की समानता और अंतर को 'कविता के बहाने' कविता के संदर्भ में लिखिए।** **CBSE 2023**

उत्तर 'कविता के बहाने' कविता में कविता और फूलों के बीच समानता बताते हुए कविता के खिलने की तुलना फूलों से की गई है। कविता फूलों के समान खिलती और पुष्पित होती है। फूलों के समान ही कविता में नए-नए रंग अर्थात् भाव भरे जाते हैं। इसके साथ-साथ कविता और फूलों के बीच अंतर भी है।
फूल खिलकर एक सीमित क्षेत्र में ही अपनी सुगंध व सुंदरता को बिखेरकर मुरझा जाता है, परंतु कविता कभी नहीं मुरझाती। कविता अनंत काल तक अपनी सुगंध बिखेरती रहती है अर्थात् कविता को पढ़कर पाठक इसके भावों का रसास्वादन अनंत काल तक करते हैं।

2. 'बात सीधी थी पर' कविता के आधार पर भाषा और पेंच की समानता लिखिए। **CBSE 2023**

उत्तर 'बात सीधी थी पर' कविता में बताया गया है कि हर बात की सटीक अभिव्यक्ति के लिए कुछ अर्थपूर्ण शब्द होते हैं। जिस प्रकार पेंच के लिए एक निश्चित खाँचा होता है, उसी प्रकार हर बात को बताने वाले शब्द भी सुनिश्चित होते हैं। यदि हम उनमें नयापन या दिखावा करने के लिए अनावश्यक शब्द डालने का प्रयास करेंगे, तो वे उसी प्रकार हो जाएँगे, जैसे पेंच की चूड़ी टूटने पर पेंच खाँचे के अंदर बिना कसाव लाए घूमता रहता है अर्थात् कवि नए शब्दों की व्यवस्था करता रह जाएगा और कविता का मूल भाव स्पष्ट नहीं हो पाएगा।

3. 'बात सीधी थी पर' कविता के आधार पर लिखिए कि कवि की भाषा के चक्कर में कभी-कभी सीधी बात भी टेढ़ी कैसे हो जाती है? **CBSE 2023**

उत्तर बात का अर्थ है— भाव। भाषा उसे प्रकट करने का माध्यम है। दोनों के बीच अन्योन्याश्रित संबंध है, किंतु कभी-कभी भाषा के चक्कर में सीधी बात भी टेढ़ी हो जाती है।

इसका कारण यह है कि जो बात सीधी, सरल शब्दावली में कही जा सकती है, उसे अधिक प्रभावपूर्ण बनाने हेतु पेचीदे शब्दजाल में व्यक्त करने का प्रयास किया जाता है और परिणामस्वरूप इससे सीधी बात भी टेढ़ी हो जाती है।

4. बात और भाषा परस्पर जुड़े हुए होते हैं, किंतु कभी-कभी भाषा के चक्कर में सीधी बात भी टेढ़ी हो जाती है, कैसे? **CBSE SQP 2022-23**

उत्तर बात और भाषा परस्पर जुड़े हुए होते हैं, किंतु कभी-कभी भाषा के चक्कर में सीधी बात इसलिए भी टेढ़ी हो जाती है, क्योंकि व्यक्ति अपनी बात को कलात्मक ढंग से, अलंकृत शब्दावली के द्वारा तथा सजा-सँवारकर कहना चाहता है। तब वह भाषा के मोह में पड़ जाता है और ऐसे शब्द प्रयुक्त करने लगता है, जो कृत्रिम हों, भावानुकूल न हों तथा क्लिष्ट भी हों। इस तरह के चक्कर में पड़कर सीधी-सरल बात भी टेढ़ी हो जाती है, जिससे उसकी सरल-सहज अभिव्यक्ति तथा संप्रेष्यता बाधित होती है। ऐसी भाषा कठिन शब्द-चमत्कार बनकर रह जाती है। रचनाकर्म में इसे दोष ही मानते हैं।

5. 'कविता के बहाने' कविता के प्रतिपाद्य के बारे में अपनी प्रतिक्रिया प्रस्तुत कीजिए। **CBSE SQP 2020-21**

उत्तर 'कविता के बहाने' कविता कुँवर नारायण के 'इन दिनों' काव्य-संग्रह से ली गई है। कवि आज के समय में कविता के वजूद को लेकर आशंकित है। उसे संदेह है कि यांत्रिकता के दबाव में कविता का अस्तित्व क्षीण न हो जाए। ऐसे में यह कविता, कविता की अपार संभावनाओं को टटोलने का एक अवसर देती है। कविता के बहाने यह एक यात्रा है, जो चिड़िया, फूल से लेकर बच्चे तक जाती है।

एक ओर प्रकृति है, तो दूसरी ओर भविष्य की ओर कदम बढ़ाता बच्चा। चिड़िया की उड़ान की सीमा है, लेकिन बच्चों के सपने असीम हैं। कविता भी शब्दों का खेल है और शब्दों के इस खेल में जड़, चेतन, अतीत, वर्तमान और भविष्य सभी उपकरण मात्र हैं। इसलिए जहाँ कहीं रचनात्मक ऊर्जा होती है वहाँ सीमाओं के बंधन कमजोर पड़कर टूट जाते हैं। वह चाहे घर, भाषा या समय की ही सीमा क्यों न हो।

6. 'बात सीधी थी' कविता के आधार पर 'भाषा को सहूलियत' से बरतने के अभिप्राय को स्पष्ट कीजिए। **CBSE SQP 2019-20, 2017-18**

अथवा **'भाषा को सहूलियत' से बरतने से क्या अभिप्राय है? 'बात सीधी थी पर' कविता के आधार पर उत्तर दीजिए।** **All India 2013, 12**

अथवा **'बात सीधी थी पर' के आधार पर भाषा को सहूलियत से बरतने का आशय एक उदाहरण देकर स्पष्ट कीजिए।** **All India 2014; Delhi 2012**

उत्तर भाषा को सहूलियत से बरतने से तात्पर्य भाषा का सहज प्रयोग करने तथा काव्य को प्रभावशाली अभिव्यक्ति देने से है। अपनी भावनाओं एवं विचारों को सटीक ढंग से अभिव्यक्त करने के लिए उपयुक्त शब्दों या भाषा की आवश्यकता होती है। आडंबरपूर्ण एवं अनावश्यक रूप से विस्तारित भाषा से परहेज रखना ही भाषा को सहूलियत से बरतना है।

7. कविता की उड़ान और चिड़िया की उड़ान में क्या अंतर है? **CBSE SQP 2018-19**

उत्तर कवि का मानना है कि कविता की उड़ान सीमाहीन एवं अनंत होती है, क्योंकि कविता में कवि का मन भावों एवं असीम कल्पनाओं के पंख लगाकर उड़ता है, जबकि चिड़िया के पंखों का एक निश्चित एवं सीमित सामर्थ्य होता है। इसके अतिरिक्त, चिड़िया सभी स्थानों तक उड़कर नहीं पहुँच सकती, जबकि कविता की उड़ान में यह संभव है। इस प्रकार सीमा एवं सामर्थ्य संबंधी अंतर चिड़िया और कविता की उड़ान का मुख्य अंतर है।

8. बात की चूड़ी मरने और उसे सहूलियत से बरतने से कवि का क्या अभिप्राय है? 'बात सीधी थी पर' कविता के आधार पर लिखिए। **All India 2017**

उत्तर बात की चूड़ी मरने और उसे सहूलियत से बरतने से कवि का अभिप्राय यह है कि कथ्य के भाव या अभिव्यक्ति के अनुरूप ही माध्यम का चुनाव करना चाहिए। भाषा हमारे भावों को अभिव्यक्त करने का साधन या जरिया मात्र है।

मूल बात कथ्य की स्पष्ट अभिव्यक्ति है, जो सहज भाषा के चुनाव और प्रयोग से अधिक बेहतर ढंग से होती है। कठिन और बोझिल भाषा का प्रयोग करने से हमारे अभीष्ट भाव अधिक स्पष्टता के साथ हमारी समझ में नहीं आते।

9. कवि ने कथ्य को महत्त्व दिया है अथवा भाषा को 'बात सीधी थी पर' के आधार पर तर्क-सम्मत उत्तर दीजिए। **Delhi 2015**

अथवा **'बात सीधी थी पर' कविता का संदेश स्पष्ट कीजिए।** **Delhi 2015**

उत्तर इस कविता में बताया गया है कि हर बात की सटीक अभिव्यक्ति के लिए कुछ अर्थपूर्ण शब्द होते हैं। जिस प्रकार पेंच के लिए एक निश्चित खाँचा होता है, उसी प्रकार हर बात को बताने वाले शब्द भी सुनिश्चित होते हैं। यदि हम उनमें नयापन का दिखावा करने के लिए अनावश्यक शब्द डालने का प्रयास करेंगे, तो वे उसी प्रकार हो जाएँगे जैसे पेंच की चूड़ी टूटने पर पेंच खाँचे के अंदर ही बिना कसाव लाए घूमता रहता है अर्थात् कवि नए शब्दों की व्याख्या करता रह जाएगा और जिस मूल संवेदना को वह व्यक्त करना चाहता है, उस बात का मूलभाव मर जाएगा। इसलिए कवि स्वाभाविक एवं सहज भाषा के प्रयोग पर बल देता है।

10. "कविता के बहाने सब घर एक कर देने के माने क्या होते हैं?" स्पष्ट कीजिए। **All India 2015**

अथवा कविता को बच्चों के समान क्यों कहा गया है? तर्क सम्मत उत्तर दीजिए।

उत्तर सब घर एक कर देने का अर्थ है— आपसी भेद, अंतर एवं अलगाव बोध को समाप्त करके सब में एक जैसे अपनत्व की भावना का प्रसार करना। बच्चे सभी घरों को अपने घर जैसा ही मानते हुए सब पर समान अधिकार जताते हैं। एक बच्चे की तरह कविता भी आपसी भेदभाव भूलकर सबके बीच समानता की भावना को प्रचारित करती है। कविता के बहाने कवि कविता एवं बालक में समानता व्यक्त करते हुए कहता है कि कविता एक खेल है और बच्चों के खेल में किसी प्रकार की कोई सीमा नहीं होती। जिस प्रकार बच्चा अपने-पराए का भेद किए बिना सब जगह अपने स्वाभाविक रूप में रहते हुए समानता की भावना को प्रसारित करता है, ठीक उसी तरह कविता भी सबके लिए समानता की भावना को प्रचारित करती है। वह समान अर्थ एवं भाव रखते हुए सभी को एक ही सीख देती है।

11. कवि ने कविता की उड़ान और खिलने को चिड़िया और फूलों से किस तरह भिन्न बताया है? **All India 2014**

उत्तर कवि का मानना है कि कविता की उड़ान सीमाहीन एवं अनंत होती है, क्योंकि कविता में कवि का मन भावों एवं असीम कल्पनाओं के पंख लगाकर उड़ता है, जबकि चिड़िया के पंखों का एक निश्चित एवं सीमित सामर्थ्य होता है।

इसके अतिरिक्त, चिड़िया सभी स्थानों तक उड़कर नहीं पहुँच सकती, जबकि कविता की उड़ान में यह संभव है। इस प्रकार सीमा एवं सामर्थ्य संबंधी अंतर चिड़िया और कविता की उड़ान का मुख्य अंतर है।

कवि कहता है कि कविता एवं फूल दोनों खिलते हैं, लेकिन फूल एक बार खिलकर मुरझा जाते हैं, नष्ट हो जाते हैं, जबकि दूसरी ओर कविता एक बार खिलने अर्थात् शब्दों के रूप में अभिव्यक्ति प्राप्त कर लेने के बाद निरंतर नया अर्थग्रहण करके विकसित होती रहती है। वह कभी नष्ट नहीं होती, अपितु समय बीतने के साथ-साथ वह अधिक व्यापक अर्थग्रहण करके अमिट हो जाती है।

04

कैमरे में बंद अपाहिज

रघुवीर सहाय

काव्यांश पर आधारित पूर्व परीक्षाओं के प्रश्न

निम्नलिखित काव्यांशों को ध्यानपूर्वक पढ़कर पूछे गए प्रश्नों के उत्तर दीजिए।

1. हम दूरदर्शन पर बोलेंगे
हम समर्थ शक्तिवान
हम एक दुर्बल को लाएँगे
एक बंद कमरे में
उससे पूछेंगे तो आप क्या अपाहिज हैं?
तो आप क्यों अपाहिज हैं?
आपका अपाहिजपन तो दु:ख देता होगा
देता है? (कैमरा दिखाओ इसे बड़ा-बड़ा)
हाँ तो बताइए आपका दु:ख क्या है
जल्दी बताइए वह दु:ख बताइए
बता नहीं पाएगा

शब्दार्थ

समर्थ–सक्षम; **शक्तिवान**–ताकतवर; **दुर्बल**–कमज़ोर; **अपाहिज**–अपंग, विकलांग

संदर्भ

प्रस्तुत काव्यांश हमारी पाठ्यपुस्तक 'आरोह भाग-2' में शामिल 'कैमरे में बंद अपाहिज' शीर्षक कविता से लिया गया है। इसके रचयिता समकालीन कविता के सर्वाधिक महत्त्वपूर्ण कवि रघुवीर सहाय हैं, जिनके काव्य-संग्रह 'लोग भूल गए हैं' में यह कविता मूल रूप से संकलित है।

प्रसंग

रघुवीर सहाय कवि होने के साथ-साथ एक प्रतिष्ठित पत्रकार भी थे। इस कविता के अंतर्गत उन्होंने पत्रकारिता की दुनिया में होने वाले व्यवसायीकरण और उसके फलस्वरूप उत्पन्न नैतिकता के ह्रास को कविता का कथ्य बनाकर दूरदर्शन पर प्रसारित एक साक्षात्कार के माध्यम से चित्रित किया है।

व्याख्या

दूरदर्शन पर एक शारीरिक विकलांगता के शिकार अपाहिज व्यक्ति का साक्षात्कार लेते हुए पत्रकारों के क्रियाकलाप की संवेदनहीनता को दर्शाते हुए कवि कहता है कि एक पत्रकार के तौर पर हम दूरदर्शन पर बोलते हुए एक कमज़ोर व्यक्ति को एक बंद कमरे में ले आते हैं। हम उस व्यक्ति से ज्यादा सामर्थ्यवान और शक्तिशाली हैं, जबकि वह व्यक्ति अपाहिज है। उसके अपाहिजपन का मज़ाक उड़ाते हुए हम उससे पूछते हैं कि अगर आप अपाहिज हैं, तो क्यों अपाहिज हैं? आप अपना दु:ख बताइए। आपका अपाहिजपन तो आपको दु:खी करता होगा। यह देखकर कि अपाहिज व्यक्ति कुछ कहने या रोने की स्थिति में है, कार्यक्रम को प्रस्तुत कर रहा व्यक्ति टेक्नीशियन को निर्देशित कर, उसे कैमरे पर इसे बड़ा-बड़ा करके प्रस्तुत करने को कहता है।

एक अपाहिज व्यक्ति से उसकी विकलांगता पर प्रश्न करके उसके दु:खों को कुरेदने के पीछे मूल उद्देश्य वास्तव में उस अपाहिज के प्रति सहानुभूति या हमदर्दी को व्यक्त करना नहीं, बल्कि उसके दु:ख का सार्वजनिक प्रदर्शन करके लोगों की करुणा एवं दया की भावनाओं को जागृत कर उसका व्यावसायिक लाभ उठाना है। फिर उसी तरह के संवेदनहीन प्रश्नों की श्रृंखला प्रारंभ हो जाती है; *जैसे*—आपको क्या दु:ख है? आपका दु:ख कैसा है? जल्दी बताइए। कवि यहाँ व्यंग्यात्मक ढंग से यह इशारा कर देता है कि वह नहीं बता पाएगा। वास्तव में जो दु:खी होता है, वह जल्दी अपने दु:ख को सही ढंग से व्यक्त नहीं कर पाता।

काव्य-सौंदर्य

(i) काव्यांश में दूरदर्शन वालों के माध्यम से कवि ने मीडियाकर्मियों की संवेदनहीन, अमानवीय कार्यशैली का चित्रण किया है।
(ii) कविता की भाषा सहज संप्रेषणीय है और कवि अपनी बात को स्पष्ट करने में सफल हुआ है। मितकथन का गुण भी भाषा में विद्यमान है।
(iii) भाषा में 'ही', 'भी' आदि अव्ययों के प्रयोग द्वारा कवि ने अपने वर्णन को एक नई भंगिमा प्रदान की है; *जैसे*—'इंतजार करते हैं आप भी उसके रो पड़ने का' और 'बस थोड़ी ही कसर रह गई' आदि।
(iv) शैली व्यंग्य प्रधान है। कवि ने काव्य में लक्षणा शक्ति का उपयोग किया है। कोष्ठकों में कवि ने जो कथन लिखे हैं, वे पूरे विवरण क्रम को एक नाटकीय पुट देते हैं।

2. सोचिए
बताइए
आपको अपाहिज होकर कैसा लगता है
कैसा
यानी कैसा लगता है
(हम खुद इशारे से बताएँगे कि क्या ऐसा?)
सोचिए
बताइए
थोड़ी कोशिश करिए
(यह अवसर खो देंगे?)
आप जानते हैं कि कार्यक्रम रोचक बनाने के वास्ते
हम पूछ-पूछकर उसको रुला देंगे
इंतज़ार करते हैं आप भी उसके रो पड़ने का
करते हैं?

शब्दार्थ

रोचक–दिलचस्प; **वास्ते**–के लिए; **इंतजार**–प्रतीक्षा

संदर्भ

पद्यांश 1 के समान।

प्रसंग

कवि दूरदर्शन कार्यक्रम के प्रस्तुतकर्ता की भाव-भंगिमा युक्त प्रस्तुति का चित्रण करते हुए कहता है कि वह उस अपाहिज व्यक्ति से बार-बार जोर देकर अमानवीय ढंग से केवल अपने कार्यक्रम की प्रसिद्धि और व्यावसायिक सफलता को प्रमुखता देते हुए प्रश्न पूछता है।

व्याख्या

कवि कहता है कि सोचिए, सोचकर बताइए कि अपाहिज होकर आपको कैसा अनुभव होता है? वास्तव में, यहाँ कवि ने कार्यक्रम प्रस्तुतकर्ता के घृणित उद्देश्य को स्पष्ट करने की कोशिश की है, जो किसी दु:खी और लाचार तथा शारीरिक रूप से अक्षम व्यक्ति से इस प्रश्न को पूछने में निहित है।

वह इस दु:ख को भोगकर कैसा महसूस करता है? जैसा प्रश्न अमानवीयता की हद पार करने जैसा है। वस्तुत: जो दु:खी है, वह तो स्वयं ही इतना आहत होता है कि उसका कुछ न बोल पाना स्वाभाविक है। लेकिन इतना ही नहीं, व्यावसायिक सफलता के लिए आतुर कार्यक्रम-प्रस्तुतकर्ता संवेदन- शीलता को ताक पर रखकर स्वयं अपंगता को दिखाने वाले इशारे करके अपाहिज व्यक्ति को किसी भी तरह यह कहने के लिए मज़बूर करता है कि वह दु:खी है, क्योंकि उसका अंतिम और एकमात्र उद्देश्य अपाहिज व्यक्ति के माध्यम से लोगों के अंदर करुणा एवं दया की भावना को कुरेदकर उसका व्यावसायिक लाभ उठाना और कार्यक्रम को सफल बनाना है। कार्यक्रम को प्रस्तुत करने वाला उसके अपाहिजपन को नाटकीय और हास्यास्पद बना देता है। इसके बाद वह दर्शकों को खुद अपने इशारों द्वारा यह बताना चाहता है कि दु:ख या अक्षमता से ग्रस्त होने पर व्यक्ति की स्थिति कैसी हो सकती है?

वह अपाहिज व्यक्ति से बार-बार प्रश्न करके, उसको अपाहिजपन का अहसास कराकर उसे बोलने और रोने पर मज़बूर करते हुए कहता है कि अपंगता को दर्शाने और बताने का यह बेहतर मौका है, जो नहीं रोने पर अपाहिज व्यक्ति के हाथ से निकल जाएगा। वस्तुत: यहाँ प्रश्नकर्ता का केवल एक उद्देश्य है, किसी भी प्रकार से कार्यक्रम को दर्शकों की नज़र में सफल एवं प्रभावशाली बनाना। कवि यहाँ स्पष्ट करना चाहता है कि टी.वी. कैमरे के सामने बैठा अपाहिज व्यक्ति अपनी शारीरिक अक्षमता या दुर्बलता से संभवत: परेशान नहीं हो, उसके मन में कमजोरी का अहसास नहीं हो, तो भी कार्यक्रम पेश करने वाले जबरन उसे इसकी याद दिलाएँगे, क्योंकि जब वह रोएगा, दु:खी होगा, तभी इसे प्रस्तुतीकरण और कार्यक्रम दोनों की सफलता माना जाएगा। वास्तव में, सामाजिक उद्देश्य से युक्त कार्यक्रम तभी सफल माना जा सकता है, जब वह अपनी प्रस्तुति से लोगों की करुणा एवं सहानुभूति की भावना को जागृत कर दे। यह एक त्रासदीपूर्ण विडंबना है।

काव्य-सौंदर्य

(i) कविता की भाषा सहज एवं स्पष्ट है। जनसामान्य में प्रचलित खड़ी बोली के शब्दों को लेकर बातचीत की शैली में कवि ने एक अत्यंत संवेदनशील मुद्दे को पाठक वर्ग के सामने प्रस्तुत किया है।

(ii) भाषा की मारक क्षमता अत्यधिक है। ऊपर से सीधी-सादी एवं सामान्य-सी दिखने वाली भाषा अत्यंत गहरे व्यंग्य से युक्त है, जो समाज के एक प्रमुख स्तंभ, मीडियाकर्मियों के वास्तविक चेहरे को बेनकाब करने में सक्षम है।

(iii) बदली हुई जीवन स्थितियों में सामाजिक यथार्थ के विभिन्न पक्षों पर सजग टिप्पणी करना 'नई कविता' की प्रमुख प्रवृत्तियों में से एक है। यह बात यहाँ स्पष्ट दिखाई दे जाती है।

3. फिर हम परदे पर दिखलाएँगे
फूली हुई आँख की एक बड़ी तस्वीर
बहुत बड़ी तस्वीर
और उसके होंठों पर एक कसमसाहट भी
(आशा है आप उसे उसकी अपंगता की पीड़ा मानेंगे)
एक और कोशिश
दर्शक
धीरज रखिए
देखिए
हमें दोनों एक संग रुलाने हैं
आप और वह दोनों
(कैमरा
बस करो
नहीं हुआ
रहने दो
परदे पर वक्त की कीमत है)
अब मुसकुराएँगे हम
आप देख रहे थे सामाजिक उद्देश्य से युक्त कार्यक्रम
(बस थोड़ी ही कसर रह गई)
धन्यवाद।

शब्दार्थ

कसमसाहट–बेचैनी, पीड़ा; **अपंगता**–अपाहिजपन, विकलांगता; **धीरज**–धैर्य; **परदे पर**–टी.वी. पर; **युक्त**–जुड़ा हुआ; **कसर**–कमी

संदर्भ

पद्यांश 1 के समान।

प्रसंग

यहाँ कवि दूरदर्शन पर अपंग व्यक्ति के बड़े-बड़े चित्र और प्रतिमाएँ दिखाते हुए मीडियाकर्मियों की असंवेदनशीलता को दर्शाता है।

व्याख्या

कवि आगे कहता है कि कार्यक्रम का प्रस्तुतकर्ता परदे पर फूली हुई आँख की बड़ी तस्वीर दिखाने और अपाहिज व्यक्ति के होठों की कसमसाहट अर्थात् पीड़ा को कह पाने और न कह पाने के बीच उसके चेहरे पर उभरा असमंजस, दु:ख, बेचैनी को दर्शकों को दिखाते हुए दर्शकों से उसे ही अपाहिज व्यक्ति के अपाहिजपन से उत्पन्न वास्तविक पीड़ा मानने के लिए कहता है।

उसकी दृष्टि में कार्यक्रम तभी सफल माना जाएगा, जब अपाहिज व्यक्ति और दर्शक दोनों की ही मनोदशा या मन:स्थिति एक जैसी हो जाएगी। अपाहिज व्यक्ति अपनी शारीरिक अक्षमता के गहरे दु:ख के कारण प्रस्तुतकर्ता के निर्देश पर रो नहीं पाता, तो वह उसे परदे पर वक्त की कीमत का अहसास कराता है, जैसे पीड़ा को निर्धारित सीमित समय में व्यक्त कर देना उसके लिए अत्यंत ज़रूरी है।

कवि के अनुसार, टेलीविज़न पर वक्त की कीमत के बारे में बताकर और अपाहिज की पीड़ा को कुरेदकर उसे रुला देने के पीछे कार्यक्रम के निर्माताओं का केवल एक ही उद्देश्य है—कार्यक्रम की व्यावसायिक सफलता और लोकप्रियता। पीड़ित व्यक्ति की मानसिक अवस्था और संवेदना से उनका कोई सरोकार नहीं है। इस तरह सारे सामाजिक नारे और कार्यक्रम व्यावसायिक प्रचार-प्रसार में तब्दील कर दिए जाते हैं। एक संवेदनशील समाज के लिए यह अत्यंत खतरनाक और भयावह स्थिति है, क्योंकि इससे अमानवीय एवं त्रासदी स्थितियाँ पैदा होती हैं, जो सभ्य समाज एवं संवेदनशील मनुष्य, दोनों के लिए समान रूप से कष्टदायी हैं।

काव्य-सौंदर्य

(i) काव्यांश की भाषा सहज व बोधगम्य है। सामान्य रूप से प्रचलित शब्दों के जरिए कवि ने एक गूढ़ सामाजिक सत्य अर्थात् परदे के पीछे छिपी सच्चाई को प्रस्तुत किया है।

(ii) कवि के विवरण का ढंग अत्यंत रोचक एवं नाटकीय है। व्यंग्य-कथन के उपयोग द्वारा कवि ने कविता में एक नया अर्थ-सौंदर्य एवं प्रभाव उत्पन्न कर दिया है।

(iii) दूरदर्शन प्रस्तुतकर्ता को व्यावसायिकता से प्रेरित अमानवीय कार्यशैली वाले लोगों के रूप में प्रदर्शित करते हुए कवि ने यह संदेश संप्रेषित किया है कि सामाजिक उद्देश्य से प्रेरित कार्यक्रमों के कर्ता-धर्ता वर्ग की वर्तमान मानसिकता क्या है? सामाजिकता का संबंध अनिवार्य रूप से संवेदनशीलता से नहीं है। सामाजिक उद्देश्य की पूर्ति के पीछे भी व्यावसायिक दृष्टिकोण ही काम करता है, मानवीय एवं संवेदनशील दृष्टिकोण नहीं।

PYQs पूर्व परीक्षाओं के प्रश्न व अन्य महत्त्वपूर्ण प्रश्न

काव्यांश पर आधारित बहुविकल्पीय प्रश्न

1. हम दूरदर्शन पर बोलेंगे
हम समर्थ शक्तिवान
हम एक दुर्बल को लाएँगे
हम बंद कमरे में
उससे पूछेंगे तो आप क्या अपाहिज हैं?
तो आप क्यों अपाहिज हैं?
आपका अपाहिजपन तो दु:ख देता होगा
देता है?
(कैमरा दिखाओ इसे बड़ा बड़ा)
हाँ तो बताइए आपका दु:ख क्या है
जल्दी बताइए वह दु:ख बताइए
बता नहीं पाएगा

CBSE SQP Term I 2021-22

(क) 'हम दूरदर्शन पर बोलेंगे हम समर्थ शक्तिवान' पंक्ति के माध्यम से क्या अभिव्यक्त किया गया है?
(i) मीडियाकर्मियों के अहंकार भाव को
(ii) मीडियाकर्मियों की संवेदनशून्यता को
(iii) मीडियाकर्मियों की संवेदनशीलता को
(iv) मीडियाकर्मियों के बढ़ते प्रभाव को

(ख) प्रस्तुत पद्यांश का उद्देश्य है
(i) मीडियाकर्मियों की संवेदनशून्यता को दर्शाना
(ii) मीडियाकर्मियों की संवेदनशीलता को दर्शाना
(iii) मीडिया के सामाजिक उत्तरदायित्व को दर्शाना
(iv) मीडिया की बढ़ती व्यावसायिकता को दर्शाना

(ग) मीडियाकर्मी द्वारा अपाहिज व्यक्ति से पूछे गए प्रश्नों का क्या प्रभाव पड़ता है?
(i) उसकी पीड़ा को और अधिक बढ़ा देते हैं
(ii) उसे दु:ख में सांत्वना देते हैं
(iii) उसे नि:शब्द कर देते हैं
(iv) उसे चुप करा देते हैं

(घ) 'एक दुर्बल' को टी.वी. के पर्दे पर दिखाकर मीडियाकर्मी क्या करना चाहता है?
(i) अपने व्यावसायिक उद्देश्य की पूर्ति
(ii) सामाजिक उत्तरदायित्व की पूर्ति
(iii) अपाहिज व्यक्ति की पीड़ा को जन-जन तक पहुँचाना
(iv) अपाहिज व्यक्ति की पीड़ा को सरकार तक पहुँचाना

(ङ) प्रश्नकर्ता कैमरे वाले से कैमरा बड़ा करके दिखाने के लिए क्यों कहता है?
(i) अपाहिज व्यक्ति के हाव-भाव को स्पष्ट रूप से दिखाने के लिए
(ii) अपाहिज व्यक्ति के दु:ख के साथ समाज को जोड़ना के लिए
(iii) अपाहिज व्यक्ति के दु:ख से अपने कार्यक्रम को लोकप्रिय बनाने के लिए
(iv) अपाहिज व्यक्ति के साथ सच्ची सहानुभूति प्रकट करने के लिए

उत्तर (क) (ii) मीडियाकर्मियों की संवेदनशून्यता को
(ख) (i) मीडियाकर्मियों की संवेदनशून्यता को दर्शाना
(ग) (i) उसकी पीड़ा को और अधिक बढ़ा देते हैं
(घ) (i) अपने व्यावसायिक उद्देश्य की पूर्ति
(ङ) (iii) अपाहिज व्यक्ति के दुःख से अपने कार्यक्रम को लोकप्रिय बनाने के लिए

2. सोचिए
बताइए
आपको अपाहिज होकर कैसा लगता है
कैसा
यानी कैसा लगता है
(हम खुद इशारे से बताएँगे कि क्या ऐसा?)
सोचिए
बताइए
थोड़ी कोशिश करिए
(यह अवसर खो देंगे?)
आप जानते हैं कि कार्यक्रम रोचक बनाने के वास्ते
हम पूछ-पूछकर उसको रुला देंगे
इंतजार करते हैं आप भी उसके रो पड़ने का
करते हैं? **CBSE SQP 2019-20**

(क) अपाहिज व्यक्ति को बार-बार अपना दुःख बताने के लिए मजबूर करने के पीछे दूरदर्शन वालों का क्या उद्देश्य हो सकता है?
(i) अपाहिज के प्रति संवेदनशीलता होना
(ii) अपाहिज की स्थिति में सुधार हेतु प्रयास करना
(iii) अपने कार्यक्रम को व्यावसायिक रूप से सफल बनाना
(iv) उपरोक्त सभी

(ख) किसी के दुःख का प्रदर्शन करके कार्यक्रम को रोचक बनाना क्या है?
(i) समय की माँग (ii) मानवता के विरुद्ध
(iii) अनिंदनीय कार्य (iv) दुःख की अभिव्यक्ति

(ग) 'यह अवसर खो देंगे' पंक्ति में किस अवसर के खोने की बात की जा रही है?
(i) अपंगता को दर्शाने और बताने का अवसर
(ii) बात को प्रभावशाली ढंग से प्रस्तुत करने का अवसर
(iii) कैमरे के सामने आने का अवसर
(iv) धन कमाने का अवसर

(घ) 'हम पूछ-पूछकर रुला देंगे' पंक्ति में कौन-सा भाव निहित है?
(i) क्रूरता का
(ii) सामाजिक न्याय का
(iii) मानवीय करुणा का
(iv) दुःख एवं संवेदनशीलता का

(ङ) काव्यांश में दूरदर्शन कर्मियों की किस मनोवृत्ति को दर्शाया गया है?
(i) संवेदनशीलता (ii) संवेदनहीनता
(iii) सामाजिकता (iv) पर दुख कातरता

उत्तर (क) (iii) अपने कार्यक्रम को व्यावसायिक रूप से सफल बनाना
(ख) (ii) मानवता के विरुद्ध
(ग) (i) अपंगता को दर्शाने और बताने का अवसर
(घ) (i) क्रूरता का
(ङ) (ii) संवेदनहीनता

विषय-वस्तु पर आधारित लघु उत्तरीय प्रश्न

1. किसी के दुख को बेचना कहाँ तक उचित है? कैमरे में बंद अपाहिज कविता के संदर्भ में लिखिए। CBSE 2023

उत्तर 'कैमरे मे बंद अपाहिज' कविता में एक अपाहिज व्यक्ति को कैमरे के सामने लाकर बार-बार उसके अपाहिज पन के बारे में सवाल किए जाते हैं। इसके पीछे दूरदर्शन वालों का उद्‌देश्य केवल अपने कार्यक्रम का व्यवसायीकरण करना तथा सस्ती लोकप्रियता हासिल करना है, लेकिन किसी के दुःख की प्रस्तुति करके कार्यक्रम को रोचक बनाना अत्यंत निंदनीय है। मानवता के विरुद्ध कार्य है, जो व्यक्ति दुखी है, उसके दुख का प्रदर्शन करना, उससे तरह-तरह के दुखदायी सवाल पूछना, स्वयं इशारे करके दुखी मुद्राएँ बनाना आदि। वास्तव में, दुख का उपहास करना है। यह एक ऐसा कार्य है, जिसे मानवता के विरुद्ध अपराध की संज्ञा दी जा सकती है।

2. कैमरे में अपाहिज को बंद करने के कारणों का 'कैमरे में बंद अपाहिज' कविता के आधार पर उल्लेख कीजिए। CBSE 2023

अथवा **कैमरे में बंद अपाहिज करुणा के मुखौटे में छिपी क्रूरता की कविता है, कैसे? CBSE SQP 2017-18**

अथवा **'कैमरे में बंद अपाहिज' में निहित क्रूरता को उजागर कीजिए। Delhi 2016**

अथवा **'कैमरे में बंद अपाहिज' करुणा के मुखौटे में छिपी क्रूरता की कविता है। विचार कीजिए। All India 2014,11,10; Delhi 2012**

उत्तर कैमरे में अपाहिज को बंद करने के कारणों का 'कैमरे में बंद अपाहिज' कविता मानवीय करुणा को तो प्रस्तुत करती ही है, साथ ही इस कविता में ऐसे लोगों की बनावटी करुणा का वर्णन भी मिलता है, जो दुख-दर्द बेचकर, प्रसिद्धि एवं आर्थिक लाभ प्राप्त करना चाहते हैं। एक अपाहिज व्यक्ति के साथ झूठी सहानुभूति जताकर उसकी करुणा का व्यवसायीकरण करना चाहते हैं। एक अपाहिज की करुणा को पैसे एवं प्रसिद्धि के लिए टेलीविजन पर कुरेदना वास्तव में, क्रूरता की चरम सीमा है।

किसी की हीनता, अभाव, दुख और कष्ट सदा से करुणा के कारण अथवा उद्दीपन रहे हैं, लेकिन इन कारणों को सार्वजनिक कार्यक्रम के रूप में प्रसारित करना और अपने चैनल को श्रेष्ठ साबित करने के लिए तमाशा बनाकर उसे फूहड़ ढंग से प्रदर्शित करना क्रूरता है। सांसारिक भौतिकहीनता इतनी नहीं अखरती, जितनी शारीरिकहीनता से वेदना होती है। उसके साथ इस खिलवाड़ को क्रूरता की पराकाष्ठा ही कहा जाएगा।

3. 'कैमरे में बंद अपाहिज'-कविता का केंद्रीय भाव अपने शब्दों में प्रकट कीजिए। CBSE SQP 2020-21

उत्तर कैमरे में बंद अपाहिज कविता का केंद्रीय भाव मीडिया द्वारा एक अपाहिज व्यक्ति की पीड़ा बेचने की स्थिति का वर्णन करना है। दूरदर्शन पर एक अपाहिज व्यक्ति का साक्षात्कार लेना वास्तव में, मीडियाकर्मी के व्यावसायिक उद्देश्यों को पूरा करने के लिए दिखाया जाता है। दूरदर्शन पर एक अपाहिज व्यक्ति को प्रदर्शन की वस्तु मानकर उसके मन की

पीड़ा को कुरेदा जाता है। मीडियाकर्मी या साक्षात्कारकर्ता को उसके निजी सुख-दुःख से कुछ लेना-देना नहीं होता। दूरदर्शन पर दिखाए जाने वाले इस प्रकार के कार्यक्रम केवल संवेदनशीलता का दिखावा करते हैं, परंतु वे संवेदनहीन होते हैं। वे पीड़ित व्यक्ति से अर्थहीन एवं मूर्खतापूर्ण प्रश्न पूछते हैं, क्योंकि उनका उद्‌देश्य ऐसे प्रश्न पूछना है, जिससे पीड़ित व्यक्ति की वेदना, आँसुओं के रास्ते छलक उठे और दर्शक उनके कार्यक्रम में रुचि लें। किसी भी तरह उनकी टी. आर. पी. बढ़े और उन्हें इसका व्यावसायिक लाभ प्राप्त हो सके।

4. 'कैमरे में बंद अपाहिज' सामाजिक संवेदनशून्यता का जीता-जागता उदाहरण है, कैसे? उदाहरण द्वारा स्पष्ट कीजिए। All India 2015

अथवा 'कैमरे में बंद अपाहिज' कविता के आधार पर सिद्ध कीजिए कि मीडिया का सामाजिक सरोकर मात्र एक दिखावा है?

उत्तर 'कैमरे मे बंद अपाहिज' कविता सामाजिक संवेदनशून्यता को स्पष्ट रूप से दर्शाती है। इसमें करुणा की आड़ लेकर संवेदनशीलता का दिखावा करने वाले मीडिया के कुछ लोगों को बेनकाब किया गया है। एक अपाहिज व्यक्ति के साथ झूठी सहानुभूति व्यक्त कर उसकी करुणा का व्यावसायिक दृष्टि से लाभ उठाने की प्रवृत्ति को कवि ने इस कविता में उभारा है।

मीडिया के कुछ लोग अपने कार्यक्रम को आर्थिक दृष्टि से लाभप्रद बनाने के लिए एक अपंग व्यक्ति की अपंगता का भद्दा प्रदर्शन करते हैं, उसकी बेबसी को मनोरंजन का विषय बनाते हैं, उससे 'अपाहिज होकर कैसा लगता है' जैसा भद्दा सवाल पूछते हैं।

कार्यक्रम का प्रस्तुतकर्ता परदे पर फूली हुई आँख की बड़ी तस्वीर दिखाने और अपाहिज व्यक्ति के होंठों की कसमसाहट, असमंजस, दुःख और बेचैनी को अत्यंत व्यावसायिक ढंग से प्रस्तुत करता है। अतः कह सकते हैं कि 'कैमरे में बंद अपाहिज' सामाजिक संवेदनशून्यता का जीता-जागता उदाहरण है।

5. 'कैमरे में बंद अपाहिज' कविता कुछ लोगों की संवेदनहीनता प्रकट करती है, कैसे? CBSE 2020 C Delhi 2014

अथवा 'कैमरे में बंद अपाहिज' कविता को क्या संवेदनहीन कहा जा सकता है? तर्क के आधार पर अपने मत की पुष्टि कीजिए। All India 2013

उत्तर 'कैमरे में बंद अपाहिज' कविता वास्तव में मीडिया द्वारा लोगों की पीड़ा बेचने की स्थिति को दर्शाती है। तथाकथित संवेदनशील कार्यक्रमों का संचालन करने वाले स्वयं संवेदनहीन होते हैं। वे पीड़ित व्यक्ति से अर्थहीन एवं मूर्खतापूर्ण प्रश्न पूछते हैं, क्योंकि उनका उद्‌देश्य सिर्फ़ ऐसे प्रश्न करना है, जिससे पीड़ित की वेदना देखकर उनके आँसू छलक उठें और दर्शक उनके कार्यक्रम में रुचि लें। किसी भी तरह उनका टी. आर. पी. बढ़े और उन्हें इसका व्यावसायिक लाभ प्राप्त हो सके। उनका एकमात्र उद्‌देश्य अपाहिज या पीड़ित व्यक्ति की वेदना को दूरदर्शन के माध्यम से बेचना होता है, इसलिए इस कविता को संवेदनहीनता की कविता माना जाना चाहिए।

6. 'कैमरे में बंद अपाहिज' कविता के प्रतिपाद्य के विषय में अपनी प्रतिक्रिया प्रस्तुत कीजिए। Delhi 2013

उत्तर प्रस्तुत कविता में कवि रघुवीर सहाय ने मीडिया व समाज की संवेदनहीनता पर तीखा कटाक्ष किया है। अपने कार्यक्रम को आकर्षक और बिकाऊ बनाने के लिए मीडियाकर्मी विकलांगों की दयनीयता को अत्यंत क्रूरता से उभारते हैं। अपाहिजों को कैमरे के सामने लाकर उनसे ऐसे क्रूर प्रश्न पूछे जाते हैं, उनके दर्द को इस तरह झकझोरा जाता है कि उनकी बेबस आँखों से दर्द बहने लगता है। यही दर्द मीडियाकर्मियों के कार्यक्रम की सफलता का द्योतक है।

यह कविता समाज की दारुण विडंबनाओं को पकड़ने तथा उसके व्यवसायीकरण करने को दर्शाती है। अपनी व्यंजना में यह कविता हर ऐसे व्यक्ति एवं संगठन की ओर इशारा करती है, जो दुःख-दर्द, यातना-वेदना को बेचना चाहता है या उसका व्यावसायिक लाभ लेना चाहता है।

7. 'कैमरे में बंद अपाहिज' कविता को आप करुणा की कविता मानते हैं या क्रूरता की? तर्कसम्मत उत्तर दीजिए। Delhi (C) 2013

उत्तर हमारे मत से यह कविता क्रूरता की कविता है। दूरदर्शन चैनल कमज़ोर व्यक्ति के दुःख की मार्केटिंग करते हैं। उन्हें उनकी सहायता करने, उनके दुःख को कम करने से कोई सरोकार नहीं होता। वे तो केवल अपना मतलब साधते हैं। उनका उद्‌देश्य मात्र अपने चैनल की लोकप्रियता बढ़ाना है, जिसके लिए वे बेहूदे प्रश्न पूछने से भी नहीं हिचकिचाते हैं। वे अपाहिजों के दर्द को बढ़ा-चढ़ा कर दिखाते हैं। यह कार्य असामाजिक ही नहीं, बल्कि समाज विरोधी भी है।

8. 'हम समर्थ शक्तिवान' और 'हम एक दुर्बल को लाएँगे' पंक्ति के माध्यम से कवि ने क्या व्यंग्य किया है? Delhi 2012

उत्तर इस पंक्ति के माध्यम से कवि ने यह व्यंग्य किया है कि मीडिया वाले समर्थ और शक्तिशाली होते हैं। इतने शक्तिशाली कि वे किसी की करुणा को परदे पर दिखाकर पैसा कमा सकते हैं। वे एक दुर्बल अर्थात् अपाहिज को लोगों के सामने प्रस्तुत कर सकते हैं, ताकि लोगों की सहानुभूति प्राप्त करके प्रसिद्धि पाई जा सके।

टेलीविजन चैनल वाले इस भ्रम में तो रहते ही हैं कि वे समर्थ हैं, शक्तिवान हैं, जिसको चाहे उठा दें और जिसको चाहे गिरा दें। अपनी मान्यताओं एवं धारणाओं को वे श्रोताओं-दर्शकों पर प्रायः थोपते ही रहते हैं। उनके आकलन और अनुमान ऐसे परोसे जाते हैं, मानो वे ही सामर्थ्य व शक्ति के स्वामी हैं। अपाहिज तो प्रकृति से ही दुर्बल है। अपनी पीड़ा कहने की सामर्थ्य भी जिसमें न हो, उससे अधिक दुर्बल और कौन होगा? इसी भाव को इन वाक्यांशों में व्यक्त किया गया है।

9. 'कैमरे में बंद अपाहिज' कविता के आधार पर सिद्ध कीजिए कि कविता संवेदनहीन सूचना तंत्र पर एक व्यंग्य है। All India (C) 2012, 10

उत्तर 'कैमरे में बंद अपाहिज' कविता संवेदनहीन सूचना तंत्र पर एक तीखा व्यंग्य है। सामाजिक कार्यक्रम के नाम पर वे दुःख-दर्द बेचने का काम करते हैं। उन्हें न अपाहिजों के लिए संवेदना होती है और न उनके मान-सम्मान की चिंता।

उनका उद्‌देश्य तो सिर्फ़ पैसा कमाना है। उनके द्वारा पूछे गए प्रश्न बेहद संवेदनहीन किस्म के होते हैं; जैसे—क्या आप अपाहिज हैं? आप क्यों अपाहिज हैं? अपाहिजपन दुःख तो देता होगा? अपाहिज होकर कैसा लगता है? आदि सवाल सूचना तंत्र की संवेदनहीनता को ही उजागर करते हैं।

10. 'कैमरे में बंद अपाहिज' कविता के व्यंग्य पर टिप्पणी कीजिए।

उत्तर इस व्यंग्यात्मक कविता के माध्यम से कवि यह बताना चाहता है कि मीडिया वाले समर्थ तथा सशक्त होते हैं। वे किसी की भी करुणा को खरीद-बेच सकते हैं। वे ऐसे व्यक्तियों को समाज के सामने लाकर सहानुभूति बटोरना चाहते हैं, जो कमज़ोर और अशक्त हैं। इससे उनकी लोकप्रियता और आमदनी दोनों में वृद्धि होती है।

इस कविता के माध्यम से कवि मीडिया के व्यावसायिक दृष्टिकोण एवं समाज के हाशिए पर खड़े लोगों के प्रति उसकी छिछली मनोवृत्ति को स्पष्ट करता है। समाज में मौजूद सफ़ेदपोश वर्ग की मानसिकता की पहचान कराने में यह कविता पूरी तरह सक्षम है।

05

उषा

शमशेर बहादुर सिंह

काव्यांश पर आधारित पूर्व परीक्षाओं के प्रश्न

निम्नलिखित काव्यांश को ध्यानपूर्वक पढ़कर पूछे गए प्रश्नों के उत्तर दीजिए।

1. प्रात नभ था बहुत नीला शंख जैसे
भोर का नभ
राख से लीपा हुआ चौका
(अभी गीला पड़ा है)
बहुत काली सिल जरा से लाल केसर से
कि जैसे धुल गई हो
स्लेट पर या लाल खड़िया चाक
मल दी हो किसी ने
नील जल में या किसी की
गौर झिलमिल देह
जैसे हिल रही हो।
और....
जादू टूटता है इस उषा का अब
सूर्योदय हो रहा है। **All India 2019, 14, 13, 12**

शब्दार्थ

भोर – सवेरे से ठीक पहले का वातावरण; **नभ** – आकाश; **चौका** – रसोई बनाने का स्थान; **सिल** – मसाला पीसने वाला पत्थर; **केसर** – विशेष प्रकार के फूल का सुगंधित पदार्थ; **मलना** – लगाना; **नील जल** – नीले रंग का पानी; **गौर** – गोरा; **झिलमिल** – चमकता; **देह** – शरीर; **उषा** – प्रात:काल; **जादू** – सौंदर्य, आकर्षण

संदर्भ

कविता की ये पंक्तियाँ हमारी पाठ्यपुस्तक 'आरोह भाग –2' में संकलित तथा 'कवियों के कवि' शमशेर बहादुर सिंह द्वारा रचित प्रसिद्ध कविता 'उषा' से ली गई हैं। 'उषा' बिंबधर्मी कवि शमशेर जी की अत्यंत प्रसिद्ध कविता है।

प्रसंग

शमशेर का काव्य-व्यक्तित्व वैचारिक रूप से एक प्रगतिशील कवि का है, लेकिन उनकी कविता शिल्प के स्तर पर किसी प्रभावात्मक चित्रकार की कलाकृति की भाँति है। प्रस्तुत कविता भी शमशेर के कवि और कलाकार व्यक्तित्व को दर्शाती है। इस कविता में भोर के पश्चात् उषाकाल के दौरान होने वाले सूर्योदय का चित्रण हुआ है।

व्याख्या

प्रात:कालीन आकाश का चित्रण करते हुए कवि कहता है कि सूर्योदय से पहले भोर के समय का आसमान नीले शंख जैसा लग रहा था। आकाश का रंग रात की नमी के कारण ऐसा प्रतीत हो रहा था, जैसे तुरंत ही राख से लीपा हुआ चौका। कवि आकाश में उषा के आगमन के कई बिंब बनाता हुआ बताता है कि उषाकाल में ऐसा लगा मानो आकाश रूपी काली सिल थोड़े से लाल केसर से धुल गई हो। वस्तुत: यह सूर्योदय के पूर्व आकाश में फैलती हल्की लालिमायुक्त आभा का बिंब है या किसी बालक ने काली स्लेट पर थोड़ी लाल खड़िया या चाक मल दी हो।

कवि उषा के इस समय के चित्र को स्पष्ट करने के लिए एक अन्य बिंब या उपमान को प्रस्तुत करते हुए कहता है कि उषाकाल में सूर्योदय के समय ऐसा प्रतीत हुआ, जैसे आकाश रूपी नीले जल में किसी युवती की गोरी देह झिलमिलाती हुई दिखाई दे रही हो। इस वर्णन के पश्चात् संभावनाओं से बाहर निकलता हुआ कवि उषा के इस जादुई परिदृश्य के सम्मोहन के टूटने की बात करता है और बताता है कि इन सजीव प्राकृतिक दृश्यों के परिवर्तित होने के पश्चात् प्रकृति-परिवेश में अब सूर्योदय हो रहा है।

वास्तव में, कविता में प्रात:कालीन आकाश में होने वाले सूर्योदय का गतिशील चित्रण हुआ है। कवि आकाश में हो रहे परिवर्तनों को ग्रामीण उपमानों के द्वारा प्रस्तुत करता हुआ एक ऐसे गतिशील शब्द-चित्र को उपस्थित करता है, जो नैसर्गिक प्रकृति की सुबह से जुड़ा है। गाँव की सुबह में 'राख से लीपा हुआ चौका', 'काली सिल', 'स्लेट पर खड़िया' से लिखते नन्हें बालकों के हाथ, युवती और प्रकृति का सम्मोहक वातावरण सभी कुछ मौजूद है।

आसमान 'राख से लीपे गए गीले चौके' और 'लाल केसर से धुली काली सिल' के जैसा दिखाई पड़ता है। इस बिंब में ग्रामीण स्त्रियों द्वारा भोजन बनाने के पश्चात् चौके की लिपाई करने तथा सिल पर केसर पीसने की क्रिया का आभास होता है। काले रंग की स्लेट पर लाल खड़िया मलने वाले अनाम बच्चों के नन्हें हाथों से आकाश के दृश्य की तुलना करना दिन की शुरुआत और उजाले को ग्रामीण बालकों के भविष्य से जोड़ती है। ऐसे में आकाश में सूर्योदय का होना नई आशा और उल्लास का प्रतीक बन जाता है और 'उषा' रात्रि के गहन अंधकार और कालिमा को समाप्त कर प्रकाश फैलाने की सूर्योदय की प्रक्रिया की प्रत्यक्षदर्शी बनकर पाठकों के सम्मुख उपस्थित हो जाती है। सूर्योदय के साथ ही सम्मोहन अर्थात् 'जादू का टूटना' एक नवीन एवं ऊर्जावान बिंब है।

काव्य-सौंदर्य

(i) भाषा सहज तथा संस्कृतनिष्ठ हिंदी है। बिंबात्मक भाषा में रचित इस कविता में मुक्त छंद का सुंदर प्रयोग हुआ है। लघु शब्दावलियों के साथ दृश्य-शैली का भी प्रयोग हुआ है।

(ii) प्रात:काल के गहरे रंग एवं नमी को 'राख से लीपा हुआ चौका' जैसे बिंब के माध्यम से साकार किया गया है।

(iii) विभिन्न अलंकारों का सुंदर प्रयोग द्रष्टव्य है।

(iv) 'भोर का नभ' में उत्प्रेक्षा अलंकार का प्रयोग हुआ है।

(v) 'बहुत काली सिल' में उपमा अलंकार का प्रयोग देखने योग्य है।

(vi) 'नील जल में ········ हिल रही हो' तथा 'स्लेट पर या लाल खड़िया चाक' में उत्प्रेक्षा अलंकार है।

(vii) प्रतीकों का सुंदर प्रयोग; जैसे—नीला जल नीले आकाश का द्योतक या गौर झिलमिल देह सूर्य के प्रकाश का द्योतक बिंब है।

(viii) उषा का 'मानवीकरण' हुआ है। अत: यहाँ मानवीकरण अलंकार है।

(ix) कथ्य और शिल्प दोनों स्थितियों में कविता अलग प्रवृत्ति को दर्शाती है। कवि शिल्पों के प्रयोग में सचेत है। नए बिंब, नवीन प्रतीक तथा नए उपमानों के माध्यम से कविता नई कांति के साथ सामने आई है। 'उषा' कविता में प्रकृति का परिवर्तन मानवीय जीवन चित्र का रूप लेकर सामने आया है। शमशेर जी ने प्रकृति की गति को बाँधने के लिए अपनी बिंबधर्मिता का कुशलतापूर्वक प्रयोग किया है। कवि का चित्रकार मन भी मोम की भाँति पिघलकर शब्दों में फैल गया है।

(x) कविता की भाषा सहज है, किंतु कविता के अंतर्गत विस्तृत बिंब का सृजन करने के कारण भाषा ध्वन्यात्मक तथा बिंबात्मक बन गई है। देशज तथा तत्सम शब्दों के सुंदर समन्वय के साथ कवि ने कविता को अद्‌भुत गति प्रदान करने में सफलता पाई है।

PYQs पूर्व परीक्षाओं के प्रश्न व अन्य महत्त्वपूर्ण प्रश्न

काव्यांश पर आधारित बहुविकल्पीय प्रश्न

1. नील जल में या किसी की
गौर झिलमिल देह जैसे हिल रही हो!
और जादू टूटता है उस उषा का अब
सूर्योदय हो रहा है। **CBSE SQP 2019-20**

(क) प्रस्तुत काव्यांश में किसका वर्णन किया गया है?
(i) सायंकाल के समय होने वाले सूर्यास्त का
(ii) टिम-टिम करते तारों का
(iii) रिमझिम आती बारिश की फुहारों का
(iv) उषाकाल के दौरान होने वाले सूर्योदय का

(ख) काव्य में किसका परिवर्तन मानवीय जीवन चित्र का रूप लेकर सामने आया है?
(i) खान-पान का (ii) प्रकृति का
(iii) मनुष्य का (iv) समाज का

(ग) सूर्योदय के साथ ही जादू का टूटना किसका प्रतीक है?
(i) नवीनता का (ii) अंधकार का
(iii) (i) और (ii) दोनों (iv) ऊर्जा का

(घ) उषाकाल में सूर्योदय के समय कैसा प्रतीत हो रहा है?
(i) आकाश में किसी युवती की गोरी देह झिलमिलाती दिखाई दे रही है।
(ii) आकाश से तारे टूटकर नीचे गिर रहे हैं।
(iii) बादल गड़गड़ाहट के साथ उड़ान भर रहे हैं।
(iv) नीले आकाश में पक्षी स्वतंत्र होकर उड़ान भर रहे हैं।

(ङ) निम्नलिखित कथनों पर विचार कीजिए।
1. सजीव प्राकृतिक दृश्यों के परिवर्तित होने के बाद अब सूर्योदय हो रहा है।
2. वर्षा का पानी हरियाली को बढ़ा रहा है।
3. पेड़ पर बैठी चकवी अपने चकवा की प्रतीक्षा कर रही है।

उपरोक्त कथनों में से कौन-सा/से कथन सही है/हैं?
(i) केवल 1 (ii) 1 और 2
(iii) केवल 3 (iv) 2 और 3

उत्तर (क) (iv) उषाकाल के दौरान होने वाले सूर्योदय का
(ख) (ii) प्रकृति का
(ग) (iii) (i) और (ii) दोनों
(घ) (i) आकाश में किसी युवती की गोरी देह झिलमिलाती दिखाई दे रही है।
(ङ) (i) केवल 1

2. बहुत काली सिल जरा से लाल केसर से
कि जैसे धुल गई हो
स्लेट पर या लाल खड़िया चाक
मल दी हो किसी ने
नील जल में या किसी की
गौर झिलमिल देह
जैसे हिल रही हो। **CBSE SQP 2017-18**

(क) कवि के अनुसार, स्लेट पर किस रंग की खड़िया मल दी है?
(i) लाल (ii) पीले
(iii) हरे (iv) नीले

(ख) प्रस्तुत काव्यांश में 'लाल खड़िया' किसके लिए प्रयुक्त हुई है?
(i) चन्द्रमा (ii) उषा की लाली
(iii) प्रकृति (iv) कवि

(ग) प्रस्तुत काव्यांश में स्लेट किसके लिए प्रयुक्त हुई है?
(i) आकाश (ii) धरती
(iii) पाताल (iv) मनुष्य

(घ) प्रस्तुत काव्यांश में किसका वर्णन किया गया है?
(i) नायक-नायिका के मिलन का
(ii) उषाकाल के दौरान सूर्य की लाल, पीली व श्वेत आभा का
(iii) आकाश में छाए हुए बादलों का
(iv) उपरोक्त सभी

(ङ) निम्नलिखित कथनों पर विचार कीजिए।
1. आकाश काली सिल है और उसे केसर से धो दिया गया है।
2. अँधेरे से ढका आकाश काली सिल तथा स्लेट के समान लगने लगा।
3. नीले जल में किसी महापुरुष की देह झिलमिल कर रही है।

उपरोक्त कथनों में से कौन-सा/से कथन सही है/हैं?
(i) केवल 1 (ii) 1 और 2
(iii) 2 और 3 (iv) केवल 3

उत्तर (क) (i) लाल
(ख) (ii) उषा की लाली
(ग) (i) आकाश
(घ) (ii) उषाकाल के दौरान सूर्य की लाल, पीली व श्वेत आभा का
(ङ) (ii) 1 और 2

3. प्रात: नभ था बहुत नीला शंख जैसे
भोर का नभ
राख से लीपा हुआ चौका
(अभी गीला पड़ा है)
बहुत काली सिल जरा से लाल केसर से
कि जैसे धुल गई हो
स्लेट पर या लाल खड़िया चाक
मल दी हो किसी ने
नील जल में या किसी की
गौर झिलमिल देह
जैसे हिल रही हो।
और...
जादू टूटता है इस उषा का अब
सूर्योदय हो रहा है।

CBSE SQP 2022-23

(क) 'नील जल में या किसी की गौर झिलमिल देह जैसे हिल रही हो' में कौन-सा भाव है?
(i) तरलता का (ii) निर्मलता का
(iii) उज्ज्वलता का (iv) सहजता का

(ख) नीले नभ में उदय होता हुआ सूर्य किसके जैसा प्रतीत हो रहा है?
(i) शंख जैसा
(ii) गौरवर्णीय सुंदरी जैसा
(iii) सिंदूर जैसा
(iv) नीले जल जैसा

(ग) इस काव्यांश में कवि ने उषा का कौन-सा चित्र उपस्थित किया है?
(i) छायाचित्र (ii) रेखाचित्र
(iii) शब्दचित्र (iv) भित्तिचित्र

(घ) अलंकार की दृष्टि से कौन-सा विकल्प सही है?
(i) बहुल नीला शंख जैसे—उपमा अलंकार
(ii) जादू टूटता है इस उषा का अब—उत्प्रेक्षा अलंकार
(iii) सूर्योदय हो रहा है—रूपक अलंकार
(iv) गौर झिलमिल देह जैसे हिल रही हो—अन्योक्ति अलंकार

(ङ) कवि द्वारा भोर को राख का लीपा हुआ चौका कहना प्रतिपादित करता है कि भोर का नभ
(i) अपनी आभा से चमत्कृत कर रहा है
(ii) रात के समान गर्म हवा फैला रहा है
(iii) सफेद व नीले वर्णों का अद्भुत मिश्रण है
(iv) नए परिवर्तन व आयामों का प्रतीक है

उत्तर (क) (ii) निर्मलता का
(ख) (ii) गौरवर्णीय सुंदरी जैसा
(ग) (iii) शब्दचित्र
(घ) (i) बहुत नीला शंख जैसे—उपमा अलंकार
(ङ) (iii) सफेद व नीले वर्णों का अद्भुत मिश्रण है

अथवा

(क) कवि ने प्रात:कालीन वातावरण की समानता नीले शंख से क्यों की है?
(i) भोर के समय वातावरण का रंग नीले शंख जैसा बुझा होने के कारण
(ii) कवि को नीले शंख का रंग पसंद होने के कारण
(iii) भोर के समय वातावरण के अनेक रंग बदलने के कारण
(iv) नीले शंख के अतिरिक्त अन्य उपमा न मिलने के कारण

(ख) भोर के नभ का सुरमई रंग दर्शाने के लिए क्या उपमा दी गई है?
(i) लाल केसर से धुली सिल
(ii) स्लेट पर लाल खड़िया चाक
(iii) राख से लीपा चौका
(iv) नीले जल में गौर वर्ण

(ग) चौके के गीला होने का क्या भावार्थ है?
(i) नए जीवन का उदय
(ii) वातावरण में नमी
(iii) भोजन के लिए तैयार होना
(iv) वातावरण में शुष्कता

(घ) 'काली सिल' और 'स्लेट' किस दृश्य को चित्रित करते हैं?
(i) भोरकालीन उजाला (ii) भोरकालीन अँधेरा
(iii) सायंकालीन अँधेरा (iv) संध्याकालीन सूर्य

(ङ) 'नील जल' के उपमान के माध्यम से कवि किसे चित्रित करता है?
(i) नीले स्वच्छ आकाश को
(ii) सुंदर स्त्री के रूप को
(iii) नीले रंग की सुंदरता को
(iv) पानी के अनेक रूप को

उत्तर (क) (i) भोर के समय वातावरण का रंग नीले शंख जैसा बुझा होने के कारण
(ख) (iii) राख से लीपा चौका
(ग) (ii) वातावरण में नमी
(घ) (ii) भोरकालीन अँधेरा
(ङ) (i) नीले स्वच्छ आकाश को

विषय-वस्तु पर आधारित लघु उत्तरीय प्रश्न

1. 'उषा' कविता में प्रकृति में होने वाला परिवर्तन मानवीय जीवन-चित्र बनकर किस प्रकार अभिव्यक्त हुआ है? CBSE 2023

उत्तर 'उषा' कविता में प्रकृति का परिवर्तन मानवीय जीवन चित्र का रूप लेकर सामने आया है। कवि के प्रकृति की गति बाँधने के लिए अपनी बिंबधार्मिता का कुशलतापूर्वक प्रयोग किया है। कवि आकाश में उषा के आगनन के समय अर्थात् सूर्योदय के पूर्व आकाश में फैलती हल्की लालिमायुक्त आभा के बिंब को किसी बालक द्वारा काली स्लेट पर थोड़ी लाल खड़िया या चाक के समान बताता है। अत: आकाश में सूर्योदय का होना नई आशा व उल्लास का प्रतीक है।

2. 'उषा' कविता में 'भोर के नभ' की तुलना किससे की गई है और क्यों? CBSE Term II 2021-22, Delhi 2015

उत्तर इस कविता में 'भोर के नभ' की तुलना नीले शंख से की गई है, क्योंकि सूर्योदय से पहले भोर के समय का आसमान नीले शंख जैसा लग रहा था। आकाश का रंग रात की नमी के कारण ऐसा प्रतीत हो रहा था, जैसे तुरंत का राख से लीपा हुआ चौका। कवि आकाश में उषा के आगमन के कई बिंब बनाता हुआ बताता है कि उषाकाल में ऐसा लगा मानो आकाश रूपी काली सिल थोड़े से लाल केसर से धुल गई हो। वस्तुत: यह सूर्योदय के पूर्व आकाश में फैलती हल्की लालिमायुक्त आभा का बिंब है या किसी बालक ने काली स्लेट पर थोड़ी लाल खड़िया या चाक मल दी हो।

3. 'शमशेर की कविता गाँव की सुबह का जीवंत चित्रण है।' पुष्टि कीजिए। CBSE SQP Term II 2021-22; All India 2016

अथवा **'उषा' कविता के किन उपमानों के आधार पर आप इस कविता को गाँव की सुबह का गतिशील चित्र कह सकते हैं? CBSE SQP 2020-21, All India 2013**

अथवा **कविता के किन उपमानों को देखकर कहा जा सकता है कि उषा कविता गाँव की सुबह का गतिशील शब्द चित्र है? CBSE SQP 2018-19, All India 2011**

अथवा **'उषा' कविता के आधार पर गाँव की सुबह का वर्णन अपने शब्दों में कीजिए। Delhi 2019**

उत्तर 'उषा' कविता में कवि शमशेर बहादुर सिंह ने ग्रामीण उपमानों का प्रयोग कर गाँव की सुबह को गतिशील शब्द चित्र के माध्यम से सामने लाने का प्रयास किया है। कविता में नीले रंग के प्रात:कालीन आकाश को 'राख से लीपा हुआ चौका' कहा है। ग्रामीण परिवेश में ही गृहिणी भोजन बनाने के बाद चौके (चूल्हे) को राख से लीपती है, जो प्राय: काफ़ी समय तक गीला ही रहता है।

दूसरा बिंब काले सिल का है। काली सिल अर्थात् पत्थर के काले टुकड़े पर केसर पीसने का काम भी गाँव की महिलाएँ ही करती हैं। तीसरा बिंब, काली स्लेट पर लाल खड़िया चाक मलने की क्रिया नन्हे ग्रामीण बालकों द्वारा होती है। इस बिंबात्मक चेतना में गतिशील शब्द चित्र भी मौजूद है। यहाँ सवेरे अपने-अपने कार्यों में लगे ग्रामीण वर्ग तथा जनजीवन की गतिशीलता को स्पष्ट करने वाले प्रतिमान हैं। गतिशीलता इस अर्थ में भी है कि तीनों शब्द चित्र स्थिर न होकर किसी-न-किसी क्रिया के अभी-अभी समाप्त होने के सूचक हैं। अत: कह सकते हैं कि शमशेर की कविता गाँव की सुबह का जीवंत चित्रण है।

4. उषा कविता में कवि ने सूर्योदय को किसका जादू टूटना बताया है और यह जादू किन चीजों का है? CBSE 2022 C

अथवा **सूर्योदय होने के साथ ही उषा का जादू किस प्रकार टूटने लगता है? Delhi 2011; All India 2011**

उत्तर उषाकाल में प्रकृति का रंग अपने सौंदर्य को विविध रूपों में प्रदर्शित करता है। यह सब कवि ने एक जादू के समान बताया है। कवि कहता है कि आकाश अपने रंग-रूप में प्रतिक्षण नवीन परिवर्तन कर रहा होता है। सूर्योदय के बाद आकाश में सूर्य की तेज किरणें छिटक कर अपना प्रकाश बिखेर देती हैं, जिसके प्रभाव से आकाश का नीला रंग मिट जाता है और उसकी आर्द्रता शुष्कता में परिवर्तित हो जाती है। इस प्रकार उषा का सम्मोहन अर्थात् जादू टूटने लगता है।

5. 'जादू टूटता है इस उषा का अब' उषा का जादू क्या है? वह कैसे टूटता है? Delhi 2011

उत्तर सूर्योदय से पूर्व आकाश में नए-नए रंग उभरते हैं। लाल-काले रंगों के अद्भुत मेल से आकाश में जादू जैसा वातावरण बन जाता है। इस रंग-बिरंगे वातावरण को 'उषा का जादू' कहा गया है। सूर्योदय होते ही ये सारे रंग एक-दूसरे में विलीन हो जाते हैं और उषा का जादू टूट जाता है।

6. 'उषा' कविता के आधार पर उस जादू को स्पष्ट कीजिए, जो सूर्योदय के साथ टूट जाता है?

उत्तर कवि उषा के जादू को चित्रित करते हुए स्पष्ट करता है कि सुबह नीला आसमान अत्यंत सुंदर दिखाई पड़ता है। वह नीले जल के समान प्रतीत होता है, जिसमें सूर्य किसी गोरी सुंदरी की भाँति झिलमिलाता जान पड़ता है। सूर्योदय होने के पश्चात् यह जादू टूट जाता है।

06

बादल राग

सूर्यकांत त्रिपाठी 'निराला'

काव्यांश पर आधारित पूर्व परीक्षाओं के प्रश्न

निम्नलिखित काव्यांशों को ध्यानपूर्वक पढ़कर उन पर पूछे गए प्रश्नों के उत्तर दीजिए।

1. तिरती है समीर-सागर पर
अस्थिर सुख पर दु:ख की छाया-
जग के दग्ध हृदय पर
निर्दय विप्लव की प्लावित माया-
यह तेरी रण-तरी
भरी आकांक्षाओं से,
घन, भेरी-गर्जन से सजग सुप्त अंकुर
उर में पृथ्वी के, आशाओं से
नवजीवन की, ऊँचा कर सिर,
ताक रहे हैं, ऐ विप्लव के बादल! **Delhi 2012, 10**

शब्दार्थ

तिरती – तैरती; **समीर** – वायु; **सागर** – समुद्र; **दग्ध** – जला हुआ; **निर्दय** – क्रूर, कठोर; **प्लावित** – डूबा हुआ, पानी से भरा; **माया** – खेल; **रण-तरी** – युद्ध की नौका; **आकांक्षा** – कामना; **भेरी** – नगाड़ा; **सजग** – जागरूक; **सुप्त** – सोया हुआ; **अंकुर** – बीज से निकला छोटा पौधा; **उर** – हृदय, दिल; **नवजीवन** – नया जीवन; **ताकना** – एकटक देखना

संदर्भ

प्रस्तुत काव्य पंक्तियाँ हमारी पाठ्यपुस्तक 'आरोह भाग–2' में संकलित प्रसिद्ध छायावादी कवि सूर्यकांत त्रिपाठी 'निराला' की अत्यंत चर्चित कविता 'बादल राग' से उद्धृत हैं। 'बादल राग' निराला जी की लंबी कविताओं में से एक है, जिसका अंतिम एवं छठा खंड यहाँ प्रस्तुत किया गया है। यह कविता मूल रूप में निराला जी के काव्य संग्रह 'अनामिका' में संकलित एवं प्रकाशित हुई थी।

प्रसंग

बादल छायावादी कवियों का प्रिय विषय रहा है। स्वयं निराला जी ने ही बादल पर बहुत-सी कविताएँ लिखी हैं। इस कविता का आरंभ समीर-सागर पर तिरती हुई अस्थिर (क्षणिक) सुख एवं दु:ख की छाया के संकेत से होता है। संसार का हृदय दु:ख से दग्ध (जला हुआ) है, उस पर निर्दय विप्लव की माया के समान हैं बादल।

व्याख्या

कवि कहता है कि बादल वायु रूपी सागर के ऊपर अस्थिर अर्थात् क्षणिक सुख पर दु:ख की छाया के समान लहराते हुए मँडरा रहे हैं। कवि को ऐसा प्रतीत होता है कि संसार का हृदय दु:ख के कारण जला हुआ है। बादल ऐसे दु:ख दग्ध संसार के वायुमंडल में मँडराते, उमड़ते-घुमड़ते हुए निर्दयी माया के समान दिखाई देते हैं। कवि के अनुसार, वे इस शोषित और दु:खों से जले संसार को अपने जल-प्रलय में डुबा देना चाहते हैं। यह वर्णन बिंबात्मक है।

कवि का आशय यह है कि बादल दु:ख, अभाव एवं शोषण से ग्रस्त संसार के ऊपर जल बरसाकर शोषण के विरुद्ध क्रांति का उद्घोष करने वाले क्रांतिदूत की भूमिका में हैं। कवि आगे कहता है कि हे बादल! तुम्हारी यह रण-नौका विभिन्न प्रकार की आकांक्षाओं से भरी है, तुम शोषण और दु:ख का नाश करने वाले वीर योद्धा के समान हो, तुम्हारे इस युद्ध-वाद्य की गर्जना से पृथ्वी के भीतर सोए हुए अंकुर अपनी निद्रा तोड़कर जागने को तत्पर हो गए हैं।

वे अंकुरित होकर धरती के गर्भ से बाहर आकर नवजीवन प्राप्त करने की आशा लिए हुए तुम्हारी प्रतीक्षा कर रहे हैं और उन्नत-सिर होकर तुम्हारे जल-वर्षण को प्राप्त करने की कामना कर रहे हैं। वस्तुत: ग्रीष्म ऋतु के भयंकर ताप से झुलसी हुई धरती पर हरियाली के रूप में नवजीवन लाने में बादलों के बरसने की क्रिया महत्त्वपूर्ण भूमिका निभाती है। इसी तथ्य का सहारा लेते हुए कवि ने सुप्त अंकुरों के जगने और नवजीवन प्राप्त करने की इच्छा से सिर उठाकर बादलों की प्रतीक्षा करने का बिंब निर्मित किया है। बादल को विप्लव लाने वाला बताने के पीछे कवि का एक अन्य

उद्देश्य शोषण के विरुद्ध क्रांति के आह्वान से भी है। निराला जी क्रांतिकारी कवि हैं।

उनके लिए संसार का दु:ख-दग्ध होना व्यापक अर्थ रखता है। इसी कारण बादल यहाँ केवल जल बरसाने वाले प्राकृतिक तत्त्व नहीं हैं, बल्कि वे संसार में व्याप्त अमानुषिक कृत्यों एवं अत्याचार, अभाव और शोषण के विरुद्ध युद्ध करने वाले, अपने प्रलयंकारी स्वभाव से जड़ता को नष्ट कर नवजीवन की चेतना प्रसारित करने वाले क्रांतिकारी के रूप में भी उपस्थित हैं। यही कारण है कि उनकी रण-तरी (युद्ध की नौका) आशा एवं आकांक्षा रूपी अस्त्र-शस्त्रों से भरी हुई है।

काव्य-सौंदर्य

(i) भाषा संस्कृतनिष्ठ तत्सम शब्दों से युक्त साहित्यिक हिंदी है। लघु पद-योजना तथा प्रवाहमयी भाषा का प्रयोग हुआ है।

(ii) प्रतीक, बिंब तथा लाक्षणिकता का सुंदर प्रयोग मिलता है। बादल के गर्जन में ध्वन्यात्मक बिंब सामने आया है।

(iii) 'तिरती है समीर सागर' तथा 'सजग सुप्त' में अनुप्रास अलंकार और 'विप्लव के बादल' में रूपक अलंकार है।

2. हँसते हैं छोटे पौधे लघुभार-
शस्य अपार,
हिल-हिल
खिल-खिल,
हाथ हिलाते,
तुझे बुलाते,
विप्लव-रव से छोटे ही हैं शोभा पाते।
अट्टालिका नहीं है रे
आतंक-भवन
सदा पंक पर ही होता
जल-विप्लव-प्लावन,
क्षुद्र प्रफुल्ल जलज से
सदा छलकता नीर,
रोग-शोक में भी हँसता है
शैशव का सुकुमार शरीर।

Delhi 2015, 14, 10; All India 2017, 15, 13; All India (C) 2012

शब्दार्थ

लघुभार – हलके; **शस्य** – हरियाली; **अपार** – बहुत; **रव** – शोर, हलचल; **विप्लव**–विनाश; **अट्टालिका** – महल, अटारी; **आतंक-भवन** – भय का निवास; **पंक** – कीचड़; **प्लावन** – बाढ़; **क्षुद्र** – तुच्छ, लघु; **प्रफुल्ल** – प्रसन्न, खिला हुआ; **जलज** – कमल; **नीर** – पानी; **शैशव** – बचपन; **सुकुमार** – कोमल

संदर्भ

पद्यांश 1 के समान।

प्रसंग

निराला इन काव्य पंक्तियों में बादलों के बरसने से उत्पन्न वातावरण तथा उनके वर्षण के विभिन्न प्रभावों का प्राकृतिक एवं सामाजिक संदर्भ में चित्रण करते हैं।

व्याख्या

कवि कहता है कि बादल के बरसने से उत्पन्न हरियाली के कारण छोटे पौधे हँसते हुए-से दिखाई दे रहे हैं। मानो वे हँस-हँस कर, खिलकर अर्थात् प्रसन्न मुद्रा में हाथ हिलाकर बादलों को बुला रहे हैं। वास्तव में वर्षा से उत्पन्न हरियाली से फसलों एवं पेड़-पौधों में जो नया जीवन एवं विकास दिखाई पड़ता है, कवि ने उसका चित्रण यहाँ किया है। एक दूसरी अर्थ ध्वनि यह है कि बादल क्रांतिदूत की भूमिका में भी हैं।

यहाँ कवि इस सामाजिक सत्य को भी रेखांकित करना नहीं भूलता कि क्रांति का कारक एवं संवाहक हमेशा समाज का छोटा एवं वंचित वर्ग ही होता है और उससे सर्वाधिक लाभान्वित भी यही वर्ग होता है अर्थात् वर्षा से छोटे पौधे तथा छोटा या निम्न वर्ग विप्लव या क्रांति से अधिक लाभ और विकास प्राप्त करता है।

कवि आगे धनी वर्ग के ऊँचे घरों अर्थात् अट्टालिकाओं का चित्रण करते हुए कहता है कि वास्तव में ये अट्टालिकाएँ 'आतंक-भवन' हैं। अट्टालिकाओं को 'आतंक-भवन' कहने में निहित अर्थ यह है कि इन ऊँचे भवनों का निर्माण निम्न वर्ग के शारीरिक एवं आर्थिक शोषण से पैदा की गई पूँजी से हुआ है।

दूसरे, इनमें रहने वाला धनी वर्ग समाज के दबे-कुचले एवं अभावग्रस्त लोगों का बलपूर्वक शोषण करने वाला है। वह मानवताविहीन है। वह लोगों में अपने सामर्थ्य का भय या आतंक उत्पन्न करके, केवल उनका शोषण करना ही अपना जीवनोद्देश्य समझता है।

कवि आगे कहता है कि जल प्लावन हमेशा पंक पर ही होता है अर्थात् क्रांति से शोषक वर्ग ही नष्ट होता है। दूसरा भाव यह है कि वर्षा से कीचड़ धुल जाता है और परिणामस्वरूप छोटे, किंतु प्रसन्नता के सूचक खिले हुए कमल विकसित एवं आह्लादित होते हैं। वे वर्षा के जल से सकारात्मक रूप से प्रभावित होते हैं।

ठीक उसी प्रकार क्रांति से शोषित एवं सर्वहारा वर्ग के अभावग्रस्त बच्चे विकास को प्राप्त करेंगे, जो अभाव, दु:ख एवं पीड़ा में भी सदैव हँसते रहते हैं। कवि यहाँ पंक तथा जलज (कमल) की तुलना शोषित वर्ग से करता है।

काव्य-सौंदर्य

(i) भाषा संस्कृतनिष्ठ तथा प्रवाहमयी है।

(ii) मुक्त छंद की कविता में प्रतीकों का सुंदर प्रयोग मिलता है; *जैसे*–'पंक' शोषक वर्ग का तथा 'अट्टालिका' सुविधासंपन्न वर्ग का प्रतीक है। सजीव तथा प्रभावी बिंबों के माध्यम से बादल को क्रांति का प्रतिनिधि बताया गया है।

(iii) 'अट्टालिका नहीं है रे आतंक-भवन' में अपह्नुति अलंकार विद्यमान है।

(iv) 'बार-बार', 'सुन-सुन', 'हिल-हिल', 'खिल-खिल' में पुनरुक्तिप्रकाश अलंकार है।

3. रुद्ध कोष है, क्षुब्ध तोष
अंगना-अंग से लिपटे भी
आतंक अंक पर काँप रहे हैं।
धनी, वज्र-गर्जन से बादल!
त्रस्त-नयन मुख ढाँप रहे हैं।
जीर्ण बाहु, है शीर्ण शरीर,
तुझे बुलाता कृषक अधीर,

ऐ विप्लव के वीर!
चूस लिया है उसका सार,
हाड़-मात्र ही है आधार,
ऐ जीवन के पारावार! **Delhi 2011,10**

शब्दार्थ

रुद्ध – रुका हुआ; **कोष** – खज़ाना; **क्षुब्ध** – क्रुद्ध; **तोष** – संतोष, शांति; **अंगना** – पत्नी; **अंक** – गोद; **अंग** – शरीर; **वज्र-गर्जन** – वज्र के समान गर्जन; **त्रस्त** – भयभीत, डरा हुआ; **जीर्ण** – पुरानी, जर्जर, फटा हुआ; **बाहु** – भुजा; **शीर्ण** – कमज़ोर; **कृषक** – किसान; **अधीर** – व्याकुल; **विप्लव** – विनाश; **सार** – प्राण; **हाड़-मात्र** – हड्डियों का ढाँचा; **पारावार** – समुद्र

संदर्भ

पद्यांश 1 के समान।

प्रसंग

कविवर निराला ने विराट बिंबों एवं प्रतीकों के माध्यम से जीवन एवं जगत का विस्तृत चित्रण किया है। कविता की इन पंक्तियों में कवि समाज के शोषक एवं शोषित वर्ग अर्थात् प्रभुता एवं सुविधासंपन्न धनी वर्ग एवं सुविधाविहीन निर्धन वर्ग का चित्रण करता है।

व्याख्या

बादल को संबोधित करते हुए कवि धनी एवं संपन्न वर्ग की स्थिति को बताता है। वह कहता है कि हे बादल! तुम्हारी भयंकर गर्जना से वे सब काँप रहे हैं, भयभीत हो रहे हैं, जिन्होंने शोषण के फलस्वरूप प्राप्त धन-संपत्ति से अपनी तिजोरियाँ भर रखी हैं और विलास एवं सुविधा की सारी सामग्री जुटा रखी है। सबसे सुरक्षित स्थान पर अपनी अर्द्धांगिनियों के शरीर से लिपटे रहने पर भी किसी अज्ञात भय से काँप रहे ये धनी लोग अपने भयभीत नेत्रों और मुँह को छिपाने का प्रयत्न करते दिखाई देते हैं। वस्तुतः यह भय क्रांति के फलस्वरूप शोषक वर्ग का सत्ता से च्युत होने का संभावित भय भी है।

कवि शोषक वर्ग के शोषण तथा भयंकर गर्मी के मौसम के कारण सूखे की प्राकृतिक आपदा के संभावित दुष्परिणाम से व्याकुल कृषक वर्ग का चित्रण करता हुआ बताता है कि धनी वर्ग के निरंतर शोषण के कारण जिसका शरीर और बाँहें थककर कमज़ोर पड़ गए हैं, जिनके शरीर में केवल हड्डियों का ढाँचा मात्र शेष रह गया है। धनी वर्ग ने जिसका आर्थिक, शारीरिक और सामाजिक शोषण करके उसके शरीर का सत्व अर्थात् सामर्थ्य चूस लिया है। अकाल एवं अनावृष्टि की आशंका से त्रस्त वह कृषक वर्ग बड़ी अधीरता एवं व्याकुलता से बादलों के आगमन की राह देख रहा है।

कवि बादल के लिए यहाँ दो विशेषणों का प्रयोग करता है—'विप्लव के वीर' तथा 'जीवन के पारावार'। वस्तुतः बादल यहाँ क्रांति के संवाहक के रूप में प्रलयंकारी होकर शोषक एवं अमानवीय व्यवस्था को नष्ट करने वाले क्रांतिदूत होने के कारण 'विप्लव के वीर' तथा गर्मी से जली-भुनी धरती पर वर्षा करके हरियाली के रूप में फसलों एवं पेड़-पौधों में नवजीवन लाने वाले, कृषकों को आनंद, उल्लास एवं जीवन में समृद्धि प्रदान करने वाले जीवन के पारावार हैं।

वास्तव में, पारावार का अर्थ ही असीम या अनंत का सूचक है। निराला के बादल साधारण बादल नहीं हैं। ये जीवन को गति एवं मुक्ति प्रदान करने वाले, शोषित एवं वंचित वर्ग के सहायक तथा धनी एवं सुविधा संपन्न वर्ग के विरुद्ध क्रांति का आह्वान करने वाले वीर सेनानी हैं। निराला के लिए बादल विषम समाज की विषमता को मिटाकर सताए हुए लोगों को तृप्त कर देने वाले क्रांतिकारी हैं।

काव्य-सौंदर्य

(i) भाषा संस्कृतनिष्ठ तथा प्रवाहपूर्ण है।
(ii) प्राकृतिक प्रतीकों का प्रयोग किया गया है और बादल को वीर योद्धा बताया गया है।
(iii) 'अंगना-अंग' तथा 'आतंक अंक' में अनुप्रास अलंकार है।

PYQs पूर्व परीक्षाओं के प्रश्न व अन्य महत्त्वपूर्ण प्रश्न

काव्यांश पर आधारित बहुविकल्पीय प्रश्न

1. तिरती है समीर-सागर पर
अस्थिर सुख पर दुख की छाया-
जग के दग्ध हृदय पर
निर्दय विप्लव की प्लावित माया-
यह तेरी रण-तेरी
भरी आकांक्षाओं से,
घन, भेरी-गर्जन से सजग सुप्त अंकुर
उर में पृथ्वी के, आशाओं से
नवजीवन की, ऊँचा कर सिर,
ताक रहे हैं, ऐ विप्लव के बादल।

(क) कवि ने बादल को कहाँ तैरते हुए चित्रित किया है?
(i) स्वच्छ-आकाश में (ii) हवा रूपी सागर में
(iii) अमरावती नगरी में (iv) ये सभी

(ख) काव्यांश के अनुसार मानव जीवन में सुख कैसा है?
(i) अदृश्य (ii) मायावी
(iii) अस्थिर (iv) स्थिर

(ग) संसार का हृदय कैसा हो गया है?
(i) सुख के कारण विशाल
(ii) दुःख के कारण दग्ध
(iii) ईर्ष्या के कारण संकुचित
(iv) द्वेष के कारण आह्लादित

(घ) प्रलय की माया के रूप में किसे चित्रित किया गया है?
(i) बादल को (ii) आशाओं को
(iii) शोषित को (iv) स्वयं को

(ङ) बादल को किसके प्रतीक के रूप में प्रस्तुत किया गया है?
(i) निम्न वर्ग के (ii) मध्य वर्ग के
(iii) क्रांति वर्ग के (iv) उच्च वर्ग के

उत्तर (क) (ii) हवा रूपी सागर में
(ख) (iii) अस्थिर
(ग) (ii) दु:ख के कारण दग्ध
(घ) (i) बादल को
(ङ) (iii) क्रांति वर्ग के

2. फिर-फिर
बार-बार गर्जन
वर्षण है मूसलधार,
हृदय थाम लेता संसार,
सुन-सुन घोर वज्र-हुंकार।
अशनि-पात से शापित उन्नत शत-शत वीर,
क्षत-विक्षत हत अचल-शरीर,
गगन-स्पर्शी स्पर्द्धा धीर।

(क) बादल किस प्रकार धरती पर बरस रहे हैं?
(i) बार-बार गर्जना करके (ii) मूसलाधार रूप में
(iii) (i) और (ii) दोनों (iv) क्षत-विक्षत रूप में

(ख) बादलों की गर्जना का संसार पर क्या प्रभाव पड़ता है?
(i) संसार में प्रसन्नता छा जाती है
(ii) संसार भयभीत होकर हृदय थाम लेता है
(iii) संसार दु:खों से मुक्त हो जाता है
(iv) संसार पर कोई प्रभाव नहीं पड़ता है

(ग) बादलों की गर्जना को किसके समान बताया गया है?
(i) वज्र के समान (ii) दु:ख के समान
(iii) योद्धा के समान (iv) प्रलय के समान

(घ) बादलों का शरीर किससे आहत हो रहा है?
(i) बिजली रूपी तलवारों से
(ii) वायुयानों के आवागमन से
(iii) उच्च वर्ग की महत्त्वाकांक्षाओं से
(iv) निम्न वर्ग के संताप से

(ङ) काव्यांश में बादल की किस विशेषता की ओर संकेत किया गया है?
(i) बादल आकाश को छूने वाले हैं
(ii) आकाश से प्रतियोगिता करने वाले हैं
(iii) धीर-वीर अपराजित योद्धा हैं
(iv) उपरोक्त सभी

उत्तर (क) (iii) (i) और (ii) दोनों
(ख) (ii) संसार भयभीत होकर हृदय थाम लेता है
(ग) (i) बज्र के समान
(घ) (i) बिजली रूपी तलवारों से
(ङ) (iv) उपरोक्त सभी

3. अट्टालिका नहीं हैं रे आतंक-भवन सदा पंक पर ही होता
जल-विप्लव-प्लावन, क्षुद्र प्रफुल्ल जलज से सदा छलकता नीर,
रोग-शोक में भी हँसता है शैशव का सुकुमार शरीर।

(क) निम्नलिखित कथन-कारण को ध्यानपूर्वक पढ़िए उसके बाद दिए गए विकल्पों में से कोई सही विकल्प चुनकर लिखिए
कथन (A) जल प्लावन हमेशा पंक पर ही होता है।
कारण (R) ऊँचे भवनों का निर्माण निम्न वर्ग के शारीरिक एवं आर्थिक शोषण से पैदा की गई पूँजी से हुआ है।
(i) कथन (A) और कारण (R) दोनों सही हैं तथा कारण (R) कथन (A) की सही व्याख्या करता है।
(ii) कथन (A) गलत है, लेकिन कारण (R) सही है।
(iii) कथन (A) तथा कारण (R) दोनों गलत हैं।
(iv) कथन (A) सही है, लेकिन कारण (R) उसकी गलत व्याख्या करता है।

(ख) कवि 'आतंक भवन' किसे मानता है?
(i) धरती को
(ii) अट्टालिकाओं को
(iii) आकाश को
(iv) उपरोक्त सभी

(ग) 'रोग-शोक में भी हँसता है शैशव का सुकुमार शरीर' पंक्ति का भाव है
(i) वे क्रांति घटित करने में आनंदित नहीं होते
(ii) निम्न वर्ग के शिशु रोग व शोक में दुखी रहते हैं
(iii) निम्न वर्ग के सुकुमार शिशु संघर्षशील एवं जुझारू होते और सदा मुस्कुराते हैं
(iv) उपरोक्त में से कोई नहीं

(घ) प्रस्तुत काव्यांश में पंक और जलज किसके प्रतिकार्थ है?
(i) अपेक्षित एवं निम्न वर्ग के
(ii) शोषक एवं शोषित वर्ग के
(iii) निम्न एवं मध्यम वर्ग के
(iv) उपरोक्त में से कोई नहीं

(ङ) 'सदा पंक पर ही होता' पंक्ति में पंक का अर्थ है
(i) निम्न वर्ग
(ii) कीचड़
(iii) मध्यम वर्ग
(iv) उच्च वर्ग

उत्तर (क) (iv) कथन (A) सही है, लेकिन कारण (R) उसकी गलत व्याख्या करता है।
(ख) (ii) अट्टालिकाओं को
(ग) (iii) निम्न वर्ग के सुकुमार शिशु संघर्षशील एवं जुझारू होते और सदा मुस्कुराते हैं
(घ) (ii) शोषक एवं शोषित वर्ग के
(ङ) (ii) कीचड़

विषय-वस्तु पर आधारित लघु उत्तरीय प्रश्न

1. 'बादल राग' कविता में कवि बादल को किस रूप में बुलाता है और क्यों? CBSE 2023

उत्तर 'बादल राग' कविता में कवि बादलों को क्रांति के प्रतिनिधि के रूप में बुलाता है, क्योंकि बादल सामाजिक परिवर्तन का माध्यम बनता है। वह तड़ितों से सत-विसत होने के बाद भी एक योद्धा की तरह गर्जन-वर्षण के माध्यम से प्रकृति में नवजीवन का संचार करता है। बादल नवजीवन के प्रतीक है। 'निराला' जी ने बादलों को किसानों का हितैषी माना है, क्योंकि बादल अपनी बूँदें किसानों को देकर खाद्यान्न उपजाने में मदद करता है। कवि ने बादल के लिए दो विशेषणों का प्रयोग किया है- 'विप्लव के वीर' तथा
'जीवन के पारावार'।

2. कृषक अधीर होकर बादल को क्यों बुलाता है? 'बादल राग' कविता के आधार पर लिखिए। **CBSE 2023**

अथवा **'बादल राग' कविता में बादल किसका प्रतीक है? बादलों का आह्वान समाज का कौन-सा वर्ग करता है और क्यों?** **CBSE 2023**

अथवा **'बादल राग' कविता में बादलों का आह्वान कौन कर रहा है और क्यों?** **All India (C) 2012**

उत्तर बादल राग कविता में कृषक बादलों का आह्वान इसलिए कर रहा है, क्योंकि बादल वर्षा के रूप में उनके सूखे खेतों में हरियाली लाने वाले हैं तथा वह चाहता है कि क्रांति तथा पूँजीवादियों का विनाश हो। वह बादल को क्रांति का प्रतीक मानकर उसका आह्वान करता है।

3. 'विप्लव-रव से छोटे ही हैं शोभा पाते' पंक्ति में 'विप्लव-रव' से क्या तात्पर्य है? 'छोटे ही हैं शोभा पाते' ऐसा क्यों कहा गया है? **CBSE SQP 2022-23; Delhi 2012; All India 2011**

उत्तर 'विप्लव-रव' का तात्पर्य है—क्रांति। सामाजिक क्रांति परिवर्तन के लिए होती है। ऐसे परिवर्तन समाज के कमज़ोर, वंचित तथा शोषण के शिकार लोगों को नई दिशा देने में सक्षम होते हैं। 'छोटे ही हैं शोभा पाते' इसलिए कहा गया है, क्योंकि क्रांति से समाज के पिछड़े लोगों को ही आगे बढ़ने का अवसर मिलता है।

4. 'बादल राग' के आधार पर धनी शोषकों की जीवन शैली पर टिप्पणी कीजिए। वे क्यों त्रस्त हैं? **Delhi 2016**

अथवा **'बादल राग' कविता में निराला ने शोषितों की वेदना को स्वर दिया है टिप्पणी कीजिए।** **All India 2014**

उत्तर समाज का धनी वर्ग प्रभुत्वशाली है। यह वर्ग पूँजीवादी तथा सामंती है। इसे किसी भी प्रकार के सामाजिक परिवर्तन से भय होता है।

यह वर्ग शोषण की बुनियाद पर टिका होता है। कमज़ोर, वंचित तथा पिछड़े लोग इसके शिकार बनते हैं, लेकिन जब दबी-कुचली जनता अपनी शक्ति का प्रदर्शन करने लगती है, तो शोषक वर्ग भयभीत हो जाता है।

विप्लव के बादल जब घोर गर्जना करते हैं, तो धनी वर्ग अपने विनाश, मृत्यु तथा लुटने की आशंका से ग्रस्त हो जाता है। ऐसा धनी वर्ग अपने महल के शयनकक्ष में भी भयभीत दिखता है। उसे अपने अस्तित्व तथा शोषण की प्रक्रिया के अंत का बोध काँपने के लिए विवश कर देता है।

5. 'बादल राग' कविता में अट्टालिकाओं को आतंक भवन क्यों कहा गया है? **Delhi 2015**

उत्तर 'बादल राग' कविता में कवि निराला ने लिखा है 'अट्टालिका नहीं है रे आतंक-भवन', क्योंकि समाज का प्रभुत्वशाली पूँजीपति वर्ग इन महलों में निवास करता है। महलों में निवास करने वाला यह वर्ग हमेशा क्रांति के भय से सशंकित रहता है। उसका भय, उसकी आशंका इस महल को महल (अट्टालिका) नहीं रहने देते, बल्कि आतंक-भवन बना देते हैं। इस वर्ग का अस्तित्व शोषण तथा दमन में निहित है। इसलिए जब शोषक वर्ग क्रांति की बात सुनता है, तो उसके अंदर आतंक भर जाता है।

6. बादलों के आगमन से प्रकृति में होने वाले किन-किन परिवर्तनों को 'बादल राग' कविता रेखांकित करती है?

उत्तर बादलों के आगमन से प्रकृति में होने वाले परिवर्तनों को 'बादल राग' कविता निम्न रूपों में रेखांकित करती है

(i) बादलों के आगमन से गर्मी से तपी-झुलसी धरती नया जीवन एवं रूप ग्रहण करती है।

(ii) गर्मी के कारण अकाल की चिंता से व्याकुल किसानों को राहत मिलती है।

(iii) धरती के भीतर सोए अंकुर नवजीवन की आशा में सिर ऊँचा कर अपनी उपस्थिति दर्ज कराते हैं।

07

कवितावली (उत्तर कांड से), लक्ष्मण-मूर्च्छा और राम का विलाप

गोस्वामी तुलसीदास

काव्यांश पर आधारित पूर्व परीक्षाओं के प्रश्न

कवितावली (उत्तर कांड से)

निम्नलिखित काव्यांशो को ध्यानपूर्वक पढ़कर पूछे गए प्रश्नों के उत्तर दीजिए।

1. किसबी, किसान-कुल, बनिक, भिखारी, भाट,
चाकर, चपल नट, चोर, चार, चेटकी।
पेटको पढ़त, गुन गढ़त, चढ़त गिरि,
अटत गहन-गन अहन अखेटकी।।
ऊँचे-नीचे करम, धरम-अधरम करि,
पेट ही को पचत, बेचत बेटा-बेटकी।
'तुलसी' बुझाइ एक राम घनस्याम ही तें,
आगि बड़वागितें बड़ी है आगि पेटकी।। **All India 2013, 11**

शब्दार्थ

किसबी – श्रमजीवी, धंधा चलाने वाला मेहनतजीवी; **कुल** – परिवार; **बनिक** – व्यापारी; **भाट** – चारण, प्रशंसा गीत गाने वाले ; **चाकर** – नौकर; **चपल** – चंचल; **नट** – कलाबाजी दिखाने वाले कलाकार; **चार** – गुप्तचर, दूत; **चेटकी**– बाजीगर; **गुन गढ़त** – विभिन्न कलाएँ एवं विधाएँ सीखना; **अटत** – घूमता; **अखेटकी** – शिकार करना; **गहन-गन** – घना जंगल; **अहन** – दिन; **करम** – कार्य, कृत्य; **अधरम** – पाप; **पचत** – मरत; **बुझाइ** – शांत करता है (बुझाना–शांत करना); **घनस्याम** – काला बादल; **बड़वागितें** – समुद्र की आग; **आगि पेटकी** – पेट की आग अर्थात् भूख

संदर्भ

प्रस्तुत कवित्त हमारी पाठ्यपुस्तक 'आरोह भाग-2' में संकलित गोस्वामी तुलसीदास जी की कृति 'कवितावली' के 'उत्तर कांड' प्रसंग से उद्धृत है।

प्रसंग

लोगों पर कलयुग के प्रभाव का तुलसीदास विस्तार से वर्णन करते हैं।

व्याख्या

गोस्वामी तुलसीदास कहते हैं कि कलयुग के प्रभाव में आकर लोग ऐसे हो गए हैं कि श्रमजीवी, किसान, व्यापारी, भिखारी, भाट, सेवक, चंचल नट, दूत और बाजीगर (विभिन्न प्रकार के करतब दिखाने वाले) सब पेट की भूख शांत करने के लिए अनेक उपाय रचते, पर्वतों पर चढ़ते तथा शिकार की खोज में दुर्गम वनों में विचरण करते रहते हैं। सब लोग पेट के लिए ही ऊँचे-नीचे कर्म तथा धर्म-अधर्म करते हैं, लेकिन यह तो केवल राम-रूप घनश्याम द्वारा ही बुझाई जा सकने योग्य है।

वास्तव में, यहाँ तुलसीदास ने अपने समय की विषम आर्थिक परिस्थितियों का वर्णन किया है। आर्थिक स्थिति ठीक न होने के कारण जन-सामान्य कोई भी बुरा-से-बुरा काम करने के लिए विवश है। लोगों की यह विवशता गरीबी और बेकारी के कारण हो सकती है। कवि की दृष्टि में

पेट की आग अर्थात् 'भूख की ज्वाला बड़वाग्नि से भी अधिक भयंकर एवं कष्टदायक है।

इस 'भूख' से उत्पन्न कष्टकारक स्थितियाँ मार्मिक हैं। लेकिन सर्वाधिक विषम एवं मार्मिक स्थिति वहाँ उत्पन्न दिखाई देती हैं, जब पेट की आग बुझाने के लिए लोग अपने बेटे-बेटी तक को बेचने के लिए मज़बूर होते हैं। पेट की यह आग ही मनुष्य को धर्म-अधर्म करने पर मज़बूर करती है। तुलसीदास के अनुसार सभी लोग अर्थात् पूरा समाज ही इससे त्रस्त है।

काव्य-सौंदर्य

(i) अवधी भाषा की शब्दाभिव्यक्ति है।
(ii) कवित्त छंद का प्रयोग हुआ है।
(iii) 'किसबी, किसान-कुल' तथा 'बेचत बेटा-बेटकी' पदों में अनुप्रास एवं 'राम-घनश्याम' में रूपक तथा 'आगि बड़वागितें बड़ी है आगि पेटकी' में व्यतिरेक अलंकार का सुंदर प्रयोग हुआ है।

2. खेती न किसान को, भिखारी को न भीख, बलि,
बनिक को बनिज, न चाकर को चाकरी।
जीविका विहीन लोग सीद्यमान सोच बस,
कहैं एक-एकन सों 'कहाँ जाई, का करी?'
बेदहूँ पुरान कही, लोकहूँ बिलोकिअत,
साँकरे सबै पै, राम! रावरें कृपा करी
दारिद-दसानन दबाई दुनी, दीनबंधु!
दुरित-दहन देखि तुलसी हहा करी।। **All India 2015, 14**

शब्दार्थ

बलि – दान-दक्षिणा; **बनिक** – व्यापारी; **बनिज** – व्यापार; **चाकर** – नौकर; **चाकरी** – नौकरी; **सीद्यमान** – दुःखी; **सोच** – चिंता; **बस** – वश में; **एक-एकन सों** – सबसे; **का करी** – क्या करें; **बेदहूँ** – वेद में भी; **लोकहूँ** – संसार में भी; **बिलोकिअत** – देखते हैं; **साँकरे** – संकट; **रावरें** – आपने; **दारिद** – दरिद्रता, गरीबी; **दसानन** – रावण; **दबाई** – दबाया; **दुनी** – संसार; **दीनबंधु** – गरीबों का मित्र; **दुरित** – पाप; **दहन** – नाश; **हहा करी** – हाहाकार करना, दुःखी होना

संदर्भ

पद्यांश 1 के समान।

प्रसंग

प्रस्तुत कवित्त में चारों ओर फैली आर्थिक दुर्दशा का वर्णन करते हुए तुलसीदास अपने आराध्य राम से उसे दूर करने की प्रार्थना अत्यंत दीन-भाव से करते हैं।

व्याख्या

तुलसीदास कहते हैं कि हे राम! वर्तमान समय में किसानों द्वारा खेती नहीं होती, भिखारी को भीख नहीं मिलती, व्यवसायियों का व्यापार नहीं चलता तथा नौकरी करने वालों को नौकरी नहीं मिलती। इस प्रकार जीविकाविहीन हो जाने के कारण सब लोग दुखी एवं शोक के वश में होकर एक-दूसरे से कहते हैं कि कहाँ जाएँ, क्या करें? कोई राह या उपाय नहीं सूझता। यह तो वेद और पुराण भी कहते हैं तथा लोक में भी ऐसा देखा जाता है कि संकट के समय आप ही ने सब पर कृपा की है। हे दीनबंधु! दरिद्रता-रूपी रावण ने दुनिया को दबा लिया है और पाप की ज्वाला देखकर तुलसीदास हाहा अर्थात् हाहाकार करते हैं अर्थात् अत्यंत कातर होकर आपसे दीन जनों की सहायता के लिए प्रार्थना करते हैं।

यहाँ खराब आर्थिक स्थिति के कारण समाज में उत्पन्न आजीविका विहीनता की स्थिति को कवि ने अत्यंत मार्मिक ढंग से अभिव्यक्त किया है। इससे स्पष्ट होता है कि तुलसीदास वीतराग संत नहीं, अपितु सामाजिक उत्तरदायित्वों के प्रति सजग एवं सचेष्ट रचनाकार थे।

काव्य-सौंदर्य

(i) कवित्त छंद एवं अवधी भाषा का सुंदर प्रयोग हुआ है।
(ii) 'बलि, बनिक को बनिज', 'दारिद-दसानन दबाई दुनी, दीनबंधु' एवं 'दुरित-दहन देखि' में अनुप्रास तथा 'दारिद-दसानन' पद में रूपकानुप्रास अलंकार का सौंदर्य दर्शनीय है।
(iii) इस काव्यांश में दरिद्रता को दशानन की संज्ञा देते हुए तुलसीदास ने समाज पर पड़ने वाले उसके विषम प्रभाव का मार्मिक वर्णन किया है।
(iv) दरिद्रता रूपी दशानन द्वारा दुनिया को दबाना आर्थिक संकट की व्यापक अभिव्यंजना करता है। इस दरिद्रता के दशानन को राम द्वारा ही मारा जा सकता है। इस काव्यांश में कवि के मन में अपने आराध्य के प्रति अखंड श्रद्धा का भाव प्रकट हुआ है।

3. धूत कहौ, अवधूत कहौ, रजपूतु कहौ,
जोलाहा कहौ कोऊ।
काहू की बेटीसों बेटा न ब्याहब,
काहूकी जाति बिगार न सोऊ।।
तुलसी सरनाम गुलामु है राम को,
जाको रुचै सो कहै कछु ओऊ।
माँगि कै खैबो, मसीत को सोइबो,
लैबोको एकु न दैबको दोऊ। **All India 2013**

शब्दार्थ

धूत–धूर्त, शठ, मक्कार, त्यागा हुआ; **अवधूत**–संन्यासी; **रजपूतु**–राजपूत; **जोलाहा**–जुलाहा; **कोऊ**–कोई; **काहूकी**–किसी की; **ब्याहब**–ब्याह करना; **बिगार** –बिगाड़ना, खराब करना; **सरनाम** –प्रसिद्ध; **गुलामु**–दास; **जाको**–जिसे; **रुचै**–अच्छा लगना; **ओऊ**–और; **खैबो**–खाऊँगा; **मसीत**–मस्जिद; **सोइबो**–सोऊँगा; **लैबो** – लेना; **दैब**–देना; **दोऊ** – दो

संदर्भ

पद्यांश 1 के समान।

प्रसंग

प्रस्तुत सवैये में गोस्वामी तुलसीदास ने भक्ति की रचनात्मक भूमिका को स्पष्ट करते हुए, राम की भक्ति के बल के भरोसे जाति-पाँति एवं धर्म के आडंबरों का खंडन करने का साहस दिखाया है।

व्याख्या

वे कहते हैं कि चाहे कोई मुझे धूर्त कहे अथवा अवधूत अर्थात् वीतरागी योगी कहे, राजपूत कहे या जुलाहा कहे, मुझे किसी की बेटी से अपने बेटे का ब्याह तो करना नहीं है, न मैं किसी से संबंध रखकर उसकी जाति ही बिगाड़ूँगा। मैं तो संसार-प्रसिद्ध राम का गुलाम अर्थात् दास हूँ। जिसे जो रुचिकर लगे, कहे। मुझे तो माँगकर खाना और मस्जिद में सोना है; न किसी से एक लेना है, न दो देना है। तुलसीदास की इस रचना में कबीर की 'चाह गई, चिंता मिटी मनुआ बेपरवाह' वाला बेफिक्री का भाव देखने को मिलता है। तुलसीदास ने इस सवैया के माध्यम से उस सामाजिक

व्यवस्था पर व्यंग्य किया है, जो जाति-पाँति और रक्त-गोत्र की शुद्धता को आधार बनाकर समाज में व्यक्ति का स्थान निर्धारित करती है। इस व्यवस्था के पोषक, धर्म के ठेकेदार समाज की वास्तविक प्रगति की राह में सबसे बड़ी बाधा हैं।

तुलसीदास यहाँ स्वयं को इस प्रकार की मनोवृत्ति के लोगों से अलग करते हुए गर्वपूर्वक घोषित करते हैं कि उन्हें यदि भरोसा है, तो केवल राम के प्रति अपने, विश्वास एवं आस्था पर। वस्तुतः यह भक्ति के बल से उपजी दृढ़ता है, जो एक निर्विकार मनुष्य की भाँति तुलसीदास को परंपरावादी एवं रूढ़िग्रस्त समाज में रहते हुए भी स्वयं को उससे मुक्त एवं बेफिक्र बनाती है।

काव्य–सौंदर्य

(i) भाषा अवधी है। अवधी के छंदों में प्रमुख 'सवैया' छंद में कवि ने अपने भावों की अभिव्यक्ति की है। सवैया गीतिमय छंद है, इसलिए काव्यांश में गेयता का गुण भी विद्यमान है।

(ii) अलंकार में अनुप्रास का सौंदर्य इस काव्यांश में 'कहौ कोऊ', 'काहू की बेटीसों बेटा न ब्याहब', 'सरनाम गुलामु है राम को' आदि पदों में देखने योग्य है।

(iii) अपनी बात को स्पष्ट करने के लिए कवि ने 'लेना एक ना देना दो' मुहावरे का अत्यंत सार्थक उपयोग किया है।

(iv) पूरे काव्यांश में समाज की रूढ़िवादिता पर एक व्यंग्य एवं क्षोभमूलक टिप्पणी की गई है।

लक्ष्मण–मूर्च्छा और राम का विलाप

निम्नलिखित काव्यांशों को ध्यानपूर्वक पढ़कर पूछे गए प्रश्नों के उत्तर दीजिए।

1. तव प्रताप उर राखि प्रभु जैहउँ नाथ तुरंत।
अस कहि आयसु पाई पद बंदि चलेउ हनुमंत।।
भरत बाहु बल सील गुन प्रभु पद प्रीति अपार।
मन महुँ जात सराहत पुनि पुनि पवनकुमार।।

Delhi 2013; Delhi (C) 2012

शब्दार्थ

तव – तुम्हारा, आपका; **प्रताप** – यश; **उर** – हृदय; **राखि** –रखकर; **जैहउँ** – जाऊँगा; **नाथ** – स्वामी, मालिक; **अस** –इस तरह; **आयसु** – आज्ञा; **पाई** – पाकर; **पद** – चरण, पैर; **बंदि** – वंदना; **सील** – सद्व्यवहार; **गुन** – गुण; **प्रीति** –प्रेम; **अपार** – अधिक; **महुँ** – में; **सराहत** – बड़ाई या प्रशंसा करना; **पुनि पुनि** – बार-बार, फिर; **पवनकुमार** – हनुमान, पवन के बेटे

संदर्भ

प्रस्तुत काव्य पंक्तियाँ हमारी पाठ्यपुस्तक 'आरोह भाग-2' में संकलित गोस्वामी तुलसीदास की अमर कृति 'रामचरित मानस' के लंका कांड में वर्णित प्रसंग 'लक्ष्मण-मूर्च्छा और राम का विलाप' से उद्धृत हैं।

प्रसंग

लक्ष्मण के मूर्च्छित होने के पश्चात् राम उनकी दशा देखकर विलाप कर रहे थे। सुषेण वैद्य की सलाह पर लक्ष्मण के उपचारार्थ संजीवनी लेने गए हनुमान की लौटते समय मार्ग में, अयोध्या में भरत से भेंट हुई।

व्याख्या

प्रस्तुत काव्यांश में उस समय का वर्णन है, जब मेघनाद द्वारा चलाए गए शक्ति बाण से लक्ष्मण मूर्च्छित हो जाते हैं। लक्ष्मण की ऐसी अवस्था देखकर राम विलाप कर उठते हैं। हनुमान संजीवनी बूटी को पहचान नहीं पाए, इसलिए पूरे पर्वत को ही उठा ले चले। भरत ने अनहोनी की आशंका से उन्हें नीचे उतार लिया, लेकिन वास्तविकता पता चलने पर उन्हें बाण पर बैठाकर तुरंत भगवान राम के पास भेज दिया। हनुमान भरत से कहते हैं कि हे प्रभु! मैं आपका प्रताप हृदय में रखकर तुरंत चला जाऊँगा। ऐसा कहकर, आज्ञा पाकर, भरत के चरणों की वंदना करके हनुमान चले। भरत के बाहुबल, शील, गुण एवं प्रभु (अर्थात् श्रीराम) के चरणों में अपार प्रेम की सराहना बारंबार मन-ही-मन करते हुए पवन पुत्र हनुमान मार्ग में चले जा रहे हैं।

काव्य–सौंदर्य

(i) संवाद और कथा का अनूठा संगम इस रचना में देखने को मिलता है।

(ii) दोहा छंद का उपयोग करके कवि ने अपनी बात स्पष्ट की है।

(iii) हनुमान की भक्ति केवल श्रीराम के लिए ही नहीं, अपितु भरत के लिए भी अखंड थी। यह इस काव्यांश से स्पष्ट होता है।

(iv) पूरे काव्यांश में अनुप्रास अलंकार का सौंदर्य दिखाई देता है; जैसे—'पाई पद' 'बाहु बल सील', 'प्रभु पद प्रीति अपार', 'मन महुँ जात सराहत', 'पुनि पुनि पवन कुमार'।

(v) 'पुनि पुनि' पद में पुनरुक्तिप्रकाश अलंकार का सौंदर्य भी देखने योग्य है।

2. उहाँ राम लछिमनहि निहारी। बोले बचन मनुज अनुसारी।।
अर्ध राति गइ कपि नहिं आयउ। राम उठाइ अनुज उर लायऊ।।
सकहु न दुखित देखि मोहि काऊ। बंधु सदा तव मृदुल सुभाऊ।।
मम हित लागि तजेहु पितु माता। सहेहु बिपिन हिम आतप बाता।।
सो अनुराग कहाँ अब भाई। उठहु न सुनि मम बच बिकलाई।।
जौं जनतेउँ बन बंधु बिछोहू। पितु बचन मनतेउँ नहिं ओहू।।

All India 2014; Delhi 2019, 12

शब्दार्थ

उहाँ – वहाँ; **लछिमनहि** – लक्ष्मण को; **निहारी** – देखा; **मनुज** – मनुष्य; **अनुसारी** – समान; **अर्ध** – आधी; **राति** – रात; **कपि** – बंदर, हनुमान; **आयउ** – आया; **अनुज** – छोटा भाई; **सकहु** – सके; **मोहि** – मुझे; **काऊ** – किसी प्रकार; **तव** – तेरा; **मृदुल** – कोमल; **सुभाऊ** – स्वभाव; **मम** – मेरे; **हित** – भला; **तजेहु** – त्याग दिया; **सहेहु** – सहन किया; **बिपिन** – जंगल; **आतप** – धूप; **बाता** – हवा, तूफान; **सो** – वह; **अनुराग** – प्रेम; **बच** – वचन; **बिकलाई** – व्याकुल होना, व्यग्र होना; **जौं** – यदि; **जनतेउँ** – जानता; **बिछोहू** – वियोग, विरह; **मनतेउँ** – मानता है; **ओहू** – उस

संदर्भ

पद्यांश 1 के समान।

प्रसंग

तुलसीदास जी कहते हैं कि वहाँ (लंका में समुद्र-तट पर) लक्ष्मण को देखकर राम साधारण मनुष्यों के समान वचन बोले।

व्याख्या

तुलसीदास जी कहते हैं कि आधी रात बीत चुकी, हनुमान नहीं आए; यह कहकर राम ने छोटे भाई को उठाकर हृदय से लगा लिया और विलाप करते

हुए कहने लगे—हे भाई! तुम मुझे कभी दु:खी नहीं देख सकते थे। तुम्हारा स्वभाव सदा से ही कोमल था।

मेरे हित के लिए तुमने माता-पिता को भी छोड़ दिया तथा वन में सर्दी, गर्मी और हवा के कठिन प्रकोप को सहन किया। हे भाई! वह प्रेम अब कहाँ है? मेरे व्याकुलता भरे वचनों को सुनकर तुम उठते क्यों नहीं? यदि मैं जानता कि वन में भाई का बिछोह होगा, तो मैं पिता के वचन अर्थात् आदेश (जिसे मानना मेरा सर्वोपरि कर्त्तव्य था) को भी नहीं मानता।

यहाँ तुलसीदास जी ने दु:ख की स्थिति के प्रभाव को दर्शाते हुए बताया है कि दु:ख में समर्थ-से-समर्थ व्यक्ति भी किस प्रकार असहाय एवं दीन हो जाता है। राम के विलाप करने में यही भाव प्रकट होता है। इसके अतिरिक्त राम के निर्मल एवं उदात्त चरित्र का भी चित्रण इन पंक्तियों में हुआ है, जो अपने भाई लक्ष्मण के स्वभाव, गुण एवं उनके प्रति किए गए त्याग का स्मरण करके करुण-भाव के इतने वशीभूत हो जाते हैं कि पिता को अपने द्वारा दिए गए वनवास के वचन यानी आदेश को मानने तक से इनकार करने को कहते हैं। राम के भ्रातृप्रेम एवं लक्ष्मण द्वारा राम के लिए किए गए त्याग के वर्णन के कारण यह प्रसंग अत्यंत मार्मिक हो गया है।

काव्य-सौंदर्य

(i) राम का भाई के शोक में विलाप करने का दृश्य अत्यंत करुण एवं मर्मस्पर्शी है।

(ii) अवधी भाषा का भावपूर्ण प्रयोग काव्यांश में दर्शनीय है।

(iii) इस संगीतात्मक गेय काव्य में चौपाई छंद का प्रयोग हुआ है।

(iv) करुण रस प्रधान रचना है।

(v) 'बच बिकलाई', 'जौं जनतेउँ' 'बन बंधु बिछोहू' आदि में अनुप्रास अलंकार का सौंदर्य दर्शनीय है।

3. सुत बित नारि भवन परिवारा। होहिं जाहिं जग बारहिं बारा।।
अस बिचारि जियँ जागहु ताता। मिलइ न जगत सहोदर भ्राता।।
जथा पंख बिनु खग अति दीना। मनि बिनु फनि करिबर कर हीना।।
अस मम जिवन बंधु बिनु तोही। जौं जड़ दैव जिआवै मोही।।
जैहउँ अवध कवन मुहुँ लाई। नारि हेतु प्रिय भाइ गँवाई।।
बरु अपजस सहतेउँ जग माही। नारि हानि बिसेष छति नाहीं।।

Delhi 2016,14

शब्दार्थ

बित – धन; **होहिं जाहिं** – हो जाते हैं; **बारहिं बारा** – बार- बार ही; **अस** – ऐसा, इस तरह; **बिचारि** – सोच-विचार कर; **जियँ** – मन में; **ताता** – भाई; **सहोदर** – सगा; **भ्राता** – भाई; **जथा** – जिस प्रकार; **बिनु** – के बिना; **दीना** – दीनहीन; **मनि** – मणि; **फनि** –फन (साँप का); **करिबर** – हाथी; **कर** – सूँड; **हीना** – रहित, अभाव; **अस** – ऐसा; **मम** – मेरा; **तोही** – तेरे; **जौं** – यदि; **जड़** – कठोर; **दैव** – भाग्य; **जिआवै** – जीवित रखे; **मोहि** – मुझे; **जैहउँ** – जाऊँगा; **अवध** – अयोध्या; **कवन** – कौन; **मुहुँ लाई** –मुँह लेकर; **बरु** – चाहे; **अपजस** – अपयश, कलंक; **सहतेउँ** – सहता रहूँगा; **माही** – में; **छति** – क्षति, नुकसान, हानि

संदर्भ

पद्यांश 1 के समान।

प्रसंग

यहाँ राम लक्ष्मण की मूर्च्छित अवस्था को देखकर अत्यंत भाव विह्वल हो रहे हैं। राम कह रहे हैं कि वह अयोध्या जाकर लोगों के प्रश्नों का क्या उत्तर देंगे।

व्याख्या

राम विलाप करते हुए कहते हैं कि पुत्र, धन, स्त्री, घर तथा परिवार ये तो संसार में बार-बार आते और जाते हैं, लेकिन इस दुनिया में सहोदर भाई बार-बार नहीं मिलता। अपने हृदय में ऐसा विचार करके वे कहते हैं कि हे तात! जागो। जैसे पंखविहीन पक्षी, मणिविहीन सर्प और सूँड के बिना श्रेष्ठ हाथी अत्यंत दीन हो जाते हैं, उसी प्रकार तुम्हारे बिना मेरा जीवन भी वैसा ही दीनतायुक्त होगा। पत्नी के लिए अपने प्रिय भाई को खोकर मैं कौन-सा मुँह लेकर अयोध्या जाऊँगा?

मैं संसार में यह अपयश कि 'राम वीर पुरुष नहीं हैं, जो अपनी स्त्री के लिए भाई को भी गँवा बैठे', कैसे सहन करूँगा। क्योंकि इस हानि को देखते हुए स्त्री की हानि कोई विशेष हानि नहीं है। वस्तुत: राम का यह विलाप एवं दु:ख की अवस्था में उनके द्वारा कही गई बातें स्वाभाविक हैं। लक्ष्मण उनके अनुज थे, उन्होंने राम की सेवा और सहायता करने के उद्देश्य से अपने सुखों का परित्याग कर राम के साथ वन जाना स्वीकार किया था।

लक्ष्मण के इस त्याग के प्रति कृतज्ञता का प्रदर्शन तथा छोटे भाई को पत्नी से अधिक प्रेम एवं स्नेह देना राम के चरित्र को मानव जाति के इतिहास में आदर्श एवं प्रेरणाप्रद बनाता है। 'नारि हानि बिसेष छति नाहीं' कहने में स्त्री की महत्ता कम करने का भाव नहीं है, अपितु यह राम के अपने छोटे भाई के प्रति अपार स्नेह एवं उसके संभावित वियोग से उत्पन्न होने वाले कष्ट को सोचकर कहा गया स्वाभाविक कथन है। राम ने इस काव्यांश में भ्रातृप्रेम का एक उदात्त स्वरूप मानव-समाज के सम्मुख उपस्थित किया है।

काव्य-सौंदर्य

(i) तुलसी ने यहाँ राम के विलाप कथन के माध्यम से समाज के सम्मुख भ्रातृप्रेम का एक अनुपम आदर्श प्रस्तुत किया है। राम लक्ष्मण जैसे स्नेहिल एवं कर्त्तव्यपरायण भाई की तुलना में पुत्र, स्त्री, घर-परिवार आदि से प्राप्त होने वाले सुख को महत्त्वहीन मानते हैं।

(ii) काव्यांश की भाषा परिनिष्ठित अवधी है। कवि ने भावाभिव्यक्ति के लिए इस भाषा के प्रसिद्ध छंद 'चौपाई' का चुनाव किया है।

(iii) काव्यांश में अलंकारों का सुंदर प्रयोग सर्वत्र दिखाई देता है।

4. अब अपलोकु सोकु सुत तोरा। सहिहि निठुर कठोर उर मोरा।।
निज जननी के एक कुमारा। तात तासु तुम्ह प्रान अधारा।।
सौंपेसि मोहि तुम्हहि गहि पानी। सब बिधि सुखद परम हित जानी।।
उतरु काह दैहउँ तेहि जाई। उठि किन मोहि सिखावाहु भाई।।
बहु बिधि सोचत सोच बिमोचन। स्रवत सलिल राजिव दल लोचन।।
उमा एक अखंड रघुराई। नर गति भगत कृपाल देखाई।।

सोरठा

प्रभु प्रलाप सुनि कान बिकल भए बानर निकर
आइ गयउ हनुमान जिमि करुना मुँह बीर रस।।

All India 2016; Delhi 2015

शब्दार्थ

अपलोकु – अपयश; **सोकु** – दुःख; **तोरा** – तुम्हारा; **सहिहि** – सहन करना; **जननी** – माँ; **कुमारा** – पुत्र; **तात** – पिता; **तासु** – उनके; **प्रान अधारा** – प्राणों के आधार; **सौंपेसि** – सौंपा था; **गहि** – पकड़ कर; **पानी** – हाथ (पाणि); **सब बिधि** – सब तरह से; **सुखद** – सुख देने वाला; **हित** – हितैषी; **उतरु** – उत्तर, जवाब; **काह** – क्या; **तेहि** – वहाँ; **जाई** – जाकर; **किन** – क्यों नहीं; **बहुबिधि** – अनेक प्रकार से; **सोच बिमोचन** – शोक से मुक्ति देने वाले राम; **स्रवत** – बहता है; **सलिल** – जल; **राजिव** – कमल; **लोचन** – नेत्र, आँख; **उमा** – पार्वती; **एक** – अद्वितीय; **अखंड** – वियोग से रहित; **गति** – दशा; **बिकल** – परेशान; **निकर** – समूह; **प्रलाप** –विलाप; **रघुराई** – रघुकुल के राजा अर्थात् राम; **कृपाल** – कृपालु; **जिमि** – जैसे; **मँह** – मैं

संदर्भ

पद्यांश 1 के समान।

प्रसंग

लक्ष्मण की मूर्च्छा से व्याकुल एवं असहाय होकर राम विलाप करते हैं।

व्याख्या

वे कहते हैं कि—हे पुत्र! (यहाँ लक्ष्मण को पुत्र कहने में राम का वात्सल्य भाव झलकता है) अब तो मेरा निष्ठुर एवं कठोर हृदय यह अपयश और तुम्हारा शोक दोनों ही सहन करेगा। हे तात! तुम अपनी माता के एक ही पुत्र और उसके प्राणों के आधार हो। सब प्रकार से सुख देने वाला और परम हितकारी जानकर उन्होंने तुम्हारा हाथ पकड़कर मुझे सौंपा था। अब मैं वापस जाकर उन्हें क्या उत्तर दूँगा? हे भाई! तुम उठकर मुझे सिखाते (समझाते) क्यों नहीं? इस प्रकार चिंतनमुक्त रहने वाले राम के मन में अनेक प्रकार के विचार आ रहे हैं। उनके कमल की पंखुड़ी के सदृश नेत्रों से विषाद के कारण अश्रुओं रूपी जल बह रहा है।

तुलसीदास कहते हैं कि अपनी प्रिया पार्वती को (रामचरित मानस के वर्णन के अनुसार पार्वती एवं शिवजी राम-कथा के प्रथम श्रोता एवं वक्ता हैं।) संबोधित करते हुए शिवजी कहते हैं कि हे उमा! श्रीराम अद्वितीय एवं अखंड (वियोग से रहित) हैं। भक्तों पर कृपा करने के उद्देश्य से भगवान राम ने लीला करके शोक संतप्त मनुष्य की दशा दिखलाई है।

तुलसीदास जी कहते हैं कि प्रभु अर्थात् राम के करुण विलाप को सुनकर वानरों के समूह व्याकुल हो गए। इतने में हनुमान का आगमन हुआ। हनुमान का आना ऐसा लगा मानो करुण रस के प्रसंग में वीर रस का प्रसंग आ गया हो।

काव्य–सौंदर्य

(i) कविता की भाषा करुण रस प्रधान है। काव्याभिव्यक्ति के लिए कवि ने अवधी भाषा तथा चौपाई एवं सोरठा छंद का चयन किया है।
(ii) राम के विलाप का अत्यंत मर्मस्पर्शी चित्रण हुआ है।
(iii) राम के लिए प्रयुक्त विशेषण 'सोच बिमोचन', 'राजिव दल लोचन' एवं 'रघुराई' जहाँ काव्य के अर्थ गौरव में उसके सौंदर्य को बढ़ाते हैं, वहीं राम के व्यक्तित्व की सुंदरता एवं महानता को भी प्रदर्शित करते हैं।
(iv) कविता में संगीतात्मकता एवं गेयता का गुण विद्यमान है।

PYQs पूर्व परीक्षाओं के प्रश्न व अन्य महत्त्वपूर्ण प्रश्न

काव्यांश पर आधारित बहुविकल्पीय प्रश्न

1. यह वृत्तांत दसानन सुनेऊ।
अति विषाद पुनि पुनि सिर धुनेऊ।।
व्याकुल कुंभकरन पहिं आवा।
बिबिध जतन करि ताहि जगावा।।
जागा निसिचर देखिअ कैसा।
मानहुँ कालु देह धरि बैसा।।
कुंभकरन बूझा कहु भाई।
काहे तब मुख रहे सुखाई।।
कथा कही सब तेहिं अभिमानी।
जेहि प्रकार सीता हरी आनी।। **CBSE 2023**

(क) दसानन के बार-बार सिर धुनने का क्या कारण था?
(i) सहयोग नहीं मिलना
(ii) संकट से नहीं निकलना
(iii) वैद्य द्वारा लक्ष्मण का उपचार करना
(iv) लक्ष्मण का स्वस्थ हो जाना

(ख) अत्यधिक शोक से बेचैन होकर रावण किसके पास गया?
(i) मेघनाद (ii) विभीषण
(iii) कुंभकरण (iv) मंदोदरी

(ग) कुंभकरण को असमय जगाने के पीछे रावण की क्या मनोदशा रही होगी?
(i) कुंभकरण को स्वयं से श्रेष्ठ मानना
(ii) कुंभकरण से दिल की बात करना
(iii) कुंभकरण को युद्ध में भेजना
(iv) कुंभकरण की शक्ति पर भरोसा

(घ) 'जागा निसिचर देखिअ कैसा' पंक्ति में 'निसिचर' से किसे संबोधित किया गया है?
(i) रावण को (ii) कुंभकरण को
(iii) राक्षस को (iv) रात में चलने वाले को

(ङ) कुंभकरण ने रावण से क्या पूछा?
(i) सीता हरण का कारण
(ii) अपने पास आने का कारण
(iii) दुखी होने का कारण
(iv) स्वयं को जगाने का कारण

उत्तर (क) (iii) वैद्य द्वारा लक्ष्मण का उपचार करना
(ख) (iii) कुंभकरण
(ग) (iii) कुंभकरण को युद्ध में भेजना
(घ) (ii) कुंभकरण को
(ङ) (iii) दुखी होने का कारण

2. अर्ध राति गइ कपि नहिं आयऊ। राम उठाइ अनुज उर लायऊ।।
सकहु न दुखित देखि मोहि काऊ। बंधु सदा तव मृदुल सुभाऊ।।
मम हित लागि तजेहु पितु माता। सहेहु बिपिन हिम आतप बाता।।
सो अनुराग कहाँ अब भाई।उठहु न सुनी मम बच बिकलाई।।
जौं जनतेउँ बन बंधु बिछोहू। पितु बचन मनतेउँ नहिं ओहू।।
सुत बि नारि भवन परिवारा। होहिं जाहिं जग बारहिं बारा।।
अस बिचारि जियँ जागहु ताता। मिलइ न जगत सहोदर भ्राता।
जथा पंख बिनु खग अति दीना। मनि बिनु फनि करिबर कर हीना।।
अस मम जिवन बंधु बिनु तोहि। जौं जड़ दैव जिआवै मोही।।

CBSE SQP 2020-21

(क) राम लक्ष्मण के किस स्वभाव का स्मरण करते हैं?
(i) भ्रातृ प्रेम का (ii) कोमलता का
(iii) प्रेममयी हृदय का (iv) सेवा-भाव का

(ख) राम के अनुसार लक्ष्मण ने उनके हित के लिए क्या-क्या सहन किया?
(i) जंगल में भूख, प्यास, कमजोरी
(ii) जंगल में सीता-हरण, युद्ध, शक्ति
(iii) जंगल में जाड़ा, ताप, आँधी-तूफान
(iv) जंगल में काँटे, जंगली-जानवर, कीट-पतंगे

(ग) काव्यांश में किस क्षति को राम ने बड़ी क्षति माना है?
(i) भार्या को खो देना (ii) तात का न आना
(iii) भ्राता को खो देना (iv) कपि का न आना

(घ) लक्ष्मण की अनुपस्थिति में राम को अपना जीवन कैसा प्रतीत होता है?
(i) निरर्थक (ii) अपमानित
(iii) लाचार (iv) कठोर

(ङ) राम यदि जानते कि वनगमन के क्या परिणाम होंगे, तब वे क्या नहीं करते?
(i) रावण से युद्ध न करते
(ii) लक्ष्मण को वन में साथ न लाते
(iii) माँ के वचन का पालन न करते
(iv) पिता के वचन का पालन न करते

उत्तर (क) (ii) कोमलता का
(ख) (iii) जंगल में जाड़ा, ताप, आँधी-तूफान
(ग) (iii) भ्राता को खो देना
(घ) (i) निरर्थक
(ङ) (iv) पिता के वचन का पालन न करते

3. तव प्रताप उर राखि प्रभु जैहउँ नाथ तुरंत।
अस कहि आयसु पाइ पद बंदी चलेउ हनुमंत ।।
भरत बाहु बल सील गुन प्रभु पद प्रीति अपार।
मन महुँ जात सराहत पुनि-पुनि पवनकुमार।।

CBSE SQP 2019-20

(क) प्रस्तुत काव्यांश में किसके शक्ति बाण से लक्ष्मण मूर्च्छित हो जाता है?
(i) कुंभकरण (ii) रावण
(iii) मेघनाद (iv) सुषेण

(ख) हनुमान जी लक्ष्मण के लिए क्या लेने गए थे?
(i) वस्त्र (ii) संजीवनी बूटी
(iii) पानी (iv) बाण

(ग) भरत हनुमान को किस पर बैठाकर राम के पास भेज देते हैं?
(i) धनुष पर (ii) बाण पर
(iii) तलवार पर (iv) घोड़े पर

(घ) 'मन महुँ जात सशहत पुनि पुनि पवनकुमार' पंक्ति में सराहत का क्या अर्थ है?
(i) प्रशंसा करना
(ii) निंदा करना
(iii) कार्य करना
(iv) धनुष चलाना

(ङ) निम्नलिखित कथनों पर विचार कीजिए।
1. सुषेण वैद्य ने संजीवनी बूटी से लक्ष्मण का उपचार करने की सलाह दी।
2. हनुमान जी की लौटते समय मार्ग में भरत जी से भेंट हुई।
3. भरत, हनुमान के गहरे मित्र थे।

कूट
(i) केवल 1 (ii) 1 और 2
(iii) 1 और 3 (iv) केवल 3

उत्तर (क) (iii) मेघनाद
(ख) (ii) संजीवनी बूटी
(ग) (ii) बाण पर
(घ) (i) प्रशंसा करना
(ङ) (ii) 1 और 2

4. खेती न किसान को, भिखारी को न भीख, बलि,
बनिक को बनिज, न चाकर को चाकरी।
जीविका विहीन लोग सीद्यमान सोच बस,
कहैं एक-एकन सों 'कहाँ जाई, का करी?'
बेदहूँ पुरान कही, लोकहूँ बिलोकिअत,
साँकरे सबै पै, राम! रावरें कृपा करी
दारिद-दसानन दबाई दुनी, दीनबंधु!
दुरित-दहन देखि तुलसी हहा करी।।

CBSE SQP 2018-19

(क) प्रस्तुत काव्यांश के कवि और कविता का क्या नाम है?
(i) हरिवंश राय बच्चन 'दिन जल्दी-जल्दी ढलता है'
(ii) कुँवर नारायण 'कविता के बहाने'
(iii) तुलसीदास 'कवितावली'
(iv) शमशेर बहादुर सिंह 'उषा'

(ख) काव्यांश में लोग किस कारण से दुखी हैं?
(i) जीविका विहीन हो जाने से
(ii) राम के वनवास चले जाने से
(iii) सीता-हरण हो जाने से
(iv) फसल खराब हो जाने से

(ग) रावण की तुलना किससे की गई है?
(i) राम से (ii) दरिद्रता से
(iii) अमीरी से (iv) अखंडता से

(घ) निम्नलिखित में से किसके द्वारा इस संकटपूर्ण स्थिति से उभरा जा सकता है?
(i) कवि द्वारा (ii) दान–दक्षिणा द्वारा
(iii) नए व्यापार द्वारा (iv) राम भक्ति द्वारा

(ङ) किस वर्ग के लोगों की आर्थिक स्थिति अत्यंत शोचनीय अवस्था में है?
(i) भिक्षुक (ii) किसान
(iii) व्यापारी (iv) ये सभी

उत्तर (क) (iii) तुलसीदास 'कवितावली'
(ख) (i) जीविका विहीन हो जाने से
(ग) (ii) दरिद्रता से
(घ) (iv) राम भक्ति द्वारा
(ङ) (iv) ये सभी

5. प्रभु प्रताप सुनि कान
भए वानर निकर
आइ गयउ हनुमान
जिमि करुना महँ वीर रस। **CBSE SQP 2017-18**

(क) कवि के अनुसार, किसके विलाप को सुनकर वानरों का समूह व्याकुल हो गया?
(i) हनुमान के (ii) राम के
(iii) भरत के (iv) लक्ष्मण के

(ख) काव्यांश में किसके आगमन से करुण रस के प्रसंग में वीर रस का प्रसंग आ गया?
(i) लक्ष्मण के (ii) हनुमान के
(iii) रावण के (iv) सीता के

(ग) राम ने लीला करके शोक संतृप्त किसकी दशा दिखलाई है?
(i) पक्षियों की (ii) पर्वतों की
(iii) वानरों की (iv) मनुष्य की

(घ) प्रभु प्रलाप सुनि काल विकल भए वानर निकर' इस पंक्ति में निकर शब्द का अर्थ है
(i) परेशान (ii) समूह
(iii) विलाप (iv) अद्वितीय

(ङ) निम्नलिखित कथन–कारण को ध्यानपूर्वक पढ़िए उसके बाद दिए गए विकल्पों में से कोई सही विकल्प चुनकर लिखिए

कथन (A) राम के कमल पंखुड़ी के समान नेत्रों से अश्रुओं रूपी जल बह रहा है।

कारण (R) लक्ष्मण अपनी माता का इकलौता पुत्र है।

(i) कथन (A) और कारण (R) दोनों सही हैं तथा कारण (R) कथन (A) की सही व्याख्या करता है।
(ii) कथन (A) गलत है, लेकिन कारण (R) सही है।
(iii) कथन (A) तथा कारण (R) दोनों गलत हैं।
(iv) कथन (A) सही है, लेकिन कारण (R) उसकी गलत व्याख्या करता है।

उत्तर (क) (ii) राम के
(ख) (ii) हनुमान के
(ग) (iv) मनुष्य की
(घ) (ii) समूह
(ङ) (i) कथन (A) और कारण (R) दोनों सही हैं तथा कारण (R) कथन (A) की सही व्याख्या करता है।

6. किसबी, किसान-कुल, बनिक, भिखारी, भाट,
चाकर, चपल नट, चोर, चार, चेटकी।
पेट को पढ़त, गुन गढ़त, चढ़त गिरि,
अटत गहन-गन अहन अखेटकी।।
ऊँचे-नीचे करम, धरम-अधरम करि,
पेट ही को पचत, बेचत बेटा-बेटकी।
'तुलसी' बुझाइ एक राम घनस्याम ही तें,
आगि बड़वागितें बड़ी है आगि पेटकी।।

(क) कवि के अनुसार कौन लोग भूख शांत करने में लगे हैं?
(i) भिखारी (ii) व्यापारी
(iii) कुशल अभिनेता (iv) ये सभी

(ख) प्रस्तुत काव्यांश में वर्णित भूख से उत्पन्न स्थितियों में सर्वाधिक मार्मिक स्थिति कौन-सी है?
(i) पेट भरने के लिए पर्वतों पर आजीविका खोजना
(ii) पेट भरने के लिए बेटा-बेटी को भी बेचना
(iii) पेट भरने के लिए दिनभर धूप में शिकार खोजना
(iv) पेट भरने के लिए नीच कर्म करना

(ग) पेट की आग को कैसे शांत किया जा सकता है?
(i) अनुचित कर्म करके
(ii) ईश्वर कृपा से
(iii) निम्न कार्य करके
(iv) कुछ भी कार्य न करके

(घ) 'पेट की आग' मनुष्य को क्या करने पर मज़बूर कर देती है?
(i) धर्म-अधर्म करने पर (ii) सुकर्म करने पर
(iii) नौकरी करने पर (iv) भजन करने पर

(ङ) प्रस्तुत काव्यांश के लेखक और पाठ का नाम लिखिए।
(i) कवितावली के उत्तरकांड (तुलसीदास)
(ii) दिन जल्दी-जल्दी ढलता है, (हरिवंश राय बच्चन)
(iii) सहर्ष स्वीकारा है, (गजानन माधव मुक्तिबोध)
(iv) कैमरे में बंद अपाहिज (रघुवीर सहाय)

उत्तर (क) (iv) ये सभी
(ख) (ii) पेट भरने के लिए बेटा-बेटी को भी बेचना
(ग) (ii) ईश्वर कृपा से
(घ) (i) धर्म-अधर्म करने पर
(ङ) (i) कवितावली के उत्तरकांड (तुलसीदास)

विषय-वस्तु पर आधारित लघु उत्तरीय प्रश्न

1. तुलसीदास ने दरिद्रता की तुलना किससे की है और क्यों? **CBSE 2023**

उत्तर तुलसीदास ने दरिद्रता की तुलना रावण से की है, क्योंकि जिस प्रकार रावण ने सभी को अपने वश में कर लिया था, उसी प्रकार दरिद्रता ने दुनिया को अपने वश में कर लिया है। चारों ओर पाप की ज्वाला दहक रही है। दरिद्रता की स्थिति में लोग अपना पेट भरने के लिए सभी प्रकार के ऊँचे-नीचे कर्म तथा धर्म-अधर्म का कार्य करते हैं। इस दरिद्रता रूपी दशानन को श्रीराम के द्वारा ही मारा जा सकता है अर्थात् राम की कृपा होने ही पर लोगों की दरिद्रता दूर हो सकती है तथा सामाजिक स्थिति में सुधार आ सकता है।

2. तुलसी ने अपने पद 'धूत कहौ, अवधूत कहौ ·······' में अपने स्वाभिमान को कैसे व्यक्त किया है? स्पष्ट कीजिए। **CBSE 2023**

अथवा **'धूत कहौ, अवधूत कहौ ·······' सवैये में तुलसीदास का स्वाभिमान प्रतिबिंबित होता है।" इस कथन की पुष्टि कीजिए।** **All India 2017**

उत्तर 'धूत कहौ, अवधूत कहौ' सवैये में तुलसीदास विषादग्रस्त समाज से संघर्ष करते दृष्टिगत होते हैं। वे हर प्रकार की विभाजनकारी शक्तियों से टकराते हैं। तुलसी सही अर्थ में समन्वयकारी तथा मानवतावादी रचनाकार हैं। वे धूत-अवधूत, राजपूत-जुलाहा जैसे सामाजिक विभाजन को अनर्थकारी मानते हैं। उन्होंने समाज में अपनी स्थिति देखी थी।

एक ब्राह्मण होते हुए भी उन्हें सामाजिक अपवादों का सामना करना पड़ता था। सामाजिक यथार्थ यही था कि समाज का विभाजन प्राय: आर्थिक आधार पर निर्धारित हो गया है। धन तथा प्रभुत्व रखने वाले लोग ही सामाजिक मान्यताओं के निर्माता तथा नियंत्रक होते हैं। ऐसे में तुलसी माँगकर खाने और मस्जिद में सोने जैसी बात कर उक्त सामाजिक व्यवस्था को दो टूक जवाब देते हैं। अत: तुलसी भक्त शिरोमणि है। वे राम के प्रति दास्य भाव स्वीकार करते हैं। तुलसी की भक्ति ही उनकी को चेतना को सर्वजन हिताय बनाती है।

3. तुलसीदास चौपाइयों के आधार पर तत्कालीन समाज में नारी की स्थिति स्पष्ट कीजिए। **CBSE 2023**

अथवा **'नारि हानि बिसेष छति नाहीं' कहकर तुलसीदास ने जो सामाजिक दृष्टिकोण प्रस्तुत किया है, उस पर अपने विचार एक अनुच्छेद में व्यक्त कीजिए।** **All India 2010**

उत्तर कवि तुलसीदास ने राम के मुख से कहलवाया है कि भाई के समक्ष नारी की हानि विशेष महत्त्व नहीं रखती। यह भाव या कथन उस समय की नारी की हीन अवस्था को दर्शाता है।

नारी मायका छोड़कर सदा के लिए ससुराल आती है, परंतु उसे सदैव दोयम दर्जे का ही समझा जाता था। भाई का संबंध रक्तीय होने के कारण अधिक महत्त्वपूर्ण समझा जाता था। पत्नी के लिए राम का दृष्टिकोण पूर्णतया गलत है।

4. कवितावली के छंदों के आधार पर स्पष्ट करें कि तुलसीदास को अपने युग की आर्थिक विषमता की अच्छी समझ है। **CBSE SQP 2022-23; Delhi 2010**

उत्तर गोस्वामी तुलसीदास उच्च कोटि के संत एवं भक्त कवि थे, साथ ही लोकनायक एवं लोकमंगल की भावना से मंडित थे। उन्होंने अपने युग की अनेक विषम परिस्थितियों को देखा, उनका सामना किया तथा उन्हें अपनी रचनाओं में स्वर दिया। तुलसीदास जी ने समाज में व्याप्त भयंकर बेकारी-बेरोजगारी और भुखमरी को लेकर 'कवितावली' आदि में आक्रोश-आवेश के साथ अपना मंतव्य स्पष्ट किया। इस प्रकार कवितावली के द्वारा स्पष्ट हो जाता है कि तुलसीदास को अपने युग की आर्थिक विषमता की अच्छी समझ थी।

5. 'कवितावली' के आधार पर सिद्ध कीजिए कि तुलसीदास को अपने समय की आर्थिक-सामाजिक समस्याओं की समझ थी। **CBSE SQP Term II 2021-22**

अथवा **'कवितावली' के कवियों के आधार पर सिद्ध कीजिए कि तुलसीदास को अपने युग की आर्थिक विषमताओं की अच्छी समझ थी।** **CBSE SQP 2020-21**

अथवा **'कवितावली' के आधार पर पुष्टि कीजिए कि तुलसी को अपने समय की आर्थिक-सामाजिक समस्याओं की जानकारी थी।** **Delhi 2019; All India 2016**

उत्तर कवितावली में उद्धृत पदों के अंतर्गत यह स्पष्ट हो जाता है कि तुलसीदास को अपने युग की आर्थिक-सामाजिक समस्याओं की अच्छी समझ थी, क्योंकि तुलसीदास मानवीय-संवेदना के कवि थे। उन्होंने युगीन चेतना का सुंदर समावेश काव्य में किया है। वे संत होते हुए भी जनता की पीड़ा से वाकिफ थे। उन्हें समाज में व्याप्त गरीबी, बेकारी तथा भुखमरी का ज्ञान था। किसान, मजदूर, बनिक (बनिया) इत्यादि वर्गों की जीविका के ह्रास को कवि ने देखा था। इसमें भयंकर बेकारी तथा भूख का चित्रण सामने आया है। 'पेट की आग' का असर सभी व्यक्तियों पर स्पष्ट रूप से नज़र आता था। काम न मिलने की विवशता में लोग ऊँचे-नीचे कर्म कर रहे थे तथा धर्म-अधर्म पर विशेष ध्यान नहीं दिया जा रहा था। इस प्रकार, तुलसीदास ने अपने युग की आर्थिक-सामाजिक विषमता को ठीक से समझा था।

6. 'लक्ष्मण-मूर्च्छा और राम का विलाप' प्रसंग में संकलित चौपाइयों के आधार पर राम का लक्ष्मण के प्रति प्रेम-भाव का वर्णन कीजिए। **CBSE Term II 2021-22**

अथवा **'लक्ष्मण-मूर्च्छा और राम का विलाप' काव्यांश में लक्ष्मण के प्रति राम के प्रेम के कौन-कौन से पहलू अभिव्यक्त हुए हैं?** **All India 2013**

उत्तर 'लक्ष्मण-मूर्च्छा और राम का विलाप' कविता में लक्ष्मण के प्रति श्रीराम के प्रेम की हृदयस्पर्शी अभिव्यक्ति हुई है। यहाँ श्रीराम का मानवीय रूप दृष्टिगत होता है। वे साधारण मानव की तरह अधीर होते हैं तथा कहते हैं कि उन्हें यदि ज्ञात होता कि वन में भाई का विछोह होगा, तो वे पिता को दिए गए वचन का कभी पालन नहीं करते।

वे कहते हैं कि संसार में पुत्र, स्त्री आदि को एकाधिकार बराबर मिल जाते हैं, परंतु सहोदर भाई पुन: नहीं मिलता। वे कहते हैं कि लक्ष्मण के बिना वे कौन-सा मुँह लेकर अयोध्या जाएँगे। इन पंक्तियों में श्रीराम की आंतरिक व्यथा का मर्मस्पर्शी चित्रण हुआ है।

7. तुलसीदास के कवित्त के आधार पर तत्कालीन समाज की आर्थिक विषमता पर प्रकाश डालिए। **Delhi 2015**

अथवा **तुलसी के संकलित कवित्तों में चित्रित तत्कालीन आर्थिक विषमताओं पर टिप्पणी कीजिए।** **Delhi 2010**

उत्तर गोस्वामी तुलसीदास भक्त कवि थे। उन्होंने अपने युग की आर्थिक विषमता को करीब से देखा ही नहीं, बल्कि उसका अनुभव भी किया है। उस समय अकाल के कारण बेरोजगारी और भुखमरी फैली हुई थी। लोगों के पास काम नहीं था। इस कारण लोग संतान तक को बेचने के लिए विवश थे। चारों ओर लाचारी और विवशता ही दिखाई पड़ती थी।

पेट की आग समुद्र की आग से भी अधिक भयंकर थी, जिसके लिए लोग ऊँचे-नीचे कर्म कर रहे थे और धंधे में भी धर्म-अधर्म का ख्याल नहीं रख रहे थे। इस प्रकार तुलसी का युग अनेक आर्थिक विषमताओं से घिरा था।

8. कुंभकरण के द्वारा पूछे जाने पर रावण ने अपनी व्याकुलता के बारे में क्या कहा और कुंभकरण से क्या सुनना पड़ा? Delhi 2015

उत्तर कुंभकरण के द्वारा पूछे जाने पर रावण अपनी व्याकुलता बताते हुए कहता है कि हनुमान के रूप में साक्षात् काल का देह धारण किए हुए उसने लंका में हाहाकार मचा दिया है। इस बात पर कुंभकरण ने रावण से कहा भ्राता आपने सीता-हरण किया है, इसी कारण हनुमान सारे असुरों का संहार कर रहा है।

9. तुलसीदास के सवैया के आधार पर प्रतिपादित कीजिए कि उन्हें भी जातीय भेदभाव का दबाव झेलना पड़ा था। All India 2015

उत्तर तुलसीदास जी ने अपने सवैये में कहा है कि

"धूत कहौ, अवधूत कहौ,
रजपूतु कहौ, जोलहा कहौ कोऊ।
काहू की बेटी सों बेटा न ब्याहब,
काहू की जाति बिगार न सोऊ।।"

वस्तुतः तुलसीदास जी सामाजिक यथार्थ एवं जातिगत ताने-बाने से अच्छी तरह परिचित थे। उन्होंने इस जाति व्यवस्था को लगभग पूरी तरह नकार दिया। उन्हें कोई राजपूत कहे या जुलाहा, इससे उन्हें कोई फर्क नहीं पड़ता। जातिप्रथा का सबसे मजबूत रूप विवाह के रूप में दिखता है, जहाँ अपनी जाति से बाहर निकलना एक तरह से सामाजिक 'निषेध' माना जाता है।

तुलसीदास जी जातीय भेदभाव को नकारने के बावजूद उसका दबाव महसूस करते हैं। यही कारण है कि वे कहते हैं कि किसी की बेटी के साथ अपने बेटे का विवाह करके किसी की जाति को बिगाड़ना नहीं चाहते हैं। जो जिस रूप में है, वह उसी रूप में खुश रहे, संतुष्ट रहे, लेकिन वे स्वयं के लिए शोषक जाति व्यवस्था से बाहर होने की घोषणा करते हैं।

**10. जैहउँ अवध कवन मुहुँ लाई। नारि हेतु प्रिय भाइ गँवाई।।
बरु अपजस सहतेउँ जग माहीं। नारि हानि बिसेष छति नाहीं।।
भाई के शोक में डूबे राम के इस प्रलाप-वचन में स्त्री के प्रति कैसा सामाजिक दृष्टिकोण संभावित है? All India 2010**

उत्तर भाई के शोक में डूबे राम के प्रलाप में स्त्री के प्रति कोई कटु वचन नहीं कहा गया है। भाई तथा पत्नी में से भाई को अवश्य अधिक महत्त्व दिया गया है, किंतु यह महत्त्वपूर्ण है कि उस भाई को राम ने 'नारी' से अधिक महत्त्व दिया, जिस भाई ने राम के लिए बड़े-से-बड़ा त्याग किया था। लक्ष्मण ने बड़े भाई राम के साथ वन जाने के लिए माता-पिता, पत्नी तथा राजमहल का त्याग कर दिया। ऐसे भाई के प्रति राम की ऐसी संवेदना उचित ही है। यहाँ राम ने किसी सामाजिक दृष्टिकोण से स्त्री के लिए कोई निम्न वचन नहीं कहा, बल्कि उनके कथन को भ्रातृशोक में डूबे व्यक्ति की स्वाभाविक प्रतिक्रिया मानना अधिक उचित है।

11. बेकारी की समस्या तुलसी के जमाने में भी थी। उस बेकारी का वर्णन तुलसी के कवित्त के आधार पर कीजिए। Foreign 2010

उत्तर तुलसी का युग भी बेकारी से आक्रांत था। अकाल के कारण चारों ओर हाहाकार मचा था। किसान को कृषि की सुविधा न थी और भिखारी को भीख भी नहीं मिलती थी। सब काम-धंधे चौपट हो चुके थे।

कर्मचारीगण खाली थे। चारों ओर बेरोजगारी का आलम था। पेट की खातिर लोग अच्छे-बुरे सारे काम करते थे। लाचारी इतनी बढ़ गई थी कि लोग अपनी संतान तक को बेचने के लिए विवश थे। दरिद्रता रूपी रावण ने सबको अपने वश में किया हुआ था।

12. तुलसीदास की संकलित चौपाइयों के आधार पर लक्ष्मण के प्रति राम के स्नेह-संबंधों पर प्रकाश डालिए। Delhi 2010

उत्तर श्रीराम लक्ष्मण से अत्यधिक स्नेह करते थे। वे लक्ष्मण को मूर्च्छित देखकर विलाप करने लगते हैं और लक्ष्मण के वन आने का कारण स्वयं को मानते हुए, स्वयं को दोषी ठहराते हैं। वे नारी-हानि को भ्रातृ-हानि के समक्ष कम महत्त्व देते हैं। लक्ष्मण को बिछुड़ते देख राम आत्मग्लानि और शोक से पीड़ित हो जाते हैं। वे स्वयं को शक्तिहीन महसूस कर रहे थे।

08

रुबाइयाँ

फ़िराक गोरखपुरी

काव्यांश पर आधारित पूर्व परीक्षाओं के प्रश्न

रुबाइयाँ

निम्नलिखित काव्यांशों को ध्यानपूर्वक पढ़कर पूछे गए प्रश्नों के उत्तर दीजिए।

1. आँगन में लिए चाँद के टुकड़े को खड़ी
हाथों पे झुलाती है उसे गोद-भरी
रह-रह के हवा में जो लोका देती है
गूँज उठती है खिलखिलाते बच्चे की हँसी
नहला के छलके-छलके निर्मल जल से
उलझे हुए गेसुओं में कंघी करके
किस प्यार से देखता है बच्चा मुँह को
जब घुटनियों में ले के है पिन्हाती कपड़े

Delhi 2018, 13; All India 2017, 11

शब्दार्थ

चाँद का टुकड़ा–बहुत सुंदर, बहुत प्यारा; **गोद-भरी**–गोद में भरकर; **रह-रह के**–रुक-रुक कर; **लोका देना**–उछाल देना, प्यार से उछाल कर पकड़ना; **छलके**–ढुलक कर गिरे; **निर्मल**–स्वच्छ, साफ़; **गेसू**–बाल; **घुटनियों**–घुटनों; **पिन्हाती**–पहनाती

संदर्भ

प्रस्तुत काव्यांश पाठ्यपुस्तक 'आरोह भाग-2' में संकलित प्रसिद्ध शायर फ़िराक गोरखपुरी द्वारा रचित 'रुबाइयाँ' शीर्षक कविता से उद्धृत है।

प्रसंग

प्रसिद्ध शायर फ़िराक गोरखपुरी की इस रुबाई में एक छोटे बच्चे एवं उसकी माँ का वर्णन हुआ है। बच्चे की इच्छा, माँ की ममता और त्योहारों के वर्णन के बीच हिंदी, उर्दू एवं लोकभाषा के शब्दों के मिश्रण से उत्पन्न अद्भुत सौंदर्य की छटा इन पंक्तियों में दर्शनीय है। यहाँ शायर ने माँ के वात्सल्य का सुंदर चित्रण किया है।

व्याख्या

फ़िराक कहते हैं कि एक माँ अपने चाँद के टुकड़े जैसे सुंदर बच्चे को लिए हुए घर के आँगन में खड़ी है। वह कभी बच्चे को अपने हाथों में झुलाती है, तो कभी हवा में उछाल कर हाथों में पुनः थाम लेती है। माँ के ऐसा करने पर वह बच्चा खिलखिलाकर हँस पड़ता है। शायर कहता है कि बच्चे की यह खिलखिलाहट भरी हँसी पूरे वातावरण में गूँज जाती है। वास्तव में, इन पंक्तियों में एक माँ के वात्सल्य भाव और उसकी ममता से पुलकित शिशु के माध्यम से फ़िराक ने सहज स्नेह से उत्पन्न नैसर्गिक सौंदर्य का चित्रण किया है। माँ द्वारा बच्चे को चाँद का टुकड़ा और खिलखिलाते हुए चित्रित करने में माँ के रूप में जीवन की पूर्णता प्राप्त करते स्त्री-जीवन और हँसी में निहित सहज बाल्यकालिक शिशु-सौंदर्य को दिखाना ही शायर का उद्देश्य है। यहाँ वात्सल्य रस की सहज अभिव्यक्ति हुई है।

शायर कहता है कि माँ अपने बच्चे के शरीर पर स्वच्छ छलकते (पारदर्शी) जल को डालकर नहलाने के बाद उसके भीगे, उलझे बालों को कंघी से सँवारती है। जब वह अपने घुटनों में लेकर बच्चे को कपड़े पहनाती है, तो बच्चा अत्यंत आत्मीयता एवं स्नेह के भाव से माँ के मुँह की तरफ़ देखता है। माँ-बच्चे के प्रेम का सहज चित्रण इन पंक्तियों में हुआ है, जिसकी अभिव्यक्ति माँ के मुँह को बच्चे द्वारा देखने में निहित है।

काव्य-सौंदर्य

(i) इस रुबाई में माँ के वात्सल्य एवं उसके बच्चे के प्रति सहज स्नेह का स्वाभाविक चित्रण हुआ है।

(ii) लोकभाषा एवं उर्दू के मिश्रण से बनी भाषा एक नवीन भाव-बोध को प्रस्तावित करती है। 'लोका देना' इसी प्रकार का एक सशक्त प्रयोग है, जिसमें पूरा लोक जीवन प्रतिबिंबित हो उठता है।

(iii) काव्यांश का छंद उर्दू का प्रसिद्ध छंद 'रुबाई' है। वर्णन बिंब प्रधान है। बच्चे को 'चाँद का टुकड़ा', माँ को 'गोद-भरी' कहना, 'हाथ पे झुलाती' आदि दृश्य बिंब हैं।

(iv) 'खिलखिलाती हँसी' श्रव्य बिंब का निर्माण करती है।

(v) वात्सल्य रस का प्राधान्य है।

(vi) कवि ने लोक भाषा में प्रचलित शब्दों को विशेष अर्थ के साथ काव्यांश में रखा है। घुटनियों, कंघी इत्यादि जन भाषा (सामान्य बोलचाल) के शब्द हैं।

(vii) कवि ने उर्दू के रुबाई छंद का प्रयोग किया है। इसमें चार पंक्तियाँ होती हैं। पहली, दूसरी तथा चौथी पंक्ति तुकांत होती हैं।

2. आँगन में ठुनक रहा है ज़िदयाया है
बालक तो हई चाँद पै ललचाया है
दर्पण उसे दे के कह रही है माँ
देख आईने में चाँद उतर आया है

Delhi 2011; All India 2010

शब्दार्थ

ठुनकना–मचलना, बनावटी ढंग से रोना; **ज़िदयाया**–ज़िद किया हुआ, ज़िद के कारण रूठा हुआ; **हई**–है ही; **दर्पण**–शीशा; **आईना**–शीशा

संदर्भ

पद्यांश 1 के समान।

प्रसंग

इस रुबाई में शायर बच्चे की बाल-सुलभ ज़िद का वर्णन करते हुए माँ द्वारा उसे मनाने-बहलाने का चित्रण करता है।

व्याख्या

शायर कहता है कि बालक आँगन में पैर पटकते हुए (ठुनकारी भरते हुए) इधर-उधर चल रहा है। वह आसमान में चाँद को देखकर, उससे आकर्षित होकर ललचा रहा है और माँ से चाँद माँगने की ज़िद कर रहा है। बच्चे की इस ज़िद पर माँ उसे आईना थमा कर उसमें चाँद दिखाते हुए कह रही है कि देखो बेटे! चाँद आईने में उतर आया है। वास्तव में, छोटे बच्चे जब ज़िद करते हैं, तो जल्दी मानते नहीं। ऐसे में जब तक उनकी इच्छित वस्तु उन्हें न मिल जाए, वे शांत नहीं होते।

बालहठ के प्रसंग में गोस्वामी तुलसीदास का कवितावली में वर्णित 'बालछवि वर्णन' देखने योग्य है, जिसमें राम को चाँद के लिए हठ करते हुए चित्रित किया गया है।

तुलसी लिखते हैं—"कबहूँ ससि माँगत आरि करैं"। सूर ने भी "मैय्या, मैं तो चंद्र खिलौना लैहों" कहा है। इस प्रकार यह वर्णन बाल सौंदर्य वर्णन की सुदीर्घ काव्य परंपरा से भी जुड़ जाता है।

काव्य-सौंदर्य

(i) सार्थक शब्दों एवं वर्णों का प्रयोग करने से उच्चारण में कोमलता आ गई है। 'ठुनक', 'ज़िदयाया' इत्यादि शब्द पूरी तरह सार्थक भावों को अभिव्यक्त करने में समर्थ हैं।

(ii) चित्रात्मक शैली के साथ बच्चे की गतिविधियों का स्वाभाविक वर्णन हुआ है।

(iii) स्वभावोक्ति अलंकार का सुंदर प्रयोग हुआ है।

PYQs पूर्व परीक्षाओं के प्रश्न व अन्य महत्त्वपूर्ण प्रश्न

काव्यांश पर आधारित बहुविकल्पीय प्रश्न

1. आँगन में ठुनक रहा है जिद्याया है
बालक तो है चाँद पै ललचाया है
दर्पण उसे दे के कह रही है माँ
देख आईने में चाँद उतार आया है। **CBSE SQP 2019-20**

(क) प्रस्तुत काव्यांश में बालक किससे आकर्षित होकर ललचा रहा है?
(i) आइसक्रीम (ii) खिलौने
(iii) चाँद (iv) गुब्बारे

(ख) प्रस्तुत कविता के कवि का नाम क्या है?
(i) महाकवि भूषण (ii) गोस्वामी तुलसीदास
(iii) फिराक गोरखपुरी (iv) मैथिलीशरण गुप्त

(ग) प्रस्तुत काव्यांश में किसका वर्णन किया गया है?
(i) प्रकृति के सौंदर्य का
(ii) बाल-हठ का
(iii) खिलौनों का
(iv) मनुष्य के स्वभाव का

(घ) छोटे बच्चे को जब इच्छित वस्तु न मिले तो वे
(i) जल्दी सो जाते हैं। (ii) खेलने लग जाते हैं।
(iii) शांत नहीं होते हैं। (iv) बात मान जाते हैं।

(ङ) निम्नलिखित कथन-कारण को ध्यानपूर्वक पढ़िए उसके बाद दिए गए विकल्पों में से सही विकल्प चुनकर लिखिए।

कथन (A) माँ बच्चे को आईने में चाँद दिखाकर कहती है, बेटा चाँद आईने में उतर आया है।

कारण (R) बच्चा माँ से चाँद माँगने की जिद करता है।

(i) कथन (A) और कारण (R) दोनों सही हैं तथा कारण (R) कथन (A) की सही व्याख्या करता है।
(ii) कथन (A) गलत है, लेकिन कारण (R) सही है।
(iii) कथन (A) तथा कारण (R) दोनों गलत हैं।
(iv) कथन (A) सही है, लेकिन कारण (R) उसकी गलत व्याख्या करता है।

उत्तर (क) (iii) चाँद
(ख) (iii) फिराक गोरखपुरी
(ग) (ii) बाल-हठ का
(घ) (iii) शांत नहीं होते हैं।
(ङ) (i) कथन (A) और कारण (R) दोनों सही हैं तथा कारण (R) कथन (A) की सही व्याख्या करता है।

2. आँगन में लिए चाँद के टुकड़े को खड़ी
हाथों पे झुलाती है उसे गोद-भरी
रह-रह के हवा में जो लोका देती है
गूँज उठती है खिलखिलाते बच्चे की हँसी।

(क) प्रस्तुत कविता के कवि का क्या नाम है?
(i) शमशेर बहादुर सिंह (ii) गोस्वामी तुलसीदास
(iii) फिराक गोरखपुरी (iv) कुँवर नारायण

(ख) 'चाँद के टुकड़े' उपमान का प्रयोग किसके लिए किया गया है?
(i) माँ (ii) बच्चे
(iii) परिवार (iv) ये सभी

(ग) प्रस्तुत काव्यांश में किसका वर्णन किया गया है?
(i) माँ के वात्सल्य भाव का
(ii) मनोहर वातावरण का
(iii) चाँद की सुंदरता का
(iv) स्त्री के रूप का

(घ) शिशु के प्रति माँ का स्नेह कैसा होता है?
(i) असरल (ii) असहज
(iii) नैसर्गिक (iv) कृत्रिम

(ङ) बच्चे की खिलखिलाहट भरी हँसी कहाँ गूँज उठती है?
(i) घर में (ii) वातावरण में
(iii) आँचल में (iv) स्वप्न में

उत्तर (क) (iii) फिराक गोरखपुरी
(ख) (ii) बच्चे
(ग) (i) माँ के वात्सल्य भाव का
(घ) (iii) नैसर्गिक
(ङ) (ii) वातावरण में

3. दीवाली की शाम घर पुते और सजे
चीनी के खिलौने जगमगाते लावे
वो रूपवती मुखड़े पै इक नर्म दमक
बच्चे के घरौंदे में जलाती है दिए।
आँगन में ठुनक रहा है ज़िदयाया है
बालक तो हई चाँद पै ललचाया है
दर्पण उसे दे के कह रही है माँ
देख आईने में चाँद उतर आया है

(क) दीवाली के दिन घर की साज-सज्जा कैसी होती है?
(i) अस्त-व्यस्त
(ii) साफ-सुंदर पुते हुए घर
(iii) बच्चों के खिलौने घर में फैले हुए
(iv) अस्वच्छ व गंदी

(ख) दीवाली के दिन माता बच्चों को क्या लाकर देती है?
(i) कपड़े
(ii) मिठाई
(iii) चीनी मिट्टी के खिलौने
(iv) दीया

(ग) दिए जलाते समय बच्चे के लिए माता के चेहरे पर कैसा भाव आता है?
(i) कोमलता का (ii) शिथिलता का
(iii) स्तब्धता का (iv) असमंजस्यता का

(घ) दिवाली के उत्सव को आँखों के सामने साकार कौन कर देता है?
(i) मिट्टी के खिलौने (ii) दीपक जलाना
(iii) घर की साज-सज्जा (iv) ये सभी

(ङ) माँ बच्चे को दर्पण दिखाकर उसमें चाँद उतर आने की बात क्यों कहती है?
(i) बच्चा चाँद की फोटो देखना चाहता था
(ii) बच्चा चाँद लेने की हठ कर रहा था
(iii) चाँद का दृश्य सुंदर था
(iv) उपरोक्त में से कोई नहीं

उत्तर (क) (ii) साफ-सुंदर पुते हुए घर
(ख) (iii) चीनी मिट्टी के खिलौने
(ग) (i) कोमलता का
(घ) (iv) ये सभी
(ङ) (ii) बच्चा चाँद लेने की हठ कर रहा था

विषय-वस्तु पर आधारित लघु उत्तरीय प्रश्न

1. 'घुटनियों में लेके है पिन्हाती कपड़े' पंक्ति के माध्यम से माँ के व्यक्तित्व की कौन-सी विशेषता प्रकट होती है? CBSE 2023

उत्तर 'घुटनियों में लेके है पिन्हाती कपड़े' पंक्ति के माध्यम से कवि ने माँ के वात्सल्य भाव को अभिव्यक्त किया है। माँ अपने बच्चे के शरीर पर स्वच्छ पारदर्शी जल को डालकर नहलाने के बाद वह बच्चे को अपने घुटनों में लेकर कपड़े पहनाती है, तो बच्चा अत्यंत आत्मीयता एवं स्नेह के भाव से अपनी माँ के मुँह की ओर देखता है। इन पंक्तियों में माँ-बच्चे के प्रेम का सहज चित्रण हुआ है।

2. फ़िराक की ग़ज़ल में अपना परदा खोलने से क्या आशय है? CBSE SQP Term II 2021-22

उत्तर फ़िराक की ग़ज़ल में अपना परदा खोलने से आशय यह है कि शायर ऐसे लोगों की चर्चा करता है, जो दूसरों को बदनाम करने में अपना समय व्यतीत करते हैं। वह मानता है कि ऐसे लोगों को सोचना चाहिए कि वे जो कर रहे हैं, उसका क्या प्रभाव हो रहा है? जो दूसरों की निंदा करते हैं, उनका ओछा व्यक्तित्व भी लोगों के सामने आ जाता है अर्थात् उनके स्वयं के परदे का अनावरण हो जाता है। लोग निंदा करने वाले लोगों से दूरी बनाने लगते हैं। शायर मानता है कि दूसरों की बदनामी करने से पहले निंदा करने वाले को इस पर विचार करना चाहिए।

3. फिराक की रुबाइयाँ के आधार पर घर-आँगन में दीवाली और राखी के दृश्य-बिंब को अपने शब्दों में स्पष्ट कीजिए। CBSE SQP Term II 2021-22

अथवा **'रुबाइयाँ' के आधार पर घर-आँगन में दीवाली और राखी के दृश्य-बिंब को अपने शब्दों में समझाइए।**

उत्तर दीवाली का त्योहार है। पूरा घर रंग-रोगन से चमक रहा है। माँ अपने नन्हे बच्चे को प्रसन्न करने के लिए चीनी-मिट्टी के जगमगाते खिलौने लाकर देती है। वह अपने बच्चों के घरौंदे में भी दीया जलाती है। इसी प्रकार, राखी के त्योहार के दिन आकाश में हल्की घटा छाई हुई है। छोटी बहन ने पाँवों में पायजेब पहनी हुई है। वह अपने भाई के लिए चमकदार राखी लेकर आती है, जो चमकदार लच्छों-सी चमकती है। वह उस राखी को अपने भाई की कलाई पर बाँधती है।

4. **'रुबाइयाँ' कविता के आधार पर सावन की घटाओ और रक्षाबंधन के पर्व पर टिप्पणी कीजिए।** **All India 2019**

उत्तर रक्षाबंधन के दिन सुबह-सुबह जब आकाश में काले बादल छाए होते हैं, तो उसी समय एक नन्ही-सी बच्ची अपने भाई की कलाई पर राखी बाँधने को तैयार होती है। वह नन्ही-सी बच्ची बड़े उत्साह में है। वह उमंग के साथ हाथ में राखी लेकर खड़ी है। जैसी चमक राखी के लच्छे में बिजली-सी चमक रही है। वैसी ही चमक उस बच्ची के चेहरे पर भी है।

5. **फ़िराक गोरखपुरी की रुबाइयों से उभरने वाले वात्सल्य के किन्हीं दो चित्रों को अपने शब्दों में चित्रित कीजिए।** **All India 2014**

उत्तर दीवाली की शाम को घर स्वच्छ तथा पवित्र बनाया गया है। घर को खूब सजा दिया गया है। माँ बच्चे के लिए चीनी-मिट्टी के खिलौने तथा जगमगाते दिए लाई है। उस रूपवती के चेहरे पर एक आभा है। वह अपने बच्चों के घरौंदे को सजाती है तथा उसमें एक दीप जलाती है। बच्चा प्रसन्न हो जाता है। अपने बच्चे की प्रसन्नता से ही माँ का चेहरा गर्व से फूला हुआ है।

6. **'रुबाइयाँ' और 'ग़ज़ल' का शायर राखी के लच्छे को बिजली की चमक की तरह कहकर क्या भाव व्यंजित करना चाहता है?** **All India (C) 2012**

उत्तर शायर राखी के लच्छे को बिजली की चमक की तरह मानता है। एक नन्हीं-सी बच्ची अपने भाई के हाथों पर राखी बाँधती है। वह बच्ची रस की पुतली है, उसकी उमंग और चपलता देखते ही बनती है। उसके हाथ में जो राखी है, उसके लच्छे से एक चमक निकल रही है, जो आकाश में चमकती बिजली की भंगिमा दे जाती है। दूसरी ओर कवि रक्षाबंधन के दिन आसमान में काले-काले बादलों की छटा को दर्शाता है। ये बादल उस नन्ही बच्ची के हाथों में रखी राखी में बिजली की चमक पैदा करते हैं।

7. **'फ़िराक की रुबाइयों में घरेलू वातावरण के मोहक चित्र हैं' इस कथन की सोदाहरण पुष्टि कीजिए।** **Delhi 2010**

उत्तर फ़िराक की रुबाइयों में घरेलू जीवन के अत्यंत सुंदर चित्र उपस्थित हैं; जैसे—माँ अपने प्यारे शिशु को लेकर आँगन में खड़ी है, वह उसे झुलाती है, हँसाती है। इसमें बच्चे के नहलाने के दृश्य का सजीव चित्रांकन हुआ है। इसी प्रकार दीवाली व रक्षाबंधन जैसे पर्व को जिस प्रकार अभिव्यक्त किया गया है, वह आम आदमी से जुड़ा हुआ है। बच्चे का किसी वस्तु के लिए ज़िद करना और माँ द्वारा उसे बहलाना जैसे दृश्य आम परिवारों में भी दिखाई देते हैं।

8. **'फ़िराक' की रुबाइयों में उभरे घरेलू जीवन के बिंबों का सौंदर्य स्पष्ट कीजिए।**

उत्तर दीवाली की शाम है। घर का आँगन साफ-सुथरा और सजा-सँवरा है। माँ अपने बच्चे के लिए चीनी-मिट्टी के खिलौने सजाती है और उसके घरौंदे में भी दीया जलाती है। उस समय उसके चेहरे पर ममता, कोमलता और वात्सल्य के जो रंग बिखरे हैं, वे बड़े सार्थक बिंब बनकर कविता में उभरे हैं।

09

छोटा मेरा खेत, बगुलों के पंख

उमाशंकर जोशी

काव्यांश पर आधारित पूर्व परीक्षाओं के प्रश्न

छोटा मेरा खेत

निम्नलिखित काव्यांशों को ध्यानपूर्वक पढ़कर पूछे गए प्रश्नों के उत्तर दीजिए।

1. छोटा मेरा खेत चौकोना
कागज का एक पन्ना,
कोई अंधड़ कहीं से आया
क्षण का बीज वहाँ बोया गया। **All India 2013**

शब्दार्थ

चौकोना – चार कोनों वाला, चौकोर; **अंधड़** – आँधी का तेज़ झोंका; **क्षण** – पल, समय

संदर्भ

प्रस्तुत काव्य पंक्तियाँ हमारी पाठ्यपुस्तक 'आरोह भाग-2' में शामिल उमाशंकर जोशी द्वारा रचित 'छोटा मेरा खेत' शीर्षक कविता से उद्धृत हैं। कविता में जोशी जी ने एक कवि के रचना-कर्म को व्याख्यायित किया है।

प्रसंग

कविता की इन पंक्तियों में खेती के रूपकों अर्थात् बीज बोने, अंकुरित होने, फलने-फूलने और अंततः फसल काटने का वर्णन करते हुए कवि ने बताना चाहा है कि कोई भी कृति या रचना ठीक खेती की फसल की भाँति होती है। जैसे फसल प्राप्त करने के लिए हम खेत में बीज बोते हैं, वैसे ही कवि किसी कृति की सर्जना के लिए क्षण अर्थात् भोगे गए समय को कागज पर उतारता है। कवि की दृष्टि में यह कागज का छोटा चौकोना पन्ना ही उसके रचना-कर्म के परिप्रेक्ष्य में खेत की भाँति है, जिसमें बीज के रूप में क्षण, कागज रूपी खेत में बोए जाते हैं।

व्याख्या

कवि कहता है कि मेरा यह कागज का एक पन्ना मेरे लिए चौकोर छोटे खेत की तरह है, जिसमें मैं कवि-कर्म करते हुए क्षण को बोता हूँ। कवि यहाँ किसान के रूप में स्वयं को प्रस्तुत करता है। किसान के कृषि कार्य की भाँति ही कृति या कविता रूपी फसल को प्राप्त करने के लिए वह क्षण रूपी बीज अपने कागजी खेत में बोने की बात कहता है। वास्तव में, कविता या साहित्य मनोभावों की ही उपज है।

कवि कहता है कि 'कोई अंधड़ कहीं से आया'। वास्तव में यह अंधड़ भावनाओं का अंधड़ है, जो कविता के सृजन से पूर्व कवि के मन में उठता है और जिनसे प्रेरित होकर वह काव्य-रचना में प्रवृत्त होता है। यह एक सामान्य-सा अनुभव है कि खेती के अधिकतर कार्य वर्षा पर आधारित हैं, जो अंधड़ के बाद ही होती है और कृषि के लिए अनुकूल वातावरण तैयार करती है, वैसा ही कुछ कवि के साथ भी घटित होता है। भावनाओं की प्रबलता अंधड़ के रूप में कवि के दिलो-दिमाग में आई और उसने कवि को काव्य-रचना का उपयुक्त वातावरण प्रदान कर दिया। इसके फलस्वरूप उसने अपने कागज के खेत में क्षण की रोपाई की।

'क्षण के बीज बोना' कृति के अर्थ में उस अनुभव को अंकित करना है, जो किसी विशेष समय में कवि के मन-मस्तिष्क में विचारों के रूप में आते हैं।

काव्य-सौंदर्य

(i) कागज के पन्ने तथा खेत में समानता एवं गुण-साम्य दिखाने के कारण रूपक अलंकार है।

(ii) कविता में स्थान-स्थान पर सांगरूपक का सौंदर्य विद्यमान है।

(iii) मनोभावों की तुलना अंधड़ से की गई है, यह एक सार्थक बिंब है। 'क्षण का बीज' बोना में 'बीज' मनोभाव एवं सामान्य बीज दोनों अर्थों में प्रयुक्त हुआ है।

(iv) भाषा सहज, प्रवाहयुक्त, किंतु विचार प्रधान है। कवि ने साहित्य के मर्म को, उसकी सृजन प्रक्रिया को अपने काव्य में सामान्य, परंतु प्रभावशाली रूपकों के माध्यम से अभिव्यक्त किया है।

2. कल्पना के रसायनों को पी
बीज गल गया निःशेष;
शब्द के अंकुर फूटे,
पल्लव-पुष्पों से नमित हुआ विशेष।

All India 2014, 13; All India (C) 2012

शब्दार्थ

रसायन – खाद, ऊर्जा प्रदान करने वाला पदार्थ; **निःशेष** – पूरी तरह, समग्र; **पल्लव-पुष्प** – कोमल पत्ते एवं फूल; **नमित** – झुका हुआ; **विशेष** – खास तौर पर

संदर्भ

पद्यांश 1 के समान।

प्रसंग

कविता की इन पंक्तियों में भी कवि ने अपने कवि-कर्म अर्थात् रचना प्रक्रिया के अगले चरण का वर्णन किया है। कवि अपने रचना-कर्म को कृषि-कर्म के समतुल्य रखता है।

व्याख्या

वह कहता है कि अपने कागजी खेत में मैंने जो क्षण रूपी बीज बोया, वह कालांतर में कल्पना के रसायनों को अवशोषित कर पूरी तरह गल गया और शब्द रूपी अंकुरों के रूप में प्रकट हुआ। यहाँ कवि खेती के अंकुरण की प्रक्रिया के रूपक के सहारे अपनी रचनाधर्मिता में भावों के शब्द का रूप ग्रहण करने की बात कर रहा है।

जिस प्रकार खेत में बोया गया बीज मिट्टी में उपस्थित रासायनिक तत्त्वों; खाद, पानी आदि को अवशोषित कर गल जाता है और अंकुर के रूप में मिट्टी से बाहर आता है, वैसे ही कवि के मनोभाव काव्य-शब्दों के अंकुर के रूप में कागज पर अंकित हो गए। कवि आगे इन शब्द रूपी अंकुरों के पल्लव और पुष्पों से युक्त हो जाने की बात कहता है। जिस प्रकार अंकुर खेत में विकसित होते हुए पूरे खेत को अपने पत्तों और फूलों से भरकर विस्तृत फसल का रूप दे देते हैं, वैसे ही कवि के शब्द रूपी अंकुर विकसित होकर कृति का रूप धारण कर लेते हैं।

वस्तुतः कृषि में फसल का पुष्प और पल्लवों से युक्त होना साहित्य सृजन या कवि-कर्म की दृष्टि से कृति का रूप ग्रहण करना है। कृति में ही विभिन्न आस्वादों की रचनाएँ संभव होती हैं।

काव्य-सौंदर्य

(i) 'कल्पना के रसायनों' पद में रूपक अलंकार है।

(ii) 'शब्द के अंकुर' का अर्थ शब्द रूपी अंकुर है, इसलिए यहाँ भी रूपक अलंकार का सौंदर्य विद्यमान है।

(iii) 'पल्लव-पुष्प' वास्तव में काव्य गुण, सौंदर्य आदि के तत्त्वों का बोध कराते हैं। भाषा सहज, बोधगम्य एवं विचार-प्रधान है।

(iv) 'पल्लव-पुष्पों', 'गल गया' में क्रमशः 'प' एवं 'ग' वर्णों की आवृत्ति से सौंदर्य उत्पन्न हुआ है, इसलिए यहाँ अनुप्रास अलंकार है।

3. झूमने लगे फल,
रस अलौकिक,
अमृत धाराएँ फूटतीं
रोपाई क्षण की,
कटाई अनंतता की
लुटते रहने से जरा भी नहीं कम होती।
रस का अक्षय पात्र सदा का
छोटा मेरा खेत चौकोना।

All India 2013, 11

शब्दार्थ

अलौकिक– दिव्य, अद्भुत; **रस**– साहित्य का आनंद; **अमृत धाराएँ**– जीवनदायिनी धाराएँ; **रोपाई**– रोपा या बोया जाना; **अनंतता**– सदा के लिए; **अक्षय**– जिसका क्षय न हो अर्थात् नष्ट न होने वाला; **पात्र**– बर्तन, धारण करने वाला; **ज़रा**– थोड़ा

संदर्भ

पद्यांश 1 के समान।

प्रसंग

कवि यहाँ अपनी रचना-प्रक्रिया के अंतिम चरण का वर्णन करते हुए कहता है कि कल्पना के रसायनों से पोषित, पुष्पित एवं पल्लवित उसकी कृति रूपी फसल में कविता रूपी फल लगे हैं।

व्याख्या

कविता रूपी फल और कृति रूपी फसल की विशिष्टता बताते हुए कवि कहता है कि कृति रूपी फसल में कविता रूपी जो फल लगे, वे अलौकिक रस से युक्त थे। अलौकिक रस से युक्त होना कविता का एक विशिष्ट गुण है। काव्य का मर्मज्ञ आस्वादक यह जानता है कि रस की इसी विशिष्टता या अलौकिकता के कारण कविता मानव-अस्तित्व के आदिकाल से आज तक उसके मन और हृदय की अभिव्यक्ति का सबसे सबल और सजग माध्यम रही है। कवि कविता रूपी फलों से अमृत धाराओं के फूटने की बात कहकर उसके आस्वादन से मिलने वाले आत्मिक संतोष एवं चेतना की ओर संकेत करता है।

वह आगे कहता है कि इस प्रकार कवि-कर्म के पश्चात् जो कृति रूपी फसल उसने उपजाई, उसमें बोया तो उसने क्षण को, लेकिन काटने के बाद पाया अनंत को। अनंत को काटने का अर्थ है, कवि की रचना या कृति का कालजयी होना। साहित्य में अनेक ऐसे उदाहरण हैं, जब रचना अपने समय को लाँघकर आगे के समय के लिए भी संदर्भवान एवं प्रासंगिक बनी रहती है।

यही 'अनंतता की कटाई' है। इसका सबसे उत्तम उदाहरण भक्तिकाल के कवियों की रचनाएँ हैं, जो आज भी मूल्यवान तथा प्रासंगिक बनी हुई हैं।

कवि आगे कहता है कि उसकी यह सृजनात्मकता काव्य-पूँजी के व्यय से कम नहीं होती, बल्कि और बढ़ती ही जाती है अर्थात् लोगों द्वारा अपनाए जाने, प्रचारित-प्रसारित होने से वह और भी अधिक प्रसिद्ध एवं प्रभावशाली होती जाती है।

यही कविता और साहित्य की 'अनंतता' है और उसकी विशिष्टता भी। अंत में कवि अपने 'कागज के पन्ने' रूपी खेत को 'रस के अक्षय पात्र' की संज्ञा देते हुए कहता है कि मेरा यह कागज के पन्ने रूपी खेत, कृति और कविता रूपी फसल एवं फल को निरंतर उपजाते रहने वाला है। यह ठीक उस अक्षय पात्र की भाँति है, जिसमें पकाया गया भोजन कभी समाप्त नहीं होता। वास्तव में, इसमें कवि-कर्म की निरंतरता और सततता की बात कही गई है। कागज पर कवि की लेखनी से शब्द विभिन्न कृतियों और कविताओं के रूप में हमेशा सृजित होते रहते हैं और सृजनता का यह क्रम अनवरत किसी-न-किसी साहित्य मनीषी के द्वारा किया ही जाता है। इस प्रकार कवि का कागज का पन्ना रूपी खेत 'रस के अक्षय पात्र' की संज्ञा को सार्थक बनाता है।

काव्य-सौंदर्य

(i) कविता की भाषा सहज, बोधगम्य लेकिन विचार-प्रधान है।
(ii) खेती के रूपकों के ज़रिए अपने रचना-कर्म को व्याख्यायित करने में कथ्य की नवीनता दिखाई पड़ती है।
(iii) कागज के चौकोने पन्ने को खेत की उपमा दी गई है।
(iv) 'रस' में श्लिष्टता है। रस का अर्थ स्वाद के अर्थ में तथा 'काव्य-रस' दोनों के संदर्भ में प्रयुक्त किया गया है।
(v) काव्य-पूँजी को लुटने से बढ़ने वाली बताकर कवि ने साहित्य के महत्त्व का प्रतिपादन किया है।

बगुलों के पंख

निम्नलिखित काव्यांश को ध्यानपूर्वक पढ़कर पूछे गए प्रश्नों के उत्तर दीजिए।

1. नभ में पाँती-बँधे बगुलों के पंख,
चुराए लिए जातीं वे मेरी आँखें।
कजरारे बादलों की छाई नभ छाया,
तैरती साँझ की सतेज श्वेत काया।
हौले-हौले जाती मुझे बाँध निज माया से।
उसे कोई तनिक रोक रक्खो।
वह तो चुराए लिए जाती मेरी आँखें
नभ में पाँती-बँधी बगुलों की पाँखें।

All India 2016, 12; Delhi 2010

शब्दार्थ

नभ –आकाश; **पाँती** – पंक्ति; **कजरारे** – काले; **साँझ** – संध्य, शाम; **सतेज** – तेज के साथ अर्थात् चमकीला, उज्ज्वल; **काया** – शरीर; **हौले-हौले** – धीरे-धीरे; **माया** – जादू, आकर्षण; **तनिक** – थोड़ा; **पाँखें** – पंख

संदर्भ

प्रस्तुत कविता हमारी पाठ्यपुस्तक 'आरोह भाग-2' में कवि उमाशंकर जोशी द्वारा रचित 'बगुलों के पंख' शीर्षक कविता से उद्धृत है।

प्रसंग

उमाशंकर जोशी की 'बगुलों के पंख' शीर्षक कविता में संध्याकालीन आकाश में पंक्तिबद्ध उड़ते बगुलों के श्वेत पंखों के सौंदर्य तथा संध्याकालीन आकाश के प्राकृतिक दृश्य का मिला-जुला वर्णन तथा उससे कवि के मन पर पड़ने वाले प्रभाव का चित्रण किया गया है। यह एक दृश्य-कविता है।

व्याख्या

कवि कह रहा है कि आसमान में कतारबद्ध होकर उड़ रहे बगुलों के पंखों से एक सम्मोहक दृश्य उपस्थित हो गया है। यह नयनाभिराम दृश्य जिन बगुलों के आसमान में उड़ने के कारण उत्पन्न हुआ है, वे मेरी आँखें चुराए लिए जाते हैं। कहने का तात्पर्य यह है कि कवि की दृष्टि जहाँ तक जाती है, वह बगुलों की उड़ान को देखता ही रह जाता है। कवि आगे साँझ के समय के आकाश का वर्णन करते हुए कहता है कि आकाश में काले बादल छाए हुए हैं, जिन पर संध्याकालीन सूर्य का प्रकाश पड़कर अद्भुत सौंदर्य की सृष्टि कर रहा है। ये साँझ के दृश्य मुझे अपनी माया के आकर्षण में बाँधे हुए हैं।

कवि की इच्छा है कि ये नयनाभिराम प्राकृतिक दृश्य जो सचल हैं, गतिमान हैं, थोड़ी देर के लिए रुक जाएँ, ठहर जाएँ, जिससे वह इन्हें और अधिक देर तक देख सके, क्योंकि ये दृश्य इतने सुंदर हैं, आकर्षक हैं कि वे उसकी आँखें चुराए लिए जाते हैं। यहाँ कवि ने सौंदर्य के प्रभाव का अंकन करने के लिए जिन युक्तियों का सहारा लिया है, वे दृश्यों के चित्रण तथा उन दृश्यों को देखते हुए अपने मन पर पड़ने वाले प्रभाव का वर्णन है।

कविता में वर्णित सौंदर्य जिन दृश्यों के कारण उपस्थित होता है, वे सभी गतिशील हैं। इनकी गतिशीलता और समय के सापेक्ष होने वाला परिवर्तन ही इनके सौंदर्य का मूल कारक है।

काव्य-सौंदर्य

(i) कविता की भाषा सहज, बोधगम्य, आकर्षक एवं प्रवाहपूर्ण है।
(ii) अनुनासिकता युक्त शब्दों (पाँती, आँखें, बँधे, पाँखें आदि) के कारण कविता में रंजकता के गुण का समावेश हो गया है।
(iii) 'हौले-हौले' पद में पुनरुक्तिप्रकाश अलंकार है।
(iv) 'आँखें चुराना' मुहावरे का सकारात्मक एवं सार्थक प्रयोग 'मन चुराने' के अर्थ में हुआ है।
(v) पूरी कविता में सौंदर्य का गत्वर चित्रण दिखाई पड़ता है, जैसे—पंक्तिबद्ध उड़ते बगुले, आसमान में घिरे बादल, तैरती साँझ। कवि ने 'उसे कोई तनिक रोक रक्खो' कहकर इसे पुष्ट कर दिया है।
(vi) छोटे-छोटे शब्दों के प्रयोग से भाषा में एक नया सौंदर्य आ गया है। साँझ को 'कायावान' अर्थात् 'सतेज श्वेत काया' बताकर कवि ने 'मानवीकरण' अलंकार का भी प्रयोग किया है।

PYQs पूर्व परीक्षाओं के प्रश्न व अन्य महत्त्वपूर्ण प्रश्न

काव्यांश पर आधारित बहुविकल्पीय प्रश्न

1. छोटा मेरा खेत चौकोना
कागज का एक पन्ना,
कोई अंधड़ कहीं से आया
क्षण का बीज वहाँ बोया गया। **CBSE 2023**

(क) प्रस्तुत काव्यांश में कवि ने किस खेत की बात की है?

अथवा काव्यांश में प्रयुक्त 'खेत' का अर्थ है

(i) मन रूपी खेत
(ii) प्रेम रूपी खेत
(iii) कागज रूपी खेत
(iv) हरियाली रूपी खेत

(ख) 'कोई अंधड़ कहीं से आया' पंक्ति में 'अंधड़' शब्द किसके लिए प्रयुक्त हुआ है?

अथवा 'कोई अंधड़ कहीं से आया' पंक्ति में प्रयुक्त 'अंधड़' का अर्थ है

(i) अनजान व्यक्ति के लिए
(ii) कवि के मन के भावों के लिए
(iii) आँधी के लिए
(iv) विरोधी व्यक्ति के लिए

(ग) कवि ने अपने खेत में कैसा बीज बोया था?

(i) धान रूपी (ii) शब्द रूपी
(iii) प्रेम रूपी (iv) ये सभी

(घ) कवि ने अभिव्यक्ति रूपी बीज कहाँ बोया था?

(i) खेत में (ii) घर के आँगन में
(iii) छत पर (iv) कागज के पृष्ठ पर

(ङ) कवि ने अपने रचना कार्य की तुलना किससे की है?

(i) महान साहित्यकार से
(ii) श्रेष्ठ काव्य कृति से
(iii) खेती के कार्य से
(iv) अपने सहयोगी से

उत्तर (क) (iii) कागज रूपी खेत
(ख) (ii) कवि के मन के भावों के लिए
(ग) (ii) शब्द रूपी
(घ) (iv) कागज के पृष्ठ पर
(ङ) (iii) खेती के कार्य से

2. कल्पना के रसायनों को पी
बीज गल गया नि:शेष;
शब्द के अंकुर फूटे,
पल्लव-पुष्पों से नमित हुआ विशेष। **CBSE 2023**

(क) कवि ने रसायन किसे कहा है?

(i) साहित्य को (ii) शब्द को
(iii) कल्पना को (iv) खाद को

(ख) बीज के गल जाने के बाद उसका क्या हुआ?

अथवा भावना रूपी बीजों के गलने से क्या परिणाम मिला?

(i) बीज नष्ट हो गया
(ii) उससे शब्द रूपी अंकुर फूटे
(iii) उससे फसल तैयार हुई
(iv) उससे नयापन आया

(ग) खेत में अंकुर के विकसित होने का क्या परिणाम होता है?

(i) खेत पत्तों और फूलों से भर जाता है
(ii) खेत नष्ट हो जाता है
(iii) खेत की उपजाऊ क्षमता घट जाती है
(iv) उपरोक्त सभी

(घ) कवि के शब्द रूपी अंकुर विकसित होने पर क्या करते हैं?

(i) कृति का रूप धारण करते हैं
(ii) समाज को भोजन प्रदान करते हैं
(iii) गरीबी को दूर करते हैं
(iv) प्रतिस्पर्द्धा की भावना विकसित करते हैं

(ङ) 'कल्पना' को रसायन क्यों कहा गया है?

(i) सृजन को सुंदर बनाने में सहायक
(ii) सृजन को सरल बनाने में सहायक
(iii) सृजन के विकास में सहायक
(iv) सृजन का मूलभूत तत्त्व

उत्तर (क) (iii) कल्पना को
(ख) (ii) उससे शब्द रूपी अंकुर फूटे
(ग) (i) खेत पत्तों और फूलों से भर जाता है
(घ) (i) कृति का रूप धारण करते हैं
(ङ) (iii) सृजन के विकास में सहायक

3. नभ में पाँती-बंधे बगुलों के पंख,
चुराए लिए जातीं वे मेरी आँखें।
कजरारे बादलों की छाई नभ छाया,
तैरती साँझ की सतेज श्वेत काया।
हौले-हौले जाती मुझे बाँध निज माया से।
उसे कोई तनिक रोक रक्खो।
वह तो चुराए लिए जाती मेरी आँखें
नभ में पाँती-बँधी बगुलों की पाँखें।
All India 2016, 12; Delhi 2010

(क) निम्नलिखित कथन-कारण को ध्यानपूर्वक पढ़िए उसके बाद दिए गए विकल्पों में से कोई सही विकल्प चुनकर लिखिए।

कथन (A) ये प्राकृतिक दृश्य जो सचल है थोड़ी देर के लिए रुक जाएँ।

कारण (R) ये दृश्य इतने सुंदर और आकर्षक हैं।

(i) कथन (A) तथा कारण (R) दोनों सही हैं तथा कारण (R) कथन (A) की सही व्याख्या करता है।
(ii) कथन (A) गलत है, लेकिन कारण (R) सही है।

(iii) कथन (A) तथा कारण (R) दोनों गलत हैं।
(iv) कथन (A) सही है, लेकिन कारण (R) उसकी गलत व्याख्या करता है।

(ख) 'चुराए लिए जाती वे मेरी आँखें' पंक्ति का आशय है
(i) अधिक समय तक देखना (ii) अत्यंत सुंदर प्रतीत होना
(iii) आँखों को चुराना (iv) ये सभी

(ग) नभ में कैसे बादल छाए हुए हैं?
(i) कृष्ण (ii) श्वेत
(iii) नीले (iv) सुनहरे

(घ) बादलों के ऊपर तैरते हुए बगुलों के पंखों की तुलना किससे की गई है?
(i) रात्रि कालीन आकाश
(ii) संध्या कालीन सूर्य का प्रकाश
(iii) प्रात: कालीन सूर्य का प्रकाश
(iv) उपरोक्त में से कोई नहीं

(ङ) होले-होले अपने बंधन में कौन बाँध रहा है?
(i) माया का सौंदर्य
(ii) शांति का सौंदर्य
(iii) काया का सौंदर्य
(iv) उपरोक्त में से कोई नहीं

उत्तर (क) (i) कथन (A) तथा कारण (R) दोनों सही हैं तथा कारण (R) कथन (A) की सही व्याख्या करता है।
(ख) (ii) अत्यंत सुंदर प्रतीत होना
(ग) (i) कृष्ण
(घ) (ii) संध्या कालीन सूर्य का प्रकाश
(ङ) (i) माया का सौंदर्य

विषय-वस्तु पर आधारित लघु उत्तरीय प्रश्न

1. 'बगुलों के पंख' कविता के आधार पर उस सौंदर्य का वर्णन कीजिए। जिसने कवि के मन को मोह लिया। CBSE 2023

उत्तर आकाश में उड़ते हुए बगुले कवि को अपनी ओर आकर्षित करते हैं। आसमान में कतारबद्ध होकर उड़ रहे बगुले के पंखों से एक मनमोहक दृश्य उपस्थित हो गया है। इन बगुले के पंखों ने कवि की आँखें चुराली है अर्थात् वह इन उड़ते हुए बगुले के पंखों को एक टक निहार रहा है।

2. 'छोटा मेरा खेत' कविता में कवि ने कागज के पन्ने को खेत की तरह क्यों कहा है? CBSE 2023

अथवा **कवि ने खेत की तुलना कागज से क्यों की है? CBSE SQP 2018-19; All India 2015**

अथवा **छोटे चौकोने खेत को कागज का पन्ना कहने में क्या अर्थ निहित है? Delhi 2012; All India 2010**

उत्तर खेत की तुलना कागज़ से करते हुए कवि ने रचना-कर्म की तुलना कृषि कर्म से की है। कवि कागज के पन्ने को चौकोने खेत की संज्ञा देता है। कवि का मानना है कि जिस प्रकार खेत में बीज, जल, रसायन आदि डालने के बाद उपज या पैदावार प्राप्त की जाती है, ठीक उसी प्रकार कोई भी रचना भाव, कल्पना इत्यादि के कारण अस्तित्व में आती है।

शब्द रूपी बीज को खेत रूपी कागज के पन्ने पर डालने के बाद अंधड़ रूपी भावनाएँ तथा कल्पना रूपी रसायन की आवश्यकता पड़ती है। इन सबके सम्मिश्रण व सामंजस्य के बाद ही रचना अपना स्वरूप ग्रहण कर पाती है। किसी रचना के निर्मित होने में भी कवि को उन्हीं प्रक्रियाओं से गुजरना पड़ता है, जिन प्रक्रियाओं से खेत में फसल उत्पन्न करने में किसी किसान को गुजरना पड़ता है।

3. 'छोटा मेरा खेत' कविता के आधार पर खेत और कागज के पन्ने की समानता के तीन बिंदुओं का उल्लेख कीजिए। CBSE SQP 2019-20

उत्तर 'छोटा मेरा खेत' कविता के आधार पर खेत और कागज के पन्ने की समानता के तीन बिंदु निम्नलिखित हैं—
(i) कागज और खेत दोनों ही रचना या सृजन के आधार हैं।
(ii) खेत में जिस प्रकार फसल उगती है ठीक उसी प्रकार कागज पर नई रचना की सृष्टि होती है।
(iii) कागज पर लिखे गए क्षणभर के अनुभव जीवन भर के लिए स्थायी हो जाते हैं; जैसे-क्षण भर की रोपाई अनंतता की कटाई हो।

4. 'छोटा मेरा खेत' कविता के रूपक को स्पष्ट कीजिए।

उत्तर इस कविता में कवि ने कवि-कर्म को कृषक-कार्य के समान बताया है। जिस प्रकार एक किसान खेत में बीज बोता है, वह बीज अंकुरित होकर पौधा बनता है तथा परिपक्व होने पर वह सभी का पेट भरता है, उसी प्रकार कागज रूपी खेत पर भावनात्मक आँधी से बीजारोपण होता है।

कल्पना का आश्रय पाकर यही भाव विकसित होकर रचना का रूप धारण करता है। पाठक इस रचना के रस का आस्वादन अनंतकाल तक करता है।

5. 'छोटा मेरा खेत' कविता में कवि ने खेत को रस का अक्षयपात्र क्यों कहा है?

उत्तर 'छोटा मेरा खेत' कविता में कवि ने खेत को रस का अक्षयपात्र इसलिए कहा है, क्योंकि अक्षयपात्र कभी खाली नहीं होता अर्थात् भरा रहने वाला पात्र है। रस के अक्षयपात्र से रस जितना बाँटा जाता है, उतना ही वह भरता जाता है। कविता का रस चिरकाल तक आनंद देता है।

खेती की फसल खत्म हो जाती है, परंतु रचना का रस कभी खत्म नहीं होता। यह अनंतकाल तक बहता है। यह रचना-कर्म की शाश्वतता को दर्शाता है।

अभ्यास प्रश्न

1. निम्नलिखित काव्यांश को पढ़कर प्रश्नों के उत्तर दीजिए।

मैं निज उर के उद्गार लिए फिरता हूँ
मैं निज उर के उपहार लिए फिरता हूँ;
है यह अपूर्ण संसार न मुझको भाता
मैं स्वप्नों का संसार लिए फिरता हूँ।
मैं जला हृदय में अग्नि, दहा करता हूँ,
सुख-दु:ख दोनों में मग्न रहा करता हूँ;
जग भव-सागर तरने को नाव बनाए,
मैं भव मौजों पर मस्त बहा करता हूँ।

(क) 'निज उर के उद्गार' से कवि का क्या तात्पर्य है?
(i) अपने हृदय की वाणी की अभिव्यक्ति
(ii) अपने हृदय से भिन्न मनोभाव
(iii) अपने हृदय से निकाल दी गई स्मृतियाँ
(iv) अपने हृदय के केवल दु:ख

(ख) कवि को संसार प्रिय क्यों नहीं है?
(i) संसार के बदलाव के कारण
(ii) संसार की अपूर्णता के कारण
(iii) संसार की समान स्थिति के कारण
(iv) उपरोक्त सभी

(ग) कवि के हृदय में कैसी अग्नि दहक रही है?
(i) ईर्ष्या-द्वेष से पूर्ण अग्नि
(ii) सभी कुछ नष्ट कर देने वाली अग्नि
(iii) स्वयं को जलाने वाली विरहाग्नि
(iv) स्नेहरूपी अग्नि

(घ) 'मैं भव-मौजों पर मस्त बहा करता हूँ' पंक्ति में 'भव-मौजों' से क्या अभिप्राय है?
(i) संसार की लहरें
(ii) भावों की लहरें
(iii) विचारों की मस्ती
(iv) संसार की संकीर्णता

(ङ) कवि किसकी अपेक्षा नहीं करता है?
(i) विचारों की
(ii) साधनों की
(iii) प्रेम की
(iv) घृणा की

2. जन्म से ही वे अपने साथ लाते हैं कपास
पृथ्वी घूमती हुई आती है उनके बेचैन पैरों के पास
जब वे दौड़ते हैं बेसुध
छतों को भी नरम बनाते हुए
दिशाओं को मृदंग की तरह बजाते हुए
जब वे पेंग भरते हुए चलते आते हैं
डाल की तरह लचीले वेग से अकसर
अगर वे कभी गिरते हैं छतों के खतरनाक किनारों से
और बच जाते हैं तब तो
और भी निडर होकर सुनहले सूजर के सामने आते हैं
पृथ्वी और भी तेज घूमती हुई आती है
उनके बेचैन पैरों के पास।

(क) पृथ्वी किनके बेचैन पैरों के पास घूमती हुई आती है?
(i) खरगोश के
(ii) तितलियों के
(iii) किनारों के
(iv) बच्चों के

(ख) पतंग उड़ाने वाले बच्चे दिशाओं को किसके समान बजाते हैं?
(i) ढोल के समान (ii) बाँसुरी के समान
(iii) मृदंग के समान (iv) वीणा के समान

(ग) काव्यांश में कपास किसका प्रतीक है?
(i) शांति का (ii) कोमलता का
(iii) क्षणभंगुरता का (iv) प्रकाश का

(घ) पतंग उड़ाते हुए बच्चे किसके सहारे स्वयं भी उड़ते से दिखाई देते हैं?
(i) पंखों के (ii) रंध्रों के
(iii) धागे के (iv) कल्पना के

(ङ) कवि को बच्चों का दौड़ना किसकी तरह प्रतीत होता है?
(i) मछली की तरह (ii) खरगोश की तरह
(iii) झूले की पेंग की तरह (iv) सरकस के बंदर की तरह

3. कविता एक खिलना है फूलों के बहाने
कविता का खिलना भला फूल क्या जाने!
बाहर भीतर
इस घर, उस घर
बिना मुरझाए महकने के माने
फूल क्या जाने?

(क) कविता के मर्म की तुलना कवि ने किससे की है?
(i) घर से (ii) फूल से
(iii) पक्षी से (iv) आवेश से

(ख) कवि ने फूल और कविता के खिलने में क्या अंतर बताया है?
(i) फूल क्षणिक होता है जबकि कविता अमर होती है
(ii) फूल में सुगंध होती है जबकि कविता में नहीं होती है
(iii) फूल में सौंदर्य होता है जबकि कविता में क्षणिक सौंदर्य होता है
(iv) फूल और कविता दोनों में कोई समानता नहीं है

(ग) कविता के खिलने का मर्म कौन नहीं जान सकता?
(i) कवि (ii) कलाकार
(iii) सामान्य मनुष्य (iv) फूल

(घ) कवि के अनुसार फूल कविता की समता क्यों नहीं कर सकते हैं?
(i) क्योंकि कविता अनंत जीवन एवं आनंद से युक्त होती है
(ii) क्योंकि कविता से फूल अधिक समर्थवान है
(iii) क्योंकि फूल का सानी कोई नहीं है
(iii) क्योंकि फूल प्रकृति का अनुपम उपहार है

(ङ) कविता को फूल के बहाने से किससे जोड़ा गया है?
(i) खिलने की प्रक्रिया से (ii) मुरझाने की प्रक्रिया से
(iii) जड़ हो जाने की प्रक्रिया से (iv) संवेदनशील हो जाने की प्रकिया से

• निम्नलिखित प्रश्नों के उत्तर 60 शब्दों में दीजिए।

1. 'आत्मपरिचय' कविता में कवि को यह संसार अपूर्ण क्यों लगता है?

2. 'मेरा जीवन विरुद्धों का सामंजस्य है।' 'आत्मपरिचय' कविता के संदर्भ में इस कथन का आशय स्पष्ट कीजिए।

3. आप कैसे कह सकते हैं कि कवि ने 'पतंग' कविता में बाल सुलभ साहस एवं आकांक्षाओं का सुंदर चित्रण किया है? अपने शब्दों में लिखिए।

4. 'पतंग' कविता का मूल भाव अपने शब्दों में स्पष्ट कीजिए।

5. कवि ने कथ्य को महत्त्व दिया है अथवा भाषा को 'बात सीधी थी पर' के आधार पर तर्क-सम्मत उत्तर दीजिए।

6. 'बात सीधी थी पर' कविता का संदेश स्पष्ट कीजिए।

10

भक्तिन

महादेवी वर्मा

पाठ का सार

भक्तिन के व्यक्तित्व का चित्रण

भक्तिन छोटे कद व दुबले शरीर की एक गाँव में रहने वाली स्त्री थी। छोटी आँखें, पतले होंठ तथा सदैव गले में कंठी की माला पहनने वाली इस भक्तिन का असली नाम लछमिन अर्थात् लक्ष्मी था, लेकिन वह अपने नाम के ठीक विपरीत थी। इसलिए उसने लेखिका को भी अपना नाम प्रयोग में लाने के लिए मना कर दिया था। संभवतः उसकी कंठी माला को देखकर ही लेखिका ने उसका नाम 'भक्तिन' रखा होगा।

भक्तिन की सौतेली माँ

झूँसी गाँव में एक प्रसिद्ध योद्धा की लड़की लक्ष्मी का पालन-पोषण उसकी सौतेली माँ ने किया था। उसकी शादी 5 वर्ष की आयु में तथा गौना 9 वर्ष की आयु में ही हँडिया गाँव के एक संपन्न गोपालक के छोटे पुत्र के साथ करा दिया गया था। विमाता को यह डर हमेशा सताता रहता था कि लक्ष्मी के पिता कहीं सारी जायदाद उसके नाम ही न कर दें। इसलिए लक्ष्मी के पिता जब गंभीर रूप से बीमार पड़े, तो इसकी सूचना लक्ष्मी को नहीं दी गई। अतः पिता की मृत्यु का दुःखद समाचार उसे मायके आकर ही मिला। सौतेली माँ का बुरा व्यवहार देखकर उसने मायके में पानी भी नहीं पीया और ऐसे ही ससुराल लौट आई। उसने अपने पिता की मृत्यु का भीषण दुःख अपने पति को कड़वे वचन कहकर व्यक्त किया।

लक्ष्मी का विवाहित जीवन

ससुराल में भी भक्तिन को अब तक की भाँति दुःख ही मिला। सास के तीन कमाने वाले बेटे थे। लक्ष्मी सबसे छोटे बेटे की पत्नी होने के कारण अपनी बेटियों सहित घर का सारा काम करती थी और जिठानियाँ अपने पुत्रों के साथ मौज-मस्ती से उस घर में रहती थीं। लक्ष्मी की तीन बेटियाँ थीं। बड़ी बेटी के विवाह के उपरांत ही भक्तिन के पति का देहांत हो गया। अपनी संपत्ति को सुरक्षित रखने के लिए उसने अपनी बेटियों का विवाह कम उम्र में ही कर दिया।

जायदाद के लिए उनके परिवार में लड़ाई-झगड़ा चलता ही रहता था, इसलिए उसने अपने बड़े दामाद को घरजमाई बना लिया। लेकिन भक्तिन का दुर्भाग्य जैसे उसके साथ-साथ चलता हो, वाली कहावत उसके साथ इसलिए ठीक बैठती है, क्योंकि शीघ्र ही उसके बड़े दामाद का भी निधन हो गया और वह फिर दुःखों से घिर गई। जेठ के लड़के का साला लक्ष्मी की बड़ी बेटी से शादी करने की ज़िद में जबरदस्ती घर में घुस गया, तो बड़ी लड़की ने उसे अच्छी तरह पीटा। उस युवक ने सभी से झूठ बोला कि इसी लड़की ने मुझे बुलाया था। उसकी बातों में आकर पंचायत ने भी उन्हें पति-पत्नी की तरह साथ रहने का निर्णय सुना दिया।

उन्हें दुःखी होकर भी पंचायत का निर्णय मानना पड़ा, किंतु अब घर में गरीबी रहने लगी, झगड़ा होने लगा तथा लगान समय पर न चुका पाने के कारण भक्तिन को दिन भर धूप में खड़े रहने का दंड सहना पड़ा। इस अपमान और कलंक को भक्तिन सह न सकी और वह कमाने के उद्देश्य से शहर में आ गई।

भक्तिन का शहरी जीवन

शहर में भक्तिन लेखिका के पास रहकर उसके घर का काम आदि करने लगी। सुबह के समय भक्तिन नहाकर लेखिका की धुली धोती पहनकर दो मिनट जप करती और सूर्य एवं पीपल को अर्घ्य देती, फिर खाना बनाती। भक्तिन दूसरों को तो अपने जैसा बनाने को तैयार रहती, परंतु स्वयं को बदलने के लिए तैयार नहीं थी। इसलिए उसने लेखिका को गाँव में खाए जाने वाले साधारण भोजन की विशेषताएँ बताईं। वह गाँव की भाँति लेखिका को 'ओए' कहकर ही बुलाती थी।

भक्तिन के तर्क-वितर्क करने संबंधी गुण

लेखिका जब रुपयों को इधर-उधर रख देती थी, तब भक्तिन उन्हें इकट्ठा कर मटकी में डाल देती थी और लेखिका के पूछने पर वह शास्त्रार्थ करती हुई कहती कि रुपयों को उसने सँभालकर रख दिया। इसी प्रकार उसने सिर मुड़वाने की बात पर लेखिका से कहा कि सिद्ध सिर मुड़वाकर तीर्थ जाते हैं। लेखिका के हस्ताक्षर करने वाले नियम पर भक्तिन ने बड़े तर्क के साथ उनकी यह बात टाल दी कि यदि वह पढ़ने लगी, तो घर गृहस्थी कौन देखेगा?

लेखिका के प्रति भक्तिन का सेवा भाव

लेखिका के साथ भक्तिन हर समय उपस्थित रहती थी, जिससे लेखिका को जिस किसी भी चीज़ की आवश्यकता हो, तो वह उसकी मदद कर सके। वह लेखिका के साथ बद्रीनाथ व केदारनाथ भी गई थी। भक्तिन की बेटी और दामाद जब बुलाने आए, तो वह लेखिका को छोड़ने का मन न बना पाई। लेखिका के सामने भक्तिन ने धन के महत्त्व को भी कम कर दिया। वह लेखिका के लिए अपना सब-कुछ लुटाने को तैयार थी।

भक्तिन और लेखिका के गूढ़ संबंध

इन दोनों के बीच स्वामी और सेविका का संबंध न रहकर आत्मिक संबंध विकसित हो गए थे। भक्तिन लेखिका के परिचितों का सम्मान, लेखिका की इच्छानुसार ही करती थी। भक्तिन छात्रावास की बालिकाओं को चाय इत्यादि बनाकर देती थी। लेखिका चाहकर भी भक्तिन को अपने से दूर नहीं कर पाई। भक्तिन लोगों के लंबे बाल और अस्त-व्यस्त वेशभूषा देखकर टीका-टिप्पणी भी करती थी। इस प्रकार भक्तिन और लेखिका के बीच अत्यंत गूढ़ संबंध स्थापित हो चुके थे।

PYQs पूर्व परीक्षाओं के प्रश्न व अन्य महत्त्वपूर्ण प्रश्न

गद्यांशों पर आधारित बहुविकल्पीय प्रश्न

1. दिन भर के कार्यभार से छुट्टी पाकर जब मैं कोई लेख समाप्त करने या भाव को छंदबद्ध करने बैठती हूँ, तब छात्रावास की रोशनी बुझ चुकती है, मेरी हिरनी सोना तख्त के पैताने फर्श पर बैठ कर पागुर करना बंद कर देती है, कुत्ता बसंत छोटी मचिया पर पंजों में मुख रख कर आँखें मूँद लेता है और बिल्ली गोधूलि मेरे तकिए पर सिकुड़ कर सोती रहती है।

पर मुझे रात की निस्तब्धता में अकेली ने छोड़ने के विचार से कोने में दरी के आसन पर बैठकर बिजली की चकाचौंध से आँखे मिच-मिचाती हुई भक्तिन, प्रशांत भाव से जागरण करती हैं। वह ऊँघती भी नहीं, क्योंकि मेरे सिर उठाते ही उसकी धुँधली दृष्टि मेरी आँखों का अनुसरण करने लगती है। **CBSE 2023**

(क) 'भाव को छंदबद्ध करने बैठती हूँ' से किस प्रकार की ध्वनि निकलती है?
(i) डायरी लिखने की
(ii) कविता लिखने की
(iii) लेख लिखने की
(iv) अनुभव लिखने की

(ख) 'तब छात्रावास की रोशनी बुझ चुकती है' पंक्ति का आशय है
(i) बिजली गुल होना
(ii) रात अधिक होना
(iii) अँधेरा होना
(iv) छात्रावास में बिजली का न होना

(ग) गद्यांश के अनुसार, लेखिका का जानवरों के प्रति किस प्रकार का भाव अभिव्यक्त हो रहा है?
(i) प्रेम का
(ii) वात्सल्य का
(iii) करुणा का
(iv) दया का

(घ) रात अधिक हो जाने के बाद भी भक्तिन जागने का प्रयास क्यों करती रहती थी?
(i) जानवरों तथा लेखिका की देख-रेख के लिए
(ii) रोशनी में नींद नहीं आने से
(iii) लेखिका की जरूरत को पूरा करने के लिए
(iv) लेखिका को अकेली न छोड़ने के विचार से

(ङ) गद्यांश के अनुसार, भक्तिन का लेखिका के प्रति किस प्रकार का भाव अभिव्यक्त होता है?
(i) सहयोग का भाव (ii) दास्य भाव
(iii) स्वामी-भक्ति का भाव (iv) समर्पण का भाव

उत्तर (क) (ii) कविता लिखने की
(ख) (ii) रात अधिक होना
(ग) (ii) वात्सल्य का
(घ) (iv) लेखिका को अकेली न छोड़ने के विचार से
(ङ) (iii) स्वामी-भक्ति का भाव

2. सेवक-धर्म में हनुमान जी से स्पर्द्धा करने वाली भक्तिन किसी अंजना की पुत्री न होकर एक अनामधन्या गोपालिका की कन्या है-नाम है लछमिन अर्थात् लक्ष्मी। पर जैसे मेरे नाम की विशालता मेरे लिए दुर्वह है, वैसे ही लक्ष्मी की समृद्धि भक्तिन के कपाल की कुंचित रेखाओं में नहीं बँध सकी। वैसे तो जीवन में प्रायः सभी को अपने-अपने नाम का विरोधाभास लेकर जीना पड़ता है, पर भक्तिन बहुत समझदार है, क्योंकि वह अपना समृद्धि-सूचक नाम किसी को बताती नहीं। केवल जब नौकरी की खोज में आई थी, तब ईमानदारी का परिचय देने के लिए उसने शेष इतिवृत्त के साथ यह भी बता दिया; पर इस प्रार्थना के साथ कि मैं कभी नाम का उपयोग न करूँ। उपनाम रखने की प्रतिभा होती, तो मैं सबसे पहले उसका प्रयोग अपने ऊपर करती, इस तथ्य को वह देहातिन क्या जाने, इसी से जब मैंने कंठी माला देखकर उसका नया नामकरण किया तब वह भक्तिन-जैसे कवित्वहीन नाम को पाकर भी गद्गद हो उठी।

CBSE SQP Term I 2021-22

(क) प्रस्तुत गद्यांश में हनुमान जी का नाम किस प्रसंग में उद्धृत हुआ है?
(i) भक्तिन का महादेवी जी के प्रति सेवा-भाव दर्शाने के लिए
(ii) महादेवी जी के प्रति उसकी भक्ति-भावना दर्शाने के लिए
(iii) महादेवी जी के प्रति उसकी श्रद्धा-भावना दर्शाने के लिए
(iv) महादेवी जी के प्रति उसकी कर्त्तव्यपरायणता दर्शाने के लिए

(ख) भक्तिन द्वारा अपना वास्तविक नाम लोगों को न बताए जाने का सबसे प्रमुख कारण था
(i) वास्तविक नाम के अर्थ और उसके जीवन के यथार्थ में विरोधाभास
(ii) वास्तविक नाम बताने से लोगों के बीच उपहास बनने का भय

(iii) वास्तविक नाम के अनुरूप भक्तिन में रूप-सौंदर्य का अभाव
(iv) वास्तविक नाम के अनुरूप अपने भीतर गुणों का अभाव

(ग) महादेवी जी ने लक्ष्मी का 'भक्तिन' नाम किस आधार पर रखा?
(i) भक्तों की तरह उसकी सादगीपूर्ण वेशभूषा के आधार पर
(ii) गले में धारण की जाने वाली कंठीमाला के आधार पर
(iii) अपने प्रति उसके सेवा-समर्पण भाव के आधार पर
(iv) अपने दुबले-पतले शरीर और छोटे कद के आधार पर

(घ) 'भक्तिन बहुत समझदार है।'—इस कथन के पक्ष में महादेवी जी द्वारा दिया गया तर्क है
(i) वह घर और खेत-खलिहानों के कार्यों में निपुण है
(ii) उसने अपने जीवन के इतिवृत्त को महादेवी जी को बता दिया
(iii) वह अपना समृद्धि-सूचक नाम किसी को नहीं बताती
(iv) वह अपने वास्तविक नाम का उपयोग कभी नहीं करना चाहती

(ङ) एक सेविका के रूप में काम करने से पूर्व अपने विषय में पूरी जानकारी देना, भक्तिन के चरित्र की किस विशेषता को दर्शाता है?
(i) स्पष्टवक्ता (ii) ईमानदारी
(iii) विनम्रता (iv) स्वाभिमान

उत्तर (क) (i) भक्तिन का महादेवी जी के प्रति सेवा-भाव दर्शाने के लिए
(ख) (i) वास्तविक नाम के अर्थ और उसके जीवन के यथार्थ में विरोधाभास
(ग) (ii) गले में धारण की जाने वाली कंठीमाला के आधार पर
(घ) (iii) वह अपना समृद्धि-सूचक नाम किसी को नहीं बताती
(ङ) (ii) ईमानदारी

3. **भक्तिन के संस्कार ऐसे हैं कि वह कारागार से वैसे ही डरती है, जैसे यमलोक से। ऊँची दीवार देखते ही, वह आँख मूँदकर बेहोश हो जाना चाहती है। उसकी यह कमजोरी इतनी प्रसिद्धि पा चुकी है कि लोग मेरे जेल जाने की संभावना बता-बताकर उसे चिढ़ाते रहते हैं। वह डरती नहीं, यह कहना असत्य होगा; पर डर से भी अधिक महत्त्व मेरे साथ का ठहरता है। चुपचाप मुझसे पूछने लगती है कि वह अपनी कै धोती साबुन से साफ कर ले, जिससे मुझे वहाँ उसके लिए लज्जित न होना पड़े। क्या-क्या सामान बाँध ले, जिससे मुझे वहाँ किसी प्रकार की असुविधा न हो सके। ऐसी यात्रा में किसी को किसी के साथ जाने का अधिकार नहीं, यह आश्वासन भक्तिन के लिए कोई मूल्य नहीं रखता। वह मेरे न जाने की कल्पना से इतनी प्रसन्न नहीं होती, जितनी अपने साथ न जा सकने की संभावना से अपमानित। भला ऐसा अँधेरा हो सकता है। जहाँ मालिक वहाँ नौकर मालिक को ले जाकर बंद कर देने में इतना अन्याय नहीं, पर नौकर को अकेले मुफ्त छोड़ देने में पहाड़ के बराबर अन्याय है। ऐसा अन्याय होने पर भक्तिन को बड़े लाट तक लड़ना पड़ेगा। किसी की माई यदि बड़े लाट तक नहीं लड़ी, तो नहीं लड़ी; पर भक्तिन का तो बिना लड़े काम हीं नहीं चल सकता।** **CBSE SQP 2019-20**

(क) भक्तिन की कौन-सी कमजोरी प्रसिद्धि पा चुकी थी?
(i) वह अपनी सास से डरती थी
(ii) वह अकेले रहना चाहती थी
(iii) वह घर से दूर जाना चाहती थी
(iv) वह जेल जाने से डरती थी

(ख) किस बात को भक्तिन नौकर के साथ अन्याय मानती थी?
(i) नौकर को मालिक के साथ रहने को
(ii) नौकर को अकेले मुक्त छोड़ने को
(iii) मालिक को बंद करने को
(iv) उपरोक्त में से कोई नहीं

(ग) भक्तिन के लेखिका के प्रति कैसे भाव थे?
1. सेवा 2. समर्पण
3. अन्याय 4. ईर्ष्या

कूट
(i) केवल 1 (ii) 1 और 2
(iii) केवल 3 (iv) 3 और 4

(घ) भक्तिन क्या देखकर बेहोश हो जाना चाहती है?
(i) ऊँचे वृक्ष (ii) ऊँची दीवार
(iii) ऊँचे पहाड़ (iv) ये सभी

(ङ) भक्तिन को लोग क्या कहकर चिढ़ाते थे?
(i) दुबले-पतले शरीर (ii) जेल जाने की संभावना
(iii) छोटे कद (iv) ये सभी

उत्तर (क) (iv) वह जेल जाने से डरती थी
(ख) (ii) नौकर को अकेले मुक्त छोड़ने को
(ग) (ii) 1 और 2
(घ) (ii) ऊँची दीवार
(ङ) (ii) जेल जाने की संभावना

4. **पिता का उस पर अगाध प्रेम होने के कारण स्वभावत: ईर्ष्यालु और संपत्ति की रक्षा में सतर्क विमाता ने उनके मरणांतक रोग का समाचार तब भेजा, जब वह मृत्यु की सूचना भी बन चुका था। रोने पीटने के अपशकुन से बचने के लिए सास ने भी उसे कुछ न बताया। बहुत दिन से नैहर नहीं गई, सो जाकर देख आवे, यही कहकर और पहना-उढ़ाकर सास ने उसे विदा कर दिया। इस अप्रत्याशित अनुग्रह ने उसके पैरों में जो पंख लगा दिए थे, वे गाँव की सीमा में पहुँचते झड़ गए। 'हाय, लछमिन अब आई' की अस्पष्ट पुनरावृत्तियाँ और स्पष्ट सहानुभूतिपूर्ण दृष्टियाँ उसे घर तक ठेल ले गईं, पर वहाँ न पिता का चिह्न शेष था, न विमाता के व्यवहार में शिष्टाचार का लेश।**
CBSE SQP 2018-19, 2017-18

(क) **कथन** (A) विमाता ने भक्तिन को पिता की मृत्यु का समाचार देर से दिया था।
कारण (R) विमाता को सारी संपत्ति भक्तिन के नाम होने का डर था।
(i) कथन (A) और कारण (R) दोनों सही हैं तथा कारण (R) कथन (A) की सही व्याख्या करता है।
(ii) कथन (A) गलत है, लेकिन कारण (R) सही है।
(iii) कथन (A) तथा कारण (R) दोनों गलत हैं।
(iv) कथन (A) सही है, लेकिन कारण (R) उसकी गलत व्याख्या करता है।

(ख) भक्तिन की सास का अप्रत्याशित अनुग्रह क्या था?
(i) उसे भेजना नहीं चाहती थी
(ii) उसे पहना उढ़ाकर भेजना
(iii) उसे मायके गए बहुत दिन हो गए थे
(iv) उपरोक्त में से कोई नहीं

(ग) 'पैरों में लगे पंख' शब्द किसके लिए प्रयुक्त हुए हैं?
(i) विमाता (ii) भक्तिन
(iii) लेखिका (iv) पिता

(घ) भक्तिन की माता का स्वभाव कैसा था?
(i) ईर्ष्यालु (ii) दयालु
(iii) परोपकारी (iv) इनमें से कोई नहीं

(ङ) भक्तिन की सास ने उसे पिता की मृत्यु का समाचार क्यों नहीं दिया?
(i) दुखी होने के कारण
(ii) वह किसी को बताना नहीं चाहती थी
(iii) अपशकुन से बचने के लिए
(iv) उपरोक्त में से कोई नहीं

उत्तर (क) (i) कथन (A) तथा कारण (R) दोनों सही हैं तथा कारण (R) कथन (A) की सही व्याख्या करता है।
(ख) (ii) उसे पहना उढ़ाकर भेजना
(ग) (ii) भक्तिन
(घ) (i) ईर्ष्यालु
(ङ) (iii) अपशकुन से बचने के लिए

5. मेरे परिचितों और साहित्यिक बंधुओं से भी भक्तिन विशेष परिचित है; पर उनके प्रति भक्तिन के सम्मान की मात्रा, मेरे प्रति उनके सम्मान की मात्रा पर निर्भर है और सद्भाव उनके प्रति मेरे सद्भाव से निश्चित होता है। इस संबंध में भक्तिन की सहज बुद्धि विस्मित कर देने वाली है। वह किसी को आकार-प्रकार और वेशभूषा से स्मरण करती है और किसी को नाम के अपभ्रंश द्वारा। कवि और कविता के संबंध में उसका ज्ञान बढ़ा है; पर आदर-भाव नहीं। किसी के लंबे बाल और अस्त-व्यस्त वेशभूषा देखकर वह कह उठती है–"का ओहू कवित्त लिखे जानत हैं" और तुरंत ही उसकी अवज्ञा प्रकट हो जाती है–"तब ऊ कुच्छौ करिहैं-धरिहैं ना–बस गली-गली गाउत-बजाउत फिरि हैं।"

All India 2015,14,12; Delhi (C) 2015

(क) सेवक-स्वामी का संबंध किस-किस से था?
(i) लक्ष्मी और भक्तिन
(ii) लेखिका और भक्तिन की पुत्री
(iii) भक्तिन और लेखिका
(iv) उपरोक्त सभी

(ख) कवियों के संबंध में भक्तिन की क्या मान्यता है?
(i) संकुचित (ii) उदार
(iii) घृणित (iv) इनमें से कोई नहीं

(ग) 'उनके प्रति भक्तिन के सम्मान की मात्रा मेरे प्रति उनके सम्मान की मात्रा पर निर्भर है।' पंक्ति का आशय है।
(i) वह सभी का सम्मान समान रूप से करती थी
(ii) परिचित को जितना सम्मान लेखिका देती, उतना ही भक्तिन देती थी
(iii) भक्तिन, लेखिका के समान सम्मान नहीं करती थी
(iv) उपरोक्त में से कोई नहीं

(घ) 'अवज्ञा' किसे कहा जाता है?
(i) आदेश का पालन करना
(ii) आदेश का पालन न करना
(iii) आदेश देना
(iv) आदेश पर प्रतिक्रिया करना

(ङ) महादेवी और भक्तिन के संबंधों की तुलना किन-से की गई है?
1. बगीचे एवं उसमें खिले फूल से
2. घर एवं घर के उजाले से
3. प्रकृति व उसके तत्त्वों से
4. राजा और प्रजा से

कूट
(i) केवल 1 (ii) 1 और 2
(iii) केवल 2 (iv) 3 और 4

उत्तर (क) (iii) भक्तिन और लेखिका
(ख) (i) संकुचित
(ग) (ii) परिचित को जितना सम्मान लेखिका देती, उतना ही भक्तिन देती थी
(घ) (ii) आदेश का पालन न करना
(ङ) (ii) 1 और 2

6. जीवन के दूसरे परिच्छेद में भी सुख की अपेक्षा दु:ख ही अधिक है। जब उसने गेहुँए रंग और बटिया जैसे मुख वाली पहली कन्या के दो संस्करण और कर डाले तब सास और जिठानियों ने ओंठ बिचकाकर उपेक्षा प्रकट की। उचित भी था, क्योंकि सास तीन-तीन कमाऊ वीरों की विधात्री बनकर मचिया के ऊपर विराजमान पुरखिन के पद पर अभिषिक्त हो चुकी थी और दोनों जिठानियाँ काक-भुशंडी जैसे काले लालों की क्रमबद्ध सृष्टि करके इस पद के लिए उम्मीदवार थीं। छोटी बहू के लीक छोड़कर चलने के कारण उसे दंड मिलना आवश्यक हो गया।

(क) 'जीवन के दूसरे परिच्छेद' से क्या आशय है?
(i) वैवाहिक जीवन (ii) अवैवाहिक जीवन
(iii) संन्यासी जीवन (iv) मिश्रित जीवन

(ख) भक्तिन ने कितनी लड़कियों को जन्म दिया था?
(i) पाँच (ii) दो
(iii) चार (iv) तीन

(ग) भक्तिन के पुत्र न होने पर उसकी सास द्वारा उपेक्षा प्रकट करना किस कारण उचित था?
(i) क्योंकि वह लड़कियों को पसंद नहीं करती थी
(ii) क्योंकि वह स्वयं तीन पुत्रों को जन्म दे चुकी थी
(iii) क्योंकि वह भक्तिन से घृणा करती थी
(iv) क्योंकि वह और अधिक पुत्रियाँ चाहती थी

(घ) गद्यांश में प्रयुक्त 'छोटी बहू' संबोधन किसके लिए प्रयुक्त हुआ है?
(i) महादेवी वर्मा
(ii) सास
(iii) भक्तिन
(iv) छोटी जेठानी

(ङ) लीक छोड़कर चलने से क्या अभिप्राय है?
(i) पुरानी परंपरा पर चलना
(ii) नए तरीके को छोड़कर पुराने पर चलना
(iii) सभी के साथ मिलकर चलना
(iv) पुरातन तरीके से अलग हटकर नए तरीके से चलना

उत्तर (क) (i) वैवाहिक जीवन
(ख) (iv) तीन
(ग) (ii) क्योंकि वह स्वयं तीन पुत्रों को जन्म दे चुकी थी
(घ) (iii) भक्तिन
(ङ) (iv) पुरातन तरीके से अलग हटकर नए तरीके से चलना

विषय-वस्तु पर आधारित प्रश्न

1. भक्तिन की तुलना हनुमान जी से करने के कारणों को स्पष्ट कीजिए। CBSE 2023

उत्तर भक्तिन की तुलना हनुमान जी से इसलिए की गई है, क्योंकि जिस प्रकार हनुमान जी प्रभु श्री राम के अनन्य सेवक थे, उसी प्रकार भक्तिन भी लेखिका की मन लगाकर सेवा करती थी। उनमें भी हनुमान के समान स्वामी भक्ति का प्रबल गुण था। भक्तिन के सेवाभाव में अभिभाविका जैसा अधिकार और माँ जैसी ममता थी। वह महादेवी की छाया के समान चौबीस घंटे उसके साथ लगी रहती थी। लेखिका जिधर भी जिज्ञासा से देखती थी, भक्तिन वहीं सहायता के लिए पहुँच जाती थी। वास्तव में, वह एक समर्पित सेविका थी।

2. 'कोई भी व्यक्ति सर्वगुण संपन्न नहीं होता', भक्तिन भी इसका अपवाद नहीं थी। भक्तिन के जीवन के आधार पर इस कथन को सिद्ध कीजिए। CBSE 2023

उत्तर कोई भी व्यक्ति सर्वगुण संपन्न नहीं होता, भक्तिन भी इसका अपवाद नहीं थी। इस कथन का अभिप्राय है कि भक्तिन में केवल गुण ही गुण नहीं थे। उसमें गुणों के साथ-साथ अवगुण भी थे। वह हरिश्चंद्र की तरह सत्यवादी नहीं थी। वह लेखिका के इधर-उधर पड़े पैसों को भंडार घर की किसी मटकी में रख देती तथा लेखिका के पूछने पर यह तर्क देती कि उसने उन्हें सँभाल कर रख दिया है। वह लेखिका को प्रसन्न करने के लिए किसी बात को इधर-उधर घुमाकर कहती। वह प्रसंग एवं समय के अनुसार, मूल तथ्यों में जोड़-घटाव कर देती थी, जिसे सामान्य भाषा में झूठ कहा जाता है।

3. 'भक्तिन' पाठ के आधार पर लिखिए कि खोटे सिक्कों की टकसाल किसे और क्यों कहा गया है? CBSE 2023

उत्तर भक्तिन को खोटे सिक्के की टकसाल इसलिए कहा गया है, क्योंकि उसने एक के बाद एक तीन लड़कियों को जन्म दिया। भारतीय समाज में 'लड़के' को खरा सिक्का तथा 'लड़की' को खोटा सिक्का कहा जाता है। टकसाल सिक्के डालने वाली मशीन को कहते हैं। भारतीय समाज में पुत्र को जन्म देने वाली स्त्रियों को महत्त्व दिया जाता है, लड़कियों को जन्म देने वाली स्त्रियों को नहीं।

4. 'भक्तिन' पाठ के कथन "मेरे नाम की विशालता मेरे लिए दुर्वह है" का आशय स्पष्ट कीजिए। CBSE 2023

अथवा **भक्तिन अपना नाम क्यों बदलना चाहती थी? लेखिका ने इस संदर्भ में क्या कहा है? CBSE 2020**

उत्तर 'भक्तिन' पाठ में कथन 'मेरे नाम की विशालता मेरे लिए दुर्वह है' भक्तिन द्वारा कहा गया है। भक्तिन का वास्तविक नाम लक्ष्मी था। 'लक्ष्मी' का आशय है 'धन की देवी'। वह अपने वास्तविक नाम 'लक्ष्मी' के अनुरूप संपन्न नहीं थी। इस नाम का प्रभाव उसके वास्तविक जीवन में कहीं भी नहीं दिखाई देता था। वह दीन-हीन व अभावग्रस्त थी। उसे यह नाम उसके पिता ने दिया था, क्योंकि घर-परिवार में पुत्री का जन्म होना लक्ष्मी (धन) के आगमन का सूचक होता है, परंतु वह अपना समृद्धि सूचक नाम किसी को इसलिए नहीं बताती थी, क्योंकि उसका यह नाम सुनकर लोग कहीं उसका मजाक न उड़ाए। अपने अभावग्रस्त जीवन के विपरीत नाम को सहन करना उसके लिए मुश्किल हो गया था। अत: उसने अपना नाम बदलकर भक्तिन रख लिया था।

5. 'कवि और कविता के संबंध में भक्तिन का ज्ञान बढ़ा है, आदर-भाव नहीं।' महादेवी वर्मा जी का क्या आशय है? CBSE 2023

उत्तर 'कवि और कविता के संबंध में भक्तिन का ज्ञान बढ़ा है, आदर-भाव नहीं' महादेवी जी के इस कथन का अभिप्राय है कि कवियों के संबंध में भक्तिन की मान्यता उदार नहीं अपितु संकुचित है। कवियों के प्रति सम्मान की भावना भक्तिन के मन में जाग्रत नहीं हो पाई थी। वह लंबे-लंबे बालों वाले कवियों को व्यर्थ व्यक्ति मानती थी। वह अस्त-व्यस्त वेशभूषा वाले कवियों को गली- गली गाते-बजाते, घूमने वाले घुमक्कड़ों की श्रेणी में शामिल करती थी। भक्तिन के मन में महादेवी के किसी सामान्य मित्र तथा साहित्यिक मित्र के प्रति सम्मान की भावना में कोई अंतर नहीं था।

6. 'भक्तिन' पाठ में 'भक्तिन अच्छी है, यह कहना कठिन होगा' लेखिका ने ऐसा क्यों कहा? CBSE 2023

अथवा **भक्तिन अच्छी है, यह कहना कठिन होगा, क्योंकि उसमें दुर्गुणों का अभाव नहीं। लेखिका ने ऐसा क्यों कहा होगा? CBSE SQP 2022-23**

अथवा **"भक्तिन अच्छी है, यह कहना कठिन होगा।" महादेवी के इस कथन की समीक्षा कीजिए। Delhi 2016; All India 2015**

अथवा **"भक्तिन अच्छी है, पर उसमें दुर्गुणों का अभाव नहीं।" इस कथन के समर्थन में तीन तर्क दीजिए। Delhi 2012; All India 2010**

उत्तर 'भक्तिन अच्छी है' यह कहना कठिन इसलिए है, क्योंकि भक्तिन में दुर्गुणों का अभाव नहीं है। लेखिका ने भक्तिन के दुर्गुणों को स्पष्ट करते हुए कहा है कि वह सत्यवादी हरिश्चंद्र नहीं है, क्योंकि वह लेखिका के इधर-उधर पड़े पैसों को भंडार-घर की किसी मटकी में रख देती है। लेखिका के पूछने पर वह इसे सँभालकर रख देने का तर्क देती है। वह सत्य-असत्य की अपनी ही परिभाषा गढ़ती है।
इसके अतिरिक्त, वह लेखिका को प्रसन्न करने के लिए किसी बात को इधर-उधर घुमाकर कहती है। प्रसंग एवं समय के अनुसार वह मूल तथ्यों में जोड़-घटाव कर देती है। इसे सामान्य लोग झूठ कहते हैं। भक्तिन सभी बातों एवं कामों को अपनी सुविधा के अनुसार ढालने में निपुण है।

7. भक्तिन अपना वास्तविक नाम लोगों से क्यों छुपाती थी? भक्तिन को यह नाम किसने और क्यों दिया? CBSE SQP 2020-21

अथवा **भक्तिन नाम किसने और क्यों दिया? पाठ के आधार पर उत्तर दीजिए। All India 2015**

उत्तर 'भक्तिन' का असली नाम लछमिन अर्थात् लक्ष्मी था। लक्ष्मी का अर्थ है—धन की देवी, लेकिन उसकी दशा अपने नाम से बिलकुल मेल नहीं खाती थी। उसके जीवन में धन का घोर अभाव था। इसलिए वह अपना असली नाम किसी को नहीं बताती थी। उसकी वेशभूषा, उसके हाव-भाव, चाल-चलन, मुड़ा हुआ सिर और गले में पड़ी माला आदि को देखकर लेखिका महादेवी वर्मा ने उसका नाम भक्तिन रख दिया। यह नाम भक्तिन के बाह्य रूप को देखकर बिलकुल उचित प्रतीत होता है। यही कारण है कि भक्तिन ने अपने इस नए नामकरण का कभी विरोध नहीं किया अन्यथा वह लेखिका से इतना घुलमिल गई थी कि नाम पसंद नहीं आने पर वह लेखिका से अपनी नाराज़गी अवश्य व्यक्त कर देती।

8. भक्तिन लाट साहब तक से लड़ने को तत्पर क्यों थी? इससे उसके स्वभाव की कौन-सी विशेषता उजागर होती है? All India 2017

उत्तर भक्तिन लाट साहब तक से लड़ने को इसलिए तत्पर थी, क्योंकि भक्तिन को कारागार से यमलोक की ही भाँति डर लगता था। जब उसे यह कहा

जाता है कि उसकी मालकिन को जेल में डाल दिया जाएगा और उसे मुक्त छोड़ दिया जाएगा, तो वह इस बात को अन्यायपूर्ण थी। इससे उसकी कर्त्तव्य परायणता व स्वामीभक्ति उजागर होती है।

9. भक्तिन की बेटी के मामले में पंचायत के फैसले पर टिप्पणी कीजिए। ऐसे रवैये से कैसे निपटा जा सकता है? Delhi 2016

अथवा **भक्तिन की बेटी पर पंचायत द्वारा पति थोप देने की घटना के विरोध में टिप्पणी कीजिए। Delhi 2019**

अथवा **भक्तिन की बेटी पर पंचायत द्वारा पति क्यों थोपा गया? इस घटना के विरोध में दो तर्क दीजिए। Delhi 2015**

उत्तर भारतीय विवाह संबंधी प्रथा के अनुसार लड़कियों को अपनी इच्छानुसार वर चुनने की स्वतंत्रता नहीं होती तथा उनकी इच्छा को नज़रअंदाज कर दिया जाता है। भक्तिन की बेटी के साथ भी यही हुआ है। पति की मृत्यु के पश्चात् उसका जेठ अपने लड़के के साले से भक्तिन की बेटी का विवाह करवाना चाहता था, परंतु वह उसे वर के रूप में नापसंद कर देती है, तो वर महाशय उसका चरित्र कलंकित कर उससे विवाह करने का हथकंडा अपनाता है। पंचायत द्वारा वर के अपराधी होते हुए भी उसे भक्तिन की बेटी के पति के रूप में थोप दिया जाता है। आज भी हमारे समाज में स्त्रियों की यही दशा है, जो स्त्रियों के मानवाधिकारों के विरुद्ध है।

विवाह जैसा गंभीर निर्णय लेने का लड़कियों को कोई अधिकार नहीं है, जो समाज की स्त्री, विरोधी एवं पुरुषवादी मानसिकता का द्योतक है तथा सामाजिक समानता का विरोधी है। ऐसी समस्याओं को शिक्षा द्वारा तथा स्त्रियों के आत्मनिर्भर बनने से हल किया जा सकता है।

10. ''भक्तिन वाक्पटुता में बहुत आगे थी'' पाठ के आधार पर उदाहरण देकर पुष्टि कीजिए। All India 2014

उत्तर ''भक्तिन वाक्पटुता में बहुत आगे थी'' इस पाठ में दिए गए इस उदाहरण के आधार पर प्रमाणित किया जा सकता है कि वह जिस बात को मानती थी, उसे पूरी शक्ति से कहती थी। जब उससे पूछा गया कि वह घर में इधर-उधर रखे पैसों को मटकी में क्यों डालती है? यह तो चोरी है, तो इसका प्रत्युत्तर देते हुए भक्तिन ने कहा कि यह तो पैसा सँभालकर रखना है। इसके लिए वह तर्क करने को भी तैयार है।

इसी प्रकार, वह अपने केश मुड़ाने को लेकर भी शास्त्रों का उल्लेख करती है। वह पढ़ाई-लिखाई से बचने के लिए भी अचूक तर्क देती है कि "हमारी मालकिन रात-दिन किताबों में गड़ी रहती हैं। अब मैं भी पढ़ने लगूँ, तो घर-गृहस्थी कौन देखेगा?'' इस प्रकार कहा जा सकता है कि भक्तिन वाक्पटुता में बहुत आगे थी।

11. भक्तिन का अतीत परिवार और समाज की किन समस्याओं से जूझते हुए बीता है? पाठ के आधार पर उत्तर दीजिए। All India 2013

उत्तर भक्तिन का अतीत परिवार और समाज की अनेक समस्याओं से संघर्ष करते हुए बीता था। उसके पति की युवावस्था में ही मृत्यु हो चुकी थी। भक्तिन का जेठ चाहता था कि वह किसी से विवाह कर ले, जिससे उसकी जायदाद पर वह अधिकार कर सके, परंतु वह नहीं मानी। उसकी जेठानी अपने नजदीकी रिश्तेदार से भक्तिन की बेटी का विवाह करा देना चाहती थी, जिससे जायदाद पर उसका अधिकार बना रहे। गाँव का जमींदार भी लगान वसूल करने में बहुत कठोर था। उसने एक बार भक्तिन को लगान अदा न करने पर दिनभर धूप में खड़ा रखा। इस अपमान से आहत होकर भक्तिन ने शहर आकर महादेवी (लेखिका) के पास सेविका की नौकरी कर ली।

12. भक्तिन की चारित्रिक विशेषताओं की व्याख्या कीजिए। Foreign 2010

अथवा **पाठ के आधार पर 'भक्तिन' की तीन विशेषताओं पर प्रकाश डालिए। Delhi 2012**

उत्तर लेखिका ने एक भारतीय नारी का दिलचस्प और संवेदनशील चित्रण करने का प्रयत्न किया है। भक्तिन एक संघर्षशील तथा स्वाभिमानी स्त्री है। वह परिस्थितियों से डरती नहीं, बल्कि उनका मुकाबला करती है। पति की मृत्यु के बाद वह खेत में कड़ा परिश्रम करके अपनी बेटियों का पालन-पोषण करती है। वह शास्त्रों के तर्कों द्वारा दूसरों को अपने मन के अनुकूल बना लेने में भी निपुण थी।

इस प्रकार कहा जा सकता है कि भक्तिन कर्त्तव्यपरायण, संघर्षशील, स्वाभिमान आदि गुणों से युक्त होने के साथ-साथ सामान्य मनुष्य की भाँति असत्य वादन, हेरा-फेरी आदि दुर्गुणों से भी युक्त थी।

13. महादेवी और भक्तिन के संबंधों की तुलना किन से की गई है और क्यों? Delhi 2012

उत्तर महादेवी और भक्तिन के संबंधों की तुलना घर एवं घर में आने वाले अँधेरे-उजाले के बीच अथवा घर के बगीचे एवं बगीचे में खिले गुलाब के फूल के बीच मौजूद संबंधों से की गई है। ऐसा ही संबंध भक्तिन और महादेवी का बन गया है। जिस तरह खिलता हुआ गुलाब घर के हर सदस्य को हर्षित करता है, उसी प्रकार भक्तिन लेखिका के जीवन में आनंद की वर्षा करती है।

14. लेखिका के घर आने के बाद दूसरे दिन भक्तिन ने क्या कार्य किए?

उत्तर लेखिका के घर आने के बाद दूसरे दिन भक्तिन ने सवेरे जल्दी उठकर घर की साफ-सफाई की, फिर उसने स्नान किया और लेखिका की धुली धोती को भी जल के छीटें छिड़ककर पहना। पूजा करने के उपरांत उगते सूर्य को जल दिया, फिर पीपल पर जल चढ़ाया और जप किया।

15. भक्तिन जेल के विषय में भक्तिन की विचारधारा का वर्णन कीजिए।

उत्तर भक्तिन कारागार (जेल) से वैसे ही डरती है, जैसे वह यमलोक से डरती है। इसका कारण यह है कि भक्तिन के संस्कार ही कुछ इस प्रकार के हैं। वह इस बात को भी अन्यायपूर्ण मानती है कि उसकी मालकिन को तो जेल में डाल दिया जाए और उसे मुक्त छोड़ दिया जाए।

16. लेखिका के कार्यों में भक्तिन किस प्रकार से मदद करती थी?

उत्तर भक्तिन लेखिका के कार्यों में हर तरह से मदद करती थी। वह लेखिका के खान-पान, रहन-सहन इत्यादि का ध्यान रखती थी। वह उसकी पुस्तकों का भी ध्यान रखती थी और छात्रावास के बच्चों की भी देखभाल कभी-कभी कर लिया करती थी। वह लेखिका के इधर-उधर पड़े रुपयों को भी मटकी में सँभालकर रख देती थी।

17. तीन कन्याओं को जन्म देने के बाद भी भक्तिन पुत्र की इच्छा में अंधी अपनी जिठानियों की घृणा एवं उपेक्षा की पात्र बनी रही। इस प्रकार के उदाहरण भारतीय समाज में अभी भी देखने को मिलते हैं। इसका कारण और समाधान प्रस्तुत कीजिए।

उत्तर भारत एक पुरुष प्रधान देश रहा है। मध्यकालीन भारत में तो बेटियों को बोझ समझा जाता था। समाज में आज भी होने वाली कन्या-भ्रूण हत्या की घटनाएँ इसी मनोवृत्ति का प्रमाण देती हैं। साथ ही यह माना जाता है कि बेटी का विवाह करने पर वह तो दूसरे घर की हो जाती है, जबकि उनमें बेटे से अपने वंश को आगे बढ़ाने की इच्छा बनी रहती है।

पुत्र को बुढ़ापे की लाठी माना जाता है और अंतिम समय में उनसे माँ-बाप की सेवा की उम्मीद भी की जाती है। ऐसे ही दकियानूसी विचार हमारे समाज में आज भी व्याप्त हैं। इसी कारण भक्तिन भी पुत्र की महिमा में अंधी जिठानियों की घृणा एवं उपेक्षा की पात्र बनी रही।

11

बाज़ार दर्शन

जैनेंद्र कुमार

पाठ का सार

बढ़ता हुआ उपभोक्तावाद

लेखक ने उपभोक्तावाद को उदाहरणों द्वारा स्पष्ट किया है। लेखक के एक मित्र बाज़ार में मामूली-सी चीज़ लेने गए थे, किंतु बाज़ार की जगमगाहट देखकर वे अनेक चीजें ले आए और सारा दोष अपनी पत्नी पर लगा दिया। लेखक के अनुसार, यह सारा दोष केवल पैसे की गर्मी का है। कुछ लोग बुद्धि और संयम से काम लेते हुए पैसे को जोड़कर ही गर्व अनुभव करते हैं। लेखक ने अपने दूसरे मित्र के बारे में यही अनुमान लगाया, जो बाज़ार से कुछ भी न ला सके और वे अपनी 'पर्चेजिंग पावर' के हिसाब से ही खुश हैं। इस प्रकार वह भी उपभोक्तावाद के शिकार हैं।

बाज़ारवाद का प्रभाव

बाज़ारवाद अपने आप में बहुत महत्त्वपूर्ण है। लेखक के मित्र ने भी बाज़ार की चकाचौंध को ही दोषी माना। जो लोग इस चकाचौंध के शिकार हो जाते हैं, वे बुरी तरह फँसकर अपना ही नुकसान कर बैठते हैं। इसका दूसरा उदाहरण यह है कि लेखक का एक मित्र बाज़ार की चकाचौंध में इस प्रकार फँसा कि दिनभर घूमने के बाद भी बाज़ार से कोई वस्तु खरीद ही नहीं पाया। इसका कारण उसने लेखक को यह बताया कि बाज़ार में सभी कुछ उसे पसंद आया, किंतु वह कोई एक-दो वस्तु ही लाता, तो अन्य वस्तुओं को उसे छोड़ना पड़ता और वह कुछ भी छोड़ना नहीं चाहता था, इसलिए वह कुछ भी नहीं खरीद पाया। इसका लेखक ने यह अर्थ निकाला कि यदि हमें अपनी आवश्यकता का पता नहीं हो, तो हम यह निर्णय नहीं ले पाएँगे कि हमें क्या खरीदना है और क्या नहीं? और इसका परिणाम भी अच्छा नहीं होगा।

बाज़ार का जादू और लेखक की राय

लेखक के अनुसार, बाज़ार का जादू खाली और भरी जेब दोनों पर चलता है। यदि जेब खाली है और मन भरा हुआ नहीं है, तब भी बाज़ार अपनी ओर खींचता है और यदि जेब भरी है तो खरीदारी तो आप खूब करेंगे, परंतु व्यर्थ की। अंततः यह आपके सुख की तुलना में दुःखदायी अधिक होगी। व्यर्थ की चीज़ों की खरीदारी से बाज़ार का जादू और ज्यादा प्रभावी होता है। लेखक के अनुसार, आपको बाज़ार तभी जाना चाहिए, जब आप निर्णय ले चुके हों कि आपको क्या खरीदना है? मन को बलपूर्वक दबाना भी उचित नहीं है और मन को इतनी भी छूट न हो कि आप ही उसके पीछे चलने लगें। हालाँकि मन के प्रयोजन को भी ध्यान में रखकर चलना चाहिए। लेखक के अनुसार, बाज़ार जाने से पूर्व ही मन में यह दृढ़ निश्चय कर लेना चाहिए कि हमें क्या खरीदना है? इससे व्यक्ति बाज़ार की चकाचौंध से अपने आपको बचा पाएगा और उसके द्वारा खरीदी गई वस्तु उसे आनंद प्रदान करेगी।

जीवन को श्रेष्ठता से जीने की कला

लेखक के अनुसार, व्यक्ति को अपने मन को नियंत्रित कर जीवन के सभी महत्त्वपूर्ण निर्णय सोच-विचार कर लेने चाहिए। लेखक के अनुसार, चूर्ण बेचने वाले भगत जी का जीवन एक आदर्श जीवन है।

भगत जी का चूर्ण इतना लोकप्रिय है कि यदि वे उसे व्यावसायिक दृष्टि से बेचते, तो मालामाल हो जाते, किंतु भगत जी निश्चित समय पर अपने घर से निकलते थे और जब तक उनके चूर्ण की बिक्री से छह आने की कमाई हो जाती थी, तभी तक वे चूर्ण बेचते थे। फिर उसके बाद वे मुफ़्त में ही चूर्ण बालकों में बाँट देते थे। उन्होंने कभी भी अधिक कमाई करने की नहीं सोची।

भगत जी का भले ही अक्षर ज्ञान शून्य हो, किंतु लेखक उन्हें विद्वान् मानता है। भगत जी को बाज़ार की चकाचौंध भी अपनी ओर आकर्षित नहीं कर पाती, क्योंकि वे एक विवेकपूर्ण निर्णय लेने वाले व्यक्ति हैं। कई बार यदि कोई मोटर धूल उड़ाती हुई जाती है, तो हम सोचते हैं कि काश हम भी किसी अमीर व्यक्ति के यहाँ पैदा होते और हम भी कार में जाते, किंतु यह सोच भगत जी को अपनी ओर नहीं खींचती।

भगत जी के पास ऐसा कौन-सा बल है, जिससे उनके सामने तमाम व्यंग्य-शक्ति असफल हो जाती हैं, लेखक उस बल को कोई नाम नहीं दे पाता। ऐसे व्यक्तियों में आध्यात्मिक, आत्मिक, धार्मिक या नैतिक बल होता है। वास्तव में, केवल निर्बल व्यक्ति ही धन की ओर झुकता है।

बाज़ार की सार्थकता और मनुष्य

लेखक के अनुसार, बाज़ार को सार्थकता वही व्यक्ति दे पाता है, जिसे यह पता होता है कि उसे कब, क्या और कितना खरीदना है? अनावश्यक वस्तुएँ खरीदने वाला व्यक्ति 'पर्चेजिंग पावर' के गर्व में बाज़ार की शैतानी शक्ति और व्यंग्य शक्ति को ही बढ़ावा देता है।

लेखक ने अपने दो मित्रों के उदाहरण दिए हैं। वे बताते हैं कि जो अर्थशास्त्र केवल बाज़ार का पोषण करता है, वह अनीतिशास्त्र है। यह उपभोक्ताओं को दु:ख, गरीबी तथा ईर्ष्या देता है। ऐसे बाज़ारवाद को लेखक गलत मानता है। ऐसे में लोगों की आवश्यकताओं का आदान-प्रदान नहीं हो पाता, अपितु शोषण और कपट को बढ़ावा मिलता है।

PYQs पूर्व परीक्षाओं के प्रश्न व अन्य महत्त्वपूर्ण प्रश्न

गद्यांशों पर आधारित बहुविकल्पीय प्रश्न

1 **बाजार में एक जादू है। वह जादू आँख की राह काम करता है। वह रूप का जादू है पर जैसे चुंबक का जादू लोहे पर ही चलता है, वैसे ही इस जादू की भी मर्यादा है। जेब भारी हो और मन खाली हो, ऐसी हालत में जादू का असर खूब होता है। जेब खाली पर मन भरा न हो, तो भी जादू चल जाएगा। मन खाली है, तो बाजार की अनेकानेक चीजों का निमंत्रण उस तक पहुँच जाएगा। कही हुई, उस वक्त जेब भरी हो तो फिर वह मन किसकी मानने वाला है। मालूम होता है यह भी लूँ, वह भी लूँ। सभी सामान जरूरी और आराम को बढ़ाने वाला मालूम होता है, पर यह सब जादू का असर है।** **CBSE 2023**

(क) बाजार को जादू क्यों कहा गया है?
(i) आपूर्ति करने के कारण
(ii) भ्रम पैदा करने के कारण
(iii) बाजार की महिमा के कारण
(iv) जरूरत पैदा करने के कारण

(ख) 'जादू की मर्यादा' से आप क्या समझते हैं?
(i) प्रभाव की सीमा (ii) जादू का असर
(iii) रूप के समान (iv) निश्चित प्रभाव

(ग) बाजार का असर कब अधिक होता है?
(i) जेब और मन खाली होने पर
(ii) जेब और मन भरे होने पर
(iii) जेब भरी और मन खाली होने पर
(iv) जेब खाली और मन भरे होने पर

(घ) मन खाली और जेब भरी होने पर बाजार का प्रभाव कैसा होता है?
(i) सहयोगी (ii) उपहासक
(iii) मर्यादित (iv) विनाशक

(ङ) बाजार का सभी सामान उपयोगी लगने के क्या कारण हो सकते हैं?
(i) जादू का असर
(ii) सामान की कमी
(iii) सब कुछ खरीदने की इच्छा
(iv) संतुलित मन के कारण

उत्तर (क) (iv) जरूरत पैदा करने के कारण
(ख) (ii) जादू का असर
(ग) (iii) जेब भरी और मन खाली होने पर
(घ) (iv) विनाशक
(ङ) (i) जादू का असर

2. **जेब भरी हो और मन खाली हो, ऐसी हालत में जादू का असर खूब होता है। जेब खाली, पर मन भरा न हो, तो भी जादू चल जाएगा। मन खाली है तो बाजार की अनेकानेक चीजों का निमंत्रण उस तक पहुँच जाएगा। कहीं हुई उस वक्त जेब भरी, तब तो फिर वह मन किसकी मानने वाला है! मालूम होता है कि यह भी लूँ, वह भी लूँ। सभी सामान जरूरी और आराम को बढ़ाने वाला मालूम होता है। पर यह सब जादू का असर है। जादू की सवारी उतरी कि पता चलता है कि फैंसी चीजों की बहुतायत आराम में मदद नहीं देती, बल्कि खलल ही डालती है। थोड़ी देर को स्वाभिमान को जरूर सेंक मिल जाता है, पर इससे अभिमान की गिल्टी को और खुराक ही मिलती है।**
CBSE SQP 2019-20

(क) निम्नलिखित कथन-कारण को ध्यानपूर्वक पढ़िए उसके बाद दिए गए विकल्पों में से कोई एक सही विकल्प चुनकर लिखिए।
कथन (A) बाजार के आकर्षण को जादू कहा जाता है।
कारण (R) बाजार के सामान की चकाचौंध सभी को लुभाती है।
(i) कथन (A) और कारण (R) दोनों सही हैं तथा कारण (R) कथन (A) की सही व्याख्या करता है।
(ii) कथन (A) गलत है, लेकिन कारण (R) सही हैं
(iii) कथन (A) तथा कारण (R) दोनों गलत हैं।
(iv) कथन (A) सही है, लेकिन कारण (R) उसकी गलत व्याख्या करता है।

(ख) 'मन भरा न होना' से अभिप्राय है
(i) मन में इच्छाओं का होना
(ii) मन में इच्छाओं का समाप्त होना
(iii) जेब का भरा न होना
(iv) जेब का भरा होना

(ग) आकर्षित करने वाली वस्तुओं को जादू क्यों कहा गया है?
(i) वह खरीदने को विवश नहीं करती है
(ii) वह आवश्यकता को महत्त्व देती है
(iii) वह खरीदने को विवश करती है
(iv) उपरोक्त में से कोई नहीं

(घ) जादू समाप्त होने पर ग्राहक की दशा कैसी हो जाती है?
(i) सुविधापूर्ण (ii) दुविधापूर्ण
(iii) सामान्य (iv) इनमें से कोई नहीं

(ङ) बाजार का निमंत्रण ग्राहक तक कब पहुँचता है?
(i) मन भरा हो (ii) मन खाली हो
(iii) जेब खाली हो (iv) जेब भरी हो

उत्तर (क) (i) कथन (A) और कारण (R) दोनों सही हैं तथा कारण (R) कथन (A) की सही व्याख्या करता है।
(ख) (ii) मन में इच्छाओं का समाप्त होना
(ग) (iii) वह खरीदने को विवश करती है
(घ) (ii) दुविधापूर्ण
(ङ) (ii) मन खाली हो

3. **इस सद्भाव के ह्रास पर आदमी आपस में भाई-भाई और सुहृद और पड़ोसी फिर रह ही नहीं जाते हैं और आपस में कोरे ग्राहक और बेचक की तरह व्यवहार करते हैं। मानों दोनों एक-दूसरे को ठगने की घात में हो। एक की हानि में दूसरे को अपना लाभ दिखता है और यह बाजार का, बल्कि इतिहास का; सत्य माना जाता है। ऐसे बाजार को बीच में लेकर लोगों में आवश्यकताओं का आदान-प्रदान नहीं होता; बल्कि शोषण होने लगता, तब कपट सफल होता है, निष्कपट शिकार होता है। ऐसे बाज़ार मानवता के लिए विडंबना हैं।**

All India 2017

(क) सद्भाव का ह्रास कब होता है?
(i) जब आदमी भाई-भाई की तरह व्यवहार करते हैं
(ii) जब व्यक्ति सहृद की तरह व्यवहार करते हैं
(iii) जब व्यक्ति ग्राहक और बेचक की तरह व्यवहार करते हैं
(iv) उपरोक्त में से कोई नहीं

(ख) ऐसे बाजार को कथन से क्या आशय है?
1. कपट सफल होता है
2. निष्कपट शिकार होता है
3. शोषण होता है
4. ग्राहक का शोषण नहीं होता है

कूट
(i) केवल 1
(ii) 1 और 2
(iii) केवल 4
(iv) 1, 2 और 3

(ग) स्वभाव में ग्राहक-विक्रेता व्यवहार क्यों आ जाता है?
(i) अधिक लाभ देने की इच्छा से
(ii) अधिक लाभ कमाने की इच्छा से
(iii) अधिक नुकसान उठाने से
(iv) उपरोक्त में से कोई नहीं

(घ) बाजार में एक (विक्रेता) की हानि होने पर दूसरे का दिखाई देता है
(i) हानि (ii) लाभ
(iii) न हानि न लाभ (iv) ये सभी

(ङ) सद्भाव का ह्रास होने का क्या परिणाम होता है
(i) वस्तुओं का आदान-प्रदान
(ii) शोषण
(iii) ग्राहक को लाभ मिलता है
(iv) उपरोक्त सभी

उत्तर (क) (iii) जब व्यक्ति ग्राहक और बेचक की तरह व्यवहार करते हैं
(ख) (iv) 1, 2 और 3
(ग) (ii) अधिक लाभ कमाने की इच्छा
(घ) (ii) लाभ
(ङ) (ii) शोषण

4. **पर उस जादू की जकड़ से बचने का एक सीधा-सा उपाय है। वह यह कि बाज़ार जाओ, तो खाली मन न हो। मन खाली हो, तब बाज़ार न जाओ। कहते हैं लू में जाना हो, तो पानी पीकर जाना चाहिए। पानी भीतर हो, लू का लू-पन व्यर्थ हो जाता है। मन लक्ष्य से भरा हो, तो बाज़ार भी फैला-का-फैला ही रह जाएगा। तब वह घाव बिलकुल नहीं दे सकेगा, बल्कि कुछ आनंद ही देगा। तब बाज़ार तुमसे कृतार्थ होगा, क्योंकि तुम कुछ-न-कुछ सच्चा लाभ उसे दोगे। बाज़ार की असली कृतार्थता है-आवश्यकता के समय काम आना।**

Delhi (C) 2013; Delhi 2010

(क) बाजार की चकाचौंध से बचने का क्या उपाय है?
(i) मन खाली न हो (ii) मन भरा हुआ न हो
(iii) जब खाली न हो (iv) इनमें से कोई नहीं

(ख) यदि मन लक्ष्य से भरा होगा, तो क्या प्रभाव पड़ेगा?
(i) दुखदायी होना
(ii) सुखदायी होना
(iii) कष्टदायी होना
(iv) उपरोक्त सभी

(ग) 'लू का लू-पन' का भाव है
(i) लू लगना (ii) लू से उत्पन्न ताप
(iii) लू से पेट भरा होना (iv) ये सभी

(घ) बाजार का भयानक रूप हमें घाव कब नहीं दे सकेगा, जब
(i) मन में कोई लक्ष्य न हो (ii) मन में अनेक इच्छाएँ हो
(iii) मन लक्ष्य से भरा हो (iv) ये सभी

(ङ) निम्नलिखित कथन-कारण को ध्यानपूर्वक पढ़िए उसके बाद दिए गए विकल्पों में से कोई एक सही विकल्प चुनकर लिखिए।

कथन (A) मन भरा होने पर बाजार तुमसे कृतार्थ होगा।

कारण (R) बाजार की जकड़ से बचने का उपाय है।

(i) कथन (A) और कारण (R) दोनों सही हैं तथा कारण (R) कथन (A) की सही व्याख्या करता है।
(ii) कथन (A) गलत है, लेकिन कारण (R) सही हैं
(iii) कथन (A) तथा कारण (R) दोनों गलत हैं।
(iv) कथन (A) सही है, लेकिन कारण (R) उसकी गलत व्याख्या करता है।

उत्तर (क) (i) मन खाली न हो
(ख) (ii) सुखदायी होना
(ग) (ii) लू से उत्पन्न ताप
(घ) (iii) मन लक्ष्य से भरा हो
(ङ) (iv) कथन (A) सही है, लेकिन कारण (R) उसकी गलत व्याख्या करता है।

5. **बाज़ार को सार्थकता भी वही मनुष्य देता है जो जानता है कि वह क्या चाहता है और जो नहीं जानते कि वे क्या चाहते हैं, अपनी 'पर्चेजिंग पावर' के गर्व में अपने पैसे से केवल एक विनाशक शक्ति (शैतानी शक्ति, व्यंग्य की शक्ति) ही बाज़ार को देते हैं। न तो वे बाज़ार से लाभ उठा सकते हैं, न उस बाज़ार को सच्चा लाभ दे सकते हैं। वे लोग बाज़ार का बाज़ारूपन बढ़ाते हैं। जिसका मतलब है कि कपट बढ़ाते हैं। कपट की बढ़ती का अर्थ परस्पर सद्भाव की घटी।**

Delhi 2012, 10

(क) बाजार को सार्थकता कौन देता है?
(i) जो आवश्यक वस्तुएँ खरीदते हैं
(ii) जो आवश्यकता के अनुसार वस्तु खरीदते हैं
(iii) जो वस्तुएँ नहीं खरीदते हैं
(iv) उपरोक्त में से कोई नहीं

(ख) 'बाजारूपन' से लेखक का क्या अभिप्राय है?
(i) लाभ का भाव (ii) कपट भाव बढ़ना
(iii) हानि का भाव (iv) इनमें से कोई नहीं

(ग) 'पर्चेजिंग पावर' क्या है?
(i) मनुष्य का लाभ (ii) मनुष्य का गर्व
(iii) मनुष्य की सुविधा (iv) ये सभी

(घ) 'पर्चेजिंग पावर' से मनुष्य बाजार को क्या देता है?
1. अविनाशक शक्ति
2. शैतानी शक्ति
3. व्यंग्य शक्ति

कूट
(i) केवल 1 (ii) 1 और 2
(iii) 2 और 3 (iv) 1, 2 और 3

(ङ) कपट बाजार से ग्राहक-विक्रेता के संबंध कैसे रहते हैं?
(i) सामाजिक (ii) व्यावसायिक
(iii) पड़ोसी (iv) इनमें से कोई नहीं

उत्तर (क) (ii) जो आवश्यकता के अनुसार वस्तु खरीदते हैं
(ख) (ii) कपट भाव बढ़ना
(ग) (ii) मनुष्य का गर्व
(घ) (iii) 2 और 3
(ङ) (ii) व्यावसायिक

6. **उनका आशय था कि यह पत्नी की महिमा है। उस महिमा का मैं कायल हूँ। आदिकाल से इस विषय में पति से पत्नी की ही प्रमुखता प्रमाणित है और यह व्यक्तित्व का प्रश्न नहीं, स्त्रीत्व का प्रश्न है। स्त्री माया न जोड़े, तो क्या मैं जोड़ूँ? फिर भी सच-सच है और वह यह कि इस बात में पत्नी की ओट ली जाती है। मूल में एक और तत्त्व की महिमा विशेष है। वह तत्त्व है मनीबैग अर्थात् पैसे की गर्मी या एनर्जी।** **Foreign 2010**

(क) आदिकाल से ही पत्नी की प्रमुखता प्रमाणित है
(i) धन खर्च करने में
(ii) धन संचय में
(iii) धन का सदुपयोग करने में
(iv) उपरोक्त में से कोई नहीं

(ख) लेखक के अनुसार, बाजारवाद का कारण क्या है?
1. मनी बैग
2. पैसे की गर्मी
3. एनर्जी
4. बचत बैंक

कूट
(i) केवल 1
(ii) बचत बैंक
(iii) 2 और 3
(iv) 1, 2 और 3

(ग) लोगों के मन में धन जोड़ने के प्रति कैसी धारणा है?
(i) इसके लिए पुरुष जिम्मेदार होता है
(ii) इसके लिए स्त्री ही जिम्मेदार होती है
(iii) इसके लिए स्त्री-पुरुष दोनों जिम्मेदार होते हैं
(iv) उपरोक्त में से कोई नहीं

(घ) 'स्त्री माया न जोड़े तो क्या मैं जोड़ू' का आशय है?
(i) पुरुष को धन जोड़ना चाहिए
(ii) स्त्री को धन जोड़ना चाहिए
(iii) स्त्री को धन नहीं जोड़ना चाहिए
(iv) उपरोक्त सभी

(ङ) लेखक किसकी महिमा का कायल है?
(i) बाजार (ii) ग्राहक
(iii) पुरुष (iv) पत्नी

उत्तर (क) (ii) धन संचय में
(ख) (iv) 1, 2 और 3
(ग) (ii) इसके लिए स्त्री ही जिम्मेदार होती है
(घ) (ii) स्त्री को धन जोड़ना चाहिए
(ङ) (iv) पत्नी

7. **पैसा पावर है। पर उसके सबूत में आस-पास माल-टाल न जमा हो, तो क्या वह खाक पावर है। पैसे को देखने के लिए बैंक-हिसाब देखिए, पर माल असबाब मकान-कोठी तो अनदेखे भी दिखते हैं। पैसे की उस 'पर्चेजिंग पावर' के प्रयोग में ही पावर का रस है, लेकिन नहीं। लोग संयमी भी होते हैं। वे फ़िजूल सामान को फ़िजूल समझते हैं। वे पैसा बहाते नहीं हैं और बुद्धिमान होते हैं। बुद्धि और संयमपूर्वक वह पैसे को जोड़ते जाते हैं, जोड़ते जाते हैं। वह पैसे की पावर को इतना निश्चय समझते हैं कि उसके प्रयोग की उन्हें दरकार नहीं है। बस पैसे के जुड़ा होने पर खुद उनका मन गर्व से भरा-फूला रहता है।**

(क) संयमी व्यक्ति पैसे के प्रयोग की आवश्यकता क्यों नहीं समझते हैं?
(i) पैसे जोड़ने पर मन गर्व से भरा रहने के कारण
(ii) पैसे की आवश्यकता न समझ पाने के कारण
(iii) पैसे को फिजूल सामान समझने के कारण
(iv) पैसे की पावर का सही उपयोग करने के कारण

(ख) फिजूल सामान को फिजूल कौन समझते हैं?
(i) बुद्धिहीन (ii) संयमी
(iii) क्रूर (iv) अमानवीय

(ग) 'पैसा बहाने' से क्या अभिप्राय है?
(i) फिजूलखर्ची करना (ii) पैसे को पानी में फेंकना
(iii) पैसे को महत्त्व देना (iv) पैसे को सब कुछ समझना

(घ) पैसे को जोड़कर गर्व का अनुभव कौन करते हैं?
(i) बुद्धि व संयम से काम लेने वाले व्यक्ति
(ii) मन की इच्छा पूरी करने वाले व्यक्ति
(iii) स्वार्थ से परिपूर्ण व्यक्ति
(iv) लाचार और बेबस व्यक्ति

(ङ) पैसे की पावर का रस किसमें है?
(i) विक्रय शक्ति में (ii) पर्चेजिंग पावर में
(iii) संयमित व्यक्ति में (iv) गर्व से भरे व्यक्ति में

उत्तर (क) (i) पैसे जोड़ने पर मन गर्व से भरा रहने के कारण
(ख) (ii) संयमी
(ग) (i) फ़िज़ूलखर्ची करना
(घ) (i) बुद्धि व संयम से काम लेने वाले व्यक्ति
(ङ) (ii) पर्चेज़िंग पावर में

8. बाजार आमंत्रित करता है कि आओ मुझे लूटो और लूटो। सब भूल जाओ, मुझे देखो। मेरा रूप और किसके लिए है? मैं तुम्हारे लिए हूँ। नहीं कुछ चाहते हो, तो भी देखने में क्या हरज़ है। अजी आओ भी। इस आमंत्रण में यह खूबी है कि आग्रह नहीं है आग्रह तिरस्कार जगाता है। लेकिन ऊँचे बाजार का आमंत्रण मूक होता है और उससे यह जगती है। चाह मतलब अभाव। चौक बाजार में खड़े होकर आदमी को लगने लगता है कि उसके अपने पास काफी नहीं है और चाहिए और चाहिए। मेरे यहाँ कितना परिमित है और यहाँ कितना अतुलित है ओह!

(क) बाजार लोगों को आमंत्रित क्यों करता है?
(i) नया सामान खरीदने के लिए
(ii) ग्राहकों को लूटने के लिए
(iii) नए उत्पाद से अवगत कराने के लिए
(iv) अपना स्वरूप दिखाने के लिए

(ख) 'मैं तुम्हारे लिए हूँ' पंक्ति में 'मैं' शब्द किसके लिए प्रयोग हुआ है?
(i) लेखक के लिए
(ii) ग्राहक के लिए
(iii) उत्पादक के लिए
(iv) बाजार के लिए

(ग) मूक आमंत्रण कौन-सा कार्य करता है?
(i) शांति बनाए रखने का
(ii) ग्राहक में चाह जगाने का
(iii) बिना कारण बोलने का
(iv) अपनी विशिष्ट पहचान बनाने का

(घ) लेखक के अनुसार, व्यक्ति को बाजार की चकाचौंध के बीच खड़े होकर क्या अनुभव होने लगता है?
(i) उसके पास पर्याप्त सामान है
(ii) उसे और सामान खरीदने की आवश्यकता है
(iii) उसे बाजार से निकल जाना चाहिए
(iv) उसे अधिक सामान नहीं खरीदना है

(ङ) 'अजी आओ भी' पंक्ति से कौन-सा भाव स्पष्ट हो रहा है?
(i) विनय का
(ii) आदेश का
(iii) आकर्षण का
(iv) अलगाव का

उत्तर (क) (iv) अपना स्वरूप दिखाने के लिए
(ख) (iv) बाजार के लिए
(ग) (ii) ग्राहक में चाह जगाने का
(घ) (ii) उसे और सामान खरीदने की आवश्यकता है
(ङ) (iii) आकर्षण का

विषय-वस्तु पर आधारित प्रश्न

1. बाजार की चकाचौंध का व्यक्ति के मन-मस्तिष्क पर क्या प्रभाव पड़ता है? इस चकाचौंध से किस प्रकार बचा जा सकता है? 'बाजार दर्शन' पाठ के आधार पर लिखिए। CBSE 2023

उत्तर बाजार की चकाचौंध का व्यक्ति के मन-मस्तिष्क पर जादुई असर पड़ता है। बाजार की चकाचौंध व्यक्ति को अपनी ओर अत्यधिक आकर्षित करती है, लेकिन लोगों को अपनी आवश्यकतानुसार ही चीजें खरीदनी चाहिए। लोगों को सोच-समझकर बाजार का उपयोग करना चाहिए। लेखक ने बाजार की चकाचौंध से बचने का बड़ा ही सरल उपाय बताया है कि जब भी बाजार जाओ, तो आपका मन खाली न हो और यदि आपका मन यह निर्णय नहीं कर पा रहा है कि आप बाजार से क्या लेने जा रहे हो, तो उस समय आपको बाजार नहीं जाना चाहिए। अत: हमें बाजार तभी जाना चाहिए, जब हमें पता हो कि हमें क्या लेना है।

2. 'बाजार दर्शन' पाठ में आए 'पर्चेजिंग पावर' से आप क्या समझते हैं? इसका सकारात्मक उपयोग कैसे किया जा सकता है? CBSE 2023

अथवा **बाज़ार के बाज़ारूपन में 'पर्चेजिंग पावर' की भूमिका को स्पष्ट कीजिए। Delhi 2016**

उत्तर 'पर्चेजिंग पावर' का अर्थ है—पैसे की वह पावर, जिससे आप कभी भी महँगी-से-महँगी वस्तुएँ खरीद सकते हैं। मॉल की संस्कृति, सामान्य बाजार और हाट की संस्कृति सभी 'पर्चेजिंग पावर' से चलते हैं। मॉल की संस्कृति में लगभग सभी प्रकार की वस्तुएँ एक ही स्थान पर ऊँची कीमतों में मिल जाती हैं। अत: वे महँगी कीमत पर भी सामान खरीदने को तैयार हो जाते हैं। इसलिए 'पर्चेजिंग पावर' का असली रूप तो मॉल में ही दिखाई देता है।

3. 'बाजार दर्शन' पाठ में बाजार को 'शैतान का जाल' क्यों कहा गया है? CBSE 2023

उत्तर 'बाजार दर्शन' पाठ में बाजार को 'शैतान का जाल' इसलिए कहा गया है, क्योंकि जिस प्रकार चतुर शिकारी जाल फैलाकर उसमें अपने शिकार को फँसा लेता है उसी प्रकार सुसज्जित बाजार ग्राहक को आकर्षित करता है। यह मूक आकर्षण मनुष्य के मन में चाह अथवा अभाव उत्पन्न करता है। व्यक्ति यह सोचने लगता है कि यहाँ अपरिमित वस्तुएँ हैं, परंतु उसके पास बहुत सीमित वस्तुएँ हैं। अपनी जरूरतों का उचित ज्ञान होने पर भी व्यक्ति इस आकर्षण में फँसकर अनावश्यक चीजें खरीद लेता है।

4. बाज़ार को सार्थकता देने का क्या आशय है? यह कौन कर सकता है?

अथवा **'बाजार दर्शन' पाठ में बाजार की सार्थकता प्रदान करने का क्या अभिप्राय है? स्पष्ट कीजिए। CBSE 2023**

उत्तर बाज़ार को सार्थकता वे व्यक्ति ही दे सकते हैं, जो यह जानते हैं कि वे क्या चाहते हैं तथा उन्हें बाजार में से अपने लिए कौन-सी आवश्यक वस्तु लेनी है। ऐसे व्यक्ति अपनी आवश्यकता की ही वस्तुएँ बाज़ार से खरीदते हैं। बाजार की सार्थकता इसी में है कि वह लोगों की आवश्यकता की पूर्ति करें। समझदार ग्राहक ही बाजार को सार्थकता दे पाते हैं।

5. 'बाजार दर्शन' पाठ में लेखक ने बाज़ार का पोषण करने वाले अर्थशास्त्र को अन्यायशास्त्र, अनीतिशास्त्र क्यों कहा है? स्पष्ट कीजिए। CBSE 2023

अथवा **लेखक ने अर्थशास्त्र को अनीतिशास्त्र क्यों कहा है? उदाहरण देकर समझाइए। All India 2015**

उत्तर 'बाज़ार दर्शन' पाठ का लेखक ऐसे अर्थशास्त्र को अनीतिशास्त्र कहता है, जो बाजार के बाज़ारूपन को, कपट को, लोभ-लालच को बढ़ावा देता है।

लेखक इसका उदाहरण देते हुए कहता है कि कपट की प्रवृत्ति का बढ़ने का अर्थ है—परस्पर सद्भाव का घटना। सद्भाव का ह्रास होने के कारण ही दो भाई या दो सहृदय पड़ोसी भी आपस में कोरे ग्राहक एवं दुकानदार की तरह व्यवहार करते हैं। ऐसा लगता है मानो दोनों एक-दूसरे को ठगने की घात में हों। एक की हानि में दूसरे को अपना लाभ दिखता है। ऐसे बाज़ार में कपटी सफल होता है और निष्कपटी शिकार हो जाता है।

6. "बाजार किसी का लिंग, जाति, धर्म, क्षेत्र नहीं देखता, बस देखता है सिर्फ उसकी क्रय-शक्ति को और इस रूप में वह एक प्रकार से सामाजिक समता की भी रचना कर रहा है।" आप इस कथन से कहाँ तक सहमत हैं? स्पष्ट करके लिखिए। CBSE SQP 2022-23

उत्तर बाजार का कार्य है वस्तुओं का विक्रय करना। बाजार को इस बात से कोई फर्क नहीं पड़ता है कि वह ग्राहक कौन है, किस जाति या धर्म का है, पुरुष है या स्त्री। वह तो सभी को समान रूप से ग्राहक के रूप में देखता है तथा बाजार को उसकी क्रय-शक्ति से ही मतलब है। जो व्यक्ति चीजें खरीदने की शक्ति नहीं रखता है, बाजार के लिए वह ग्राहक निरर्थक है। इस रूप में देखा जाए, तो हम लेखक के इस मत से सहमत है कि बाजार जाति, धर्म, लिंग आदि का भेद मिटाकर सामाजिक समता की रचना करता है, परंतु हम इस बात से पूरी तरह सहमत नहीं हैं, क्योंकि क्रय-शक्ति न रखने वाला व्यक्ति स्वयं को दूसरों से हीन समझता है तथा उसमें कुछ निराशा का भाव आ जाता है। बाजार में अमीर और गरीब ग्राहकों में भेदभाव बढ़ता है। उनमें समानता की भावना नहीं रहती। अत: बाजार पूर्णतया सामाजिक समता की रचना नहीं करता।

7. बाजार के जादू के चढ़ने-उतरने का मनुष्य पर क्या प्रभाव पड़ता है? 'बाजार-दर्शन' पाठ के आधार पर उत्तर लिखिए। CBSE SQP 2021-22

अथवा **'बाज़ार दर्शन' पाठ के आधार पर 'बाज़ार का जादू चढ़ने और उतरने' का आशय स्पष्ट कीजिए। Delhi 2015**

अथवा **बाज़ार का जादू चढ़ने और उतरने पर मनुष्य पर क्या-क्या असर पड़ता है? All India 2010**

उत्तर बाजार का जादू से तात्पर्य उस स्थिति से है, जब व्यक्ति बाज़ार की चकाचौंध देखकर उसकी वस्तुओं को खरीदने के लिए उत्सुक होता है।

बाजार का जादू चढ़ने पर प्रभाव जिस प्रकार चुंबक लोहे को अपनी ओर खींचता है, उसी प्रकार बाज़ार का जादू चढ़ने पर मनुष्य उसकी ओर आकर्षित होता है। उसे लगता है कि मैं यह सामान भी लूँ, वह भी लूँ। उसे सभी वस्तुएँ अनिवार्य तथा आराम बढ़ाने वाली मालूम होती हैं।

बाजार का जादू उतरने पर प्रभाव मनुष्य पर बाज़ार के जादू के उतरने का प्रभाव यह पड़ता है कि फैंसी चीज़ों की बहुतायत उसके आराम में मदद नहीं देती, बल्कि खलल ही डालती हैं। उसे लगने लगता है कि इससे थोड़ी देर गर्व जरूर महसूस होता है, पर इससे अभिमान की ग्लानि को और खुराक ही मिलती है।

8. निबंध 'बाज़ार दर्शन' के मुख्य पात्र भगतजी के चरित्र के मानवीय गुणों में समानताएँ हैं। किन्हीं दो समानताओं को रेखांकित कीजिए। CBSE SQP 2020-21

उत्तर निबंध 'बाज़ार दर्शन' के मुख्य पात्र भगतजी के चरित्र के मानवीय गुणों में दो समानताएँ निम्न हैं—

(i) **ईमानदार** भगतजी के चरित्र में ईमानदारी का गुण कूट-कूट कर भरा हुआ है। यह उनकी ईमानदारी का ही प्रमाण है कि छह आने की कमाई पूरी होते ही वह बचा हुआ चूरन गरीब बच्चों में बाँट देते हैं। ईमानदारीपूर्वक वह चूरन बेचने का कार्य करते हैं। वहीं दूसरी ओर 'साफ़िया' भी ईमानदार है। जब उसे यह पता चलता है कि पाकिस्तान से भारत नमक ले जाना गैर-कानूनी है, तो वह तय करती है कि प्रेम की इस भेंट को वह चोरी से नहीं ले जाएगी। इस प्रकार दोनों ही पात्र के चरित्र में ईमानदारी का गुण व्याप्त है।

(ii) **प्रेम एवं इंसानियत को महत्त्व** भगतजी का व्यक्तित्व संतोषी स्वभाव का है। वे सभी व्यक्तियों का प्रेमपूर्वक 'जय जय राम' कहकर स्वागत करते हैं तथा सभी का सम्मान करते हैं। वे मनुष्य को महत्त्व देते हैं। इसी प्रकार 'साफ़िया' भी जाति-धर्म आदि को महत्त्व नहीं देती, बल्कि प्रेम और इंसानियत को महत्त्व देती है। इसलिए वह कस्टम अधिकारी से अपनी मानव के प्रति प्रेम शक्ति व बुद्धिचातुर्य के कारण सब कुछ स्पष्ट रूप से कह देती है। अत: स्पष्ट है कि दोनों पात्र प्रेम और इंसानियत को महत्त्व देते हैं।

9. लेखक ने क्यों कहा कि 'मन खाली हो, तब बाज़ार न जाओ'? Delhi 2019

उत्तर 'मन खाली हो, तब बाजार न जाओ' लेखक ने ऐसा इसलिए कहा है, क्योंकि जब जेब भरी होती है और मन खाली होता है, तब हम बिना सोचे-समझे खरीदारी कर लेते हैं। इस तरह की खरीदारी से हम अनेक अनावश्यक वस्तुएँ खरीद लेते हैं।

10. चूरन वाले भगतजी पर बाज़ार का जादू नहीं चल सकता-क्यों? 'बाजार दर्शन' पाठ के आधार पर स्पष्ट कीजिए। All India 2019

उत्तर चूरन वाले भगत जी पर बाज़ार का जादू इसलिए नहीं चल सकता, क्योंकि वे एक विवेकपूर्ण निर्णय लेने वाले व्यक्ति हैं। वे खुली आँख, तुष्ट मन और मग्न भाव से चौक बाज़ार में से चले जाते हैं। वे अपनी आवश्यकताओं को भली-भाँति जानते हैं। निश्चित रूप से उनका आचरण बाज़ार में शांति स्थापित करने में मददगार हो सकता है, ऐसे आचरण वाले व्यक्ति बाज़ार से लाभ उठा भी सकते हैं और बाज़ार को सच्चा लाभ दे भी सकते हैं।

11. 'जेब भरी हो और मन खाली हो, ऐसी हालत में जादू का असर खूब होता है'। 'बाज़ार दर्शन' पाठ के आधार पर आशय स्पष्ट कीजिए। CBSE SQP 2017-18

उत्तर 'जेब भरी हो और मन खाली हो, ऐसी हालत में जादू का असर खूब होता है' पंक्ति का आशय यह है कि बाजार के जादू का जेब व मन से गहरा संबंध है। खाली मन में अनेक इच्छाएँ उत्पन्न होती हैं। उस पर यदि जेब भरी हो, तो हर वस्तु खरीदने की लालसा उत्पन्न होती है। मनुष्य के पास यदि क्रयशक्ति हो तथा मन में भटकाव हो, तो बाजार को फायदा होता है। मन के भटकाव होने के कारण मनुष्य इधर-उधर भागता है। इस प्रकार धन की अधिकता और दिशाहीन मन को बाजार की लुभावनी चीज़ें जकड़ लेती हैं।

12. बाज़ार का बाज़ारूपन क्या है? पाठ के आधार पर समझाइए। Delhi 2016

उत्तर बाज़ार के बाज़ारूपन का अर्थ कपट को बढ़ावा देना है। इसके बढ़ने से परस्पर सद्भावना में कमी आ जाती है। इससे मनुष्य आपस में भाई-भाई, मित्र या पड़ोसी नहीं रह जाते। वे आपस में केवल ग्राहक और विक्रेता की तरह ही व्यवहार करते हैं। इसमें एक की हानि में दूसरे को अपना लाभ दिखाई देता है। बाज़ारूपन में शोषण अधिक और आवश्यकताओं का आदान-प्रदान कम होता है।

13. "बाज़ारवाद के इस युग में भगत जी जैसा दृष्टिकोण मार्गदर्शन करता है" पक्ष या विपक्ष में तर्क दीजिए। Delhi 2016

अथवा **भूमंडलीकरण के इस दौर में भगत जी जैसे लोग क्या प्रेरणा देते हैं? 'बाज़ार दर्शन' के आधार पर उत्तर दीजिए। All India 2016**

अथवा **'बाज़ार दर्शन' के लेखक ने भगत जी का उदाहरण क्यों दिया है? स्पष्ट कीजिए। All India 2015**

उत्तर बाज़ार दर्शन के लेखक ने भगत जी का उदाहरण देते हुए पाठकों को यह समझाने का प्रयत्न किया है कि किस तरह बाज़ार के जादू से बचा जा सकता है। बाज़ार में नकारात्मक प्रभावों को उपभोक्ता भगतजी की तरह बेअसर कर सकता है।

भगत जी पर बाज़ार की चकाचौंध अपना प्रभाव नहीं डाल सकी। वह खुली आँख, तुष्ट मन और मग्न भाव से चौक बाज़ार से चले जाते हैं और एक छोटी-सी पंसारी की दुकान से अपनी आवश्यकता की चीज़ केवल जीरा एवं नमक खरीदते हैं। उनके लिए अपनी आवश्यकताएँ बिलकुल स्पष्ट हैं। वे बाज़ार में भटकते नहीं हैं।

यह उनके व्यक्तित्व का एक सशक्त पक्ष है। उनका आचरण निश्चित रूप से बाज़ार में शांति स्थापित करने में मददगार हो सकता है। ऐसा आचरण करने वाला व्यक्ति ही बाज़ार से सच्चा लाभ उठा सकता है तथा बाज़ार को सच्चा लाभ दे भी सकता है। संयमित व्यवहार एवं सुस्थिर मानसिकता के बल पर ही आज का मनुष्य बाज़ार के शोषण से मुक्त रह सकता है।

14. 'बाज़ार दर्शन' पाठ के आधार पर 'पैसे की व्यंग्य शक्ति' को सोदाहरण समझाइए। All India 2016

अथवा **'बाज़ार दर्शन' पाठ के आधार पर 'पैसे की व्यंग्य शक्ति' कथन को स्पष्ट कीजिए। Delhi 2015**

उत्तर 'बाज़ार दर्शन' पाठ के आधार पर 'पैसे की व्यंग्य शक्ति' से अभिप्राय यह है कि पैसे की व्यंग्य शक्ति से मनुष्य की चेतना पर अवश्य ही कुछ-न-कुछ प्रभाव पड़ता है, जैसे व्यक्ति सड़क पर चल रहा है और उसके आगे से धूल उड़ाती हुई मोटरगाड़ी निकल जाए, तो वह सोचने लगता है कि काश! मैं भी अमीर माँ-बाप के यहाँ पैदा होता तो मोटरगाड़ी में ही बैठकर जाता। अत: उस व्यक्ति पर पैसे की व्यंग्य शक्ति का विशेष प्रभाव पड़ा है, लेकिन भगतजी जैसे कुछ श्रेष्ठ विद्वानों पर पैसों की व्यंग्य शक्ति का असर बिलकुल नहीं हो पाता।

15. बाज़ार जाते समय आपको किन-किन बातों का ध्यान रखना चाहिए? 'बाज़ार दर्शन' पाठ के आधार पर उत्तर दीजिए। All India 2014

उत्तर बाज़ार जाते समय हमें तार्किक एवं बौद्धिक दृष्टिकोण रखना चाहिए, अन्यथा अनावश्यक वस्तुओं की खरीदारी की आशंका रहती है। हमें अनावश्यक वस्तुओं की खरीदारी से बचना चाहिए। *इसके लिए हमें निम्न बिंदुओं पर ध्यान देना चाहिए—*

(i) बाज़ार जाते समय पर्चेजिंग पावर के प्रति सतर्क रहना चाहिए। प्राय: पैसे की गर्मी के कारण हम अनावश्यक वस्तुओं की खरीदारी कर लेते हैं। अत: इससे बचना चाहिए।

(ii) कई बार बाज़ार का आकर्षक रूप भी हमें अनावश्यक वस्तुओं की खरीदारी के लिए उत्तेजित करता है। अत: इसके प्रति सतर्क रहना चाहिए।

(iii) बाज़ार जाते समय कभी भी मन को खाली नहीं रखना चाहिए। बिना किसी लक्ष्य के बाज़ार जाने पर प्राय: अनेक वस्तुओं की चाहत हमें घेर लेती है। इससे बचना आवश्यक है। अत: हमें खरीदारी के लिए तभी बाज़ार जाना चाहिए। जब हमें अपनी आवश्यकता का पूर्ण-ज्ञान हो, अन्यथा बाज़ार के जादू में फँसने की संभावना बनी रहती है।

16. 'बाज़ार दर्शन' निबंध उपभोक्तावाद एवं बाज़ारवाद की अंतर्वस्तु को समझने में बेजोड़ है। उदाहरण देकर इस कथन पर अपने विचार प्रस्तुत कीजिए। All India 2013

उत्तर 'बाज़ार दर्शन' निबंध में उपभोक्तावाद और बाज़ारवाद की अंतर्वस्तु को बेहतर ढंग से स्पष्ट किया गया है। बाज़ार में दुकानदार किसी भी प्रकार से अपना सामान अधिक मात्रा में मनचाहे दाम पर बेचना चाहते हैं।

वे ग्राहक को तरह-तरह से ललचाते हैं। ग्राहक बाज़ार में अनेक प्रकार की आकर्षक वस्तुएँ देखकर आकृष्ट हो जाते हैं और आवश्यकता न होने पर भी अनेक वस्तुएँ खरीद लेते हैं। लेखक के शब्दों में, ''बाज़ार है कि शैतान का जाल है? ऐसा सजा-सजाकर माल रखते हैं कि बेहया हो, जो न फँसे।'' लेखक बाज़ारवाद को स्पष्ट करते हुए कहता है—''ऊँचे बाज़ार का आमंत्रण मूक होता है और उससे चाह जगती है। चाह मतलब इच्छा और यहाँ इसका अर्थ हुआ अभाव। चौक बाज़ार में खड़े होकर आदमी को लगने लगता है कि स्वयं उसके पास चीज़ें पर्याप्त मात्रा में नहीं हैं, और चाहिए और चाहिए।''

17. 'बाज़ार दर्शन' पाठ का संदेश अपने शब्दों में स्पष्ट कीजिए। Delhi (C) 2013

उत्तर 'बाज़ार दर्शन' पाठ के लेखक जैनेंद्र कुमार ने बाज़ार की जादुई ताकत से पाठकों को परिचित कराते हुए उससे सतर्क रहने की आवश्यकता पर बल दिया है। लेखक के अनुसार, आज बाज़ार की चकाचौंध हमें अपनी ओर अत्यधिक आकर्षित करती है, लेकिन लोगों को अपनी आवश्यकतानुसार ही चीज़ें खरीदनी चाहिए। लोगों को सोच-समझकर बाज़ार का उपयोग करना चाहिए। यह भगत जी के माध्यम से लेखक ने हमें बताया है।

इस पाठ के माध्यम से जैनेंद्र स्पष्ट संदेश देना चाहते हैं कि बाज़ार की अनावश्यक चमक-दमक में फँसने से असंतोष, तृष्णा एवं ईर्ष्या का शिकार होने की संभावना बढ़ जाती है। इस संदेश को उन्होंने कहीं दार्शनिक अंदाज में व्यक्त किया है, तो कहीं किस्सागों की भाँति।

18. 'बाज़ार दर्शन' पाठ के लेखक के अनुसार कभी-कभी बाज़ार में आवश्यकता ही शोषण का रूप धारण करती है। क्या आप इस विचार से सहमत हैं? तर्क सहित उत्तर दीजिए।

उत्तर बाज़ार ग्राहक की आवश्यकता का भरपूर शोषण करता है। जिन चीज़ों की माँग बढ़ जाती है, तो बाज़ार भी उन्हीं चीज़ों के दाम अधिक मात्रा में बढ़ा देता है तथा वस्तु की पूर्ति में कमी भी ला देता है। इस प्रकार बाज़ार मनमाने ढंग से लूट मचाने लगता है। अभी कुछ समय पूर्व सब्ज़ियों, दालों, तिलहनों के दामों में भारी उछाल आया था। इसका कारण माँग अधिक और पूर्ति में कमी थी। अत: हम लेखक की इस बात से पूर्णतया सहमत हैं।

19. बाज़ार दर्शन से आप क्या समझते हैं? पाठ के आधार पर स्पष्ट कीजिए।

उत्तर बाज़ार दर्शन से लेखक का आशय है बाज़ार के बारे में विवरण; जैसे—बाज़ार में क्या-क्या मिलता है? बाज़ार लोगों को क्यों आकर्षित करता है? बाज़ार के आकर्षण से बचने के क्या-क्या उपाय हैं? बाज़ार के गुण-दोषों का वर्णन, बाज़ार की सार्थकता इत्यादि के बारे में विस्तृत जानकारी देना, बाज़ार के लाभ व हानि के बारे में रोचक ढंग से बताना आदि इसमें शामिल हैं।

12

काले मेघा पानी दे

धर्मवीर भारती

पाठ का सार

बचपन और अंधविश्वास

'काले मेघा पानी दे' नामक पाठ लेखक धर्मवीर भारती द्वारा रचित संस्मरण विधा की एक रचना है। आषाढ़ के महीने में जब पखवाड़े भर बारिश नहीं होती, तो किशोरावस्था वाले लड़कों की 'इंदर सेना' घर-घर जाकर पानी माँगती है। 'बोल गंगा मैया की जय' का जयकारा लगाते *ये लड़के निम्न पंक्तियाँ गाते हैं—*

"काले मेघा पानी दे
गगरी फूटी बैल पियासा
पानी दे, गुड़धानी दे
काले मेघा पानी दे।"

पानी की कमी होते हुए भी महिलाएँ सहेज कर रखा हुआ पानी उन पर डाल देती हैं। पानी डालने के बाद फिर कीचड़ में लेटने से इन बालकों के हाथ-पैर, पेट, बदन, मुख सब मिट्टी में लिपट जाते हैं। इनके इसी रूप को देखकर कुछ लोगों ने इन्हें 'मेंढक-मंडली' का नाम दे दिया।

अनावृष्टि से आशंकित गाँव

बारिश न होने के कारण तालाब सूख जाते हैं, घरों के कुओं में भी पानी नहीं रहता। ऐसे में गाँव-गाँव में पानी के बिना कोहराम मच जाता है। बारिश न होने के कारण लोग इसकी प्रार्थना करते हुए पूजा-पाठ भी करते हैं। पशु-पक्षी प्यासे मरने लगते हैं और यदि इतने पर भी वर्षा नहीं होती, तो इंदर सेना बादलों से पानी माँगने के लिए निकल पड़ती है। ऐसे में लेखक सोचता है कि जब पानी की घर-घर में इतनी कमी हो, तो महिलाएँ इंदर सेना पर पानी डालकर अपना अंधविश्वास ही प्रदर्शित करती हैं।

कुमार-सुधार सभा

लेखक आर्यसमाजी होने के साथ ही कुमार-सुधार सभा का उपमंत्री भी था, इसीलिए उसमें समाज को सुधारने का जोश है। अंधविश्वासों के विरुद्ध उसके पास सबल तर्क हैं। वह सभी रीति-रिवाज़ों, पूजा-अनुष्ठानों को अंधविश्वास मानता है। वह इन सबको पूर्णत: समाप्त होते देखना चाहता है। वह समाज में फैले दकियानूसी विचारों को जड़ से उखाड़ना चाहता है।

जीजी का लेखक के प्रति अपनापन

लेखक की एक जीजी थी, जिनकी उम्र लेखक की माँ की उम्र से भी अधिक थी। वह लेखक को बहुत लाड़-प्यार करती थीं। जिन बातों को जीजी मान-सम्मान देती थीं, लेखक उनको अंधविश्वास कहता था। लेखक भी सभी त्योहारों तथा पूजा-अनुष्ठानों में उनकी मदद करता था। लेखक जीजी के तर्कों के सामने निरुत्तर हो जाता था। लेखक ने जीजी के कहने पर भी इंदर सेना पर पानी नहीं फेंका। जीजी के आग्रह के बाद भी लेखक ने न तो पानी फेंका और न ही जीजी के लड्डू-मठरी खाए और कुछ समय तक उसने जीजी से बात भी नहीं की।

जीजी के तर्क

यह पानी की बर्बादी नहीं, यह पानी का अर्घ्य है।

कुछ पाना है, तो पहले कुछ देना होता है। दान को सबसे महान् कहा गया है। दान के लिए त्याग करना अनिवार्य है। अभाव की स्थिति में किया गया दान ही सच्चा त्याग होता है। सूखे में हमारे द्वारा फेंका गया पानी ही पानी की बुवाई है।

हम पानी देकर बीज बोते हैं अर्थात् यह पानी का बीज है, तब काले बादलों से पानी माँगते हैं। पहले खुद दो, तो देवता तुम्हें चौगुना-आठगुना करके लौटाएँगे।

एक व्यक्ति का आचरण ही सबका आचरण बनता है।

पचास वर्ष के बाद लेखक के विचार

पचास वर्ष के बाद लेखक यह सोचता है कि हम देश के लिए क्या कर रहे हैं? राजनीतिक स्वतंत्रता मिलने के बाद भी हमें अपने देश के संस्कारों की समझ अभी तक नहीं आई है। हमारी स्थिति माँगने की तो हर समय बनी रहती है, किंतु त्याग करने से हम पीछे हट जाते हैं।

लेखक कहता है कि आज आदमी अत्यधिक स्वार्थी हो गया है। ये बातें लेखक के मन को कचोटती हैं। हम चारों ओर फैल रहे भ्रष्टाचार को लेकर बातें करते हैं, लेकिन कभी यह नहीं देखते कि कहीं हम भी तो भ्रष्टाचार के शिकार नहीं बन रहे हैं? यदि हम सोचें, तो एक स्तर पर हम सभी स्वयं को उसी भ्रष्टाचार का अंग बना हुआ पाते हैं। काले मेघा दल-के-दल उमड़ते हैं, पानी झमाझम बरसता है, पर गगरी फूटी-की-फूटी ही है। बैल प्यासे-के-प्यासे ही रह जाते हैं, आखिर कब बदलेगी यह स्थिति? लेखक इन्हीं सब प्रश्नों से अपने आपको घिरा पाता है।

PYQs पूर्व परीक्षाओं के प्रश्न व अन्य महत्त्वपूर्ण प्रश्न

गद्यांशों पर आधारित बहुविकल्पीय प्रश्न

1. अगर तीस-चालीस मन गेहूँ उगाना है तो किसान पाँच-छह सेर अच्छा गेहूँ अपने पास से लेकर जमीन में क्यारियाँ बनाकर फेंक देता है, उसे बुवाई कहते हैं। यह जो सूखे में हम अपने घर का पानी इन पर फेंकते हैं, वह भी बुवाई है। यह पानी गली में बोएँगे तो सारे शहर, कस्बा, गाँव पर पानी वाले बादलों की फसल आ जाएगी। हम बीज बनाकर पानी देते हैं, फिर काले मेघा से पानी माँगते हैं। सब ऋषि-मुनि कह गए है कि पहले खुद दो तब देवता तुम्हें चौगुना-आठगुना करके लौटाएँगे भइया, यह तो हर आदमी का आचरण है, जिससे सबका आचरण बनता है। **CBSE 2023**

(क) बुवाई का क्या अर्थ है?
- (i) खेतों में बीज बोना
- (ii) खेतों में पानी देना
- (iii) खेतों में कटाई करना
- (iv) खेतों में खाद देना

(ख) बादलों की फसल पाने के लिए क्या करना पड़ता है?
- (i) बादलों की पूजा-अर्चना करनी पड़ती है
- (ii) इंद्र देवता की पूजा-अर्चना करनी पड़ती है
- (iii) पानी का दान-पुण्य करना पड़ता है
- (iv) पानी की बरबादी को रोकना पड़ता है

(ग) ऋषि-मुनियों के अनुसार हमें मनवांछित फल की प्राप्ति कब होती है?
- (i) दिन-रात परिश्रम करने से
- (ii) ईश्वर की उपासना करने से
- (iii) बड़ों के आशीर्वाद से
- (iv) दान-पुण्य करने से

(घ) जीजी ने किसान का उदाहरण क्यों दिया है?
- (i) बुवाई की प्रक्रिया स्पष्ट करने के लिए
- (ii) भारतीय संस्कृति की महिमा बताने के लिए
- (iii) किसानों की महत्ता समझाने के लिए
- (iv) दान-पुण्य की महत्ता समझाने के लिए

(ङ) 'पानी गली में बोएँगे' का अभिप्राय है।
- (i) पानी की गली में बुवाई करना
- (ii) पानी की खेतों में बुवाई करना
- (iii) पानी को गली में फेंकना
- (iv) पानी को इंद्र सेना पर डालना

उत्तर (क) (i) खेती में बीज बोना
(ख) (iii) पानी का दान-पुण्य करना पड़ता है
(ग) (iv) दान-पुण्य करने से
(घ) (iv) दान-पुण्य की महत्ता समझाने के लिए
(ङ) (iv) पानी को इंद्र सेना पर डालना

2. लेकिन इस बार मैंने साफ इंकार कर दिया। नहीं फेंकना है मुझे बाल्टी भर-भर कर पानी इस गंदी मेढ़क-मंडली पर। जब जीजी बाल्टी भरकर पानी ले गई, उनके बूढ़े पाँव डगमगा रहे थे, हाथ काँप रहे थे, तब भी मैं अलग मुँह फुलाए खड़ा रहा। शाम को उन्होंने लड्डू-मठरी खाने को दिए तो मैंने उन्हें हाथ से अलग खिसका दिया। मुँह फेरकर बैठ गया, जीजी से बोला भी नहीं। पहले वे भी तमतमाई, लेकिन ज्यादा देर तक उनसे गुस्सा नहीं रहा गया। पास आकर मेरा सर अपनी गोद में लेकर बोलीं, "देख भैया रूठ मत। मेरी बात सुन। यह सब अंधविश्वास नहीं है। हम इन्हें पानी नहीं देंगे तो इंद्र भगवान हमें पानी कैसे देंगे?" मैं कुछ नहीं बोला। फिर जीजी बोलीं। "तू इसे पानी की बरबादी समझता है पर यह बरबादी नहीं है। यह पानी का अर्घ्य चढ़ाते हैं, जो चीज मनुष्य पाना चाहता है उसे पहले देगा नहीं तो पाएगा कैसे? इसीलिए ऋषि-मुनियों ने दान को सबसे ऊँचा स्थान दिया है।" **CBSE SQP Term I 2021-22**

(क) लेखक ने मेढ़क-मंडली पर पानी फेंकने से इंकार क्यों कर दिया होगा?
- (i) पानी बरबाद नहीं करने के कारण
- (ii) मेढ़क-मंडली को गंदे लोगों की श्रेणी में रखने के कारण
- (iii) पानी फेंकने को बरबादी मानने के कारण
- (iv) लोकमान्यताओं में विश्वास नहीं होने के कारण

(ख) अपने डगमगाते पाँव पर भी जीजी बाल्टी भरकर पानी क्यों फेंक रही थी?
- (i) क्योंकि लेखक ने पानी फेंकने से इंकार कर दिया था
- (ii) पानी फेंकना आवश्यक मानने के कारण
- (iii) लोकमान्यता में विश्वास रखने के कारण
- (iv) अंधविश्वास में विश्वास के कारण

(ग) लेखक जीजी से नाराज क्यों हो रहा था?
- (i) जीजी द्वारा पानी फेंकने के कारण
- (ii) लेखक की बात नहीं मानने के कारण
- (iii) लेखक और जीजी में वैचारिक अंतर होने के कारण
- (iv) जीजी के अंधविश्वासी होने के कारण

(घ) जीजी अधिक देर तक लेखक से गुस्सा क्यों नहीं रह सकी?
- (i) लेखक की बात समझ जाने से
- (ii) लेखक को समझाना चाहती थी
- (iii) लेखक से प्रेम करने के कारण
- (iv) लेखक की नासमझी के कारण

(ङ) पानी का अर्घ्य चढ़ाने से आप क्या समझते हैं?
- (i) पानी का दान देना
- (ii) पानी इंद्र भगवान को समर्पित करना
- (iii) पानी का प्रसाद चढ़ाना
- (iv) पानी का महत्त्व बताना

उत्तर (क) (iv) लोकमान्यताओं में विश्वास नहीं होने के कारण
(ख) (iii) लोकमान्यता में विश्वास रखने के कारण
(ग) (iv) जीजी के अंधविश्वासी होने के कारण
(घ) (iii) लेखक से प्रेम करने के कारण
(ङ) (i) पानी का दान देना

3. **वर्षा के बादलों के स्वामी हैं इंद्र और इंद्र की सेना टोली बाँध कर कीचड़ में लथपथ निकलती, पुकारते हुए मेघों को, पानी माँगते हुए प्यासे गलों और सूखे खेतों के लिए। पानी की आशा पर जैसे सारा जीवन आकर टिक गया हो। बस एक बात मेरी समझ में नहीं आती थी कि जब चारों ओर पानी की इतनी कमी है तो लोग घर में इतनी कठिनाई से इकट्ठा करके रखा हुआ पानी बाल्टी भर-भर कर इन पर क्यों फेंकते हैं। कैसी निर्मम बर्बादी है पानी की। देश की कितनी क्षति होती है इस तरह के अंधविश्वासों से।** **All India 2019**

(क) वर्षा के बादलों के स्वामी कौन है?
(i) वरुण (ii) इंद्र
(iii) अग्नि (iv) यम

(ख) इंद्र सेना किसे कहा गया है?
(i) महिलाओं की टोली को
(ii) लड़कों की टोली को
(iii) बच्चों की टोली को
(iv) उपरोक्त सभी

(ग) 'कैसी निर्मम बर्बादी है पानी की' कथन का आशय है
(i) पानी की कमी होना
(ii) पानी की कमी होने पर भी पानी फेंकना
(iii) घरों व कुओं में पानी नहीं रहना
(iv) पानी फेंकने से कीचड़ हो जाना

(घ) लेखक के अनुसार, अंधविश्वास क्या था?
(i) लड़कों की टोली बनाना
(ii) घरों में पानी एकत्रित करना
(iii) टोली पर पानी फेंकने से इंद्र देव का वर्षा करना
(iv) इंद्र सेना का घर-घर जाना

(ङ) निम्नलिखित कथन-कारण को ध्यानपूर्वक पढ़िए उसके बाद दिए गए विकल्पों में से कोई सही विकल्प चुनकर लिखिए।

कथन (A) पानी की आशा पर जैसे सारा जीवन टिक गया हो।
कारण (R) ऐसे अंधविश्वासो से देश को कितनी क्षति होती है।
(i) कथन (A) और कारण (R) दोनों सही हैं तथा कारण (R) कथन (A) की सही व्याख्या करता है।
(ii) कथन (A) गलत है, लेकिन कारण (R) सही है।
(iii) कथन (A) तथा कारण (R) दोनों गलत हैं।
(iv) कथन (A) सही है, लेकिन कारण (R) उसकी गलत व्याख्या करता है।

उत्तर (क) (ii) इंद्र
(ख) (ii) लड़कों की टोली को
(ग) (ii) पानी की कमी होने पर भी पानी फेंकना
(घ) (iii) टोली पर पानी फेंकने से इंद्र देव का वर्षा करना
(ङ) (iv) कथन (A) सही है, लेकिन कारण (R) उसकी गलत व्याख्या करता है।

4. **उछलते-कूदते, एक-दूसरे को धकियाते ये लोग गली में किसी दुमहले मकान के सामने रुक जाते, "पानी दे मैया, इंदर सेना आई है।" और जिन घरों में आखिर जेठ या शुरू आषाढ़ के उन सूखे दिनों में पानी की कमी भी होती थी, जिन घरों के कुएँ भी सूखे होते थे, उन घरों से भी सहेजकर रखे हुए पानी में से बाल्टी या घड़े भर-भर कर इन बच्चों को सर से पैर तक तर कर दिया जाता था। ये भीगे बदन मिट्टी में लोट लगाते थे, पानी फेंकने से पैदा हुए कीचड़ में लथपथ हो जाते थे। हाथ, पाँव, बदन, मुँह, पेट सब पर गंदा कीचड़ मलकर फिर हाँक लगाते हैं "बोल गंगा मैया की जय" और फिर मंडली बाँधकर उछलते-कूदते अगले घर की ओर चल पड़ते बादलों को टेरते,"काले मेघा पानी दे।"**

(क) किसी दुमहले मकान के सामने कौन रुक जाते थे?
(i) मुसाफ़िर (ii) इंदर सेना
(iii) प्यासे लोग (iv) जल से भीगे लोग

(ख) किन-किन महीनों में पानी माँगा जाता था?
(i) सावन-भादो (ii) माघ-ज्येष्ठ
(iii) जेठ-आषाढ़ (iv) आषाढ़-पौष

(ग) इंदर सेना किसकी जय बोलती थी?
(i) गाँव वालों की (ii) माता-पिता की
(iii) संरक्षक की (iv) गंगा मैया की

(घ) इंदर सेना पर कैसा पानी डाला जाता था?
(i) घरों में सँभालकर रखा हुआ पानी
(ii) कीचड़ वाला पानी
(iii) गंदा व बदबूदार पानी
(iv) गंगा नदी का पानी

(ङ) बालकों के हाथ, पैर, बदन तथा मुख सब किस कारण मिट्टी में लिपट जाते हैं?
(i) आँधी चलने के कारण
(ii) कीचड़ के कारण
(iii) धूप में घूमने के कारण
(iv) ग्रामीण परिवेश के कारण

उत्तर (क) (ii) इंदर सेना
(ख) (iii) जेठ-आषाढ़
(ग) (iv) गंगा मैया की
(घ) (i) घरों में सँभालकर रखा हुआ पानी
(ङ) (ii) कीचड़ के कारण

5. **मैं असल में था तो इन्हीं मेंढक-मंडली वालों की उमर का, पर कुछ तो बचपन के आर्यसमाजी संस्कार थे और एक कुमार-सुधार सभा कायम हुई थी उसका उपमंत्री बना दिया गया था-सो समाज-सुधार का जोश कुछ ज्यादा ही था। अंधविश्वासों के खिलाफ तो तरकस में तीर रख कर घूमता रहता था। मगर मुश्किल यह थी कि मुझे अपने बचपन में जिससे सबसे ज्यादा प्यार मिला वे थीं जीजी। यूँ मेरी रिश्ते में कोई नहीं थीं। उम्र में मेरी माँ से भी बड़ी थीं, पर अपने लड़के-बहू सबको छोड़कर उनके प्राण मुझी में बसते थे और वे थीं उन तमाम रीति-रिवाजों, तीज-त्यौहारों, पूजा-अनुष्ठानों की खान जिन्हें कुमार-सुधार सभा का यह उपमंत्री अंधविश्वास कहता था और उन्हें जड़ से उखाड़ फेंकना चाहता था।**

(क) कुमार-सुधार सभा क्या थी?
(i) समाज में व्याप्त अंधविश्वासों के खिलाफ संघर्ष करने वाली सभा
(ii) समाज के युवा वर्ग को सुधारने वाली सभा
(iii) समाज से गंदगी को साफ करने वाली सभा
(iv) समाज से अलग विचारधारा लेकर चलने वाली सभा

(ख) लेखक को कुमार-सुधार सभा में कौन-सा पद मिला था?
(i) सचिव (ii) उपसचिव
(iii) मंत्री (iv) उपमंत्री

(ग) लेखक की किसके खिलाफ जंग जारी रहती थी?
(i) जीजी के (ii) अंधविश्वासों के
(iii) प्रेम-विवाह के (iv) बाल संस्कार के

(घ) जीजी का लेखक से क्या संबंध था?
(i) माँ-बेटे का
(ii) बड़ी बहन-छोटे भाई का
(iii) अध्यापिका-छात्र का
(iv) रिश्ते में कोई संबंध नहीं था

(ङ) गद्यांश के आधार पर जीजी की विशेषता क्या थी?
(i) लेखक के दूर की रिश्तेदार
(ii) रीति-रिवाजों में विश्वास रखने वाली
(iii) अंधविश्वासों का विरोध करने वाली
(iv) लेखक से ईर्ष्या-द्वेष रखने वाली

उत्तर (क) (i) समाज में व्याप्त अंधविश्वासों के खिलाफ संघर्ष करने वाली सभा
(ख) (iv) उपमंत्री
(ग) (ii) अंधविश्वासों के
(घ) (iv) रिश्ते में कोई संबंध नहीं था
(ङ) (ii) रीति-रिवाजों में विश्वास रखने वाली

विषय-वस्तु पर आधारित प्रश्न

1. 'काले मेघा पानी दे' पाठ में जीजी द्वारा कराए गए उन रीति-रिवाजों, अनुष्ठानों का उल्लेख कीजिए, जिन्हें लेखक अंधविश्वास कहता था। **CBSE 2023**

उत्तर लेखक आर्य समाजी विचारधारा को मानने वाला था। वह जीजी के अनेक रीति-रिवाजों व अनुष्ठानों को अंधविश्वास मानता था, परंतु जीजी की खुशी के लिए इन सभी कार्यों को जीजी के लिए करता था। वह दिवाली पर कौड़ियों से गोवर्धन व सतिया बनाता था, जन्माष्टमी पर झाँकी सजाता था और पंजीरी बाँटता था। हर छठ पर कुल्हियों में भूसा भरता था। वह जीजी से बहुत स्नेह करता था तथा जीजी उम्र में लेखक की माँ से भी बड़ी थी।

2. "अंतिम उपाय के रूप में निकलती यह इंदर सेना" इस कथन में लेखक ने पानी के लिए इंदर सेना के निकलने को अंतिम उपाय क्यों कहा है? **CBSE 2023**

उत्तर 'काले मेघा पानी दे' पाठ में लेखक द्वारा गाँव में जेठ के महीने में बारिश का न होना बताया है। इसके बाद आषाढ़ के महीने के भी पंद्रह दिन व्यतीत होने पर भी कहीं बारिश का नामो-निशान नज़र नहीं आता। कुएँ सूखने लगते हैं तथा नलों में भी पानी बहुत कम आता है या फिर आधी रात को बहुत गर्म पानी आता है, जानवर भी प्यास से व्याकुल होने लगते हैं। सभी ग्रामीण लोग पूजा, पाठ, विधान करके घर जाते हैं, परंतु फिर भी बारिश की एक बूँद भी आसमान से टपकती दिखाई नहीं देती, तब अंतिम उपाय के रूप में 'इंदर सेना' निकलती है। गाँवों में बारिश के लिए 'इंदर सेना' बनाई जाती है। इंद्र भी सेना टोली बाँधकर कीचड़ में लथ-पथ होकर मेघों से प्रार्थना करते हैं। यही वर्षा के लिए प्रार्थना करने का अंतिम उपाय माना जाता है।

3. 'काले मेघा पानी दे' पाठ में मेंढ़क-मंडली पर लोगों द्वारा सहेजे गए पानी को फेंकने को पानी की निर्मम बर्बादी क्यों कहा गया है? **CBSE 2023**

उत्तर 'काले मेघा पानी दे' पाठ में मेंढ़क-मंडली पर लोगों द्वारा सहेजे गए पानी को फेंकने को पानी की निर्मम बर्बादी इसलिए कहा गया है, क्योंकि लेखक का मानना है कि जब चारों ओर पानी के लिए त्राहि-त्राहि मची हुई है, तब लोग घर में इतनी कठिनाई से एकत्रित किए गए पानी को भर-भरकर मेंढ़क-मंडली पर क्यों फेंकते हैं। यह तो पानी की बर्बादी है, क्योंकि मेंढ़क-मंडली पर फेंका हुआ पानी कोई काम नहीं आता। ऐसा करने से कभी बारिश नहीं होती। यह तो मात्र अंधविश्वास को बढ़ावा देना है। एक ओर तो लोग पानी की एक-एक बूँद के लिए तरस रहे हैं और दूसरी ओर बाल्टी भर-भरकर मेंढ़क-मंडली पर पानी फेंककर बर्बाद कर रहे हैं। इस प्रकार इंद्र देवता कभी प्रसन्न नहीं होते।

4. 'काले मेघा पानी दे' पाठ के आधार पर सिद्ध कीजिए कि जीजी पर गाँधी का प्रभाव था। **CBSE 2023**

उत्तर जीजी पर गाँधीजी का बहुत प्रभाव था। जीजी आचरण को बहुत महत्त्व देती थी। उनके कथनानुसार राजा और प्रजा दोनों का आचरण मानवीय मूल्यों के अनुसार होना चाहिए।

गाँधीजी भी यही कहते थे कि उनका स्वयं का आचरण सत्य व त्याग पर आधारित था। वे सादगी भरा जीवन व्यतीत करते थे और अहिंसा के रास्ते पर चलते थे। इसी प्रकार जीजी के अनुसार, इंदर सेना पर पानी डालना जल की बर्बादी नहीं थी, बल्कि यह त्याग की भावना थी, उनके अनुसार त्याग उसी वस्तु का मान्य होता है, जिसकी त्याग करने वाले को बहुत आवश्यकता होती है।

5. 'काले मेघा पानी दे' शीर्षक पाठ में लेखक अंधविश्वासों का विरोधी क्यों था? कारणों का उल्लेख कीजिए। **CBSE 2023**

अथवा **'काले मेघा पानी दे' संस्मरण के लेखक ने लोक-प्रचलित विश्वासों को अंधविश्वास कहकर उनके निराकरण पर बल दिया है इस कथन की विवेचना कीजिए।**

उत्तर 'काले मेघा पानी दे' पाठ में लेखक अंधविश्वासों का विरोधी इसलिए था, क्योंकि लेखक ने इंदर सेना के कार्यक्रमों को अंधविश्वास का नाम दिया है। आम आदमी इंदर सेना के काम को लोक-प्रचलित विश्वास कहते हैं, परंतु लेखक इन्हें गलत बताता है। लेखक इन अंधविश्वासों को समाप्त करने के लिए कहता है, क्योंकि इन्हें दूर करने से ही समाज का विकास हो सकता है।

6. लोगों ने लड़कों की टोली को मेंढ़क-मंडली नाम किस आधार पर दिया? यह टोली अपने आप को इंद्र सेना कहकर क्यों बुलाती थी? **CBSE SQP 2022-23, 2017-18**

उत्तर लोगों ने लड़कों की टोली को मेंढ़क-मंडली नाम इसलिए दिया, क्योंकि गाँव के कुछ लोगों को लड़कों का नंग-धड़ंग होकर कीचड़ में लथ-पथ होना अच्छा नहीं लगता था। इस कारण वे उन लड़कों की टोली को 'मेंढ़क-मंडली' नाम से पुकारते थे। लड़कों की वह टोली वर्षा के देवता इंद्र से वर्षा करने की प्रार्थना करती थी। वे लोक-विश्वास के आधार पर इंद्रदेव के दूत बनकर सबसे पानी इसलिए माँगते थे, जिससे इंद्रदेव भी उन्हें वर्षा का दान करें। इसलिए वे अपने आपको 'इंद्र सेना' कहकर बुलाते थे।

7. पाठ 'काले मेघा पानी दे' ग्रामीण जीवन को उकेरती है। पाठ की आँचलिक जीवन-शैली पर विचार प्रस्तुत कीजिए। **CBSE SQP 2020-21**

उत्तर 'काले मेघा पानी दे' पाठ में ग्रामीण जीवन का वर्णन करते हुए वहाँ के लोगों में प्रचलित विश्वास को चित्रित किया गया है, क्योंकि गाँव में आषाढ़ के महीने में वर्षा न होने पर किशोरावस्था वाले लड़कों की 'सुइंदर-सेना' घर-घर जाकर पानी माँगती है। उनका तर्क होता है कि वे 'इंद्र' से पानी माँग रहे हैं। पानी की कमी होने पर भी गाँव की स्त्रियों द्वारा अपने घर में बचाकर रखा पानी इंदर सेना पर फेंका जाता है। इस प्रकार ग्रामीण जीवन में फैले अंधविश्वास का वर्णन यहाँ किया गया है, जो उस अँचल की परंपरा को व्यक्त करता है।

8. 'काले मेघा पानी दे' पाठ में भारतीय समाज की किस दुविधा तथा आडंबर को व्यक्त किया गया है? इस पर अपने विचार भी लिखिए। **CBSE 2020 C**

उत्तर 'काले मेघा पानी दे' पाठ में लेखक ने लोकमान्यताओं के पीछे छिपे तर्क को उभारा है। भारतीय समाज के अनुसार ऐसी मान्यता है कि जब तक किसी को कुछ देंगे नहीं तब तक उससे लेने के हकदार कैसे बन सकते हैं। जैसे हम इंद्र देवता को पानी नहीं देंगे, तो वह हमें पानी क्यों देंगे? इंद्र सेना पर बाल्टी भरकर पानी फेंकना इसी (अंधविश्वास) का प्रमाण है।

9. 'काले मेघा पानी दे' पाठ की 'इंदर सेना' क्या युवाओं को रचनात्मक कार्य करने की प्रेरणा दे सकती है? तर्क सहित उत्तर लगभग 80 से 100 शब्दों में लिखिए। **CBSE SQP 2019-20**

उत्तर 'इंदर सेना' अपने क्रिया-कलापों द्वारा युवाओं को रचनात्मक प्रेरणा दे सकती है। यह सामूहिक प्रयास कहलाता है। इंदर सेना में इतनी क्षमता है कि वह समाज में व्याप्त बुराइयों को दूर कर सकती है। वे लोग कमजोर वर्ग के पक्ष में आवाज उठा सकते हैं तथा शोषणकारी शक्तियों का जमकर विरोध कर सकते हैं। अत: यदि युवा चाहे, तो वे मिलकर समाज को बहुत ऊँचे स्तर पर ले जा सकते हैं।

10. 'काले मेघा पानी दे' के आधार पर जीजी की दृष्टि में त्याग और दान को परिभाषित कीजिए। **All India 2019**

अथवा **जीजी ने इंदर सेना पर पानी फेंके जाने को किस तरह सही ठहराया?** **All India 2011,10; Delhi (c) 2012**

उत्तर 'काले मेघा पानी दे' के आधार पर जीजी की दृष्टि में त्याग और दान का स्वरूप बहुत ही सीधा, सरल व अर्थपूर्ण है। जीजी के अनुसार, इंदर सेना पर पानी फेंका जाना इसलिए सही है, क्योंकि यह पानी की बर्बादी नहीं है, बल्कि इंद्र भगवान को अर्घ्य देना है। वे कहती हैं कि मनुष्य जो चीज पाना चाहता है, पहले उसे देना पड़ता है। इसी कारण दान को बड़ा माना जाता है। दूसरों के कल्याण के लिए दिया गया दान ही फल देता है और सच्चा त्याग तभी कहलाता है, जब आप जिस वस्तु का दान कर रहे हों, वह वस्तु आपके पास अधिक मात्रा में न हो। इसे ही सही अर्थों में दान माना जाता है।

11. 'काले मेघा पानी दे' पाठ लोक-विश्वास और विज्ञान के द्वंद्व का चित्रण है कैसे? **CBSE SQP 2018-19**

उत्तर लोक प्रचलित विश्वासों पर आस्था पर्याप्त महत्त्व रखती है। यह आस्था वैज्ञानिक चिंतन को कुंद कर सकती है। लेखक वैज्ञानिक चिंतन को महत्त्व देता है, परंतु उसकी जीजी लोक प्रचलित विश्वासों को अधिक महत्त्व देती है। लेखक को भी अपनी जीजी की भावनाओं का सम्मान करना अधिक उचित लगता है। जीजी कहती है कि वर्षा के लिए मेंढ़क-मंडली पर पानी डालना चाहिए। लेखक इसे उचित नहीं समझता, परंतु जीजी की लोकमान्यता के प्रति आस्था देखकर वह नतमस्तक हो जाता है।

12. 'काले मेघा पानी दे' में लेखक के वैज्ञानिक तर्क और उसकी जीजी के पारंपरिक तर्क की समीक्षा कीजिए। **Delhi 2016**

अथवा **'काले मेघा पानी दे' संस्मरण विज्ञान के सत्य पर सहज प्रेम की विजय का चित्र प्रस्तुत करता है। स्पष्ट कीजिए।** **Delhi 2013**

उत्तर 'काले मेघा पानी दे' संस्मरण निश्चय ही विज्ञान के सत्य की अपेक्षा सहज प्रेम के बल को महत्त्व देता है। लेखक यह पसंद नहीं करता कि मेंढ़क-मंडली पर पानी फेंककर पानी का अपव्यय किया जाए। वह नहीं मानता कि ऐसा करने से इंद्र देवता प्रसन्न हो जाते हैं, परंतु उसकी जीजी इसमें विश्वास करती हैं कि यदि कुछ पाना हो, तो पहले हमें कुछ देना भी पड़ता है; जैसे— फसल उगानी है, तो पहले धरती में बीज बोने पड़ते हैं। लेखक अपनी जीजी की भावनाओं को महत्त्व देता है।

13. 'काले मेघा पानी दे' पाठ में जीजी के 'अकाट्य तर्क' का उल्लेख कर उस पर अपने विचार लिखिए। **Delhi 2016**

अथवा **इंदर सेना पर पानी फेंके जाने पर लेखक की मान्यता को जीजी कैसे छिन्न-भिन्न कर देती हैं? स्पष्ट कीजिए।** **All India 2015**

अथवा **सूखे के समय इंदर सेना पर पानी डालना कहाँ की बुद्धिमानी है? लेखक की इस उलझन को उसकी जीजी ने किस तरह सुलझाया?** **All India 2014**

उत्तर लेखक इस बात से दु:खी होता है कि जहाँ चारों ओर पानी की इतनी कमी है, वहीं लोग बड़ी कठिनाई से इकट्ठा किया हुआ पानी 'इंदर सेना' के लड़कों पर फेंककर बर्बाद कर देते हैं। लेखक को यह बात कतई बुद्धिमानी की नहीं लगती, लेकिन उसकी इस उलझन को उसकी जीजी ने सुलझाते हुए इस कृत्य के पक्ष में *अग्रलिखित तर्क प्रस्तुत किए हैं*

(i) जब हम किसी से कुछ पाना चाहते हैं, तो हमें पहले कुछ देना भी पड़ता है। पानी फेंककर वस्तुत: पानी का अर्घ्य चढ़ाया जाता है।

(ii) मनुष्य को पहले त्याग करना चाहिए, इसके पश्चात् फल की आशा करनी चाहिए। त्याग उसी वस्तु का मान्य होता है, जिसकी त्याग करने वाले को भी बहुत आवश्यकता होती है। पानी के साथ भी यही तर्क लागू है।

(iii) खेतों से अच्छी फसल पाने के लिए पहले उसमें अच्छे बीजों को डालना पड़ता है। पानी पाने की इच्छा की पूर्ति के लिए भी बीज रूप में पानी की बुवाई करना आवश्यक है, अन्यथा पानी की अच्छी फसल नहीं मिलेगी। इंदर सेना के सदस्यों पर पानी फेंका जाना वस्तुत: पानी की बुवाई ही है।

यदि हम लेखक के स्थान पर होते तो जीजी के तर्क सुनकर हम भी चुप रहते, क्योंकि वितर्क करने से जीजी शायद ही कुछ समझ पाती, पर उनका दिल अवश्य दुखता और इसी कारण उनका स्नेह हमारे प्रति घट जाता। लेखक की भाँति हम भी जीजी के प्यार और सद्भाव को खोना नहीं चाहते। इसी कारण से बहुत-सी बेतुकी परंपराएँ अभी भी हमारे देश को जकड़े हुए हैं।

14. मेंढ़क-मंडली पर पानी डालने को लेकर लेखक और जीजी के विचारों में क्या भिन्नता थी? **Delhi 2015, 12**

उत्तर मेंढ़क-मंडली पर पानी डालने को लेकर लेखक और जीजी के विचारों में यह भिन्नता थी कि जीजी के अनुसार, इंदर सेना पर पानी डालना जल की बर्बादी नहीं थी, बल्कि यह त्याग की भावना थी। वे मानती हैं कि जिस प्रकार किसान अनाज उगाने से पहले कुछ अनाज धरती में बोता है, उसी प्रकार गाँव वाले इंदर सेना पर पानी फेंकते हैं, जिससे भगवान खुश होकर वर्षा करके धरती को हरा-भरा कर देते हैं। लेखक को यह सब अंधविश्वास लगता था और जल की बर्बादी भी लगती थी। अत: कहा जा सकता है कि इंदर सेना के विषय में लेखक और जीजी की राय में पर्याप्त अंतर है।

15. 'काले मेघा पानी दे' पाठ में ''गगरी फूटी बैल पियासा'' कथन के पीछे छिपी वेदना को स्पष्ट कीजिए। **Delhi 2015, 14**

उत्तर ''गगरी फूटी बैल पियासा'' कथन के पीछे छिपी वेदना से आशय यह है कि लेखक एक ओर जहाँ सूखे की ओर बढ़ते हुए समाज का सजीव व मार्मिक चित्रण प्रस्तुत करता है वहीं देश में व्याप्त भ्रष्टाचार का चित्रण करता है। लेखक ग्रामीण जीवन की कठिनाइयों को देखकर सोचता है कि व्यवस्था में इतना भ्रष्टाचार व्याप्त है कि हमारी सरकार प्रत्येक वर्ष ग्रामीण विकास के लिए अनेक योजनाएँ बनाती है, इनके कल्याण हेतु अरबों-खरबों की राशि भेजती है, परंतु उनका लाभ आम जनता तक नहीं पहुँचता और उनकी स्थिति ज्यों की त्यों बनी रहती है। आज भी गाँवों में सूखा पड़ने जैसी स्थिति व्याप्त है, जिसके कारण भारतीय किसान आत्महत्या करने के लिए विवश है।

16. बच्चों की टोली इंद्र भगवान से किस प्रकार बारिश करवाने के लिए प्रार्थना करती है?

उत्तर जब इंदर सेना घर-घर जाकर पानी माँगती थी, तब पानी की कमी के बाद भी लोग अपने घरों में रखा पानी उनके ऊपर डाल देते थे। उसके बाद वे भीगे बदन मिट्टी में लेटते हुए, पानी फेंकने से उत्पन्न कीचड़ को हाथ-पाँव, बदन, पेट सब पर मलकर 'गंगा मैया की जय' बोलते और काले बादलों से पानी बरसाने की प्रार्थना करते थे।

17. लेखक अपनी बुद्धि के अनुसार किस बात को मानने से मना करता है?

उत्तर लेखक के अनुसार, समाज में अंधविश्वास इन लड़कों की टोली को लेकर फैला हुआ है। लेखक इस बात से दु:खी होता है कि जहाँ चारों ओर पानी की इतनी कमी है, वहीं लोग बड़ी कठिनाई से इकट्ठा किया हुआ पानी उन लड़कों पर फेंककर बर्बाद कर देते हैं। वास्तव में, उन्हें यह पानी अपने उपयोग के लिए रखना चाहिए। इसलिए लेखक अपनी बुद्धि के अनुसार यह बात मानने से मना कर देता है।

18. लेखक जीजी के किन-किन कामों को करता था?

उत्तर जीजी की खुशी के लिए लेखक को वे सभी काम करने पड़ते थे, जिन्हें वह अंधविश्वास मानता था। उसे सारे पूजा-पाठ, अनुष्ठान पूरे करने पड़ते थे। वह दिवाली पर कौड़ियों से गोवर्धन और सतिया बनाता था, जन्माष्टमी पर झाँकी भी सजाता था और पंजीरी बाँटता था। हर छठ पर कुल्हियों में भूसा भरता था।

13

पहलवान की ढोलक

फणीश्वर नाथ 'रेणु'

पाठ का सार

प्राकृतिक आपदा में रात्रि का सन्नाटा

सर्दी की निःस्तब्ध रात्रि में आकाश में केवल तारे ही चमक रहे थे। अमावस्या की रात गीदड़ और उल्लुओं की डरावनी आवाज़ों से ही अपने जीवंत होने का अहसास करवा रही थी। गाँव में हैजा और मलेरिया का भयंकर प्रकोप फैला हुआ था। सभी के बीच मौत का सन्नाटा व्याप्त था, केवल बच्चे कभी-कभार निर्बल स्वर से माँ-माँ चीखकर रोने लगते थे। इस चीत्कार के अतिरिक्त पूर्णतः सन्नाटा छाया हुआ था। लोग बलपूर्वक अपनी आहों और सिसकियों को रोके हुए भगवान के नाम का स्मरण कर रहे थे।

पहलवान लुट्टन सिंह

लेखक के अनुसार, नौ वर्ष की आयु में ही पहलवान लुट्टन सिंह के माता-पिता की मृत्यु हो गई थी और बचपन में ही विवाह होने से सास ने उसका पालन-पोषण किया। पहलवानी की आवश्यकता व उचित खान-पान की व्यवस्था के चलते वह सुडौल और मांसल देह वाला बन गया था। जाड़ों की उन निःस्तब्ध रातों में केवल उसकी ढोलक ही पूरे गाँव में नया जोश भरकर संजीवनी का काम करती थी। गाँव में प्रत्येक व्यक्ति उसे जानता था तथा सायंकाल होते ही उसकी ढोलक की थाप की आवाज़ सुनकर सभी को जीवित होने का अहसास होता था।

लुट्टन सिंह की चाँद सिंह पर विजय

एक बार श्यामनगर में कुश्ती के दंगल में लुट्टन सिंह, चाँद सिंह नाम के पहलवान की कुश्ती देख रहा था, जो अपने गुरु पहलवान बादल सिंह के साथ पंजाब से आया था। चाँद सिंह ने अपनी उम्र के सभी पहलवानों को हराकर 'शेर के बच्चे' की उपाधि प्राप्त की थी। अतः राजा उसे अपने दरबार में रखने की सोच रहे थे। तभी अकस्मात् लुट्टन सिंह ने चाँद सिंह को कुश्ती की चुनौती दे दी। सभी उसे पागल समझ रहे थे।

कुश्ती के लिए राजा श्यामानंद से लुट्टन ने अप्रत्याशित अनुमति लेकर चाँद सिंह के दाँव को काटकर उसकी गर्दन पकड़ ली तथा ढोल के 'धाक-धिना, तिरकट-तिना' का 'दाँव-काटो, 'बाहर हो जा!' अर्थ लगाकर गर्दन पर कब्ज़ा कर लिया। अंत में ढोल की आवाज़ का अर्थ 'उठा पटक दे' लगाकर चाँद सिंह को ज़मीन पर दे मारा। विजयी लुट्टन सिंह ने ढोल को प्रणाम करके राजा साहब को गोद में उठा लिया। भीड़ राजा श्यामानंद और महावीर जी की जय-जयकार कर रही थी। राजा ने प्रसन्न होकर उसको सदा के लिए अपने दरबार में रख लिया।

राज दरबार में लुट्टन पहलवान

राज दरबार के पहलवान के रूप से लुट्टन सिंह को अपना स्थान मिल गया। उसने काले खाँ पहलवान को हराकर अपनी कीर्ति को दूर-दूर तक फैला दिया। मेले आदि में बच्चों जैसा चश्मा लगाकर वह मदमस्त हाथी की तरह चलता था। राजाजी अब उसको किसी-से भी लड़ने की आज्ञा नहीं देते थे।

लुट्टन के केवल दो ही पुत्र रह गए थे, क्योंकि उसकी सास व पत्नी का स्वर्गवास हो चुका था। वे भी लुट्टन की ही तरह दरबार के भावी पहलवान घोषित हो चुके थे। उनका गुरु कोई आदमी नहीं बल्कि ढोल था, जिसको अखाड़े में उतरने से पहले प्रणाम करने के लिए कहकर लुट्टन सिंह ने पहलवानी के सभी गुण उन्हें सिखा दिए थे। इन तीनों का भरण-पोषण दरबार से हो रहा था।

सत्ता और शासन का परिवर्तन

राजा श्यामानंद की मृत्यु के पश्चात् विलायत में रहने वाले राजकुमार ने आकर सत्ता सँभाली। राजकुमार को घोड़े की रेस में दिलचस्पी थी। उसने तीनों पहलवानों को दरबार से निकाल दिया। गाँव में आकर उन्होंने मज़दूरी करके अपना जीवन निर्वाह करना शुरू कर दिया।

महामारी का प्रकोप

मलेरिया और हैजे के प्रकोप से गाँव से रोज दो-तीन लाशें उठने लगीं, उनको कफ़न तक मिलना मुश्किल हो गया। लोगों में बोलने की शक्ति तक समाप्त हो गई थी। ऐसे समय में लुट्टन का ढोल ही उनमें प्राण भरता था। एक रात उसने अपने बेटों के कहने पर 'उठा पटक दो' बजाया, परंतु उसके दोनों पुत्र मृत्यु को हरा न सके। उस दिन लुट्टन ने अपने पुत्रों के शवों को नदी में बहा दिया, जिससे गाँववालों की हिम्मत भी टूट गई।

पुत्रों की मृत्यु के पश्चात् भी प्रत्येक रात्रि लुट्टन ढोलक बजाया करता था, परंतु एक रात ढोलक की आवाज़ न आने पर शिष्यों ने देखा कि पहलवान चित पड़े हैं। उसकी यही अंतिम इच्छा थी कि वह कभी चित नहीं हुआ। अतः मृत्यु के उपरांत चिता पर उसको पेट के बल लिटाकर ढोल बजा देना।

PYQs पूर्व परीक्षाओं के प्रश्न व अन्य महत्त्वपूर्ण प्रश्न

गद्यांशों पर आधारित बहुविकल्पीय प्रश्न

1. **'शेर के बच्चे' का असल नाम था चाँद सिंह। वह अपने गुरु पहलवान बादल सिंह के साथ, पंजाब से पहले-पहल श्यामनगर मेले में आया था। सुंदर जवान, अंग-प्रत्यंग से सुंदरता टपक पड़ती थी। तीन दिनों में ही पंजाबी और पठान पहलवानों के गिरोह के अपनी जोड़ी और उम्र के सभी पट्ठों को पछाड़कर उसने 'शेर के बच्चे' की टायटिल प्राप्त कर ली थी। इसलिए वह दंगल के मैदान में लँगोट लगाकर एक अजीब किलकारी भरकर छोटी दुलकी लगाया करता था। देशी नौजवान पहलवान, उससे लड़ने की कल्पना से भी घबराते थे। अपनी टायटिल को सत्य प्रमाणित करने के लिए ही चाँद सिंह बीच-बीच में दहाड़ता फिरता था।**

(क) 'शेर के बच्चे' के नाम से प्रसिद्ध पहलवान का नाम क्या था?
(i) बादल सिंह (ii) सूरज सिंह
(iii) तारा सिंह (iv) चाँद सिंह

(ख) चाँद सिंह के गुरु का क्या नाम था?
(i) हवा सिंह (ii) बादल सिंह
(iii) श्याम सिंह (iv) अभिजीत सिंह

(ग) 'शेर के बच्चे' की उपाधि उसे कैसे प्राप्त हुई?
(i) शेर की तरह दहाड़ने से
(ii) अपनी आयु के सभी पहलवानों को हराकर
(iii) अपनी शारीरिक बनावट से
(iv) अपने जुझारु स्वभाव से

(घ) गद्यांश में आए 'देशी पहलवान' से क्या अभिप्राय है?
(i) अन्य प्रांत से आए पहलवान
(ii) उसी प्रांत से आए पहलवान
(iii) गाँवों से आए पहलवान
(iv) शहरों से आए पहलवान

(ङ) अपने टायटिल की प्रामाणिकता सिद्ध करने के लिए वह क्या करता था?
(i) रोज कुश्ती का अभ्यास करता था
(ii) बीच-बीच में जंगल घूमने जाता था
(iii) रोज पहलवानों से दो-दो हाथ करता था
(iv) बीच-बीच में शेर की तरह दहाड़ता था

उत्तर (क) (iv) चाँद सिंह
(ख) (ii) बादल सिंह
(ग) (ii) अपनी आयु के सभी पहलवानों को हराकर
(घ) (iii) गाँवों से आए पहलवान
(ङ) (iv) बीच-बीच में शेर की तरह दहाड़ता था

2. **शांत दर्शकों की भीड़ में खलबली मच गई-'पागल है पागल, मरा-ऐं! मरा-मरा।'... पर वाह रे बहादुर! लुट्टन बड़ी सफाई से आक्रमण को सँभालकर निकलकर उठ खड़ा हुआ और पैंतरा दिखाने लगा। राजा साहब ने कुश्ती बंद करवाकर लुट्टन को अपने पास बुलवाया और समझाया। अंत में, उसकी हिम्मत की प्रशंसा करते हुए, दस रुपये का नोट देकर कहने लगे-"जाओ, मेला देखकर घर जाओ।..."**

(क) शांत भीड़ में खलबली क्यों मच गई?
(i) चाँद सिंह द्वारा लुट्टन सिंह को झपटकर दबोच लेने के कारण
(ii) राजा द्वारा कुश्ती न करने का आदेश देने के कारण
(iii) भीड़ में उपद्रवियों के घुस आने के कारण
(iv) उपरोक्त सभी

(ख) राजा ने किसे अपने पास बुला लिया?
(i) चाँद सिंह को
(ii) बादल सिंह को
(iii) लुट्टन सिंह को
(iv) भीड़ के एक व्यक्ति को

(ग) 'पर वाह रे बहादुर।' पंक्ति में बहादुर शब्द किस व्यक्ति के लिए प्रयुक्त हुआ है?
(i) लुट्टन सिंह पहलवान (ii) चाँद सिंह पहलवान
(iii) राजा साहब (iv) मैनेजर साहब

(घ) राजा साहब ने लुट्टन सिंह की प्रशंसा क्यों की?
(i) क्योंकि उसने चाँद सिंह को कुश्ती की चुनौती दी थी
(ii) क्योंकि उसने गाँव के लोगों की सहायता की
(iii) क्योंकि उसने अपने परिवार को सँभाला था
(iv) क्योंकि उसने कुश्ती के लिए संघर्ष किया था

(ङ) राजा द्वारा लुट्टन सिंह को दस रुपये का नोट देकर मेला देखकर घर जाने को कहने के पीछे क्या कारण था?
(i) कुश्ती लड़ने के लिए तैयार करना
(ii) कुश्ती लड़ने से मना करना
(iii) कुश्ती की प्रतियोगिता हार जाना
(iv) कुश्ती की प्रतियोगिता जीत जाना

उत्तर (क) (i) चाँद सिंह द्वारा लुट्टन सिंह को झपटकर दबोच लेने के कारण
(ख) (iii) लुट्टन सिंह को
(ग) (i) लुट्टन सिंह पहलवान
(घ) (i) क्योंकि उसने चाँद सिंह को कुश्ती की चुनौती दी थी
(ङ) (ii) कुश्ती लड़ने से मना करना

3. **दोनों ही लड़के राज-दरबार के भावी पहलवान घोषित हो चुके थे। अतः दोनों का भरण-पोषण दरबार से ही हो रहा था। प्रतिदिन प्रात:काल पहलवान स्वयं ढोलक बजा-बजाकर दोनों से कसरत करवाता। दोपहर में, लेटे-लेटे दोनों को सांसारिक ज्ञान की भी शिक्षा देता- "समझे! ढोलक की आवाज़ पर पूरा ध्यान देना। हाँ, मेरा गुरु कोई पहलवान नहीं, यही ढोल है, समझे! ढोल की आवाज़ के प्रताप से ही मैं पहलवान हुआ। दंगल में उतरकर सबसे पहले ढोलों को प्रणाम करना, समझे!"... ऐसी ही बहुत-सी बातें वह कहा करता। फिर मालिक को कैसे खुश रखा जाता है, कब कैसा व्यवहार करना चाहिए, आदि की शिक्षा वह नित्य दिया करता था।** **Delhi 2014**

(क) लुट्टन किसे अपना गुरु मानता था?
(i) अपनी सास को (ii) हनुमान जी को
(iii) ढोलक को (iv) ये सभी

(ख) प्रतिदिन ढोलक बजा-बजाकर कौन कसरत करवाता था?
(i) राजा (ii) लुट्टन
(iii) गाँव के लोग (iv) इनमें से कोई नहीं

(ग) पहलवान के बेटों का भरण पोषण कौन करता था?
(i) पहलवान (ii) राजदरबार
(iii) गाँव वाले (iv) उसके परिचित

(घ) सांसारिक ज्ञान की शिक्षा पहलवान कब देता था?
(i) प्रात: काल (ii) सायंकाल
(iii) दोपहर (iv) इनमें से कोई नहीं

(ङ) पहलवान लुट्टन अपने पुत्रों को नित्य क्या शिक्षा देता था?
1. दंगल में उतरने से पहले ढोलक को प्रणाम करने की
2. ढोलक की आवाज पर ध्यान केंद्रित करने की
3. अपने मालिक को हमेशा खुश रखने की
4. मालिक से अच्छा व्यवहार करने की

कूट
(i) केवल 1 (ii) 2 और 3
(iii) केवल 4 (iv) 1, 2, 3 और 4

उत्तर (क) (iii) ढोलक को
(ख) (ii) लुट्टन
(ग) (ii) राजदरबार
(घ) (iii) दोपहर
(ङ) (iv) 1, 2, 3 और 4

4. **रात्रि की विभीषिका को सिर्फ़ पहलवान की ढोलक ही ललकार कर चुनौती देती रहती थी। पहलवान संध्या से सुबह तक, चाहे जिस, ख़्याल से ढोलक बजाता हो, किंतु गाँव के अर्द्धमृत, औषधि-उपचार पथ्य-विहीन प्राणियों में यह संजीवनी शक्ति ही भरती थी। बूढ़े-बच्चे-जवानों की शक्तिहीन आँखों के आगे दंगल का दृश्य नाचने लगता था स्पंदन-शक्ति-शून्य, स्नायुओं में भी बिजली दौड़ जाती थी। अवश्य ही ढोलक की आवाज़ में न तो बुखार हटाने का कोई गुण था और न महामारी की सर्वनाश शक्ति को रोकने की शक्ति ही, पर इसमें संदेह नहीं कि मरते हुए प्राणियों को आँख मूँदते समय कोई तकलीफ़ नहीं होती थी, मृत्यु से वे डरते नहीं थे।**

(क) रात्रि की विभीषिका को गाँव में चुनौती कौन देता था?
(i) पहलवान की ढोलक (ii) गाँव के लोग
(iii) मधुर संगीत (iv) ये सभी

(ख) गाँव वालों को ढोलक की आवाज से कौन-सा दृश्य याद आ जाता था?
(i) खेतों का (ii) दंगल का
(iii) गाँव के खेलों का (iv) ये सभी

(ग) पहलवान की ढोलक किसमें संजीवनी शक्ति भरने का कार्य करती थी?
(i) पथ्यविहीन गाँव के निवासियों
(ii) गाँव के बड़े-बूढ़े
(iii) अर्द्धमृत (iv) ये सभी

(घ) निम्नलिखित कथन-कारण को ध्यानपूर्वक पढ़िए उसके बाद दिए गए विकल्पों में से कोई सही विकल्प चुनकर लिखिए

कथन (A) ढोल में तो पहलवान की जान बसी थी

कारण (R) ढोल की आवाज सुनते ही लुट्टन में एक नए उत्साह एवं नई शक्ति का संचार हो जाता था।

(i) कथन (A) और कारण (R) दोनों सही हैं तथा कारण (R) कथन (A) की सही व्याख्या करता है।
(ii) कथन (A) गलत है, लेकिन कारण (R) सही है।
(iii) कथन (A) तथा कारण (R) दोनों गलत हैं।
(iv) कथन (A) सही है, लेकिन कारण (R) उसकी गलत व्याख्या करता है।

(ङ) पहलवान लुट्टन संध्या से सुबह तक क्या करता था?
(i) कसरत करता (ii) शिक्षा देता
(iii) ढोल बजाता (iv) इनमें से कोई नहीं

उत्तर (क) (i) पहलवान की ढोलक
(ख) (ii) दंगल का
(ग) (iv) ये सभी
(घ) (i) कथन (A) और कारण (R) दोनों सही हैं तथा कारण (R) कथन (A) की सही व्याख्या करता है।
(ङ) (iii) ढोल बजाता

विषय-वस्तु पर आधारित प्रश्न

1. लुट्टन को राजा साहब ने किस प्रकार पुरस्कृत किया और क्यों? **CBSE 2023**

उत्तर लुट्टन को राजा साहब ने इसलिए पुरस्कृत किया, क्योंकि लुट्टन सिंह सुडौल शरीर वाला एक देहाती पहलवान था। उसने एक बार श्यामनगर के राजा की आज्ञा लेकर पंजाब के पहलवान चाँद सिंह को ढोलक की ताल का अनुसरण कर चित्त कर दिया। अत: राजा साहब ने खुश होकर उसे 'राज पहलवान' की उपाधि दे दी तथा उसे अपने राजदरबार में रख लिया। राजा साहब अब उसका बहुत ध्यान रखते थे तथा किसी को भी उससे लड़ने की आज्ञा नहीं देते थे। राजा साहब के देहांत तक वह राज पहलवान बना रहा।

2. 'प्रकृति भी जैसे गाँव वालों के दुख से दुखी थी।' 'पहलवान की ढोलक' पाठ के आधार पर सिद्ध कीजिए। **CBSE 2023**

उत्तर 'प्रकृति भी जैसे गाँव वालों के दुख से दुखी थी।' इस पंक्ति का आशय है कि गाँव में मलेरिया व हैजा अर्थात् महामारी का प्रकोप फैला हुआ था। ग्रामवासी निरंतर होने वाली लोगों की मृत्यु के दुख से दुखी थे। ऐसे में अकाल व महामारी से त्रस्त गाँव वालों की पीड़ा को दूर करने वाला कोई नहीं था। प्रकृति भी गाँव वालों के दुख से दुखी थी। आकाश से टूटकर कोई भावुक तारा यदि पृथ्वी पर आना भी चाहता, तो उसकी ज्योति और शक्ति रास्ते में ही समाप्त हो जाती थी। कवि के कहने का तात्पर्य यह है कि मानो प्रकृति भी गाँव वालों के दुख से शोकग्रस्त हो।

3. 'पहलवान की ढोलक' पाठ में आई पंक्ति 'अँधेरी रात चुपचाप आँसू बहा रहा थी' के द्वारा लेखक ने किस स्थिति की ओर संकेत किया है? स्पष्ट कीजिए। **CBSE 2023**

उत्तर 'पहलवान की ढोलक' पाठ में आई पंक्ति 'अँधेरी रात चुपचाप आँसू बहा रही थी' के द्वारा लेखक ने गाँव में फैली महामारी के प्रकोप से रात्रि की भयानकता व डरावने पन की ओर संकेत किया है। गाँव में फैली महामारी ने गाँव में हाहाकार मचा दिया था। सभी ग्रामवासियों के चेहरों पर रुदन के अतिरिक्त कोई भी चिह्न यदा-कदा ही दिखाई देता था। दिन के समय तो बीमारी से आतंकित लोग एक-दूसरे का ढ़ाँढ़स बँधाते थे, किंतु रात होते ही वे अपनी-अपनी झोपड़ियों में चले जाते थे तथा उनके घरों से चू तक कि आवाज भी नहीं आती थी। उनके बोलने की शक्ति भी रात्रि में लगभग समाप्त हो जाती थी। ऐसा प्रतीत होता था मानो रात्रि गहन अंधकार में डूबी हुई ग्रामवासियों की दुर्दशा को देखकर चुपचाप आँसू बहा रही हो।

4. लुट्टन पहलवान ने ढोल को अपना गुरु क्यों कहा?

अथवा **लुट्टन किसे अपना गुरु मानता था और क्यों? 'पहलवान की ढोलक' पाठ के संदर्भ में लिखिए।** **CBSE 2023**

उत्तर लुट्टन पहलवान ने बचपन से ही कसरत करनी शुरू कर दी थी। उसने किसी भी गुरु से पहलवानी या कसरत की शिक्षा नहीं ली थी। अत: उसने किसी को भी अपना गुरु नहीं माना था और न ही किसी से कुश्ती के दाँव-पेंच सीखे थे। वह अपनी शक्ति और दाँव-पेंच की परीक्षा ढोलक की आवाज के आधार पर करता था। ढोल की आवाज उसके शरीर में उमंग व स्फूर्ति भर देती थी। वह अखाड़े में उतरने से पहले ढोल को प्रणाम करता था, क्योंकि उसने गुरु का स्थान ढोल को दे दिया था। इसलिए वह ढोल को अपना गुरु मानता था।

5. कहानी के किस-किस मोड़ पर लुट्टन के जीवन में क्या-क्या परिवर्तन आए? **CBSE SQP 2022-23**

उत्तर कहानी में लुट्टन के जीवन में निम्नलिखित परिवर्तन आए

(i) बचपन में माता-पिता की मृत्यु हो गई, तब उसका पालन-पोषण विधवा सास ने किया और शादी बचपन में हो गई थी।

(ii) श्यामनगर के दंगल में पंजाब के नामी पहलवान चाँद सिंह को पछाड़कर राजदरबार का आश्रय पाया।

(iii) लुट्टन के दोनों बेटे भी पहलवानी के क्षेत्र में उतरे।

(iv) राजा की मृत्यु के बाद जब राजकुमार ने लुट्टन को राजदरबार से हटा दिया, तब वह अपने गाँव लौट आया।

(v) गाँव में महामारी फैलने पर दोनों पुत्रों की मृत्यु हो गई।

(vi) कुछ दिनों के पश्चात् लुट्टन की भी मृत्यु हो गई।

6. 'ढोल में तो जैसे पहलवान की जान बसी थी।' 'पहलवान की ढोलक' पाठ के आधार पर तर्क सहित पंक्ति को सिद्ध कीजिए। **CBSE SQP Term II 2021-22**

उत्तर ढोल में तो पहलवान की जान बसी इसलिए थी, क्योंकि ढोल की आवाज़ सुनते ही लुट्टन पहलवान में एक नए उत्साह एवं नई शक्ति का संचार हो जाता था। वह इसी शक्ति के बल पर दंगल जीत जाता था। उसका ढोल में एक गुरु के जैसा ही विश्वास था। ढोल के साथ उसकी श्रद्धा जुड़ी थी। वह यह भी मानता था कि ढोल की आवाज गाँव वालों में भी उत्साह का संचार कर देगी, जिससे वे महामारी का डटकर सामना कर सकेंगे। मौत के सन्नाटे को चीरने एवं उसके भय को समाप्त करने के लिए ही वह रात में ढोल बजाया करता था।

इससे गाँव वालों में एक नई जिजीविषा पैदा होती थी। गाँव वालों में जीने की इसी इच्छा को उत्पन्न करने एवं बनाए रखने के लिए वह अपने बेटों की मृत्यु के उपरांत भी ढोल बजाता रहा। यह गाँव वालों के प्रति उसकी परोपकार की भावना थी। साथ-ही-साथ ढोल बजाकर ही वह अपने बेटों की मृत्यु के सदमे को झेलने की शक्ति भी प्राप्त कर रहा था।

7. 'पहलवान की ढोलक' कहानी प्राचीन लोक-कलाओं के धीरे-धीरे विलुप्त होने के दर्द का वर्णन करती है। कैसे? पाठ के आधार पर लिखिए। **CBSE Term II 2021-22**

अथवा **'पहलवान की ढोलक' कहानी के संदेश को स्पष्ट कीजिए।** **Delhi 2016**

अथवा **'पहलवान की ढोलक' पाठ का एक संदेश यह भी है कि लोक-कलाओं को संरक्षण दिया जाना चाहिए। अपने विचार लिखिए।** **All India 2016**

अथवा **'पहलवान की ढोलक' के आधार पर लिखिए कि प्राचीन लोक-कलाएँ किस प्रकार धीरे-धीरे विलुप्त हो रही हैं? उनके पुनर्जीवन के लिए क्या किया जा सकता है?** **All India 2015**

उत्तर प्राचीन लोक-कलाएँ अब धीरे-धीरे विलुप्त हो रही हैं, क्योंकि औद्योगीकरण के कारण बढ़ते शहरीकरण में इन लोक-कलाओं की प्रासंगिकता समाप्त हो रही है। आधुनिक समय में लोगों के मूल्य एवं जीवन-शैली अत्यधिक परिवर्तित हो गई है। अब कुश्ती जैसी कलाओं का अधिक महत्त्व नहीं रह गया है। आज के नए दौर में क्रिकेट, फुटबॉल, तैराकी, हॉकी, जिमनास्टिक जैसे अन्य खेल अधिक लोकप्रिय हो गए हैं।

'पहलवान की ढोलक' पाठ के आधार पर कहा जा सकता है कि लुट्टन पहलवान या कुश्ती जब तक राज्याश्रित था, तब तक फला-फूला, लेकिन राजदरबार से निकल जाने के बाद उसकी स्थिति मरणासन्न हो गई। कुश्ती जैसी कलाओं के पुनर्जीवन के लिए सरकार के निवेश से ही शहरी एवं ग्रामीण नवयुवकों को विद्यालय एवं राष्ट्रीय स्तर पर अच्छे प्रशिक्षक के अंतर्गत उचित प्रशिक्षण एवं सम्मान आदि मिलना संभव है। अत: ढोल बजाने के इस उत्साहपूर्ण तरीके के आधार पर यह कहना उचित ही है कि इस पाठ में लोक-कलाओं को संरक्षण दिए जाने का संदेश दिया गया है।

8. लुट्टन पहलवान ढोलक क्यों बजाता था? **CBSE SQP 2020-21**

उत्तर लुट्टन के बचपन में ही उसके माता-पिता की मृत्यु के पश्चात् उसकी सास ने उसका लालन-पालन किया। उसने गाँव वालों से अपनी सास की तकलीफ का बदला लेने के लिए कसरत करनी शुरू की। ढोल की आवाज़ सुनते ही लुट्टन पहलवान में एक नए उत्साह एवं नई शक्ति का संचार हो जाता था। वह इसी शक्ति के बल पर दंगल जीत जाता था। उसका ढोल में एक गुरु के जैसा ही विश्वास था। ढोल के साथ उसकी श्रद्धा जुड़ी थी। वह यह भी मानता था कि ढोल की आवाज़ गाँव वालों में भी उत्साह का संचार कर देगी, जिससे वे महामारी का डटकर सामना कर सकेंगे। मौत के सन्नाटे को चीरने एवं उसके भय को समाप्त करने के लिए ही वह रात में ढोल बजाया करता था।

9. पहलवान की ढोलक ग्रामीण जीवन को उकेरती है। पाठ की आँचलिक जीवन-शैली पर विचार प्रस्तुत कीजिए। **CBSE SQP 2020-21**

उत्तर 'पहलवान की ढोलक' कहानी में ग्रामीण जीवन का चित्रण करते हुए ग्रामीण अँचल में प्रसिद्ध कुश्ती के खेल का वर्णन किया गया है। लुट्टन पहलवान ढोलक की आवाज सुनकर जोश से भर जाता है तथा कुश्ती का दंगल जीत जाता था। पहलवान को ढोलक से विशेष लगाव था। कुश्ती का खेल ग्रामीण संस्कृति की पहचान है। पहलवान की ढोलक ग्रामीण लोगों में संजीवनी शक्ति का संचार करती है। गाँव में फैली महामारी से स्पष्ट है कि 'काले मेघा पानी दे' पाठ और 'पहलवान की ढोलक' कहानी दोनों में आँचलिक जीवन शैली पर प्रकाश डाला गया है।

10. पहलवान लुट्टन सिंह को राजा साहब की कृपा-दृष्टि कब प्राप्त हुई? वह उन सुविधाओं से वंचित कैसे हो गया? 'पहलवान की ढोलक' पाठ के आधार पर स्पष्ट कीजिए। लगभग 80 से 100 शब्दों में लिखिए। **CBSE SQP 2019-20**

उत्तर लुट्टन सिंह सुडौल शरीर वाला एक देहाती पहलवान था। उसने एक बार श्यामनगर के राजा की आज्ञा लेकर पंजाब के पहलवान चाँद सिंह को ढोलक की ताल का अनुसरण कर चित्त कर दिया था। अत: राजा साहब ने खुश होकर उसे अपने दरबार में रख लिया था और उस दिन से राजा साहब के देहांत तक वह राज-पहलवान बना रहा। इस प्रकार उसे राजा साहब की कृपा दृष्टि प्राप्त हुई। श्यामनगर के राजा की मृत्यु के पश्चात् उनके पुत्र ने विलायत से आकर राजपाठ सँभाला। उनके पुत्र को पहलवानी में कोई भी दिलचस्पी नहीं थी, जब पंद्रह वर्ष की लंबी अवधि के पश्चात् लुट्टन को राज पहलवान के पद से हटा दिया गया तो लुट्टन सिंह उन सुविधाओं से वंचित हो गया।

11. लुट्टन सिंह पहलवान की कीर्ति दूर-दूर तक कैसे फैल गई? **CBSE SQP 2018-19**

उत्तर चाँद सिंह जो शेर के बच्चे के नाम से प्रसिद्ध था। पंजाब प्रांत से श्यामनगर के दंगल में अपना नाम राज पहलवानों में लिखवाने आया था। उसने गाँव के मेले में होने वाले दंगल में कई पहलवानों को हरा दिया था। अत: राजा ने उसे अपने दरबार में राज पहलवान रखने की सोची, लेकिन लुट्टन पहलवान ने राजा की अनुमति से उसे दंगल करने की चुनौती दी तथा उठाकर पटक दिया। इस प्रकार लुट्टन पहलवान ने दंगल जीत लिया और राज पहलवान का स्थान प्राप्त किया। चाँद सिंह पहलवान को हराने के कारण उसकी कीर्ति दूर-दूर तक फैल गई।

12. ढोलक की आवाज का पूरे गाँव पर क्या असर होता था? **CBSE SQP 2017-18, Delhi 2015,12**

उत्तर गाँव के बड़े-बूढ़े, अर्द्धमृत और पथ्यविहीन गाँववासियों में ढोलक की आवाज़ संजीवनी की शक्ति भरती थी। केवल ढोलक की आवाज ही नि:स्तब्ध रात को चीरती हुई लोगों को जीवित होने का अहसास कराती थी। जैसे ही ढोलक की आवाज सुनाई देती थी, वैसे ही नसों में बिजली-सी दौड़ जाती थी। गाँववासियों को इस ढोलक की आवाज के कारण ही मृत्यु से डर नहीं लगता था।

13. पहलवान की ढोलक की उठती-गिरती आवाज़ बीमारी से दम तोड़ रहे ग्रामवासियों में संजीवनी का संचार कैसे करती है? उत्तर दीजिए। **Delhi 2013, 12**

उत्तर पहलवान की ढोलक ग्रामीणों में एक आंतरिक शक्ति का संचार करती है। पहलवान के दोनों पुत्र अन्य ग्रामीणों की भाँति गाँव में फैले संक्रामक रोग की चपेट में आकर भगवान को प्यारे हो चुके थे, परंतु फिर भी वह ढोलक बजाता रहता है। उसका मनोबल नहीं टूटता, क्योंकि वह अपनी ढोलक के माध्यम से समूचे गाँव वालों को जीने की शक्ति देता है।

इस प्रकार पहलवान संक्रामक रोग से जूझते ग्रामीणों के लिए एक आदर्श बन गया। ग्रामीणों को उससे यह संदेश मिला कि हँसते-हँसते भी मृत्यु को गले लगाया जा सकता है।

14. लुट्टन के पक्ष में न तो राजमत था और न ही बहुमत, फिर भी उसे कुश्ती में विजय प्राप्त हुई, क्यों? **Delhi 2012**

उत्तर लुट्टन के पक्ष में न तो राजमत था और न ही बहुमत, फिर भी उसे कुश्ती में विजय प्राप्त इसलिए हुई, क्योंकि चाँद सिंह को कुश्ती में ललकारने के बाद जब लुट्टन सिंह को चाँद सिंह ने कसकर दबा लिया और गर्दन में कोहनी डालकर चित्त करने की कोशिश कर रहा था, तभी लुट्टन सिंह उत्साह भरने वाले ढोल की ताल को कुश्ती के दाँव पेचों के अनुसार सुनकर, समझकर एवं दाँव काटकर बाहर निकला और चाँद सिंह को चित्त कर दिया। अत: सभी के विपक्ष में होने के पश्चात् भी वह विजयी हो गया।

15. गाँव में महामारी फैलने और अपने बेटों के देहांत के बावजूद लुट्टन पहलवान ढोल क्यों बजाता रहा? **Delhi 2011, 10**

उत्तर लुट्टन पहलवान ने कभी कुश्ती नहीं हारी थी। ढोल की आवाज सुनते ही उसमें शक्ति का संचार हो जाता था, जिससे वह दंगल जीत गया था। अत: वह ढोल को गुरु का स्थान देकर उसमें श्रद्धा रखता था। वह यह भी मानता था कि इसकी आवाज गाँव वालों में उत्साह का संचार कर देगी, जिससे वे महामारी का सामना डटकर कर सकेंगे। इसलिए वह सारी रात अपने पुत्रों की सहायता से गाँव वालों के परोपकार हेतु ढोल बजाता रहता। उसने मौत के सन्नाटे को चीरने के लिए और अपने पुत्रों की मृत्यु के पश्चात् भी जीवन के उत्साह को बनाए रखने के लिए ढोल बजाना जारी रखा।

16. रात्रि के सन्नाटे को जब सियारों और उल्लुओं की आवाजें भंग नहीं कर पातीं, तब गाँव में संजीवनी शक्ति कौन भर देता था? **Foreign 2010**

उत्तर रात्रि के सन्नाटे को जब सियारों और उल्लुओं की आवाजें भंग नहीं कर पातीं, तब गाँव में संजीवनी शक्ति पहलवान लुट्टन सिंह की ढोलक भर देती थी। भीषणताओं से भरी हुई रात्रि को केवल और केवल पहलवान लुट्टन सिंह की ढोलक ही ताल ठोंककर ललकारती थी।

संध्या से सारी रात, पौ-फटने तक उसकी ढोलक लगातार एक सरस स्वर में बजती रहती। उस ढोलक की आवाज़ उस नि:स्तब्ध रात्रि में मृत-गाँववासियों में संजीवनी की शक्ति भर देती थी।

17. दंगल में विजयी होने के पश्चात् लुट्टन सिंह की जीवन-शैली में क्या परिवर्तन आ गया था? **All India 2010**

उत्तर दंगल में विजयी होने के पश्चात् लुट्टन सिंह राज पहलवान तथा राज दरबार का सम्माननीय नागरिक बन गया। मेलों में वह घुटने तक लंबा चोला पहने, मतवाले हाथी की तरह झूमता हुआ घूमता। दुकानदार उससे चुहलबाजी करते रहते थे।

उसकी बुद्धि बच्चों जैसी थी। सीटी बजाता, आँखों पर रंगीन चश्मा लगाए और खिलौने से खेलता हुआ वह राज दरबार में आता। राजा साहब उसका बहुत ध्यान रखते थे और अब किसी को भी उससे लड़ने की आज्ञा नहीं देते थे।

18. बीमारियों की विभीषिकाओं से क्रंदन करता हुआ गाँव और अधिक भयावह रूप किन परिस्थितियों में ग्रहण कर लेता था?

उत्तर बीमारियों की विभीषिकाओं से क्रंदन करता हुआ गाँव और अधिक भयावह रूप उन परिस्थितियों में ग्रहण कर लेता था, जब गाँव में फैली हुई बीमारियों के कारण प्रत्येक घर में मौत नाच रही थी। ऐसे में दिनभर की राख की ठंडी मिट्टी पर बैठे हुए कुत्ते शाम होते ही किसी आशंका के चलते एकत्रित होकर रोने लगते थे। तब यह स्थिति अत्यंत भयावह रूप लेकर डराने लगती थी, जो क्रंदन से भी अधिक भयंकर मालूम होती थी।

19. रात्रि की निस्तब्धता का भेदन करने में कौन सक्षम था तथा कौन सक्षम नहीं था? विवरण दीजिए।

उत्तर अमावस्या की काली रात, जहाँ प्रकाश के नाम पर केवल तारों की रोशनी ही थी, में सियारों का रोना व उल्लू की डरावनी आवाजें ही रात्रि में छाई हुई निस्तब्धता का भेदन कर सकती थीं। बच्चों के 'माँ-माँ' करके रोने तथा 'हरे राम, हे भगवान' की आवाजें तो जैसे मुँह से निकलकर मुँह में ही समाप्त हो जाती थीं।

20. लुट्टन सिंह को उसकी पहलवानी के लिए कहाँ तक जाना जाता था?

उत्तर लुट्टन सिंह पहलवान ने पंजाब के पहलवान चाँद सिंह, जो 'शेर के बच्चे' के नाम से प्रसिद्ध था, को हराकर राजा के यहाँ अपना स्थान पक्का किया था। अत: वह कहता था कि उसे ऑल इंडिया के लोग जानते हैं, परंतु वास्तव में उसके जिले की सीमा के अतिरिक्त उसका ऑल इंडिया और कहीं नहीं था।

21. लोगों के मुँह से अनायास ही निकल पड़ता "वाह! बाप से भी बढ़कर निकलेंगे ये दोनों बेटे।" पाठ में यह पंक्ति किसके संदर्भ में और किस लिए कही गई है?

उत्तर "वाह! बाप से भी बढ़कर निकलेंगे ये दोनों बेटे!" पाठ में यह पंक्ति पहलवान लुट्टन सिंह के दोनों पुत्रों के संदर्भ में कही गई है। उसके दोनों पुत्र उसके कद और काठी के ही थे। उन्हें देखकर सभी वाह-वाह किया करते थे और कहते थे कि ये दोनों भावी राज-पहलवान होंगे। यह पंक्ति लोगों के मुँह से अनायास ही निकल पड़ती थी। सभी जानते थे कि जब इन दोनों के पिता को कोई अभी तक पराजित नहीं कर पाया है, तो ये दोनों भी किसी से पराजित नहीं हो पाएँगे।

14

शिरीष के फूल

हजारी प्रसाद द्विवेदी

पाठ का सार

शिरीष का परिचय

जेठ की धूप में शिरीष वृक्ष के नीचे बैठकर लेखक देख रहा है कि शिरीष का पेड़, फूलों से लदा हुआ है। शिरीष के फूल वसंत से लेकर आषाढ़ तक खिले रहते हैं तथा उन पर उमस या लू का प्रभाव नहीं पड़ता। शिरीष का वृक्ष बड़ा और छायादार होने के कारण उसे रसोई की वाटिका में चारदीवारी के पास लगाया जाता है। संस्कृत साहित्य में शिरीष के फूल को बहुत ही कोमल समझा गया है। शिरीष के फूल अपनी कोमलता के कारण केवल भ्रमरों के पैरों का ही दबाव सह सकते हैं, पक्षियों तक का नहीं। जब धरती और आसमान जलते रहते हैं, तब भी शिरीष खिला रहने में सक्षम है। वह वायुमंडल से अपना रस खींच पाने की ताकत रखता है। कालिदास की नायिकाएँ भी कानों में शिरीष का फूल लगाकर अपने आप में गर्व अनुभव करती हैं। लेखक ने शिरीष के फूल की तुलना एक अवधूत से की है, जो सुख और दु:ख से निर्विकार रहता है। शिरीष का फूल जितना कोमल होता है, इसका फल उतना ही मज़बूत।

पुराने व नए का संघर्ष

शिरीष की फली इतने समय तक पेड़ पर लटकी रहती है कि नई फली भी आ जाती है। इसके माध्यम से लेखक यह कहना चाहता है कि पुरानों को समय रहते चले जाना चाहिए, अन्यथा नए उनको धक्का मारकर निकाल देंगे। जरा (बुढ़ापा) और मृत्यु तो शाश्वत सत्य हैं। कुछ मूर्ख समझते हैं कि जहाँ बने हैं, वहीं देर तक बने रहें तो शायद काल देवता से बच जाएँगे। अच्छा यही है कि हमेशा आगे बढ़ते ही रहें। कबीर भी शिरीष के फूल की तरह मस्त, चिंतारहित किंतु रस व मादक भावों से युक्त थे। कालिदास के अनुसार, जो व्यक्ति फक्कड़ नहीं बना, वह कवि नहीं बन पाएगा। कर्णाट-राज की प्रिया विज्जिका देवी ने गर्वपूर्वक कहा था कि ब्रह्मा, वाल्मीकि तथा व्यास ये तीन ही कवि थे। इन्होंने क्रमश: वेद, रामायण, महाभारत की रचनाएँ की हैं। उनके अनुसार, इन तीनों के अलावा और कोई कवि होने का दावा भी नहीं कर सकता।

शिरीष के फूल से प्रभावित लेखक

'शिरीष के फूल' लेखक के मन में तरंगें पैदा कर देते हैं। उसे आश्चर्य होता है कि इस चिलचिलाती धूप में शिरीष इतना सरस कैसे बना रहता है? जब शिरीष के फूल धूप, वर्षा, आँधी, लू में खड़े रह सकते हैं, तो देश मार-काट, अग्निदाह, लूट-पाट, खून-खराबा के होते हुए भी स्थिर यानी अटल, दृढ़ क्यों नहीं रह सकता? गाँधीजी तो इन्हीं परिस्थितियों में स्थिर रहे थे। लेखक के अनुसार गाँधीजी भी एक अवधूत थे। उन्होंने भी शिरीष की तरह वायुमंडल से रस को खींचा था। तभी तो गाँधीजी इतने कोमल व इतने कठोर एकसाथ हो सके थे। लेखक जब भी शिरीष के वृक्षों को देखता है, तो उसे कष्ट होता है कि ऐसे संन्यासी आज कहाँ मिलते हैं?

PYQs पूर्व परीक्षाओं के प्रश्न व अन्य महत्त्वपूर्ण प्रश्न

गद्यांशों पर आधारित बहुविकल्पीय प्रश्न

1. कालिदास सौंदर्य के बाह्य आवरण को भेदकर उसके भीतर तक पहुँच सकते थे, दुख हो कि सुख, वे अपना भाव-रस उस अनासक्त कृषिवल की भाँति खींच लेते थे, जो निर्दलित ईक्षुदंड से रस निकाल लेता है। कालिदास महान थे, क्योंकि वे अनासक्त रह सके थे। कुछ इसी श्रेणी की अनासक्ति आधुनिक हिंदी कवि सुमित्रानंदन पंत में है। कविवर रवींद्रनाथ में यह अनासक्ति थी। एक जगह उन्होंने लिखा–"राजोद्यान का सिंहद्वार कितना ही अभ्रभेदी क्यों न हो, उसकी शिल्पकला कितनी ही सुंदर क्यों न हो, वह यह नहीं कहता कि हममें आकर ही सारा रास्ता समाप्त हो गया। असल गंतव्य स्थान उसे अतिक्रम करने के बाद ही है, यही बताना उसका कर्त्तव्य है।" फूल हो या पेड़, वह अपने-आप में समाप्त नहीं है। वह किसी अन्य वस्तु को दिखाने के लिए उठी हुई अँगुली है। वह इशारा है।

CBSE SQP 2022-23

(क) कालिदास की सौंदर्य-दृष्टि कैसी थी?
- (i) स्थूल और बाहरी
- (ii) सूक्ष्म और संपूर्ण
- (iii) आसक्ति और आडंबरों
- (iv) अतिक्रम और अभ्रभेदी

(ख) कौन-से गुण के कारण कालिदास, सुमित्रानंदन पंत और रवींद्रनाथ टैगोर कविताओं के साथ न्याय कर पाए?
- (i) गंतव्यता
- (ii) निर्दलीयता
- (iii) कृषिवलता
- (iv) तटस्थता

(ग) फूलों और पेड़ों से हमें जीवन की ······ की प्रेरणा मिलती है।
- (i) निरंतरता
- (ii) भावपूर्णता
- (iii) समापनता
- (iv) अतिक्रमणता

(घ) **कथन** (A) पुष्प या पेड़ अपने सौंदर्य से यह बताते हैं कि यह सौंदर्य अंतिम नहीं है।

कारण (R) भारतीय शिल्पकला विशेष रूप से प्रसिद्ध है। विभिन्न कवियों ने इस बात की पुष्टि की है।
- (i) कथन (A) तथा कारण (R) दोनों सही हैं तथा कारण (R) कथन (A) की सही व्याख्या करता है
- (ii) कथन (A) गलत है, लेकिन कारण (R) सही है
- (iii) कथन (A) तथा कारण (R) दोनों सही हैं
- (iv) कथन (A) सही है, लेकिन कारण (R) उसकी गलत व्याख्या करता है

(ङ) गद्यांश के आधार पर निम्नलिखित कथनों पर विचार कीजिए।
1. कला की कोई सीमा नहीं होती।
2. शिरीष के वृक्ष को कालजयी अवधूत के समान कहा गया है।
3. कालिदास की समानता काल के कवियों के साथ दिखाई गई है।

उपरोक्त कथनों में से कौन-सा/से कथन सही है/हैं?
- (i) केवल 1
- (ii) केवल 3
- (iii) 1 और 2
- (iv) 1 और 3

उत्तर (क) (ii) सूक्ष्म और संपूर्ण
(ख) (iv) तटस्थता
(ग) (i) निरंतरता
(घ) (iv) कथन (A) सही है, लेकिन कारण (R) उसकी गलत व्याख्या करता है
(ङ) (iv) 1 और 3

2. शिरीष तरु सचमुच पक्के अवधूत की भाँति मेरे मन में ऐसी तरंगें जगा देता है जो ऊपर की ओर उठती रहती हैं इस चिलकती धूप में इतना सरस वह कैसे बना रहता है? क्या ये बाह्य परिवर्तन–धूप, वर्षा, आँधी, लू अपने आप में सत्य नहीं हैं? हमारे देश के ऊपर से जो यह मार-काट, अग्निदाह, लूट-पाट, खून-खच्चर का बवंडर बह गया है, उसके भीतर भी क्या स्थिर रहा जा सकता है? शिरीष रह सका है। अपने देश का एक बूढ़ा रह सका था। क्यों मेरा मन पूछता है कि ऐसा क्यों संभव हुआ? क्योंकि शिरीष भी अवधूत है। शिरीष वायुमंडल से रस खींचकर इतना कोमल और इतना कठोर है। गाँधीजी भी वायुमंडल से रस खींचकर इतने कोमल और इतने कठोर हो सकते थे। मैं जब-जब शिरीष की ओर देखता हूँ तब-तब हूक उठती है–हाय, वह अवधूत आज कहाँ है?

Delhi 2011, 10; Foreign 2010

(क) शिरीष के फूल की प्रमुख विशेषता क्या है?
- (i) भव्यता
- (ii) मस्ती
- (iii) दिव्यता
- (iv) प्रगल्भता

(ख) लेखक के मन में शिरीष का वृक्ष किस प्रकार की तरंगे जगा देता है?
- (i) जो हमेशा नीचे की ओर जाती है
- (ii) जो हमेशा ऊपर की ओर जाती है
- (iii) जो ऊपर-नीचे हिलती रहती है
- (iv) उपरोक्त में से कोई नहीं

(ग) शिरीष स्थिर कैसे रह सका?
- (i) उच्च स्तर की शक्ति के कारण
- (ii) वह चिलचिलाती धूप में भी सरस बना रहता है
- (iii) वह बाहरी परिवर्तनों, धूप, वर्षा, आँधी, लू को झेलता है
- (iv) उपरोक्त में से कोई नहीं

(घ) शिरीष वायुमंडल से रस खींचकर कैसा बना है?
1. कोमल
2. कठोर
3. पवित्र
4. निर्मल

कूट
- (i) केवल 1
- (ii) 1 और 2
- (iii) केवल 3
- (iv) 3 और 4

(ङ) गाँधीजी किसके वृक्ष के समान हो सकते थे?
(i) अशोक (ii) शिरीष
(iii) पुन्नाग (iv) बकुल

उत्तर (क) (iii) दिव्यता
(ख) (ii) जो हमेशा ऊपर की ओर जाती है
(ग) (i) उच्च स्तर की शक्ति के कारण
(घ) (ii) 1 और 2
(ङ) (ii) शिरीष

3. **शिरीष का फूल संस्कृत-साहित्य में बहुत कोमल माना गया है। मेरा अनुमान है कि कालिदास ने यह बात शुरू-शुरू में प्रचार की होगी। उनका इस पुष्प पर कुछ पक्षपात था (मेरा भी है)। कह गए हैं, शिरीष पुष्प केवल भौंरों के पदों का कोमल दबाव सहन कर सकता है, पक्षियों का बिल्कुल नहीं–"पद सहेत भ्रमरस्य पेलवं शिरीषपुष्प न पुनः पतत्रिणाम्।" अब मैं इतने बड़े कवि की बात का विरोध कैसे करूँ? सिर्फ़ विरोध करने की हिम्मत न होती तो भी कुछ कम बुरा नहीं था, यहाँ तो इच्छा भी नहीं है।**

खैर, मैं दूसरी बात कह रहा था। शिरीष के फूलों की कोमलता देखकर परवर्ती कवियों ने समझा कि उसका सब कुछ कोमल है। यह भूल है। इसके फल इतने मज़बूत होते हैं कि नए फूलों के निकल आने पर भी स्थान नहीं छोड़ते।

जब तक नए फल-पत्ते मिलकर, धकियाकर उन्हें बाहर नहीं कर देते तब तक वे डटे रहते हैं। वसंत के आगमन के समय जब सारी वनस्थली पुष्प-पत्र से मर्मरित होती रहती है, शिरीष के पुराने फल बुरी तरह खड़खड़ाते रहते हैं। मुझे इनको देखकर उन नेताओं की बात याद आती है, जो किसी प्रकार जमाने का रुख नहीं पहचानते और जब तक नई पौध के लोग उन्हें धक्का मारकर निकाल नहीं देते तब तक जमे रहते हैं। **All India 2010; Foreign 2010**

(क) संस्कृत-साहित्य में किस पुष्प को कोमल माना गया है?
(i) गुलाब (ii) कमल
(iii) शिरीष (iv) इनमें से कोई नहीं

(ख) 'पद सहेत भ्रमरस्थ पेलवं शिरीष पुष्प न पुनः पतत्रिणाम्' पंक्ति में शिरीष के पुष्प की किस विशेषता का वर्णन है?
(i) कठोर (ii) मजबूत
(iii) सुगंध (iv) कोमलता

(ग) कालिदास के अनुसार शिरीष के पुष्प किसके दबाव को सहन नहीं कर सकते?
(i) भौंरों के (ii) पक्षियों के
(iii) हवा के (iv) ये सभी

(घ) शिरीष के फूलों को देखकर लेखक को किसकी याद आती है?
(i) साहित्यकारों (ii) नेताओं
(iii) राजाओं (iv) दर्शकों

(ङ) शिरीष के फूल की क्या विशेषता है?
1. वह बहुत कोमल है।
2. वह बहुत मजबूत है।
3. वह नए फूलों के निकलने पर स्थान नहीं छोड़ता।
4. वह नए फूलों के आने पर शीघ्र स्थान छोड़ देते हैं।

कूट
(i) केवल 1 (ii) 1 और 2
(iii) केवल 4 (iv) 2 और 3

उत्तर (क) (iii) शिरीष
(ख) (iv) कोमलता
(ग) (ii) पक्षियों के
(घ) (ii) नेताओं
(ङ) (iv) 2 और 3

4. **शिरीष के वृक्ष बड़े और छायादार होते हैं। पुराने भारत का रईस जिन मंगल-जनक वृक्षों को अपनी वृक्ष-वाटिका की चारदीवारी के पास लगाया करता था, उनमें एक शिरीष भी है। (वृहतसंहिता 55, 13) अशोक, अरिष्ट, पुन्नाग और शिरीष के छायादार और घनमसृण हरीतिमा से परिवेष्टित वृक्ष-वाटिका जरूर बड़ी मनोहर दिखती होगी। वात्सायन ने 'कामसूत्र' में बताया है कि वाटिका के सघन छायादार वृक्षों की छाया में ही झूला (प्रेंखा दोला) लगाया जाना चाहिए। यद्यपि पुराने कवि बकुल के पेड़ में ऐसी दोलाओं को लगा देखना चाहते थे, पर शिरीष भी क्या बुरा है। डाल इसकी अपेक्षाकृत कमजोर जरूरी होती है, पर उसमें झूलनेवालियों का वजन भी तो बहुत ज्यादा नहीं होता। कवियों की यही तो बुरी आदत है कि वजन का एकदम ख्याल नहीं करते।**

(क) गद्यांश के अनुसार शिरीष के वृक्ष की क्या विशेषता होती है?
(i) फल एवं फूल विहीन (ii) बड़े और छायादार
(iii) सूक्ष्म और फलदार (iv) हरे और पीले

(ख) वास्त्यायन के अनुसार, झूला कहाँ लगाना चाहिए?
(i) बगीचे के मजबूत पेड़ों की डालियों में
(ii) बगीचे के घने छायादार वृक्षों की छाया में
(iii) जंगल के विशाल वृक्षों की छाया में
(iv) नदी के किनारे वृक्षों की छाया में

(ग) पुराने कवि किस पेड़ की डाली पर झूला डालने की बात करते हैं?
(i) बकुल के पेड़ पर (ii) शिरीष के पेड़ पर
(iii) पुन्नाग के पेड़ पर (iv) अशोक के पेड़ पर

(घ) 'डाल इसकी अपेक्षाकृत कमजोर जरूर होती है' पंक्ति में 'इसकी' शब्द किसके लिए प्रयुक्त हुआ है?
(i) अशोक वृक्ष (ii) अरिष्ट वृक्ष
(iii) शिरीष वृक्ष (iv) ये सभी

(ङ) लेखक को कवियों की कौन-सी बात बुरी लगती है?
(i) उनका अतिशयोक्ति पूर्ण वर्णन करना
(ii) वे प्रकृति चित्रण उचित प्रकार नहीं करते
(iii) वे वजन का ख्याल नहीं करते
(iv) उपरोक्त सभी

उत्तर (क) (ii) बड़े और छायादार
(ख) (ii) बगीचे के घने छायादार वृक्षों की छाया में
(ग) (i) बकुल के पेड़ पर
(घ) (iii) शिरीष वृक्ष
(ङ) (iii) वे वजन का ख्याल नहीं करते

5. मैं सोचता हूँ कि पुराने की यह अधिकार-लिप्सा क्यों नहीं समय रहते सावधान हो जाती? जरा और मृत्यु, ये दोनों ही जगत के अतिपरिचित और अतिप्रामाणिक सत्य हैं। तुलसीदास ने अफसोस के साथ इनकी सच्चाई पर मुहर लगाई थी-'धरा को प्रमान यही तुलसी जो फरा सो झरा, जो बरा सो बुताना!' मैं शिरीष के फूलों को देखकर कहता हूँ कि क्यों नहीं फलते ही समझ लेते बाबा कि झड़ना निश्चित है। सुनता कौन है? महाकालदेवता सपासप कोड़े चला रहे हैं, जीर्ण और दुर्बल झड़ रहे हैं, जिनमें प्राणकण थोड़ा भी ऊँर्ध्वमुखी है, वे टिक जाते हैं। दुरंत प्राणधारा और सर्वव्यापक कालाग्नि का संघर्ष निरंतर चल रहा है। मूर्ख समझते हैं कि जहाँ बने हैं, वहीं देर तक बने रहें तो शायद कालदेवता की आँख से बच जाएँगे। भोले हैं वे। हिलते-डुलते रहो, स्थान बदलते रहो, आगे की ओर मुँह किए रहो तो कोड़े की मार से बच भी सकते हो। जमे कि मरे।

(क) किसके अनुसार नए के आने पर पुराने को जाने का अधिकार होता है?
(i) कालिदास के (ii) लेखक के
(iii) तुलसीदास के (iv) वात्स्यायन के

(ख) लेखक के अनुसार जगत के अतिपरिचित और अतिप्रामाणिक सत्य क्या हैं?
(i) सुख और दुःख (ii) अमृत और विष
(iii) प्राचीन और नवीन (iv) जरा और मृत्य

(ग) 'जो फरा सो झरा, जो बरा सो बुताना' यह पंक्ति किसने कही थी?
(i) वाल्मीकि ने (ii) कालिदास ने
(iii) लेखक ने (iv) तुलसीदास ने

(घ) गद्यांश में महाकाल देवता द्वारा सपासप क्या चलाने की बात कही गई है?
(i) डंडे (ii) कोड़े
(iii) घोड़े (iv) हाथी

(ङ) शिरीष के फूल को देखकर लेखक क्या सोचता है?
(i) संसार में कोई अमर नहीं है
(ii) शिरीष के फूल कोमल होते हैं
(iii) समय सब कुछ सिखा देता है
(iv) शिरीष के फूल अमर हैं

उत्तर (क) (iii) तुलसीदास के
(ख) (iv) जरा और मृत्य
(ग) (iv) तुलसीदास ने
(घ) (ii) कोड़े
(ङ) (i) संसार में कोई अमर नहीं

विषय-वस्तु पर आधारित प्रश्न

1. 'शिरीष पुष्प केवल भौरों के पैरों के कोमल दबाव सहन कर सकता है, पक्षियों का बिलकुल नहीं' कथन का भाव 'शिरीष के फूल' पाठ के आधार पर कीजिए। CBSE 2023

उत्तर 'शिरीष पुष्प केवल भौरों के पैरों का कोमल दबाव सहन कर सकता है, पक्षियों का बिलकुल नहीं।' इस कथन के माध्यम से कवि कालिदास शिरीष पुष्प की कोमलता का वर्णन कर रहे हैं। शिरीष के फूल को संस्कृत साहित्य में बहुत कोमल माना गया है। इसके फूल बहुत नाजुक होते हैं। वे केवल भौरों के पैरों का भार ही सहन कर सकते हैं, पक्षियों के पैरों का नहीं, परंतु द्विवेदी जी कालिदास के इस कथन से सहमत नहीं है उनके विचार में इन्हें कोमल मानना भूल है। इसके फूल इतने मजबूत होते हैं कि नए फूलों के आने पर भी वे अपना स्थान नहीं छोड़ते, जब तक नए पत्ते-फल मिलकर इन्हें धक्का नहीं देते।

2. 'महाकाल देवता सपासप कोड़े चला रहे हैं, जीर्ण और दुर्बल झड़ रहे हैं, जिनमें प्राणकण थोड़ा भी ऊर्ध्वमुखी है, वे टिक जाते हैं।' 'शिरीष के फूल' पाठ से उद्धृत इस पंक्ति का आशय स्पष्ट कीजिए। CBSE 2023

उत्तर 'शिरीष के फूल' से उद्धृत उपर्युक्त पंक्ति का आशय यह है कि प्रत्येक व्यक्ति व जीव समय के साथ-साथ मृत्यु की ओर, नष्ट होने की ओर बढ़ रहा है। महाकाल अर्थात् मृत्यु उसे अपने आगोश में लेने के लिए तेजी से बढ़ा चला आ रहा है अर्थात् समय व्यतीत होने के साथ-साथ प्रत्येक जीव काल का ग्रास बनने की ओर निरंतर बढ़ रहा हैं। प्राणधारा और सर्वव्यापक कालाग्नि का संघर्ष निरंतर चल रहा है। इस संघर्ष में गतिशील, ऊर्ध्वमुखी व्यक्ति ही पुराने व खोखले विचारों में उलझे रहते हैं, वे कभी सम्मान प्राप्त नहीं कर सकते। अतः परिवर्तन प्रकृति का शाश्वत नियम है।

3. जेठ महीने में शिरीष अन्य पेड़ों से अलग कैसे है? CBSE 2023

उत्तर जेठ महीने में शिरीष अन्य पेड़ों से अलग इसलिए है, क्योंकि शिरीष का पुष्प जेठ महीने की प्रचंड गर्मी में भी खिला रहता है। यह पुष्पित व पल्लवित रहता है, जबकि अन्य पेड़ कनेर व अमलतास आदि जेठ के महीने में दिखाई तो देते हैं, परंतु केवल 15-20 दिन बाद ही इनके फूल मुरझा कर गिर जाते हैं। इसी तरह अन्य वृक्ष भी जेठ के महीने की प्रचंड गर्मी को सहन नहीं कर पाते तथा मुरझा जाते हैं, परंतु शिरीष का फूल इस भीषण गर्मी में भी सरस बना रहता है।

4. 'शिरीष के फूल' पाठ में चर्चित अशोक वृक्ष की विशेषताओं का उल्लेख कीजिए। CBSE 2023

उत्तर अशोक वृक्ष भारतीय साहित्य में एक बहुचर्चित सदाबहार वृक्ष है। इसके पत्ते आम के पत्तों से मिलते-जुलते होते हैं। बसंत ऋतु में इसके फूल लाल-लाल गुच्छों के रूप में आते हैं। इसे कामदेव के पाँच पुष्प-बाणों में से एक माना गया है। इसके फल सेम की तरह होते हैं। असली अशोक के वृक्ष को लैटिन भाषा में 'जोनेसिया अशोका' कहते हैं। इसके पत्ते शुरू में ताँबे जैसे रंग के होते हैं। अतः इसे 'ताम्रपल्लव' भी कहा जाता है। अशोक के पत्तों, छाल और फूलों को आयुर्वेद में कई बीमारियों को दूर करने के लिए इस्तेमाल किया जाता है।

5. 'शिरीष के फूल' पाठ में शिरीष वृक्ष को उसकी किन विशेषताओं के कारण अवधूत कहा गया है? CBSE 2023

अथवा लेखक ने शिरीष को कालजयी अवधूत (संन्यासी) की तरह क्यों माना है? CBSE SQP 2022-23

अथवा शिरीष को अवधूत क्यों कहा गया है? CBSE SQP 2019-20, 18-19 All India 2015

अथवा शिरीष को 'कालजयी अवधूत' क्यों कहा गया है? Delhi 2016, 13

उत्तर अवधूत का अर्थ है—सांसारिक बंधनों एवं विषय-वासनाओं से ऊपर उठा हुआ संन्यासी। यह एक तरह से कालजयी होता है अर्थात् काल के समक्ष भी विजयी रहने वाला। शिरीष का वृक्ष अवधूत की भाँति बसंत के आने से लेकर भाद्रपद मास तक बिना किसी परेशानी के पुष्पित होता रहता है।

जब ग्रीष्म ऋतु में सारी पृथ्वी अग्निकुंड की तरह जलने लगती है एवं लू के कारण हृदय भी सूखने लगता है, तो उस समय भी शिरीष का वृक्ष वातावरण से अपने लिए पोषण सोखकर एक कालजयी अवधूत की

तरह जीवन में विजेता होने का दावा कर रहा होता है। वह संसार के सभी प्राणियों को धैर्यशील, चिंतारहित एवं कार्यशील बने रहने के लिए प्रेरित करता है। उस पर वातावरण या बाहरी कारक अपना दुष्प्रभाव नहीं छोड़ पाते। यही कारण है कि लेखक ने शिरीष को अवधूत कहा है।

6. हृदय की कोमला को बचाने के लिए व्यवहार की कठोरता भी कभी-कभी बहुत आवश्यक हो जाती है। 'शिरीष के फूल' पाठ के आधार पर समझाइए। **CBSE 2020 C**

उत्तर शिरीष के फूलों में सब कुछ कोमल है अर्थात् वह तो कोमलता का आगार है। लेखक के अनुसार शिरीष फूलों में कोमलता तो होती है, लेकिन उनका व्यवहार बहुत कठोर होता है अर्थात् वह हृदय से तो कोमल है, किंतु व्यवहार से कठोर है। अत: हृदय की कोमलता को बचाने के लिए व्यवहार का कठोर होना अनिवार्य हो जाता है।

7. शिरीष और महात्मा गाँधी की तुलना किस आधार पर की गई है? **All India 2018**

अथवा **हजारी प्रसाद द्विवेदी ने शिरीष के संदर्भ में महात्मा गाँधी का स्मरण क्यों किया है? साम्य निरूपित कीजिए।** **Delhi 2016**

अथवा **शिरीष के संदर्भ में लेखक को गाँधीजी की याद क्यों आ गई? दोनों के स्वभाव में समानता रेखांकित कीजिए।** **All India 2015**

उत्तर शिरीष के संदर्भ एवं गाँधीजी की कुछ विशेषताओं में समानता दिखने के कारण लेखक को गाँधीजी की याद आई। शिरीष के समान ही गाँधीजी में भी कठोरता के साथ-साथ कोमलता का गुण विद्यमान था। शिरीष की भाँति ही गाँधीजी भी वायुमंडल से, अपने परिवेश से रस खींचकर कोमल एवं कठोर बन गए।

जनसामान्य के साथ कोमलता का व्यवहार करने वाले गाँधीजी कभी-कभी देश एवं समाज के हित में अत्यधिक कठोर बन जाते थे। समय के अनुरूप, परिस्थितियों के अनुसार निर्णय लेते हुए गाँधीजी को भी स्वतंत्रता आंदोलन को सही ढंग से आगे बढ़ाने के लिए अपने व्यवहार में कोमलता एवं कठोरता दोनों को अपनाना पड़ता था। गाँधीजी स्वतंत्रता आंदोलन के दौरान होने वाली हिंसा, खून-खराबा, अग्निदाह आदि हिंसात्मक गतिविधियों के बीच अहिंसक होते हुए भी शिरीष के समान अटल या स्थिर बने रहते थे।

8. हजारीप्रसाद द्विवेदी के द्वारा नेताओं और कुछ पुराने व्यक्तियों की अधिकार सीमा पर किए गए व्यंग्य को स्पष्ट कीजिए। **All India 2017**

उत्तर लेखक को शिरीष के नए फूलों-पत्तों और पुराने फूलों को देखकर उन नेताओं की याद आती है, जो बदले हुए समय को नहीं पहचानते हैं तथा जब तक नई पीढ़ी उन्हें धक्का नहीं मारती, तब तक वे अपने स्थान पर जमे ही रहते हैं। नेताओं को स्वयं ही समय की गति को देखते हुए अपने स्थान को रिक्त कर देना चाहिए, पर वे ऐसा नहीं करते।

9. "हाय! वह अवधूत कहाँ है?" लेखक ने यहाँ किसे स्मरण किया है? और क्यों? **All India 2016**

उत्तर "हाय! वह अवधूत आज कहाँ है?" निबंध की अंतिम पंक्ति है। इस पंक्ति के माध्यम से लेखक कहता है कि महात्मा गाँधी शिरीष के फूल की भाँति थे। लेखक के अनुसार, प्रेरणादायी और आत्मविश्वास रखने वाले लोग अब रहे ही नहीं। अब केवल शरीर यानी भौतिकता को प्राथमिकता देने वाले लोग ही रह गए हैं। ऐसे लोगों में आत्मविश्वास बिलकुल नहीं होता। ऐसे लोग मन की सुंदरता पर ध्यान नहीं देते। लेखक ने शिरीष के फूल के माध्यम से वर्तमान सभ्यता का यथार्थ चित्रण किया है।

10. शिरीष आज के संदर्भ में हमें क्या संदेश देता है? पाठ के आधार पर लिखिए। **All India 2016**

उत्तर 'शिरीष के फूल' द्विवेदी जी का उत्कृष्ट निबंध है। इसके माध्यम से लेखक हमें यह संदेश देना चाहता है कि जिस प्रकार शिरीष का फूल लू, गर्मी, आँधी और शुष्क मौसम में भी खिलकर अपना सौंदर्य बिखेरता रहता है, उसी प्रकार हमें भी जीवन के संघर्षों का सामना करते हुए प्रसन्नतापूर्वक जीवन जीना चाहिए।

11. शिरीष की पुरानी कलियों के माध्यम से लेखक ने किस कटु यथार्थ का संकेत किया है? टिप्पणी कीजिए। **Delhi 2016**

अथवा **सर्वग्रासी काल की मार से बचते हुए वही दीर्घजीवी हो सकता है, जिसने अपने व्यवहार में जड़ता छोड़कर नित बदल रही स्थितियों में निरंतर अपनी गतिशीलता बनाए रखी है। पाठ के आधार पर स्पष्ट करें।** **All India 2016**

उत्तर परिवर्तन संसार का नियम है। मनुष्य को समयानुसार परिवर्तित होते रहना चाहिए। मृत्यु तो अटल है, जो लोग समय के साथ चलते हैं, नए को स्वीकार करते हुए अपने जीवन में आगे बढ़ते हैं, उनको समाज भी अपना मानने लगता है और वे कुछ समय के लिए काल के कोड़ों से भी बचे रहते हैं। इसके विपरीत, जो एक ही स्थान पर जमे रहते हैं, उनको दूसरों के द्वारा धक्का दे दिया जाता है। यह स्थिति राजनीति, साहित्य तथा संस्थानों में पूर्ण रूप से दिखाई पड़ती है। पुराने लोग नए जमाने के इस प्रचलन को नहीं पहचान पाते तथा समाज भी उन्हें पुराना, जीर्ण-क्षीण समझकर अस्वीकार कर देता है। जरा (वृद्धावस्था) और मृत्यु अतिपरिचित और अतिप्रामाणिक सत्य है, जिसे सभी को स्वीकार करते हुए जीवन व्यतीत करना चाहिए।

12. लेखक अधिकार लिप्सा के बारे में क्या बताना चाहता है?

उत्तर लेखक के अनुसार, भारत में अधिकार लिप्सा की भावना बहुत प्रबल है। यहाँ के लोग तभी अपनी जगह छोड़ पाते हैं, जब उन्हें दूसरों के द्वारा धक्का दिया जाता है। यह स्थिति राजनीति, साहित्य तथा संस्थानों में पूर्णरूप से दिखाई पड़ती है। पुराने लोग नए जमाने के इस प्रचलन को नहीं पहचान पाते।

15

श्रम विभाजन और जाति-प्रथा

बाबा साहेब भीमराव आंबेडकर

पाठ का सार

श्रम विभाजन और जाति-प्रथा

इसके अंतर्गत समाज में प्रचलित जाति-प्रथा को गलत ठहराकर कार्य-कुशलता के आधार पर श्रम विभाजन को आवश्यक बताया गया है, क्योंकि जाति के आधार पर श्रम विभाजन करने से व्यक्ति की निजी क्षमता का सदुपयोग नहीं हो पाता। जाति-प्रथा एक ओर तो मनुष्य को जीवन भर किसी पेशे के साथ बाँध देती है, तो दूसरी ओर यदि कभी भी पेशा बदलने की आवश्यकता पड़ जाए, तो भूखे मरने के अलावा और कोई उपाय नहीं छोड़ती। इस प्रकार का विभाजन मनुष्य में काम के प्रति अरुचि और उसे टालने की प्रवृत्ति का कारण बनता है। ऐसी स्थिति में जहाँ काम करने वालों का न दिल लगता हो, न दिमाग, वहाँ कोई कुशलता कैसे प्राप्त कर सकता है?

इस प्रकार यह प्रथा मनुष्य को कम काम करने के लिए प्रेरित करती है। जाति-प्रथा भारत में बेरोज़गारी का एक प्रमुख व प्रत्यक्ष कारण बनी हुई है, क्योंकि हिंदू धर्म में अपनी रुचि के अनुसार पेशा न चुनने की आज़ादी बेरोज़गारी का एक मुख्य कारण है। जाति-प्रथा आर्थिक रूप से भी हानिकारक है। जाति-प्रथा पर आधारित श्रम विभाजन मनुष्य की स्वेच्छा पर निर्भर नहीं रहता। मनुष्य की व्यक्तिगत भावना तथा व्यक्तिगत रुचि का इसमें कोई स्थान अथवा महत्त्व नहीं रहता। अत: यह निर्विवाद सिद्ध हो जाता है कि आर्थिक पहलू से भी जाति-प्रथा हानिकारक प्रथा है, क्योंकि यह मनुष्यों की स्वाभाविक प्रेरणा, रुचि व आत्म-शक्ति को दबाकर उन्हें अस्वाभाविक नियमों में जकड़कर निष्क्रिय बना देती है।

मेरी कल्पना का आदर्श समाज

आदर्श समाज की परिकल्पना करते हुए इसमें स्वतंत्रता, समता, भ्रातृत्व को उसका आधार बताया गया है। लेखक के अनुसार, समाज को गतिशील होना चाहिए, जो हर प्रकार के परिवर्तन को स्वीकार कर सके। समाज इस प्रकार का होना चाहिए जिसमें लोगों में अपने साथियों के प्रति श्रद्धा व सम्मान का भाव हो। समाज में भाईचारा इस प्रकार का होना चाहिए; *जैसे*—दूध और पानी का मिलाप या मिलन अर्थात् भेदभाव से रहित। लोकतांत्रिक शासन पद्धति वाला समाज होना चाहिए। जाति-प्रथा वाले समाज में अपना व्यवसाय चुनने की किसी को स्वतंत्रता नहीं है। इसका अर्थ यह है कि जाति-प्रथा के आधार पर समाज को 'दासता' में जकड़ा जाता है।

'दासता' में वह स्थिति भी सम्मिलित है, जिससे कुछ व्यक्तियों को दूसरे लोगों के द्वारा निर्धारित व्यवहार एवं कर्त्तव्यों का पालन करने के लिए विवश होना पड़ता है। यह स्थिति कानूनी पराधीनता न होने पर भी पाई जा सकती है। इसमें वंश, परंपरा और सामाजिक उत्तराधिकार को छोड़कर क्षमता के विकास को प्रोत्साहन देने पर बल दिया गया है। समाज में यदि हमें अपने सदस्यों से अधिकतम उपयोगिता प्राप्त करनी है, तो हमें सभी को समान अवसर प्रदान करने होंगे। एक राजनीतिज्ञ के लिए भी व्यावहारिक रूप से यही सिद्धांत होना चाहिए कि सब मनुष्यों के साथ समान व्यवहार किया जाए। राजनीतिज्ञ समान व्यवहार इसलिए नहीं करता, क्योंकि इससे वर्गीकरण एवं श्रेणीकरण संभव हो पाता है।

इस प्रकार 'समता' यद्यपि काल्पनिक जगत की वस्तु है, फिर भी राजनीतिज्ञ के लिए सभी परिस्थितियों को दृष्टि में रखते हुए यही मार्ग सही रहता है, क्योंकि यही व्यावहारिक भी है और यही उसके व्यवहार की एकमात्र कसौटी भी है।

PYQs पूर्व परीक्षाओं के प्रश्न व अन्य महत्त्वपूर्ण प्रश्न

गद्यांशों पर आधारित बहुविकल्पीय प्रश्न

1. **इसी प्रकार स्वतंत्रता पर भी क्या कोई आपत्ति हो सकती है? गमनागमन की स्वाधीनता, जीवन तथा शारीरिक सुरक्षा की स्वाधीनता के अर्थों में शायद ही कोई 'स्वतंत्रता' का विरोध करे। इसी प्रकार संपत्ति के अधिकार, जीविकोपार्जन के लिए आवश्यक औजार व सामग्री रखने के अधिकार, जिससे शरीर को स्वस्थ रखा जा सके, के अर्थ में भी 'स्वतंत्रता' पर कोई आपत्ति नहीं हो सकती। तो फिर मनुष्य की शक्ति के सक्षम एवं प्रभावशाली प्रयोग की भी स्वतंत्रता क्यों नहीं प्रदान की जाए?**

जाति-प्रथा के पोषक, जीवन, शारीरिक-सुरक्षा तथा सम्पत्ति के अधिकार की स्वतंत्रता को तो स्वीकार कर लेंगे, परंतु मनुष्य के लक्षण एवं प्रभावशाली प्रयोग की स्वतंत्रता देने के लिए शीघ्र तैयार नहीं होंगे, क्योंकि इस प्रकार की स्वतंत्रता का अर्थ होगा, अपना व्यवसाय चुनने की स्वतंत्रता किसी को नहीं है, तो उसका अर्थ उसे 'दासता' में जकड़कर रखना होगा, क्योंकि 'दासता' केवल कानूनी पराधीनता को ही नहीं कहा जा सकता। 'दासता' में वह स्थिति भी सम्मिलित है, जिससे कुछ व्यक्तियों को दूसरे लोगों के द्वारा निर्धारित व्यवहार एवं कर्त्तव्यों का पालन करने के लिए विवश होना पड़ता है। यह स्थिति कानूनी पराधीनता न होने पर भी पाई जा सकती है। उदाहरणार्थ जाति प्रथा की तरह ऐसे वर्ग होना संभव है, जहाँ कुछ लोगों को अपनी इच्छा के विरुद्ध पेशे अपनाने पड़ते हैं।

CBSE SQP 2020-21

(क) दासता में कौन-सी अवधारणा सम्मिलित नहीं है?
(i) स्वाधीनता के साथ जीना
(ii) कानूनी पराधीनता का होना
(iii) इच्छा के विरुद्ध कार्य करना
(iv) दूसरों के द्वारा निश्चित कार्य करना

(ख) मनुष्य के प्रभावशाली प्रयोग से लेखक का क्या तात्पर्य है?
(i) उसे शारीरिक स्वतंत्रता प्रदान की जाए
(ii) उसे अपनी इच्छा से कार्य करने की स्वतंत्रता दी जाए
(iii) उसे अपनी इच्छा से जाति के चयन का अधिकार मिले
(iv) उसे शारीरिक-सुरक्षा तथा संपत्ति का अधिकार दिया जाए

(ग) जाति-प्रथा के पोषक यदि मनुष्य के लक्षण एवं प्रभावशाली प्रयोग की स्वतंत्रता दें, तब इसका क्या परिणाम होगा?
(i) दासता को बढ़ावा मिलेगा
(ii) स्वतंत्रता को बढ़ावा मिलेगा
(iii) कानूनी-पराधीनता बढ़ जाएगी
(iv) लोकतांत्रिक मूल्य सुदृढ़ होंगे

(घ) 'स्वतंत्रता' पर किसी को कोई आपत्ति क्यों नहीं है?
(i) इससे समाज में दासता समाप्त हो जाएगी
(ii) क्योंकि स्वतंत्रता सभी को जाति विरोधी लगती है
(iii) क्योंकि सभी को स्वतंत्र और सुरक्षित रहना प्रिय है
(iv) इसके साथ भी जातिवाद और शोषण की प्रक्रिया बनी रहती है

(ङ) जाति-प्रथा के पोषक से लेखक का क्या तात्पर्य है?
(i) जाति के चयन को बढ़ावा देने वाले
(ii) जातिगत भेदभाव को प्राथमिकता देने वाले
(iii) जातिगत भेदभाव के व्यवहार को समाप्ति देने वाले
(iv) जाति को कानूनी मान्यता दिलाने की कोशिश करने वाले

उत्तर (क) (i) स्वाधीनता के साथ जीना
(ख) (ii) उसे अपनी इच्छा से कार्य करने की स्वतंत्रता दी जाए
(ग) (iv) लोकतांत्रिक मूल्य सुदृढ़ होंगे
(घ) (iv) इसके साथ भी जातिवाद और शोषण की प्रक्रिया बनी रहती है
(ङ) (ii) जातिगत भेदभाव को प्राथमिकता देने वाले

2. **मेरा आदर्श समाज स्वतंत्रता, समता, भ्रातृता पर आधारित होगा। क्या यह ठीक नहीं है, भ्रातृता अर्थात् भाईचारे में किसी को क्या आपत्ति हो सकती है? किसी भी आदर्श समाज में इतनी गतिशीलता होनी चाहिए, जिससे कोई भी वांछित परिवर्तन समाज के एक छोर से दूसरे छोर तक संचारित हो सके। ऐसे समाज के बहुविध हितों में सबका भाग होना चाहिए तथा सबको उनकी रक्षा के प्रति सजग रहना चाहिए। सामाजिक जीवन में अबाध संपर्क के अनेक साधन व अवसर उपलब्ध रहने चाहिए। तात्पर्य यह है कि दूध और पानी के मिश्रण की तरह भाईचारे का यही वास्तविक रूप है और इसी का दूसरा नाम लोकतंत्र है।**

क्योंकि लोकतंत्र केवल शासन की एक पद्धति ही नहीं है, लोकतंत्र मूलत: सामूहिक जीवनचर्या की एक रीति तथा समाज के सम्मिलित अनुभवों के आदान-प्रदान का नाम है। इनमें यह आवश्यक है कि अपने साथियों के प्रति श्रद्धा व सम्मान का भाव हो। **Delhi 2010**

(क) लेखक के अनुसार आदर्श समाज का आधार है
(i) स्वतंत्रता (ii) भ्रातृत्व
(iii) समता (iv) ये सभी

(ख) आदर्श समाज के लिए क्या अपेक्षित है?
(i) पानी (ii) गतिशीलता
(iii) शक्ति (iv) राजनीति

(ग) लेखक के अनुसार भाईचारे का रूप किसकी तरह है?
(i) फूल और खुशबू (ii) दूध और पानी
(iii) महिला और पुरुष (iv) समाज और देश

(घ) भाईचारे का दूसरा नाम क्या है?
(i) राजतंत्र (ii) लोकतंत्र
(iii) समाज (iv) मिश्रण

(ङ) निम्नलिखित कथनों पर विचार कीजिए।
1. लोकतंत्र सामूहिक जीवनचर्या की एक रीति तथा समाज के सम्मिलित अनुभवों के आदान-प्रदान का नाम है।
2. जाति प्रथा में ऊँच-नीच का भेद नहीं रहना चाहिए।

3. हिंदू धर्म के कारण लोगों में अराजकता फैल रही है।
उपरिलिखित कथनों में से कौन-सा/से सही है/हैं?
(i) केवल 1 (ii) 1 और 2
(iii) केवल 3 (iv) 2 और 3

उत्तर (क) (iv) ये सभी
(ख) (ii) गतिशीलता
(ग) (ii) दूध और पानी
(घ) (ii) लोकतंत्र
(ङ) (ii) 1 और 2

3. **यह विडंबना की ही बात है, कि इस युग में भी 'जातिवाद' के पोषकों की कमी नहीं है। इसके पोषक कई आधारों पर इसका समर्थन करते हैं। समर्थन का एक आधार यह कहा जाता है, कि आधुनिक सभ्य समाज 'कार्य-कुशलता' के लिए श्रम विभाजन को आवश्यक मानता है और चूँकि जाति-प्रथा भी श्रम विभाजन का ही दूसरा रूप है इसलिए इसमें कोई बुराई नहीं है। इस तर्क के संबंध में पहली बात तो यही आपत्तिजनक है, कि जाति-प्रथा श्रम विभाजन के साथ-साथ श्रमिक-विभाजन का भी रूप लिए हुए है। श्रम विभाजन, निश्चय ही सभ्य समाज की आवश्यकता है, परंतु किसी भी सभ्य समाज में श्रम विभाजन की व्यवस्था श्रमिकों का विभिन्न वर्गों में अस्वाभाविक विभाजन नहीं करती। भारत की जाति-प्रथा की एक और विशेषता यह है कि यह श्रमिकों का अस्वाभाविक विभाजन ही नहीं करती, बल्कि विभाजित विभिन्न वर्गों को एक-दूसरे की अपेक्षा ऊँच-नीच भी करार देती है, जोकि विश्व के किसी भी समाज में नहीं पाया जाता।**

(क) गद्यांश में आए 'विडंबना' शब्द से क्या अभिप्राय है?
(i) आडंबर (ii) उपहास
(iii) अपेक्षा (iv) गंभीरता

(ख) कौन-सा समाज कार्य-कुशलता के लिए श्रम विभाजन को आवश्यक मानता है?
(i) असभ्य समाज
(ii) सभ्य सनातनी समाज
(iii) सभ्य आधुनिक समाज
(iv) आदि मानव समाज

(ग) भारत की जाति-प्रथा की क्या विशेषता बताई गई है?
(i) यह श्रमिकों का अस्वाभाविक विभाजन करती है
(ii) विभाजित विभिन्न वर्गों को एक-दूसरे को ऊँच-नीच बताना
(iii) (i) और (ii) दोनों
(iv) सभी को समान अधिकार देना

(घ) जातिवाद के पोषकों द्वारा श्रम विभाजन किसका दूसरा रूप माना जाता है?
(i) जाति-प्रथा का
(ii) बाल विवाह प्रथा का
(iii) मजदूरी प्रथा का
(iv) समरसता का

(ङ) गद्यांश के अनुसार कोई भी सभ्य समाज क्या नहीं करता है?
(i) श्रमिकों का विभिन्न श्रेणियों में अस्वाभाविक विभाजन
(ii) सभी को रोजगार के अवसर प्रदान करना
(iii) कट्टर नियमों और सिद्धांतों का पालन करना
(iv) उपरोक्त सभी

उत्तर (क) (ii) उपहास
(ख) (iii) सभ्य आधुनिक समाज
(ग) (iii) (i) और (ii) दोनों
(घ) (i) जाति-प्रथा का
(ङ) (i) श्रमिकों का विभिन्न श्रेणियों में अस्वाभाविक विभाजन

4. **जाति-प्रथा पेशे का दोषपूर्ण पूर्व निर्धारण ही नहीं करती, बल्कि मनुष्य को जीवनभर के लिए एक पेशे से बाँध भी देती है। भले ही पेशा अनुपयुक्त या अपर्याप्त होने के कारण वह भूखा मर जाए। आधुनिक युग में यह स्थिति प्रायः आती है, क्योंकि उद्योग-धंधों की प्रक्रिया व तकनीक में निरंतर विकास और कभी-कभी अकस्मात् परिवर्तन हो जाता है, जिसके कारण मनुष्य को अपना पेशा बदलने की आवश्यकता पड़ सकती है और यदि प्रतिकूल परिस्थितियों में भी मनुष्य को अपना पेशा बदलने की स्वतंत्रता न हो, तो इसके लिए भूखा मरने के अतिरिक्त क्या चारा रह जाता है? हिंदू धर्म की जाति-प्रथा किसी भी व्यक्ति को ऐसा पेशा चुनने की अनुमति नहीं देती है, जो उसका पैतृक पेशा न हो, भले ही वह उसमें पारंगत हो। इस प्रकार पेशा परिवर्तन की अनुमति न देकर जाति-प्रथा भारत में बेरोज़गारी का एक प्रमुख व प्रत्यक्ष कारण बनी हुई है।**

(क) गद्यांश के अनुसार जाति-प्रथा में लेखक ने क्या दोष देखा है?
(i) जाति-प्रथा जन्म से ही पेशा तय कर देती है
(ii) जीवनभर मनुष्य को एक पेशे में बाँध देती है
(iii) पेशा अनुपयुक्त या अपर्याप्त होने पर मनुष्य को भूखा मरना पड़ता है
(iv) उपरोक्त सभी

(ख) मनुष्य को अपना पेशा बदलने की आवश्यकता किस कारण पड़ती है?
(i) उद्योग-धंधों की प्रक्रिया व तकनीक में निरंतर विकास के कारण
(ii) स्वयं को उच्च वर्ग में सम्मिलित करने के कारण
(iii) निम्न वर्ग को घृणा की दृष्टि से देखे जाने के कारण
(iv) प्रतिकूल परिस्थितियों के कारण

(ग) पेशा बदलने की स्वतंत्रता के अभाव का क्या परिणाम होता है?
(i) मनुष्य सदैव निम्न ही रहता है
(ii) मनुष्य को भूखा मरना पड़ता है
(iii) मनुष्य की निरंतर प्रगति होती है
(iv) मनुष्य सदैव दूसरों को कोसता रहता है

(घ) जाति-प्रथा बेरोज़गारी का एक प्रमुख और प्रत्यक्ष कारण कैसे है?
(i) पेशा परिवर्तन की अनुमति न देने के कारण
(ii) हिंदू धर्म के कारण
(iii) पैतृक व्यवसाय में पारंगत होने के कारण
(iv) विषम परिस्थितियों को महत्त्व देने के कारण

(ङ) अनेक लोगों को अपनी इच्छा अनुसार पेशा चुनने की स्वतंत्रता किस कारण नहीं मिल पाती है?
(i) बेरोज़गारी (ii) निरक्षरता
(iii) जाति-प्रथा (iv) तकनीकी

उत्तर (क) (iv) उपरोक्त सभी
(ख) (i) उद्योग-धंधों की प्रक्रिया व तकनीक में निरंतर विकास के कारण
(ग) (ii) मनुष्य को भूखा मरना पड़ता है
(घ) (i) पेशा परिवर्तन की अनुमति न देने के कारण
(ङ) (iii) जाति-प्रथा

5. इस प्रकार हम देखते हैं कि श्रम विभाजन की दृष्टि से भी जाति-प्रथा गंभीर दोषों से युक्त है। जाति-प्रथा का श्रम विभाजन मनुष्य की स्वेच्छा पर निर्भर नहीं रहता। मनुष्य की व्यक्तिगत भावना तथा व्यक्तिगत रुचि का इसमें कोई स्थान अथवा महत्त्व नहीं रहता। 'पूर्व लेख' ही इसका आधार है।

इस आधार पर हमें यह स्वीकार करना पड़ेगा कि आज के उद्योगों में गरीबी और उत्पीड़न इतनी बड़ी समस्या नहीं जितनी यह कि बहुत से लोग 'निर्धारित' कार्य को 'अरुचि' के साथ केवल विवशतावश करते हैं।

ऐसी स्थिति स्वभावतः मनुष्य को दुर्भावना से ग्रस्त रहकर चालू काम करने और कम काम करने के लिए प्रेरित करती है। ऐसी स्थिति में जहाँ काम करने वालों का न दिल लगता हो न दिमाग, कोई कुशलता कैसे प्राप्त की जा सकती है।

अत: यह निर्विवाद रूप से सिद्ध हो जाता है कि आर्थिक पहलू से भी जाति-प्रथा हानिकारक प्रथा है, क्योंकि यह मनुष्य की स्वाभाविक प्रेरणा, रुचि व आत्म-शक्ति को दबाकर उन्हें अस्वाभाविक नियमों में जकड़ कर निष्क्रिय बना देती है।

(क) जाति-प्रथा का श्रम विभाजन किसकी स्वेच्छा पर निर्भर रहता है?
(i) प्रकृति की (ii) मनुष्य की
(iii) पक्षियों की (iv) राजनेताओं की

(ख) आर्थिक पहलू से जाति प्रथा है
(i) सकारात्मक (ii) नकारात्मक
(iii) हानिकारक (iv) लाभदायक

(ग) उद्योगों में सबसे बड़ी समस्या है
(i) लोग मन लगाकर कार्य करते हैं
(ii) लोग जल्दी थक जाते हैं
(iii) मनुष्य अपने परिवार के साथ रहते हैं
(iv) लोग निर्धारित कार्य को अरुचि के साथ विवशतावश करते हैं

(घ) जाति-प्रथा का आधार क्या है?
(i) पूर्व लेख (ii) आवास
(iii) मनुष्य (iv) जीवन शैली

(ङ) निम्नलिखित कथनों पर विचार कीजिए।
1. श्रम विभाजन की दृष्टि से जाति-प्रथा गंभीर दोषों से युक्त है।
2. जाति-प्रथा एक नियोजित प्रथा है।
3. जाति-प्रथा मनुष्य की स्वाभाविक प्रेरणा, रुचि व आत्म-शक्ति को दबाकर उन्हें अस्वाभाविक नियमों में जकड़ कर निष्क्रिय बना देती है।

कूट
(i) केवल 1 (ii) 1 और 2
(iii) केवल 3 (iv) 1 और 3

उत्तर (क) (ii) मनुष्य की
(ख) (iii) हानिकारक
(ग) (iv) लोग निर्धारित कार्य को अरुचि के साथ विवशतावश करते हैं।
(घ) (i) पूर्व लेख
(ङ) (iv) 1 और 3

विषय-वस्तु पर आधारित प्रश्न

1. 'श्रम विभाजन और जाति-प्रथा' पाठ में 'जातिवाद' का पोषक किसे कहा गया है और क्यों? CBSE 2023

उत्तर 'श्रम विभाजन और जाति-प्रथा' पाठ में 'जातिवाद' का पोषक श्रम विभाजन को कहा गया है। जातिवाद के पोषकों का मानना है कि आधुनिक सभ्य समाज में कार्य-कुशलता लाने के लिए श्रम विभाजन आवश्यक है, परंतु जाति-प्रथा में श्रम विभाजन स्वाभाविक विभाजन नहीं है, क्योंकि यह व्यक्ति की रुचि, कार्य-कुशलता तथा क्षमता पर आधारित नही हैं। यह भारत में बेरोजगारी का एक प्रमुख व प्रत्यक्ष कारण है।

2. 'श्रम विभाजन और जाति-प्रथा' पाठ के आधार पर लिखिए कि मनुष्य की क्षमता किन बातों पर निर्भर करती है? स्पष्ट कीजिए। CBSE 2023

अथवा आधुनिक समाज कार्य की कुशलता के लिए क्या आवश्यक मानता है और क्यों?

उत्तर आधुनिक समाज में कार्य की कुशलता के लिए श्रम विभाजन आवश्यक है, क्योंकि इसके बिना काम नहीं चल सकता, परंतु यह श्रम विभाजन जाति पर आधारित नहीं होना चाहिए। यह व्यक्ति की क्षमता तथा प्रशिक्षण पर निर्भर होना चाहिए, जिसके कारण समाज के सदस्यों की क्षमता का अधिकतम उपयोग संभव हो और इससे समाज में रहने वाले सदस्यों का उत्थान हो।

3. 'मेरी कल्पना का आदर्श समाज' के आधार पर लिखिए कि जाति-प्रथा के पोषक लोगों को किस प्रकार की स्वतंत्रता देने के पक्ष में है और किस प्रकार की नहीं? CBSE 2023

अथवा जाति-प्रथा के पोषक लोग क्या स्वीकार करने को तैयार हैं?

उत्तर जाति-प्रथा के पोषक लोग यह स्वीकार करने को तैयार हैं कि व्यक्ति को जीवन, शरीर तथा संपत्ति की सुरक्षा तथा अधिकार की स्वतंत्रता मिलनी चाहिए, परंतु वे मनुष्य की क्षमता के प्रभावशाली उपयोग की स्वतंत्रता की छूट देने के लिए तैयार नहीं हैं।

4. जाति-प्रथा को श्रम विभाजन का ही एक रूप नहीं मानने के पीछे डॉ. आंबेडकर के तर्क का उल्लेख कीजिए। CBSE 2023

अथवा डॉ. आंबेडकर ने जाति-प्रथा को श्रम विभाजन का ही एक रूप क्यों नहीं माना? All India 2016

अथवा जाति-प्रथा को श्रम विभाजन का ही एक रूप न मानने के पीछे डॉ. आंबेडकर के तर्कों का उल्लेख कीजिए।
All India 2017,11,10; Delhi 2011,10 Delhi 2012

उत्तर डॉ. आंबेडकर के अनुसार, जाति-प्रथा को श्रम विभाजन का ही एक रूप नहीं माना जा सकता। उन्होने इसके लिए निम्न तर्क दिए हैं
(i) जाति-प्रथा श्रम विभाजन के साथ-साथ श्रमिक विभाजन भी कराती है। सभ्य समाज में श्रमिकों का विभिन्न वर्गों में विभाजन अस्वाभाविक है। इसे कभी भी नहीं माना जा सकता।
(ii) जाति-प्रथा का दूषित सिद्धांत यह है कि मनुष्य के प्रशिक्षण एवं उसकी निजी क्षमता पर विचार किए बिना किसी दूसरे के द्वारा उसके लिए व्यवसाय निर्धारित कर दिया जाए।
(iii) जाति-प्रथा मनुष्य को जीवनभर के लिए एक व्यवसाय में बाँध देती है। भले ही वह व्यवसाय उसके लिए अनुपयुक्त या अपर्याप्त क्यों न हो? भले ही इससे उसके भूख से मरने की नौबत आ जाए।

5. जाति-प्रथा भारतीय समाज में बेरोजगारी और भुखमरी का भी एक कारण कैसे बनती जा रही है? क्या यह स्थिति आज भी है? स्पष्ट कीजिए। **CBSE SQP 2022-23**

उत्तर जाति-प्रथा भारतीय समाज में बेरोजगारी व भुखमरी का भी एक कारण है, क्योंकि जाति-प्रथा का श्रम-विभाजन मनुष्य की स्वेच्छा पर निर्भर नहीं करता। मनुष्य की व्यक्तिगत भावना व रुचि का इसमें कोई स्थान नहीं है। उन्हें रुचि न होते हुए भी अपने पैतृक व्यवसाय को बलपूर्वक अपनाना पड़ता है। अत: उनका उस कार्य में न तो दिल लगता है और न ही दिमाग तथा उनकी कार्यकुशलता में भी कमी आ जाती है। विपरीत परिस्थितियों में भी वह अपना व्यवसाय नहीं बदल सकते तथा अनेक बार उनके भूख से मरने की स्थिति आ जाती है। आज के समय में शिक्षा के प्रभाव के कारण लोगों की सोच में कुछ हद तक परिवर्तन आया है। आज भारत में जाति-प्रथा की रूढ़िवादी प्रवृत्ति में कुछ सीमा तक सुधार हुआ है।

6. 'श्रम विभाजन और जाति-प्रथा' पाठ के आधार पर बताइए कि मनुष्य को पेशा बदलने की आवश्यकता क्यों पड़ती है? पेशा बदलने की स्वतंत्रता न होने का क्या परिणाम होता है? **CBSE Term II 2021-22**

उत्तर उद्योग-धंधों की प्रक्रिया व तकनीक में निरंतर विकास और कभी-कभी अकस्मात् परिवर्तन हो जाता है, जिसके कारण मनुष्य को अपना पेशा बदलने की आवश्यकता पड़ सकती है और यदि प्रतिकूल परिस्थितियों में भी मनुष्य को अपना पेशा बदलने की स्वतंत्रता न हो, तो इसके लिए भूखा मरने के अतिरिक्त क्या चारा रह जाता है? हिंदू धर्म की जाति-प्रथा किसी भी व्यक्ति को ऐसा पेशा चुनने की अनुमति नहीं देती है, जो उसका पैतृक पेशा न हो, भले ही वह उसमें पारंगत हो। इस प्रकार पेशा परिवर्तन की अनुमति न देकर जाति-प्रथा भारत में बेरोज़गारी का एक प्रमुख व प्रत्यक्ष कारण बनी हुई है।

7. डॉ. आंबेडकर ने आर्थिक असमानता से भी अधिक हानिकारक किसे और क्यों माना है? 'श्रम विभाजन और जाति-प्रथा' पाठ के आधार पर लिखिए। **CBSE Term II 2021-22**

उत्तर डॉ. आंबेडकर ने आर्थिक असमानता से भी अधिक हानिकारक जाति-प्रथा को इसलिए माना है, क्योंकि जाति-प्रथा के कारण भारत में काम के प्रति अरुचि की स्थिति उत्पन्न हो गई है। इस प्रथा के कारण व्यक्ति विपरीत दशाओं में भी अपना व्यवसाय नहीं बदल सकता, वह अरुचि के कारण अपने व्यवसाय के प्रति ईमानदार भी नहीं रह पाता और कभी-कभी वह इस प्रथा के कारण भूख से मरने की स्थिति में पहुँच जाता है। जाति-प्रथा व्यक्ति के पेशे को पूर्व निर्धारित कर देती है इसके साथ ही हमें जीवनभर इसी एक पेशे में बाँध देती है। भारत में जाति-प्रथा बेरोजगारी का एक प्रमुख व प्रत्यक्ष कारण बनी हुई है।

8. जाति-प्रथा को श्रम विभाजन का ही एक अंग न मानने के पीछे डॉ. आंबेडकर के क्या तर्क थे? **CBSE SQP Term II 2021-22**

अथवा जाति और श्रम विभाजन में बुनियादी अंतर क्या है? 'श्रम विभाजन और जाति-प्रथा' के आधार पर उत्तर दीजिए। **Delhi 2015**

अथवा श्रम विभाजन पर डॉ. आंबेडकर के विचारों को स्पष्ट कीजिए। **Delhi 2015**

उत्तर जाति-प्रथा को श्रम विभाजन का ही एक रूप मानने से डॉ. आंबेडकर इनकार करते हैं। उनके अनुसार यह विभाजन अस्वाभाविक है, क्योंकि

(i) यह मनुष्य की रुचि पर आधारित नहीं है।
(ii) इसमें व्यक्ति की क्षमता की उपेक्षा की जाती है।
(iii) यह केवल माता-पिता के सामाजिक स्तर का ध्यान रखती है।
(iv) व्यक्ति के जन्म से पहले ही उसका श्रम विभाजन होना अनुचित है।
(v) जाति-प्रथा व्यक्ति को जीवनभर के लिए एक ही व्यवसाय से बाँध देती है। व्यवसाय उपयुक्त हो या अनुपयुक्त, व्यक्ति को उसे ही अपनाने के लिए बाध्य किया जाता है।
(vi) विपरीत परिस्थितियों में भी पेशा बदलने की अनुमति नहीं दी जाती, भले ही भूखा क्यों न मरना पड़े।

9. बाबा भीमराव आंबेडकर के अनुसार, उनकी कल्पना का आदर्श समाज कैसा होना चाहिए? अपने शब्दों में अभिव्यक्त कीजिए। **CBSE SQP Term II 2021-22**

अथवा डॉ. आंबेडकर के आदर्श समाज की परिकल्पना कैसी थी? **All India 2011**

उत्तर डॉ. आंबेडकर के अनुसार, उनकी कल्पना का आदर्श समाज स्वतंत्रता, समता और भ्रातृत्व अर्थात् भाईचारे पर आधारित है। उनके अनुसार, ऐसे समाज में सभी के लिए एक जैसा मापदंड तथा उनकी रुचि के अनुसार कार्यों की उपलब्धता होनी चाहिए। सभी व्यक्तियों को समान अवसर एवं समान व्यवहार उपलब्ध होना चाहिए। उनके आदर्श समाज में जातीय भेदभाव का तो नामोनिशान ही नहीं है। इस समाज में करनी पर बल दिया गया है, कथनी पर नहीं।

10. डॉक्टर भीमराव आंबेडकर के भाषण के अंश 'श्रम विभाजन और जाति-प्रथा' तथा 'मेरी कल्पना का आदर्श समाज' आपने पढ़े हैं। जाति-प्रथा की समस्या के उन्मूलन का उपाय लोकतांत्रिक मूल्य है। सिद्ध कीजिए। **CBSE SQP 2020-21**

अथवा आदर्श समाज की स्थापना में डॉ. आंबेडकर के विचारों की सार्थकता पर अपने विचार प्रकट कीजिए। **All India 2013**

उत्तर डॉ. भीमराव आंबेडकर के अनुसार, उनका आदर्श समाज स्वतंत्रता, समता तथा भ्रातृत्व (भाईचारे) पर आधारित होगा। समाज में आपसी प्रेम एवं भाईचारे की वृद्धि होगी। प्रत्येक व्यक्ति को अपनी योग्यता के अनुसार व्यवसाय चुनने की स्वतंत्रता रहेगी और प्रत्येक व्यक्ति को अपनी क्षमता का विकास करने का पूर्ण अवसर उपलब्ध होगा। उनके मतानुसार, एक संतुलित एवं आदर्श समाज के प्रत्येक व्यक्ति को आरंभ से ही समान अवसर और समान व्यवहार उपलब्ध होना चाहिए। इस प्रकार जाति-प्रथा की समस्या के उन्मूलन के लिए स्वतंत्रता, समता तथा भ्रातृत्व आवश्यक हैं। ये तीनों ही लोकतांत्रिक मूल्य हैं, जो व्यक्ति को जाति-प्रथा की समस्या से मुक्त कराने में सहायक हैं।

11. डॉ. आंबेडकर के आदर्श समाज की कल्पना में 'भ्रातृत्व' का महत्त्व स्पष्ट कीजिए। **All India 2016**

उत्तर आदर्श समाज में तीन तत्त्वों में से एक भ्रातृत्व को रखकर लेखक ने आदर्श समाज में स्त्रियों को सम्मिलित नहीं किया है, किंतु वह जिस समाज की बात कर रहा है, उस समाज की संरचना स्त्री तथा पुरुष दोनों से मिलकर निर्मित होती है। इसके अभाव में आदर्श समाज की कल्पना नहीं की जा सकती। 'भ्रातृत्व' शब्द व्यवहार में नहीं है। इसके लिए भाईचारा या सामाजिकता शब्द ही उचित माना जा सकता है।

12. डॉ. भीमराव आंबेडकर के मतानुसार दासता की व्यापक परिभाषा स्पष्ट कीजिए। **Delhi 2016**

अथवा लेखक के मत से 'दासता' की व्यापक परिभाषा क्या है? **All India 2012**

अथवा 'श्रम विभाजन और जाति-प्रथा' के संदर्भ में लेखक के अनुसार 'दासता' की व्यापक परिभाषा क्या है? **Delhi (C) 2012**

उत्तर लेखक के अनुसार, 'दासता' केवल कानूनी पराधीनता को ही नहीं कहा जा सकता। दासता में वह स्थिति भी सम्मिलित है, जिससे कुछ व्यक्तियों को दूसरे लोगों के द्वारा निर्धारित व्यवहार एवं कर्त्तव्यों का पालन करने

के लिए विवश होना पड़ता है। अपनी इच्छा के विरुद्ध व्यवसायों को अपनाना 'दासता' का सशक्त उदाहरण है।

लेखक के अनुसार, जब तक समाज में समता, समानता स्थापित नहीं हो जाती, तब तक हम स्वतंत्र नहीं हो सकते। जब तक स्वतंत्रता कुछ ही लोगों तक सीमित रहेगी, तब तक दासता से मुक्ति पाना संभव नहीं हो सकता। इस तथ्य को देखकर लगता है कि विदेशी ताकतों को देश से भगाना अधूरी स्वतंत्रता की ही प्राप्ति है।

13. डॉ. आंबेडकर की कल्पना के आदर्श समाज के तीन बिन्दुओं का उल्लेख कीजिए। **All India 2015**

उत्तर डॉ. आंबेडकर की कल्पना के आदर्श समाज के मुख्यत: तीन बिंदुओं—स्वतंत्रता, समता एवं भ्रातृत्व अर्थात् भाईचारे पर आधारित थे। उनका मानना था कि आदर्श समाज तभी स्थापित हो सकता है, जब समाज के सभी सदस्यों के लिए एक जैसा मापदंड मौजूद हो तथा सभी व्यक्तियों को उनकी रुचि के अनुसार कार्यों की उपलब्धता हो।

किसी भी आदर्श समाज के लिए आवश्यक है कि उस समाज के सभी व्यक्तियों को समान अवसर तथा समान व्यवहार उपलब्ध हो। ऐसे समाज में विविध हितों की धारणा होनी चाहिए, जो समाज के सदस्यों से संबंधित हो। प्रत्येक वर्ग के सदस्यों को न केवल पर्याप्त साधन एवं अवसर उपलब्ध हो, बल्कि उनमें गतिशीलता का भी उचित समावेश होना चाहिए अर्थात् वे अपनी रुचि एवं क्षमता के अनुरूप व्यवसायों का चयन कर सकें। इस आदर्श समाज में जातीय भेदभाव का दूर-दूर तक नामोनिशान तक नहीं होना चाहिए तथा समाज में सबसे अधिक महत्त्व कर्म को, कर्मशीलता को मिलना चाहिए।

14. डॉ. आंबेडकर ने जाति-प्रथा के भीतर पेशे के मामले में लचीलापन न होने की जो बात कही है उसे अपने शब्दों में समझाइए। **Delhi (C) 2011**

उत्तर डॉ. आंबेडकर के अनुसार, जाति-प्रथा के भीतर पेशे के मामले में लचीलापन नहीं होता। व्यक्ति को जाति के अनुसार काम करना पड़ता है। इसमें सफाई कर्मचारी का बेटा सफाई कर्मचारी तथा कुम्हार का बेटा कुम्हार बनने के लिए विवश होता है। इस प्रथा के अंतर्गत व्यक्ति अपनी इच्छा से जीविका का चुनाव नहीं कर सकता।

15. जाति-प्रथा के कारण काम के प्रति भारत में क्या स्थिति है?

उत्तर जाति-प्रथा के कारण भारत में काम के प्रति अरुचि की स्थिति उत्पन्न हो गई है। इसके कारण व्यक्ति विपरीत दशाओं में भी अपना व्यवसाय नहीं बदल सकता। वह अपने व्यवसाय के प्रति ईमानदार भी नहीं रह पाता और कभी-कभी वह इस प्रथा के कारण भूख से मरने की स्थिति में भी पहुँच जाता है।

16. जातिवाद का समर्थन किन कुतर्कों द्वारा किया जाता है?

उत्तर जाति-प्रथा श्रम विभाजन के साथ-साथ श्रमिक विभाजन भी कराती है। सभ्य समाज में श्रमिकों का विभाजन वर्गों में विभाजन अस्वाभाविक है। जाति-प्रथा में श्रम विभाजन मनुष्य की रुचि पर आधारित नहीं है इसमें मनुष्य के प्रशिक्षण अथवा निजी क्षमता का विचार किए बिना किसी दूसरे के द्वारा उसके लिए पेशा निर्धारित कर दिया जाता है। यह जन्म दर पर आधारित होता है।

17. लेखक समता और राजनीतिज्ञ के बारे में क्या कहता है?

उत्तर 'समता' के बारे में लेखक का कहना है कि यह काल्पनिक जगत की वस्तु है, परंतु व्यावहारिक धरातल पर इसकी ज़रूरत है। राजनीतिज्ञ के पास परिस्थितियों के अनुसार समता अपनाने का रास्ता ही बचा है, क्योंकि वह हर व्यक्ति के लिए अलग व्यवहार नहीं कर सकता।

अभ्यास प्रश्न

- निम्नलिखित गद्यांश को पढ़कर प्रश्नों के उत्तर दीजिए।

1. दिन भर के कार्यभार से छुट्टी पाकर जब मैं कोई लेख समाप्त करने या भाव को छंदबद्ध करने बैठती हूँ, तब छात्रावास की रोशनी बुझ चुकती है, मेरी हिरनी सोना तख्त के पैताने फर्श पर बैठ कर पागुर करना बंद कर देती है, कुत्ता बसंत छोटी मचिया पर पंजों में मुख रख कर आँखें मूँद लेता है और बिल्ली गोधूलि मेरे तकिए पर सिकुड़ कर सोती रहती है।

पर मुझे रात की निस्तब्धता में अकेली ने छोड़ने के विचार से कोने में दरी के आसन पर बैठकर बिजली की चकाचौंध से आँखे मिच-मिचाती हुई भक्तिन, प्रशांत भाव से जागरण करती हैं। वह ऊँघती भी नहीं, क्योकि मेरे सिर उठाते ही उसकी धुँधली दृष्टि मेरी आँखों का अनुसरण करने लगती है।

(क) 'भाव को छंदबद्ध करने बैठती हूँ' से किस प्रकार की ध्वनि निकलती है?
(i) डायरी लिखने की (ii) कविता लिखने की
(iii) लेख लिखने की (iv) अनुभव लिखने की

(ख) 'तब छात्रावास की रोशनी बुझ चुकती है' पंक्ति का आशय है
(i) बिजली गुल होना (ii) रात अधिक होना
(iii) अँधेरा होना (iv) छात्रावास में बिजली का न होना

(ग) गद्यांश के अनुसार, लेखिका का जानवरों के प्रति किस प्रकार का भाव अभिव्यक्त हो रहा है?
(i) प्रेम का (ii) वात्सल्य का
(iii) करुणा का (iv) दया का

(घ) रात अधिक हो जाने के बाद भी भक्तिन जागने का प्रयास क्यों करती रहती थी?
(i) जानवरों तथा लेखिका की देख-रेख के लिए (ii) रोशनी में नींद नहीं आने से
(iii) लेखिका की जरूरत को पूरा करने के लिए (iv) लेखिका को अकेली न छोड़ने के विचार से

(ङ) गद्यांश के अनुसार, भक्तिन का लेखिका के प्रति किस प्रकार का भाव अभिव्यक्त होता है?
(i) सहयोग का भाव (ii) दास्य भाव
(iii) स्वामी-भक्ति का भाव (iv) समर्पण का भाव

2. इस सद्‌भाव के ह्रास पर आदमी आपस में भाई-भाई और सुहृद और पड़ोसी फिर रह ही नहीं जाते हैं और आपस में कोरे ग्राहक और बेचक की तरह व्यवहार करते हैं। मानों दोनों एक-दूसरे को ठगने की घात में हो। एक की हानि में दूसरे को अपना लाभ दिखता है और यह बाजार का, बल्कि इतिहास का; सत्य माना जाता है। ऐसे बाजार को बीच में लेकर लोगों में आवश्यकताओं का आदान-प्रदान नहीं होता; बल्कि शोषण होने लगता, तब कपट सफल होता है, निष्कपट शिकार होता है। ऐसे बाज़ार मानवता के लिए विडंबना हैं।

(क) सद्‌भाव का ह्रास कब होता है?
(i) जब आदमी भाई-भाई की तरह व्यवहार करते हैं
(ii) जब व्यक्ति सहृद की तरह व्यवहार करते हैं
(iii) जब व्यक्ति ग्राहक और बेचक की तरह व्यवहार करते हैं
(iv) उपरोक्त में से कोई नहीं

(ख) ऐसे बाजार को कथन से क्या आशय है?
1. कपट सफल होता है 2. निष्कपट शिकार होता है
3. शोषण होता है 4. ग्राहक का शोषण नहीं होता है

कूट
(i) केवल 1 (ii) 1 और 2
(iii) केवल 4 (iv) 1, 2 और 3

(ग) स्वभाव में ग्राहक-विक्रेता व्यवहार क्यों आ जाता है?
(i) अधिक लाभ देने की इच्छा से
(ii) अधिक लाभ कमाने की इच्छा से
(iii) अधिक नुकसान उठाने से
(iv) उपरोक्त में से कोई नहीं

(घ) बाजार में एक (विक्रेता) की हानि होने पर दूसरे का दिखाई देता है

(i) हानि (ii) लाभ
(iii) न हानि न लाभ (iv) ये सभी

(ङ) सद्भाव का ह्रास होने का क्या परिणाम होता है

(i) वस्तुओं का आदान-प्रदान (ii) शोषण
(iii) ग्राहक को लाभ मिलता है (iv) उपरोक्त सभी

3. उछलते-कूदते, एक-दूसरे को धकियाते ये लोग गली में किसी दुमहले मकान के सामने रुक जाते, ''पानी दे मैया, इंदर सेना आई है।'' और जिन घरों में आखिर जेठ या शुरू आषाढ़ के उन सूखे दिनों में पानी की कमी भी होती थी, जिन घरों के कुएँ भी सूखे होते थे, उन घरों से भी सहेजकर रखे हुए पानी में से बाल्टी या घड़े भर-भर कर इन बच्चों को सर से पैर तक तर कर दिया जाता था। ये भीगे बदन मिट्टी में लोट लगाते थे, पानी फेंकने से पैदा हुए कीचड़ में लथपथ हो जाते थे। हाथ, पाँव, बदन, मुँह, पेट सब पर गंदा कीचड़ मलकर फिर हाँक लगाते हैं ''बोल गंगा मैया की जय'' और फिर मंडली बाँधकर उछलते-कूदते अगले घर की ओर चल पड़ते बादलों को टेरते,''काले मेघा पानी दे।''

(क) किसी दुमहले मकान के सामने कौन रुक जाते थे?

(i) मुसाफ़िर (ii) इंदर सेना
(iii) प्यासे लोग (iv) जल से भीगे लोग

(ख) किन-किन महीनों में पानी माँगा जाता था?

(i) सावन-भादो (ii) माघ-ज्येष्ठ
(iii) जेठ-आषाढ़ (iv) आषाढ़-पौष

(ग) इंदर सेना किसकी जय बोलती थी?

(i) गाँव वालों की (ii) माता-पिता की
(iii) संरक्षक की (iv) गंगा मैया की

(घ) इंदर सेना पर कैसा पानी डाला जाता था?

(i) घरों में सँभालकर रखा हुआ पानी (ii) कीचड़ वाला पानी
(iii) गंदा व बदबूदार पानी (iv) गंगा नदी का पानी

(ङ) बालकों के हाथ, पैर, बदन तथा मुख सब किस कारण मिट्टी में लिपट जाते हैं?

(i) आँधी चलने के कारण (ii) कीचड़ के कारण
(iii) धूप में घूमने के कारण (iv) ग्रामीण परिवेश के कारण

- निम्नलिखित प्रश्नों के उत्तर 60 शब्दों में दीजिए।

1. 'भक्तिन' पाठ में 'भक्तिन अच्छी है, यह कहना कठिन होगा' लेखिका ने ऐसा क्यों कहा?

2. भक्तिन अच्छी है, यह कहना कठिन होगा, क्योंकि उसमें दुर्गुणों का अभाव नहीं। लेखिका ने ऐसा क्यों कहा होगा?

3. 'बाजार दर्शन' पाठ में लेखक ने बाज़ार का पोषण करने वाले अर्थशास्त्र को अन्यायशास्त्र, अनीतिशास्त्र क्यों कहा है? स्पष्ट कीजिए।

4. लेखक ने अर्थशास्त्र को अनीतिशास्त्र क्यों कहा है? उदाहरण देकर समझाइए।

5. लेखक अपनी बुद्धि के अनुसार किस बात को मानने से मना करता है?

6. लेखक जीजी के किन-किन कामों को करता था?

01

सिल्वर वैडिंग

मनोहर श्याम जोशी

पाठ का सार

यशोधर बाबू और उनका व्यवहार

यशोधर बाबू एक संस्कार संपन्न व्यक्ति हैं। उनका व्यवहार सभी के लिए उचित है, किंतु आधुनिक लोग उनके विचारों से सहमत नहीं रहते। दफ्तर में भी वे समय पर ही जाते हैं और यदि काम के लिए उन्हें देर तक भी दफ्तर में बैठना पड़े, तो वे प्रसन्नचित्त होकर काम करते हैं। 'असिस्टेंट ग्रेड' में आए एक नए लड़के चड्ढा ने यशोधर बाबू से बदतमीजी से बात की, फिर भी बाबू जी ने उसकी धृष्टता को अनदेखा कर दिया। यशोधर बाबू ने शादी की पच्चीसवीं सालगिरह पर दफ्तर के सभी कर्मचारियों को चाय पिलाई।

यशोधर बाबू और किशनदा

यशोधर बाबू के जीवन में किशनदा का महत्त्व गुरु जैसा था, क्योंकि जब यशोधर बाबू जी गाँव से दिल्ली आए थे, तब किशनदा ने ही उन्हें अपने यहाँ पहले तो मेस का रसोइया बनाया, फिर अपने ही दफ्तर में सरकारी नौकरी दिलाई और जीवन के हर कठिन समय में किशनदा सदैव यशोधर बाबू के साथ खड़े रहे। किशनदा ने विवाह नहीं किया था।

जब किशनदा की मृत्यु हुई, तो यशोधर बाबू ने उनके बिरादर से उनकी मृत्यु का कारण पूछा। उन्होंने 'जो हुआ होगा' कहकर यह बात समाप्त कर दी अर्थात् सही कारण का किसी को कुछ पता ही नहीं चला। यशोधर बाबू जीवनभर किशनदा के सिद्धांतों पर ही चलते रहे।

यशोधर बाबू की विवशता

यशोधर बाबू को आधुनिक लोगों के विचार बिल्कुल भी अच्छे नहीं लगते थे और लोग उनके विचारों को सुनकर मानना नहीं चाहते थे। जब यशोधर बाबू को कोई भी बात गलत लगती, तो वे 'समहाउ इंप्रॉपर' कहकर चुप लगा जाते हैं। 'समहाउ इंप्रॉपर' का अर्थ है 'कुछ-न-कुछ गलत होना'।

यशोधर बाबू और उनका परिवार

यशोधर बाबू के परिवार में उनकी पत्नी, तीन बेटे और एक पुत्री है। उनका सबसे बड़ा बेटा भूषण विज्ञापन एजेंसी में ₹ 1500 प्रतिमाह पर काम करता है और दूसरा बेटा दूसरी बार आईएएस की परीक्षा देने की तैयारी कर रहा है। तीसरा बेटा स्कॉलरशिप लेकर अमेरिका चला गया है और बेटी डॉक्टरी की पढ़ाई करना चाहती है। यशोधर बाबू पुराने विचारों वाले व्यक्ति हैं, जबकि उनका परिवार आधुनिक विचारों का समर्थक है। इसी कारण उनका अपने परिवार के साथ मतभेद बना रहता है। उनकी पत्नी भी बच्चों के साथ आधुनिक रंग में रंग चुकी थीं। यशोधर बाबू चाहते हैं कि उनका परिवार उनसे सलाह लेकर दुनियादारी का काम करे, पर बच्चे ये कहकर उन्हें चुप करा देते हैं कि जब आपको कुछ पता ही नहीं, तो क्या पूछें? बाबू जी का मंदिर जाना, प्रवचन सुनना तथा पूजा पाठ करना परिवार को सुहाता (ठीक लगना) नहीं था। बच्चे और पत्नी चाहते थे कि यशोधर बाबू पुरानी परंपराओं को छोड़कर नए युग की रीतियों को अपनाएँ।

यशोधर बाबू की सिल्वर वैडिंग

बाबू जी को पता ही नहीं था कि उनके घर पर उनकी शादी की पच्चीसवीं सालगिरह की पार्टी चल रही है। यशोधर बाबू पार्टी इत्यादि से प्रसन्न नहीं रहते थे, पर उन्हें इस बात की कहीं-न-कहीं खुशी भी थी कि जिस अनाथ के जन्मदिन पर आज तक लड्डू भी नहीं आए, उसी की शादी की सालगिरह की पार्टी बहुत ही आधुनिक रिवाजों के साथ मनाई जा रही है।

उन्होंने न चाहते हुए भी अपनी पत्नी के साथ पार्टी में केक काट ही दिया। उनके बड़े बेटे भूषण ने उन्हें ऊनी ड्रेसिंग गाउन उपहार में दिया और कहा कि जब आप सवेरे दूध लेने जाएँ, तो इसे अवश्य पहनकर जाएँ।

उनकी आँखों की कोर में जरा-सी नमी चमक गई, क्योंकि वे चाहते थे कि उनके बच्चे अब घर की सभी जिम्मेदारियों का भार अपने ऊपर ले लें, लेकिन बेटे ने नया गाउन देते हुए भी दूध लाने की जिम्मेदारी उन्हीं के कंधों पर डाल दी।

गाउन पहनकर यशोधर बाबू को लगता था कि उनके अंगों में किशनदा उतर आए हों। यह कहानी नई पीढ़ी और पुरानी पीढ़ी के लोगों के विचारों एवं व्यवहारों में आए परिवर्तन को दर्शाती है।

PYQs पूर्व परीक्षाओं के प्रश्न व अन्य महत्त्वपूर्ण प्रश्न

पाठ पर आधारित बहुविकल्पीय प्रश्न

1. यशोधर बाबू अपने जीवन में किससे प्रभावित थे? **CBSE 2023**

(i) कृष्णानंद पांडेय (ii) कृष्णानंद वर्मा
(iii) कृष्णानंद शर्मा (iv) कृष्णानंद गुप्ता

उत्तर (i) कृष्णानंद पांडेय

2. जब यशोधर पंत ने अपने आखिरी फ़ाइल का फीता बाँधा था तब घड़ी में क्या समय हो रहा था? **CBSE 2023**

(i) पाँच बजकर चालीस मिनट
(ii) पाँच बजकर तीस मिनट
(iii) पाँच बजकर पच्चीस मिनट
(iv) पाँच बज रहे थे

उत्तर (iii) पाँच बजकर पच्चीस मिनट

3. 'ड्रेसिंग गाउन' पहनते हुए यशोधर बाबू की आँखों में नमी क्यों आ गई थी? **CBSE 2023**

(i) भूषण के व्यवहार के कारण
(ii) किशनदा की याद के कारण
(iii) केवल (i)
(iv) (i) और (ii) दोनों

उत्तर (i) भूषण के व्यवहार के कारण

4. 'सिल्वर वैडिंग' कहानी की मूल संवेदना हो सकती है। **CBSE 2023**

(i) मानवीय मूल्यों का संकट
(ii) पीढ़ी का अंतराल
(iii) पाश्चात्य संस्कृति का प्रभाव
(iv) पारिवारिक असहमति

उत्तर (i) मानवीय मूल्यों का संकट

5. 'सिल्वर वैडिंग' कहानी के आधार पर लिखिए कि यशोधर बाबू दफ्तर से घर जल्दी लौटना क्यों पसंद नहीं करते थे? **CBSE 2023**

(i) पत्नी और बच्चों से वैचारिक मतभेद होने के कारण
(ii) दफ्तर के बाद बिड़ला मंदिर जाना पसंद होने के कारण
(iii) घर के कोलाहल से बचने के कारण
(iv) घर के एकाकी वातावरण से बचने के कारण

उत्तर (i) पत्नी और बच्चों से वैचारिक मतभेद होने के कारण

6. किशनदा के रिटायर होने के बाद यशोधर बाबू उन्हें अपने घर में क्यों नहीं रख पाए? **CBSE 2023**

(i) घर में अतिरिक्त कमरा न होने के कारण
(ii) पत्नी और बच्चों द्वारा उन्हें पसंद न किए जाने के कारण
(iii) अपने परिवार को नाराज न करने के कारण
(iv) किशनदा द्वारा उनके प्रस्ताव को अस्वीकार किए जाने के कारण

उत्तर (i) घर में अतिरिक्त कमरा न होने के कारण

7. किशनदा के आदर्शों पर चलने से यशोधर बाबू के पारिवारिक जीवन पर क्या प्रभाव पड़ा? **CBSE 2023**

(i) उनका पारिवारिक जीवन अत्यंत सरल हो गया
(ii) उनका परिवार आदर्शवादी परिवार बन गया
(iii) उनका परिवार सिद्धांतवादी परिवार बन गया
(iv) उनका अपने परिवार से मतभेद रहने लगा

उत्तर (iv) उनका अपने परिवार से मतभेद रहने लगा

8. यशोधर बाबू सिल्वर वैडिंग मनाने के पक्ष में क्यों नहीं थे? **CBSE 2023**

(i) वे इसे पैसों की बर्बादी मानते थे
(ii) वे इसे समय की बर्बादी मानते थे
(iii) वे इसे विदेशी कस्टम मानते थे
(iv) वे रूढ़िवादी विचारों के थे

उत्तर (iv) वे रूढ़िवादी विचारों के थे

9. यशोधर बाबू को आप किस प्रकार के व्यक्ति की श्रेणी में रखेंगे? **CBSE 2023**

(i) साधारण (ii) आदर्शवादी
(iii) पुरातनपंथी (iv) विरोधी

उत्तर (ii) आदर्शवादी

10. 'सिल्वर वैडिंग' कहानी की मूल संवेदना आप किसे मानेंगे? **CBSE SQP 2022-23**

(i) पाश्चात्य संस्कृति का प्रभाव
(ii) हाशिए पर धकेले जाते मानवीय मूल्य
(iii) पीढ़ी अंतराल
(iv) सिल्वर वैडिंग के परिणाम

उत्तर (iii) पीढ़ी अंतराल

11. 'सिल्वर वैडिंग' पाठ में 'जो हुआ होगा' वाक्य का अर्थ है **CBSE SQP 2022-23**

(i) पाश्चात्य विचारधारा के संदर्भ में
(ii) परिवार की संरचना के संदर्भ में
(iii) किशनदा की मृत्यु के संदर्भ में
(iv) यशोधर बाबू की नियुक्ति के संदर्भ में

उत्तर (iii) किशनदा की मृत्यु के संदर्भ में

12. किशनदा के रिटायर होने पर यशोधर बाबू उनकी सहायता क्यों नहीं कर पाए थे? **CBSE SQP 2022-23**

(i) यशोधर बाबू की पत्नी किशनदा से नाराज थी
(ii) यशोधर बाबू का अपना परिवार था, जिसे वे नाराज नहीं करना चाहते थे
(iii) यशोधर बाबू के घर में किशनदा के लिए स्थान का अभाव था
(iv) किशनदा को यशोधर बाबू ने अपने घर में स्थान देना चाहा था, जिसे किशनदा ने स्वीकार नहीं किया

उत्तर (ii) यशोधर बाबू का अपना परिवार था, जिसे वे नाराज नहीं करना चाहते थे

13. 'सिल्वर वैडिंग' कहानी के आधार पर बताइए कि दफ्तर में यशोधर बाबू से कर्मचारी क्यों परेशान रहते थे? **CBSE Term I 2021-22**

(i) यशोधर बाबू के कारण उन्हें दफ्तर में देर तक रुकना पड़ता था
(ii) यशोधर बाबू समय-असमय उनका उपहास किया करते थे
(iii) यशोधर बाबू अपना काम भी उनसे करवाया करते थे
(iv) यशोधर बाबू समय से पूर्व दफ्तर आ जाया करते थे

उत्तर (i) यशोधर बाबू के कारण उन्हें दफ्तर में देर तक रुकना पड़ता था

14. यशोधर बाबू को अपने बच्चों की कौन-सी बात आपत्तिजनक लगती थी? **CBSE Term I 2021-22**

(i) महत्त्वाकांक्षी और प्रगतिशील होना
(ii) समय के अनुसार घर में सामान लाना
(iii) सामर्थ्य के अनुसार आधुनिक सुविधाएँ जुटाना
(iv) मानवीय संबंधों और संस्कारों की उपेक्षा

उत्तर (i) महत्त्वाकांक्षी और प्रगतिशील होना

15. उपहार में मिले ऊनी ड्रेसिंग गाउन को लेते समय यशोधर बाबू की आँखों की कोर में नमी आने का कारण था **CBSE Term I 2021-22**

(i) उन्हें किशनदा की याद आ गई थी
(ii) वे बच्चों से उपहार पाकर भावुक हो गए थे
(iii) बच्चों द्वारा घर की जिम्मेदारी उन्हीं के कंधों पर डाल दी गई थीं
(iv) भरे-पूरे परिवार के बीच स्वयं को अकेला पा रहे थे

उत्तर (iii) बच्चों द्वारा घर की जिम्मेदारी उन्हीं के कंधों पर डाल दी गई थीं

16. कहानी 'सिल्वर वैडिंग' में किशनदा की मृत्यु के संदर्भ में 'जो हुआ होगा' से कहानीकार का क्या तात्पर्य रहा है? **CBSE SQP 2021-22, 2020-21**

(i) लेखक मृत्यु से बहुत दु:खी है
(ii) लेखक को मृत्यु का कारण पता है
(iii) लेखक मृत्यु के कारण से अपरिचित है
(iv) लेखक को मृत्यु से कोई अंतर नहीं पड़ता है

उत्तर (iii) लेखक मृत्यु के कारण से अपरिचित है

17. कहानी 'सिल्वर वैडिंग' के अनुसार, ''यशोधर बाबू की पत्नी समय के साथ ढल सकने में सफल होती है, लेकिन यशोधर बाबू असफल रहते हैं'' यशोधर बाबू की असफलता का क्या कारण था? **CBSE SQP 2021-22**

(i) किशनदा उन्हें भड़काते थे
(ii) पत्नी बच्चों से अधिक प्रेम करती थी
(iii) पीढ़ी के अंतराल के कारण
(iv) वे परिवर्तन को सहजता से स्वीकार नहीं कर पाते थे

उत्तर (iv) वे परिवर्तन को सहजता से स्वीकार नहीं कर पाते थे

18. 'सिल्वर वैडिंग' पाठ के अनुसार, पश्चिमी सभ्यता के अंधानुकरण के कारण क्या समाप्त होता जा रहा है?

(i) मानवीय मूल्य
(ii) बड़े-बुजुर्गों के प्रति सम्मान भाव
(iii) अपनों के प्रति आत्मीयता
(iv) उपरोक्त सभी

उत्तर (iv) उपरोक्त सभी

19. यशोधर बाबू द्वारा विपरीत परिस्थितियों से सामंजस्य स्थापित करने के प्रयास का क्या परिणाम होता है?

(i) उनके मन में अंतर्द्वन्द्व चलता रहता है
(ii) उनका मन प्रसन्न रहता है
(iii) उनका किसी काम में मन नहीं लगता
(iv) वे उन परिस्थितियों को सहज स्वीकार कर लेते हैं

उत्तर (i) उनके मन में अंतर्द्वन्द्व चलता रहता है

निबंधात्मक/विषय-वस्तु पर आधारित प्रश्नोत्तर

1. 'जीवन के आधुनिक तौर तरीकों' के प्रति यशोधर पंत और उनकी पत्नी के दृष्टिकोण में क्या अंतर है? सोदाहरण समझाइए। **CBSE 2020 C**

उत्तर जीवन के आधुनिक तौर तरीको के प्रति यशोधर पंत और उनकी पत्नी में पीढ़ी के बीच का वैचारिक अंतर दिखाई देता है। इसमें बेटे-बेटी और साले द्वारा यशोधर बाबू के पुराने विचारों की अनदेखी की जाती है। यह पीढ़ियों के अंतराल का स्पष्ट प्रमाण है। बेटी का जींस, बिना बाह का टॉप पहनना, पत्नी का होंठों पर लाली लगाना, बिना बाह का ब्लाऊज पहनना, पाश्चात्य संस्कृति की पहचान है। इसके साथ सिल्वर वैडिंग की पार्टी में केक काटने में उनका कुछ संकोच के साथ ही पर फिर भी भाग लेना भी शामिल है। उनकी पत्नी नई पीढ़ी के जीवन मूल्यों का अनुसरण करती है। फलस्वरूप, घर में यशोधर बाबू का मतभेद ही नहीं बल्कि हर बात में उनका विरोध भी होता है, क्योंकि वे संस्कारी व्यक्ति हैं वे पुरानी पीढ़ी और प्राचीन जीवन मूल्यों को अपनी परंपरावादी सोच के आधार पर श्रेष्ठ मानते हैं।

2. यशोधर बाबू के प्रति बच्चों का व्यवहार उचित था या नहीं? इस संबंध में आज की युवा पीढ़ी में बदलते जीवन मूल्यों पर अपने विचार लिखिए। **CBSE SQP 2019-20**

उत्तर यशोधर बाबू के प्रति बच्चों का व्यवहार उचित नहीं था। उनके बच्चे आधुनिक विचारों को मानते थे, जबकि यशोधर बाबू पुराने विचारों को मानने वाले थे। उनकी आधुनिक विचारों को न मानने की प्रवृत्ति थी। इसी कारण उनके बच्चे उन्हें पिछड़ा हुआ समझते थे जोकि उचित नहीं है। इस संबंध में आज की युवा पीढ़ी में बदलते जीवन मूल्य निम्नलिखित हैं—

(i) बच्चे बड़ों के प्रति आदर-सम्मान का भाव नहीं रखते हैं।
(ii) अपनी परंपराओं एवं संस्कारों का पालन नहीं करते हैं।
(iii) मानवीय मूल्यों का निरादर करते हैं।
(iv) पाश्चात्य विचारों एवं जीवन मूल्यों को महत्त्व देते हैं, जिससे आपसी संबंधों का विघटन हो रहा है।
(v) वे रिश्तों की अपेक्षा धन को अधिक महत्त्व देते हैं।

अत: आज की युवा पीढ़ी को अपनी जिम्मेदारी समझनी होगी। उन्हें परिवार के बड़ों के प्रति आदर, सम्मान और स्नेह भाव बनाए रखना चाहिए ताकि वे अपने वास्तविक जीवन मूल्यों को बनाए रखने में सफल हो सकें।

3. यशोधर बाबू के व्यक्तित्व की तीन प्रमुख विशेषताएँ लिखते हुए समझाइए कि नई पीढ़ी के लिए इन्हें अपनाना क्यों उपयुक्त है? 'सिल्वर वैडिंग' के आधार पर लिखिए। **All India 2019**

अथवा **यशोधर बाबू के व्यक्तित्व की तीन प्रमुख विशेषताओं पर सोदाहरण सहित प्रकाश डालिए।** **Delhi 2016**

अथवा **'सिल्वर वैडिंग' कहानी के आधार पर यशोधर बाबू के व्यक्तित्व की प्रमुख विशेषताओं पर प्रकाश डालिए।** **Delhi 2012, 11**

उत्तर यशोधर बाबू एक सिद्धांतवादी व्यक्ति हैं। उन्होंने अपना सारा जीवन नियमों को निभाने में ही बिताया है। यशोधर बाबू के जीवन पर किशनदा का प्रभाव बहुत गहराई तक पड़ता है। यशोधर बाबू अपने काम के प्रति बहुत ही ईमानदार हैं। वे अपना काम किसी भी कारण से देर से नहीं करते। सिद्धांतवादी होने के कारण वे परिवार से दूरी बनाए रहते हैं। यद्यपि उनके बच्चे उनमें बदलाव चाहते हैं, किंतु वे स्वयं को अंत तक नहीं बदल पाए। उन्हें सामाजिक मूल्यों की गहरी परख है। वे 5:00 बजे दफ्तर की छुट्टी के बाद बिड़ला मंदिर जाते हैं। कभी-कभी वहाँ प्रवचन भी सुनते हैं। उसके बाद पहाड़गंज जाकर सस्ती सब्जियाँ भी खरीदते हैं। यही समय उन्होंने किसी से मिलने-मिलाने का भी तय कर रखा है। वे चाहते हैं कि उनके बच्चे भी उनसे अपने कामों में सलाह लें, किंतु बच्चे

उन्हें यह कहकर चुप करा देते हैं कि अब्बा! जब आपको कुछ पता ही नहीं तो क्या पूछें? यशोधर बाबू भी किशनदा से पूछ-पूछकर सारे काम करते थे। यही आदत वे अपने बच्चों में भी देखना चाहते हैं। यशोधर बाबू पुराने रीति-रिवाजों को मानने वाले व्यक्ति हैं। वे अपने परिवार के सदस्यों के साथ तालमेल नहीं बैठा पाए। उनकी सोच में नए विचार निरर्थक हैं। सामंजस्य न बैठा पाने के कारण यशोधर बाबू हाशिए पर चले जाते हैं।

4. यशोधर बाबू तथा चड्ढा जैसे नवयुवकों की कार्यप्रणाली और व्यवहार में से आप किसे अपनाना चाहेंगे और क्यों?

CBSE SQP 2018-19

उत्तर यशोधर बाबू और चड्ढा जैसे नवयुवकों की कार्यप्रणाली और व्यवहार में से हम यशोधर बाबू की कार्य प्रणाली और व्यवहार को अपनाना चाहेंगे, क्योंकि उनका व्यवहार हमें उचित लगा। यशोधर बाबू का व्यक्तित्व बहुत ही सराहनीय है, इसलिए नई पीढ़ी को भी यशोधर बाबू के विचारों को अपनाना चाहिए।

मेरे विचार से नई पीढ़ी को भी पुराने तार्किक विचारों को अपनाने की कोशिश करनी चाहिए। इसका कारण यह है कि आधुनिकता एक सीमा तक ही अपनाई जानी चाहिए अन्यथा कई बार आधुनिकता व्यक्ति को गलत दिशा की ओर भी मोड़ देती है; जैसे—धूम्रपान, शराब पीना, जुआ खेलना इत्यादि। प्रगति की इस तेज़ दौड़ में मनुष्य अंत में अकेला ही रह जाता है। उसका जीवन तनाव से घिर जाता है। यह तनाव यशोधर पंत की जीवन-शैली को अपनाने से ही समाप्त हो सकता है। इसीलिए यदि नई पीढ़ी यशोधर बाबू के सिद्धांतों को अपनाए तो यह अनुचित नहीं होगा। हाँ, यह जरूर देखना होगा कि किन सिद्धांतों को अपनाने से जीवन वास्तविक रूप से सफलता की ओर अग्रसर होता है।

5. यशोधर बाबू किशनदा से कहाँ तक प्रभावित थे? स्पष्ट कीजिए।

CBSE SQP 2018-19

अथवा **'सिल्वर वैडिंग' के आधार पर उन जीवन मूल्यों पर विचार कीजिए, जो यशोधर बाबू को किशनदा से उत्तराधिकार में मिले थे। आप उनमें से किसे अपनाना चाहेंगे?** **CBSE SQP 2017-18**

उत्तर यशोधर बाबू किशनदा से अत्यधिक प्रभावित थे, क्योंकि यशोधर पंत जब गाँव से दिल्ली आए तो सर्वप्रथम किशनदा ने ही उनकी सहायता की। किशनदा ने यशोधर पंत को 'मेस' का रसोइया बनाकर रख लिया, क्योंकि तब तक यशोधर जी की उम्र सरकारी नौकरी के लिए कम थी। किशनदा ने यशोधर जी को पचास रुपये उधार भी दिए, जिससे वे अपने लिए कपड़े बनवा सकें और कुछ पैसे गाँव भी भेज सकें। बाद में किशनदा ने यशोधर बाबू को अपने ही नीचे नौकरी दिलवाई और दफ्तर के कार्यों में भी मार्गदर्शन किया। यशोधर पंत भी किशनदा की सलाह के बिना कोई कार्य नहीं करते थे। किशनदा परंपरागत सिद्धांतों को मानने वाले व्यक्ति थे। इस तरह किशनदा के साथ रहते-रहते यशोधर बाबू भी उन्हीं की तरह सिद्धांतवादी बन गए।

अब वे अपना हर काम किशनदा को ध्यान में रखकर किया करते थे। यशोधर पंत किशनदा के सिद्धांतों के साथ अपना जीवन बिताने लगे। हालाँकि सिद्धांतों के कारण उन्हें समाज और परिवार में पुराने विचारों का समझा जाने लगा पर उन्होंने किसी की परवाह न करते हुए किशनदा के सिद्धांतों को ही अपने जीवन का आधार बना लिया। किशनदा से प्रभावित होने के कारण उन्हें बड़ों का आदर करने, अपनी परंपराओं एवं रीति-रिवाजों को बनाए रखने, मिलनसार व्यक्तित्व इत्यादि जैसे गुण उत्तराधिकार में मिले। यशोधर बाबू का व्यक्तित्व बहुत ही सराहनीय है। इसलिए हमें उनकी मानवीयता को बनाए रखने वाले विचारों को अपनाना चाहिए, क्योंकि पाश्चात्य सभ्यता के प्रभाव में नई पीढ़ी इन्हें भूलती जा रही है।

6. भूषण के द्वारा ऊनी ड्रेसिंग गाउन देने पर यशोधर पंत के मन में उत्साह का अभाव किन जीवन मूल्यों की उपेक्षा के कारण दिखाई देता है? बुजुर्ग पीढ़ी हमसे क्या अपेक्षा करती है? **All India 2018**

उत्तर भूषण के द्वारा ऊनी ड्रेसिंग गाउन देने पर यशोधर पंत के मन में उत्साह का अभाव इसलिए दिखाई देता है, क्योंकि यशोधर बाबू चाहते थे कि अब उनके बच्चे घर-गृहस्थी की जिम्मेदारी उठा लें, परंतु ऐसा नहीं होता। उनके बड़े बेटे भूषण ने उन्हें उनकी शादी की 25वीं सालगिरह पर ऊनी गाउन तो भेंट की, पर साथ-ही-साथ यह भी कहा कि सुबह दूध लेने जब जाएँ, तो इसे अवश्य पहनकर जाएँ। भूषण ने यह नहीं कहा कि दूध मैं ही ले आऊँगा, आप ठंड में बाहर नहीं जाइएगा। इसी कारण यशोधर बाबू की आँखों में नमी आ गई।

बुजुर्ग पीढ़ी हमसे सहयोग एवं आत्मीयता की अपेक्षा करती है। 'यशोधर पंत' को भी अपने पुत्र से सहयोग एवं आत्मीयता की अपेक्षा थी, किंतु भूषण ऐसी किसी भी प्रकार की आत्मीयता प्रदर्शित नहीं करता है, इसी कारण यशोधर बाबू की आँखें भर आईं।

7. पुराने होते जा रहे जीवन-मूल्यों और नए प्रचलनों के बीच यशोधर पंत के संघर्ष पर प्रकाश डालिए। **All India 2017**

अथवा **'सिल्वर वैडिंग' वर्तमान युग में बदलते जीवन-मूल्यों की कहानी है"—सोदाहरण सहित सिद्ध कीजिए।** **All India 2014**

अथवा **'सिल्वर वैडिंग' के आधार पर उन जीवन-मूल्यों की सोदाहरण सहित समीक्षा कीजिए, जो समय के साथ बदल रहे हैं।** **Delhi 2014**

उत्तर 'सिल्वर वैडिंग' यथार्थ में वर्तमान युग के बदलते जीवन-मूल्यों की कहानी है। कहानी के केंद्रीय चरित्र यशोधर बाबू पाश्चात्य सभ्यता से विरक्ति रखते हैं। उनका व्यवहार अपनी पत्नी एवं बच्चों के प्रति उनके विरोध की भावना को दर्शाता है, क्योंकि वे पुराने विचारों का समर्थन करते हैं, जबकि उनका परिवार आधुनिक विचारों के पक्ष में रहता है।

वर्तमान समय पूरी तरह अर्थ पर आधारित हो गया है। आजकल परिवार में धन की अधिकता रहने पर ही पारिवारिक संबंध ठीक से निभ पाते हैं, अन्यथा परिवार को बिखरते देर नहीं लगती।

यशोधरा बाबू को धन से विशेष लगाव नहीं है। इसलिए वे अधिक कमाने पर ध्यान नहीं देते। उनका बड़ा बेटा भूषण विज्ञापन कंपनी में ₹ 1500 प्रतिमाह पर काम करता है और उसमें अमीर व्यक्ति बनने की आकांक्षा है। वह यशोधर बाबू के विचारों के विपरीत सामाजिक संबंधों की मर्यादा को नकारता है।

इसी कारण वह अपनी बुआ को पैसे नहीं भेजता। उसे न अपने माता-पिता की इच्छा की परवाह है और न रिश्तेदारी की। बदलते जीवन-मूल्य के साथ आज की पीढ़ी सामाजिक परंपराओं को दकियानूसी मानकर छोड़ रही है।

पुरानी पीढ़ी निस्तेज होकर हाशिए पर लाचार खड़ी नज़र आती है। नई और पुरानी पीढ़ी के बीच वैचारिक अंतर बहुत गहरा हो गया है। अत: कहा जा सकता है कि 'सिल्वर वैडिंग' वर्तमान युग में हो रहे पारिवारिक मूल्यों के विघटन का यथार्थ चित्रण है।

8. "यशोधर बाबू की पत्नी स्वयं को समय के अनुकूल ढाल लेती है, किंतु यशोधर ऐसा नहीं कर पाते।" कारण सहित समीक्षा कीजिए।

Delhi 2016

अथवा **यशोधर बाबू की पत्नी समय के साथ ढल सकने में सफल होती है, लेकिन यशोधर बाबू असफल रहते हैं। ऐसा क्यों?**

All India 2019; Delhi 2010; Foreign 2010

उत्तर यशोधर बाबू की पत्नी सुशील और समझदार हैं। वह आधुनिक समय के नए-नए विचारों में ढलना जानती हैं। व्यावहारिक ज्ञान भी यही सिखाता

है कि हमें समय के अनुसार अपने आपको ढाल लेना चाहिए, जिससे हमारे बच्चे हमें मित्र के रूप में समझें पर यशोधर बाबू अपने परंपरागत सिद्धांतों पर ही चलना चाहते हैं। उन्हें आज की पीढ़ी की नई सोच ढकोसला लगती है। अत: वे अपने और अपने परिवार के बीच में तालमेल नहीं बैठा पाते और हाशिए पर चले जाते हैं।

9. यशोधर बाबू दो भिन्न कालखंडों में जी रहे हैं—पक्ष या विपक्ष में सोदाहरण तर्क दीजिए। **All India 2016**

उत्तर यशोधर बाबू को 'आदर्श व्यक्तित्व' कहा ही इसलिए गया है, क्योंकि वे जीवनभर अपने सिद्धांतों पर चलते रहे हैं। यशोधर बाबू पुराने विचारों वाले व्यक्ति हैं और वे यही मानते हैं कि उनके बच्चे आधुनिक युग के साथ चलते-चलते यथार्थ दुनिया के बारे में उनसे अधिक अच्छा सोच पाते हैं। उन्हें समाज में जहाँ कहीं भी नयापन या कुछ गलत दिखाई देता है, तो वे कहते हैं 'समहाउ इंप्रॉपर'।

यशोधर बाबू अपने सामाजिक मूल्यों को बनाए रखना चाहते हैं। आज विश्व में हमें सबके साथ कंधे-से-कंधा मिलाकर चलना ही पड़ता है। मेरी दृष्टि में नई पीढ़ी के उन्हीं विचारों को अपनाना उचित है, जिनसे अपना और समाज का विकास हो। पुरानी पीढ़ी का रहन-सहन, पहनावा, खाना-पीना और व्यवहार में थोड़ा बहुत बदलाव लाना ही चाहिए। उदाहरण के लिए, यदि हम लड़कियों को न पढ़ाएँ तो नुकसान अपना ही करेंगे, क्योंकि शिक्षित नारी पूरे परिवार को शिक्षित बनाती है। इसलिए आधुनिक युग की सोच है कि यशोधर बाबू जैसे लोगों को अपने पुराने विचारों में नए विचारों को भी शामिल कर लेना चाहिए।

10. यशोधर बाबू किन जीवन-मूल्यों को थामे बैठे हैं? नई पीढ़ी उन्हें प्रासंगिक क्यों नहीं मानती? तर्कसम्मत उत्तर दीजिए। **All India 2015**

उत्तर यशोधर बाबू पुराने जीवन-सिद्धांतों को अपनाकर चलने वाले व्यक्ति हैं। वे आधुनिक जीवन शैली एवं जीवन-मूल्यों को व्यर्थ मानते हैं। हालाँकि यशोधर बाबू भी आधुनिकता के प्रभाव से अछूते नहीं रह सके, परंतु वे नए विचारों को अपनाने में सफल भी नहीं हो सके। अपने दृढ़ जीवन-मूल्यों के आधार पर चलने के कारण ही नौकरी के अतिरिक्त अन्य तरीकों से धन कमाने की उन्होंने कभी नहीं सोची। अपने सिद्धांतों के कारण ही उन्होंने अपने कोटे का फ्लैट भी नहीं लिया। यशोधर बाबू हमेशा चाहते थे कि परिवार के सभी सदस्य उनकी सलाह से ही कोई कार्य करें या अपना पहनावा, व्यवहार आदि रखें।

नई पीढ़ी उनके पुराने आदर्शों को अब अप्रासंगिक मानती है। बहुत सारे ऐसे क्षेत्र हैं, जिनमें उनके बच्चे संलग्न हैं, लेकिन उसके बारे में यशोधर बाबू को कुछ नहीं पता, तो वे उसमें अपनी राय कैसे दे सकते हैं और वह कहाँ तक उपयोगी होगी। यशोधर बाबू अपने सिद्धांतों के प्रति निष्ठावान थे, जबकि उनकी पत्नी एवं बच्चे आधुनिक जीवन-मूल्यों को अपनाने के कारण उनसे विपरीत सोच रखते थे। यशोधर बाबू को सभी नए विचार 'समहाउ इंप्रॉपर' लगते हैं। वास्तव में नई पीढ़ी बदलाव चाहती है और अनेक ऐसे क्षेत्र हैं, जिसमें नई पीढ़ी की समझ ज्यादा अच्छी है। नई पीढ़ी के विचारों को, उनके मूल्यों को एकदम से नकारना उचित नहीं है। समय के साथ चलकर ही अपनी प्रगति की जा सकती है। इस बात को पुरानी पीढ़ी के सदस्यों को समझना पड़ेगा तथा नई पीढ़ी को भी यह ध्यान रखना होगा कि बदलाव बेहतर के लिए हो, बदतर के लिए नहीं।

11. वाई डी पंत का आदर्श कौन था? उसके व्यक्तित्व की तीन विशेषताएँ लिखिए। **All India 2014**

उत्तर वाई डी पंत अर्थात् यशोधर बाबू के आदर्श किशनदा थे। किशनदा इस कहानी के हर संदर्भ में हस्तक्षेप करते हुए भी सबसे दूर हैं। उनकी मृत्यु हो चुकी है, किंतु वे अपने मानस-पुत्र यशोधर बाबू के रूप में मानो जीवित हैं।

उनके व्यक्तित्व की उल्लेखनीय विशेषताएँ निम्नलिखित हैं—

(i) किशनदा सरल हृदय रखने वाले एवं सहयोगी व्यक्ति हैं। वे मूल रूप से पहाड़ी क्षेत्र से संबंधित हैं, जो दिल्ली में नौकरी करते हैं। पहाड़ी क्षेत्र से आने वाले अनेक युवक अपने काम से दिल्ली आने पर उन्हीं के घर में शरण लेते हैं। वे यशोधर बाबू को स्नेह से 'भाऊ' कहकर पुकारते हैं। वे अविवाहित हैं तथा उन्होंने अपने घर को मेस जैसा बना दिया है, जहाँ कोई भी व्यक्ति आकर आपसी सहयोग से खा-पका सकता था।

(ii) वे परोपकारी प्रवृत्ति के व्यक्ति हैं तथा सिद्धांतवादी भी। किशनदा ने ही मैट्रिक पास यशोधर पंत को न केवल सरकारी नौकरी दिलवाने में मदद की, बल्कि आवश्यकता पड़ने पर अपनी जेब से पैसे भी उधार दिए। उन्होंने अपने जीवन में कुछ सिद्धांतों को अपनाया हुआ था, जिनका वे दृढ़ता से पालन करते थे।

(iii) किशनदा अनुभवी व्यक्ति हैं और अपने अनुभवों का लाभ अपने प्रियजनों को भी देते हैं। यशोधर बाबू के व्यक्तित्व निर्माण में किशनदा का अपूर्व योगदान है। वे उन्हें ऑफिस के कार्यों के साथ-साथ जीवन के विभिन्न प्रसंगों पर भी दिशा-निर्देश देते हैं।

12. क्या पीढ़ी के अंतराल को सिल्वर वैडिंग की मूल संवेदना कहा जा सकता है? तर्कों के आधार पर अपने विचारों की पुष्टि कीजिए। **Delhi 2013**

उत्तर पीढ़ी के अंतराल को सिल्वर वैडिंग की मूल संवेदना कहा जा सकता है, क्योंकि इस कहानी में नई पीढ़ी और पुरानी पीढ़ी के विचारों के मतभेद पर बड़ी गहराई से प्रकाश डाला गया है तथा कहानी में इसी मूल संवेदना को दर्शाया गया है। यशोधर बाबू के चार बच्चे हैं— तीन लड़के और एक लड़की, लेकिन इन सभी के साथ यशोधर बाबू वैचारिक स्तर पर मतभेद रखते हैं। कम उम्र में ही बड़े लड़के का ₹ 1500 तनख्वाह पाना, दूसरे लड़के का निचले स्तर की नौकरी ज्वाइन न करना, तीसरे लड़के का पढ़ाई के लिए दूर जाना, बेटी का पहनावा, रहन-सहन आदि उन्हें 'समहाउ इंप्रॉपर' ही लगते हैं।

पीढ़ी के अंतराल का कारण यह है कि पुरानी पीढ़ी नए बदलाव को समझना ही नहीं चाहती, स्वीकार करना तो दूर की बात है।

13. 'सिल्वर वैडिंग' कहानी के आधार पर यशोधर बाबू के मानसिक द्वंद्व की व्यंजक किन्हीं दो घटनाओं का उल्लेख कीजिए। **Delhi 2013**

उत्तर 'सिल्वर वैडिंग' के केंद्रीय पात्र यशोधर पंत रहते तो वर्तमान में हैं, परंतु वे अपने अतीत से बाहर नहीं निकल पाते। वे कहते हैं कि उनकी तो परंपरा ही ऐसी है। वह पत्नी से कहते हैं, "जिस तरह तुमने बुढ़ियाकाल में यह बगैर बाँह का ब्लाउज पहनना, यह रसोई से बाहर दाल-भात खा लेना, यह ऊँची हील वाली सैंडल पहनना और ऐसे ही पचासों काम अपनी बेटी की सलाह पर शुरू कर दिए हैं, मुझे तो वे 'समहाउ इंप्रॉपर' ही मालूम होते हैं। एनीवे, मैं तुम्हें ऐसा करने से रोक नहीं रहा। देयरफोर, तुम लोगों को भी मेरे जीने के ढंग पर कोई ऐतराज नहीं होना चाहिए।"

वे चाहते हैं कि उनके बच्चे उनके व्यवहार और रहन-सहन का अनुकरण करें, परंतु उनकी संतानें उन्हें रूढ़िवादी समझती हैं। यशोधर बाबू के मन में अंतर्द्वंद्व चलता रहता है। वे घर में आधुनिक सुविधाओं की वस्तुएँ देखकर गर्व महसूस करते हैं, परंतु फिर भी उन्हें यह सब 'समहाउ इंप्रॉपर' लगता है।

02

जूझ

आनंद यादव

पाठ का सार

आनंदा और उसका परिवार

आनंदा के परिवार में उसके दादा (पिता) और माँ रहते थे। आनंदा अपने पढ़ने की बात अपने दादा से नहीं कर पाता था, क्योंकि उसके दादा अच्छे आचरण वाले नहीं होने के साथ-साथ अत्यधिक गुस्से वाले भी थे। दादा सारा दिन गाँव भर में घूमते रहते और रखमाबाई के कोठे पर भी जाते थे। वे घर गृहस्थी के किसी भी काम में हाथ नहीं बँटाते थे और खेत का सारा काम भी आनंदा से ही कराते थे। यही कारण था कि वे आनंदा को पाठशाला नहीं भेजना चाहते थे। दूसरी तरफ, आनंदा की माँ चाहती थी कि उसका बेटा सातवीं कक्षा तक अवश्य पढ़े, लेकिन दादा के आगे उसकी एक न चलती थी। आनंदा और उसकी माँ ने दत्ता जी राव के पास जाने की सोची, क्योंकि वे ही पाठशाला जाने के लिए दादा को समझाकर राजी कर सकते थे।

दत्ता जी राव का व्यवहार

दत्ता जी राव देसाई गाँव के एक प्रभावशाली व्यक्ति हैं। उन्होंने आनंदा और उसकी माँ की सारी बातें ध्यानपूर्वक सुनकर कहा कि दादा को मेरे पास भेजना। राव साहब भी चाहते थे कि आनंदा पढ़-लिखकर एक शिक्षित व्यक्ति बने। वे जानते थे कि वर्तमान युग में पढ़ाई का कितना अधिक महत्त्व है। जब दादा उनके पास आए तो उन्होंने उसे बहुत धमकाया और कहा कि तेरी ओर से पाठशाला भेजने में कोई बाधा नहीं होनी चाहिए। यदि वह पढ़ा सकने में असमर्थ है, तो वे स्वयं ही आनंदा को पाठशाला भेज देंगे। दत्ता जी का व्यवहार आधुनिक युग के अनुसार बहुत ही उत्तम श्रेणी का है।

आनंदा और उसकी पाठशाला

आनंदा जब पहले दिन पाठशाला गया तो उसकी खुशी का ठिकाना न रहा। उसे पाँचवीं कक्षा में ही दुबारा जाकर बैठना पड़ा, क्योंकि उसने पहले ये कक्षा उत्तीर्ण नहीं की थी। चह्वाण नामक एक नए लड़के ने उसकी मटमैली धोती और गमछे को लेकर मजाक उड़ाया, जिसके कारण आनंदा का मन बहुत दु:खी हो गया। पहले दिन उसने सोचा कि वह अब पाठशाला नहीं जाएगा, किंतु फिर उसने दृढ़ निश्चय किया कि वह पाठशाला अवश्य जाएगा, क्योंकि वह बचपन से ही मुश्किलों का सामना करता आया है। वसंत पाटिल नाम का एक बहुत होशियार लड़का आनंदा का मित्र बन गया। आनंदा वसंत को देखकर पढ़ाई में भी मन लगाने लगा और अखबारी कागज़ के कवर भी अपनी किताबों पर चढ़ाने लगा। अब उसे भी कक्षा में शाबाशी मिलने लगी। उसे पाठशाला जाने में अब आनंद आने लगा।

आनंदा और श्री सौंदलगेकर जी

श्री सौंदलगेकर जी मराठी अध्यापक हैं। वे कक्षा में कविता बहुत ही आनंद के साथ गाकर सुनाते हैं। सुनने वाले भी मुग्ध होकर सुनते थे। उनके पास सुरीला गला, छंद की बढ़िया चाल और रसिकता भी थी। आनंदा को उनकी कविताएँ इतनी अच्छी लगतीं कि जब वह पाठशाला के बाद खेत में काम करने जाता तो हर समय उन्हें गुनगुनाता रहता था, जिसके कारण कविता में उसकी रुचि दिन-प्रतिदिन बढ़ती जा रही थी। सौंदलगेकर जी भी आनंदा को विशेष रूप से सिखाने लगे और अब उसकी प्रशंसा भी करने लगे। श्री सौंदलगेकर जी से ही प्रेरणा लेकर आनंदा स्वयं भी कविता रचने लगा और उसे अपने गुरुजी को दिखाता था, जिससे कविता में जो कमी हो, वे उन्हें ठीक कर सकें। इसी कारण आनंदा श्री सौंदलगेकर जी के बहुत निकट आ गया था।

आनंदा और उसकी लगन

आनंदा को कविता लिखने की ऐसी लगन लगी कि जब उसके पास कागज़, पेंसिल न होती तो वह लकड़ी के छोटे टुकड़े से भैंस की पीठ पर रेखा खींचकर लिखता या पत्थर की शिला पर कंकड़ से लिख लेता था। कभी-कभी कविता रविवार के दिन लिख लेता, तो सोमवार को सबसे पहले अपनी कविता मास्टर जी को दिखाता और यदि वह सोमवार का इंतजार नहीं कर पाता, तो रात को ही सौंदलगेकर मास्टर जी के घर जाकर कविता दिखा देता था।

इस कारण आनंदा की मराठी भाषा में भी सुधार आया और अब वह अलंकार, छंद, लय आदि को सूक्ष्मता से समझने लगा। कविता की लगन उसे ऐसी लगी कि अब उसके मन में कोई-न-कोई मधुर गीत बजता ही रहता।

PYQs पूर्व परीक्षाओं के प्रश्न व अन्य महत्त्वपूर्ण प्रश्न

पाठ पर आधारित बहुविकल्पीय प्रश्न

1. वसंत पाटिल को लेखक द्वारा अपना दोस्त बनाने के कारणों में से कौन-सा कारण सही नहीं है? **CBSE 2023**
   (i) होशियार छात्र होना (ii) शांत स्वभाव का होना
   (iii) कक्षा का मॉनीटर होना (iv) बड़े घर का होना

उत्तर (i) होशियार छात्र होना

2. मास्टर की चाल पर दूसरी कविताएँ भी पढ़ी जा सकती हैं–कथन में प्रयुक्त 'चाल' शब्द का अर्थ हो सकता है **CBSE 2023**
   (i) रुकने एवं आगे बढ़ने का नियम
   (ii) भाव-भंगिमा और गाने का ढंग
   (iii) अभिनय करने का ढंग
   (iv) कविता लेखन करने का ढंग

उत्तर (i) रुकने एवं आगे बढ़ने का नियम

3. 'जूझ' कहानी के नायक का मन किसके लिए तरसता था? **CBSE 2023**
   (i) भोजन के लिए (ii) पढ़ने के लिए
   (iii) कपड़े के लिए (iv) खेलने के लिए

उत्तर (ii) पढ़ने के लिए

4. 'जूझ' पाठ के लेखक को अकेला रहना क्यों अच्छा लगने लगा? **CBSE 2023**
   (i) कविता लिखने में रुचि जगने से
   (ii) कविताओं के साथ खेलने से
   (iii) कविता के अर्थ को समझने से
   (iv) कविता पर विचार करने से

उत्तर (i) कविता लिखने में रुचि जगने से

5. 'जूझ' कहानी में लेखक सुबह-शाम खेत पर, ढोर चराते आदि समय भी कविताओं में क्यों रमे रहते थे? **CBSE 2023**
   (i) अपने शिक्षक से प्रभावित होने से
   (ii) खेत पर अकेले होने से
   (iii) कविता याद होने से
   (iv) कविताओं में मन रमने से

उत्तर (iv) कविताओं में मन रमने से

6. देसाई के बाड़े का बुलावा दादा के लिए सम्मान की बात थी, क्यों? **CBSE 2023**
   (i) वह ऊँची जाति का था
   (ii) गाँव का सम्मानित व्यक्ति था
   (iii) उनकी जमीन जोतता था
   (iv) उनसे कर्ज लिया था

उत्तर (ii) गाँव का सम्मानित व्यक्ति था

7. 'मंत्री' नामक शिक्षक क्या पढ़ाते थे? **CBSE 2023**
   (i) विज्ञान (ii) साहित्य
   (iii) इतिहास (iv) गणित

उत्तर (iv) गणित

8. आनंदा के पिता ईख पेरने का काम दूसरे किसानों से पहले ही क्यों शुरू कर देते थे? **CBSE 2023**
   (i) ईख की अच्छी खासी कीमत पाने के लिए
   (ii) जल्दी ही खेती के काम से मुक्ति पाने के लिए
   (iii) गाँव में इधर-उधर घूमने के लिए
   (iv) दूसरे किसानों से पहले काम समाप्त करने के लिए

उत्तर (i) ईख की अच्छी खासी कीमत पाने के लिए

9. आनंदा को पाठशाला जाने के लिए लगाई जाने वाली शर्तों में से कौन-सी शर्त सम्मिलित नहीं थी? **CBSE 2023**
   (i) सुबह खेतों में पानी लगाना
   (ii) शाम को आधा घंटा ढोर चराना
   (iii) शाम को खेतों में सिंचाई करना
   (iv) खेतों में काम अधिक होने पर पाठशाला न जाना

उत्तर (iii) शाम को खेतों में सिंचाई करना

10. चौथी से पाँचवीं कक्षा तक अपनी लगने वाली पाठशाला आनंदा को एकदम पराई जैसी क्यों लगने लगी? **CBSE 2023**
    (i) सहपाठियों के पास होकर आगे की कक्षा में चले जाने के कारण
    (ii) मास्टर जी के कठोर व्यवहार के कारण
    (iii) चह्वाण के लड़के द्वारा खिल्ली उड़ाने के कारण
    (iv) नई कक्षा की कठिन पढ़ाई के कारण

उत्तर (iii) चह्वाण के लड़के द्वारा खिल्ली उड़ाने के कारण

11. वसंत पाटिल का कक्षा में सम्मान क्यों था? **CBSE 2023**
    (i) वह मॉनीटर था
    (ii) कक्षा में आगे बैठता था
    (iii) पढ़ने में होशियार एवं शांत था
    (iv) मास्टरों का लाड़ला था

उत्तर (iii) पढ़ने में होशियार एवं शांत था

12. 'जब चारों ओर कोल्हू चलने लगते तो बाजार में गुड़ की बहुतायत हो जाती और भाव नीचे उतर आते' पंक्ति से यह पता चलता है कि **CBSE 2023**
    (i) कोल्हू अधिक चलने पर गुड़ अधिक बनता है
    (ii) उत्पादन अधिक होने से भाव नीचे जाता है
    (iii) गुड़ अधिक हो जाने पर माँग कम होती है
    (iv) भाव पर गुड़ का उत्पादन निर्भर रहता है

उत्तर (ii) उत्पादन अधिक होने से भाव नीचे जाता है

13. 'जूझ' कहानी के लेखक का मन कहाँ जाने के लिए तड़पता था? **CBSE 2023**
    (i) सिनेमा में
    (ii) खेलने में
    (iii) खेत में
    (iv) पाठशाला में

उत्तर (iv) पाठशाला में

14. **'जूझ' पाठ के अनुसार, 'पढ़ाई-लिखाई के संबंध में लेखक और दत्ता जी राव का रवैया सही था', क्योंकि** **CBSE SQP 2021-22, CBSE 2023**

(i) लेखक खेती-बाड़ी नहीं करना चाहता था
(ii) दत्ता जी राव जानते थे कि खेती-बाड़ी में लाभ नहीं है
(iii) लेखक का पढ़-लिखकर सफल होना बहुत आवश्यक था
(iv) लेखक का पिता नहीं चाहता था कि वह आगे की पढ़ाई करे

उत्तर (ii) दत्ता जी राव जानते थे कि खेती-बाड़ी में लाभ नहीं है

15. **दादा कोल्हू जल्दी क्यों लगाना चाहते थे?** **CBSE SQP 2022-23**

(i) काम जल्दी समाप्त करने के लिए
(ii) दूसरी फसल के लिए
(iii) गुड़ की ज्यादा कीमत के लिए
(iv) खेतों में पानी देने के लिए

उत्तर (iii) गुड़ की ज्यादा कीमत के लिए

16. **'जूझ' उपन्यास मूलतः किस भाषा में लिखा गया है?** **CBSE SQP 2022-23**

(i) हिंदी (ii) अंग्रेजी
(iii) मराठी (iv) गुजराती

उत्तर (iii) मराठी

17. **लेखक आनंद यादव की माँ के अनुसार पढ़ाई की बात करने पर लेखक का पिता कैसे गुर्राता है?** **CBSE SQP 2022-23**

(i) कुत्ते के समान (ii) शेर के समान
(iii) जंगली सुअर के समान (iv) चीते के समान

उत्तर (iii) जंगली सुअर के समान

18. **'जूझ' कहानी लेखक की किस प्रवृत्ति को उद्घाटित करती है?** **CBSE SQP 2022-23, 2020-21**

(i) कविता करने की प्रवृत्ति (ii) पढ़ने की प्रवृत्ति
(iii) लेखन की प्रवृत्ति (iv) संघर्षमयी की प्रवृत्ति

उत्तर (iv) संघर्षमयी की प्रवृत्ति

19. **'जूझ' कहानी का कथानायक पढ़ाई-लिखाई क्यों करना चाहता था?** **CBSE Term I 2021-22**

(i) पढ़ाई-लिखाई में रुचि होने के कारण
(ii) पैतृक व्यवसाय में रुचि न होने के कारण
(iii) खेती के काम के परिश्रम से बचने के कारण
(iv) अपनी आर्थिक स्थिति सुधारने के लिए

उत्तर (iv) अपनी आर्थिक स्थिति सुधारने के लिए

20. **'जूझ' कहानी में प्रयुक्त पद 'एक नंबर का गुड़' और 'दो नंबर के गुड़' से क्या तात्पर्य है?** **CBSE Term I 2021-22**

(i) गुड़ की गुणवत्ता (ii) गुड़ की मात्रा
(iii) गुड़ का आकार (iv) गुड़ का रूप-रंग

उत्तर (i) गुड़ की गुणवत्ता

21. **'जूझ' कहानी का उद्देश्य है** **CBSE Term I 2021-22**

(i) जीवन में संघर्ष की महत्ता प्रतिपादित करना
(ii) जीवन में शिक्षा की महत्ता प्रतिपादित करना
(iii) ग्रामीण जीवन की कठिनाइयों का उल्लेख करना
(iv) जीवन में शिक्षक की भूमिका दर्शाना

उत्तर (i) जीवन में संघर्ष की महत्ता प्रतिपादित करना

22. **'जूझ' पाठ के अनुसार कविता के प्रति लगाव से पहले और उसके बाद अकेलेपन के प्रति लेखक की धारणा में क्या बदलाव आया?** **CBSE SQP 2021-22**

(i) अकेलापन डरावना है
(ii) अकेलापन उपयोगी है
(iii) अकेलापन अनावश्यक है
(iv) अकेलापन सामान्य प्रक्रिया है

उत्तर (ii) अकेलापन उपयोगी है

23. **'जूझ' कहानी से लेखक की किस प्रवृत्ति का उद्घाटन हुआ है?** **CBSE SQP 2021-22**

(i) ज्ञानपूणता (ii) हठधर्मिता
(iii) कुटिलता (iv) संघर्षमयता

उत्तर (iv) संघर्षमयता

निबंधात्मक/विषय-वस्तु पर आधारित प्रश्नोत्तर

1. **'जूझ' कहानी के लेखक के जीवन संघर्ष के उन बिंदुओं पर प्रकाश डालिए, जो हमारे लिए प्रेरणादायक हैं।** **CBSE 2020 C CBSE SQP 2018-19; All India 2015;**

अथवा **'जूझ' कहानी प्रतिकूल परिस्थितियों से संघर्ष करने की प्रेरक कथा है। इस कथन की सोदाहरण समीक्षा कीजिए।** **Delhi 2012, 11, 10**

उत्तर 'जूझ' कहानी के लेखक का जीवन-संघर्ष सभी के लिए एक आदर्श प्रेरणा-स्रोत कहा जा सकता है। वह जटिल परिस्थितियों में भी शिक्षा प्राप्त करने के लिए कठिन प्रयास करता है। वह खेती का काम करने के साथ-साथ पढ़ाई करता है। उसके जीवन में आर्थिक समस्या भी है और उसे पैसों की कमी है। उसके सहपाठी उसके पहनावे को लेकर खिल्ली उड़ाते हैं। इन सब बाधाओं को वह अपनी दृढ़ इच्छाशक्ति के दम पर पार कर लेता है। कविता लिखने का शौक अंततः उसके लिए बहुत बड़ा लक्ष्य बन जाता है, जिसे वह सफलतापूर्वक हासिल करता है।

वस्तुतः कहानी के लेखक में समस्याओं से जूझने की प्रवृत्ति है। इसी जूझने की प्रवृत्ति के कारण वह अपने जीवन-लक्ष्यों को एक के बाद एक प्राप्त करता जाता है। वह अपने आलसी एवं आवारा किस्म के पिता को भी संतुष्ट रखते हुए अपनी आगे की पढ़ाई करता है। विपरीत परिस्थितियों से जूझने की क्षमता के अतिरिक्त कहानी के लेखक में कठिन परिश्रम एवं दृढ़ संकल्प संबंधी चारित्रिक विशेषताएँ मौजूद हैं। वह पढ़ने के लिए किसी भी स्तर का परिश्रम करने को सहर्ष तैयार रहता है। वह अपनी धुन में रमने की प्रवृत्ति यानी लगनशीलता के कारण ही उच्च स्तर का कवि बन सका। इस तरह कहा जा सकता है कि 'जूझ' कहानी के लेखक का जीवन संघर्ष हमारे लिए अत्यधिक प्रेरणादायक है।

2. **'जूझ' कहानी के शीर्षक के औचित्य पर विचार करते हुए यह स्पष्ट करें कि यह शीर्षक कथानायक की किस चारित्रिक विशेषता को उजागर करता है?** **CBSE SQP 2019-20**

उत्तर कथानायक जीवनभर विपरीत परिस्थितियों से जूझता रहा है। पिता के कड़क व रूखे स्वभाव के कारण वह पाठशाला जाने में असमर्थ था, किंतु उसने अपनी माँ के साथ मिलकर ऐसी योजना बनाई, जिसके कारण वह पाठशाला भी गया और एक शिक्षित व्यक्ति भी बना। उसने जीवन के संघर्ष में अपना आत्मविश्वास कभी नहीं खोया। अतः 'जूझ' शीर्षक जिसका अर्थ संघर्ष करना है, नायक की केंद्रीय चारित्रिक विशेषता को उजागर करता है।

वास्तव में, लेखक ने कहानी का शीर्षक ही नायक की समस्याओं से जूझने की प्रवृत्ति के कारण रखा है। इसलिए कथानायक के चरित्र की सर्वप्रथम विशेषता यही है। इसके अतिरिक्त, उसमें कठिन परिश्रम एवं लगनशीलता या दृढ़ संकल्प संबंधी चारित्रिक विशेषताएँ भी उल्लेखनीय हैं। वह पढ़ने के लिए किसी भी स्तर का परिश्रम करने को सहर्ष तैयार है और अपनी धुन में रमने की प्रवृत्ति यानी लगनशीलता के कारण ही वह उच्च स्तर का कवि बन सका।

3. 'जूझ' के कथानायक का मन पाठशाला जाने के लिए क्यों तड़पता था? उसे खेती का काम अच्छा क्यों नहीं लगता था? तर्कपूर्ण उत्तर दीजिए।
CBSE SQP 2019-20; Delhi 2013

उत्तर 'जूझ' कहानी का कथानायक पढ़ना चाहता था। इसलिए उसका मन पाठशाला जाने के लिए तड़पता था। उसे खेती का काम अच्छा नहीं लगता था। वस्तुत: खेती द्वारा अत्यंत कठिनाई से जीवनयापन होता है, क्योंकि खेती के कार्य में परिश्रम भी बहुत अधिक करना पड़ता है। कथानायक का पिता आलसी और कामचोर व्यक्ति था तथा वह स्वयं खेत में कार्य नहीं करता था। वह अपने पुत्र से ही खेती का कार्य करवाना चाहता था। इसके विपरीत, कथानायक सोचता था कि वह पढ़-लिखकर अच्छी नौकरी करेगा या कोई व्यवसाय, जिससे वह पर्याप्त धन अर्जित कर सकेगा। वह चाहता था कि धन कमाकर वह कोई अच्छा-सा व्यापार करे। इस प्रकार उसके मन में पाठशाला जाने की तीव्र इच्छा उमड़ती थी।

4. 'जूझ' पाठ के पात्र दत्ताजी राव देसाई ने लेखक के जीवन को कैसे प्रभावित किया? उदाहरण सहित उत्तर दीजिए। **Delhi 2019**

उत्तर दत्ताजी राव देसाई गाँव के एक प्रभावशाली व्यक्ति थे। वे जानते थे कि वर्तमान युग में पढ़ाई का कितना अधिक महत्त्व है। लेखक जानता था कि वह और उसकी माँ छूटी हुई पढ़ाई फिर से शुरू नहीं कर सकते, इसलिए उन्होंने दत्ताजी राव देसाई से सहायता माँगी। दत्ताजी राव ने लेखक के पिता को बुलाया और धमकाया कि उसके कारण लेखक की पढ़ाई में कोई बाधा नहीं आनी चाहिए। यदि वह पढ़ा सकने में असमर्थ है, तो वे स्वयं लेखक को पाठशाला भेज देंगे। इस प्रकार दत्ताजी के कारण ही लेखक की छूटी हुई पढ़ाई आरंभ हो पाई। अत: दत्ताजी राव ने लेखक के जीवन को प्रभावित किया।

5. 'जूझ' शीर्षक पाठ कथानायक की किन चारित्रिक विशेषताओं की ओर संकेत करता है? इस संदर्भ में पाठ के शीर्षक के औचित्य को समझाइए। **All India 2019**

अथवा **'जूझ' के कथानायक के चरित्र की तीन विशेषताओं पर प्रकाश डालिए।**
All India 2013

उत्तर 'जूझ' कहानी का नायक आनंदा हमें सबसे अधिक प्रभावित करता है। आनंदा की बहुआयामी चारित्रिक विशेषताएँ इसमें खुलकर सामने आई हैं; जैसे—आनंदा का धैर्य के साथ पढ़ाई करना, पाठशाला से पहले तथा बाद में खेत का काम करना आदि।

'जूझ' कहानी का नायक पढ़ने में रुचि रखता है, जबकि उसके पिता आलसी तथा आवारा प्रकृति के व्यक्ति हैं। वे उससे खेती का काम करवाना चाहते हैं, परंतु लेखक पढ़ना चाहता है। वह अपना लक्ष्य पाने के लिए संघर्ष करता है और गाँव के जमींदार की कृपा से उसकी पढ़ाई पुन: प्रारंभ होती है। उसे विद्यालय में अपने कपड़ों के कारण सहपाठियों के उपहास का पात्र बनना पड़ता है, परंतु इसे वह सहन कर लेता है तथा केवल पढ़ाई की ओर ही ध्यान देता है। उसकी रुचि कविता लेखन में है और अपने मराठी शिक्षक की सहायता से वह धीरे-धीरे अच्छी कविताएँ लिखने में समर्थ हो जाता है। लेखक में विपरीत परिस्थितियों से जूझने की शक्ति है और इसी शक्ति के कारण वह अपने लक्ष्य को पाने में सफल होता है।

वास्तव में लेखक ने कहानी का शीर्षक ही नायक की समस्याओं से जूझने की प्रवृत्ति के कारण रखा है। इसलिए कथानायक के चरित्र की सर्वप्रथम विशेषता यही है। इसके अतिरिक्त, उसमें कठिन परिश्रम एवं लगनशीलता या दृढ़ संकल्प संबंधी चारित्रिक विशेषताएँ भी उल्लेखनीय हैं। वह पढ़ने के लिए किसी भी स्तर का परिश्रम करने को सहर्ष तैयार है और अपनी धुन में रमने की प्रवृत्ति यानि लगनशीलता के कारण ही वह उच्च स्तर का कवि बन सका।

6. आपके विचार से पढ़ाई-लिखाई के संबंध में 'जूझ' के लेखक और दत्ता जी राव का रवैया सही था या लेखक के पिता का?
All India 2018

उत्तर मेरे विचार से पढ़ाई-लिखाई के संबंध में लेखक और दत्ता जी राव का रवैया बिलकुल सही था। दत्ता जी मानते थे कि लेखक के पढ़ने की इच्छा बहुत ही दृढ़ थी और वे लेखक को पढ़ाने के पक्ष में थे, जबकि लेखक के पिता को उसकी पढ़ाई से कोई मतलब नहीं था।

लेखक के पिता का स्वार्थ यह था कि लेखक दिनभर खेत का ही काम करे, जिससे लेखक के पिता को खेत में काम न करना पड़े तथा वह दिनभर गाँव में घूमते रहें और रखमाबाई के पास जा सकें। इसलिए दत्ता जी राव और लेखक की पढ़ाई के संबंध में सोच बिलकुल सही थी।

7. 'जूझ' का कथानायक विद्यार्थियों के लिए एक आदर्श प्रेरणास्रोत है, कैसे?
CBSE SQP 2017-18

उत्तर 'जूझ' का कथानायक किशोर छात्रों के लिए एक आदर्श प्रेरणास्रोत कहा जा सकता है। पिता ने अपने अय्याशीपूर्ण जीवन यापन के लिए उसका स्कूल जाना बंद करवा दिया था। लेखक शिक्षा के प्रति अपनी इच्छा को भी पिता से पिटाई के भय के कारण व्यक्त करने में भी सकुचाता था। ऐसी जटिल परिस्थितियों में भी शिक्षा प्राप्त करने के लिए वह कठिन प्रयास करता है और दत्ता जी राव को अपनी परेशानियों से अवगत कराते हुए अपने पिता को समझाने के लिए कहकर किसी तरह पढ़ने की अनुमति लेता है तथा पढ़ाई के साथ वह खेती का काम भी करता है। उसके पास धन का नितांत अभाव है। उसके सहपाठी भी उसके पहनावे को लेकर उसकी खिल्ली उड़ाते हैं, फिर भी वह शिक्षा प्राप्त करने में सफल होता है। उसके चरित्र से समस्त किशोर विद्यार्थियों को शिक्षा ग्रहण करने की प्रेरणा लेनी चाहिए।

8. 'जूझ' कहानी के शीर्षक की सार्थकता सिद्ध कीजिए।
All India 2016

अथवा **'जूझ' कहानी के शीर्षक का औचित्य सिद्ध कीजिए।**
Delhi 2012; All India 2011

उत्तर 'जूझ' कहानी का शीर्षक पाठ के अनुरूप ही है। यह एक बालक की गरीबी, अपने पिता के स्वभाव से दुखी रहना तथा स्कूल जाने पर बच्चों द्वारा खिल्ली उड़ाना और दिन का अधिकतर समय खेत में काम करना इत्यादि दर्शाता है। उसके पिता ने ही उसके संघर्षों को और बढ़ा दिया था। पहले तो उसे पाठशाला नहीं जाने दिया और जब राव जी के कहने पर पाठशाला भेजा, तो भी उसे पिता की शर्तों का पालन करना पड़ता था। यदि काम अधिक होता तो उसे पाठशाला से छुट्टी भी करनी पड़ती थी। अत: इन सब बातों से सिद्ध होता है कि वह बालक हमेशा परेशानियों से जूझता ही रहा है। जूझने की प्रवृत्ति लेखक के जीवन की हर घटना में सर्वत्र रूप से व्याप्त है। अपने जीवन में लेखक ने संघर्षों से जूझते हुए अपने लक्ष्य को प्राप्त किया। उसका लक्ष्य था—बड़े होकर एक शिक्षित व्यक्ति बनना, जो उसने कठिन परिस्थितियों में भी कर दिखाया। अत: 'जूझ' शीर्षक इस कहानी का सर्वाधिक उपयुक्त शीर्षक है।

9. जूझ कहानी के आधार पर लेखक के जीवन संघर्ष को संक्षेप में वर्णित कीजिए। **Delhi 2016**

उत्तर लेखक के पिता बहुत आलसी और गैर-ज़िम्मेदार व्यक्ति हैं। वह लेखक को पाठशाला नहीं भेजते थे, क्योंकि यदि लेखक पाठशाला चला जाएगा, तो खेत का काम कौन करेगा? वे स्वयं तो दिनभर गाँव में घूमते रहते थे और रखमाबाई के कोठे पर भी जाते थे, जबकि लेखक को खेत के काम में लगाए रखना चाहते थे। राव जी के कहने पर उन्होंने लेखक को पाठशाला तो भेजा, पर शर्तों के साथ। शर्त यह थी कि वह सुबह के ग्यारह बजे तक खेतों में पानी देकर फिर पाठशाला जाएगा और पाठशाला से आकर फिर एक घंटा पशुओं को चराएगा। यदि किसी दिन खेत में काम ज़्यादा होगा, तो उस दिन पाठशाला से छुट्टी ले लेगा।

पाठशाला में भी लड़कों ने उसकी खिल्ली उड़ाई, क्योंकि वह मटमैली धोती और गमछा पहनकर गया था। इस प्रकार लेखक प्रतिकूल परिस्थितियों से संघर्ष करता हुआ पढ़ाई भी करता है और खेत का काम भी सँभालता है। यहाँ तक कि वह छंद, अलंकार, लय आदि से युक्त कविता की रचना भी करने लगा था। इस प्रकार लेखक जीवन के संघर्ष से जूझते हुए अपने लक्ष्य को प्राप्त करने में सफल होता है।

10. 'जूझ' कहानी के लेखक का पिता उसे पढ़ने से क्यों रोकना चाहता था? दत्ता राव को उसने लेखक की किन आदतों के बारे में बताया? **All India 2014**

उत्तर 'जूझ' कहानी के लेखक का पिता उसे पढ़ने से इसलिए रोकना चाहता था, ताकि लेखक अपना सारा समय खेती के कार्यों में लगा सके। वास्तव में, लेखक का पिता खेती के कार्यों से स्वयं को अलग रखना चाहता था, जिससे वह अपनी आवारा जीवन-शैली को आगे भी जारी रख सके।

लेखक के पिता ने दत्ता राव को लेखक की बुरी आदतों के बारे में बताया। लेखक को स्कूल नहीं भेजने के अपने निर्णय के बारे में उसने कारण दिया कि लेखक को स्कूल में गलत आदतें पड़ गई थीं। लेखक कभी कंडे बेचता, कभी चारा बेचता, सिनेमा देखता, तो कभी खेलने लग जाता। घर एवं खेती के काम में उसका ध्यान नहीं लगता था। हालाँकि लेखक के पिता द्वारा लेखक की आदतों के बारे में सभी बातें सही नहीं बताई गई थीं।

11. जूझ के कथानायक में कविता लिखने की चाह कैसे उत्पन्न हुई?

उत्तर श्री सौंदलगेकर मराठी भाषा को बड़े ही आनंद के साथ पढ़ाते थे। वे कविता को अत्यधिक मधुर स्वर में गाते थे। वे भाव, छंद, लय के जानकार थे। पहले वे कुछ कविताएँ गाकर सुनाते थे, फिर बैठे-बैठे अभिनय के साथ कविता का भाव ग्रहण कराते।

आनंदा को उनकी कविताएँ इतनी अच्छी लगती कि जब वह पाठशाला के बाद खेत में काम करने जाता तो हर समय उन्हें गुनगुनाता रहता था, जिसके कारण कविता में उसकी रुचि दिन-प्रतिदिन बढ़ती जा रही थी। सौंदलगेकर जी भी अब उसे विशेष रूप से सिखाने लगे और वे आनंदा की प्रशंसा भी करने लगे। श्री सौंदलगेकर जी से ही प्रेरणा लेकर अब आनंदा स्वयं भी कविता रचने लगा और उसे अपने गुरुजी को दिखाता था, जिससे कविता में जो कमी हो, वे उन्हें ठीक कर सकें। वे लेखक की कविता को देख उसे शाबाशी भी देते साथ ही कविता की भाषा-लय, छंद, गति, अलंकार आदि पर अपना सूक्ष्म दृष्टिकोण भी व्यक्त करते।

इस प्रकार कह सकते हैं कि जूझ के कथानायक आनंदा में कविता लिखने की चाह मराठी अध्यापक सौंदलगेकर जी के प्रभाव से उत्पन्न हुई।

03

अतीत में दबे पाँव

ओम थानवी

पाठ का सार

सिंधु सभ्यता का केंद्र

पाठ में पाकिस्तान स्थित मुअनजो-दड़ो और हड़प्पा शहरों का विस्तृत रूप से वर्णन किया गया है। मुअनजो-दड़ो सिंधु घाटी सभ्यता का केंद्र रहा था। यह शहर ताम्रकाल के शहरों में अपनी बड़ी-बड़ी गलियों व इमारतों की अनुभूति कराते हुए सबसे बड़ा शहर रहा होगा। इसकी जनसंख्या लगभग 85,000 रही होगी। खुदाई में प्राप्त मुहरें, इमारतें, खिलौने व बर्तन आदि इस सभ्यता की जानकारी देते हुए बताते हैं कि यह शहर किस प्रकार पूर्णत: योजना के अनुसार बसाया गया था।

नगर नियोजन एवं बौद्ध स्तूप

वर्ष 1922 में बौद्ध स्तूप के आस-पास की गई खुदाई में ईसा पूर्व के निशान पाए गए। भारत की सिंधु घाटी सभ्यता सबसे प्राचीन सभ्यता है। इसका वैज्ञानिक आधार पाए जाने पर मिस्र और मेसोपोटामिया की सभ्यता के अनुरूप ही यह सभ्यता आँकी गई है। यह शहर भारत का लैंडस्केप है, क्योंकि इस शहर को बनाने व यथार्थ स्वरूप देने का कार्य पूर्व नियोजित व्यवस्था के अनुसार एक संपूर्ण प्रणाली के अनुरूप किया गया होगा।

आधुनिक योजनाएँ जो आजकल के शहरों को व्यवस्थित करने के लिए बनाई जाती हैं, वे सिंधु सभ्यता के शहरों के बराबर नहीं हैं। इस शहर के दक्षिण में कुछ कामगारों की बस्तियाँ हैं।

संपन्न वर्ग की बस्तियाँ

इस सभ्यता की सबसे सुंदर व्यवस्था यह थी कि वह समाज को विकसित करने के लिए कार्य करती थी। यह सभ्यता सबसे सुंदर थी और पूर्णत: विकसित होने के कारण आज भी हम उस सभ्यता का उदाहरण देते हैं। इस सभ्यता में संपन्न वर्ग की बस्तियाँ पाई गई हैं। 5000 सालों में निम्न वर्ग की बस्तियाँ मिट गई हैं।

महाकुंड तथा सामुदायिक केंद्र

यहाँ पर पक्की ईंटों का एक कुंड है, जिसमें पानी की निकासी का उचित प्रबंध पाया गया। सामुदायिक केंद्र जैसा एक सभा भवन इसके दक्षिण में स्थित है, जो बीस खंभों पर आधारित है।

फसल

बैलगाड़ियों का प्रयोग ढुलाई के लिए होता था। यहाँ अनेक प्रकार की फसलें; *जैसे*—गेहूँ, जौ, सरसों, चने आदि का उत्पादन किया जाता था। अधिकतर कामगार खेत में ही काम करते थे। मकानों में सभी प्रकार की सुविधाएँ मौजूद थीं।

जल संस्कृति

पानी की निकासी के उचित प्रबंधन के कारण किसी भी रूप में बीमारी का प्रकोप अधिक नहीं हो सकता था, क्योंकि नालियाँ आदि उचित रूप में ढकी हुई थीं। घरों के भीतर से पानी या मैल की नालियाँ बाहर हौदी तक आती हैं और फिर अन्य नालियों के साथ जुड़ जाती हैं। वे नालियाँ अधिकतर बंद हैं। यहाँ पर कुओं का प्रबंध आवश्यकता के अनुसार उचित रूप में किया गया था।

अजायबघर

मुअनजो-दड़ो में स्थित इससे संबंधित अजायबघर छोटा ही है, जैसे वह किसी कस्बाई स्कूल की इमारत हो। यहाँ अधिक सामान नहीं है। अहम चीज़ें कराची, लाहौर, दिल्ली और लंदन में ही हैं। काला पड़ गया गेहूँ, ताँबे और काँसे के बर्तन, मुहरें, चाक पर बने विशाल मृद्‌भांड, उन पर काले-भूरे चित्र, चौपड़ की गोटियाँ, ताँबे का आईना और पत्थर के औज़ार आदि के बारे में अली नवाज बताता है कि यहाँ पर सोने के गहने भी थे, लेकिन वे चोरी हो गए। अजायबघर में प्रदर्शित चीज़ों में औज़ार तो हैं, पर हथियार कोई नहीं है। यहाँ कुछ सुइयाँ भी मिली हैं। सुइयों के अलावा हाथी दाँत और ताँबे के सुएँ, नर्तकी तथा दुशाला ओढ़े दाढ़ी वाले नरेश की मूर्ति भी मिली है, लेकिन इनका प्रमाण मिलना अब मुश्किल है, क्योंकि सिंधु नदी के पानी से खुदाई के स्थान पर दलदल की समस्या उत्पन्न हो गई है, जिससे खुदाई को अब बंद करना पड़ा है।

लेखक ने इस सभ्यता के इतिहास को इतने सुंदर रूप में वर्णित किया है, जैसे मुअनजो-दड़ो सभ्यता उसकी जानी पहचानी-सी हो।

PYQs पूर्व परीक्षाओं के प्रश्न व अन्य महत्त्वपूर्ण प्रश्न

पाठ पर आधारित बहुविकल्पीय प्रश्न

1. मुअनजो-दड़ो सबसे बड़ा शहर है **CBSE 2023**

(i) ताम्रकाल के शहरों में (ii) स्वर्णकाल के शहरों में
(iii) पाषाणकाल के शहरों में (iv) रजतकाल के शहरों में

उत्तर (i) ताम्रकाल के शहरों में

2. सिंधु घाटी सभ्यता की संस्कृति को आप किन श्रेणी में रखेंगे? **CBSE 2023**

(i) खेतिहर संस्कृति (ii) मैदानी संस्कृति
(iii) नभ संस्कृति (iv) शहरी संस्कृति

उत्तर (iv) शहरी संस्कृति

3. निम्नलिखित में से किस बात से यह पता चलता है कि मुअनजो-दड़ो के लोग बारीक कशीदाकारी करते थे? **CBSE 2023**

(i) सुई मिलने से (ii) दुशाला मिलने से
(iii) (i) और (ii) दोनों (iv) सूती कपड़ा मिलने से

उत्तर (iii) (i) और (ii) दोनों

4. 'मुअनजो-दड़ो' के बारे में धारणा है कि 'अपने दौर में वह सिंधु घाटी की सभ्यता का केंद्र रहा होगा'-पंक्ति में 'केंद्र' से क्या अभिप्राय है? **CBSE 2023**

(i) प्रमुख गाँव (ii) राजधानी
(iii) व्यावसायिक स्थल (iv) शिक्षा स्थल

उत्तर (iii) व्यावसायिक स्थल

5. 'मुअनजो-दड़ो' और 'हड़प्पा' को सिंधु घाटी सभ्यता के परिपक्व दौर का शहर क्यों कहा गया है? **CBSE 2023**

(i) सबसे पुराने होने से (ii) पूर्ण विकसित होने से
(iii) सबसे उत्कृष्ट होने से (iv) बहुत बड़ा होने से

उत्तर (iv) बहुत बड़ा होने से

6. 'मुअनजो-दड़ो' को छोटे-मोटे टीलों पर आबाद क्यों किया गया था? **CBSE 2023**

(i) पहाड़ी इलाके के लिए (ii) बाढ़ से बचने के लिए
(iii) दूर से दिखने के लिए (iv) बड़े शहर के लिए

उत्तर (ii) बाढ़ से बचने के लिए

7. छोटे टीलों पर बनी बस्तियों को क्या कहा गया है? **CBSE 2023**

(i) गढ़ (ii) रईसों की बस्ती
(iii) नीचा नगर (iv) सचिवालय

उत्तर (ii) रईसों की बस्ती

8. मुअनजो-दड़ो में अब खुदाई क्यों बंद कर दी गई है? **CBSE 2023**

(i) दलदल की समस्या के कारण
(ii) कुछ नहीं मिलने के कारण
(iii) अवशेष की उम्मीद नहीं होने के कारण
(iv) मौजूद खंडहर बचाने के लिए

उत्तर (iv) मौजूद खंडहर बचाने के लिए

9. अजायबघर में प्रदर्शित चीजों में कौन-सी चीजें नहीं मिली हैं? **CBSE 2023**

(i) हथियार (ii) बरतन
(iii) औजार (iv) सुई

उत्तर (i) हथियार

10. 'अतीत में दबे पाँव' पाठ के आधार पर बताइए कि राखालदास बनर्जी मुअनजो-दड़ो में किसकी खोज करना चाहते थे? **CBSE 2023**

(i) गढ़ (ii) स्नानागार
(iii) महाकुंड (iv) बौद्ध स्तूप

उत्तर (iv) बौद्ध स्तूप

11. निम्नलिखित कथन कारण को ध्यानपूर्वक पढ़िए और उसके बाद दिए गए विकल्पों में से सही विकल्प चुनकर लिखिए। **CBSE 2023**

कथन (A) सिंधु घाटी सभ्यता की खूबी उसका सौंदर्य बोध है।

कारण (R) (i) खुदाई के दौरान मिली वस्तुओं में उनकी कला सिद्धता का ज्ञान होता है।

(i) कथन (A) और कारण (R) दोनों सही हैं तथा कारण (R) कथन (A) की सही व्याख्या करता है।
(ii) कथन (A) तथा कारण (R) दोनों गलत हैं।
(iii) कथन (A) सही है, लेकिन कारण (R) गलत है।
(iv) कथन (A) गलत है, लेकिन कारण (R) सही है।

उत्तर (i) कथन (A) और कारण (R) दोनों सही हैं तथा कारण (R) कथन (A) की सही व्याख्या करता है।

12. मुअनजो-दड़ो और हड़प्पा के रहस्य आज भी रहस्य क्यों बने हुए हैं? **CBSE 2023**

(i) भव्यता के आडंबर के कारण
(ii) अध्ययन नहीं हो पाने के कारण
(iii) अनबूझ लिपि के कारण
(iv) सुघड़ता के अभाव के कारण

उत्तर (ii) अध्ययन नहीं हो पाने के कारण

13. सिंधु घाटी की सभ्यता के संबंध में कौन-सा कथन सही नहीं है? **CBSE SQP 2022-23**

(i) सिंधु घाटी की सभ्यता प्राचीनतम सभ्यता थी
(ii) सिंधु घाटी की सभ्यता आडंबरहीन सभ्यता थी
(iii) सिंधु घाटी की सभ्यता छोटी होते हुए भी महान थी
(iv) सिंधु घाटी की सभ्यता में राजतंत्र स्थापित नहीं था

उत्तर (iv) सिंधु घाटी की सभ्यता में राजतंत्र स्थापित नहीं था

14. निम्नलिखित कथनों पर विचार कीजिए। **CBSE SQP 2022-23**

1. महाकुंड स्तूप में उत्तर और दक्षिण से सीढ़ियाँ उतरती हैं।
2. मुअनजो-दड़ो सभ्यता में सूत की कताई, बुनाई और रँगाई भी होती थी।
3. सिंधु घाटी सभ्यता में जल निकासी की व्यवस्था अत्यंत बुरी थी।
4. मुअनजो-दड़ो से मिला नरेश के सिर का मुकुट बहुत छोटा था।

उपरोक्त कथनों में से कौन-सा/से कथन सही है/हैं?

(i) केवल 1 (ii) केवल 3
(iii) 1, 2 और 3 (iv) 1, 2 और 4

उत्तर (iv) 1, 2 और 4

15. राखालदास बनर्जी कौन थे? CBSE SQP 2022-23

(i) शिक्षक (ii) भिक्षुक
(iii) पुरातत्त्ववेत्ता (iv) व्यापारी

उत्तर (iii) पुरातत्त्ववेत्ता

16. "सिंधु सभ्यता साधना संपन्न थी, पर उसमें भव्यता का आडंबर नहीं था।" प्रस्तुत पंक्ति से क्या तात्पर्य है? 'अतीत के दबे पाँव' पाठ के आधार पर बताइए। CBSE SQP 2020-21

(i) इस सभ्यता में राजा प्रजा की तरह सादगी से रहता था
(ii) इस सभ्यता में साधन बहुत थे, जो देखने में आकर्षक थे
(iii) इस सभ्यता में सभी प्रकार के साधन थे, किंतु दिखावा नहीं था
(iv) इस सभ्यता में सभी लोग संपन्न थे, परंतु वे दिखावा नहीं करते थे

उत्तर (iii) इस सभ्यता में सभी प्रकार के साधन थे, किंतु दिखावा नहीं था

17. 'अतीत में दबे पाँव' पाठ के अनुसार, "सिंधु सभ्यता की खूबी उसका सौंदर्य बोध है, जो राज-पोषित या धर्म-पोषित न होकर समाज-पोषित था।" ऐसा इसलिए कहा गया है, क्योंकि CBSE SQP 2020-21

(i) सिंधु घाटी सभ्यता में सौंदर्य के प्रति चेतना अधिक थी
(ii) सिंधु घाटी सभ्यता में राजा से बड़ा स्थान लोगों के कार्यों का था
(iii) सिंधु घाटी सभ्यता में धर्म का महत्त्व न था। अत: समाज ही सर्वोपरि था
(iv) सिंधु घाटी सभ्यता में अमीर-गरीब न थे। अत: समाज में समानता थी

उत्तर (ii) सिंधु घाटी सभ्यता में राजा से बड़ा स्थान लोगों के कार्यों का था

18. "टूटे-फूटे खंडहर, सभ्यता और संस्कृति के इतिहास के साथ-साथ धड़कती जिंदगियों के अनछुए समयों के सभी दस्तावेज होते हैं।", 'अतीत में दबे पाँव' पाठ के अनुसार इस कथन का क्या भाव है? CBSE SQP 2020-21

(i) ऐतिहासिक इमारतों में बीते हुए जीवन के चिह्न महसूस होते हैं
(ii) ऐतिहासिक इमारतों, कला, खान-पान इत्यादि में सदा जीवंतता होती है
(iii) पुरातन इमारतों के अध्ययन मात्र से इतिहास की व्याख्या संभव हो पाती है
(iv) इतिहास की समझ हेतु केवल सभ्यता और संस्कृति का जानना आवश्यक होता है

उत्तर (i) ऐतिहासिक इमारतों में बीते हुए जीवन के चिह्न महसूस होते हैं

19. सिंधु घाटी के नगर नियोजन, वास्तुकला, शिल्पकला सड़क निर्माण आदि से क्या ज्ञात होता है?

(i) ये केवल खंडहर ही थे
(ii) ये खंडहर के प्रमाण नहीं हैं
(iii) ये केवल बाह्य आडंबर थे
(iv) ये किसी समाज को व्याख्यायित नहीं करते हैं

उत्तर (ii) ये खंडहर के प्रमाण नहीं हैं

20. सिंधु सभ्यता में कुंड के तल में और दीवारों पर ईंटों के बीच चूने और चिरोड़ी के गारे का उपयोग किस लिए किया जाता होगा?

(i) कुंड का पानी रिस न सके
(ii) बाहर का अशुद्ध पानी कुंड में न जाने पाए
(iii) (i) और (ii) दोनों
(iv) कुंड की सुंदरता बढ़ाने के लिए

उत्तर (iii) (i) और (ii) दोनों

21. मुहरें, धातु-पत्थर की मूर्तियों आदि के मिलने पर क्या संभव हो पाया है?

(i) सिंधु घाटी सभ्यता का अध्ययन करना
(ii) इतिहास की पर्याप्त जानकारी मिलना
(iii) भविष्य की अध्ययन की पृष्ठभूमि तैयार करना
(iv) ऐतिहासिक स्थल का ज्ञान होना

उत्तर (i) सिंधु घाटी सभ्यता का अध्ययन करना

22. सिंधु घाटी सभ्यता की खोज की शुरुआत में वहाँ की खेती के संबंध में क्या समझा जाता था?

(i) इस घाटी के लोग उन्नत किस्म की खेती करते थे
(ii) इस घाटी के लोग अन्न नहीं उगाते थे
(iii) इस घाटी के लोग केवल ज्वार की खेती करते थे
(iv) इस घाटी के लोग खेती में कोई दिलचस्पी नहीं रखते थे

उत्तर (ii) इस घाटी के लोग अन्न नहीं उगाते थे

23. लेखक ने सिंधु सभ्यता को जल संस्कृति किस आधार पर कहा है?

(i) उस समय अधिक वर्षा होने के कारण
(ii) नदी, कुएँ, कुंड, स्नानागार और बेजोड़ जल निकासी के कारण
(iii) केवल नदियों के किनारे बसी होने के कारण
(iv) जल की बर्बादी को रोकने के कारण

उत्तर (ii) नदी, कुएँ, कुंड, स्नानागार और बेजोड़ जल निकासी के कारण

24. "मुअनजो-दड़ो में मिले कुंड की बनावट ही इसके अनुष्ठानिक प्रयोग का प्रमाण माना जाता है" इस कथन से क्या तात्पर्य है?

(i) कुंड का उपयोग पवित्र या अनुष्ठानिक रूप में किया जाता होगा
(ii) कुंड की बनावट के विषय में कोई जानकारी उपलब्ध नहीं
(iii) कुंड एक धर्म विशेष का द्योतक न होकर संपूर्ण समाज का रूप है
(iv) कुंड केवल उच्च वर्ग के प्रयोग हेतु था

उत्तर (i) कुंड का उपयोग पवित्र या अनुष्ठानिक रूप में किया जाता होगा

25. सिंधु घाटी की सभ्यता दूसरी सभ्यताओं से किस प्रकार भिन्न थी?

(i) यह सभ्यता पूर्णत: राजाश्रित सभ्यता थी
(ii) यह सभ्यता साधन संपन्न सभ्यता थी
(iii) इसमें किसी एक का प्रभुत्व नहीं था, बल्कि एकता व समृद्धि से परिपूर्ण सभ्यता थी
(iv) इसमें निम्न वर्ग पर विशेष ध्यान दिया गया, जिससे उनका विकास हो सके

उत्तर (iii) इसमें किसी एक का प्रभुत्व नहीं था, बल्कि एकता व समृद्धि से परिपूर्ण सभ्यता थी

निबंधात्मक/विषय-वस्तु पर आधारित प्रश्नोत्तर

1. मुअनजो-दड़ो की सभ्यता को लो-प्रोफाइल सभ्यता क्यों माना गया है? CBSE SQP Term II 2021-22

उत्तर मुअनजो-दड़ो की सभ्यता को लो-प्रोफाइल सभ्यता इसलिए माना जाता है, क्योंकि कला की दृष्टि से हड़प्पा सभ्यता अत्यंत समृद्ध थी। इस सभ्यता के लोगों में कला के प्रति समृद्ध दृष्टि तत्कालीन मनुष्यों की दैनिक प्रयोग की वस्तुओं में स्पष्ट रूप से दिखाई देती है; जैसे—वहाँ की वास्तुकला तथा नियोजन, धातु एवं पत्थर की मूर्तियाँ, मिट्टी के बर्तन एवं उन पर बने चित्र, वनस्पति एवं पशु-पक्षियों की छवियाँ, मुहरें, उन पर उत्कीर्ण आकृतियाँ, खिलौने, केश-विन्यास, आभूषण, सुघड़ लिपि आदि तत्कालीन समय में विद्यमान हड़प्पा सभ्यता के सौंदर्य बोध को व्यक्त करती है। वहाँ भव्य राजमहल, मंदिरों या समाधियों के अवशेष नहीं मिलते। भवनों में आकार की विशालता एवं भव्यता मौजूद नहीं है। कोई भी ऐसी मूर्ति या चित्र उपलब्ध नहीं हुआ है, जिसमें प्रभुत्व या दिखावे के तेवर व्याप्त हों। कहने का आशय यह है कि हड़प्पा सभ्यता कला की दृष्टि से अत्यधिक समृद्ध तो थी, लेकिन यह कला-सौंदर्य राज-पोषित या धर्म-पोषित न होकर समाज-पोषित थी अर्थात् कहा जा सकता है कि मुअनजो-दड़ो की सभ्यता लो प्रोफाइल सभ्यता थी।

2. सिंधु सभ्यता के केंद्र में समाज था, राजा या धर्म नहीं ! सिद्ध कीजिए। CBSE SQP Term II 2021-22

अथवा यह कैसे कहा जा सकता है कि सिंधु सभ्यता का सौंदर्यबोध राज-पोषित या धर्म-पोषित न होकर समाज-पोषित था? 'अतीत में दबे पाँव' के आधार पर उत्तर लिखिए। All India 2012

उत्तर मुअनजो-दड़ो की सभ्यता साधन संपन्न थी। यहाँ के लोगों की रुचि कला से जुड़ी होती थी। यहाँ पर पत्थर की मूर्तियाँ, मृद्‌भांड, पशु-पक्षियों की छवियाँ, सुनिर्मित मुहरें, खिलौने, केश-विन्यास, आभूषण इत्यादि सिंधु सभ्यता को तकनीकी रूप से अधिक सिद्ध होने की अपेक्षा उसके कला प्रेम को अधिक दर्शाते हैं। यह सभ्यता धर्मतंत्र या राजतंत्र की ताकत का प्रदर्शन करने वाले महलों, उपासना स्थलों आदि का निर्माण नहीं करती थी। सिंधु सभ्यता समाज-पोषित संस्था का समर्थन करती थी। सभ्यता में आडंबर को स्थान नहीं दिया गया था, अपितु चारों ओर से सुंदरता ही दिखाई देती थी। समाज में सौंदर्य बोध था, न कि कोई राजनीतिक या धार्मिक आडंबर। सभ्यता के केंद्र में समाज को प्रथम स्थान दिया गया है। इसमें न किसी राजा का प्रभाव था और न ही किसी धर्म विशेष का। इतना अवश्य है कि कोई-न-कोई राजा अवश्य रहा होगा, लेकिन यह सभ्यता राजा पर आश्रित नहीं थी। इन्हीं बातों के आधार पर हम कह सकते हैं कि "सिंधु सभ्यता राज-पोषित या धर्म-पोषित न होकर पूरी तरह से समाज-पोषित थी।"

3. उन तथ्यों का उल्लेख कीजिए जो लेखक की इस मान्यता की पुष्टि करते हैं कि सिंधु घाटी सभ्यता समृद्ध तो थी, परंतु उसमें भव्यता का आडंबर नहीं था। CBSE Term II 2021-22, All India 2016

अथवा सिंधु सभ्यता साधन संपन्न थी, पर उसमें भव्यता का आडंबर नहीं था। कैसे? CBSE Term II 2021; Delhi 2012; All India (C) 2018, 12

उत्तर सिंधु सभ्यता साधन संपन्न थी, फिर भी इसमें आडंबर या बनावटीपन लेशमात्र भी नहीं था। ये हर प्रकार के साधनों से भरी पड़ी थी। इस सभ्यता से वहाँ की व्यापारिक व्यवस्थाओं की जानकारी तो मिलती है, मगर सब कुछ आवश्यकताओं से जुड़ा हुआ नहीं है। भव्यता के आडंबर का प्रदर्शन कहीं नहीं दिखाई देता। निर्माण शैली हर प्रकार से विस्तृत होने के बाद भी लोग दिखावे से बहुत दूर थे। सभ्यता का निर्माण व्यवस्थित तरीके से किया गया। जो वस्तु जिस रूप से सुंदर लगती थी, उसका निर्माण उसी ढंग से किया गया था। पुरातात्विक तथ्यों से पता चलता है कि सिंधु सभ्यता अत्यंत विशाल थी।

4. मुअनजो-दड़ो के बड़े घरों में छोटे कमरे होने का क्या कारण था? CBSE Term II 2021-22

उत्तर मुअनजो-दड़ो के घर बड़े हैं और घरों में मंजिलें भी हैं। बड़े घरों में कुछ छोटे कमरे हैं। इससे अनुमान लगाया जा सकता है कि शहर की आबादी काफ़ी अधिक रही होगी। एक कारण यह भी हो सकता है कि ऊपर की मंजिल में मालिक और नीचे के छोटे कमरों में नौकर-चाकर रहते होंगे, परंतु सभी घर एक ही कतार में बने हुए हैं। बड़े घरों के आँगन में चौड़ी सीढ़ियाँ हैं। कुछ घरों में ऊपर की मंजिल के निशान हैं, पर सीढ़ियाँ नहीं। शायद लकड़ी की सीढ़ियाँ रही हों, जो कालांतर में नष्ट हो गई होंगी। इस प्रकार अनुमान लगाया जा सकता है कि बड़े घरों में छोटे कमरे उन्होंने अपनी व्यवस्था के अनुसार बनाए होंगे।

5. "मुअनजो-दड़ो की सभ्यता पूर्ण विकसित मानव सभ्यता थी"—कथन के पक्ष में अपने कारण लिखिए। CBSE SQP Term II 2019-20

अथवा मुअनजो-दड़ो की सभ्यता पूर्ण विकसित मानव सभ्यता थी, कैसे? CBSE SQP 2017-18, 2018-19

अथवा 'सिंधु की सभ्यता पूर्ण विकसित मानव सभ्यता थी' इस विचार से आप कहाँ तक सहमत हैं और क्यों? Delhi 2019

उत्तर मुअनजो-दड़ो की सभ्यता साधन संपन्न थी। यहाँ के लोगों की रुचि कला से जुड़ी होती थी। यहाँ पर पत्थर की मूर्तियाँ, मृद्‌भांड, पशु-पक्षियों की छवियाँ, सुनिर्मित मुहरें, खिलौने, केश विन्यास, आभूषण इत्यादि सिंधु सभ्यता को तकनीकी रूप से अधिक सिद्ध होने की अपेक्षा उसके कला प्रेम को अधिक दर्शाते हैं। यह सभ्यता धर्म तंत्र या राजतंत्र की ताकत का प्रदर्शन करने वाले महलों, उपासना स्थलों आदि का निर्माण नहीं करती थी। सिंधु सभ्यता समाज पोषित संस्था का समर्थन करती थी।

मुअनजो-दड़ो और हड़प्पा का प्राचीन नगर नियोजन वस्तुतः वास्तुकला, शिल्पकला, सड़क निर्माण आदि की जानकारी पर प्रकाश डालता है। यहाँ के अद्‌भुत घरों में जब लोग बसते होंगे, तब सड़कों पर वाहन भी चलाते होंगे और बसी-बसाई बस्तियों की चहल-पहल भी होगी। इस प्रकार खंडहरों के आधार पर उनके रहने-सहने का ढंग और सोचने के तरीकों की भी कल्पना की जा सकती है। संसार में सभी प्राचीन सभ्यताओं की तुलना में इसे सर्वश्रेष्ठ माना गया है। इस प्रकार कह सकते हैं कि मुअनजो-दड़ो की सभ्यता पूर्ण विकसित मानव सभ्यता थी।

6. "सिंधु घाटी के लोगों में कला या सुरुचि का महत्त्व अधिक था।" उदाहरण देकर स्पष्ट कीजिए। All India 2019; Delhi 2013

उत्तर सिंधु घाटी सभ्यता के लोगों में उत्कृष्ट कलात्मक अभिरुचि थी। यहाँ के लोगों के दैनिक प्रयोग की वस्तुओं में भी कलात्मकता दिखाई देती है। यहाँ की वास्तुकला तथा नियोजन, धातु व पत्थर की मूर्तियाँ, केश-विन्यास, आभूषण, बर्तनों पर उभारे गए चित्र, मुहरों पर उत्कीर्ण आकृतियाँ आदि सिंधु घाटी के लोगों के सौंदर्यबोध और कलात्मक रुचि को प्रकट करती हैं। वस्तुओं के प्राकृतिक या नैसर्गिक सौंदर्य को अधिक महत्त्व दिया गया था। सामूहिकता एवं सामाजिकता का पक्ष इस सभ्यता के लोगों के लिए प्राथमिकता थी। इस सभ्यता में राजमहलों, मंदिरों, समाधियों के अवशेष नहीं मिलते। ऐसी कोई मूर्ति उपलब्ध नहीं हुई, जिसमें विशालता एवं भव्यता व्याप्त हो। इसका आशय यह है कि यह सभ्यता राजपोषित या धर्मपोषित न होकर समाजपोषित थी।

7. अतीत में दबे पाँव पाठ के आधार पर सिंधु घाटी सभ्यता के नगर स्थापत्य की विशिष्टताओं का उल्लेख कीजिए। CBSE 2020 C

अथवा 'अतीत में दबे पाँव' के आधार पर सिंधु घाटी सभ्यता की प्रमुख विशेषताओं की चर्चा कीजिए। All India 2017; Delhi 2016

अथवा मुअनजो-दड़ो से प्राप्त जानकारी के आधार पर सिंधु सभ्यता की सामाजिक एवं सांस्कृतिक विशेषताओं का वर्णन करें। Foreign 2010

अथवा कैसे कहा जा सकता है 'सिंधु सभ्यता आडंबर विहीन सभ्यता थी'? उदाहरण सहित 'अतीत में दबे पाँव' के आधार पर स्पष्ट कीजिए। All India 2019

उत्तर सामाजिक एवं सांस्कृतिक दृष्टि से सिंधु सभ्यता के सामाजिक वातावरण को बहुत अनुशासित होने का अनुमान लगाया गया है। वहाँ का अनुशासन ताकत के बल पर नहीं था। नगर योजना, वास्तुशिल्प, मुहर, पानी या साफ-सफाई जैसी सामाजिक व्यवस्था में एकरूपता से यह अनुशासन प्रकट होता है।

सिंधु सभ्यता में सुनियोजित नगर थे, पानी की निकासी की व्यवस्था अच्छी थी। सड़कें लंबी व चौड़ी थीं, कृषि भी की जाती थी, यातायात के साधन के रूप में बैलगाड़ी भी थी। हर नगर में मुद्रा, अनाज भंडार, स्नानगृह आदि थे तथा पक्की ईंटों का प्रयोग होता था। सिंधु सभ्यता में प्रदर्शन या दिखावे की प्रवृत्ति नहीं है। यही विशेषता इसको अलग सांस्कृतिक धरातल पर खड़ा करती है। यह धरातल संसार की दूसरी सभी सभ्यताओं से पृथक् है।

8. "टूटे-फूटे खंडहर सभ्यता और संस्कृति के इतिहास के साथ-साथ धड़कती ज़िंदगियों के अनछुए समयों का भी दस्तावेज होते हैं" कैसे? अतीत के दबे पाँव के आधार पर उत्तर की पुष्टि कीजिए। All India 2015, 12

अथवा "टूटे-फूटे खंडहर सभ्यता और संस्कृति के इतिहास के साथ-साथ धड़कती ज़िंदगियों के अनछुए समयों का भी दस्तावेज़ होते हैं।" इस कथन का भाव स्पष्ट कीजिए। All India 2014

उत्तर जहाँ कहीं भी मनुष्य या आदमी बसे हुए होते हैं, वहाँ बाद में उनके न रहने पर खंडहर ही बन जाते हैं। मुअनजो-दड़ो के लेखक को यह आभास होता है कि शहर के किसी भी मकान की दीवार पर वह पीठ टिकाकर आराम कर सकता है। किसी भी घर की ड्योढ़ी पर पाँव रखते ही शरीर सहम जाता है। रसोई की खिड़की पर खड़े होकर रसोई की गंध महसूस की जा सकती है और शहर का कोई सुनसान रास्ता हमें बैलगाड़ी की धीमी-सी आवाज़ का संदेश सुनाता है।

मुअनजो-दड़ो और हड़प्पा का प्राचीन नगर नियोजन वस्तुत: वास्तुकला, सड़क निर्माण आदि की जानकारी पर रोशनी डालता है। यहाँ के अद्भुत घरों में जब लोग बसते होंगे, तब सड़कों पर वाहन भी चलते होंगे और बसी-बसाई बस्तियों की चहल-पहल भी होगी। इस प्रकार खंडहरों के आधार पर उनके रहने-सहने का ढंग और सोचने के तरीकों की भी कल्पना की जा सकती है। संसार में सभी प्राचीन सभ्यताओं की तुलना में इसे श्रेष्ठ माना गया है।

9. मुअनजो-दड़ो का अनूठा नगर-नियोजन आधुनिक नगर-नियोजन के प्रतिमान नगरों से बेहतर क्यों है? उदाहरणों के आधार पर स्पष्ट कीजिए। All India 2013

उत्तर मुअनजो-दड़ो की नगर योजना वास्तव में आज की सेक्टर-मार्का कॉलोनियों के नियोजन से अधिक बेहतर थी। मुअनजो-दड़ो की सड़कें चौड़ी थीं। यहाँ की सड़कें सीधी या आड़ी थीं। मुअनजो-दड़ो की जल-निकासी का प्रबंध इतना उन्नत था कि आज के वास्तुकार भी उसे देखकर सोच में पड़ जाते हैं।

नगर की योजना अत्यंत सुव्यवस्थित एवं वैज्ञानिक रूप से तार्किक थी। घरों की बनावट हो या सार्वजनिक स्थानों की योजना, सभी में तार्किक सुव्यवस्था थी।

मुअनजो-दड़ो में मकान सतह से कुछ ऊँचे बनाए जाते थे, ताकि नदी का पानी उन्हें हानि न पहुँचा सके। इस शहर में उच्चवर्ग की बस्ती, स्नानागार, ढकी नालियाँ, पानी की निकासी की व्यवस्था, सभा भवन, घरों की बनावट आदि देखकर स्पष्ट रूप से कहा जा सकता है कि यहाँ की नगर-योजना बेमिसाल थी।

10. सिंधु-सभ्यता के सबसे बड़े शहर मुअनजो-दड़ो की किन्हीं तीन उल्लेखनीय विशेषताओं का उल्लेख कीजिए। All India (C) 2012

उत्तर मुअनजो-दड़ो शहर की अनेक विशेषताएँ थीं, जो निम्नलिखित हैं—

(i) यहाँ सैन्य बल नहीं था।
(ii) यहाँ किसी प्रकार के हथियार भी नहीं मिले।
(iii) यहाँ मकानों में बड़े कमरों के साथ छोटे-छोटे कमरे भी बने थे।
(iv) यहाँ जल निकासी की भी उत्तम व्यवस्था थी।
(v) यहाँ लोग खेती करते थे। यहाँ कोई राजभवन दिखाई नहीं देता।
(vi) यहाँ के लोग धार्मिक अनुष्ठान भी करते थे।

11. नदी, कुएँ, स्नानागार और बेजोड़ निकासी व्यवस्था को देखते हुए लेखक पाठकों से प्रश्न पूछता है कि क्या हम सिंधु सभ्यता को जल-संस्कृति कह सकते हैं? आपका जवाब लेखक के पक्ष में है या विपक्ष में? तर्क दें। Delhi 2010

उत्तर जल को मनुष्य के जीवन का आधार माना गया है। प्राचीन सभ्यताओं का विकास भी नदियों के किनारे ही हुआ है। आधुनिक युग में सबसे बड़ी समस्या 'जल-संकट' के रूप में पैदा हो चुकी है। इसी प्रकार जल की निकासी की समस्या से भी आज का युग जूझ रहा है। सिंधु सभ्यता के सामूहिक स्नान के लिए बने स्नानागार वास्तुकला के उदाहरण हैं। एक पाँत में आठ स्नानघर हैं और किसी एक का द्वार भी दूसरे के सामने नहीं खुलता। कुंड के तल में और दीवारों पर ईंटों के बीच चूने और चिरोड़ी के गारे का उपयोग किया गया है, जिससे कुंड का पानी रिस न सके और बाहर का 'अशुद्ध' (गंदा) पानी कुंड में न आने पाए। यहाँ नगरों में सड़कों के साथ बनी नालियाँ भी पक्की ईंटों से ढकी हुई हैं।

यहाँ पानी की निकासी का सर्वोत्तम प्रबंध है। सिंधु सभ्यता में नदी के महत्त्व के कारण जल की समुचित व्यवस्था के साथ-साथ कुएँ, कुंड एवं विशाल स्नानागार भी बनाए गए। जल निकासी की सुव्यवस्था को देखते हुए हम इसे जल-संस्कृति कह सकते हैं।

अभ्यास प्रश्न

बहुविकल्पीय प्रश्न

1. यशोधर बाबू कहाँ रहते थे?
(i) अपने पुस्तैनी मकान में
(ii) सरकारी क्वार्टर में
(iii) जैन मंदिर में
(iv) गाँव में

2. यशोधर बाबू का दूसरा बेटा क्या कर रहा था?
(i) खेती बाड़ी
(ii) सरकारी कर्मचारी की नौकरी
(iii) आई.ए.एस. की तैयारी
(iv) वन विभाग में नौकरी

3. कागज और पेंसिल के अभाव में लेखक किस पर अपनी कविता लिखता था?
(i) भैंस की पीठ पर
(ii) पत्थर की शिला पर
(iii) मिट्‌टी पर
(iv) (i) और (ii) दोनों

4. दुनिया के सबसे पुराने नियोजित शहर माने जाते हैं—
(i) फतेहपुर
(ii) जबलपुर
(iii) मोहनजोदड़ो और हड़प्पा
(iv) नागपुर

5. 'सिल्वर वैडिंग' कहानी के आधार पर लिखिए कि यशोधर बाबू दफ्तर से घर जल्दी लौटना क्यों पसंद नहीं करते थे?
(i) पत्नी और बच्चों से वैचारिक मतभेद होने के कारण
(ii) दफ्तर के बाद बिड़ला मंदिर जाना पसंद होने के कारण
(iii) घर के कोलाहल से बचने के कारण
(iv) घर के एकाकी वातावरण से बचने के कारण

6. किशनदा के रिटायर होने के बाद यशोधर बाबू उन्हें अपने घर में क्यों नहीं रख पाए?
(i) घर में अतिरिक्त कमरा न होने के कारण
(ii) पत्नी और बच्चों द्वारा उन्हें पसंद न किए जाने के कारण
(iii) अपने परिवार को नाराज न करने के कारण
(iv) किशनदा द्वारा उनके प्रस्ताव को अस्वीकार किए जाने के कारण

7. चौथी से पाँचवीं कक्षा तक अपनी लगने वाली पाठशाला आनंदा को एकदम पराई जैसी क्यों लगने लगी?
(i) सहपाठियों के पास होकर आगे की कक्षा में चले जाने के कारण
(ii) मास्टर जी के कठोर व्यवहार के कारण
(iii) चह्वान के लड़के द्वारा खिल्ली उड़ाने के कारण
(iv) नई कक्षा की कठिन पढ़ाई के कारण

8. वसंत पाटिल का कक्षा में सम्मान क्यों था?
(i) वह मॉनीटर था
(ii) कक्षा में आगे बैठता था
(iii) पढ़ने में होशियार एवं शांत था
(iv) मास्टरों का लाड़ला था

• निम्नलिखित प्रश्नों के उत्तर लगभग 60 शब्दों में दीजिए।

1. आप कैसे कह सकते हैं कि यशोधर बाबू किशनदा के मानस-पुत्र हैं? कहानी के आधार पर स्पष्ट कीजिए।

2. 'अतीत के दबे पाँव' अध्याय में किसका वर्णन किया गया है इसका क्या उद्‌देश्य है?

3. 'जुझ' उपन्यास के पठितांश आधार पर दत्ताजी राव साहब का चरित्र-चित्रण कीजिए।

4. 'जूझ' कहानी के शीर्षक की सार्थकता सिद्ध कीजिए।

5. 'जूझ' कहानी के शीर्षक का औचित्य सिद्ध कीजिए।

6. यशोधर बाबू के व्यक्तित्व की तीन प्रमुख विशेषताओं पर सोदाहरण सहित प्रकाश डालिए।

7. 'सिल्वर वैडिंग' कहानी के आधार पर यशोधर बाबू के व्यक्तित्व की प्रमुख विशेषताओं पर प्रकाश डालिए।

CBSE अध्यायवार सॉल्वड पेपर्स

प्रतिदर्श प्रश्न–पत्र (1-3)

CBSE

प्रतिदर्श प्रश्न-पत्र 1

हल सहित

हिंदी केंद्रिक

समय : 3 घंटे
पूर्णांक : 80

सामान्य निर्देश

1. इस प्रश्न–पत्र में खंड 'अ' में वस्तुपरक तथा और खंड 'ब' में वर्णनात्मक प्रश्न पूछे गए है।
2. खंड 'अ' में 40 वस्तुपरक प्रश्न पूछे सभी 40 प्रश्नों के उत्तर देने हैं।
3. खंड 'ब' में वर्णनात्मक प्रश्न पूछे गए हैं। उचित आन्तरिक विकल्प दिया गया हैं।
4. दोनों खंडों के प्रश्नों के उत्तर देना अनिवार्य है।
5. यथासंभव प्रत्येक खंड के उत्तर क्रमशः दीजिए।

खंड 'अ' (वस्तुपरक प्रश्न)

40 अंक

अपठित गद्यांश

1. **निम्नलिखित गद्यांश को ध्यानपूर्वक पढ़कर दिए गए प्रश्नों के सर्वाधिक उपयुक्त उत्तर वाले विकल्पों को चुनकर लिखिए** $1 \times 10 = 10$

कवियों, शायरों तथा आम आदमी को सम्मोहित करने वाला 'पलाश' आज संकट में है। वैज्ञानिकों ने चेतावनी दी है कि यदि इसी प्रकार पलाश का विनाश जारी रहा, तो यह 'ढाक के तीन पात' वाली कहावत में ही बचेगा। अरावली और सतपुड़ा पर्वत श्रृंखलाओं में जब पलाश वृक्ष चैत (वसंत) में फूलता था, तो लगता था कि वन में आग लग गई हो अथवा अग्नि देव फूलों के रूप में खिल उठे हों। पलाश पर एक-दो दिन में ही संकट नहीं आ गया है। पिछले तीस-चालीस वर्षों में दोना-पत्तल बनाने वाले कारखाने बढ़ने, गाँव-गाँव में चकबंदी होने तथा वन माफियाओं द्वारा अंधाधुंध कटाई करने के कारण उत्तर प्रदेश, मध्य प्रदेश, बिहार, पश्चिम बंगाल, पंजाब, हरियाणा, राजस्थान, कर्नाटक, महाराष्ट्र आदि प्रांतों में पलाश के वन घटकर 10% से भी कम रह गए हैं। वैज्ञानिकों ने पलाश वनों को बचाने के लिए ऊतक संवर्द्धन (टिशू कल्चर) द्वारा परखनली में पलाश के पौधों को विकसित कर एक अभियान चलाकर पलाश वन रोपने की योजना प्रस्तुत की है। हरियाणा तथा पुणे में ऐसी दो प्रयोगशालाएँ भी खोली गई हैं। एक समय था, जब बंगाल का पलाशी का मैदान तथा अरावली की पर्वत-मालाएँ टेसू के फूलों के लिए दुनियाभर में मशहूर थीं। विदेशों से लोग पलाश के रक्तिम वर्ण के फूल देखने आते थे।

महाकवि पद्माकर ने छंद—"कहैं पद्माकर परागन में, पौन हूँ में, पानन में, पिक में, पलासन पगंत है।" लिखकर पलाश की महिमा का वर्णन किया था। ब्रज, अवधी, बुंदेलखंडी, राजस्थानी, हरियाणवी, पंजाबी लोक गीतों में पलाश के गुण गाए गए हैं। कबीर ने तो 'खांखर भया पलाश' कहकर पलाश की तुलना एक ऐसे सुंदर-सजीले नवयुवक से की है, जो अपनी जवानी में तो सबको आकर्षित कर लेता है, किंतु बुढ़ापे में अकेला रह जाता है। वसंत व ग्रीष्म ऋतु में जब तक टेसू में फूल व हरे-भरे पत्ते रहते हैं, उसे सभी निहारते हैं, किंतु शेष आठ महीने वह पतझड़ का शिकार होकर झाड़-झंखाड़ की तरह रह जाता है। पर्यावरण के लिए प्लास्टिक-पॉलीथीन पर रोक लगने के बाद पलाश की उपयोगिता महसूस की गई, जिसके पत्ते दोने, थैले, पत्तल, थाली, गिलास सहित न जाने कितने उपयोग में आ सकते हैं। पिछले तीस-चालीस वर्षों में 90% वन नष्ट कर डाले गए। बिना पानी के बंजर, ऊसर तक में उग आने वाले इस पेड़ की नई पीढ़ी तैयार नहीं हुई। यदि यही स्थिति रही और समाज जागरूक न हुआ, तो पलाश विलुप्त वृक्ष हो जाएगा।

I. गद्यांश में लेखक की चिंता का क्या कारण है? 1
(क) पलाश के वृक्षों का घटता स्तर
(ख) ऊतक संवर्द्धन की कमी
(ग) पर्यावरण की सुरक्षा
(घ) जीवन का संघर्ष

II. अरावली और सतपुड़ा में पलाश के वृक्ष कैसे लगते थे? 1
(क) वन में लगी आग के समान
(ख) ढाक के तीन पात के समान
(ग) वर्षा ऋतु में इंद्रधनुष के समान
(घ) गाँव में खिले टेसू के फूल के समान

III. पलाश के वनों की संख्या कम होने का क्या कारण है? 1
(क) गाँव में चकबंदी तथा माफियाओं द्वारा इनका अंधाधुंध काटा जाना
(ख) कारखानों में इन्हें महत्त्व न दिया जाना
(ग) पलाश के वृक्ष का घटता महत्त्व
(घ) जनसंख्या का अधिक होना

IV. पलाश के वृक्षों को बचाने के लिए क्या किया जा रहा है? 1
(क) लोगों में जागरुकता लाकर नए पलाश लगाना
(ख) अभियान चलाकर पलाश वन रोपने की योजना प्रस्तुत करना
(ग) पलाश के महत्त्व से वंचित रखकर अन्य को महत्त्व देना
(घ) उपरोक्त सभी

V. कबीर ने पलाश की तुलना किससे की है? 1
(क) वृद्ध व्यक्ति से (ख) शायरों से
(ग) कोयल के कूकने से (घ) सुंदर-सजीले नवयुवक से

VI. इतिहास में पलाश के फूलों को किसमें स्थान मिला है? 1
(क) विभिन्न कवियों की रचनाओं में
(ख) लोक-गीतों में
(ग) (क) और (ख) दोनों
(घ) कला एवं संस्कृति में

VII. निम्नलिखित कथनों पर विचार कीजिए 1
1. पलाश की उपयोगिता पॉलिथीन की थैलियाँ बंद होने पर महसूस की गई।
2. पलाश के वन विदेशों में पाए जाते हैं।
3. पलाश की तुलना सुंदर बच्चे से की गई है।
उपरोक्त कथनों में से कौन-सा/से कथन सही है/हैं?
(क) केवल 1 (ख) 1 और 2
(ग) 2 और 3 (घ) केवल 3

VIII. कवियों, शायरों और आम आदमी को सम्मोहित करने वाला पलाश आज किस संकट से गुजर रहा है? 1
(क) नव-निर्माण के भय के (ख) विलुप्त होने के भय के
(ग) महत्त्वहीन होने के भय के (घ) अपनेपन के भय के

IX. पलाश के गुण किस भाषा के लोक-गीतों में गाए गए हैं? 1
(क) बुंदेलखंडी (ख) पंजाबी
(ग) ब्रज (घ) ये सभी

X. निम्नलिखित कथन कारण को ध्यानपूर्वक पढिए उसके बाद दिए गए विकल्पों में से कोई सही विकल्प चुनकर लिखिए 1
कथन (A) पलाश के वनों की संख्या दिन-प्रतिदिन कम होती जा रही है।
कारण (R) गाँव में चकबंदी तथा माफियाओं द्वारा पलाश वनों को अंधाधुध काटा जाना।
(क) कथन (A) तथा कारण (R) दोनों सही हैं तथा कारण (A) कथन की सही व्याख्या करता है।
(ख) कथन (A) गलत है लेकिन कारण (R) सही है।
(ग) कथन (A) तथा कारण (R) दोनों गलत हैं।
(घ) कथन (A) सही है लेकिन कारण (R) उसकी गलत व्याख्या करता है।क

अपठित पद्यांश

2. दिए गए पद्यांश पर आधारित प्रश्नों को ध्यानपूर्वक पढ़कर दिए गए प्रश्नों के सर्वाधिक उपयुक्त उत्तर वाले विकल्प को चुनकर लिखिए **1 × 5 = 5**

मानो, जनता है फूल जिसे अहसास नहीं,
जब चाहो तभी उतार सजा लो दोनों में;
अथवा कोई दुधमुँही जिसे बहलाने के
जंतर-मंतर सीमित हों चार खिलौनों में।
लेकिन होता भूडोल, बवंडर उठते हैं,
जनता जब कोपाकुल हो भृकुटि चढ़ाती है;
दो राह समय के रथ का घर्घर-नाद सुनो,
सिंहासन खाली करो कि जनता आती है।
हुँकारों से महलों की नींव उखड़ जाती,
साँसों के बल से ताज हवा में उड़ता है,
जनता की रोके राह, समय में ताव कहाँ?
वह जिधर चाहती, काल उधर ही मुड़ता है।
अब्दों, शताब्दियों, सहस्राब्द का अंधकार
बीता; गवाक्ष अंबर के दहके जाते हैं;
यह और नहीं कोई, जनता के स्वप्न अजय
चीरते तिमिर का वक्ष उमड़ते जाते हैं।

I. जनता की तुलना फूल से क्यों की गई है? 1
(क) जनता फूल के समान कोमल होती है
(ख) जनता फूल के समान संवेदनहीन होती है
(ग) फूल की तरह जनता को कभी सिर-आँखों पर बिठाया जाता है, तो कभी नीचे गिरा दिया जाता है
(घ) फूल तथा जनता दोनों में प्राण होते हैं

II. जनता के क्रोध का क्या परिणाम होता है? 1
(क) वह सत्ता को बदल देती है
(ख) वह समाज में तनाव उत्पन्न कर देती है
(ग) वह समाज को अनैतिक बना देती है
(घ) वह स्वयं के विषय में भी नहीं सोचती है

III. कवि किसे चेतावनी दे रहा है? 1
(क) क्रोधित जनता को (ख) समय को
(ग) शासक वर्ग को (घ) शोषित वर्ग को

IV. जनता का मार्ग रोकने की हिम्मत किसमें नहीं है? 1

(क) कवि में (ख) समाज में

(ग) समय में (घ) शासक वर्ग में

V. शताब्दियों से फैला अंधकार किस प्रकार दूर हो रहा है? 1

(क) शहरों तथा गाँवों तक बिजली का प्रसार होने के कारण

(ख) जनता द्वारा अपने अधिकारों का प्रयोग किए जाने के कारण

(ग) अज्ञानी जनता द्वारा समझौता करने की विवशताओं के कारण

(घ) शोषकों द्वारा जनता को धन को लालच देने के कारण

अभिव्यक्ति और माध्यम पाठ्यपुस्तक

3. **निम्नलिखित प्रश्नों को ध्यानपूर्वक पढ़कर सर्वाधिक उपयुक्त उत्तर वाले विकल्प को चुनकर लिखिए** $1 \times 5 = 5$

I. विश्वभर में घटने वाली घटनाओं को सूचना के रूप में संकलित करके तत्पश्चात् समाचारों के माध्यम से पाठकों व श्रोताओं तक पहुँचाना क्या कहलाता है? 1

(क) सूचनाओं का संकलन (ख) संयोजन

(ग) पत्रकारिता (घ) विश्लेषण

II. निम्न से किस पत्रकारिता के अन्तर्गत छिपी हुई सूचनाओं एवं तथ्यों को सामने लाने के लिए छानबीन की जाती है? 1

(क) वॉचडॉग पत्रकारिता (ख) विशेषीकृत पत्रकारिता

(ग) वैकल्पिक पत्रकारिता (घ) खोजपरक पत्रकारिता

III. नाटक का सबसे प्रभावशाली तत्त्व कौन-सा है? 1

(क) भाषा शैली (ख) कथानक

(ग) संगीतात्मकता (घ) रंगमंचीयता

IV. कॉलम क का कॉलम ख से उचित मिलान कीजिए। 1

	(क)		(ख)
A.	शेयर बाजार	1.	तीव्र
B.	खेल	2.	सेंसक्स
C.	पर्यावरण	3.	रौंदा
D.	व्यापार	4.	तेज करना

	A B C D		A B C D
(क)	4 2 1 3	(ख)	1 4 3 2
(ग)	2 3 1 4	(घ)	3 4 2 1

V. समाचार के प्रकारों में सम्मिलित नहीं है 1

(क) राष्ट्रीय (ख) अन्तर्राष्ट्रीय

(ग) कस्बे वार (घ) स्थानीय

पाठ्य-पुस्तक (आरोह भाग-2)

4. **निम्नलिखित काव्यांश के प्रश्नों को ध्यानपूर्वक पढ़कर सर्वाधिक उपयुक्त उत्तर वाले विकल्प को चुनकर लिखिए** $1 \times 5 = 5$

चंदा-तारों-सी सहज कांति, नदियों में है मुस्कान भरी,
है पवन-झकोरों में दुलार खेतों में है दौलत बिखरी,
पग-पग मेरा विश्वास भरा,
तप से है यह जीवन निखरा,
प्रखर कर्म का पाठ सतत—
पढ़ती मैं भारत माता हूँ।।
मैं वज्र-सदृश विपदाओं को भी अनायास सह लेती हूँ,
सुधा-दान कर औरों को, मैं विष पीकर मुस्काती हूँ,
धीरज का पाठ पढ़ाती हूँ,
गौरव का मार्ग दिखाती हूँ,
मैं सहज बोध, मैं सहज शक्ति—
सुविवेकी भारत माता हूँ।।
मूर्तियाँ बना डालीं सजीव,
अनगढ़ पत्थर को काट-काट,
बंधुता-प्रेम को फैलाया,
अपना ही अंतर बाँट-बाँट,
जिसके गीतों से जगत मुग्ध,
जिसके नृत्यों पर जगत मुग्ध,
जिसकी कविता-धारा अविरल—
बहती वह भारत माता हूँ।।

I. भारत माता कौन-सा पाठ पढ़ाती रहती है? 1

(क) देश के प्रति अनुराग का

(ख) सदा प्रखर कर्म करने का

(ग) कठोर परिश्रम करने का

(घ) सदा मुस्कुराते हुए रहने का

II. 'अपना ही अन्तर बाँट-बाँट' पंक्ति का क्या भाव है? 1

(क) स्वयं को विभाजित कर लेना

(ख) देश का विभिन्न प्रान्तों में बँटा होना

(ग) भेदभाव तथा जातिवाद को बढ़ावा देना

(घ) समाज से अलग होकर रहना

III. साहित्य और संगीत के क्षेत्र में भारत समृद्ध देश कैसे है? 1

(क) यहाँ के गीतों को सुनकर विश्व के लोग मुग्ध हो जाते हैं

(ख) यहाँ के नृत्यों को देखकर विश्व के लोग मुग्ध हो जाते हैं

(ग) यहाँ श्रेष्ठ कवियों द्वारा कविता रचने का कर्म हमेशा चलता रहता है

(घ) उपरोक्त सभी

IV. भारत माता किस प्रकार धीरज का पाठ पढ़ाती है? 1

(क) वज्र के समान विपदाओं को सहकर

(ख) दूसरों को अमृत-दान कर

(ग) मुस्कुराते हुए स्वयं विष का पान कर

(घ) उपरोक्त सभी

V. 'खेतों में है दौलत बिखरी' पंक्ति में निहित मूलभाव यह है कि।

(क) किसान सोने की फसल उपजाते हैं

(ख) किसान वर्ग बहुत धन संपन्न है

(ग) मृदा में खजाना मिलता है

(घ) खेतों में अच्छी फसल उत्पन्न होती है

5. **निम्नलिखित गद्यांश के प्रश्नों को ध्यानपूर्वक पढ़कर उपयुक्त उत्तर वाले विकल्प को चुनकर लिखिए** $1 \times 5 = 5$

सेवक-धर्म में हनुमान जी से स्पर्द्धा करने वाली भक्तिन किसी अंजना की पुत्री न होकर एक अनामधन्या गोपालिका की कन्या है—नाम है लछमिन अर्थात् लक्ष्मी,

पर जैसे मेरे नाम की विशालता मेरे लिए दुर्वह है, वैसे ही लक्ष्मी की समृद्धि भक्तिन के कपाल की कुंचित रेखाओं में नहीं बँध सकी। वैसे तो जीवन में प्रायः सभी को अपने-अपने नाम का विरोधाभास लेकर जीना पड़ता है, पर भक्तिन बहुत समझदार है, क्योंकि वह अपना समृद्धि-सूचक नाम किसी को बताती नहीं। केवल जब नौकरी की खोज में आई थी, तब ईमानदारी का परिचय देने के लिए उसने शेष इतिवृत्त के साथ यह भी बता दिया, पर इस प्रार्थना के साथ कि मैं कभी नाम का उपयोग न करूँ।

I. किसकी दशा अपने नाम के बिल्कुल मेल नहीं खाती थी? **1**
(क) लेखिका की (ख) भक्तिन की
(ग) जेठानी की (घ) सास की

II. 'अनामधन्या गोपालिका की कन्या' संबोधन किसके लिए प्रयोग किया गया है? **1**
(क) धन की देवी (ख) महादेवी
(ग) भक्तिन (घ) लेखिका

III. 'शेष इतिवृत्त' से लेखिका का क्या अभिप्राय है? **1**
(क) आधा वर्णन (ख) संपूर्ण वर्णन
(ग) महत्त्वपूर्ण वर्णन (घ) शेष वर्णन

IV. निम्नलिखित कथन-कारण को ध्यानपूर्वक पढ़िए उसके बाद दिए गए विकल्पों में से कोई सही विकल्प चुनकर लिखिए **1**

कथन (A) भक्तिन अपना असली नाम किसी का नहीं बताती थी।

कारण (R) नाम की गुणवत्ता का असर उसके जीवन में कही भी नही दिखाई देता था।

(क) कथन (A) तथा कारण (R) दोनों सही हैं तथा कारण (R) कथन (A) की सही व्याख्या करता है।
(ख) कथन (A) गलत है लेकिन कारण (R) सही है।
(ग) कथन (A) तथा कारण (R) दोनों गलत हैं।
(घ) कथन (A) सही है लेकिन कारण (R) उसकी गलत व्याख्या करता है।

V. गद्यांश के आधार पर निम्नलिखित कथनों पर विचार कीजिए।
1. लक्ष्मी की समृद्धि भक्तिन के कपाल कुंचित रेखाओं में नही बँध सकी।
2. जीवन में सभी को अपने नाम का विरोधाभास लेकर जीना पड़ता है।
3. भक्तिन विभीषण की मानस पुत्री थी।

उपरोक्त कथनों में से कौन-सा/से कथन सही है/हैं?
(क) केवल 1 (ख) 1 और 2
(ग) केवल 3 (घ) 2 और 3

पूरक पाठ्य-पुस्तक

6. निम्नलिखित प्रश्नों को ध्यानपूर्वक पढ़कर सर्वाधिक उपयुक्त उत्तर वाले विकल्प को चुनकर लिखिए **1 × 10 = 10**

I. 'सिल्वर वैडिंग' कहानी में प्रयोग हुए शब्द 'समहाउ इम्प्रॉपर' का क्या अर्थ है? **1**
(क) सब कुछ सही होना
(ख) कुछ भी गलत न होना
(ग) कुछ-न-कुछ गलत होना
(घ) कुछ सही तथा कुछ गलत होना

II. 'सिल्वर वैडिंग' कहानी किनके विचारों एवं व्यवहारों में आए परिवर्तन को दर्शाती है? **1**
(क) गरीबों और अमीरों के
(ख) नई और पुरानी पीढ़ी के
(ग) शोषित और शोषक के
(घ) पिता और पुत्री के

III. 'जूझ' कहानी में आनन्दा विद्यालय क्यों नहीं जाता था? **1**
(क) उसकी पढ़ने की इच्छा नहीं थी
(ख) उसके पिता को उसका पढ़ना अच्छा नहीं लगता था
(ग) घर के कार्यों में अत्यधिक व्यस्तता के कारण
(घ) 'ख' और 'ग' दोनों

IV. आनन्दा कविता लेखन का अभ्यास कैसे करता था? **1**
(क) मिट्टी पर लिखकर
(ख) श्यामपट्ट पर लिखकर
(ग) अपने पशुओं की पीठ पर लिखकर
(घ) घर की दीवारों पर लिखकर

V. आनन्दा विद्यालय से आने के पश्चात् क्या करता था? **1**
(क) पशुओं को चराने जाता (ख) खेतों में पानी देता
(ग) 'क' और 'ख' दोनों (घ) पढ़ाई करता

VI. कला की दृष्टि से हड़प्पा सभ्यता कैसी सभ्यता थी? **1**
(क) समृद्ध (ख) अविकसित
(ग) अल्पविकसित (घ) साधनहीन

VII. निम्नलिखित कथनों पर विचार कीजिए। **1**
1. सिंधु नदी के कारण मुअनजो-दडो की खुदाई का काम बंद कर दिया गया।
2. मुअनजो-दड़ो सिंधु सभ्यता का सबसे छोटा और कमजोर नगर था।
3. खण्डरों के पास साबूत इमारत में आजायबघर है।

उपरोक्त कथनों में से कौन-सा/से कथन सही है/हैं?
(क) केवल 1 (ख) 1 और 2
(ग) 1 और 3 (घ) केवल 3

VIII. यशोधर बाबू का अपनी संतानों से असंतुष्ट रहने का क्या कारण था? **1**
(क) संतानों की सोच नये जमाने के अनुसार थी
(ख) संताने अपने पिता से सलाह नहीं लेती थी
(ग) संतानपे गरीब रिश्तेदारों के प्रति उपेक्षा का भाव रखती थी
(घ) उपरोक्त सभी

IX. यशोधर बाबू किसको अपना आदर्श मानते थे? **1**
(क) अपनी बेटी को (ख) भूषण को
(ग) किशन का को (घ) अपनी पत्नी को

X. सिंधु घाटी सभ्यता में कपास पैदा होती थी। इसका क्या प्रमाण है? **1**
(क) ऊन (ख) कपास के बीच
(ग) सूती कपड़ा (घ) गर्म कपड़ा

खंड 'ब' (वर्णनात्मक प्रश्न)

40 अंक

अभिव्यक्ति और माध्यम पाठ्यपुस्तक

7. निम्नलिखित दिए गए 3 विषयों में से किसी 1 विषय पर लगभग 120 शब्दों में रचनात्मक लेख लिखिए **6**

(क) टेलीविजन पर देखा गया प्रथम धारावाहिक

(ख) वर्तमान समय में सोशल मीडिया वरदान या अभिशाप

(ग) प्रथम रेलयात्रा का सुखद अनुभव

(घ) बारिश का पहला दिन

8. निम्नलिखित प्रश्नों को ध्यानपूर्वक पढ़कर लगभग 40 शब्दों में निर्देशानुसार उत्तर दीजिए **2 × 2 = 4**

(क) अप्रत्याशित विषयों से क्या आशय है? इनको लिखना एक चुनौती पूर्ण कार्य क्यों है?

अथवा ''कहानी का केंद्रीय बिंदु कथानक होता है''– इस कथन के आलोक में कहानी के कथानक पर प्रकाश डालिए।

(ख) नाटक लेखन में किन तत्त्वों का होना अनिवार्य है? किन्हीं तीन पर विचार कीजिए।

अथवा कहानी लिखते समय किन बातों का ध्यान रखना चाहिए? स्पष्ट कीजिए।

9. निम्नलिखित प्रश्नों को ध्यानपूर्वक पढ़कर दिए गए 3 प्रश्नों में से किन्हीं 2 प्रश्नों के लगभग 60 शब्दों में उत्तर दीजिए **3 × 3 = 9**

(क) समाचार मुख्य रूप से कितने प्रकार के होते हैं? संक्षेप में चर्चा कीजिए।

(ख) समाचार के प्रकारों का वर्णन कीजिए।

(ग) जनसंचार के तत्वों का उल्लेख कीजिए।

पाठ्य-पुस्तक (आरोह भाग-2)

10. निम्नलिखित प्रश्नों को ध्यानपूर्वक पढ़कर दिए गए 3 प्रश्नों में से किन्हीं 2 प्रश्नों के लगभग 60 शब्दों में उत्तर दीजिए **3 × 2 = 6**

(क) 'दिन जल्दी-जल्दी ढलता है' कविता के आधार पर बताइए कि बच्चे किस बात की आशा में नीड़ों से झाँक रहे होंगे?

(ख) 'पतंग' कविता में कवि ने बच्चों की तुलना किससे की है और क्यों? उदाहरण सहित समझाइए।

(ग) कवितावली में उद्धृत छंदों के आधार पर स्पष्ट करें कि तुलसीदास को अपने युग की आर्थिक विषमता की अच्छी समझ है।

11. निम्नलिखित प्रश्नों को ध्यानपूर्वक पढ़कर दिए गए 3 प्रश्नों में से किन्हीं 2 प्रश्नों के लगभग 40 शब्दों में उत्तर दीजिए **2 × 2 = 4**

(क) 'कैमरे में बंद अपाहिज' करुणा के मुखौटे में छिपी क्रूरता की कविता है—विचार कीजिए।

(ख) 'उषा' कविता के आधार पर सूर्योदय से ठीक पहले के आकाश में हुए परिवर्तनों को बनाइए।

(ग) 'रुबाइयाँ' के आधार पर घर-आँगन में दीवाली और राखी के दृश्य-बिंब को अपने शब्दों में समझाइए।

12. निम्नलिखित प्रश्नों को ध्यानपूर्वक पढ़कर दिए गए 3 प्रश्नों में से किन्हीं 2 प्रश्नों के लगभग 60 शब्दों में उत्तर दीजिए **3 × 2 = 6**

(क) लेखिका और भक्तिन के परस्पर संबंधों की दो विशेषताएँ लिखिए।

(ख) बाज़ार का जादू चढ़ने और उतरने पर मनुष्य पर क्या असर पड़ता है?

(ग) गाँव में महामारी फैलने के दौरान अपने बेटों के देहांत के बावजूद लुट्टन पहलवान ढोल क्यों बजाता रहा?

13. निम्नलिखित प्रश्नों को ध्यानपूर्वक पढ़कर दिए गए 3 प्रश्नों में से किन्हीं 2 प्रश्नों के लगभग 40 शब्दों में उत्तर दीजिए **2 × 2 = 4**

(क) 'काले मेघा पानी दे' संस्मरण के लेखक ने लोक-प्रचलित विश्वासों को अंधविश्वास कहकर उनके निराकरण पर बल दिया है—इस कथन की विवेचना कीजिए।

(ख) अवधूत किसे कहते हैं? लेखक शिरीष को अवधूत क्यों मानता है?

(ग) डॉ. आंबेडकर की कल्पना के आदर्श समाज के तीन बिंदुओं का उल्लेख कीजिए।

उत्तरमाला

1.	I. (क)	II. (क)	III. (क)	IV. (ख)	V. (घ)
	VI. (ग)	VII. (क)	VIII. (ख)	IX. (घ)	X. (क)
2.	I. (ग)	II. (क)	III. (ग)	IV. (ग)	V. (ख)
3.	I. (ग)	II. (घ)	III. (घ)	IV. (ग)	V. (ग)
4.	I. (ग)	II. (ख)	III. (ग)	IV. (ग)	V. (क)
5.	I. (ख)	II. (ग)	III. (ख)	IV. (क)	V. (ख)
6.	I. (ग)	II. (ख)	III. (घ)	IV. (ग)	V. (ग)
	VI. (क)	VII. (ग)	VIII. (घ)	IX. (ग)	X. (ग)

CBSE

प्रतिदर्श प्रश्न-पत्र 2 हल सहित

हिंदी केंद्रिक

समय : 3 घंटे
पूर्णांक : 80

सामान्य निर्देश

1. इस प्रश्न–पत्र में खंड 'अ' में वस्तुपरक तथा और खंड 'ब' में वर्णनात्मक प्रश्न पूछे गए है।
2. खंड 'अ' में 40 वस्तुपरक प्रश्न पूछे सभी 40 प्रश्नों के उत्तर देने हैं।
3. खंड 'ब' में वर्णनात्मक प्रश्न पूछे गए हैं। उचित आन्तरिक विकल्प दिया गया हैं।
4. दोनों खंडों के प्रश्नों के उत्तर देना अनिवार्य है।
5. यथासंभव प्रत्येक खंड के उत्तर क्रमशः दीजिए।

खंड 'अ' (वस्तुपरक प्रश्न)

40 अंक

अपठित गद्यांश

1. निम्नलिखित गद्यांश को ध्यानपूर्वक पढ़कर दिए गए प्रश्नों के सर्वाधिक उपयुक्त उत्तर वाले विकल्पों को चुनकर लिखिए

$1 \times 10 = 10$

आज की दुनिया के संदर्भ में दो बातों का ध्यान रखना आवश्यक है—हम एक ऐसी दुनिया में रह रहे हैं, जहाँ परफेक्शन का बोलबाला है। इसमें से प्रत्येक किसी-न-किसी के प्रति किसी हद तक जवाबदेह है। ऐसे परिदृश्य में सबसे कठिन हो जाता है अपनी आलोचना को स्वीकार कर पाना। हालाँकि यह भी सच है कि कैसी भी आलोचना स्वीकारना मुश्किल ही होता है, भले ही वह हमारी भलाई के लिए ही क्यों न हो। आलोचना एक दोधारी तलवार की तरह होती है। एक ओर आप इसके आधार पर अपने झूठे अहं को दरकिनार कर गहरी समझ विकसित कर सकते हैं, तो एक ओर आलोचना को दिल पर लेकर संबंधित शख्स से अपने संबंध बिगाड़ सकते हैं। कह सकते हैं कि यह व्यक्ति विशेष पर निर्भर करता है कि वह आलोचना को किस तरह लेता है। उससे अपना विकास करता है या झूठे अहं में पड़ अपने को ही सही मानता रहता है। भले ही आलोचना कितनी ही चोट क्यों न पहुँचाए, लेकिन दूसरे को पूरे ध्यान व गंभीरता के साथ सुनें। आलोचना रूपी सलाह को सिरे से खारिज़ करने से बेहतर होगा कि जो सही हो, उसे आत्मसात् करें। उसे स्वीकार कर स्वयं का विकास करें। इस क्रम में अपनी निर्णायक क्षमता का बेहतर प्रयोग कर वही बातें स्वीकार करें, जो आप पर लागू होती हैं। ऐसा न हो कि आलोचना का वह हिस्सा भी मान लें, जो आप पर लागू ही न होता हो।

भले ही आप कितने ही सफ़ल क्यों न हो जाएँ, लेकिन यह ध्यान रखें कि सुधार की संभावना हमेशा रहती है। इसे मान लेने से सकारात्मक आलोचना अपने हित में लेने की आदत हो जाती है। इसके लिए दिमाग हमेशा खुला रखने की आवश्यकता है। किसी ने कोई बात की, जो आलोचना है, तो तुरंत ही किसी निर्णय पर पहुँचने के बजाय उस बात पर गंभीरता से मनन करें। ईमानदारी से विचार करें कि कही गई बात में कहीं भी कोई रत्तीभर भी सच्चाई है। आलोचनात्मक टिप्पणी की सारगर्भिता का सही आकलन परिपक्वता और विकास की दिशा में उठा पहला कदम होता है। बात भले आचार-व्यवहार, जीवन-शैली में बदलाव की हो या फिर कार्यशैली में परिवर्तन की। हमें हमेशा जागरूक रहना होगा कि हम कैसे इन क्षेत्रों में अपनी शक्ति बढ़ा सकते हैं। आलोचना दो तरह की होती है। एक का मकसद आपकी कमियों को सामने लाकर उसे दूर करना होता है, जबकि एक महज ईर्ष्यावश या पूर्वाग्रह से ग्रसित होती है। आवश्यकता इसके अंतर को समझने की है। कमियों को इंगित करती यानी सकारात्मक आलोचना को अंगीकार करने की आवश्यकता है, जबकि नकारात्मक आलोचना और उसे करने वाले से दूरी बनाने में ही भलाई निहित है।

I. ''आलोचना एक दोधारी तलवार की तरह होती है''— पंक्ति का क्या आशय है? 1
(क) आलोचना के माध्यम से व्यक्ति अपने अहंकार को दूर कर गहरी समझ विकसित कर सकता है
(ख) आलोचना को दिल पर लेकर संबंधित व्यक्ति से अपने संबंध बिगाड़ सकता है
(ग) (क) और (ख) दोनों
(घ) आलोचना के द्वारा व्यक्ति अपना सर्वस्व अस्तित्व समाप्त कर लेता है

II. अपने झूठे अहंकार को एक ओर रखकर गहरी समझ किसके माध्यम से विकसित कर सकते हैं? 1
(क) व्यक्ति विशेष के (ख) परफेक्शन के
(ग) आलोचना के (घ) ध्यान के

III. आलोचना को आत्मसात् करके क्या किया जा सकता है? 1
(क) दूसरों की बुराई (ख) स्वयं की निंदा
(ग) स्वयं का विकास (घ) संबंधों को खराब

IV. अपनी निर्णायक क्षमता का बेहतर प्रयोग करके आलोचना में से किसे स्वीकार करना चाहिए? 1
(क) वे बातें जो दूसरों पर लागू हो
(ख) वे बातें जो स्वयं पर लागू होती हो
(ग) वे बातें जो पीड़ा पहुँचाएँ
(घ)वे बातें जो दूसरों के हित में हो

V. किस बात को मान लेने से सकारात्मक आलोचना अपने हित में लेने की आदत हो जाती है? 1
(क) दूसरों की कही प्रत्येक बात
(ख) मनुष्य गलतियों का पुतला है
(ग) सामाजिक संबंध सर्वोपरि हैं
(घ) सुधार की संभावना हमेशा रहती है

VI. प्रस्तुत गद्यांश किस विषयवस्तु पर आधारित है? 1
(क) आलोचक के गुण पर
(ख) व्यक्ति विशेष की मनः स्थिति पर
(ग) व्यक्ति की कमियों पर
(घ) आलोचना के महत्त्व पर

VII. निम्नलिखित कथनों पर विचार कीजिए। 1
1. सफल होने पर भी सुधार की संभावना हमेशा रहती है।
2. हमे हमेशा जागरुक रहना होगा कि इन क्षेत्रों शक्ति कैसे बढ़ा सकते हैं।
3. सकारात्मक सोच वाले मनुष्य से दूर रहना चाहिए।

उपरोक्त कथनों में से कौन-सा/से कथन सही है/हैं?
(क) केवल 1 (ख) 1 और 2
(ग) 2 और 3 (घ) केवल 3

VIII. कमियों को सामने लाकर उन्हें दूर करना किस प्रकार की आलोचना के अंतर्गत आएगा? 1
(क) नकारात्मक आलोचना
(ख) पूर्वाग्रही आलोचना
(ग) सकारात्मक आलोचना
(घ) ईर्ष्यावश की गई आलोचना

IX. आचार-व्यवहार, जीवन शैली, कार्यशैली आदि क्षेत्रों में हम अपनी शक्ति कैसे बढ़ा सकते हैं? 1
(क) चिंतन-मनन करके (ख) पूर्वधारणा बनाकर
(ग) जागरूक रहकर (घ) समाज से सीखकर

X. निम्नलिखित कथन-कारण को ध्यानपूर्वक पढ़िए उसके बाद दिए गए विकल्पों में से कोई सही विकल्प चुनकर लिखिए।
कथन (A) आलोचना को स्वीकारना बहुत मुश्किल होता है।
कारण (R) वर्तमान समय में आलोचना को बुराई का पर्याय माना जाता है।
(क) कथन (A) और कारण (R) दोनों सही हैं तथा कारण (R) कथन (A) की सही व्याख्या करता है।
(ख) कथन (A) गलत है, लेकिन कारण (R) सही है।
(ग) कथन (A) तथा कारण (R) दोनों गलत हैं।
(घ) कथन (A) सही है लेकिन कारण (R) उसकी गलत व्याख्या करता है।

अपठित पद्यांश

2. दिए गए पद्यांश पर आधारित प्रश्नों को ध्यानपूर्वक पढ़कर दिए गए प्रश्नों के सर्वाधिक उपयुक्त उत्तर वाले विकल्प को चुनकर लिखिए $1 \times 5 = 5$

मैं हूँ उनके साथ खड़ी
जो सीधी रखते अपनी रीढ़।
कभी नहीं जो तज सकते हैं
अपना न्यायोचित अधिकार
कभी नहीं जो सह सकते हैं
शीश नवाकर अत्याचार
एक अकेले हों या उनके
साथ खड़ी हो भारी भीड़
मैं हूँ उनके साथ खड़ी
जो सीधी रखते अपनी रीढ़।
निर्भय हो घोषित करते
जो अपने उद्‌गार-विचार
जिनकी जिह्वा पर होता है
उनके अंतर का अंगार
नहीं जिन्हें चुप कर सकती है
आततायियों की शमशीर

I. पद्यांश के माध्यम से क्या संदेश दिया गया है? 1
(क) शोषित को उखाड़ फेंकने का
(ख) आत्मरक्षा के लिए तलवार उठाने का
(ग) अन्याय, अत्याचार और अमानवीय कृत्यों का निडरतापूर्वक सामना करने का
(घ) चुपचाप सब कुछ सहन करते जाने का

II. निर्भय होकर विचार प्रकट करने वालों की क्या विशेषता होती है? 1
(क) उनके अंतर में आत्मबल का आधार सुदृढ़ होता है
(ख) उनके हृदय में कहीं-न-कहीं भय बना रहता है
(ग) उनके विचार हिंसा फैलाने वाले होते हैं
(घ) उनमें मानसिक शक्ति कम होती है

III. 'आततायियों की शमशीर' से क्या तात्पर्य है? 1

(क) आतंकवादियों की विचारधारा
(ख) अधिकारियों की जुबान
(ग) विरोधियों की तलवार
(घ) क्रांतिकारी विचारधारा

IV. अत्याचार सहन न करने वालों के प्रति कवयित्री की क्या प्रतिक्रिया होती है? 1

(क) वह उनके साथ खड़ी होती है
(ख) वह उनके विरुद्ध खड़ी होती है
(ग) वह उनसे सीधे मुँह बात नहीं करती है
(घ) वह उन पर विश्वास नहीं करती है

V. सीधी रीढ़ रखने से कवि का क्या अभिप्राय है? 1

(क) सीधा खड़ा होना
(ख)सीधी बात कहना
(ग) अभिमानी होना
(घ) आत्मनिर्भर होना

अभिव्यक्ति और माध्यम पाठ्य-पुस्तक

3. **निम्नलिखित प्रश्नों को ध्यानपूर्वक पढ़कर सर्वाधिक उपयुक्त उत्तर वाले विकल्प को चुनकर लिखिए** **1 × 5 = 5**

I. कविता लेखन का पहला तत्त्व या उपकरण किसे माना जाता है? 1

(क) शब्द (ख) बिम्ब
(ग) छन्द (घ) प्रतीक

II. नाटक का सबसे प्रभावशाली तत्त्व कौन-सा है? 1

(क) भाषा-शैली (ख) कथानक
(ग) संगीतात्मकता (घ) रंगमंचीयता

III. समाचार लेखन हेतु सर्वप्रथम क्या किया जाता है? 1

(क) तथ्यों को योजनाबद्ध
(ख) तथ्यों का निरीक्षण
(ग) तथ्यों का संकलन
(घ) तथ्यों का समावेश

IV. निम्नलिखित कथनों पर विचार कीजिए। 1

1. प्रिंट, रेडियो, टेलीविजन जनसंचार के माध्यम हैं।
2. जर्मनी के गुटेनबर्ग में छापे खानेकी खोज हुई।
3. वर्तमान में मुद्रण रेडियो के माध्यम से होता है।

उपरोक्त कथनों में से कौन-सा/से कथन सही है/हैं?

(क) केवल 1
(ख) 1 और 2
(ग) 2 और 3
(घ) केवल 3

V. फीचर लेखन का मुख्य उद्देश्य किसे माना गया है? 1

(क) ज्ञानवर्द्धन करना
(ख) विभिन्न प्रकार की अप्रासंगिक जानकारी देना
(ग) आँकड़ों को प्रस्तुत करना
(घ) तकनीकी जानकारी देना

पाठ्य-पुस्तक (आरोह भाग-2)

4. **निम्नलिखित काव्यांश के प्रश्नों को ध्यानपूर्वक पढ़कर सर्वाधिक उपयुक्त उत्तर वाले विकल्प को चुनकर लिखिए** **1 × 5 = 5**

सबसे तेज बौछारें गई भादो गया
सवेरा हुआ
खरगोश की आँखों जैसा लाल सवेरा
शरद आया पुलों को पार करते हुए
अपनी नई चमकीली साइकिल तेज चलाते हुए
घंटी बजाते हुए जोर-जोर से
चमकीले इशारों से बुलाते हुए
पतंग उड़ाने वाले बच्चों के झुण्ड को
चमकीले इशारों से बुलाते हुए और
आकाश को इतना मुलायम बनाते हुए
कि पतंग ऊपर उठ सके-
दुनिया की सबसे हल्की और रंगीन चीज उड़ सके
दुनिया का सबसे पतला कागज उड़ सके-
बाँस की सबसे पतली कमानी उड़ सके-
कि शुरू हो सके सीटियों, किलकारियों और
तितलियों की इतनी नाजुक दुनिया

I. कवि के अनुसार तेज बौछारों के साथ ही कौन-सा महीना चला गया है? 1

(क) आषाढ़ का महीना (ख) सावन का महीना
(ग) भादों का महीना (घ) अश्विन का महीना

II. पतंग कविता में चमकीले विशेषण किसके लिए प्रयुक्त हुआ है? 1

(क) खरगोश के लिए (ख) बच्चों के लिए
(ग) दिशाओं के लिए (घ) इशारों के लिए

III. काव्यांश में खरगोश की आँखों जैसा लाल किसे कहा गया है? 1

(क) पतंग को (ख) शरद को
(ग) सवेरे को (घ) बचपन को

IV. कौन-सी ऋतु आकाश को मुलायम बना देती है? 1

(क) ग्रीष्म ऋतु (ख) वसंत ऋतु
(ग) शरद ऋतु (घ) वर्षा ऋतु

V. दुनिया की सबसे हल्की और रंगीन चीज किसे कहा गया है? 1

(क) पतंग को (ख) सपनों को
(ग) कलियों को (घ) बुलबुलों को

5. **निम्नलिखित गद्यांश के प्रश्नों को ध्यानपूर्वक पढ़कर उपयुक्त उत्तर वाले विकल्प को चुनकर लिखिए** **1 × 5 = 5**

रात्रि की विभीषिका को सिर्फ पहलवान की ढोलक ही ललकार कर चुनौती देती रहती थी। पहलवान संध्या से सुबह तक, चाहे जिस ख्याल से ढोलक बजाता हो, किंतु गाँव के अर्द्धमृत, औषधि-उपचार पथ्य-विहीन, प्राणियों में यह संजीवनी शक्ति ही भरती थी। बूढ़े-बच्चे जवानों की शक्तिहीन आँखों के आगे दंगल का दृश्य नाचने लगता था। स्पंदन-शक्ति-शून्य, स्नायुओं में भी बिजली

दौड़ जाती थी अवश्य ही ढोलक की आवाज में न तो बुखार हटाने का कोई गुण था और न महामारी की सर्वनाश शक्ति को रोकने की शक्ति ही, पर इसमें संदेह नहीं कि मरते हुए प्राणियों को आँख मूँदते समय कोई तकलीफ नहीं होती थी, मृत्यु से वे डरते नहीं थे।

I. रात्रि को विभीषिका को कौन चुनौती देता था? 1

(क) पक्षियों का कलरव (ख) पहलवान की ढोलक
(ग) पथ से परिपूर्ण जन (घ) प्राणियों की आवाज

II. गाँव के वासियों में संजीवनी शक्ति भरने का काम किसने किया? 1

(क) राजा ने (ख) पहलवान ने
(ग) पहलवान की ढोलक ने (घ) वैद्य जनों ने

III. गाँव के बच्चे, बूढ़े, जवानों को पहलवान की ढोलक सुनते ही क्या याद आ जाता था? 1

(क) दंगल का दृश्य (ख) मृत्यु का भय
(ग) राजा की दयालुता (घ) रात्रि का अंधकार

IV. निम्नलिखित कथन-कारण को ध्यानपूर्वक पढ़िए उसके बाद दिए गए विकल्पों में से कोई सही विकल्प चुनकर लिखिए 1

कथन (A) रात्रि के समय पहलवान नृत्य करता था।
कारण (R) नृत्य शरीर के रक्त का संचार करती है।

(क) कथन (A) और कारण (R) दोनों सही हैं तथा कारण (I) कथन (A) की सही व्याख्या करता है।
(ख) कथन (A) गलत है लेकिन कारण (R) सही है।
(ग) कथन (A) तथा कारण (R) दोनों गलत हैं।
(घ) कथन (A) सही है लेकिन कारण (R) उसकी गलत व्याख्या करता है।

V. निम्नलिखित कथनों पर विचार कीजिए। 1

1. ढोलक की आवाज सुनकर बिना किसी तकलीफ के मरता हुआ व्यक्ति अपने प्राण त्याग देता है।
2. गाँव के लोग की अर्द्धमृत व औषधी उपचार पदय विहीन स्थिति थी।
3. गाँव के लोग मृत्यु को सामने देखकर डरते थे।

उपरोक्त कथनों में से कौन-सा/से कथन सही है/हैं?

(क) केवल 1 (ख) 1 और 2
(ग) केवल 3 (घ) 2 और 3

पूरक पाठ्य-पुस्तक

6. निम्नलिखित प्रश्नों को ध्यानपूर्वक पढ़कर सर्वाधिक उपयुक्त उत्तर वाले विकल्प को चुनकर लिखिए $1 \times 10 = 10$

I. 'सिल्वर वैडिंग' कहानी में यशोधर बाबू के जीवन में किशन दा महत्त्व किस रूप में है? 1

(क) वे उन्हें भाई मानते हैं
(ख) वे उन्हें अपना गुरु मानते हैं
(ग) वे उन्हें पथ-प्रदर्शक मानते हैं
(घ) वे उन्हें अपना पड़ोसी मानते हैं

II. यशोधर बाबू नौकरी करने किस शहर में आए थे? 1

(क) दिल्ली (ख) मुम्बई
(ग) चेन्नई (घ) कोलकाता

III. 'जूझ' कहानी के लेखक में कविता लेखन की रूचि किससे उत्पन्न हुई? 1

(क) गणित के अध्यापक मन्त्री से प्रेरित होने के कारण
(ख) मराठी भाषा के अध्यापक सौन्दलगेकर से प्रेरित होने के कारण
(ग) 'क' और 'ख' दोनों
(घ) अपनी माता के गीतों को सुनकर

IV. 'जूझ' कहानी के लेखक के पिता के लिए सम्मान की बात क्या थी? 1

(क) लेखक का विद्यालय जाना
(ख) देसाई जी के यहाँ से बुलावा आना
(ग) परिश्रम करके प्रसिद्धि पाना
(घ) खेती अच्छी होना

V. अपने शिक्षक को कविता लेखन करता देख लेखक का कौन-सा मत पुष्ट हुआ? 1

(क) केवल शिक्षक ही कविता लेखन करते हैं
(ख) कवित लेखन विशिष्ट लोगों द्वारा किया जाता है
(ग) कविता लेखन कोई भी कर सकता है
(घ) कविता लेखन के लिए विद्यालय जाना आवश्यक है

VI. सिंधु घाटी की सभ्यता का केन्द्र क्या था? 1

(क) कालीबंगा (ख) मुअनजो-दड़ो
(ग) लोथल (घ) रंगपुर

VII. निम्नलिखित कथनों पर विचार कीजिए। 1

1. मुअनजो-दड़ो की खुदाई से मिली चीजों को वहाँ के अजायबघर में रखा गया।
2. सिंधु सभ्यता में अनुशासन जरूर था, लेकिन ताकत के बल पर नहीं था।
3. सिंधु सभ्यता साधन विहिन थी।

उपरोक्त कथनों में से कौन-सा/से कथन सही है/हैं?

(क) केवल 1 (ख) 1 और 2
(ग) केवल 3 (घ) 2 और 3

VIII. 'सिल्वर वैडिंग' में गाउन पहनते समय यशोधर बाबू को कौन-सी बात चुभी? 1

(क) भूषण के व्यंग्य वचन (ख) दूध लाने की बात
(ग) पत्नी द्वारा उपेक्षा (घ) केक काटने की बात

IX. किसके कहने पर लेखक के पिता ने लेखक को स्कूल भेजना शुरू किया? 1

(क) लेखक की माँ के कहने पर
(ख) दत्ताजी राव के कहने पर
(ग) स्वयं लेखक के कहने पर
(घ) सौंदलगेकर के कहने पर

X. लेखक ने सिंधु सभ्यता के सौंदर्य-बोध को क्या नाम दिया है? 1

(क) व्यापार-पोषित (ख) समाज-पोषित
(ग) धर्म-पोषित (घ) राज-पोषित

खंड 'ब' (वर्णनात्मक प्रश्न)

40 अंक

अभिव्यक्ति और माध्यम पाठ्यपुस्तक

7. **निम्नलिखित दिए गए 3 विषयों में से किसी 1 विषय पर लगभग 120 शब्दों में रचनात्मक लेख लिखिए** 6

(क) कमरे में लगी दीवार घड़ी को देखकर मन में उठते विचार

(ख) मेरे विद्यालय का पुस्तकालय

(ग) मेले में आकर्षक कठपुतली नृत्य

8. **निम्नलिखित प्रश्नों को ध्यानपूर्वक पढ़कर लगभग 40 शब्दों में निर्देशानुसार उत्तर दीजिए** 2 × 2 = 4

(क) कहानी का नाट्य रूपांतरण करते समय किन बातों का ध्यान रखना चाहिए?

(ख) रेडियो नाटक बनाते समय किन बातों का ध्यान रखना चाहिए?

(ग) अप्रत्याशित विषयों में किस प्रकार के विषयों को सम्मिलित किया जाता है?

9. **निम्नलिखित प्रश्नों को ध्यानपूर्वक पढ़कर दिए गए 3 प्रश्नों में से किन्हीं 2 प्रश्नों के लगभग 60 शब्दों में उत्तर दीजिए** 3 × 2 = 6

(क) समाचार के विभिन्न तत्त्वों में से किन्हीं तीन पर विचार कीजिए।

(ख) जनसंचार का कौन-सा आधुनिक माध्यम सबसे पुराना है? इसकी शुरुआत कैसे हुई?

(ग) समाचार किसे कहते हैं? समाचार के ककारों पर प्रकाश डालिए।

पाठ्य-पुस्तक

10. **निम्नलिखित प्रश्नों को ध्यानपूर्वक पढ़कर दिए गए 3 प्रश्नों में से किन्हीं 2 प्रश्नों के लगभग 60 शब्दों में उत्तर दीजिए** 3 × 2 = 6

(क) "परदे पर वक्त की कीमत है" कहकर कवि ने पूरे साक्षात्कार के प्रति अपनी दृष्टि किस रूप में रखी है?

(ख) 'छोटा मेरा खेत' कविता में कवि ने खेत को रस का अक्षयपात्र क्यों कहा है?

(ग) 'आत्मपरिचय' में कवि के कथन "शीतल वाणी में आग लिए फिरता हूँ" का विरोधाभास स्पष्ट कीजिए।

11. **निम्नलिखित प्रश्नों को ध्यानपूर्वक पढ़कर दिए गए 3 प्रश्नों में से किन्हीं 2 प्रश्नों के लगभग 40 शब्दों में उत्तर दीजिए** 2 × 2 = 4

(क) "पेट की आग का शमन राम की भक्ति का मेघ ही कर सकता है"—तुलसी का यह काव्य–सत्य क्या युग सत्य भी है? तर्क संगत उत्तर दीजिए।

(ख) 'उषा' कविता के प्रतिपाद्य को स्पष्ट कीजिए।

(ग) 'फिराक' की रुबाइयों में उभरे घरेलू जीवन के बिंबों का सौंदर्य स्पष्ट कीजिए।

12. **निम्नलिखित प्रश्नों को ध्यानपूर्वक पढ़कर दिए गए 3 प्रश्नों में से किन्हीं 2 प्रश्नों के लगभग 60 शब्दों में उत्तर दीजिए** (3 × 2 = 6)

(क) जाति प्रथा के बारे में डॉ. आंबेडकर के क्या विचार थे? 'श्रम विभाजन और जाति प्रथा' पाठ के आधार पर बताइए।

(ख) शिरीष की किस विशेषता के कारण लेखक वनस्पतिशास्त्री के कथन को सच मानता है?

(ग) जीजी और लेखक के विचारों में क्या अंतर था? 'काले मेघा पानी दे' पाठ के आधार पर बताइए।

13. **निम्नलिखित प्रश्नों को ध्यानपूर्वक पढ़कर दिए गए 3 प्रश्नों में से किन्हीं 2 प्रश्नों के लगभग 40 शब्दों में उत्तर दीजिए** 2 × 2 = 4

(क) 'बाज़ार दर्शन' के आधार पर 'पैसे की व्यंग्य शक्ति' को सोदाहरण समझाइए।

(ख) पहलवान लुट्टन व उसके पुत्रों का भरण-पोषण राज दरबार से क्यों होता था?

(ग) महादेवी वर्मा ने भक्तिन के साथ अपने संबंधों की तुलना किस प्रकार की है? स्पष्ट कीजिए।

उत्तरमाला

1.	I. (ग)	II. (ग)	III. (ग)	IV. (ख)	V. (घ)
	VI. (क)	VII. (ख)	VIII. (ग)	IX. (ग)	X. (घ)
2	I. (ग)	II. (क)	III. (ग)	IV. (क)	V. (ख)
3.	I. (क)	II. (घ)	III. (ग)	IV. (ख)	V. (क)
4.	I. (ग)	II. (ख)	III. (ग)	IV. (ग)	V. (क)
5.	I. (ख)	II. (ग)	III. (क)	IV. (ग)	V. (ख)
6.	I. (ख)	II. (क)	III. (ख)	IV. (ख)	V. (ग)
	VI. (ख)	VII. (ख)	VIII. (ख)	IX. (ख)	X. (ख)

CBSE

प्रतिदर्श प्रश्न-पत्र 3

हल सहित

हिंदी केंद्रिक

समय : 3 घंटे
पूर्णांक : 80

सामान्य निर्देश

1. इस प्रश्न–पत्र में खंड 'अ' में वस्तुपरक तथा और खंड 'ब' में वर्णनात्मक प्रश्न पूछे गए है।
2. खंड 'अ' में 40 वस्तुपरक प्रश्न पूछे सभी 40 प्रश्नों के उत्तर देने हैं।
3. खंड 'ब' में वर्णनात्मक प्रश्न पूछे गए हैं। उचित आन्तरिक विकल्प दिया गया हैं।
4. दोनों खंडों के प्रश्नों के उत्तर देना अनिवार्य है।
5. यथासंभव प्रत्येक खंड के उत्तर क्रमशः दीजिए।

खंड 'अ' (वस्तुपरक प्रश्न)

40 अंक

अपठित गद्यांश

1. निम्नलिखित गद्यांश को ध्यानपूर्वक पढ़कर दिए गए प्रश्नों के सर्वाधिक उपयुक्त उत्तर वाले विकल्पों को चुनकर लिखिए

$1 \times 10 = 10$

साहित्य में मानवीय समाज के सुख-दुख, आशा-निराशा, साहस-भय और उत्थान-पतन का स्पष्ट चित्रण रहता है। साहित्य की इन्हीं खूबियों के कारण इसे 'समाज का दर्पण' कहा जाता है। वास्तव में, देखा जाए तो साहित्य एक स्वायत्त आत्मा है और उसकी सृष्टि करने वाला भी ठीक से यह नहीं बता सकता कि उसके रचे साहित्य की गूँज कब और कहाँ तक जाएगी? कहने का तात्पर्य यह है कि यदि साहित्य समाज में नैतिक सत्य की चिंता है, तो यह समाज की दूरगामी वृत्तियों का रक्षक तत्त्व भी है। तभी तो प्रेमचंद ने साहित्यकारों को सावधान करते हुए साहित्य के लक्ष्य को बड़ी मार्मिकता से रेखांकित करते हुए कहा था—"जिस साहित्य से हमारी सुरुचि न जागे, आध्यात्मिक और मानसिक तृप्ति न मिले, हममें शक्ति और गति न पैदा हो, हमारा सौंदर्य-प्रेम न जागे, जो हममें सच्चा संकल्प और कठिनाइयों पर विजय पाने की सच्ची दृढ़ता न उत्पन्न करे, वह आज हमारे लिए बेकार है, वह साहित्य कहलाने का अधिकारी नहीं।"

कहा जा सकता है कि साहित्य में सत्य की साधना है, शिवत्व की कामना है और सौंदर्य की अभिव्यंजना है। शुद्ध जीवंत एवं उत्कृष्ट साहित्य मानव एवं समाज की संवेदना और उसकी सहज वृत्तियों को, युगों-युगों तक जन-जन के मानस को रसासिक्त करता रहता है। तभी तो शेक्सपियर हों या कालिदास उनकी कृतियाँ आज भी अपनी रससुधा से लोगों के हृदय को आप्लावित कर रही हैं। एक बात और राजनीतिक दृष्टि से विश्व चाहे कितने ही गुटों में क्यों न बँट गया हो, चाहे उसके मतभेद की खाई कितनी ही गहरी क्यों न हो गई हो, किंतु साहित्य के प्रांगण में सब एक ही हैं, क्योंकि दुनिया का मानव एक है तथा उसकी वृत्तियाँ भी सब जगह और सब कालों में एक समान हैं।

प्राचीन ग्रीक साहित्य क्यों प्रिय लगता है, जबकि वह ग्रीक समाज की दास-प्रथा, स्त्रियों की दुर्दशा तथा श्रम से घृणा जैसी विकृतियों से पीड़ित था। वस्तुतः वह आज भी प्रिय एवं आकर्षक इसलिए लगता है, क्योंकि इसमें मनुष्यता का एक युग चित्रित हुआ है। इसमें कोई दो राय नहीं कि मनुष्य के सहज स्वभाव के अनुसार, साहित्य भी परिवर्तित होता रहता है। कारण यह है कि साहित्यकार समय की विचारधारा से अछूता नहीं रह सकता।

जीवन की तरह साहित्य में भी संघर्ष और निरंतरता चलती रहती है, इसीलिए तो साहित्य समाज का दर्पण कहलाता है, क्योंकि समय और परिस्थिति का प्रभाव साहित्य पर अनिवार्य रूप से पड़ता है। साहित्य ही वर्तमान को सामने रखकर भविष्य की रूपरेखा तय करता है। समाज की सुषुप्त विवेकशक्ति को जाग्रत करना साहित्य का बुनियादी लक्ष्य है। अपने समय के सच को उजागर करने के साथ ही गुणात्मक साहित्य सदैव प्रासंगिक बना रहता है तथा जनमानस को आलोक स्तंभ के समान एक दिशा और प्रकाश देता है। कहने की आवश्यकता नहीं कि श्रेष्ठ साहित्य वही होता है, जो अपने भीतर-बाहर सार्वभौमिक मूल्यों, संदेशों एवं उद्देश्यों को समाए रहता है।

I. साहित्य की किस खूबी के कारण इसे समाज का दर्पण कहा जाता है? **1**
(क) मानव समाज का चित्रण करने के कारण
(ख) साहित्यकारों को सम्मान देने के कारण
(ग) समाज के एक पक्ष का चित्रण करने के कारण
(घ) इतिहास का चित्रण करने के कारण

II. साहित्य में किस गुण का होना आवश्यक है? **1**
(क) सत्य की साधना (ख) शिवत्व की कामना
(ग) सौंदर्य की अभिव्यंजना (घ) ये सभी

III. प्रेमचंद किस प्रकार के साहित्य को साहित्य कहलाने का अधिकारी नहीं मानते हैं? **1**
(क) जो हमारी सुरुचि को जगाए
(ख) जिससे आध्यात्मिक और मानसिक शांति मिले
(ग) जो मनुष्य में शक्ति और गति पैदा करे
(घ) जो कठिनाइयों पर विजय पाने की सच्ची दृढ़ता न उत्पन्न करे

IV. शेक्सपियर या कालिदास की कृतियाँ आज भी लोकप्रिय होने का क्या कारण है? **1**
(क) मानव समाज की संवेदना एवं सहज वृत्तियों के कारण
(ख) अपने समय के महान साहित्यकार होने के कारण
(ग) प्रेम पक्ष का वर्णन करने के कारण
(घ) इतिहास के परिप्रेक्ष्य के कारण

V. विश्व का गुटों में बँटने से साहित्य पर क्या प्रभाव पड़ेगा? **1**
(क) साहित्य सब मनुष्यों के लिए समान रहेगा
(ख) साहित्य में मतभेद की खाई आ जाएगी
(ग) साहित्य भी गुटों में बँट जाएगा
(घ) साहित्य का अस्तित्व समाप्त हो जाएगा

VI. ग्रीक साहित्य में किसका वर्णन मिलता है? **1**
(क) दास प्रथा
(ख) स्त्रियों की संतोषजनक स्थिति
(ग) प्रकृति चित्रण
(घ) साहित्यकारों की आस्था

VII. निम्नलिखित कथनों पर विचार कीजिए। **1**
1. समाज की सोई हुई विवेक शक्ति को जगाना साहित्य का बुनियादी लक्ष्य है।
2. साहित्य ही वर्तमान को सामने रखकर भविष्य की रूपरेखा तैयार करता है।
3. भारत देश में साहित्य का कोई महत्व नहीं है।

उपरोक्त कथनों में से कौन-सा/से कथन सही है/हैं?
(क) केवल 1 (ख) 1 और 2
(ग) केवल 3 (घ) 2 और 3

VIII. श्रेष्ठ साहित्य किसे कहा जा सकता है? **1**
(क) जो सार्वभौमिक मूल्यों, संदेशों और उद्देश्यों को समाए रहे
(ख) जो जीवन का सम्यक् आकलन न करे
(ग) जो मनुष्य को निराशा से दूर करे
(घ) जो मनुष्य को संघर्ष करने से बचाए

IX. किस प्रकार का साहित्य सदैव प्रासंगिक बना रहता है? **1**
(क) गुणों से परिपूर्ण
(ख) अपने समय के सत्य को उजागर करने वाला
(ग) (क) और (ख) दोनों
(घ) बुराइयों का प्रदर्शन करने वाला

X. निम्नलिखित कथन-कारण को ध्यानपूर्वक पढ़िए उसके बाद दिए गए विकल्पों में से कोई सही विकल्प चुनकर लिखिए **1**
कथन (A) साहित्य को समाज का दर्पण कहा जाता है।
कारण (R) समय और परिस्थिति का प्रभाव साहित्य पर अनिवार्य रूप से पड़ता है।
(क) कथन (A) और कारण (R) दोनों सही हैं तथा कारण (R) कथन (A) की सही व्याख्या करता है।
(ख) कथन (A) गलत है, लेकिन कारण (R) सही है।
(ग) कथन (A) तथा कारण (R) दोनों गलत हैं।
(घ) कथन (A) सही है, लेकिन कारण (R) उसकी गलत व्याख्या करता है।

अपठित पद्यांश

2. **दिए गए पद्यांश पर आधारित प्रश्नों को ध्यानपूर्वक पढ़कर दिए गए प्रश्नों के सर्वाधिक उपयुक्त उत्तर वाले विकल्प को चुनकर लिखिए** **1 × 5 = 5**

है शौक यही अरमान यही,
हम कुछ करके दिखलाएँगे।
मरने वाली दुनिया में हम,
अमरों में नाम लिखाएँगे।
जो लोग गरीब भिखारी हैं,
जिन पर न किसी की छाया है।
हम उनको गले लगाएँगे।
हम उनको सुखी बनाएँगे।
जो लोग अँधेरे घर में हैं,
अपनी ही नहीं नज़र में हैं।
हम उनके कोने-कोने में,
उद्यम का दीप जलाएँगे।
जो लोग हारकर बैठे हैं,
उम्मीद मार कर बैठे हैं।
हम उनके बुझे दिमागों में
फिर से उत्साह जगाएँगे।
रोको मत आगे बढ़ने दो
आज़ादी के दीवाने हैं।
हम मातृभूमि की सेवा में,
अपना सर्वस्व लगाएँगे।
हम उन वीरों के बच्चे हैं,
जो धुन के पक्के सच्चे थे।
हम उनका मान बढ़ाएँगे,हम जग में नाम कमाएँगे।।

I. कवि की क्या अभिलाषा है? **1**
(क) सेना में भर्ती होकर देश की सेवा करने की
(ख) मरने से पूर्व देश के लिए कुछ ऐसा करने की जिससे उसका नाम इतिहास में अंकित हो जाए

(ग) मरने से पूर्व समाज सेवा करने की ताकि मन में कोई ग्लानि न रहे
(घ) मरने से पूर्व ओजस्वी कविता लिखने की जिससे लोग उसे याद कर सकें

II. पद्यांश में किन लोगों को सुखी करने का संकल्प लिया गया है? 1
(क) जो लोग गरीब एवं भिखारी हैं
(ख) जिन पर किसी की छाया नहीं है
(ग) जो लोग असहाय हैं
(घ) ये सभी

III. कवि किन लोगों में पुन: उत्साह जगाना चाहता है? 1
(क) जो लोग हार मानकर बैठ गए हैं
(ख) जो लोग अपना उत्साह और आशा खो चुके हैं
(ग) (क) और (ख) दोनों
(घ) जो लोग जीवन में सम्पन्न हैं

IV. कवि मातृभूमि की सेवा किस प्रकार करना चाहता है? 1
(क) अपनी कविता की रचना करके
(ख) उपदेश देकर (ग) अपना सर्वस्व लगाकर
(घ) जनता को एकजुट करके

V. पद्यांश में 'हम' शब्द किस अर्थ में प्रयुक्त हुआ है? 1
(क) देशवासियों के लिए (ख) कवि वर्ग के लिए
(ग) बच्चों के लिए (घ) समाज सेवकों के लिए

अभिव्यक्ति और माध्यम पाठ्यपुस्तक

3. निम्नलिखित प्रश्नों को ध्यानपूर्वक पढ़कर सर्वाधिक उपयुक्त उत्तर वाले विकल्प को चुनकर लिखिए **$1 \times 5 = 5$**

I. कविता लेखन के लिए किन घटकों का होना आवश्यक है? 1
(क) प्रस्तुतीकरण की कला
(ख) काव्य शैलियों का ज्ञान
(ग) भाषा
(घ) उपरोक्त सभी

II. नाटक का मुख्य अंग किसे कहा जाता है? 1
(क) दृश्य (ख) चरित्र
(ग) समय का बन्धन (घ) संवाद

III. विलोम स्तूपी पद्धति द्वारा समाचार लेखन में प्रारम्भ में क्या दिया जाता है? 1
(क) समापन
(ख) चरमोत्कर्ष
(ग) बॉडी
(घ) इण्ट्रो या मुखड़ा

IV. निम्नलिखित कथनों पर विचार कीजिए। 1
1. घटनापरक फीचर में आंदोलन, युद्ध, अकाल आदि से संबंधित विषय सम्मिलित किए जाते हैं।
2. फीचर लेखन का प्रमुख उद्देश्य ज्ञानवर्द्धन करना है।
3. प्रचलित शब्दावली का प्रयोग फीचर लेखन का गुण नहीं है।

उपरोक्त कथनों में से कौन-सा/से कथन सही है/हैं?
(क) केवल 1 (ख) 1 और 2
(ग) 2 और 3 (घ) केवल 3

V. आलेख के प्रस्तुतीकरण में किसका उल्लेख नहीं करना चाहिए? 1
(क) तथ्यों एवं आँकड़ों का
(ख) भ्रामक एवं संदिग्ध जानकारी का
(ग) वैचारिक एवं तकनीकी कुशलतायुक्त भाषा का
(घ) रोचक एवं निष्कर्षपरक अन्त

पाठ्य-पुस्तक (आरोह भाग-2)

4. निम्नलिखित काव्यांश के प्रश्नों को ध्यानपूर्वक पढ़कर सर्वाधिक उपयुक्त उत्तर वाले विकल्प को चुनकर लिखिए **$1 \times 5 = 5$**

कविता एक उड़ान है चिड़िया के बहाने
कविता की उड़ान भला चिड़िया क्या जाने
बाहर-बाहर
इस घर, उस घर
कविता के पंख लगा उड़ने के माने
चिड़िया क्या जाने?

I. प्रस्तुत काव्यांश में कवि किस की यात्रा के बारे में बता रहा है? 1
(क) स्वयं की (ख) कविता की
(ग) सैनिकों की (घ) भाषा की

II. कवि ने कविता को किसकी उड़ान माना है? 1
(क) कल्पना की
(ख) शब्द की
(ग) सीमाओं की
(घ) प्रश्नों की

III. चिड़िया की उड़ान कैसी होती है? 1
(क) अपार (ख) असीमित
(ग) सीमित (घ) अनंत

IV. कविता कहाँ-कहाँ उड़ सकती है? 1
(क) एक घर (ख) दूसरे घर
(ग) एक घर से दूसरे घर (घ) अंतर्मन में

V. कविता में पंख लगाकर कौन उड़ता है? 1
(क) चिड़िया (ख) कवि
(ग) समाज (घ) मानव

5. निम्नलिखित गद्यांश के प्रश्नों को ध्यानपूर्वक पढ़कर उपयुक्त उत्तर वाले विकल्प को चुनकर लिखिए **$1 \times 5 = 5$**

शांत दर्शकों की भीड़ में खलबली मच गई-'पागल है पागल, मरा-ऐं! मरा-मरा।'... पर वाह रे बहादुर! लुट्टन बड़ी सफाई से आक्रमण को सँभालकर निकलकर उठ खड़ा हुआ और पैंतरा दिखाने लगा। राजा साहब ने कुश्ती बंद करवाकर लुट्टन को अपने पास बुलवाया और समझाया। अंत में, उसकी हिम्मत की प्रशंसा करते हुए, दस रुपये का नोट देकर कहने लगे-"जाओ, मेला देखकर घर जाओ।..."

I. शांत भीड़ में खलबली क्यों मच गई? 1
(क) चाँद सिंह द्वारा लुट्टन सिंह को झपटकर दबोच लेने के कारण

(ख) राजा द्वारा कुश्ती न करने का आदेश देने के कारण
(ग) भीड़ में उपद्रवियों के घुस आने के कारण
(घ) उपरोक्त सभी

II. राजा ने किसे अपने पास बुला लिया? 1
(क) शाँद सिंह को
(ख) बादल सिंह को
(ग) लुट्टन सिहं को
(घ) भीड़ के एक व्यक्ति को

III. 'पर वाह रे बहादुर।' पंक्ति में बहादुर शब्द किस व्यक्ति के लिए प्रयुक्त हुआ है? 1
(क) लुट्टन सिंह पहलवान (ख) चाँद सिंह पहलवान
(ग) राजा साहब (घ) मैनेजर साहब

IV. राजा द्वारा लुट्टन सिंह को दस रुपये का नोट देकर मेला देखकर घर जाने को कहने के पीछे क्या कारण था? 1
(क) कुश्ती लड़ने के लिए तैयार करना
(ख) कुश्ती लड़ने से मना करना
(ग) कुश्ती की प्रतियोगिता हार जाना
(घ) कुश्ती की प्रतियोगिता जीत जाना

V. निम्नलिखित कथन-कारण को ध्यानपूर्वक पढ़िए उसके बाद दिए गए विकल्पों में से कोई सही विकल्प चुनकर लिखिए
कथन (A) राजा साहब ने लुट्टन सिंह की प्रशंसा की।
कारण (R) लुट्टन ने चाँद सिंह को कुश्ती की चुनौती दी थी। 1
(क) कथन (A) और कारण (R) दोनों सही हैं तथा कारण (R) कथन (A) की सही व्याख्या करता है।
(ख) कथन (A) गलत है, लेकिन कारण (R) सही है।
(ग) कथन (A) तथा कारण (R) दोनों गलत हैं।
(घ) कथन (A) सही है, लेकिन कारण (R) उसकी गलत व्याख्या करता है।

पूरक पाठ्य-पुस्तक

6. **निम्नलिखित प्रश्नों को ध्यानपूर्वक पढ़कर सर्वाधिक उपयुक्त उत्तर वाले विकल्प को चुनकर लिखिए** **1 × 10 = 10**

I. यशोधर बाबू के दिल्ली आने पर उनकी सहायता किसने की? 1
(क) वाई डी पन्त (ख) किशन दा
(ग) चन्द्रदत्त तिवारी (घ) पाण्डेय शर्मा

II. 'सिल्वर वैडिंग' कहानी के रचनाकार कौन हैं? 1
(क) असगर वजाहत (ख) मनोहर श्याम जोशी
(ग) हरिशंकर परसाई (घ) फणीश्वर नाथ रेणु

III. 'सिल्वर वैडिंग' कहानी का केन्द्रीय पात्र कौन है? 1
(क) किशन दा (ख) मनोहर
(ग) भूषण (घ) यशोधर पन्त

IV. 'जूझ' कहानी का नायक किसे माना जाना चाहिए? 1
(क) दत्ता राव (ख) सौन्दलगेकर
(ग) आनन्दा (घ) वसन्त पाटिल

V. आनन्दा के पिता को उसे (आनन्दा को) विद्यालय भेजने के लिए किसने कहा था? 1
(क) सौन्दलगेकर ने (ख) दत्ता राव ने
(ग) वसन्त पाटिल ने (घ) लेखक की माँ ने

VI. 'अतीत के दबे पाँव' पाठ में लेखक ने किसका वर्णन किया है? 1
(क) इतिहास का (ख) पौराणिक स्मृतियों का
(ग) सिन्धु घाटी की सभ्यता का (घ) इतिहासकारों का

VII. निम्नलिखित कथनों पर विचार कीजिए। 1
1. लेखक को मोअनजो-दड़ो के भ्रमण के दौरान कुलधरा गाँव की याद आई।
2. लेखक मोहनजो-दड़ो में घर बनना चाहता था।
3. अजायबघर में बहुत-से हथियार मिले।

उपरोक्त कथनों में से कौन-सा/से कथन सही है/हैं?
(क) केवल 1 (ख) 1 और 2
(ग) 2 और 3 (घ) केवल 3

VIII. मोअनजो-दड़ो के अजायब घर में क्या नहीं दिखाई देते? 1
(क) स्नानागार (ख) सड़कें
(ग) हथियार (घ) औजार

IX. यशोधर बाबू की पत्नी किसका साथ देती है? 1
(क) मौज मस्ती का (ख) आधुनिकता का
(ग) अपने पति का (घ) अपने बच्चों का

X. जूझ कहानी के नायक की चरित्र की विशेषता क्या है? 1
(क) संघर्षशीलता (ख) जुझारूपन
(ग) परिश्रमी (घ) ये सभी

खंड 'ब' (वर्णनात्मक प्रश्न)

40 अंक

अभिव्यक्ति और माध्यम पाठ्यपुस्तक

7. **निम्नलिखित दिए गए 3 विषयों में से किसी 1 विषय पर लगभग 120 शब्दों में रचनात्मक लेख लिखिए** **6**
(क) मेरे विद्यालय की हिंदी की अध्यापिका
(ख) मेरे बचपन की एक शिक्षाप्रद घटना
(ग) पारिवारिक जीवन में स्त्री शिक्षा का महत्त्व

8. **निम्नलिखित प्रश्नों को ध्यानपूर्वक पढ़कर लगभग 40 शब्दों में निर्देशानुसार उत्तर दीजिए** **3 × 2 = 6**
(क) नाटक स्वयं में एक जीवंत माध्यम है। इस कथन के आलोक में नाटक में स्वीकार और अस्वीकार की अवधारणा पर प्रकाश डालिए। 3
(ख) कहानी में द्वंद के महत्त्व पर प्रकाश डालिए। 3
(ग) रेडियो नाटक के तत्त्वों का संक्षिप्त रूप में वर्णन कीजिए। 3

9. निम्नलिखित प्रश्नों को ध्यानपूर्वक पढ़कर दिए गए 3 प्रश्नों में से किन्हीं 2 प्रश्नों के लगभग 60 शब्दों में उत्तर दीजिए 4 × 2 = 8

(क) समाचार लेखन हेतु आवश्यक तथ्यों का उल्लेख कीजिए अथवा 'सांस्कृतिक कार्यक्रमों का महत्त्व' विषय पर एक फ़ीचर लेखन कीजिए। **4**

(ख) टीवी खबरों के विभिन्न चरणों के बारे में समझाइए। **4**

(ग) इंटरनेट पत्रकारिता से आप क्या समझते हैं? भारत में इंटरनेट पत्रकारिता की क्या स्थिति है? **4**

पाठ्य-पुस्तक

10. निम्नलिखित प्रश्नों को ध्यानपूर्वक पढ़कर दिए गए 3 प्रश्नों में से किन्हीं 2 प्रश्नों के लगभग 60 शब्दों में उत्तर दीजिए 3 × 2 = 6

(क) 'उषा' कविता में कवि ने किस जादू के टूटने का वर्णन किया है?

(ख) 'बादल राग' कविता में कवि ने अट्टालिका को आतंक-भवन क्यों कहा है?

(ग) 'लक्ष्मण मूर्छित और राम का विलाप' में लक्ष्मण के मूर्छित हो जाने पर राम का कथन 'मिलइ न जगत सहोदर भ्राता' का क्या अभिप्राय है?

11. निम्नलिखित प्रश्नों को ध्यानपूर्वक पढ़कर दिए गए 3 प्रश्नों में से किन्हीं 2 प्रश्नों के लगभग 40 शब्दों में उत्तर दीजिए 2 × 2 = 4

(क) 'कैमरे में बन्द अपाहिज' कविता को क्या संवेदनहीन कहा जा सकता है? तर्क के आधार पर अपने मत की पुष्टि कीजिए।

(ख) 'उषा' कविता में भोर के नभ की तुलना किससे की गई है और क्यों?

(ग) शोकग्रस्त माहौल में हनुमान के अवतरण को करुण रस के बीच वीर रस का आविर्भाव क्यों कहा गया है?

12. निम्नलिखित प्रश्नों को ध्यानपूर्वक पढ़कर दिए गए 3 प्रश्नों में से किन्हीं 2 प्रश्नों के लगभग 60 शब्दों में उत्तर दीजिए 3 × 2 = 6

(क) शिरीष को कालजयी अवधूत क्यों कहा गया है?

(ख) इंदर सेना सबसे पहले 'गंगा मैया' की जय क्यों बोलती है? भारतीय सामाजिक, सांस्कृतिक परिवेश में नदियों का क्या महत्त्व है?

(ग) महामारी फैलने के बाद गाँव में सूर्योदय और सूर्यास्त के दृश्य में क्या अंतर होता था? 'पहलवान की ढोलक' पाठ के आधार पर उत्तर दीजिए।

13. निम्नलिखित प्रश्नों को ध्यानपूर्वक पढ़कर दिए गए 3 प्रश्नों में से किन्हीं 2 प्रश्नों के लगभग 40 शब्दों में उत्तर दीजिए 2 × 2 = 4

(क) बाजार में लेखक को चूरन वाले का व्यक्तित्व किस प्रकार प्रभावित करता है? स्पष्ट कीजिए।

(ख) भक्तिन के नाम और उसके जीवन में क्या विरोधाभास था?

(ग) "दासता केवल कानूनी पराधीनता ही नहीं है" डॉ. आंबेडकर के इस कथन को स्पष्ट कीजिए।

उत्तरमाला

1.	I. (क)	II. (घ)	III. (घ)	IV. (क)	V. (क)
	VI. (क)	VII. (ख)	VIII. (क)	IX. (ग)	X. (क)
2	I. (ख)	II. (घ)	III. (ग)	IV. (ग)	V. (क)
3.	I. (घ)	II. (ग)	III. (ख)	IV. (ख)	V. (ख)
4.	I. (ख)	II. (क)	III. (ग)	IV. (ग)	V. (ख)
5.	I. (क)	II. (ग)	III. (क)	IV. (ख)	V. (क)
6.	I. (ख)	II. (ख)	III. (घ)	IV. (ग)	V. (ख)
	VI. (ग)	VII. (क)	VIII. (ग)	IX. (ख)	X. (क)

CBSE अध्यायवार सॉल्वड पेपर्स

नवीनतम CBSE सैंपल पेपर

CBSE

नवीनतम् सैंपल पेपर

हल सहित

हिंदी केंद्रिक

समय : 3 घंटे
पूर्णांक : 80

सामान्य निर्देश

1. इस प्रश्न-पत्र में दो खंड हैं–खंड 'अ' और खंड 'ब'।
2. खंड 'अ' में 40 वस्तुपरक प्रश्न पूछे जाएँगे। सभी प्रश्नों के उत्तर देने हैं।
3. खंड 'ब' में वर्णनात्मक प्रश्न पूछे जाएँगे। प्रश्नों में उचित आंतरिक विकल्प दिए जाएँगे।

खंड 'अ' (वस्तुपरक प्रश्न)

[40 अंक]

अपठित गद्यांश

1. निम्नलिखित गद्यांश को ध्यानपूर्वक पढ़कर दिए गए प्रश्नों के सर्वाधिक उपयुक्त उत्तर वाले विकल्पों को चुनकर लिखिए **$10 \times 1 = 10$**

पश्चिमी सभ्यता मुख मोड़ रही है। वह एक नया आदर्श देख रही है। अब उसकी चाल बदलने लगी है। वह कलों की पूजा को छोड़कर मनुष्यों की पूजा को अपना आदर्श बना रही है। इस आदर्श के दर्शाने वाले देवता रस्किन और टालस्टॉप आदि हैं। पाश्चात्य देशों में नया प्रभात होने वाला है। वहाँ के गंभीर विचार वाले लोग इस प्रभात का स्वागत करने के लिए उठ खड़े हुए हैं। प्रभात होने के पूर्व ही उसका अनुभव कर लेने वाले पक्षियों की तरह इन महात्माओं को इस नए प्रभात का पूर्व ज्ञान हुआ है और हो क्यों न? इंजनों के पहिए के नीचे दबकर वहाँ वालों के भाई-बहन-नहीं नहीं उनकी सारी जाति पिस गई, उनके जीवन के धुरे टूट गए, उनका समस्त धन घरों से निकलकर एक ही दो स्थानों में एकत्र हो गया।

साधारण लोग मर रहे हैं, मजदूरों के हाथ-पाँव फट रहे हैं, लहू बह रहा है! सर्दी से ठिठुर रहे हैं। एक तरफ दरिद्रता का अखंड भी राज्य है, दूसरी तरफ अमीरी का चरम दृश्य। परंतु अमीरी भी मानसिक दुखों से विमर्दित है। मशीनें बनाई तो गई थीं मनुष्यों का पेट भरने के लिए मजदूरों को सुख देने के लिए, परंतु वे काली-काली मशीनें ही काली बनकर उन्हीं मनुष्यों का भक्षण कर जाने के लिए मुख खोल रही हैं। प्रभात होने पर ये काली-काली बलाएँ दूर होंगी। मनुष्य के सौभाग्य का सूर्योदय होगा।

शोक का विषय यह है कि हमारे और अन्य पूर्वी देशों में लोगों को मजदूरी से तो लेशमात्र भी प्रेम नहीं है, पर वे तैयारी कर रहे हैं पूर्वोक्त काली मशीनों का आलिंगन करने की। पश्चिम वालों के तो ये गले पड़ी हुई बहती नदी की काली कमली हो रही हैं। वे छोड़ना चाहते हैं, परंतु काली कमली उन्हें नहीं छोड़ती। देखेंगे पूर्व वाले इस कमली को छाती से लगाकर कितना आनंद अनुभव करते हैं। यदि हममें से हर आदमी अपनी दस उँगलियों की सहायता से साहसपूर्वक अच्छी तरह काम करे तो हम मशीनों की कृपा से बढ़े हुए परिश्रम वालों को वाणिज्य के जातीय संग्राम में सहज ही पछाड़ सकते हैं।

सूर्य तो सदा पूर्व से ही पश्चिम की ओर जाता है। पर आओ पश्चिम से आने वाली सभ्यता के नए प्रभात को हम पूर्व से भेजे। इंजनों की वह मजदूरी किस काम की जो बच्चों, स्त्रियों और कारीगरों को ही भूखा नंगा रखती है और केवल सोने, चाँदी, लोहे आदि धातुओं का ही पालन करती है। पश्चिम को विदित हो चुका है कि इनसे मनुष्य का दुख दिन पर दिन बढ़ता है।

I. "पाश्चात्य देशों में नया प्रभात होने वाला है।" पंक्ति में रेखांकित पद का आशय हो सकता है 1

(a) नया प्रकाश (b) नया विचार
(c) नया सवेरा (d) नया प्रभास

II. संदर्भ के अनुसार गद्यांश में 'विमर्दित' शब्द का सटीक अर्थ क्या हो सकता है? 1

(a) ठगी हुई (b) ग्लानिपूर्ण
(c) ईर्ष्यापूर्ण (d) पीड़ापूर्ण

III. निम्नलिखित कथनों पर विचार कीजिए 1

कथन (I) मानवीय दक्षता को महत्त्व देना चाहिए।
कथन (II) मनुष्य तथा मानवीयता से प्रेम करना चाहिए।
कथन (III) अपनी चाल को बदल लेना चाहिए।
कथन (IV) मानव जीवन को आदर्श मानना चाहिए।

गद्यांश के अनुसार कौन-सा/से कथन सही है/हैं?

(a) केवल कथन I सही है।
(b) केवल कथन II सही है।
(c) केवल कथन II और III सही हैं।
(d) केवल कथन I और IV सही हैं।

IV. गद्यांश के अनुसार पूर्वी देशों की समस्या क्या है? 1

(a) मजदूरों के लिए अधिकारों की कमी
(b) मजदूरों का पूँजीपतियों द्वारा शोषण
(c) मजदूरी को कम महत्त्व का आँकना
(d) मजदूरी पर अमीरी का प्रभाव

V. गद्यांश के अनुसार साधारण लोग क्यों मर रहे हैं? 1

(a) मानव श्रम से ज्यादा मशीनों को महत्त्व मिलने के कारण
(b) हाथ-पाँव फटने, खून रिसने और सर्दी के कारण
(c) कम मजदूरी मिलने के कारण हुई बीमारियों से
(d) कार्य क्षेत्रों के विषैले पर्यावरण व खाने की कमी से

VI. गद्यांश में मशीनों को 'काली मशीनें' कहना किस बात की ओर संकेत करता है? 1

(a) काला रंग शोक का प्रतीक होता है।
(b) मशीनों द्वारा जनसाधारण में बेरोजगारी बढ़ाने के कारण
(c) माँ दुर्गा के अवतार काली के जैसे भक्षण करने के कारण
(d) मशीनों से अमीरों द्वारा काला धन अर्जन करने के कारण

VII. ''इंजनों के पहिए के नीचे दबकर वहाँ वालों के ....'' इस प्रक्रिया के क्या परिणाम हुए? 1

(a) आर्थिक संपदा का अनुचित वितरण
(b) भाई-बहनों व अन्य रिश्तेदारों में दुराव
(c) समस्त जाति द्वारा कठिन परिश्रम
(d) मशीनों द्वारा मनुष्यों का संरक्षण

VIII. रस्किन और टालस्टॉय का महत्त्व है, क्योंकि इन्होंने 1

(a) पूर्वी देशों में साम्राज्यवाद के विरुद्ध आवाज उठाई थी
(b) मानवीय संवेदनाओं एवं गुणों को महत्त्व दिया था
(c) धार्मिक कट्टरता के प्रति चेतना जगाई थी
(d) गाँधीजी इन दोनों के विचारों से अत्यधिक प्रभावित थे।

IX. मनुष्य के सौभाग्य का सूर्योदय कब होगा? 1

(a) मजदूरों द्वारा क्रांति करने से
(b) मशीनों के हट जाने से
(c) सभी लोगों को काम मिलने से
(d) मानवीय दक्षताओं को महत्त्व मिलने से

X. मनुष्य के दु:ख में निरंतर वृद्धि का क्या कारण बताया गया है? 1

(a) मशीनों पर अत्यधिक आश्रित हो जाना
(b) मानवीय दक्षता की आलोचना
(c) पूँजीपतियों द्वारा गरीबों का शोषण
(d) काली मशीनों द्वारा मनुष्यों का भक्षण

अपठित पद्यांश

2. **दिए गए पद्यांश पर आधारित प्रश्नों को ध्यानपूर्वक पढ़कर दिए गए प्रश्नों के सर्वाधिक उपयुक्त उत्तर वाले विकल्प को चुनकर लिखिए** **5 × 1 = 5**

कुश्ती कोई भी लड़े
ढोल बजाता है सिमरू ही
जिसके सधे हाथ
भर देते हैं जोश पूरे दंगल में
उछलने लगती है मिट्टी पूरे अखाड़े की
ताक धिना-धिन ... ताक धिना-धिन
झाँकने लगते हैं लोग
एक-दूसरे के कन्धों के ऊपर से
उचक-उचक कर
बहुत गहरा है रिश्ता
सिमरू और ढोल का
जैसे साँस और धड़कन का
ढोल खामोश है
तो खामोश है
अखाड़े की माटी
खामोश ढोल को
जगाएँगे हाथ सिमरू के
ढोल बजेगा
जागेगा अखाड़ा
जागेगी माटी अखाड़े की
माटी ही तो है
जो स्वीकारती है सभी को
अच्छे हों या बुरे
हर रूप में।

I. 'ढोल बजाता है सिमरू ही' पंक्ति में 'ही' क्या इंगित करता है? 1

(a) आदत (b) महत्त्व
(c) आडंबर (d) प्रेम

II. कुश्ती में जोश कब भर आता है? 1

(a) जब हारता हुआ पहलवान जीतने लगता है
(b) जब दोनों पहलवान बराबर की टक्कर वाले होते हैं
(c) जब फाइनल कुश्ती द्वारा राष्ट्रीय विजेता तय होता है
(d) जब सिमरू द्वारा ढोल बजाया जाता है

III. माटी द्वारा अच्छे-बुरे को स्वीकारने का क्या तात्पर्य है? 1

(a) माटी सबको जीतने का समान अवसर देती है
(b) माटी का न्याय सबको स्वीकार्य होता है
(c) अंत में अच्छे-बुरे सभी माटी में मिल जाते हैं
(d) माटी की गोद में अच्छे-बुरे सभी पलते हैं

IV. ढोल तथा अखाड़े की माटी में क्या समानता बताई गई है? निम्नलिखित कथनों पर विचार कीजिए **1**

कथन (I) दोनों को उपयोग करने से पहले तैयार करना होता है।

कथन (II) दोनों में श्रम की आवश्यकता होती है।

कथन (III) दोनों का प्रयोग कर लोग अपनी कला सिद्ध करते हैं।

कथन (IV) दोनों की परिवर्तन में भूमिका होती है।

निम्नलिखित विकल्पों पर विचार कीजिए तथा सही विकल्प चुनकर लिखिए

कूट

(a) केवल कथन III सही है।
(b) केवल कथन IV सही है।
(c) केवल कथन II और III सही हैं।
(d) केवल कथन I और IV सही हैं।

V. कॉलम I को कॉलम II से सुमेलित कीजिए और सही विकल्प चुनकर लिखिए। **1**

कॉलम I		कॉलम II	
A.	सिमरू	1.	श्रमजीवी वर्ग
B.	ढोल	2.	सामाजिक भूमि
C.	अखाड़ा	3.	परिश्रम

कूट

	A	B	C		A	B	C
(a)	3	1	2	(b)	1	3	2
(c)	1	2	3	(d)	2	1	3

अभिव्यक्ति और माध्यम

3. **निम्नलिखित प्रश्नों को ध्यानपूर्वक पढ़कर सर्वाधिक उपयुक्त उत्तर वाले विकल्प को चुनकर लिखिए** **5 × 1 = 5**

I. आलेख कुछ-कुछ फीचर जैसा होता है। फिर भी दोनों में पर्याप्त अंतर है। अत: आलेख का निम्नलिखित में से विषय नहीं हो सकता है **1**

(a) ब्रेकिंग न्यूज (b) राजनीति
(c) खेलकूद (d) समसामयिकी

II. ऐसा सुव्यवस्थित, सृजनात्मक और आत्मनिष्ठ लेखन, जिसके माध्यम से सूचनाओं के साथ-साथ मनोरंजन पर भी ध्यान दिया जाता है, उसे ······· कहते हैं। **1**

(a) समीक्षा करना (b) फीचर लेखन
(c) आलेख लेखन (d) रिपोर्ट बनाना

III. बीट कवर करने वाले रिपोर्टर को कहा जाता है **1**

(a) लेखक (b) एंकर
(c) संपादक (d) संवाददाता

IV. रजत एक पत्रकार हैं। वे सामान्य समाचारों से आगे बढ़कर खेल से जुड़ी या इस विषय से जुड़ी घटनाओं, मुद्दों और समस्याओं का बारीकी से विश्लेषण करते हैं। उनकी रिपोर्टिंग को क्या कहा जा सकता है? **1**

(a) बीट रिपोर्टिंग (b) फ्रीलांसिंग
(c) विशेषीकृत रिपोर्टिंग (d) एंकरिंग

V. भास्कर पत्रकार हैं। वे आर्थिक जगत की खबरें बड़ी दिलचस्पी और सक्रियता से कवर करते हैं। उनकी रुचि और रुझान के अनुसार वे क्या बन सकते हैं? **1**

(a) लेखक (b) पाठक
(c) स्तंभ लेखक (d) विषय विशेषज्ञ

पाठ्यपुस्तक आरोह भाग 2

4. **निम्नलिखित काव्यांश के प्रश्नों को ध्यानपूर्वक पढ़कर सर्वाधिक उपयुक्त उत्तर वाले विकल्प को चुनकर लिखिए** **5 × 1 = 5**

मैं निज उर के उद्‌गार लिए फिरता हूँ
मैं निज उर के उपहार लिए फिरता हूँ
है यह अपूर्ण संसार न मुझको भाता
मैं स्वप्नों का संसार लिए फिरता हूँ।
मैं जला हृदय में अग्नि, दहा करता हूँ
सुख-दु:ख दोनों में मग्न रहा करता हूँ
जग भव-सागर तरने की नाव बनाए,
मैं भव-मौजों पर मस्त बहा करता हूँ।

I. कवि के स्वप्नों का संसार है **1**

(a) यथार्थ
(b) आदर्श
(c) स्वप्निल
(d) सुखी

II. निम्नलिखित कथनों पर विचार करते हुए पद्यांश के अनुसार सही कथन को चयनित कर लिखिए **1**

(a) स्मृतियों की नाव में कवि एक यात्री है।
(b) कविता में अग्नि परिवर्तन की इच्छा का प्रतीक है।
(c) यथार्थ संसार से कवि को कोई सरोकार नहीं है।
(d) सुख-दु:ख का असर कवि पर होता है।

III. काव्यांश में 'उर' से तात्पर्य है **1**

(a) हृदय (b) इच्छा
(c) स्मृति (d) आवेश

IV. निम्नलिखित कथन और कारण को ध्यानपूर्वक पढ़िए और सही विकल्प चुनकर लिखिए **1**

कथन (A) यथार्थ को स्वीकार नहीं करने से कवि के स्पप्न अधूरे रह गए हैं।

कारण (R) कल्पना और वास्तविकता में सामंजस्य की कमी होने से कवि को संसार अधूरा महसूस होता है।

(a) कथन (A) सही है, कारण (R) गलत है।
(b) कथन (A) सही नहीं है, कारण (R) सही है।
(c) कथन (A) तथा कारण (R) दोनों सही हैं, किंतु कारण (R) कथन (A) की सही व्याख्या नहीं करता है।
(d) कथन (A) तथा कारण (R) दोनों सही हैं, कारण (R) कथन (A) की सही व्याख्या करता है।

V. 'भव-मौजों पर मस्त बहने' से तात्पर्य क्या है? 1
(a) सांसारिक सुख रूपी लहरें
(b) मौज-मस्ती करना
(c) स्वप्न में उपजी सुख-दुःख की लहरें
(d) नाव जैसी बहने वाली भावुकता

5. निम्नलिखित गद्यांश के प्रश्नों को ध्यानपूर्वक पढ़कर उपयुक्त उत्तर वाले विकल्प को चुनकर लिखिए $5 \times 1 = 5$

मैंने मन में कहा, ठीक। बाजार आमंत्रित करता है कि आओ मुझे लूटो और लूटो। सब भूल जाओ, मुझे देखो। मेरा रूप और किसके लिए है? मैं तुम्हारे लिए हूँ। नहीं कुछ चाहते हो, तो भी देखने में क्या हरज है। अजी आओ भी।

इस आमंत्रण में यह खूबी है कि आग्रह नहीं है, आग्रह तिरस्कार जगाता है, लेकिन ऊँचे बाजार का आमंत्रण मूक होता है और उससे चाह जगती है, चाह मतलब अभाव। चौक बाजार में खड़े होकर आदमी को लगने लगता है कि उसके अपने पास काफी नहीं है और चाहिए और चाहिए। मेरे यहाँ कितना परिमित है और यहाँ कितना अतुलित है, ओह! कोई अपने को न जाने तो बाजार का यह चौक उसे कामना से विकल बना छोड़े विकल क्यों, पागल। असंतोष, तृष्णा और ईर्ष्या से घायल करके मनुष्य को सदा के लिए यह बेकार बना डाल सकता है।

I. गद्यांश में प्रयुक्त 'अतुलित' शब्द का समानार्थी शब्द हो सकता है 1
(a) अरिहंत (b) अथाह (c) अभाव (d) अक्षय

II. गद्यांश का केंद्रीय भाव है 1
(a) बाजार के प्रकार बताना
(b) बाजार न जाने की सलाह
(c) मनुष्य की तृष्णा को इंगित करना
(d) मनुष्य पर बाजार के जादू का असर

III. निम्नलिखित कथनों पर विचार करते हुए गद्यांश के अनुसार सही कथन को चयनित कर लिखिए 1
(a) जब मनुष्य बेचैन हो जाता है, तब वह बाजार की ओर उन्मुख हो जाता है।
(b) जब मनुष्य तुलना करने लगता है, तब असंतोष, तृष्णा और ईर्ष्या के भाव मनुष्य में उभरते हैं।
(c) जब मनुष्य को बाजार आमंत्रित करता है, तब मनुष्य की व्याकुलता इसका कारण होती है।
(d) जब मनुष्य बाजार का तिरस्कार करता है, तब वह इसका सही लाभ ले पाता है।

IV. कॉलम I को कॉलम II से सुमेलित कीजिए और सही विकल्प चुनकर लिखिए। 1

कॉलम I	कॉलम II
A. आग्रह का तिरस्कार जागता	1. मौन रहकर कार्य करना
B. बड़े बाजार का जादू	2. अपनी तृष्णा को रोकना
C. बाजार के जादू से बचने का उपाय	3. इच्छा पूर्ण न होना

कूट

	A	B	C		A	B	C
(a)	3	1	2	(b)	1	3	2
(c)	1	2	3	(d)	2	1	3

V. बाजार का आमंत्रण कि, 'आओ मुझे लूटो' से क्या आशय है? 1
(a) बाजार लुट जाना चाहता है
(b) बाजार के पास वस्तुएँ बहुत अधिक हैं
(c) बाजार केवल खुद का रूप दिखाना चाहता है
(d) बाजार आकर्षित करना चाह रहा है

पूरक पाठ्यपुस्तक वितान भाग 2

6. निम्नलिखित प्रश्नों को ध्यानपूर्वक पढ़कर सर्वाधिक उपयुक्त उत्तर वाले विकल्प को चुनकर लिखिए $10 \times 1 = 10$

I. यशोधर बाबू दफ्तर से घर जल्दी क्यों नहीं जाते थे? 1
(a) पत्नी और बच्चों से हर छोटी-बड़ी बात पर मतभेद होने के कारण
(b) पीढ़ियों के अंतराल के कारण
(c) ईश्वर में मन लग जाने के कारण
(d) आधुनिकता के प्रति नकार की भावना के कारण

II. संसार के प्राचीनतम दो नियोजित शहर किसे माना गया है? 1
(a) मेसोपोटामिया तथा सिंधु घाटी
(b) मेसोपोटामिया तथा हड़प्पा
(c) हड़प्पा तथा मुअनजो-दड़ो
(d) मुअनजो-दड़ो तथा मेसोपोटामिया

III. मुअनजो-दड़ो की अनूठी मिसाल क्या है? 1
(a) नगर नियोजन
(b) प्राचीन शहर
(c) अन्न भंडार
(d) मृतकों का टीला

IV. निम्नलिखित कथन और कारण को ध्यानपूर्वक पढ़िए और सही विकल्प चुनकर लिखिए 1

कथन (A) यशोधर बाबू के बच्चे धर्म, रिश्तेदार तथा समाज को पिछड़ा मानते हैं।

कारण (R) वे महत्त्वाकांक्षी और प्रगतिशील हैं। उनमें समय के साथ बदलाव आ गया है।

(a) कथन (A) सही है, कारण (R) गलत है।
(b) कथन (A) सही नहीं है, कारण (R) सही है।
(c) कथन (A) तथा कारण (R) दोनों सही हैं, किंतु कारण (R) कथन (A) की सही व्याख्या नहीं करता है।
(d) कथन (A) तथा कारण (R) दोनों सही हैं, लेकिन कारण (R) कथन (A) की सही व्याख्या करता है।

V. निम्नलिखित कथनों पर विचार कीजिए 1

कथन (I) सिंधु सभ्यता में नगर-नियोजन उन्नत नहीं था।
कथन (II) सिंधु घाटी सभ्यता की खूबी सौंदर्यबोध है।
कथन (III) मुअनजो-दड़ो छोटे-मोटे टीलों पर बसा था।
कथन (IV) सिंधु घाटी सभ्यता टीलों पर आबाद थी।

सही कथनों वाले विकल्प को चयनित कर लिखिए
(a) कथन (I) तथा (II) सही हैं।
(b) कथन (I), (II) तथा (III) सही हैं।
(c) कथन (II), (III) तथा (IV) सही हैं।
(d) कथन (II) तथा (III) सही हैं।

VI. कहानी 'सिल्वर वैडिंग' में यह वाक्य 'वह खुशहाली भी कैसी, जो अपनों में परायापन पैदा करे' किसने कहा होगा? 1
(a) किशन दा (b) यशोधर बाबू
(c) भूषण (d) चड्ढा

VII. 'जूझ' कहानी का लेखक पढ़ना क्यों चाहता था? 1
(a) ज्ञान के लिए
(b) रोजगार के लिए
(c) कवि बनने के लिए
(d) आत्मविश्वास के लिए

VIII. 'जूझ' कहानी में लेखक का मन पाठशाला जाने के लिए तड़पता था। लेखक के पाठशाला न जा पाने का कारण था 1
(a) दादा का कामचोर स्वभाव (b) कवि बनने का स्वप्न
(c) खेती की मेहनत से बचना (d) घर का कर्ज

IX. कहानी 'सिल्वर वैडिंग' में यशोधर बाबू के बच्चों के लिए कहा गया है कि, 'बच्चे आधुनिक युवा हो चले हैं।' इस पंक्ति से लेखक का क्या आशय हो सकता है? 1
(a) जीवन के सभी सुख प्रिय हैं
(b) पिता की दिनचर्या से नाराजगी
(c) अच्छी पगार मिलना
(d) आधुनिक जीवन-शैली की ओर रुझान

X. 'जूझ' कहानी के शीर्षक का अर्थ क्या है? 1
(a) मेहनत (b) कठिनाई
(c) संघर्ष (d) चालाकी

खंड 'ब' (वर्णनात्मक प्रश्न)

[40 अंक]

जनसंचार और सृजनात्मक लेखन

7. निम्नलिखित दिए गए 3 विषयों में से किसी 1 विषय पर लगभग 120 शब्दों में रचनात्मक लेख लिखिए $1 \times 6 = 6$

(क) डिजिटल युग और मैं
(ख) परीक्षा तनाव के कारण व इसे रोकने के उपाय
(ग) उच्च शिक्षा हेतु छात्रों का विदेशों को पलायन

8. निम्नलिखित प्रश्नों को ध्यानपूर्वक पढ़कर लगभग 40 शब्दों में निर्देशानुसार उत्तर दीजिए $2 \times 2 = 2$

(i) कहानी के नाट्य रूपांतरण में संवादों के महत्त्व पर टिप्पणी कीजिए।

अथवा

नए और अप्रत्याशित विषयों पर लेखन के संदर्भ में 'मैं' शैली के प्रयोग के बारे में क्या मान्यता है?

(ii) नए और अप्रत्याशित विषयों के लेखन के संदर्भ में इस पंक्ति का आशय स्पष्ट करें "इस तरह का लेखन खुले मैदान की तरह होता है, जिसमें बेलाग दौड़ने, कूदने और कुलाँचे भरने की छूट होती है।"

अथवा

टीवी की तुलना में रेडियो माध्यम की कोई दो सीमाएँ बताइए।

9. निम्नलिखित प्रश्नों को ध्यानपूर्वक पढ़कर दिए गए 3 प्रश्नों में से किन्हीं 2 प्रश्नों के लगभग 60 शब्दों में उत्तर दीजिए $3 \times 2 = 6$

(i) आपको श्रोताओं, दर्शकों या पाठकों को बाँधकर रखने की दृष्टि से प्रिंट माध्यम, टीवी और रेडियो में से सबसे सशक्त माध्यम कौन-सा लगता है? अपने उत्तर के पक्ष में तर्क दें।

(ii) डिजिटल मीडिया के उदय ने समाचार लेखन की उल्टी पिरामिड शैली के उपयोग को कैसे प्रभावित किया है?

(iii) समाचार-पत्रों में विशेष लेखन से आप क्या समझते हैं? उदाहरण सहित उत्तर दें।

पाठ्यपुस्तक आरोह भाग 2

10. निम्नलिखित प्रश्नों को ध्यानपूर्वक पढ़कर दिए गए 3 प्रश्नों में से किन्हीं 2 प्रश्नों के लगभग 60 शब्दों में उत्तर दीजिए $3 \times 2 = 6$

(i) बारिशों के बाद, भादो के पश्चात् प्रकृति में परिवर्तन का कवि ने किस प्रकार वर्णन किया है? 'पतंग' कविता के आधार पर अपने शब्दों में वर्णन करें।

(ii) 'छोटा मेरा खेत' कविता में अंधड़ और बीज से कवि का क्या तात्पर्य है?

(iii) व्यक्ति पर प्रशंसा का क्या प्रभाव पड़ता है? 'बात सीधी थी पर' कविता के आधार पर बताइए।

11. निम्नलिखित प्रश्नों को ध्यानपूर्वक पढ़कर दिए गए 3 प्रश्नों में से किन्हीं 2 प्रश्नों के लगभग 40 शब्दों में उत्तर दीजिए $2 \times 2 = 4$

(i) 'कैमरे में बंद अपाहिज' कविता के आधार पर स्पष्ट करें कि दूरदर्शन वाले कैमरे के सामने कमजोर को ही क्यों लाते हैं?

(ii) 'बादल राग' कविता के आधार पर भाव स्पष्ट कीजिए "विप्लव-रव से छोटे ही हैं शोभा पाते।"

(iii) 'उषा' कविता में 'भोर के नभ' की तुलना किससे और क्यों की गई है?

12. **निम्नलिखित प्रश्नों को ध्यानपूर्वक पढ़कर दिए गए 3 प्रश्नों में से किन्हीं 2 प्रश्नों के लगभग 60 शब्दों में उत्तर दीजिए** **3 × 2 = 6**

(i) "भक्तिन अच्छी है, यह कहना कठिन होगा, क्योंकि उसमें दुर्गुणों का अभाव नहीं" लेखिका ने ऐसा क्यों कहा होगा?

(ii) 'काले मेघा पानी दे' पाठ के आधार पर पानी और बारिश के अभाव में गाँव की दशा का अपने शब्दों में वर्णन कीजिए।

(iii) 'शिरीष के फूल' निबंध में अवधूत रूप में लेखक ने किस महात्मा को याद किया है और क्यों?

13. **निम्नलिखित प्रश्नों को ध्यानपूर्वक पढ़कर दिए गए 3 प्रश्नों में से किन्हीं 2 प्रश्नों के लगभग 40 शब्दों में उत्तर दीजिए** **2 × 2 = 4**

(i) डॉ. आंबेडकर 'समता' को कल्पना की वस्तु क्यों मानते हैं?

(ii) कहानी 'पहलवान की ढोलक' व्यवस्था के बदलने के साथ लोक कला और इसके कलाकार के अप्रासंगिक हो जाने की कहानी है। पंक्ति को विस्तार दीजिए।

(iii) जिन्हें अपनी जरूरत का पता नहीं होता, वे लोग बाजार का बाजारूपन कैसे बढ़ाते हैं?

पूरक पाठ्यपुस्तक वितान भाग 2

14. **निम्नलिखित प्रश्नों को ध्यानपूर्वक पढ़कर दिए गए 2 प्रश्नों में से किसी 1 प्रश्न का लगभग 60 शब्दों में उत्तर दीजिए** **4 × 1 = 4**

'सिल्वर वैडिंग' कहानी में यशोधर बाबू को अपने बच्चों की आकर्षक आय 'समहाउ इंप्रॉपर' क्यों लगती है? आप यशोधर बाबू के स्थान पर होते तो 'समहाउ इंप्रॉपर' से कैसे सामंजस्य स्थापित करते?

अथवा

उस घटना का वर्णन अपने शब्दों में कीजिए, जिससे पता चलता है कि लेखक की माँ उसके मन की पीड़ा समझ रही थी? 'जूझ' कहानी के आधार पर बताइए।

व्याख्या सहित उत्तर

1. I. (b) नया विचार
II. (d) पीड़ापूर्ण
III. (a) केवल कथन I सही है।
IV. (c) मजदूरी को कम महत्त्व का आँकना
V. (a) मानव श्रम से ज्यादा मशीनों को महत्त्व मिलने के कारण
VI. (b) मशीनों द्वारा जनसाधारण में बेरोजगारी बढ़ाने के कारण
VII. (a) आर्थिक संपदा का अनुचित वितरण
VIII. (b) मानवीय संवेदनाओं एवं गुणों को महत्त्व दिया था
IX. (d) मानवीय दक्षताओं को महत्त्व मिलने से
X. (a) मशीनों पर अत्यधिक आश्रित हो जाना

2. I. (b) महत्त्व
II. (d) जब सिमरू द्वारा ढोल बजाया जाता है
III. (d) माटी की गोद में अच्छे-बुरे सभी पलते हैं
IV. (b) केवल कथन IV सही है।
V. (b) 1 3 2

3. I. (a) ब्रेकिंग न्यूज
II. (b) फीचर लेखन
III. (d) संवाददाता
IV. (c) विशेषीकृत रिपोर्टिंग
V. (d) विषय विशेषज्ञ

4. I. (b) आदर्श
II. (b) कविता में अग्नि परिवर्तन की इच्छा का प्रतीक है।
III. (a) हृदय
IV. (b) कथन (A) सही नहीं है, कारण (R) सही है।
V. (a) सांसारिक सुख रूपी लहरें

5. I. (b) अथाह
II. (d) मनुष्य पर बाजार के जादू का असर
III. (b) जब मनुष्य तुलना करने लगता है, तब असंतोष, तृष्णा और ईर्ष्या के भाव मनुष्य में उभरते हैं।
IV. (a) 3 1 2
V (d) बाजार आकर्षित करना चाह रहा है

6. I. (a) पत्नी और बच्चों से हर छोटी-बड़ी बात पर मतभेद होने के कारण
II. (c) हड़प्पा तथा मुअनजो-दड़ो
III. (a) नगर नियोजन
IV. (d) कथन (A) तथा कारण (R) दोनों सही हैं, लेकिन कारण (R) कथन (A) की सही व्याख्या करता है।
V. (d) कथन (II) तथा (III) सही हैं।
VI. (b) यशोधर बाबू
VII. (b) रोजगार के लिए
VIII. (a) दादा का कामचोर स्वभाव
IX. (d) आधुनिक जीवन-शैली की ओर रुझान
X. (c) संघर्ष

7. (क) **डिजिटल युग और मैं** डिजिटल युग 20वीं शताब्दी के उत्तरार्द्ध में डिजिटल कंप्यूटरों के अपनाने और प्रसार और सूचना के डिजिटल भंडारण के साथ शुरू हुआ, जिसके परिणामस्वरूप अधिक उन्नत कंप्यूटर सिस्टम का विकास हुआ, जो डिजिटल रूप से दोहराने और पहले मैन्यूअल रूप से की गई गणितीय गणनाओं को स्वचालित करने में सक्षम था।

डिजिटल युग की विशेषता प्रौद्योगिकी है, जो अर्थव्यवस्था और समाज के भीतर ज्ञान के कारोबार की गति और चौड़ाई को

बढ़ाती है। हम जिस प्रणाली में रहते हैं, उसकी व्याख्या के रूप में विकासवादी सिद्धांत कहता है कि स्थिरता ज्ञान के कारोबार पर निर्भर करती है।

प्रेरक साधनों के माध्यम से सीखी गई हर चीज दीर्घकालिक शिक्षा का उत्पादन करती है। इसलिए, डिजिटल युग न केवल छात्रों को अन्य माध्यमों का उपयोग करके सीखने की अनुमति देता है, बल्कि यह सहज तरीके से अधिक स्थायी, व्यावहारिक ज्ञान प्राप्त करने की संभावना भी प्रदान करता है।

शुरुआत में डिजिटल नाम से मुझे बहुत डर लगता था, क्योंकि मैं तकनीकी से काफी दूर था। लेकिन स्मार्ट, मोबाइल आने तथा UPI तकनीकी द्वारा प्रतिदिन पेमेंट करने से डिजिटल के प्रति मेरी रुचि बढ़ती गई। डिजिटल की उपयोगिता को ध्यान में रखते हुए मैंने इस ओर अब अधिक ध्यान देना शुरू कर दिया है। डिजिटल की उपयोगिता का ज्ञान सबसे अधिक मुझे कोरोना महामारी के दौरान पता चला। जब शिक्षा व्यवस्था पूर्ण रूप से ठप्प हो गई तो ऑनलाइन कक्षाओं ने शिक्षा को सुचारु रूप से चलाने में बहुत सहायता की, जिससे अभिभावकों का बच्चों के भविष्य की चिंता को लेकर डर दूर हुआ।

आने वाला समय डिजिटल का ही है। अतः हमें सावधानी रखते हुए डिजिटल की उपयोगिता का भरभूर लाभ उठाना चाहिए।

(ख) **परीक्षा तनाव के कारण व इसे रोकने के उपाय** परीक्षा के समय अधिकतर छात्र चिंता और तनाव के दौर से गुजरने लगते हैं, परीक्षा को लेकर तनाव और घबराहट होना सामान्य बात है। प्रत्येक व्यक्ति की तनाव सहन करने की क्षमता अलग होती है और प्रत्येक व्यक्ति इसके लिए अलग तरह से प्रतिक्रिया करता है। हालाँकि कई बार किशोरों के लिए परीक्षा के इस तनाव को झेलना बहुत कठिन हो जाता है। परीक्षा में तनाव के कारण हैं–सहपाठी से प्रतिस्पर्द्धा, अध्यापकों का व्यवहार, माता-पिता का व्यवहार आदि। कई बार परीक्षा तनाव के कारण स्टूडेंट्स का पेपर खराब हो जाता है, लेकिन तनाव को दूर किया जा सकता है। आहार में कुछ बदलाव करके भी इस तनाव को कम कर सकते हैं। इसके साथ ही आपको इस बात का भी ध्यान रखना होगा कि ऐसा आहार न लें, जो तनाव को बढ़ाने का काम करे। छात्र अकसर पूरी रात बैठकर पढ़ते रहते हैं, इससे उनकी नींद पूरी नहीं हो पाती और तनाव बढ़ता है। परीक्षा के दौरान दिमाग को आराम देने के लिए 6-8 घंटे की नींद लेना बहुत जरूरी है। एक्टिविटी बढ़ाने से तनाव कम होता है और आप बेहतर महसूस करते हैं। इस दौरान आप सैर करना, दौड़ना, तैरना, डांस करना जैसे व्यायाम कर सकते हैं।

ग्रुप में पढ़ने के अनेक लाभ होते हैं; जैसे–यदि आपके पास कठिन सवाल या समस्याएँ हैं तो आप एक-दूसरे के साथ इन्हें हल कर सकते हैं। अपने कमजोर अध्यायों पर ध्यान दें, नोट्स बनाकर एक-दूसरे के साथ शेयर करें। जब आप पढ़ने के लिए तैयार हों तो टाइम टेबल बनाकर पढ़ना शुरू करें। ध्यान रखें कि प्रत्येक विषय पर अलग तरह से ध्यान देने की जरूरत होती है।

आप निश्चित समय तक पढ़ सकते हैं, इसके बाद आपको ब्रेक लेने की जरूरत होती है, छोटे ब्रेक लें, इस समय में अपने दोस्तों के साथ बातचीत करें, कॉफी पिएँ। इस समय में आप सीढ़ी चढ़ने-उतरने जैसा व्यायाम भी कर सकते हैं।

(ग) **उच्च शिक्षा हेतु छात्रों का विदेशों को पलायन** पिछले कुछ वर्षों में भारतीय छात्रों में विदेश जाकर पढ़ने की इच्छा काफी तेजी से बढ़ी है। प्रत्येक वर्ष लाखों विद्यार्थी विदेशी संस्थानों में दाखिला लेते और अरबों रुपये हर साल भारतीय मुद्रा के रूप में खर्च करते हैं। विदेशी संस्थानों में दाखिले की होड़ के पीछे कई कारण हैं, उनमें एक तो यह है कि भारत में अभी तक विश्वस्तरीय संस्थान नहीं बने हैं। दूसरा यह कि भारतीय संस्थानों में पढ़ाई के बाद रोजगार के अवसर बहुत सीमित हैं। विदेशों में रोजगार की संभावनाएँ अधिक हैं।

बीते कुछ दशकों में भारतीय छात्रों ने पढ़ाई के लिए तेजी से गैर-मुल्कों का रुख किया है। भूमंडलीकरण ने भारतीय छात्रों के लिए विदेशी विश्वविद्यालयों के दरवाजे खोल दिए हैं। एसोचैम के मुताबिक देश की लगभग पंद्रह अरब मुद्रा परोक्ष रूप से हर साल विभिन्न माध्यमों से विदेशी खातों में जा रही है। इतने बड़े पैमाने पर पलायन स्वाभाविक रूप से भारतीय कॉलेजों की क्षमता और गुणवत्ता पर सवाल खड़े करता है। एक अनुमान के अनुसार आने वाले दशक में लगभग सौ करोड़ भारतीय छात्रों के पलायन की संभावना है। इस संकटग्रस्त स्थिति में सरकारों और शैक्षिक संस्थानों की गुणवत्ता पर सवाल उठता है।

शैक्षिक संस्थानों की भयावहता का अंदाजा इस बात से लगाया जा सकता है कि यहाँ 70% से ज्यादा कॉलेज गुणवत्ता के मानकों पर खरे नहीं उतरते। इसी के चलते हाल के वर्षों में ऑस्ट्रेलिया, अमेरिका, कनाडा, न्यूजीलैंड, ब्रिटेन भारतीय छात्रों के पसंदीदा केंद्र बन गए हैं। दूसरे क्रम में चीन और जर्मनी जैसे देश अपनी बढ़त बनाए हुए हैं। इस सूची में अमेरिका सबसे ऊपर है, जहाँ के विश्वविद्यालय और शैक्षिक संस्थानों में भारतीय छात्रों की अत्यधिक संख्या होती है।

8. (i) कहानी के पात्रों के द्वारा किए गए उनके विचारों की अभिव्यक्ति को संवाद या कथोपकथन कहते हैं। कहानी में संवाद का विशेष महत्त्व होता है। संवाद ही कहानी तथा पात्र को स्थापित एवं विकसित करके कहानी को गति देकर आगे बढ़ाते हैं। जो घटना या प्रतिक्रिया कहानीकार होती हुई नहीं दिखा सकता, उन्हें वह संवादों के माध्यम से सामने लाता है।

अथवा

नए तथा अप्रत्याशित विषयों के लेखन में आत्मपरक 'मैं' शैली का प्रयोग किया जा सकता है। यद्यपि निबंधों और अन्य आलेखों में 'मैं' शैली का प्रयोग लगभग वर्जित होता है, किंतु नए विषय पर लेखन में 'मैं' शैली के प्रयोग से लेखक के विचारों और उसके व्यक्तित्व की झलक प्राप्त होती है।

(ii) इस पंक्ति से आशय है कि जिस प्रकार खुले मैदान में बेलाग दौड़ने, कूदने और कुलाँचे भरने की छूट होती है, उसी प्रकार नए और अप्रत्याशित लेखन में हम अपने विचारों को स्वतंत्र रूप से सुंदर एवं सुघड़ ढंग से अभिव्यक्त कर सकते हैं।

इसमें विषयों की संख्या असीमित होती है तथा किसी भी विषय पर लिखा जा सकता है; जैसे–बहुत आवश्यक है शिक्षा, दीवार घड़ी, धारावाहिकों में स्त्री, मेरा प्रिय टाइम पास आदि।

अथवा

टीवी की तुलना में रेडियो माध्यम की सीमाएँ निम्नलिखित हैं

(i) रेडियो समाचार को कहीं भी व कभी भी नहीं सुना जा सकता।

(ii) रेडियो एक श्रव्य माध्यम है, जबकि टीवी दृश्य माध्यम है।

9. (i) श्रोताओं या पाठकों को बाँधकर रखने की दृष्टि से टीवी सबसे सशक्त माध्यम है, क्योंकि टीवी पर समाचार सुनाई देने के अतिरिक्त दिखाई भी देते हैं। इससे साक्षर और निरक्षर दोनों ही तरह के दर्शक लाभान्वित होते हैं। सचित्र प्रसारण से समाचार अधिक तथ्यपरक और प्रामाणिक बन जाते हैं। कम समय में अधिक समाचार दिखाए जा सकते हैं। टेलीविजन जनसंचार का दृश्य-श्रव्य माध्यम है। यह रेडियो की तरह एक रेखीय माध्यम है। इसमें दृश्य शब्दों के अनुरूप उनके सहयोगी के रूप में चलते हैं, इसमें कम-से-कम शब्दों में अधिक-से-अधिक खबर बताने की शैली का प्रयोग किया जाता है। अतः टेलीविजन में समाचार लेखन की प्रमुख शर्त दृश्य के साथ लेखन है।

(ii) डिजिटल मीडिया के उदय ने समाचार लेखन की उल्टी पिरामिड शैली के उपयोग को निम्नलिखित प्रकार से प्रभावित किया है

- उल्टा पिरामिड शैली का विशेषतः प्रयोग मुद्रित या प्रिंट माध्यम तथा रेडियो में होता है।
- डिजिटल मीडिया अधिक तीव्र एवं विस्तृत होने के कारण केवल उल्टा पिरामिड शैली पर आश्रित नहीं होता।
- डिजिटल मीडिया दृश्य और श्रव्य की सुविधाओं से लैस होता है।
- दृश्य और श्रव्य माध्यम; जैसे—टीवी, इंटरनेट इत्यादि में समाचार, सूचना का एक बड़ा भाग दृश्य देखकर ही समझ आ जाता है।

अतः उल्टा पिरामिड शैली अब समाचार लेखन के अन्य तरीकों में से एक अन्य तरीका अथवा शैली ही है।

(iii) समाचार-पत्र सामान्य समाचारों के अतिरिक्त साहित्य, विज्ञान खेल आदि की पर्याप्त जानकारी देते हैं। इसी कार्य के अंतर्गत जब किसी विषय पर सामान्य लेखन से हटकर लेख लिखा जाता है, तो वह विशेष लेखन कहलाता है। अखबारों के लिए समाचार के अतिरिक्त खेल, राजनीति, फिल्म, आर्थिक, कृषि, व्यापार, कानून आदि विभिन्न क्षेत्रों और विषयों से संबंधित लेखन विशेष लेखन के अंतर्गत आते हैं। विशेष लेखन की भाषा और शैली सामान्य लेखन या समाचारों से भिन्न होती है। विशेष लेखन के लिए अलग डेस्क होता है। उस विशेष डेस्क पर काम करने वाले पत्रकारों का समूह भी अलग होता है, जिससे यह अपेक्षा की जाती है कि संबंधित विषय या क्षेत्र में उसकी विशेषज्ञता होगी।

10. (i) बारिशों के बाद, भादो के पश्चात् प्रकृति में परिवर्तन का कवि ने बहुत मनोरम वर्णन किया है। कवि के अनुसार, प्रकृति के निरंतर परिवर्तन के कारण वर्षा ऋतु अर्थात् भादो का महीना बीत गया है, तन-मन को भिगोने वाली बारिश की बौछारें समाप्त हो गई हैं। खरगोश की लाल आँखों के समान, लाल सवेरा अपनी चमक के साथ उदित हो गया है। सर्दी की ऋतु धूप की तेज चमकती हुई साइकिल को तेजी से चलाते हुए पुलों को पार करते हुए आ गई है। शरद ऋतु अपनी चमकती साइकिल की घंटी बजाकर पतंग उड़ाने वाले बच्चों के समूह को चमकीले सुंदर इशारे कर-करके बुला रही है। अतः शरद ऋतु आते ही बच्चे अपनी पतंग लेकर उड़ाने दौड़ पड़ते हैं। शरद ऋतु ने अपने आगमन से आकाश को इतना कोमल और हल्का बना दिया है कि बच्चों की पतंग आसानी से ऊपर की ओर उड़ सके।

(ii) 'छोटा मेरा खेत' कविता में कवि 'अंधड़' को वेगात्मक संवेदना मानता है। यह भाव का वह झोंका है, जो काव्य-प्रेरणा के रूप में कविता के सृजन के लिए कवि को मजबूर कर देता है। 'बीज' रचना के संदर्भ में 'शब्द' है। मन में जगे किसी निश्चित विषय-वस्तु से संबंधित शब्द, जिनको कागज के पन्नों पर बिखेरकर कवि रचना की प्रक्रिया को आगे बढ़ाता है। वह बिंबों, प्रतीकों के माध्यम से संरचनात्मक दृश्य तैयार करता है, जिससे काव्य-सृजन संभव हो पाता है।

(iii) 'बात सीधी थी पर' कविता में कवि कहता है कि अपनी बात और विचारों को, अपनी भावना को सीधे-सीधे कहना अधिक सरल एवं प्रभावी होता है, परंतु कभी-कभी व्यक्ति प्रशंसा लेने के लोभ में उसकी भाषा अधिक कृत्रिम, पेचीदा, आडंबरपूर्ण हो जाती है, जिससे उसकी मूल भावना विकृत एवं प्रभावहीन हो जाती है। रचना कर्म में इसे एक दोष माना जाता है। अतः व्यक्ति जैसा सोचता व अनुभव करता है, उसे उसी रूप में सहजता, तोड़-मरोड़कर प्रस्तुत करता है, जिससे भाषा से व्यक्त कर देना चाहिए।

11. (i) 'कैमरे में बंद अपाहिज' कविता में दूरदर्शन वालों के द्वारा कैमरे के सामने कमजोर व अपाहिज व्यक्ति का साक्षात्कार लेना वास्तव में मीडियाकर्मी के व्यावसायिक उद्देश्यों को पूरा करने के लिए दिखाया जाता है। दूरदर्शन पर एक अपाहिज कमजोर व्यक्ति को प्रदर्शन की वस्तु मानकर उसके मन की पीड़ा को कुरेदा जाता है। मीडियाकर्मी या साक्षात्कारकर्ता को उसके निजी सुख-दुःख से कुछ लेना-देना नहीं होता। वे पीड़ित व्यक्ति से अर्थहीन एवं मूर्खतापूर्ण प्रश्न पूछते हैं, क्योंकि उनका उद्देश्य ऐसे प्रश्न पूछना है, जिससे पीड़ित व्यक्ति की वेदना, आँसुओं के रास्ते छलक उठे और दर्शक उनके कार्यक्रम में रुचि लें। उनका उद्देश्य किसी भी तरह अपनी टीआरपी बढ़ाना और इसका व्यावसायिक लाभ प्राप्त करना होता है।

(ii) 'विप्लव-रव' का तात्पर्य है क्रांति। सामाजिक क्रांति परिवर्तन के लिए होती है। ऐसे परिवर्तन समाज के कमजोर, वंचित तथा शोषण के शिकार लोगों को नई दिशा देने में सक्षम होते हैं। इसी कारण अत्यधिक हरियाली से प्रसन्न होकर वे अपने पत्ते रूपी हाथों को बार-बार हिलाकर धरती की ओर आने के लिए आमंत्रित करते हैं। क्रांतिकारी भयंकर ध्वनि करने से दलित वर्ग रूपी छोटे लता वृक्ष तो प्रसन्न होते ही हैं, वे सदा शोभा भी पाते हैं। दूसरे शब्दों में, क्रांति से निम्न व दलित वर्ग को अपने अधिकार प्राप्त होते हैं।

(iii) 'उषा' कविता में 'भोर के नभ' की तुलना 'राख से लीपे हुए चौके', 'नीले शंख', 'लाल केसर से युक्त काली सिल', 'लाल खड़िया चाक से लिप्त स्लेट' जैसे उपमानों से की गई है, क्योंकि कवि ने इन उपमानों के माध्यम से अंधकार के समाप्त होने का तथा प्रकृति में प्रतिपल आ रहे परिवर्तनों का रेखांकन करने का प्रयास किया है।

12. (i) भक्तिन अच्छी है, पर उसके दुर्गुणों को तीन तर्कों के आधार पर बताया गया है; जैसे—वह सत्यवादी हरिश्चंद्र नहीं है, वह रुपयों-पैसों को मटकी में रख देती है और पूछने पर बताती है कि उसने उन्हें सँभालकर रखा हुआ है। वह लेखिका को प्रसन्न रखने के लिए बात को इधर-उधर घुमाकर कहती है। प्रसंग एवं समय के अनुसार वह मूल तथ्यों में जोड़-घटाव कर देती है। इसे आप झूठ कह सकते हैं। भक्तिन सभी बातों और कामों को

अपनी सुविधा के अनुसार ढालने में निपुण है, जो कई बार दूसरों को नापसंद होता है।

(ii) गर्मी के दिनों में जब चारों ओर सूखे की स्थिति बन जाती है, तब शहरों की तुलना में गाँवों के हालात और अधिक खराब हो जाते हैं। जहाँ खेती की जुताई होनी चाहिए, वहाँ वर्षा के अभाव में खेती की मिट्टी सूखकर पपड़ी बन जाती है और जमीन फटने लगती है। बारिश न होने के कारण तालाब सूख जाते हैं, घरों के कुओं में भी पानी नहीं रहता। ऐसे में गाँव-गाँव में पानी के बिना कोहराम मच जाता है। बारिश न होने के कारण लोग इसकी प्रार्थना करते हुए पूजा-पाठ भी करते हैं। पशु-पक्षी प्यासे मरने लगते हैं और यदि इतने पर भी वर्षा नहीं होती, तो इंदर सेना बादलों से पानी माँगने के लिए निकल पड़ती है। ऐसे में कवि कहता है कि जहाँ पानी की घर-घर में इतनी कमी हो तो महिलाएँ इंदर सेना पर पानी डालकर अपना अंधविश्वास ही प्रदर्शित करती हैं।

(iii) शिरीष के संदर्भ एवं गाँधीजी की कुछ विशेषताओं में समानता दिखने के कारण लेखक को अवधूत के रूप में गाँधीजी की याद आई। शिरीष के समान ही गाँधीजी में भी कठोरता के साथ-साथ कोमलता का गुण विद्यमान था। शिरीष की भाँति ही गाँधीजी भी वायुमंडल से, अपने परिवेश से रस खींचकर कोमल एवं कठोर बन गए।

जनसामान्य के साथ कोमलता का व्यवहार करने वाले गाँधीजी कभी-कभी देश एवं समाज के हित में अत्यधिक कठोर बन जाते थे। समय के अनुरूप, परिस्थितियों के अनुसार निर्णय लेते हुए गाँधीजी को भी स्वतंत्रता आंदोलन को सही ढंग से आगे बढ़ाने के लिए अपने व्यवहार में कोमलता एवं कठोरता दोनों को अपनाना पड़ता था। गाँधीजी स्वतंत्रता आंदोलन के दौरान होने वाली हिंसा, खून-खराबा, अग्निदाह आदि हिंसात्मक गतिविधियों के बीच अहिंसक होते हुए भी शिरीष के समान अटल या स्थिर बने रहते थे।

13. (i) 'समता' के बारे में डॉ. आंबेडकर का कहना है कि यह काल्पनिक जगत की वस्तु है। प्रत्येक शक्ति शारीरिक क्षमता, वंश-परंपरा या जन्म से, सामाजिक उत्तराधिकार की परंपरा से तथा अपने प्रयत्नों के कारण दूसरों से भिन्न और असमान होती है। इस तरह समता पहले से ही स्वयं नहीं आती है। समता आदर्श समाज के निर्माण हेतु अपनाई जाती है। अतः समाज निर्माण में समता की सत्ता काल्पनिक है।

(ii) 'पहलवान की ढोलक' कहानी में व्यवस्थाओं के परिवर्तन के पश्चात् की समस्याओं को स्पष्ट किया गया है। बदलते समय में लोक कला और कलाकार अप्रासंगिक हो जाते हैं। उनका घटता महत्त्व सांस्कृतिक दृष्टि से चिंताजनक है। कहानी में राजा साहब की जगह नए राजकुमार का आकर जम जाना सिर्फ व्यक्तिगत सत्ता परिवर्तन नहीं, बल्कि जमीनी पुरानी व्यवस्था के पूरी तरह उलट जाने और उस पर सभ्यता के नाम पर एकदम नई व्यवस्था के आरोपित हो जाने का प्रतीक है। यह 'भारत' पर 'इंडिया' के छा जाने की समस्या है। जो लुट्टन पहलवान को लोक कलाकार के आसन से उठाकर पेट भरने के लिए हाय-तौबा करने वाली कठोर भूमि पर पटक देती है।

(iii) बाजार को सार्थकता वही व्यक्ति देता है, जो यह जानता है कि वह क्या चाहता है? उसे क्या खरीदना है। जिन लोगों को अपनी जरूरत का पता नहीं होता, वे केवल अपनी क्रय शक्ति के अभिमान में अपने पैसे से केवल बाजार को एक विनाशकारी शक्ति एवं शैतानी शक्ति तथा व्यंग्य शक्ति ही बाजार को देते हैं। इसका परिणाम यह होता है कि वे लोग बाजार में बाजारूपन अर्थात् व्यवहार का हल्कापन बढ़ाते हैं। यह हल्कापन व्यवहार में कपट का बढ़ना, धोखा देना, कीमत से अधिक मूल्य लेना, घटिया सामान देना आदि हैं।

14. यशोधर बाबू का वेतन बहुत धीरे-धीरे बढ़ता था, उससे अधिक महँगाई बढ़ जाती थी, उनकी आय में हुई वृद्धि का असर उनके जीवन-स्तर को सुधार नहीं पाया। इसलिए उनके बच्चे जब किसी बड़ी विज्ञापन कंपनी में नौकरी पाकर रातों-रात अत्यधिक वेतन कमाने लगे तो उनको इतनी अत्यधिक तनख्वाह का रहस्य समझ में नहीं आया। यशोधर बाबू समझते थे कि इतनी अत्यधिक तनख्वाह के पीछे कोई गलत काम अवश्य किया जा रहा है, क्योंकि उन्होंने अपना सारा जीवन कम वेतन में जैसे-तैसे गुजारा था, इसलिए वे इतनी शान-शौकत को पचा नहीं पा रहे थे। यदि हम यशोधर बाबू के स्थान पर होते तो वास्तविकता जानने का तथा पीढ़ियों के बीच के अंतराल में सामंजस्य बैठाने का प्रयास करते।

अथवा

लेखक को पढ़ना बहुत पसंद था, लेकिन वह अपने पढ़ने की बात अपने दादा से नहीं कर पाता था, क्योंकि उसके दादा अच्छे आचरण वाले नहीं होने के साथ अत्यधिक गुस्से वाले भी थे। वे खेत का सारा काम लेखक से करवाते थे। दूसरी तरफ आनंदा की माँ चाहती थी कि उसका बेटा सातवीं कक्षा तक अवश्य पढ़े, लेकिन दादा के आगे उसकी एक न चलती थी। आनंदा और उसकी माँ ने दत्ता जी राव के पास जाने की सोची, क्योंकि वे ही पाठशाला जाने के लिए दादा को समझाकर राजी कर सकते थे। अतः इस घटना से पता चलता है कि लेखक की माँ उसकी मन की पीड़ा को समझ रही थी तथा हमेशा उसकी सराहना करती थी।